JN439877

입법학 논고

홍완식 저

머 리 말

이 책에 실린 글들은 새로이 쓴 글들이 아니며, 이 책은 그동안 쓴 글들을 모아놓은 것입니다. 지금으로부터 6년 전인 2014년에 필자의 논문 18편을 모아서 입법학연구(立法學硏究)라는 제목으로 출판을 하였는데, 그 이후에 발표한 입법 관련 논문을 모아서 이번에는 입법학논고(立法學論考)라는 제목으로 출판을 하게 되었습니다. 입법학연구의 서문에 "여러 학술지에 실린 글들을 일일이 찾아서 인용하는 것이 번거롭기도 하고, 입법학 관련 강의에 사용할 교재가 아직 개발되지 못했기 때문에 입법학 관련 논문들을 모은 책의 출판을 결심"하였다고 출판의 이유를 밝혔는데, 최근에 정치학 분야의 책을 읽다 보니 그 저자도 비슷한 생각을 가지고 있음을 확인하였습니다. 임혁백 교수는 '시장·국가·민주주의'라는 책의 서문에 "여러 군데 발표한 글들을 모아서 한 권의 책으로 엮어내는 것이 필자의 글을 읽기 위해 여러 잡지나 책을 뒤져야 하는 번거로움을 덜어주는 서비스"라고 하는 주변의 출판권유에 용기를 얻어 출판을 결심하였다는 것입니다.

여기 실린 논무들이 오랜 숙고와 깊은 연구를 통해 쓰여졌다고는 감히 말할 수 없지만, 그래도 뭔가 학계와 입법실무에 혹은 정치발전에 도움이 되었으면 하는 생각에 틈틈이 시간을 내어 글을 썼습니다. 글이 활자화되면 자부심보다는 부족함이 더욱 크게 느껴지기 때문에 다시는 읽어보고 싶지 않지만, 교수라는 직업의 특성상 새로운 글을 쓰거나 또는 세미나에서 발표나 토론을 하게 되는 경우에는, 이전에 쓴 글들을 참고하거나 인용하지 않을 수가 없습니다. 그런데 그 때마다 글이 실린 책들을 뒤져야 하는 저 자신의 번거로움도 있거니와, 이 글들을 인용하는 동업자들의 불편함도 해소해 주어야 할 필요에서 이 책이 나오게 된 것입니다. 특히 올해 어떤 학술대회에서 만난 교수께서 2014년에 출판된 입법학연구를 참고하고 있다는 '덕담'을 해주셔서, 그 말씀에 큰 용기를 얻어 그간의 논문을 모아 정리를 해 보았습니다. 다행히 입법과 관련된 논문의 수가 20편이 되어서

책 한 권의 분량이 되었고, 입법학연구와 동일하게 입법평론·입법원칙론·입법과정론의 틀을 유지하면서 논문을 편제하였습니다. 입법학이라고 하는 분야는 법학이나 정치학 혹은 사회학이나 행정학 어느 한 분야의 고유한 영역이라고 볼 수 없는 복합적인 분야라고 할 수 있고, 새로운 분야라고도 볼 수 있습니다. 또한 체계적인 분석이나 제도적 개선방안이 자주 논의되기 때문에 연구의 필요성은 높다고 볼 수 있고, 인접학문과의 학제간 연구도 필요한 분야입니다. 부족하지만 나름의 열정을 가지고 쓴 논문들이니, 이 책이 입법학연구의 발전과 우리나라의 입법발전에 조금이라도 도움이 되기를 소망합니다. 이번에도 출판을 허락해 주신 피앤씨미디어 박노일 대표와 훌륭한 편집을 해 주신 심성보 이사께 감사의 마음을 전합니다.

2020년 6월 11일
사바나 초원을 아직도 그리워하며, 과천에서
홍 완 식

차 례

제 1 편 입법평론(立法評論)

제 1 장 연명의료결정법에 대한 입법평론

제 2 장 가짜뉴스 규제 법안에 대한 입법평론

제 3 장 연동형 비례대표제 법안에 대한 입법평론

제4장 대체복무제 법안에 관한 입법평론

제5장 화학물질 관련법에 대한 입법평론

제 2 편 입법원칙론(立法原則論)

제 8 장 헌법재판소 결정을 통해 본 포괄위임입법금지 원칙 - 입법적 시사점을 중심으로

제 9 장 규제와 입법 - 동아시아 국가와의 비교법적 고찰

제 3 편 입법과정론(立法過程論)

제14장 입법에서의 협치 확대를 위한 고찰

제15장 '국회선진화법'에 관한 보론

제16장 직권상정 완화론에 대한 비판적 검토

제 1 편

입법 평론

立法評論

CHAPTER

01 연명의료결정법에 대한 입법평론

출처: 입법학연구 제14집 1호, 2017년, 5~31

오랜 사회적 논란을 거친 후에 「연명의료결정법」이 제정되었다. 그간 '보라매병원 사건'과 '세브란스병원 사건(김할머니 사건)'에 관한 법원의 판결이 세간의 이목을 집중시켰고, 연명치료를 허용하는 법률을 제정할 것인지 및 제정한다면 어떠한 내용으로 만들어야 하는지에 관한 오랫동안의 입법논쟁이 있었다. 「연명의료결정법」이 제정된 이후에는 벌써 법률의 문제점과 개선방안이 제시되기도 한다. 「연명의료결정법」에 규정되어지지 않은 '의사가 아닌 제3자의 연명의료 중단행위'나 '영양분 공급의 중단행위' 등은 여전히 형법 살인죄 혹은 살인방조죄의 해석문제로 남아 있다는 한계가 지적되기도 하지만, 오랫동안 입법필요성이 제기되어 왔던 '존엄사법' 혹은 '연명의료결정법'이 제정된 것에 대해서는 긍정적인 평가가 많다. 김할머니 사건 혹은 세브란스병원사건이라고 불린 연명치료중단에 관한 대법원 판결이 선고되었음에도 불구하고 연명치료중단을 규율하는 입법의 진전이 없자 이를 "입법공백사태"라고 표현하는 의견도 있었고, 전술한 바와 같이 연명치료중단에 관한 법률을 만들자는 사회적 요구는 컸다고 볼 수 있다. 따라서 이러한 입법수요를 받아들여 입법된 「연명의료결정법」의 제정에 대해서는 일단 긍정적으로 평가될 수 있다. 이 법률에는 2009년 세브란스병원사건 혹은 김할머니 사건이라고 불린 대법원판례의 내용과 2013년의 국가생명윤리심의위원회 입법권고안의 내용도 반영되어 있다는 평가이다. 다만, 입법이 필요했다고 하여 「연명의료결정법」의 모든 내용을 긍정적으로 평가할 수는 없다. 법률은 입법과정의 산물이므로 입법과정에서 수렴된 여러 의견을 반영한 조항들이 미비하거나 모순될 수도 있고, 이익단체의 의견이 입법에 과다하게 반영될 수도 있고, 보다 넓게는 기관이기주의나 부처이기주의가 입법과정에 작용할 수도 있다. 연명치료중단에 관한 입법을 하기로 하였더라도, 연명치료중단의 요건과 범위에서부터 결정절차 및 이행 등에 관한 다양한 입장들을 하나로 수렴하여 입법을 하는 것은 쉽지 않은 일이었다. 어떤 영역은 시행착오가 불가피할 수도 있을 것이다. 그러나 「연명의료결정법」에 관하여 이미 지적되기 시작한 문제점을 취합하여 향후의 개정작업에 반영할 필요가 있다. 또한 「연명의료결정법」 자체도 중요하지만 법의 운용도 중요하다. 「연명의료결정법」을 어떻게 운영할 것인가에 따라 황금알을 낳는 사업 죽음의 공장화 나아가 사회적 살인의 위험성도 있다는 경고도 있다. 이는 이러한 법이 만들어지면 처음에는 법적 요건과 절차를 엄격하게 지키겠지만, 결국에는 '존엄사'가 무분별하게 시행되게 될 것이라는 '미끄러운 경사길(the slippery slope)' 이론이 이미 경고하고 있는 바에 다름 아니다. 연명치료중단의 요건과 절차를 포함하여 「연명의료결정법」의 운용에 대하여 냉철한 사회적 감시와 엄격한 국가적 감시가 필요하고, 추후에라도 사후 입법평가를 통한 「연명의료결정법」의 개정이 필요하다.

주제어: 연명의료결정법, 연명의료, 자기결정권, 존엄사

제1절 머리말

1. 입법평론에 대한 제안

연명의료결정법을 입법적으로 평가하기 전에 일종의 새로운 시도라고 할 수 있는 '입법평론'의 취지와 체계에 관해서 밝힐 필요가 있다. 이와 유사한 표현 내지 용어로는 판례평석과 문예평론이 있으며, 사회평론이나 시사평론 등의

용례도 있다.

우선 평석과 평론의 사전적 의미를 살펴볼 필요가 있다. 평석(評釋)은 “문장(文章)이나 시가(詩歌)를 비평(批評)하고 주석(註釋)하는 일”[1] 혹은 “비평(批評)하고 해석(解釋)함”[2]이라는 뜻이 있고, 평론(評論)은 “사물의 가치, 우열, 선악 따위를 평가하여 논함. 또는 그런 글.”[3] 혹은 “평론(評論) 또는 비평(批評)은 사회 전 분야에 대해 평가하는 작업을 말한다. 예술 작품, 문화 현상, 상품 등 평론의 대상에는 제한이 없다.”[4]거나 “사물의 질이나 가치 따위를 비평하여 논함, 또는 그러한 글을 말한다.”[5]고 한다. 따라서 평석이란 문장이나 시가를 비평하고 주석함을 의미[6]하므로, 판례평석(判例評釋)은 ‘재판의 선례를 비평하고 주석하는 일’이다. 문예평론(文藝評論)은 “작품의 구조 및 가치, 작가의 창작 방법, 세계관 따위를 일정한 기준에 따라 검토하고 판단하는 일”[7] 혹은 문예 사조나 문예 작품에 대한 비평[8]이라고 한다. 문예평론(文藝評論)은 문학평론·예술평론·연극평론·영화평론·미술평론 등으로 세분된다. 이처럼 평론(評論)이란 평가하여 논함의 준말이고, 앞에 평론의 대상이 되는 어떠한 명사가 붙느냐에 따라 어떠한 대상에 대하여 평가하여 논한다는 의미를 지니고 있다. 따라서 입법평론(立法評論)이라고 하면 입법의 과정과 내용 혹은 입법의 절차와 실체를 평가하여 논한다는 의미라고 볼 것이다.

그간 필자는 연령기준에 관한 입법평론,[9] 부정청탁금지 및 공직자의 이해충돌 방지법안에 대한 입법평론,[10] 성희롱 관련법에 대한 입법평론,[11] 영리병원

---

1 국립국어원 표준국어대사전, http://stdweb2.korean.go.kr/search/View.jsp?idx=356073(2017.2.17.방문)
2 전광진, 『우리말 한자어 속뜻사전』, 증보판, LBH교육출판사, 2016, 2127쪽.
3 국립국어원 표준국어대사전, http://stdweb2.korean.go.kr/search/List_dic.jsp (2017.2.17.방문)
4 위키백과, https://ko.wikipedia.org/wiki/%ED%8F%89%EB%A1%A0 (2017.2.17.방문)
5 김기호, 『동아 새국어사전』, 제5판, 동아출판, 2017, 2516쪽.
6 국립국어원 표준국어대사전, http://stdweb2.korean.go.kr/search/List_dic.jsp, (2017.2.17.방문)
7 국립국어원 표준국어대사전,http://stdweb2.korean.go.kr/search/List_dic.jsp (2017.2.17.방문)
8 김기호, 『동아 새국어사전』, 제5판, 동아출판, 2017, 876쪽.
9 홍완식, 연령기준에 관한 입법평론, 입법학연구, 제10집 제2호, 한국입법학회, 2013. 12.
10 홍완식, 부정청탁금지 및 공직자의 이해충돌 방지법안에 대한 입법평론, 토지공법연구, 제67집, 한국토지공법학회, 2014.
11 홍완식, 성희롱 관련법에 대한 입법평론, 법제, 제67집, 법제처, 2013.

법안에 대한 입법평론,[12] 인터넷실명제 위헌결정에 대한 평석 및 입법평론[13] 등의 논문과 기고문에서 입법평론이라는 용어를 사용한 적이 있다. 이러한 경험을 바탕으로 하여 다음과 같이 입법평론의 체계를 세워보았다.

Ⅰ. 머리말

Ⅱ. 입법배경 및 입법경과

1. 입법배경

- 이러한 법률의 입법이 필요하고 적정한 것이었는지 사회적·시대적 요청에 부응하고 있는 것인지 등에 관해 검토함
- 입법이 불필요한 과잉입법에 해당하는 요소나 내용은 없는지 등을 검토함

2. 입법경과

- 국민여론·전문가·이해당사자 등의 의견이 적절하게 반영되었는지, 입법에 관해 부적절한 의견 반영이 있었는지 등을 검토함
- 입법과정에서 절차규정을 준수하지 않은 것은 없는지, 부적절한 절차가 진행되지는 않았는지 등을 검토함
- 논쟁적인 법안인지 논쟁의 여지가 없는 법안인지 등을 구분할 수 있는 경우에는, 전자의 경우 입법과정에서 충분한 논의가 있었는지 및 후자의 경우 입법과정이 불필요하게 지연되지 않았는지 등을 검토함

Ⅲ. 관련법의 체계와 ○○○ 법의 주요내용

1. 관련법의 체계

- 수직적 체계: 헌법(상위법) 및 시행령·시행규칙(하위법) 혹은 조례 와의 관계
- 수평적 체계: 관련 분야의 법률과의 관계(경합, 모순, 충돌 등의 관점)
- 수직적 및 수평적 체계에 관한 검토를 통해 체계정당성을 유지하고 있는지, 문제점이 있는지 등에 관해 검토함(외적 체계)

2. ○○○ 법의 주요내용

- ○○○ 법의 전체 장절의 구성과 주요내용을 요약하여 설명하고, 이러한 체계와 내용이 적절하게 입법되었는지를 검토함(내적 체계)

Ⅳ. ○○○ 법에 대한 평가 혹은 전망

- 입법사안에 따라 사전적 평가와 사후적 평가가 가능할 것임

---

12 홍완식, 영리병원법안에 대한 입법평론, 입법학연구, 제9집 제2호, 한국입법학회, 2012. 12.
13 법률신문, 2012. 9. 6.

- 다양한 관점과 내용으로 평가 혹은 전망이 가능할 것임
- 법안의 입법목적과 당초의 전망을 서술하고, 이러한 입법목적과 입법시의 전망이 법률의 시행과정을 통해 어느 정도 실현되었는지를 검토함
- 문제점을 도출하고 이에 대한 개선방안을 제시함. 이 과정에서 다양한 의견과 선행연구를 검토함

Ⅴ. 맺음말

위와 같은 대체적인 체계를 활용하여 법률안이나 법률에 대한 입법평론을 할 수 있을 것이다. 평론대상법률의 특성에 따라서 항목을 삭제하거나 추가하는 등 다양한 목차와 내용으로 서술할 수 있음은 물론이다. 시행령이나 시행규칙을 포함한 행정입법은 물론이고 대법원규칙이나 국회규칙 등도 입법평론의 대상이 될 수 있다. 지방자치단체의 조례와 규칙 및 하위규정은 특히 분석과 평가가 필요한 분야이기 때문에 자치입법을 대상으로 하는 입법평론이 적극 권장되고 활용될 필요가 있다. 법령에 비하여 상대적으로 자치입법은 부실할 우려가 있고, 지방자치단체에는 법률전문가나 입법전문가가 부족하기 때문에, 조례와 규칙 등의 부실함을 점검하여 정비할 필요가 크기 때문이다. 헌법의 제정이나 개정의 경우에도 헌법을 입법하는 것이기 때문에 헌법개정안이나 헌법개정에 대한 입법평론이 가능하다고 본다. 향후에는 국가나 지방지치단체의 공적 규범에서 더욱 나아가 종교단체나 기업 등의 정관이나 규정 등 사적 규범도 분석의 대상이 될 수 있을 것이다.

2. 연명의료결정법에 대한 입법평론의 필요성

오랜 사회적 논란을 거친 후에 「호스피스·완화의료 및 임종과정에 있는 환자의 연명의료결정에 관한 법률」(이하 법제처가 법령정보센터 사이트에 표기하고 있는 공식 약칭인 「연명의료결정법」을 사용하기로 한다)이 2016년 2월 3일에 법률 14013호로 제정되어 1년 6개월의 준비기간을 거친 후인 2017년 8월 4일부터

시행된다.

그간 '보라매병원 사건'과 '세브란스병원 사건(김할머니 사건)'에 관한 법원의 판결이 세간의 이목을 집중시켰고, 연명치료를 허용하는 법률을 제정할 것인지 및 제정한다면 어떠한 내용으로 만들어야 하는지에 관한 입법논쟁이 있었다. 또한 「연명의료결정법」이 제정된 이후에는 이에 관한 논의가 있었고, 벌써 법률의 문제점과 개선방안이 제시되기도 한다. 따라서 「연명의료결정법」의 시행을 앞두고 있는 시점에서 법률의 입법과정을 검토해보고 향후 개정이 필요하다면 어떠한 방향으로 개정이 되어야 할지 등을 점검해 보고자 한다.

제2절 입법배경 및 입법경과

1. 입법배경

우선 이러한 법률의 입법이 필요하고 적정한 것이었는지 사회적·시대적 요청에 부응하고 있는 것인지를 검토할 필요가 있다. 또한 입법에 불필요한 과잉입법에 해당하는 요소나 내용은 없는지 등을 검토할 필요도 있다.

입법배경은 그간 제출된 법안의 입법취지에 잘 요약되어 있다고 본다. 2006년 의료법 개정안의 입법취지에서는 "의학적으로 회생 불가능한 환자를 특수 기계장치 등을 통해 억지로 연명시키는 것은 환자 본인에게나 그 가족에게 큰 고통이며 사회적인 부담도 큰 것이 현실이다. 회생 불가능한 환자의 의료비 지원이나 생계비 보조 등 경제적 지원 장치도 없고, 환자나 보호자의 의사에 반해 치료를 강행할 수 있는 제도적 장치가 없는 상태에서 여러 가지 이유로 연명치료 중단을 요구하는 보호자나 이를 승인한 의사에게 일방적으로 책임을 묻는 것은 불합리하다. 따라서 의학적으로 회복 불가능한 환자에 관하여 무의미한 치료의 지속으로 발생하는 사회적 문제를 의료인과 환자 등의 당사자가 아닌 사회 전체의 입장에서 해결하기 위하여 의료인은 법 제54조의2에 의한 중앙의료심사조정위원회 및 지방의료심사조정위원회의 심사결정에 따라 치료중단을 할 수 있도록" 하였음을 밝히고 있다. 2009년 1월에 경실련이 존엄사법을 입법청원하는 취지에서는 "말기치료 단계에서 환자들은 존엄성 및 자아상실과 같은 인격성을 위협하는 증상들을 두려워하여 존엄하게 죽을 권리, 원하지 않는 치료를 거부할 권리를 주장하지만 이런 요청들은 의료현장에서 의사와 환자보호자들에 의해 무시되거나 법에 의해 허용되지 않는 현실임. 이에 현대 의학으로 회복가능성이 거의 없고 치료가 불가능한 환자에 한하여, 인위적으로 생명만 연장하는데 불과한 생명유지 장치를 환자 스스로가 보류하거나 중단할 수 있도록 하는 등 환자가 존엄한 죽음에 대한 자기결정권을 행사할 수 있도록 존엄사법의 제정을 요구"하고 있다.

2009년 존엄사법 입법취지에서는 "존엄사는 안락사와는 명확히 구분되는 것으로 현대 의학으로 회복가능성이 거의 없고 치료할 수 없는 환자에 한정하여, 단지 인위적으로 생명만 연장하는 데 불과한 생명유지 장치를 환자 스스로가 보류하거나 중단할 수 있도록 자기결정권을 행사할 수 있게 하고, 이러한 의사결정을 존중하고 보호할 수 있도록 하는 데 그 목적을 두고 있음. 이에 변화된 우리 사회의 실정과 인식을 반영하여 말기환자에 대한 인권의 차원에서 존엄한 죽음과 관련된 말기환자의 자기결정권을 존중하기 위해 존엄사에 대한 개념, 절차, 요건 등을 법제화하려는 것임"을 밝히고 있다. 2016년 제정된 법률의 입법취지는 "국민 모두가 인간적인 품위를 지키며 편안하게 삶을 마무리할 수 있도록 암환자에만 국한되어 있는 호스피스 서비스를 모든 말기환자에게 확대 적용하도록 하고 동시에 말기환자 및 가족에게 필요한 전인적인 돌봄을 제공할 수 있도록 하는 호스피스·완화의료에 관한 법률을 제정하여 호스피스에 대한 체계적이고 종합적인 근거 법령을 마련하려는 것"임을 밝히고 있다.

그 동안 무조건적인 생명유지만이 능사가 아니라, 죽음에 임박한 환자의 견딜 수 없는 고통을 덜어주는 것도 존엄하게 죽을 수 있는 권리를 보장해야 한다는 주장이 있었다. 또한 연명치료중단에 아무런 기준과 대안에 대한 제시도 없이 의사·환자·가족들에게 판단을 위임하여 문제를 해결하라는 것은 국가 스스로 직무를 유기하는 것이라는 의견도 있었다.[14] 죽어가는 환자에게는 스스로 사망시기와 방법을 결정하여 존엄하게 죽을 권리가 있다는 주장이다. 국내외 존엄사 판례를 볼 때에, "이들 개개의 사례들을 모두 소송사건화하여 일일이 법원의 판단을 받게 하는 것도 비현실적"[15]이라는 법원의 견해가 타당해 보이고, "연명치료를 중단하고 자연스런 죽음을 맞이하는 문제는 생명권 보호라는 헌법적 가치질서와 관련된 것으로 법학과 의학만의 문제가 아니라 종교, 윤리, 나아가 인간의 실존에 관한 철학적 문제까지도 연결되는 중대한 문제이므로 충분한 사회적 합의가 필요한 사항이다. 따라서 이에 관한 입법은 사회적 논의가 성숙되고 공론화 과정을 거친 후 비로소 국회가 그 필요성을 인정하여 이를 추진할 사항"[16]이라고 하는 헌법재판소의 견해도 경청할 만 하였다.

이러한 국회와 법원 및 헌법재판소 등의 의견을 종합해보면, 「연명의료결정법」의 입법배경은 사회변화를 반영하여 연명치료와 관련한 환자의 자기결정권을 존중하고, 연명치료중단을 위한 절차와 요건 등을 법제화하려는 국민들의 의견이 입법의 배경이 되었다고 정리할 수 있을 것이다.

2. 입법경과

연명치료중단에 관한 문제를 병원과 환자가족이 자율적으로 해결하도록 하는 단계는 이미 지났다고 본다. 그리고 연명치료중단에 관한 문제를 병원과 환자가족의 자율에 맡겨둘 경우에는 연명치료 중단사례 간의 기준과 결과의 상이함으로 인하여 혼란과 차별의 문제가 발생할 수 있다. 존엄사 혹은 연명치료중단에 관한 법률의 제정을 통하여 국민들에게 법적 안정성과 예측가능성을 줄 필요가 있다.[17] 따라서 연명치료중단의 대상, 요건, 절차, 악용방지를 위한 제도

14 문성제, "무의미한 연명치료 중단 등의 기준에 관한 재고", 『의료법학』, 제10권 제2호, 2009, 335쪽.
15 서울고등법원 2009. 2. 10. 2008나116869.
16 헌재 2009. 11. 26. 2008헌마385.
17 홍완식, "'존엄사' 법안의 분석과 평가 — 입법학적 관점에서", 『입법학연구』, 제6집, 2009,

적인 장치 등이 법률의 중요한 내용으로 검토되어야 한다는 의견이 지속적으로 제기되었다.[18]

연명치료중단에 관한 사항을 법제화하기 위한 가시적인 시도는 제17대 국회에서부터 있었다. 2006년 2월 24일에 안명옥 의원은 연명치료중단을 허용하는 내용의 의료법 개정안을 발의하였으나, 2008년 5월에 제17대 국회의 임기만료로 법안은 자동 폐기되었다. 2008년에 경실련은 일종의 시민입법운동으로 존엄사법을 제정하자는 입법운동을 시작하였고 2009년 1월에 '존엄사법 제정을 위한 입법청원'을 국회에 제출하였다.

제18대 국회에서는 여러 건의 법안이 발의되었다. 2009년 2월 5일에는 신상진 의원의 대표발의로 존엄사법안이 발의되었다. 이외에도 2008년 12월 9일에 김충환 의원의 대표발의로 '호스피스·완화의료에 관한 법률안'이 발의되었고, 2009년 6월 22일에는 김세연 의원의 대표발의로 '삶의 마지막 단계에서 자연스러운 죽음을 맞이할 권리에 관한 법률안'이 발의되었다. 그러나 제18대 국회에서 발의된 존엄사 법안들은 제18대 국회의 임기만료로 모두 자동 폐기되었다. 그간 의료현장에서의 필요, 연명치료환자 가족들의 요청, 비교입법적 경향성, 법원의 입법권고 등이 있음에도 불구하고, 존엄사 혹은 연명치료중단과 관련하여 국회에 제출되었던 법안들이 모두 폐기된 것이다. 연명치료 중단에 관하여 정부안으로 제출된 법안은 없었지만, 연명치료중단을 법제화하기 위한 정부측의 노력이 없었던 것은 아니다. 2013년 5월에 '무의미한 연명치료 중단 제도화' 논의를 위해 의료계, 종교계, 윤리계, 시민단체 등에서 추천된 11인으로 구성된 대통령소속 국가생명윤리심의위원회 산하 특별위원회는 '환자의 연명의료 자기결정에 관한 권고안'을 마련하였다. 이 권고안은 모든 환자는 적절하게 치료를 받으며, 자신이 앓고 있는 상병(傷病)의 상태와 예후 그리고 시행할 의료에 대해서 분명하게 알고 스스로 결정할 권리가 있다는 점을 토대로 하였으며, 연명치료중단에 해당하는 환자의 요건과 연명치료를 원하는 환자의 의사(意思)

185쪽.

18 홍완식, 법과 사회, 법문사, 2016, 39쪽.

확인 등을 중심으로 하는 내용이 담겨 있다. 의학과 의료가 오히려 임종 기간을 연장할 뿐인 사례가 있으며, 의료인은 환자에게 적절한 치료와 함께 환자의 자기결정권 행사를 위하여 자세하고 정확한 정보를 제공하고 환자의 정당한 결정을 존중하여야 하며, 환자가 연명의료 대신 호스피스나 완화의료를 선택할 수도 있도록 하자는 것이 중요 내용이었다.[19]

제19대 국회에 들어와서도 존엄사법안 발의는 계속되었다. 2015년 6월 5일에는 신상진 의원이 제18대 국회에 이어 존엄사법안을 재차 발의하였다. 2015년 7월 7일에는 김재원 의원이 '호스피스·완화의료의 이용 및 임종과정에 있는 환자의 연명의료 결정에 관한 법률안'을 발의했다. 그러나 어떠한 내용과 절차를 담고 있던 간에 연명치료중단을 허용하는 입법은 "생명에 대한 침해를 공인하는 것을 의미"[20]한다는 비판론이 있었으며, 찬성론과 비판론에 의한 사회적 논의가 계속되면서 입법추진은 소강상태를 벗어나지 못하고 있었다. 특히 국회 보건복지위원회를 통과한 이후인 2015년 12월의 법제사법위원회 심의과정에서는 연명치료에 한의사의 참여 여부가 문제가 되어 국회 심의과정에서 논란이 있었다. 이에 대해 대한의사협회 2016년 1월 4일에 발표한 성명에서 "법안에 명시된 연명의료행위는 고도의 의학적 지식과 기술, 전문적 판단을 필요로 하는 것으로써 의료법상 의사만이 할 수 있는 영역"이라며 "한의학적 사항이 포함될 개연성이 없는데도 불구하고 한의사 참여를 요구하는 것은 타당성이 없으며 국민건강과 생명을 도외시한 몰상식한 발상"이라고 주장했다. 또한 "국회 마지막 관문을 앞두고 한의사의 참여를 주장하고 나선 것은 국회의원을 앞세워 밥그릇을 챙기려는 의도로밖에 보이지 않는다"고 비난하면서 법안처리가 위기에 처하기도 했다.

법사위의 체계자구심사에서는 세 가지 점이 수정되었다. ① 개정안은 제2조 제4호에서 연명의료를 정의하면서 임종과정에 있는 환자에게 일정한 의학적 시술로서 치료효과 없이 임종과정의 기간만 연장하는 것이라고 규정하면서, 안

19 국가생명윤리위원회 특별위원회, 환자의 연명의료 자기결정에 관한 권고안, 2013. 5. 참조.
20 주호노, "존엄사의 허용요건과 법제화의 방향", 『한국의료법학회지』 제21권 제1호, 2013. 6, 120쪽.

제2조 제5호에 연명의료결정은 연명의료를 시행하지 않거나 중단하기로 하는 결정으로 정의하고 있다. 그러나 연명의료를 규정하고 이에 대한 결정이라고 규정하는 경우 연명의료에 관하여 결정하는 것이라고 판단하는 것이 일반적일 것이므로 이에 대한 혼란을 줄이고 그 의미를 명확하게 하기 위하여 "연명의료결정"을 "연명의료중단등결정"으로 수정하였다. ② 개정안 제28조 제2항은 호스피스전문기관의 의사가 호스피스를 시행하기 전에 말기환자등이나 그 가족에게 일정한 내용을 설명할 의무를 규정하고 있는데, 호스피스에 관한 부분은 현재도 암관리법에서 말기암환자에 대하여 한의사가 호스피스를 제공하고 있고, 개정안에 의할 경우에도 호스피스는 의사뿐만 아니라 한의사도 제공할 수 있으므로 이를 명확하게 위하여 "한의사"라는 문구를 추가하였다. ③ 개정안 제18조 제2항은 안 제17조에 따라 법정대리인이나 환자가족이 없는 환자 즉, 무연고자에 대하여 해당 의료기관의 윤리위원회 또는 공용윤리위원회가 그 의결로 연명의료중단등결정을 할 수 있도록 규정하고 있다. 그러나 해당 위원회의 역할이 인간의 생명권과 밀접한 관련성이 있는 점, 가족이 없는 무연고자 본인의 연명의료중단등결정을 위원회가 결정하는 점 등 위원회의 공익성을 고려하여 추후 법적장치를 마련하기로 하고 이번 개정안에서는 위원회와 관련된 규정을 삭제하기로 하였다.[21]

결국 오랜 동안의 존엄사 입법운동과 거듭된 뇌사·존엄사·연명치료중단에 관한 판결 및 수차례 발의된 법안 등을 계기로 한 입법논쟁에 힘입어서, 2016년 2월 3일에 「연명의료결정법」이 제정·공포되었고,[22] 시행령 준비와 관련

---

21 개정안 제17조는 연명의료중단등결정에 대한 환자 의사를 확인하는 내용을 규정하면서 그 내용이나 절차를 엄격하게 규정하고 있다. 이는 연명의료중단등결정이 인간의 생명권과 직접적이고 밀접한 관련이 있는 부분이므로 본인의 의사를 최대한 존중하려는 입법취지가 반영된 결과로 보여진다. 그러나 개정안 제18조 제3호에서 무연고자에 대하여는 위원회에게 연명의료중단등결정을 모두 맡기면서 최소한 해당 위원회가 갖추어야 할 법적 장치를 규정하고 있지 않아 이와 관련된 제도적 정비가 미흡한 상황이다. 법제사법위원회 심사보고서.

22 국회 보건복지위원회의 대안이 통과되면서 삶의 마지막 단계에서 자연스러운 죽음을 맞이할 권리에 관한 법안(김세연의원 등 11인발의), 암관리법 일부개정법률안(김제식의원 등 10인발의), 암관리법 일부개정법률안(이명수의원 등 12인발의), 암관리법 전부개정법률안(김춘진의원 등 10인발의), 호스피스·완화의료에 관한 법률안(김세연의원 등 32인발

기관 설립준비 등을 위한 시행준비기간을 거쳐, 일부 조항은 2017년 8월 4일부터 일부 조항은 2018년 2월 4일부터 시행된다.

「연명의료결정법」이 제정되기까지의 입법과정에는 많은 갈등이 있었다. 갈등이 많은 법일수록 그 입법적 귀결은 갈등을 미루는 방법으로 조직을 만들고 갖가지 규제를 더한다는 평가가 있다. 조직과 규제를 만드는 것은 입법부 입장에서는 안전장치를 마련하는 것이며 관료적 입장에서는 규제권한을 신설하고 강화하는 것이다.[23] 전술한 바와 같이 한의사 포함 여부를 두고 논란이 있었고, 후술하는 바와 같이 기관설립이니 기관지정에 관한 규정의 문제점도 지적되고 있다. 또한 제정된 법률이 환자의 자기결정권을 존중하기 위한 입법목적에 충실하게 심의되었냐는 의문도 제기되었다. 법률의 시행을 앞두고 많은 문제점과 개선방안이 제기되고 있다. 오랫동안의 입법운동이 있었고 많은 법안이 발의되기도 하였지만, 법안심의과정이 충실하게 진행되었는가에 관해서는 확신할 수 없다는 것이다.

제3절 관련법의 체계와 연명치료결정법의 주요내용

1. 관련법의 체계

「암관리법」이 2010년 5월 31일에 개정(시행 2011. 6. 1)되면서 말기암환자의 완화의료에 관한 규정이 신설되었다. 즉, 보건복지부장관은 말기암환자 완화의료를 위하여 지침을 개발·보급하고 전문 인력을 양성하는 등 완화의료사업을

의), 존엄사법안(신상진의원 등 12인발의), 호스피스·완화의료의 이용 및 임종과정에 있는 환자의 연명의료 결정에 관한 법률안(김재원의원 등 10인발의) 등 7건의 법안은 대안반영폐기되었다. 법률안은 아니지만, 웰다잉 문화조성 및 호스피스 활성화를 위한 결의안(원혜영의원 등 29인)은 임기만료로 폐기되었다.

23 박형욱, 환자연명의료결정법의 제정과 과제, 저스티스, 제158-3호, 2017, 694쪽.

하여야 하며, 일정한 요건을 갖춘 의료기관을 완화의료전문기관으로 지정하여 비용의 전부 또는 일부를 지원하고 완화의료의 질을 향상시키기 위하여 완화의료전문기관에 대한 평가를 할 수 있게 하고, 완화의료전문기관의 의료인은 말기암환자 또는 그 가족에게 완화의료 시 이용절차 등에 관하여 설명하여야 하고, 완화의료전문기관에서 완화의료를 받으려는 자는 신청 시 완화의료 동의서와 의사가 발급하는 의사소견서를 첨부하여야 하며 언제든지 완화의료 신청을 철회할 수 있도록 하기 위한 것이다.[24] 즉, 제20조부터 제26조까지에는 말기암환자 완화의료의 대상자를 말기암환자로서 본인이 완화의료 이용을 희망하는 사람으로 정의하고, 완화의료사업을 말기암환자의 적정한 통증관리 등 삶의 질 향상을 위한 지침 개발 및 보급, 완화의료전문기관의 육성 및 완화의료 전문 인력의 양성, 말기암환자에 대한 가정방문 보건의료사업, 말기암환자와 그 가족을 위한 교육프로그램의 개발 및 보급 등으로 하며, 완화의료전문기관의 지정·평가·지정최소 등이 규정되어 있다. 또한 의료인의 설명의무 및 완화의료 신청에 관한 사항도 규정되어 있다. 즉, 2016년에 「연명의료결정법」이 제정되기 전인 2010년에 암관리법이 개정되어, 말기암환자를 대상으로 하는 호스피스·완화의료제도의 법적 근거는 이미 마련되었다. 그러나, 호스피스·완화의료의 대상이 말기암환자에 한정되어 있다는 점에서 한계가 있었는데, 「연명의료결정법」의 제징으로 대상이 확대되있다. 연명치료에 관해서는 「암관리빕」이 「연명의료결정법」의 특별법적 지위를 갖게 되었다고 볼 수 있지만, 두 법률간에 모순·충돌되지 않도록 운영되어야 할 것이다.

또한 「암관리법」 개정의 후속조치로 2015년 7월부터는 말기암환자를 대상으로 하는 호스피스·완화의료에 대한 건강보험 적용이 시작되었던 것처럼, 「연명의료결정법」의 요건과 절차에 따른 호스피스·완화의료에 대하여 건강보험과의 연계를 확정하고 개선할 필요가 있다. 기타 「연명의료결정법」의 시행으로 인한 관련제도와의 연계를 위하여 필요하다면, 관련 법령이 「연명의료결정법」에 맞추어 정비될 필요가 있다. 이에 관한 선행연구나 분석은 아직 충분치 않다.

---

24 암관리법 개정이유, 법률 제10333호, 2010. 5. 31. 전부개정, 법제처, 법령정보센터.

2. 연명치료결정법의 주요내용

「연명의료결정법」은 연명의료에 대한 기본원칙, 연명의료결정의 관리 체계, 연명의료의 결정 및 그 이행 등에 필요한 사항을 정하여 임종과정에 있는 환자의 연명의료결정을 제도화함으로써 환자의 자기결정을 존중하고 환자의 존엄과 가치를 보장하며, 암환자에만 국한되어 있는 호스피스 서비스를 일정한 범위의 말기환자에게 확대 적용하도록 하고, 호스피스에 대한 체계적이고 종합적인 근거 법령을 마련하여 국민 모두가 인간적인 품위를 지키며 편안하게 삶을 마무리할 수 있도록 하려는 것이다.

제1조 법의 목적에서 "이 법은 호스피스·완화의료와 임종과정에 있는 환자의 연명의료 결정 및 그 이행에 필요한 사항을 규정함으로써 환자의 최선의 이익을 보장하고 자기결정을 존중하여 인간으로서의 존엄과 가치를 보호하는 것을 목적으로 함"을 밝히고 있다. 제2조(정의)에서는 우선 '임종과정'을 회생의 가능성이 없고, 치료에도 불구하고 회복되지 않으며, 급속도로 증상이 악화되어 사망에 임박한 상태로 정의하고, '연명의료'를 임종과정에 있는 환자에게 하는 심폐소생술, 혈액 투석, 항암제 투여, 인공호흡기 착용 등 대통령령으로 정하는 의학적 시술로서 치료효과 없이 임종과정의 기간만을 연장하는 것으로 정의하였다. 또한 '말기환자'를 암, 후천성면역결핍증, 만성 폐쇄성 호흡기질환, 만성간경변 및 그 밖에 보건복지부령으로 정하는 질환에 대하여, 회복의 가능성이 없고 증상이 악화되어 담당의사 1인과 해당 분야의 전문의 1명으로부터 수개월 이내에 사망할 것으로 예상되는 진단을 받은 환자로 하고, '호스피스'를 말기환자 또는 임종과정에 있는 환자와 그 가족에게 통증과 증상의 완화 등을 포함한 신체적·심리사회적·영적 영역에 대한 종합적인 평가와 치료를 목적으로 하는 의료로 정의하였다.

연명의료결정의 관리 체계(제9조~제14조)에서는 연명의료결정 및 이행에 관한 사항을 적정하게 관리하기 위하여 국립연명의료관리기관을 두고, 연명의료계획서의 작성 및 내용, 등록·보관 및 변경·철회 등에 관한 사항 및 사전연명의료의향서의 작성 및 내용, 등록기관의 지정 등에 관한 사항을 정하고 있다.

연명의료결정의 이행(제15조~제20조)에서 담당의사는 환자에 대한 연명의료결정을 이행하기 전에 해당 환자가 임종과정에 있는지 여부를 해당 분야의 전문의 1명과 함께 판단하도록 하고, 의료기관에서 작성된 연명의료계획서가 있는 경우, 사전연명의료의향서가 있고 담당의사가 환자에게 그 내용을 확인한 경우에는 이를 연명의료결정에 관한 환자의 의사로 본다. 연명의료계획서나 사전연명의료의향서가 없는 경우에는 환자가족 2명 이상의 일치하는 진술이 있고 담당의사 등의 확인을 거친 때에는 이를 연명의료결정에 관한 환자의 의사로 본다. 담당의사는 환자에 대한 연명의료결정시 이를 즉시 이행하고 그 결과를 기록하여야 하며, 통증 완화를 위한 의료행위와 영양분 공급, 물 공급, 산소의 단순 공급은 보류되거나 중단되어서는 아니 된다는 점을 규정하고 있다.

호스피스·완화의료에 대한 체계적인 지원 제도를 마련(제6조, 제21조, 제23조, 제24조 및 제26조)하였다. 보건복지부장관은 말기환자관리에 필요한 사업을 수행하기 위하여 중앙호스피스센터 및 권역별호스피스센터를 지정할 수 있도록 하고, 말기환자 대상 호스피스전문기관을 설치·운영하려는 의료기관 중 보건복지부령으로 정하는 시설·인력·장비 등의 기준을 충족하는 의료기관을 호스피스전문기관으로 지정할 수 있고, 평가 및 지정 취소를 규정하도록 규정하고 있다.

제4절 연명치료결정법에 대한 평가 혹은 전망

1. 법률명칭과 정의규정

제2조 정의 규정에서 5호가 원래는 ‘연명의료결정’이었다가 법사위의 심의과정에서 문제가 제기되어 ‘연명의료중단등결정’으로 수정되었다.[25] 개정안은

25 제2조 4. “연명의료”란 임종과정에 있는 환자에게 하는 심폐소생술, 혈액 투석, 항암제 투

제2조 제4호에서 연명의료를 정의하면서 임종과정에 있는 환자에게 일정한 의학적 시술로서 치료효과 없이 임종과정의 기간만 연장하는 것이라고 규정하면서, 안 제2조 제5호에 연명의료결정은 연명의료를 시행하지 않거나 중단하기로 하는 결정으로 정의하고 있었다. 그러나 연명의료를 규정하고 이에 대한 결정이라고 규정하는 경우 연명의료에 관하여 결정하는 것이라고 판단하는 것이 일반적일 것이므로, 이러한 혼란을 줄이고 그 의미를 명확하게 하기 위하여 "연명의료결정"을 "연명의료중단등결정"으로 수정하였다.[26]

원래의 용어인 '연명의료결정'이었다가 '연명의료중단등결정'으로 수정된 것은 올바른 선택이었다고 본다. 다만 정의 규정에서 '연명의료결정'이 '연명의료중단등결정'으로 수정되기는 하였지만 원래 시도한 용어인 '연명의료결정'을 전제로 한 법률명칭을 수정하지는 못한 것으로 보인다. 정의규정에서 '연명의료결정'을 '연명의료중단등결정'으로 수정한 것이 옳다면, 법률명칭도 수정되는 것이 옳다고 본다. 하지만 법사위 단계에서 정의규정을 수정하는 것은 가능했어도, 법률명칭을 수정하기는 실무상 쉽지 않았을 것으로 보인다. 그러나 법사위의 정의규정 수정 이유에 적시된 것처럼 법률명칭만을 본다면 "연명의료에 관하여 결정하는 것이라고 판단하는 것이 일반적일 것이므로 이에 대한 혼란을 줄이고 그 의미를 명확하게 하기 위하여" 법률명칭을 수정하는 개정작업이 필요하다고 본다.

2. 연명의료중단 등 결정

미국이나 영국에서 연명의료중단의 결정을 내리는 절차를 규정하는 법률에서는 환자의 담당의사와 담당의사로부터 독립된 의사를 의견을 확인하도록 하고 있으며 우리도 이러한 규정을 둘 필요가 있다.[27] 제18조에는 환자의 의사

여, 인공호흡기 착용의 의학적 시술로서 치료효과 없이 임종과정의 기간만을 연장하는 것을 말한다. 5. "연명의료중단등결정"이란 임종과정에 있는 환자에 대한 연명의료를 시행하지 아니하거나 중단하기로 하는 결정을 말한다.

26 법제사법위원회 심사보고서.

27 이희훈, 미국의 존엄사법과 영국의 조력자살법안에 대한 비교법적 고찰, 토지공법연구,

를 확인할 수 없는 경우의 연명의료중단등결정에 있어서 "담당의사와 해당분야 전문의 1명이 확인한 경우" 연명의료중단등 결정이 있는 것으로 본다고 규정되어 있다. 아쉬운 것은 '해당분야 전문의'가 담당의사와 독립된 결정을 내려야 하는데, 담당의사와 해당분야 전문의의 관계에 관해서는 아무런 규정을 두고 있지 않다는 점이다. 담당의사 혼자 이러한 결정을 내리지 않고 다른 의사의 의견을 확인하려는 취지는 결정의 객관성과 전문성을 확보하려는 취지인데, '해당분야 전문의'가 담당의사의 영향력으로부터 독립적이지 않다면, 이러한 취지를 살릴 수가 없을 것이다. 예를 들어, 같은 병원에 속하는 전문의이거나 담당의사의 제자 등은 독립적이고 객관적인 판단을 하리라 기대하기 어려운 것이다.

제17조 제3항과 제18조의 차별성이 크지 않다는 지적이 있다. 환자 가족 2명 이상의 일치된 진술로 환자의 의사를 추정하는 제17조 제1항 제3호는 환자가족 전원의 합의로 연명의료중단을 결정하는 제18조와 크게 다르지 않다는 것이다. 왜냐하면 2명 이상의 가족의 일치하는 진술이 있어도 진술과 배치되는 다른 환자 가족의 진술이나 객관적 증거가 있는 경우에는 환자의 의사를 추정할 수 없기 때문이고, 2명 이상의 가족의 진술과 배치되는 다른 환자 가족이 없다면 사실상 환자 가족 전원의 합의와 다르지 않은 경우가 대부분일 것이기 때문이다.[28] 기본적으로 제17조(환자의 의사확인)는 연명의료계획서나 사전연명의료의향서가 있는 경우이고 제18조(환자의 의사를 확인할 수 없는 경우의 연명의료중단등 결정)는 없는 경우에 관한 규정이다. 그런데 제17조 제3항의 본문은 "제1호 또는 제2호에 해당하지 아니하고 19세 이상의 환자가 의사를 표현할 수 없는 의학적 상태인 경우 환자의 연명의료중단등결정에 관한 의사로 보기에 충분한 기간 동안 일관하여 표시된 연명의료중단등에 관한 의사에 대하여 환자가족(19세 이상인 자로서 다음 각 목의 어느 하나에 해당하는 사람을 말한다) 2명 이상의 일치하는 진술(환자가족이 1명인 경우에는 그 1명의 진술을 말한다)이 있으면 담당의사와 해당 분야의 전문의 1명의 확인을 거쳐 이를 환자의 의사로 본다"고 하여

제68집, 2015, 587쪽.
28 박형욱, 환자연명의료결정법의 제정과 과제, 저스티스, 제158-3호, 2017, 691쪽.

연명의료계획서나 사전연명의료의향서가 없는 경우의 환자의사 확인에 관한 것이다. 따라서 환자의 의사를 확인할 수 없는 경우이며 이는 제18조에 규정되어야 할 사안이라고 본다.

이와 함께 연명의료중단등 결정의 절차에 관한 규정이 보다 상세하게 규정될 필요가 있다.[29] 연명치료중단은 결정의 이행 보다는 연명치료중단결정 자체가 민감하고 중요하다. 현행법 체계는 제32장 '연명치료중단등 결정의 이행'에서 연명치료중단의 결정에 관한 사항을 규정하고 있다. 그러나 연명치료중단결정을 이행하기 이전에 누가 어디에 신청하고 어떠한 절차로 결정이 이루어져야 하는지에 관한 사항에 대하여는 별도의 장으로 독립하여 상세히 규정하는 것이 바람직해 보인다. 예를 들어 「장기 등 이식에 관한 법률」에 근거한 뇌사판정의 기준과 같이 임종과정 내지 회생불가능성에 대한 구체적인 절차와 기준을 입법해야 한다[30]거나 객관적 기준과 절차적인 과정을 만들어야 한다[31]는 의견이 있다. 결정의 이행은 결정된 사항을 담당의사가 어떻게 집행하는지에 관한 사항이므로, 연명치료중단의 이행보다는 결정이 중요하기 때문이다.

3. 연명치료중단 등 결정의 대리인

법 제2조, 제8조 2항에 따르면 환자가족 2명 이상이 요청하는 경우 연명의료 선택이 가능하다는 여지를 남긴 반면 제8조 3항에는 해당 환자에게 이를 설명하고 작성할 것을 요구하고 있다. 환자를 대신해 가족이 연명의료결정서를 작성할 수 없게 되어 있는 셈이다. 「연명의료결정법」의 가장 시급한 논의 과제는 환자를 대신해 가족이 연명의료결정서를 작성할 수 없다는 점에 관한 것으로 보는 견해가 있다. 주지하다시피, 관행적으로 이루어지던 말기암 환자에 대한 환자가족의 연명의료 중단 결정은 불법적 요소가 있다. 허대석 교수는 "연명

29 전수영, 거버넌스관점에서 무의미한 연명치료중단의 문제점과 합리화방안에 관한 고찰, 강원법학, 제45권, 2015. 6, 540쪽.
30 장한철, 연명의료결정법의 문제점에 대한 고찰, 동북아법연구, 제10권 제2호, 2016, 396쪽.
31 김장한, 토론문, 저스티스, 제158-3호, 2017, 713쪽.

의료결정의 실질적인 상황은 대부분 이 경로로 진행하게 될 것"이라면서 "가족이 대리결정할 수 있도록 시행령 및 시행규칙을 마련하는 게 시급하다"고 말했다. 그는 이어 "법이 시행되기 이전에 관행적으로 해오던 것이 불법적 의료행위가 될 수 있는 상황"이라면서 "가장 심각한 문제는 정부는 물론 의협, 의사 및 의료기관 모두 이에 대한 준비를 안하고 있으며 문제의식조차 없다는 사실"이라는 의견을 개진하였다.[32] 그러나 가족이 연명치료중단을 결정할 수 있도록 대리결정권을 줄 것인가에 대해서는 논란의 정리가 필요하다.

환자의 의사를 확인할 수 없는 경우에 있어서, 환자의 자기결정권이라는 관점에서는 환자의 의사와 무관하게 가족 전원의 합의로 연명의료중단 등 결정을 하는 것 보다는 환자가 지정한 대리인이 연명의료중단등 결정을 하는 것이 존중되어야 한다[33]는 견해가 있다. 환자가 의식불능이 되는 경우 환자의 의사를 대행하기 위한 대리인의 동의권 행사에 관한 요건·절차·효력 등에 관한 사항이 규정될 필요가 있다는 것이다.

4. 연명의료중단 등 결정의 이행 주체

제19조[34]에는 연명의료중단등결정을 이행하는 주체가 '담당의사'임이 명시되어 있으며, 연명의료중단의 내용과 의무 등에 관해서 규정되어 있다. 연명의

32 연명의료법, 해결할 쟁점 산더미인데 잿밥 싸움만, 메디컬타임즈, 2016. 12. 8.

33 박형욱, 환자연명의료결정법의 제정과 과제, 저스티스, 제158-3호, 2017, 690쪽.

34 제19조(연명의료중단등결정의 이행 등) ① 담당의사는 제15조 각 호의 어느 하나에 해당하는 환자에 대하여 즉시 연명의료중단등결정을 이행하여야 한다.
② 연명의료중단등결정 이행 시 통증 완화를 위한 의료행위와 영양분 공급, 물 공급, 산소의 단순 공급은 시행하지 아니하거나 중단되어서는 아니 된다.
③ 담당의사가 연명의료중단등결정의 이행을 거부할 때에는 해당 의료기관의 장은 윤리위원회의 심의를 거쳐 담당의사를 교체하여야 한다. 이 경우 의료기관의 장은 연명의료중단등결정의 이행 거부를 이유로 담당의사에게 해고나 그 밖에 불리한 처우를 하여서는 아니 된다.
④ 담당의사는 연명의료중단등결정을 이행하는 경우 그 과정 및 결과를 기록하여야 한다.
⑤ 의료기관의 장은 제1항에 따라 연명의료중단등결정을 이행하는 경우 그 결과를 지체없이 보건복지부령으로 정하는 바에 따라 관리기관의 장에게 통보하여야 한다. [시행일 : 2018. 2. 4.]

료중단과 사전연명의료의향서 등에 관한 규정은 2018년 2월 4일부터 시행되는 것으로 하여, 호스피스·완화의료 등에 관한 규정의 시행일인 2017년 8월 4일보다 6개월 경과한 이후부터 시행된다.

제19조에 연명의료중단등결정을 이행하는 주체가 반드시 '담당의사'임을 명시한 것은 아무나 연명의료를 중단하는 의료행위를 할 경우에 발생할 문제를 차단하기 위한 규정이다. 그러나 의사가 아닌 제3자 중에서 환자와 신뢰관계에 있는 가족이 환자의 의사에 따라 가령 인공영양분 공급을 중단하는 경우의 문제 등에 관해서는 함구하고 있다는 지적이 있다.[35] 의사자격이 없는 무자격자가 연명의료를 중단하는 의료행위를 하는 것을 금지하는 것과 환자의 상태에 중대한 변경을 초래하는 의료행위를 담당의사에게만 허용하는 것은 옳지만, 연명의료중단등결정을 이행하는 모든 행위를 담당의사에게 하도록 하는 것이 과연 현실적이냐는 의문은 정당하다고 본다. 제19조 제2항은 "연명의료중단등결정 이행 시 통증 완화를 위한 의료행위와 영양분 공급, 물 공급, 산소의 단순 공급은 시행하지 아니하거나 중단되어서는 아니 된다"고 규정하고 있다. 이 중에서 "연명의료중단등결정 이행 시 통증 완화를 위한 의료행위"와 "영양분 공급, 물 공급, 산소의 단순 공급"을 구분할 필요가 있다.

5. 말기와 임종기의 구분기준

말기와 임종기에 대한 명확한 기준 정립도 논의가 시급하다. 「연명의료결정법」에 따르면 연명의료를 중단하는 결정은 '임종과정'즉, 임종 2~3주전 즈음에 있는 환자를 대상으로 한다. 이를 보수적으로 해석한다면, 말기암환자에게 임종 2~3개월 전에 항암제 치료를 중단하는 것은 불법이라고 해석될 수 있다. 다시 말해 법 시행 전에는 말기암 환자 혹은 가족의 요구로 임종 2~3개월 전에 항암치료를 중단할 수 있던 게 오히려 연명의료결정법 시행 이후 제한을 받게 된 셈이다. 허대석 교수는 "말기환자에 대한 항암제치료 및 혈액투석을 중단하

35 손미숙, 연명의료중단의 형법이론적 근거, 형사정책, 제28권 제1호, 2016. 4, 42쪽.

면 불법이 되는 법이 될 수 있다"면서 "지금은 연명의료관리기관을 누가 맡을 것인가를 싸울 게 아니라 의료 현장에 닥칠 수많은 쟁점을 중심으로 논의를 해야할 때"라고 강조했다.[36] 말기와 임종기 구분기준에 관한 논란은 '말기환자'와 '임종과정에 있는 환자'를 구분하여 정하는 법규정에 관한 논란으로 연결된다. 이는 나아가 호스피스와 연명의료의 관계에 대한 불명확하게 규정하고 있다는 논란[37]으로도 연결된다.

6. 말기환자의 범위

전술한 바와 같이 2010년의 암관리법의 개정으로 말기암환자의 호스피스·완화의료가 가능해졌지만, AIDS 만성폐쇄성호흡기질환 만성간경변 등으로 대상질환을 확대하자는 사회적 요청이 있었다.[38] 그리하여 「연명의료결정법」에서는 제2조 3호에서 말기환자의 범위를 암, 후천성면역결핍증, 만성폐쇄성 호흡기질환, 만성 간경화로 열거하고 기타 말기질환은 보건복지부령으로 정하도록 하였다. 그러나 의학적으로 수많은 질병으로 인하여 말기환자가 될 수 있기 때문에, 말기환자의 범위는 넓을 수밖에 없으며, 이를 몇 개의 질환으로 제한하는 것은 합당치 않다는 지적이다.[39] 말기환자 완화치료가 환자의 고통을 완화하고 가족의 부담을 경감하며 국가의료비를 효율적으로 집행하는 현실적 대안이며 환자와 가족의 만족도가 높다면,[40] '말기환자'에 초점을 맞추어야지 '어느 질환'의 말기환자에 초점을 맞추는 말기환자 범위 제한에 대한 비판이 있는 것이다.

또한 법률 제2조 3호에서 말기환자의 질환범위를 엄격히 제한하고 시행규

36 연명의료법, 해결할 쟁점 산더미인데 잿밥 싸움만, 메디컬타임즈, 2016. 12. 8.
37 최경석, 호스피스·환화의료 및 연명의료결정에 관한 법률의 쟁점과 향후 과제, 한국의료윤리학회지, 통권47호, 2016, 125쪽.
38 양나희, 아름답게 죽을 권리 웰다잉법, 청년의사, 2016. 8. 17.
39 말기환자의 범위를 제한하지 않는다고 하여 국가의 재정적 부담이 확대되는 것은 아니라는 지적이며, 국가의 재정적 부담경감은 국민건강보험법령에서 호스피스와 완화치료에 대한 수가를 인정하는 환자의 범위를 제한하면 해결할 수 있다. 박형욱, 환자연명의료결정법의 제정과 과제, 저스티스, 제158-3호, 2017, 696쪽.
40 보건복지위원회, 호스피스·완화의료에 관한 법률안 심사보고서, 2016. 1, 5쪽.

칙에 해당하는 보건복지부장관령으로 말기질환을 정하도록 하는 것은 중요한 사항을 하위입법으로 위임하는 경우에 해당될 가능성이 있다. 보건복지부장관령은 대통령령 보다도 입법절차가 간단하다. 많은 법률에서 법률사항에 해당하는 중요한 내용을 하위의 행정입법에 위임하는 잘못된 입법관행이 여기에서도 반복되고 있는 것이다.

제2조 2호와 3호에 따르면 '임종과정에 있는 환자'란 제16조에 따라 담당의사와 해당 분야의 전문의 1명으로부터 임종과정에 있다는 의학적 판단을 받은 자이고, '말기환자'는 암·후천성면역결핍증·만성 폐쇄성 호흡기질환·만성 간경화·그 밖에 보건복지부령으로 정하는 질환에 대하여 적극적인 치료에도 불구하고 근원적인 회복의 가능성이 없고 점차 증상이 악화되어 보건복지부령으로 정하는 절차와 기준에 따라 담당의사와 해당 분야의 전문의 1명으로부터 수개월 이내에 사망할 것으로 예상되는 진단을 받은 환자이다. 환자의 상태만을 규정하지 않고 공히 담당의사와 해당 분야의 전문의 1명으로부터 그러하다는 진단을 받아야 한다. 그러나 연명의료계획서를 작성할 때에 2명의 의사의 진단을 받도록 하는 것은 과도한 규제라는 지적도 있다. 담당의사의 판단 하에 연명의료계획서를 작성하고 연명의료중단등결정을 할 때에 환자가 임종과정에 있는지를 판단하기 위하여 2명의 의사의 진단을 요구하면 된다는 것이다.[41]

7. 환자의 자기결정권

「연명의료결정법」의 가장 우선적이고 기본적인 입법취지는 인간의 존엄과 가치에 상응하는 치료이고 이에 관한 환자의 자기결정권의 존중이다. 이러한 관점에서 이 법률이 과연 환자의 자기결정권을 존중하는 내용으로 입법되었는지 및 환자가족 등의 악용가능성을 통제할 수 있는 규범적 차원의 장치들이 충분한지를 검토해볼 필요가 있다. 특히 「연명의료결정법」은 제한된 범위에서 한정된 영역의 문제만을 다루고 있으며 그 밖의 문제에 대해서는 아무런 언급이

41 박형욱, 환자연명의료결정법의 제정과 과제, 저스티스, 제158−3호, 2017, 696쪽.

없다는 비판을 받고 있다. 즉, 환자의 치료거부권을 정면으로 다루고 있지 않으며 일관된 원칙에 대한 제시도 없기 때문에, 환자의 자기결정권으로서의 치료거부권에 관한 사항을 규정하고 있지 않으며 의사들은 환자의 자기결정권을 존중하기 보다 법적 처벌을 두려워하게 되므로 임상현장의 의사들에게 큰 혼란을 초래하고 있다는 비판이 있다.[42]

"환자연명의료결정법(호스피스·완화의료 및 임종과정에 있는 환자의 연명의료결정에 관한 법률)은 웰다잉을 위한 선언적 입법인데 징벌법 법으로 성격이 바뀌고 있어 안타깝다."[43]는 평가도 있다. 말기환자의 치료거부권이라는 관점에서 환자의 권익을 위한 법인지에 대한 의문도 존재한다. 호스피스 완화치료 등은 인간존엄과 가치를 유지하기 위한 수단일 뿐 그 자체가 목적은 아니다. 그러나 임종기 치료 그 자체를 중시하는 보건의료정책이 논의되고 있고 이 법률도 이를 뒷받침하는 방향에서 제정되었다는 비판이 있고 이는 환자중심에서 말기치료를 바라보지 않았기 때문이라는 평가가 있는 것이다.[44] 또한 환자의 자기결정권에 근거하여 품위있고 존엄하게 죽음을 맞이하도록 기준과 절차를 입법화한 것이라면 이 법의 규정내용에 대한 재검토가 필요하다는 의견도 있다.[45] 이는 연명치료중단결정에 환자는 배제되고 환자의 가족의 결정의 주체인 것으로 보고되고,[46] 우리의 문화와 현실에서는 연명치료중단결정이 환자의 자기결정권보다는 의료인 및 보호자의 영향이 크고 연명치료중단결정에 경제적 동인이 깊게 개입되어 있다는 현실을 반영[47]한다는 점과 무관치 않다. 그러나 연명의료결정법을 입법함에 있어서는 경제적인 요인, 보호자의 부담요인 또는 의료진의 부담요인 등이 우선시되어서는 안되고,[48] 환자의 자기결정권이 우선되었어야 했

42 박형욱, 환자연명의료결정법의 제정과 과제, 저스티스, 제158-3호, 2017, 691쪽.
43 연명의료법, 해결할 쟁점 산더미인데 잿박 싸움만, 메디컬타임즈, 2016. 12. 8.
44 신현호, 토론문, 저스티스, 제158-3호, 2017, 704쪽.
45 이경렬, 이른바 '연명의료결정'법의 형사정책적 의문, 형사정책, 제28권 제1호, 2016, 27쪽.
46 윤은자/홍연표/안정화, 의료인과 일반인의 연명치료에 대한 태도, 한국웰니스학회지, 제11권 2호, 2016, 12쪽.
47 허대석, 무의미한 연명치료를 거부할 권리, 대한의사협회지, 제51권 제6호, 2008, 524쪽.
48 주호노, 존엄사의 허용요건과 법제화의 방향, 한국의료법학회지, 제21권 제1호, 2013, 121쪽.

는데, 「연명의료결정법」의 입법에 있어서 이러한 우선순위가 반영되었는지에 대한 성찰이 필요하다.

가능하다면 산책이나 종교활동도 가능하고 가족과의 유대속에 통증치료를 받으면서 집에서 생을 마감하고 싶어하는 환자가 많기 때문에 호스피스·완화치료는 재택형이 원칙이고 병동형과 시설형은 보완적으로 선택할 수 있도록 하는 것이 환자의 자기결정권에 충실한 입법인데, 이는 「연명의료결정법」의 향후 과제라고 할 수 있다. 환자와 환자가족의 선택에 따라 가정형 호스피스 혹은 재택진료가 가능하도록 인센티브를 부여하는 등의 접근방식[49]을 입법으로 제도화하는 것도 환자의 존엄권과 자기결정권을 고려하는 것이라고 본다.

8. 국립연명의료관리기관과 중앙호스피스센터

「연명의료결정법」 제7조에는 국립연명의료관리기관을 설치하도록 규정하고 있고, 제23조는 중앙호스피스센터를 지정하도록 규정하고 있다.

이를 두고 '국립연명의료관리기관'을 누가, 어디서 맡을 것인가에 대해 쟁점화 된 바 있다. "연명의료법 본질은 어디가고 '관리기구'에만 관심" 이와 관련해 국가생명윤리정책연구원부터 서울대병원, 국립중앙의료원 등 다수의 기관이 서로 맡겠다며 나서고 있는 상황이라는 것이다. 특히 "법의 본질은 뒤로 한 채 잿밥에만 관심을 보이고 있다"고 비판하며, "연명의료 규정에 '안락사'를 허용하는 국가에선 현재 논의 중인 '국립연명의료관리기구'가 필요하지만 현재 한국 수준의 법에선 해당 기관이 필요없다"며 "호스피스센터 내 별도 조직으로 두면 충분하다"면서 "실제로 외국의 사례에서도 두개의 별도 조직을 두는 경우는 없다고 하여, 두 조직을 하나로 통합, 운영해야한다"는 주장도 있다. 네덜란드 등 안락사를 허용하는 국가에서는 필요할 수 있지만 한국처럼 선언적 입법으로 국회를 통과한 한국의 경우 관리기관을 두는 것은 일종의 '자리 만들기식'이며 또 하나의 규제가 될까 염려스럽다는 것이다. 즉, 관리기구는 법을 시행하는데 있

49 신현호, 토론문, 저스티스, 제158-3호, 2017, 704쪽 이하.

어 제도적 및 재정적인 지원기관이 돼야하는데 일각에선 징벌적 규제기관으로 법을 해석하고 있다는 우려가 있다.[50]

호스피스센터의 경우 말기환자가 중환자실 대신 호스피스로 가는 것을 유도하고 이에 필요한 수가 이외 인력, 전국적인 네트워크망 구축하는 등 조직이 필요한 사업적 영역이지만 연명의료는 이와 다르다고 한다. 연명의료를 위한 별도조직을 만드는 것은 넌센스이며, 사전의향서 등 각종 서류를 만들고 전문의 인력기준을 설정하는 등 불필요하고 복잡한 규제만 늘어나는 것이라면 문제가 된다는 것이다.[51]

제5절 맺음말

「연명의료결정법」에 규정되어지지 않은 '의사가 아닌 제3자의 연명의료 중단행위'나 '영양분 공급의 중단행위' 등은 여전히 형법 살인죄 혹은 살인방조죄의 해석문제로 남아 있다는 한계가 지적[52]되기도 하지만, 오랫동안 입법필요성이 제기되어 왔던 '존엄사법' 혹은 '연명의료결정법'이 제정된 것에 대해서는 긍정적인 평가가 많다. 김할머니사건 혹은 세브란스병원사건이라고 불린 연명치료중단에 관한 대법원 판결이 선고되었음에도 불구하고 연명치료중단을 규율하는 입법의 진전이 없자 이를 "입법공백사태"[53]라고 표현하는 의견도 있었고, 전술한 바와 같이 연명치료중단에 관한 법률을 만들자는 사회적 요구는 컸다고 볼 수 있다. 따라서 이러한 입법수요를 받아들여 입법된 「연명의료결정법」의 제정에 대해서는 일단 긍정적으로 평가될 수 있다. 이 법률에는 2009년 세브란

50 연명의료법, 해결할 쟁점 산더미인데 잿밥 싸움만, 메디컬타임즈, 2016. 12. 8.
51 연명의료법, 해결할 쟁점 산더미인데 잿박 싸움만, 메디컬타임즈, 2016. 12. 8.
52 손미숙, 연명치료중단의 형법이론적 근거, 형사정책, 제28권 제1호, 2016, 53쪽.
53 김준래, 연명치료중단과 호스피스법 필요성, 데일리팜, 2015. 8. 10.

스병원사건 혹은 김할머니사건이라고 불린 대법원판례의 내용과 2013년의 국가생명윤리심의위원회 입법권고안[54]의 내용도 반영되어 있다는 평가이다.[55] 다만, 입법이 필요했다고 하여 「연명의료결정법」의 모든 내용을 긍정적으로 평가할 수는 없다. 법률은 입법과정의 산물이므로 입법과정에서 수렴된 여러 의견을 반영한 조항들이 미비하거나 모순될 수도 있는 것이다. 이익단체의 의견이 입법에 과다하게 반영될 수도 있고, 보다 넓게는 기관이기주의나 부처이기주의가 입법과정에 작용할 수도 있다.

앞에서 살펴본 바와 같이, 연명치료중단에 관한 입법을 하기로 하였더라도, 연명치료중단의 요건과 범위에서부터 결정절차 및 이행 등에 관한 다양한 입장들을 하나로 수렴하여 입법을 하는 것은 쉽지 않은 일이었다. 어떤 영역은 시행착오가 불가피할 수도 있을 것이다. 그러나 「연명의료결정법」에 관하여 이미 지적되기 시작한 문제점을 취합하여 향후의 개정작업에 반영할 필요가 있다. 또한 「연명의료결정법」 자체도 중요하지만 법의 운용도 중요하다. 「연명의료결정법」을 어떻게 운영할 것인가에 따라 황금알을 낳는 사업 죽음의 공장화 나아가 사회적 살인의 위험성도 있다는 경고도 있다.[56] 이는 이러한 법이 만들어지면 처음에는 법적 요건과 절차를 엄격하게 지키겠지만, 결국에는 '존엄사'가 무분별하게 시행되게 될 것이라는 '미끄러운 경사길(the slippery slope)' 이론이 이미 경고하고 있는 바[57]에 다름 아니다. 연명치료중단의 요건과 절차를 포함하여 「연명의료결정법」의 운용에 대하여 냉철한 사회적 감시와 엄격한 국가적 감시[58]가 필요하고, 추후에라도 사후 입법평가를 통한 「연명의료결정법」의 개정이 필요한 이유이다.

54 홍완식, 법과 사회, 법문사, 2016, 30쪽 이하 참고.

55 최경석, 호스피스·환화의료 및 연명의료결정에 관한 법률의 쟁점과 향후 과제, 한국의료윤리학회지, 통권47호, 2016, 122쪽.

56 신현호, 토론문, 저스티스, 제158-3호, 2017, 704쪽.

57 홍완식, 법과 사회, 법문사, 2016, 37쪽.

58 김종일, 존엄사 관련 법안에 대한 검토, 법이론실무연구, 제4권 제1호, 2016, 80쪽.

| CHAPTER 01 _ **참고문헌** |

김종일, "존엄사 관련 법안에 대한 검토", 「법이론실무연구」, 제4권 제1호, 2016.

문성제, "무의미한 연명치료 중단 등의 기준에 관한 재고", 『의료법학』, 제10권 제2호, 대한의료법학회, 2009.

박형욱, "환자연명의료결정법의 제정과 과제", 「저스티스」 제158-3호, 한국법학원, 2017.

손미숙, "연명의료중단의 형법이론적 근거", 「형사정책」 제28권 제1호, 한국형 사정책학회, 2016.

양나희, 아름답게 죽을 권리 웰다잉법, 「청년의사」, 2016.

윤은자/홍연표/안정화, "의료인과 일반인의 연명치료에 대한 태도", 「한국웰니스 학회지」 제11권 2호, 한국웰니스학회, 2016.

이경렬, 이른바 '연명의료결정'법의 형사정책적 의문, 「형사정책」 제28권 제1호, 한국형사정책학회, 2016.

이희훈, "미국의 존엄사법과 영국의 조력자살법안에 대한 비교법적 고찰", 「토지공법연구」 제68집, 한국토지공법학회, 2015.

장한철, "연명의료결정법의 문제점에 대한 고찰", 「동북아법연구」 제10권 제2호, 전북대학교 동북아법연구소, 2016.

전수영, "거버넌스관점에서 무의미한 연명치료중단의 문제점과 합리화방안에 관한 고찰", 「강원법학」 제45권, 강원대학교 비교법학연구소, 2015.

주호노, "존엄사의 허용요건과 법제화의 방향" 「한국의료법학회지」, 제21권 제1호, 2013.

최경석, "호스피스·환화의료 및 연명의료결정에 관한 법률의 쟁점과 향후 과제", 「한국의료윤리학회지」 통권47호, 한국의료윤리학회, 2016.

허대석, "무의미한 연명치료를 거부할 권리", 「대한의사협회지」 제51권 제6호, 대한의사협회, 2008.

홍완식, "연령기준에 관한 입법평론", 입법학연구 제10집 제2호, 한국입법학 회, 2013.

홍완식, "「부정청탁금지 및 공직자의 이해충돌 방지법안」에 대한 입법평론", 토지공법연구 제67집, 한국토지공법학회, 2014.

홍완식, "성희롱 관련법에 대한 입법평론", 「법제」 제67집, 법제처, 2013.

홍완식, "영리병원법안에 대한 입법평론", 「입법학연구」 제9집 제2호, 한국입법 학회, 2012.

홍완식, "'존엄사' 법안의 분석과 평가—입법학적 관점에서", 「입법학연구」 제6집, 한국입법학회, 2009.
김장한, 토론문, 「저스티스」 제158-3호, 한국법학원, 2017.
신현호, 토론문, 「저스티스」 제158-3호, 한국법학원, 2017.
홍완식, 법과 사회, 법문사, 2016.

CHAPTER

02 가짜뉴스 규제 법안에 대한 입법평론

출처: 제주대 법과정책 제25집 1호, 2019년, 329~357

현대사회에서 인터넷을 통한 의사소통이 민주주의의 업적으로 평가되기도 하지만, 인터넷을 통한 가짜뉴스의 생산과 확산을 방치한다면 민주주의의 근간이 흔들릴 수도 있다는 지적도 있듯이 가짜뉴스의 문제를 과소평가해서는 안 된다고 본다. 그러나 정부 혹은 정부 유사 기관이 뉴스의 거짓 여부를 판단하는 것이 사전검열 금지원칙에 위배되거나 가짜뉴스라고 판정된 뉴스를 사후적으로 처벌하는 경우에도 표현의 자유가 침해될 가능성이 있기 때문에 이러한 기본권 침해의 위험도 과소평가되어서는 안 된다고 본다. 권력을 가진 자를 비판하고 조롱하는 가짜뉴스를 단속하고 처벌하려는 유혹은 어느 시대 어느 정권에서도 도모하고 싶어 하는 일이다. 유언비어 단속과 처벌, 거짓 풍문에 의한 시세조작, 허위정보의 규제와 처벌 등의 법령과 판례는 그 용어를 유언비어라고 하던 허위사실이라고 하던 가짜뉴스라고 하던 이는 새로운 현상이 아니라 늘 있어 왔다. 사실에 근거하지 않고 악의적이며 사회에 부정적 영향을 끼치는 가짜뉴스의 확산을 막아야 한다는 주장에는 이의가 없겠지만, 이러한 목적이 가짜뉴스를 근절하기 위한 모든 정책수단과 이러한 내용의 처벌법령을 정당화할 수는 없다. 법률의 영역과 윤리의 영역이 구분되고, 공법과 사법의 영역이 구분되어 있으며, 규제에도 타율규제와 자율규제가 구분될 수 있다. '가짜' 뉴스를 단순하게 표현하자면 '거짓말'이라고도 볼 수 있는데, 거짓말은 나쁘지만 거짓말을 처벌하는 것은 원칙적으로 법의 영역이라 볼 수 없다. 특정한 내용과 분야·상황에서의 거짓말을 처벌하는 것은 가능할지 몰라도 모든 거짓말을 처벌할 수는 없다. 가짜뉴스에 대한 규제가 필요하다고 해도 국가에 의한 처벌이 능사는 아니고 「형법」, 「언론중재법」, 「공직선거법」, 「정보통신망법」, 「자본시장법」 등 허위의 사실을 규제하고 처벌하는 기존의 법령을 기축으로 하되 사회의 자율적인 자정작용이 기능을 발휘하도록 하여야 한다. 가짜뉴스에 대한 대응법률이 필요하다고 하면, 가짜뉴스를 사전검열하고 처벌하는 법률이 아니라, 가짜뉴스를 구별해내는 미디어 리터러시 교육을 강화하는 내용의 법률을 통하여 가짜뉴스에 대한 대응력을 향상시키는 정책이 오히려 바람직할 것이다. 가짜뉴스를 대하는 주된 기능과 보조적인 기능의 주종관계가 전도되는 것이 아닐지에 대한 성찰이 필요하다.

주제어: 가짜뉴스, 표현의 자유, 명확성 원칙, 미네르바 사건, 풍자, 패러디, 자율규제, 과잉입법, 죄형법정주의

제1절 머리말

가짜뉴스는 SNS 등 주로 인터넷을 통해 유통되기 때문에 많은 사람들이 손쉽게 접할 수 있어서 파급력이 크다는 것이 가장 큰 특징이고, 가짜뉴스는 진실 여부를 쉽게 알 수 없음에도 불구하고 일견 사실인 것으로 보여지기 때문에 사람들에게 큰 영향력을 미치고 있다.[1] 사회적 신뢰를 파괴하고 경제적 악영향을 초래하며 시민들의 일상과 사업도 파멸시킬 수 있는 가짜뉴스와 관련해서는 정보전쟁(an information war)이라는 표현이 사용되기도 한다.[2]

2016년의 미국 대통령 선거에서 특히 가짜뉴스 논쟁이 전개되어 대중의 관

1 이정념, "인터넷 가짜뉴스의 규율에 관한 법적 쟁점", 「법조」, 2018, 398쪽.

2 Alexander Yap, "The Information War in the Digital Society: A Conceptual Framework for a Comprehensive Solution to Fake News", Academy of Social Science Journal, vol. 03 Issue 07, 2018, p.1214.

심을 얻게 되었고,[3] 세계 신문협회는 2017년의 저널리즘 이슈로 '가짜뉴스(fake news)의 확산'을 선정했으며, 미국 대통령선거와 우리나라의 대통령선거 등 대중의 관심이 큰 시기를 포함하여 주로 정치인들은 개인이나 정당 혹은 정부에 불리한 보도와 정보를 가짜뉴스라고 하는 등 가짜뉴스와 관련한 논란이 큰 관심거리가 되었다.

역사상 가짜뉴스가 전혀 새로운 것은 아니지만 트위터나 페이스북을 통한 SNS에의 의존도가 높아진 인터넷 환경이 가짜뉴스의 유통을 촉진하고 있으며, 어느 나라에서든 가짜뉴스는 일상적으로 볼 수 있고 특히 선거기간 중에 폭증하는 특징을 또한 나타내고 있다.[4]

이처럼 세계적으로 많은 국가에서 가짜뉴스는 큰 논란이 되고 있으며, 가짜뉴스 자체도 문제가 되지만 가짜뉴스를 규제하고 처벌하자는 입법적 혹은 정책적 시도가 또한 논란이 되고 있다. 우리나라에서는 특히 가짜뉴스에 대한 규제의 필요성과 가능성의 관점에서 논란이 지속되고 있으며, 이러한 논란은 가짜뉴스 규제와 관련한 입법논쟁과 위헌논쟁으로 이어지고 있다.

2018년 10월 2일에 국무총리는 가짜뉴스에 대하여 신속히 수사하고 엄정히 처벌하라고 지시하기도 하였다. 그리고 2018년 10월 16일에는 법무부장관이 검찰에 '허위조작정보' 사범의 발생 초기단계부터 신속하고 엄정한 수사 체계를 구축해 배후에 숨은 제작·유포 주도자들까지 추적·규명하도록 지시하였다. 법무부와 검찰은 법원 판결로 확정되는 등 허위성이 확인된 처벌 사례들을 정리해 방송통신심의위원회, 문화체육관광부, 경찰 등 유관기관에 제공할 방침이라고 밝혔으며, 방송통신심의위원회 등은 이를 토대로 교육과 홍보, 모니터링, 삭제 요청, 단속 등을 진행해 나갈 계획이라고 발표한 바 있다. 또한 법무부는 유관부처와 함께 「정보통신망법」에 허위조작정보 등의 삭제 요청권을 규정하고,

3 Matthew Baum/David Lazer/Nicco Mele, Combating Fake News: An Agenda for Research and Action, 2017, p.4.

4 Nicholas W. Jankowski, "Researching Fake News: A Selective Examination of Empirical Studies", The Public, 25 : 1－2, 2018, p.250; Richard Fletcher/Alessio Cornia/Lucas Graves/Rasmus Kleis Nielsen, "Measuring the reach of "fake news" and online disinformation in Europe", factsheet, Reuters institute for the study of journalism, 2018, p.1.

「언론중재법」상의 언론기관이 아님에도 언론 보도를 가장해 허위정보를 유포하는 행위를 처벌하는 방안을 마련한다고 발표하기도 하였다. 이러한 대응은 헌법적으로 또는 법률적으로 가능한 것인지의 유무는 불문하고, 일단은 강력하게 대응하겠다는 행정부의 정책적 의지를 나타낸 것이라고 볼 수 있다.

가짜뉴스라고 표현되는 일정 범위의 거짓된 정보라고 할지라도 원칙적으로는 표현의 자유의 보호범위에 속한다. 즉, 익명표현이나 상업광고 등이 표현의 자유의 보호범위에 있는 것과 마찬가지로 가짜뉴스로 의심받는 표현이라고 하더라도 원칙적으로는 표현의 자유의 보호범위에 속한다. 다만, 일정한 범위의 가짜뉴스는 처벌이 되거나 규제가 되는 등 표현의 자유가 제한되는 것이다. 가짜뉴스로 인하여 다른 사람의 명예를 훼손하거나 다른 사람의 인격권에 심각한 침해를 수반하는 모욕행위 등을 무분별하게 보호하는 것은 당연히 바람직하지 않다.[5] 또한 가짜뉴스가 난무하여 공정한 선거에 지장을 초래하거나 잘못된 정보로 후보자가 선택되거나 선택되지 않는 것도 큰 문제이다.

이러한 점을 고려한다면 일정한 범위의 가짜뉴스를 규제할 필요가 있으며, 악의적인 경우이거나 불법에 해당하는 경우에는 처벌할 필요도 있다. 그러나 가짜뉴스에 대하여 규제와 처벌을 하여야 한다는 주장만 있는 것은 아니다. 가짜뉴스를 규제하게 되면 권력에 대한 비판이 억제되는 등 표현의 자유가 위축되고 선거운동에서의 불법 논란으로 인하여 선가운동이 위축될 수 있고 궁극적으로는 자유로운 소통과 여론형성을 기반으로 하는 민주주의의 토대가 위협을 받게 될 것이라는 우려가 있는 것이다.

경실련은 법무부의 가짜뉴스 대응방침에 대하여 “법무부 대책은 언론의 자유를 침해하고 표현의 자유까지 제약할 가능성이 크다”는 논평을 하였고,[6] 민변은 “현행 정보통신망법의 접근차단 임시조치 조항도 시민 입막음 수단으로 악용돼왔기에 현 정부도 제도개선을 국정과제로 제시한 바 있다. 여기에 삭제요청권까지 넣겠다는 것은 표현의 자유 후퇴를 낳을 수 있다는 점에서 매우 우려

---

5 류인모, “사이버 공간의 모욕행위와 형사책임”, 「경찰학논총」, 제12권 제1호, 2017, 139쪽.
6 진보도 반대하는 ‘가짜뉴스 전쟁’ “언론자유 침해”, 문화일보, 2018. 10. 17.

한다"는 논평을 하였다.[7] 정의당 추혜선 의원도 토론회에서 "현행 규제로도 허위조작정보의 제작·유통행위를 충분히 제재할 수 있는데도 (정부는) 민주주의를 위협하는 대책을 마련하려 하고 있다"는 입장을 표명하였다.[8]

가짜뉴스의 부정적 영향은 부인할 수 없고 가짜뉴스에 대한 규제 필요성이 강조되고 있으며 이러한 사회적 인식을 반영한 법안이 많이 발의되어 있지만, 다른 한편에서는 가짜뉴스를 규제하는 법률이 만들어지는 경우에 발생할 우려도 지적되고 있다.

따라서 이 글에서는 가짜뉴스를 규제하기 위하여 발의된 법안의 내용을 살펴보고 이들 법안의 의미와 문제점 및 향후 전망에 대하여 검토해 보고자 한다.

제2절 가짜뉴스의 개념과 유형

1. 가짜뉴스의 개념

가짜뉴스의 개념에 대해서는 다양한 정의가 있다. 가짜뉴스를 "허위의 사실관계를 허위임을 알면서 의도적으로 유포하기 위한 목적으로 기사형식을 차용하여 작성한 것"[9]이라기도 하고, "특정한 목적을 가지고 생산 및 유통되는 허위의 정보"[10]라고도 하며, "기사형식으로 전달되는 조작된 허위 또는 기만적 정보"[11]라고도 한다. "일정한 목적과 의도를 가지고 진실이 아님을 알면서도 허위

---

7 가짜뉴스 고발없이도 처벌 ... '혐오표현 규제' 대책은 없어, 한겨레신문, 2018. 10. 17.

8 "與 가짜뉴스 규제법 민주주의 위협", 조선일보, 2018. 11. 6.

9 박아란, "가짜뉴스에 대한 법률적 쟁점과 대책", 「가짜뉴스 개념과 대응방안」, 한국언론학회/한국언론진흥재단, 2017, 14쪽.

10 배영, "페이크뉴스에 대한 이용자 인식조사", 「페이크뉴스와 인터넷」, KISO, 2017, 5쪽.

11 이재진, "포스트 트루스(Post-Truth) 시대의 페이크뉴스와 저널리즘", 「가짜뉴스 문제점과 대응방안」, 한국기자협회, 2017, 7쪽.

의 사실을 작성하여 일반적인 뉴스의 형식과 방법으로 유포되는 뉴스"[12]라고도 하고, "교묘하게 조작된 '속임수 뉴스'"[13]라고도 한다. 또한 가짜뉴스를 '실제 언론 보도처럼 보이도록 가공해 신뢰도를 높이는 방식으로 유포되는 정보'로 정의하기도 하고, '정치·경제적 이익을 위해 의도적으로 언론 보도의 형식을 하고 유포된 거짓 정보'로 정의하기도 한다.[14] 허위정보는 고의든 과실이든 모두 가짜정보로 보아 규제의 범위를 넓히는 것이 타당하다는 의견도 있고,[15] 보다 넓게 가짜뉴스를 "정치사회현상 전반에 걸쳐 유통되는 정확하지 않은 정보를 포괄적으로 지칭"하는 '우산적 개념'[16]으로 보기도 한다.

이렇게 논자에 따라 가짜뉴스의 개념은 다양하지만, 가짜뉴스의 본질적인 개념 요소는 영어의 'fake'에 해당되는 '가짜', '거짓', '허위'이다. 그러나 문제는 누가 '가짜'임을 판단하는가? 또는 무엇이 '가짜'인가라는 것이다.

자기에게 부정적이거나 불리한 모든 평가나 정보를 가짜뉴스라고 규정하는 경우도 있다. 가짜뉴스라고 강력히 부인되던 소식이 사실인 것으로 드러나는 경우도 있는데, 가짜뉴스라고 강력히 부인하는 뉴스 자체가 가짜뉴스로 판명되기도 한다. 이렇게 사실과 거짓이 명확히 밝혀지기 어려운 경우가 있으며, 가짜인지 여부의 판단이 판단주체에 따라 다를 수도 있고, 가짜라는 개념 자체가 상대적이고 모호한 경우도 있는 것이다. 이러한 가짜뉴스 개념의 모호하고 불명확한 특징은 가짜뉴스를 규제하고 처벌하자는 많은 주장과 법안에도 불구하고 가짜뉴스에 대한 국가적 규제와 처벌의 곤란성과 직결된다.

---

12 한갑운/윤종민, "가짜뉴스의 규율방법에 대한 법적 고찰", 「과학기술과 법」, 제8권 제1호, 2017, 61쪽.

13 장휘일, "가짜뉴스의 심각성과 법적 대응방안 –한국의 19대 대통령 선거를 중심으로", 「KHU 글로벌 기업법무 리뷰」, 제10권 제1호, 2017, 39쪽.

14 가짜뉴스(fake news), 네이버 지식백과, 2019. 1. 30 방문.

15 최민식, "온라인서비스제공자의 가짜정보 대응과 법제 개선방안 연구", 「교육법학연구」, 제30권 제3호, 2018, 158쪽.

16 황용석/권오성, "가짜뉴스의 개념화와 규제수단에 관한 연구 –인터넷서비스사업자의 자율규제를 중심으로", 「언론과 법」, 제16권 제1호, 2017, 54쪽.

2. 가짜뉴스의 유형

기준에 따라 다양할 수는 있지만 가짜뉴스의 유형은 대개 명예훼손형 가짜뉴스, 재산편취형 가짜뉴스, 선거목적형 가짜뉴스, 사회혼란형 가짜뉴스 등으로 구분될 수 있다. 명예훼손형 가짜뉴스는 타인의 명예를 훼손하기 위한 의도를 지닌 가짜뉴스이고, 재산편취형 가짜뉴스는 거짓정보를 퍼트려 주식시세 등을 조작하려는 의도를 지닌 가짜뉴스이며, 선거목적형 가짜뉴스는 특정 후보자를 당선시키거나 낙선시키는 등 선거에 부당한 영향을 끼칠 의도를 지닌 가짜뉴스이고, 사회혼란형 가짜뉴스는 사회의 혼란과 갈등을 조장하기 위한 의도를 지닌 가짜뉴스이다.[17]

또한 가짜뉴스의 유형으로 정치적 표현물로서의 가짜뉴스, 상업적 표현물로서의 가짜뉴스, 의견과 논평으로서의 가짜뉴스, 유머나 풍자로서의 가짜뉴스 등으로 구분되기도 한다.[18] 또는 가짜뉴스의 종류로 풍자(satire), 패러디(parody), 가짜뉴스의 종류로는 풍자적 가짜뉴스(satirical fake news), 루머(rumor), 거짓말(fabrication), 사진조작(photo manipulation), 광고와 홍보(Advertising and public relations)를 유형으로 보기도 한다.[19] 허위정보(disinformation), 거짓정보(hoax), 오인정보(misinformation), 패러디(parodies) 등 여러 용어가 혼용되고 있으며, 이를 가짜뉴스와 구별되는 개념으로 보기도 하지만, 이들을 가짜뉴스의 유형으로 구분하는 경우도 있다.

근래 들어 가짜뉴스(fake news)라는 용어가 유행하듯 회자되는 것은 사실이지만, 가짜뉴스가 근래 들어 새로이 나온 것은 아니고 다양한 형태로 존재했다. “한 때는 루머라고 불리기도 했고, 음모론이라는 이름으로 사람들의 입소문을 타고 확산되기도 했다. 그나마 최근에는 ‘찌라시’라는 형태로 증권가의 내부정

17 한갑운/윤종민, “가짜뉴스의 규율방법에 대한 법적 고찰”, 「과학기술과 법」, 제8권 제1호, 2017, 77쪽 이하.

18 윤성옥, “가짜뉴스의 개념과 범위에 관한 논의”, 「언론과 법」, 제17권 제1호, 2018, 60쪽 이하.

19 Edson C. Tandoc Jr./Zheng Wei Lim/Richard Ling, “defining ‘fake news’”, digital journalism, 6–2, 2018, p.141.

보라는 신빙성있는 고급정보라 일컬어지기도 했다."[20]

가짜뉴스의 유형은 구분의 기준이 무엇이냐에 따라 매우 다양하고 가짜뉴스가 여러 유형에 중복되는 경우도 있기 때문에 이러한 가짜뉴스에 대한 기존의 유형구분이 크게 유의미하지는 않다. 다만 가짜뉴스의 특성을 도출해 내거나 다양한 표현 방식의 유사점과 차이점을 구별함에 있어서는 의미가 있다고 본다.

제3절 가짜뉴스 규제를 위한 법안

1. 일반론

가짜뉴스가 사회적으로 문제되면서 이를 사전적으로 규제하거나 사후적으로 처벌하기 위한 법안들이 많이 발의되었는데, 이들 법안은 새로운 제정법안인지 아니면 기존에 만들어진 어떠한 법률의 개정법안인지에 따라서 몇 개의 카테고리로 분류될 수 있다.

즉 가짜뉴스 규제 법안은 「정보통신망법」 개정안으로 발의된 것이 제일 많다. 가짜뉴스가 유통되고 확산되는 경로가 대부분 정보통신망이기 때문으로 여겨진다. 국회에 발의된 대부분의 「정보통신망법」 개정안에서는 가짜뉴스의 개념을 정의하고 정보통신 이용자와 사업자의 의무와 책임 및 일정한 제재를 규정하고 있다. 또한 시정명령제도의 도입을 내용으로 하는 방향으로 「언론중재법」을 개정하여 가짜뉴스의 문제를 해소하려는 내용의 「언론중재법」 개정안도 발의되어 있다. 그리고 공직선거와 관련한 가짜뉴스에 대해서는 징역형과 벌금형을 엄히 부과하는 등을 내용으로 하여 「공직선거법」 개정안으로 발의된 것들이 있고, 광범위하게 가짜뉴스를 규제하기 위하여 가짜뉴스대책위원회를 설치

20 장휘일, 전게논문, 39쪽.

하자거나 가짜뉴스에 대한 삭제요청과 절차 등을 내용으로 하는 독자적인 제정 법안으로 발의된 경우도 있다.

가짜뉴스를 규제하기 위한 근거법률을 기준으로 하여 가짜뉴스 규제를 위한 법안의 중요 내용을 살펴보기로 한다.

2. 정보통신망법 개정안

김관영 의원 등 26인에 의하여 2017년 4월 11일에 발의된 「정보통신망법」 개정안은 가짜뉴스 등 거짓 정보를 유통시키지 못하게 하고, 발견하고도 삭제하지 않는 정보통신서비스 제공자에게는 3천만원 이하의 과태료를 부과한다.

주호영 의원 등 10인에 의하여 2017년 4월 25일에 발의된 「정보통신망법」 개정안은 불법정보의 유통금지 대상에 정치적 또는 경제적 이익을 위하여 고의로 거짓의 사실 또는 왜곡된 사실을 포함하는 내용의 정보, 언론보도로 오인하게 하는 내용의 정보를 추가하고, 이를 위반하는 경우에는 2년 이하의 징역 또는 2천만원 이하의 벌금에 처하도록 하는 한편 방송통신심의위원회의 심의 중인 정보에 대하여는 심의 중에 있음을 알리는 표시를 하게 하였다.

안호영 의원 등 17인에 의하여 2017년 5월 30일에 발의된 「정보통신망법」 개정안은 정보통신망을 통해 상업적 또는 정치적으로 정보를 매개로 타자를 속이려는 기만적 의도성을 가진 행위로 수용자가 허구임을 오인하도록 언론보도의 양식을 띤 정보 또는 사실검증이라는 저널리즘의 기능이 배제된 가운데 검증된 사실로 포장하는 행위를 가짜뉴스로 정의하고, 정보통신서비스 제공자는 자신이 운영·관리하는 정보통신망에 제2조 제1항 제14호에 따른 가짜뉴스가 게재되어 있을 경우 지체 없이 그 내용을 삭제 책무를 부여하며, 정보통신서비스 제공자가 이를 이행하지 않을 경우 과태료를 부과해 가짜뉴스에 의한 피해를 예방할 수 있도록 하였다.

이은권 의원 등 12인에 의하여 2017년 7월 26일에 발의된 「정보통신망법」 개정안은 정보통신서비스 제공자에게 자신이 운영·관리하는 정보통신망에 거짓의 사실 또는 왜곡된 사실을 언론보도로 오인하게 하는 내용의 정보가 유통되지 않도록 노력을 기울이게 하고, 이러한 정보로 명백히 인정되는 경우 이를 삭제하도록 하는 등 정보통신서비스 제공자가 정보통신망을 통한 가짜뉴스의 확산에 적극적으로 대응할 수 있도록 하였다.

송희경 의원 등 10인에 의하여 2017년 8월 4일에 발의된 「정보통신망법」 개정안은 가짜뉴스에 대한 정의규정을 추가하고 가짜뉴스 유포자에 대한 처벌 근거규정을 신설하였다. 그리고 정보통신서비스 제공자에 대한 가짜뉴스 삭제 의무 규정을 신설하고, 삭제의무를 미이행한 정보통신서비스 제공자에 대한 제재 근거규정도 마련하였다.

이장우 의원 등 16인에 의하여 2017년 9월 1일에 발의된 「정보통신망법」 개정안은 누구든지 본인 또는 제3자의 정치적·경제적 이익을 위하여 고의로 거짓의 사실 또는 왜곡된 사실을 언론보도로 오인하게 하는 내용의 정보를 정보통신망에 유통시키지 못하도록 하고, 이를 위반한 경우 1년 이하의 징역 또는 1천만원 이하의 벌금을 부과하도록 규정하였다.

김성태 의원 등 13인에 의하여 2018년 4월 23일에 발의된 「정보통신망법」 개정안은 여론조작을 위해 언론사와 포털에서 유통되는 기사에 작성되는 댓글을 조작하는 것을 금지하고 위반 시 5년 이하의 징역이나 5천만원 이하 벌금에 처하도록 하며, 댓글 조작자와 함께 배후조사자도 동일하게 처벌하도록 하였다. 또한 인터넷언론과 대형포털이 댓글조작 방지를 위한 기술적 조치를 하도록 의무를 부과함으로써 건전한 인터넷 환경 구성에 대한 책임을 강화하도록 하였다.

박완수 의원 등 15인에 의하여 2018년 4월 25일에 발의된 「정보통신망법」 개정안은 이용자가 거짓의 사실 또는 왜곡된 사실을 언론보도로 오인하게 하는 내용의 정보를 유통시키지 않도록 의무를 규정하고, 이용자가 이러한 정보의 삭제 등을 요청할 수 있도록 하며, 정보통신서비스 제공자가 이러한 정보에 대하여 삭제·차단, 임시조치 등의 필요한 조치를 할 의무를 규정하였다.

강효상 의원 등 14인에 의하여 2018년 5월 9일에 발의된 「정보통신망법」 개정안은 가짜뉴스에 대한 정의규정 및 가짜뉴스 유포자에 대한 처벌 근거규정을 신설하고, 정보통신서비스 제공자에 대해 가짜뉴스 신고를 위한 효과적이고 투명한 절차 마련을 비롯해 가짜뉴스책임자 지정, 가짜뉴스 상시 모니터링 및 삭제의무 규정을 신설하며, 의무를 미이행한 정보통신서비스 제공자에 대한 제재 근거규정도 마련하였다.

김성태 의원 등 110인에 의하여 2018년 7월 30일에 발의된 「정보통신망법」 개정안은 가짜뉴스를 정의하고 이용자가 정보통신망을 통하여 일반에게 공개를 목적으로 제공된 정보가 가짜뉴스에 해당하는 경우 정보통신서비스 제공자에게 해당 정보의 삭제 등을 요청할 수 있도록 하고, 정보통신서비스 제공자가 이용자의 삭제 등의 요청을 위한 효과적이고 투명한 절차를 마련하여 제공하도록 하였다.

정보통신서비스 제공자는 가짜뉴스 유통 방지 책임자를 지정하여야 하고, 방송통신위원회가 정보통신서비스 제공자의 가짜뉴스 모니터링 등 의무 불이행에 대하여 이행명령을 할 수 있도록 하고, 이를 일정 횟수 이상 위반하는 경우 영업정지 또는 폐쇄조치를 할 수 있도록 하였다. 일일 평균 이용자의 수, 매출액 등이 일정 기준에 해당하는 정보통신서비스 제공자가 관리·운영하는 게시판에 게시글을 작성하거나 조작하지 못하도록 하고, 이를 위한 자동화된 프로그램을 개발·유통·배포·수입·판매하지 못하도록 하며, 누구든지 매크로 프로그램을 사용하지 못하도록 하였다.

가짜뉴스를 규제하기 위해 발의된 법안 중에서 제일 많은 수의 법안이 「정보통신망법」 개정안으로 발의되었다. 대개의 법안이 가짜뉴스 유통을 막기 위한 사전예방과 사후제재에 관한 규정을 두고 있는데, 가짜뉴스의 유통을 막기 위하여 정보통신서비스 사업자에게 표시를 의무화 하거나 삭제를 의무화 하는 규정을 두고 있는 법안도 있고, 가짜뉴스 유통에 대한 책임을 물어 과태료를 부과하거나 벌금 및 징역형을 부과하는 사후제재 법안도 있다. 대부분의 「정보통신망법」 개정안에서는 주로 정보통신서비스 사업자에 대한 규제를 내용으로 하고 있다.

3. 언론중재법 개정안

주호영 의원 등 10인에 의하여 2017년 4월 25일에 발의된 「언론중재법」 개정안은 언론중재위원회의 요청에 따라 문화체육관광부장관이 가짜뉴스를 보도 또는 매개한 언론사 등에 대하여 시정명령을 할 수 있도록 하였다.

송희경 의원 등 12인에 의하여 2017년 8월 4일에 발의된 「언론중재법」 개정안은 언론중재위원회의 문화체육관광부장관에 대한 시정명령 요청권한을 부여하고, 언론사 등의 시정명령 불이행에 대한 제재수단을 마련하였다.

강효상 의원 등 14인에 의하여 2018년 5월 9일에 발의된 「언론중재법」 개정안은 정정보도 신청 등 분쟁의 소지가 있는 기사에 대해서는 표시의 의무를 강화하고, 언론중재위원회의 요청에 따라 문화체육관광부장관이 해당 언론사 등에 가짜뉴스 보도의 시정명령을 하도록 하고, 언론사 등의 미이행 시 제재 근거 규정을 마련하였다.

가짜뉴스에 대한 규제를 내용으로 하는 「언론중재법」 개정안은 3건이 발의되었는데, 가짜뉴스를 보도하거나 매개한 언론사 등에 대한 시정명령 및 시정명령 불이행시의 제재를 규정하는 것을 법안의 주요 내용으로 하고 있다.

4. 공직선거법 개정안

장제원 의원 등 10인에 의하여 2017년 3월 3일에 발의된 「공직선거법」 개정안은 ① 디지털 증거자료의 수거를 방해할 목적으로 디지털 증거자료를 조작·파괴·은닉하거나 이를 지시한 사람은 5년 이하의 징역에 처하고, ② 디지털 증거자료의 수거에 따르지 아니한 사람은 300만원 이하의 과태료를 부과한다. 또한 ③ 선거범죄에 사용된 증거물품에 디지털 증거자료를 포함하고, 현장에서 수거하기 어려운 디지털 증거자료의 경우에는 판사의 승인을 얻어 수거할 수 있도록 하고, ④ 각급선거관리위원회 직원은 사이버범죄에 사용되었거나 사용되었다고 의심할 만한 상당한 이유가 있는 디지털 증거자료를 수거할 수 있으며, 디지털 증거자료를 소유·관리하고 있는 자는 증거자료 수거에 지체 없이 따르도록 규정하고 있다.

주호영 의원 등 10인에 의하여 2017년 4월 25일에 발의된 「공직선거법」 개정안은 ① 공직선거법에 위반되는 정보가 인터넷 홈페이지 또는 그 게시판·대화방 뿐만아니라 블로그·소셜네트워크서비스에 게시되는 것을 금지하고, 홈페이지 관리·운영자에게 해당 정보의 삭제, 취급의 거부·정지·제한 뿐만아니라 판단중임을 알리는 표시를 하여줄 것을 요청할 수 있도록 하고 ② 정보통신망 등을 이용하여 가짜뉴스를 유포하는 것을 금지하고, 가짜뉴스의 최초 유포자에게는 벌금을 부과하고 단순 유포자에게는 과태료를 부과한다. ③ 가짜뉴스로 인하여 피해를 받는 자가 각급선거관리위원회에 가짜뉴스임을 표시하여 줄 것을 요청하면, 각급선거관리위원회는 이를 확인한 후 정보통신서비스제공자 등에게 통보하고, 통보를 받은 자는 가짜뉴스임을 알리는 표시를 하여야 하며, 통보받은 자 또는 해당 정보 게시자 등은 각급선거관리위원회에 이의신청을 할 수 있도록 하고 ④ 각급선거관리위원회로부터 통보받은 사항을 따르지 아니한 정보통신서비스제공자 등에게 과태료를 부과한다.

가짜뉴스에 대한 규제를 내용으로 하는 「공직선거법」 개정안은 2건이 발의되었는데, 가짜뉴스를 규제하기 위한 「정보통신망법」 개정안이나 「언론중재법」 개정안 보다 상세한 내용을 법안에 담고 있다. 장제원 의원안은 가짜뉴스를 사후에 제재하기 위하여 디지털증거의 확보와 수사에 중점을 두고 있고, 주호영 의원안은 가짜뉴스 유포에 대한 사후처벌에 관한 규정과 함께 가짜뉴스 표시제도와 삭제제도에 중점을 두고 있다.

5. 독자적인 법률 제정안

박광온 의원 등 29인에 의하여 2018년 4월 5일에 발의된 '가짜정보 유통방지에 관한 법률안'은 ① 정부기관 등에서 명백하게 그 내용이 사실이 아니라고 판단한 정보를 가짜정보로 규정하고 구체적으로는 (1) 언론사가 유통한 정보 중

언론사가 정정보도 등을 통하여 그 내용이 사실이 아니라고 인정한 정보, (2) 언론중재위원회에서 그 내용이 사실이 아니라고 결정한 정보, (3) 법원의 판결 등에 의하여 그 내용이 사실이 아니라고 판단된 정보, (4) 중앙선거관리위원회가 허위사실 공표, 지역·성별 비하 및 모욕으로 삭제 요청한 정보라고 정의하고 있다. ② 정보통신서비스 이용자는 가짜정보 등 타인의 권리를 침해하는 정보를 정보통신망에 유통시켜서는 아니되고, 가짜정보 등 타인의 권리를 침해하는 정보를 생산한 자는 5년 이하의 징역 또는 5천만원 이하의 벌금에 처하도록 한다. ③ 정보통신서비스 제공자는 가짜정보가 정보통신망에 유통되지 아니하도록 하여야 하고, 가짜정보에 대한 이용자의 삭제 요청을 처리하기 위한 절차를 마련하여야 한다. ④ 가짜정보의 유통 등을 통하여 타인에게 손해를 입힌 자는 그 피해자에 대하여 손해배상의 책임이 있고, 가짜정보의 유통을 방지하기 위한 조치를 하지 아니한 행위 등에 대하여 과징금을 부과한다.

강효상 의원 등 15인에 의하여 2018년 5월 9일에 발의된 '가짜뉴스대책위원회의 구성 및 운영에 관한 법률안'은 ① 가짜뉴스를 정치적 또는 경제적 이익을 위하여 신문·인터넷신문·방송 또는 정보통신망에서 생산된 거짓 또는 왜곡된 내용의 정보로서 언론보도 또는 언론보도로 오인하게 하는 내용의 정보로 정의하고 ② 가짜뉴스 유통 방지 정책을 종합적·체계적으로 추진하기 위하여 국무총리 소속으로 가짜뉴스대책위원회를 두고, 신문과 인터넷신문에서의 가짜뉴스와 관련된 유통 방지 대책은 문화체육관광부를 주관기관으로 하고, 방송과 정보통신망에서의 가짜뉴스와 관련된 유통 방지 대책은 방송통신위원회를 주관기관으로 한다. ③ 이들 주관기관은 분야별 가짜뉴스 유통 방지 계획을 수립하여 위원회에 제출하고, 위원회는 이를 종합하여 가짜뉴스 유통 방지 대책 기본계획을 확정한다. ④ 위원회는 주관기관의 가짜뉴스 유통 방지 정책에 대한 평가지침을 마련하고, 주관기관은 이에 따라 매년 소관 정책 또는 사업의 추진실적을 평가하여 위원회에 제출한다. ⑤ 위원회 및 주관기관은 가짜뉴스 유통 현황 등에 대한 실태조사를 실시할 수 있고, 실태조사에 필요한 자료의 제출을 요구할 수 있도록 한다.

가짜뉴스에 대한 규제를 내용으로 하는 법률 제정안은 2건이 발의되었는데, 제정안의 특성상 전술한 개정안들 보다 상세한 내용을 두고 있다. 박광온 의원안은 정보통신서비스 이용자와 제공자에게 각각 의무와 책임을 부과하고 이를 위반하는 경우에는 각각 손해배상 책임과 과징금을 부여하며, 가짜정보 삭제를 위한 절차를 규정하고 있다. 강효상 의원안은 국무총리 소속의 가짜뉴스대책위원회를 두어 가짜뉴스 유통방지를 위한 컨트롤 타워 역할을 하도록 하고 신문 등은 문화체육관광부가 주관기관이 되고 방송 등은 방송통신위원회가 주관기관이 되는 가짜뉴스에 대응하기 위한 조직법으로서의 특성이 나타나는 법안이라고 할 수 있다.

제 4 절 가짜뉴스 규제 법안에 대한 평가

1. 일반론

우선, 가짜뉴스를 규제하는 법률이 과연 필요한가 라는 의문이 있을 수 있다. 가짜뉴스나 가짜정보라고 할 수 있는 것이 타인의 명예를 훼손하거나 모욕에 해당되는 경우에는 현행 「형법」에 의한 처벌이 가능하다. 정보통신망을 통한 명예훼손 즉 '사이버 명예훼손'에 해당하는 경우에는 「정보통신망법」에 의한 처벌도 가능하도록 규정되어 있다. 그리고 언론의 경우에는 언론보도 등[21]이 진실하지 아니하여 피해를 입은 자는 정정보도 청구[22]가 가능하고, 사실적 주장에 관한 언론보도 등으로 피해를 입은 자는 반론보도 청구[23]가 가능하며, 국가적 법익이나 사회적 법익 등을 침해한 경우에는 시정권고[24]를 할 수 있어서, 현행

21 언론등[언론(방송, 신문, 잡지 등 정기간행물, 뉴스통신 및 인터넷신문), 인터넷뉴스서비스 및 인터넷멀티미디어 방송]의 보도 또는 매개.
22 「언론중재 및 피해구제 등에 관한 법률」 제14조.
23 「언론중재 및 피해구제 등에 관한 법률」 제16조.

「언론중재법」으로도 규제와 처벌이 가능하다. 금융투자 등에서의 거짓이나 풍문 등을 통한 '부당거래행위'는 「자본시장법」[25]에 의한 처벌이 가능하다. 그리고 선거에 관해 허위정보를 유포한 경우에는 「공직선거법」에 의한 규제와 처벌[26]이 가능하다. 그럼에도 불구하고 가짜뉴스의 문제점을 규제할 현행 법제의 현실과 가짜뉴스를 규제하기 위한 추가적인 입법이 필요하다는 점과 형사법적인 입법 이외에 교육정책면에서의 입법이 필요하다는 의견이 있다.[27] 현행의 법률들로는 가짜뉴스 근절에 있어서 한계가 있다는 주장이다. 가짜뉴스 규제 법안에서 중점적으로 다루고자 하는 사안은 우선 가짜뉴스를 어떻게 정의할 것이냐의 문제이고 다음으로는 가짜뉴스인지의 판단권한을 어느 기관이 가질 것인가의 문제이며, 가짜뉴스에 의한 발생한 문제나 손해의 책임을 누가에게 어떻게

---

24 「언론중재 및 피해구제 등에 관한 법률」 제32조.

25 자본시장과 금융투자업에 관한 법률 제178조(부정거래행위 등의 금지) ① 누구든지 금융투자상품의 매매(증권의 경우 모집·사모·매출을 포함한다. 이하 이 조 및 제179조에서 같다), 그 밖의 거래와 관련하여 다음 각 호의 어느 하나에 해당하는 행위를 하여서는 아니 된다.
1. 부정한 수단, 계획 또는 기교를 사용하는 행위
2. 중요사항에 관하여 거짓의 기재 또는 표시를 하거나 타인에게 오해를 유발시키지 아니하기 위하여 필요한 중요사항의 기재 또는 표시가 누락된 문서, 그 밖의 기재 또는 표시를 사용하여 금전, 그 밖의 재산상의 이익을 얻고자 하는 행위
3. 금융투자상품의 매매, 그 밖의 거래를 유인할 목적으로 거짓의 시세를 이용하는 행위
② 누구든지 금융투자상품의 매매, 그 밖의 거래를 할 목적이나 그 시세의 변동을 도모할 목적으로 풍문의 유포, 위계(僞計)의 사용, 폭행 또는 협박을 하여서는 아니 된다.

26 공직선거법 제250조(허위사실공표죄) ① 당선되거나 되게 할 목적으로 연설·방송·신문·통신·잡지·벽보·선전문서 기타의 방법으로 후보자(候補者)가 되고자 하는 자를 포함한다. 이하 이 조에서 같다)에게 유리하도록 후보자, 후보자의 배우자 또는 직계존비속이나 형제자매의 출생지·가족관계·신분·직업·경력등·재산·행위·소속단체, 특정인 또는 특정단체로부터의 지지 여부 등에 관하여 허위의 사실[학력을 게재하는 경우 제64조 제1항의 규정에 의한 방법으로 게재하지 아니한 경우를 포함한다]을 공표하거나 공표하게 한 자와 허위의 사실을 게재한 선전문서를 배포할 목적으로 소지한 자는 5년 이하의 징역 또는 3천만원이하의 벌금에 처한다.
② 당선되지 못하게 할 목적으로 연설·방송·신문·통신·잡지·벽보·선전문서 기타의 방법으로 후보자에게 불리하도록 후보자, 그의 배우자 또는 직계 존·비속이나 형제자매에 관하여 허위의 사실을 공표하거나 공표하게 한 자와 허위의 사실을 게재한 선전문서를 배포할 목적으로 소지한 자는 7년 이하의 징역 또는 500만원 이상 3천만원 이하의 벌금에 처한다.

27 장휘일, 전게논문, 55쪽.

지울 것인가 등이다. 이러한 입법의 필요성에 따라 많은 법안이 발의되어 있다. 위에서 살펴본 바와 같이 가짜뉴스 규제 법안은 「정보통신망법」 개정안, 「언론중재법」 개정안, 「공직선거법」 개정안 그리고 독자적인 제정법안으로 발의된 경우가 있다. 가짜뉴스 규제법안에 관해서는 우선 법안의 필요성과 타당성의 문제를 검토할 필요가 있지만 이와 함께 이들 법안이 위헌적인 요소를 지니고 있는지에 관한 법안의 위헌성 문제를 검토[28]할 필요가 있다. 즉, 가짜뉴스 규제 법안에 대해서는 이들 법안이 과연 헌법의 원칙을 준수하고 있는지 및 과도하게 기본권을 침해하고 있는지 등에 대한 검토가 필요하다.

2. 명확성의 원칙

우선 가짜뉴스가 무엇인지를 구별하는 것이 가능한가 라는 가장 본질적인 의문이 제기될 수 있다. 가짜뉴스가 무엇인지를 개념화하는 정의 규정은 대개의 법안이 두고 있지만, 가짜뉴스와 진짜뉴스 및 오보(誤報)와 패러디나 풍자를 구분하는 것이 과연 가능한가라는 문제에는 답하기 쉽지 않고, 법을 해석하거나 집행하는 기관에 의하여 자의적으로 판단될 수 여지가 크며, 이러한 추상적이고 불명확한 가짜뉴스에 대한 정의 규정은 자기검열과 위축효과를 초래할 수 있기 때문에, 가짜뉴스 정의 규정 지체가 모호하다거나 불명확함으로 인하여 위헌이 될 수 있다. 가짜뉴스 규제 법안이 많은 지적을 받고 있는 것은, 이들 법안이 명확성 원칙을 침해할 가능성이 크다는 점이 가짜뉴스 규제입법의 가장 큰 걸림돌일 것이다. 명확성의 원칙은 후술하는 표현의 자유에만 적용되는 위헌심사기준이 아니라 기본권을 제한하는 입법에 공통적으로 요청되는 일반적인 위헌심사기준이다.[29] 따라서 우선적으로 검토하여야 할 것은 가짜뉴스라고 하는 개념이 명확하지 않다는 문제점과 관련된 것이다.[30] 가짜뉴스를 처벌하기 위

28 홍완식, “헌법재판소의 결정을 통해 본 입법의 원칙”, 「헌법학연구」, 제15권 제4호, 2009, 487쪽 이하 참조.

29 이우영, “표현의 자유 법리와 헌법재판소의 위헌법률심사기준”, 「서울대학교 법학」, 제53권 제2호, 2012, 298쪽.

30 황성기, “가짜뉴스에 대한 법적 규제의 문제”, 「관훈저널」, 2017 봄호, 87쪽.

해서는 가짜뉴스에 대한 개념정의와 범위에 대한 기준이 필요하며,[31] 허위사실에 대한 부분이 명확히 규정되어 구성요건으로서 기능해야 할 것[32]인데 무엇이 가짜뉴스 또는 허위사실 인지를 규정하는 것이 쉽지 않다는 것이다.

가짜뉴스 규제법은 언론보도로 오인하게 하는 내용의 정보뿐만 아니라 정치적 또는 경제적 목적을 위한 거짓이나 왜곡된 내용의 언론보도 또한 가짜뉴스로 정의하고 있는데, 어떠한 뉴스나 정보가 이에 해당하는 것인지는 매우 모호하다. 헌재는 명확성 원칙에 관하여 "법률은 되도록 명확한 용어로 규정하여야 한다는 명확성의 원칙은 민주주의·법치주의 원리의 표현으로서 모든 기본권제한입법에 요구되는 것이나, 표현의 자유를 규제하는 입법에 있어서는 더욱 중요한 의미를 지닌다. 현대 민주사회에서 표현의 자유가 국민주권주의 이념의 실현에 불가결한 것인 점에 비추어 볼 때, 불명확한 규범에 의한 표현의 자유의 규제는 헌법상 보호받는 표현에 대한 위축효과를 수반하고, 그로 인해 다양한 의견, 견해, 사상의 표출을 가능케 하여 이러한 표현들이 상호 검증을 거치도록 한다는 표현의 자유의 본래의 기능을 상실케 한다. 즉, 무엇이 금지되는 표현인지가 불명확한 경우에, 자신이 행하고자 하는 표현이 규제의 대상이 아니라는 확신이 없는 기본권 주체는 대체로 규제를 받을 것을 우려해서 표현행위를 스스로 억제하게 될 가능성이 높은 것이다. 그렇기 때문에 표현의 자유를 규제하는 법률은 규제되는 표현의 개념을 세밀하고 명확하게 규정할 것이 헌법적으로 요구된다"[33]고 하고 있다.

「전기통신기본법」 제47조 제1항에 '공익을 해할 목적으로 전기통신설비에 의하여 공연히 허위의 통신을 한 자'를 처벌하도록 규정하는 것이 수범자인 국민에 대하여 일반적으로 허용되는 '허위의 통신' 가운데 어떤 목적의 통신이 금지되는 것인지 고지하여 주지 못하고, 막연한 "공익" 개념을 구성요건요소로 삼아서 표현행위를 규제하고, 나아가 형벌을 부과하는 법률조항은 표현의 자유에서 요구하는 명확성의 요청 및 죄형법정주의의 명확성 원칙에 부응하지 못한

31 정세훈, "가짜뉴스의 대응방안 및 쟁점", 「관훈저널」, 2018 봄호, 77쪽.
32 장휘일, 전게논문, 51쪽.
33 헌재 1998. 4. 30. 95헌가16, 판례집 10-1, 327, 342 참조.

다[34]고 하였다.

따라서, 가짜뉴스를 규제하기 위한 법안들에서 '가짜'는 '허위'와 마찬가지로 대단히 막연하고 광범위해서 가짜뉴스를 규제하고 처벌하는 것은 명확성원칙에 반한다고 할 수 있다. 「전기통신기본법」 제47조 제1항에서는 허위의 통신 중에서도 공익을 해할 목적의 허위의 통신을 처벌하도록 규정하고 있었는데, 가짜뉴스를 규제하기 위한 법안들에서는 그나마 공익을 해할 목적으로 한정되지 않고 '가짜뉴스' 자체를 규제하거나 처벌하도록 하고 있다는 점에서 더욱 문제이다. "'허위'란 일반적으로 '바르지 못한 것', 또는 '참이 아닌 것'을 말하고, 그 안에는 내용의 거짓이나 형식의 오류가 모두 포함될 수 있기 때문에, 법률용어, 특히 형벌조항의 구성요건으로 사용하기 위하여는 보다 구체적인 부연 내지 체계적 배치가 필요한 개념"[35]인 것처럼, '가짜'도 "일반적 기대나 예측가능성을 벗어난 방향으로 해석될 수 있는바",[36] "문언의 모호성에 더한 체계적 해석의 부재로 인하여, 무엇이 금지된 행위인지를 국민이 알 수 없게 하여 법을 지키기 어렵게 할 뿐만 아니라, 범죄의 성립 여부를 법관의 자의적인 해석에 맡기는 결과를 초래하고 있으므로, 죄형법정주의의 명확성 원칙에 부합되지 않는다"[37]는 선례의 취지가 가짜뉴스 법안에도 그대로 적용될 수 있을 것이다.

3. 표현의 자유

우리 헌법 제21조에서 보장하고 있는 표현의 자유는 전통적으로는 사상 또는 의견의 자유로운 표명(발표의 자유)과 그것을 전파할 자유(전달의 자유)를 의미하는 것으로서, 개인이 인간으로서의 존엄과 가치를 유지하고 행복을 추구하며 국민주권을 실현하는데 필수불가결한 것이고, 오늘날 민주국가에서 국민이 갖는 가장 중요한 기본권의 하나로 인식되고 있는 것이며, 종교의 자유, 양심의 자

34 헌재 2010. 12. 28. 2008헌바157.
35 헌재 2010. 12. 28. 2008헌바157. 보충의견.
36 헌재 2010. 12. 28. 2008헌바157. 보충의견.
37 헌재 2010. 12. 28. 2008헌바157. 보충의견.

유, 학문과 예술의 자유 등의 정신적인 자유를 외부적으로 표현하는 자유이다.[38] 그리고 원칙적으로 허위사실도 표현의 자유의 보호범위에 포함되는 것이다.

헌재는 「전기통신기본법」 제47조 제1항에 대한 위헌소원 사건에서 "허위사실이라고 하여 반드시 타인의 명예나 권리 또는 공중도덕이나 사회윤리를 침해하는 것은 아니므로 허위사실의 표현도 표현의 자유의 보호영역에서 배제되는 것은 아니"라는 점을 밝혔다. 다만, 허위임을 알면서 의도적으로 사실을 허위로 진술하는 '명백한 허위사실'을 표현하는 것[39]이나 혹은 의도적으로 '입증된 허위사실'을 전달하는 것은 독일 기본법 제5조 제1항의 '의견의 표명 및 전달의 자유'의 보호범위에 포함되지 않는 것처럼, 명백한 가짜뉴스나 객관적 가짜뉴스는 표현의 자유의 보호범위에 포함되지 않을 수 있다.

그러나 사실과 의견을 구별하기 어려운 것처럼, 객관적 진실 혹은 명백한 허위사실 혹은 입증된 허위사실과 거짓을 구별하는 것도 어려우며, 현재는 거짓인 것으로 받아들여지지만 나중에 진실로 밝혀지는 경우도 있다.

헌재는 "언론·출판의 자유가 보장되지 않는다면, 사상은 억제되고 진리는 더 이상 존재하지 않게 될 것이다. 문화의 진보는 한때 공식적인 진리로 생각되었던 오류가 새로운 믿음에 의해 대체되고 새로운 진리에 자리를 양보하는 과정 속에서 이루어진다"[40]고 하였는데, 이러한 관점에서 본다면 한 때는 오류나 허위, 가짜라고 인식되어도 나중에 진리나 진실, 진짜로 판명되거나 인식될 수 있으며, 따라서 어떠한 정보나 뉴스를 가짜라고 단정하여 처벌하는 것은 '문화의 진보'를 저해할 수도 있는 것이다. 그리고 공익을 해할 목적으로 공연히 허위의 통신을 한 자를 처벌하는 규정이 과잉금지 원칙에 적합하여야 하는 것처럼, 가짜뉴스를 규제하고 처벌하는 규정을 두고자 하는 경우에도, 과잉금지 원칙에 적합하도록 입법하여야 한다.

일부 법안에서는 가짜뉴스에 대한 표시의무를 부과하고 있는데, 가짜뉴스

38 헌재 2009. 5. 28. 2006헌바109등, 판례집 21-1하, 545, 563.

39 이성대, "가짜뉴스에 대한 형사법적 규제가능성과 보완 필요성 검토", 「형사정책」, 제30권 제1호, 2018, 86쪽.

40 헌재 1998. 4. 30. 95헌가16, 판례집 10-1, 327, 338.

가 무엇인지도 명확하지 않음에도 불구하고 어떠한 정보를 사업자 스스로 가짜뉴스로 자의적으로 판단하여 이를 표시하도록 하는 것은 과잉금지원칙에 위반하여 표현의 자유를 침해하는 것으로 볼 수 있는 소지가 있다. 가짜뉴스를 게시하거나 삭제하지 않거나 표시를 하지 않는 경우 등에도 처벌이 적정하지 않고 과도하다면, 이 경우에도 과잉금지원칙에 위배될 가능성이 크다. 가짜뉴스에 대한 시정명령을 법제화하는 경우에도 과잉금지원칙을 위반하여 표현의 자유를 침해하는 결과에 이를 수 있다.[41] 그리고 가짜뉴스에 대한 지나치게 경직되고 엄한 입법은 결국 표현의 자유를 지나치게 제한하여 건전한 비판의견도 처벌을 무서워하여 자기검열을 하게 되는 보다 큰 문제가 나타날 수 있다. 뉴스가 가짜인지 가짜가 아닌지를 판단하는 것은 권력을 가진 측이 될 것이기 때문이다. 타인의 권리침해와 관련 없는 가짜뉴스 생성자에 대한 처벌규정을 신설하여 가짜뉴스의 생성을 차단하는 방법이 있지만, 가짜뉴스에 대한 개념도 명확하지 않은 상태에서 이를 직접적으로 규정하는 것은 곤란하다는 견해[42]가 있으며, "지식정보와 사법의 세계는 가짜를 처리하는 방식이 다르기 때문이다. 사법이 지식정보의 판단자 권한까지 쥐게 되면 양심과 표현의 자유가 위축된다"[43] "정부·여당의 눈에 거슬리는 것을 가짜뉴스라고 규정하고, 이에 대한 보도를 통제할 수 있게 되면 언론의 자유는 숨 쉴 공간이 없게 된다. 그 때문에 가짜뉴스와의 전쟁이 사칫 언론자유와의 전쟁이 될 수 있다"[44]는 우려도 있다. 더 나아가 경실련에서 조차 가짜뉴스를 규제하려는 법안들에 대하여 "국가가 직접 가짜뉴스를 규정하고 고소·고발 없이도 이른바 인지수사를 할 수 있게 한 조항들이 '악법(惡法)'의 소지가 있다"[45]는 강한 비판을 하고 있다.

언론·출판에 대한 사전검열금지는 의사표현이 외부에 공개되기 이전에 국

41 최진웅, "제20대 국회의 가짜뉴스 관련 입법안 분석", 「의정연구」, 제24권 제3호, 2018, 159쪽.
42 오일석/지성우/정운갑, "가짜뉴스에 대한 규범적 고찰", 「미국헌법연구」, 제29권 제1호, 2018, 175쪽.
43 가짜뉴스는 형벌로 사라지지 않는다, 중앙일보, 2018. 10. 8.
44 장영수, 가짜뉴스 잡겠다고 언론 통제하려는 위험한 발상, 중앙일보, 2018. 10. 31.
45 與의 가짜뉴스 규제에 ... 友軍인 민변·민언련까지 반대, 조선일보, 2018. 10. 24.

가기관이 그 내용을 심사하여 특정한 의사표현의 공개를 허가하거나 금지시키는 것을 말한다. 언론 출판에 대하여 사전검열이 허용될 경우에는 행정기관이 집권자에게 불리한 내용의 표현을 사전에 억제함으로써 이른바 관제의견이나 지배자에게 무해한 여론만이 허용되는 결과를 초래할 염려가 있기 때문에 헌법이 절대적으로 금지하고 있는 것이다.[46]

이처럼 종래의 법률규정을 넘어서는 규제를 설정하는 경우에는 과도한 표현의 자유에 대한 제한이 될 수 있다는 것이 학계의 지배적인 견해인 것으로 평가되고 있다.[47] 가짜정보 여부를 누가 판단할 것인가와 관련하여 일부 가짜뉴스 규제법안에서, 행정부는 물론이고 언론중재위원회나 중앙선거관리위원회가 가짜정보 여부를 판단하도록 하는 것은 위헌의 소지가 크다.

따라서, 가짜뉴스를 차단하기 위하여 사전적 규제를 가하고 있는 가짜뉴스 규제법안은 우리 헌법이 특히 금지하고 있는 사전검열금지원칙에 위배될 가능성이 크다. 방송통신위원회는 가짜 뉴스의 정의가 불분명한 면이 있어 규제되지 않아야 할 표현까지 규제되어 표현의 자유를 제한할 우려가 있기 때문에 규제하고자 하는 가짜뉴스에 대한 개념 및 기준을 구체적이고 명확하게 규정할 필요가 있다는 의견을 나타내고 있다.[48] 그리고 가짜뉴스에 대해서는 다양하게 정의되고 있는데 규제 대상과 범위를 명확하게 하기 위해서는 사회적 공감대 형성이 선행되어야 할 것이라는 의견이 있다.[49] 가짜뉴스를 규제하고 처벌하는 법률은 표현의 자유에 대한 지나친 제한을 초래하여 표현의 자유를 침해할 가능성이 크다.

---

46 헌재 2001. 8. 30. 2000헌가9, 판례집 13－2, 134, 148 2001. 8. 30. 2000헌바36, 판례집 13－2, 229, 233 2002. 2. 28. 99헌바117, 판례집 14－1, 118, 124－125 헌재 2007. 10. 4. 2004헌바36, 판례집 19－2, 362, 370 2015. 4. 30. 2014헌마360, 판례집 27－1하, 131, 141 2015. 7. 30. 2012헌마734등, 판례집 27－2상, 308, 324 2015. 12. 23. 2015헌바75, 판례집 27－2하, 627, 638－639 2016. 10. 27. 2015헌마1206등, 판례집 28－2하, 1, 16.

47 최민식, 전게논문, 173쪽.

48 국회 과학기술정보방송통신위원회 검토보고서, 2018. 9, 6쪽.

49 국회 과학기술정보방송통신위원회 검토보고서, 2018. 9, 5쪽.

4. 평등원칙

대부분의 가짜뉴스가 인터넷에서 유통되고 있다는 점을 감안하면 「정보통신망법」을 개정하여 가짜뉴스를 규제하는 것이 효과적일 수 있지만, 정보통신망 외에서의 가짜뉴스 규제를 포괄하지 못한다는 비판이 가능하다. 언론사를 통한 가짜뉴스 규제가 보다 중요하다고 보면 「언론중재법」을 개정하여 가짜뉴스를 규제하는 방법을 택할 수도 있지만 SNS나 인터넷에서의 가짜뉴스 자체를 포괄하지 못한다는 비판이 가능하다. 이처럼 특정매체나 특정분야에만 가짜뉴스 규제의무를 부과하는 경우에는 평등권 침해의 가능성이 있다.

특히 가짜뉴스가 선거에 미치는 악영향을 고려하면 「공직선거법」을 개정하여 선거에 부정적 영향을 미치는 가짜뉴스를 차단하는 것은 좋지만, 선거 이외의 분야에서의 가짜뉴스는 어떻게 할 것이냐에 대한 방안이 별도로 필요하다는 질문에 답을 주지 못한다. 가짜뉴스를 대상으로 하는 독자적인 법안을 새로이 제정하는 것도 하나의 방법이겠지만 전 분야에서의 가짜뉴스 규제는 차별논란은 피해갈 수 있어도 표현의 자유에 대한 지나친 규제라는 비판은 피할 수 없다. 특히 정보통신서비스 제공자나 언론사에 가짜뉴스를 판단하게 하여 삭제하는 권한을 부여하는 경우에는 표현의 자유에 대한 침해 가능성도 있지만, 국외사업자와 비교해서 국내사업자에게만 이러한 의무를 부과하는 것이기 때문에 역차별의 문제가 제기되고 있고[50] 헌법적으로는 평등권 침해의 소지가 크다.

우리 헌법 제11조에서 보장하고 있는 평등의 원칙은 국민의 기본권 보장에 관한 우리 헌법의 최고원리로서 국가가 입법을 하거나 법을 해석 및 집행함에 있어 따라야 할 기준인 동시에, 국가에 대하여 합리적 이유 없이 불평등한 대우를 하지 말 것과 평등한 대우를 요구할 수 있는 모든 국민의 권리이다.[51]

따라서 특정매체나 특정분야에만 가짜뉴스를 규제하도록 의무화하고 이러한 의무를 위반한 경우에 처벌을 하는 것은 평등권을 침해할 가능성이 크고 이

---

50 황용석/정재관/정다운, "가짜뉴스 관련 국내 입법안 분석과 그 한계 －위헌성 여부를 중심으로", 「사회과학연구」, 제25권 제2호, 2018, 121쪽.

51 헌재 2001. 8. 30. 99헌바92등, 판례집 13－2, 174, 206.

러한 입법은 평등원칙에 위배되는 것일 가능성이 크다.

5. 과잉입법 여부와 실효성 여부

일부 뉴스나 정보에는 과장된 표현이나 일부 내용이 사실과는 다른 경우도 있고, 인용 자료가 잘못된 경우 등이 포함되기 때문에 이를 모두 가짜정보로 규정하는 것은 과잉규제 혹은 과잉입법일 수 있다. 가짜뉴스를 규제하자는 목소리도 있지만, 가짜뉴스를 법률로 규제하자는 법안에 대해 우려하는 눈길도 있는 것이다.[52] 가짜뉴스를 사회의 자율적인 정화작용에 의하여 걸러내지 않고 형사처벌을 통하여 걸러내려 하는 것은 법률만능주의적 사고에 기인한 것이라는 비판에서 자유롭지 못하다.

이러한 관점에서 가짜뉴스 규제법안은 과잉입법이라는 비판을 면할 수 없다[53]거나 법률을 통한 대응방식 이전에 미디어 리터러시 교육 등이 우선되거나 동반되어야 한다[54]거나 민간의 자율적인 자정노력으로 가짜뉴스의 해악이 해소되어야 한다[55]는 의견이 있는 것이다.

또한 가짜뉴스 규제법안은 그 취지와 달리 사회에 해악을 초래하는 '진짜' 가짜뉴스를 억제하기 위한 입법목적을 달성함에 있어서도 효과적일지에 관해서도 의문이 있을 수 있다. 인터넷은 물론이고 SNS에 떠돌아다니는 가짜뉴스를 검색하고 이에 대한 규제 특히 처벌을 가하는 것은 많은 행정력을 필요로 한다.

즉, 법률의 실효성과 집행가능성의 문제인데, 가짜뉴스 규제법안이 국회를 통과하여 공포·시행된다고 하더라도 국가가 온·오프라인의 모든 가짜뉴스를

---

52 이재국, "가짜뉴스의 폐해와 규제논란의 배경", 「관훈저널」, 2018 겨울호, 2018, 16쪽.

53 "가짜뉴스에 대한 규제는 법률상의 처벌규정의 신설을 비롯한 강제적 수단을 추가하기보다는 민간중심의 자율적 규제를 유도하는 방향으로 설정되어야 할 것이다." 이성대, 가짜뉴스에 대한 형사법적 규제가능성과 보완 필요성 검토, 「형사정책」, 제30권 제1호, 2018, 88쪽.

54 박신욱, "독일의 가짜정보 대응과 미디어 리터러시 교육", 「교육법학연구」, 제30권 제3호, 2018, 76쪽.

55 기현석, "가짜뉴스의 확산에 따른 공직선거법의 개정방향", 「아주법학」, 제12권 제3호, 2018, 256쪽.

찾아내어 처벌한다는 것은 상상하기 힘들다. 만일 이러한 것을 가능하게 한다고 하면 이는 국가에 의한 파놉티콘 혹은 빅브라더, 현대적 표현으로는 전자 감시사회를 초래할 수 있어서 이는 개별 기본권 침해의 문제를 넘어서 민주주의를 위협하고 전체주의로 나아가는 위험을 야기할 수도 있게 된다.

결국 이러한 가짜뉴스를 규제하고 처벌하기 위한 법안들은 표현의 자유를 과도하게 제한하고 명확하지 않으며 정부에 대한 비판을 억제하여 민주주의의 건전한 발전을 저해할 우려가 있는 것이다.

제5절 맺음말

현대사회에서 인터넷을 통한 의사소통이 민주주의의 업적으로 평가[56]되기도 하지만, 가짜뉴스의 확산을 방치한다면 민주주의의 근간이 흔들릴 수도 있다는 지적[57]도 있는 것처럼, 가짜뉴스의 문제를 과소평가해서는 안 된다고 본다.

그러나 정부 혹은 정부 유사 기관이 뉴스의 거짓 여부를 판단하는 것은 사전검열 금지원칙에 위배될 가능성이 있고 가짜뉴스라고 판정된 뉴스를 처벌하는 경우에는 표현의 자유가 침해될 가능성이 있기 때문에, 가짜뉴스를 규제하고 처벌하는 것의 위험성 역시 과소평가되어서는 안 된다고 본다.

권력을 가진 자를 비판하고 조롱하는 가짜뉴스를 단속하고 처벌하려는 유혹은 어느 시대 어느 정권에서도 도모하고 싶어 하는 일이다. 1958년도 차관회의에서 "신문기사의 허위보도단속 및 법무부 자체의 보도절차에 관하여"[58] 논의되었던 적이 있다. 그리고 그간 유언비어 단속과 처벌, 허위정보의 규제와 처벌 등의 법령과 판례는 그 용어를 유언비어[59]라고 하던 허위사실이라고 하던 가

56 이정념, 전게논문, 393쪽.
57 심홍진, 「가짜뉴스와 민주주의」, 한국민주주의연구소, 2017, 18쪽.
58 차관회의록, 1958. 8. 18, 454쪽. http://theme.archives.go.kr 참조
59 현행 군인의 지위 및 복무에 관한 기본법 제27조(군기문란 행위 등의 금지) ① 군인은 다

짜뉴스라고 하던 이는 새로운 현상이 아니라 늘 있어 왔다. 소위 '미네르바 사건'에서도 공익을 해할 목적으로 전기통신설비에 의하여 공연히 허위의 통신을 한 자를 처벌하는 「전기통신기본법」 제47조 제1항[60]의 죄형법정주의의 명확성 원칙 위반 여부가 문제되었고, 헌재는 이 법률조항에 대하여 "수범자인 국민에 대하여 일반적으로 허용되는 '허위의 통신' 가운데 어떤 목적의 통신이 금지되는 것인지 고지하여 주지 못하고 있으므로 표현의 자유에서 요구하는 명확성의 요청 및 죄형법정주의의 명확성원칙에 위배하여 헌법에 위반된다"[61]고 한 바 있다. 사실에 근거하지 않고 악의적이며 사회에 부정적 영향을 끼치는 가짜뉴스의 확산을 막아야 한다는 주장에 이의는 없으리라 본다. 그러나 이러한 목적이 가짜뉴스를 근절하기 위한 모든 정책수단과 이러한 내용의 처벌법령을 정당화할 수는 없다.

법률의 영역과 윤리의 영역이 구분되고, 공법과 사법의 영역이 구분되어 있으며, 규제에도 타율규제와 자율규제가 구분될 수 있다. '가짜' 뉴스를 단순하게 표현하자면 '거짓말'이라고도 볼 수 있는데, 거짓말은 나쁘지만 거짓말을 처벌하는 것은 원칙적으로 법의 영역이라 볼 수 없다. 특정한 내용과 분야·상황에서의 거짓말을 처벌하는 것은 가능할지 몰라도 모든 거짓말을 처벌할 수는 없다. 가짜뉴스에 대한 규제가 필요하다고 해도 국가에 의한 처벌이 능사는 아니고 「형법」, 「언론중재법」, 「공직선거법」, 「정보통신망법」, 「자본시장법」 등 허위의 사실을 규제하고 처벌하는 기존의 법령을 기축으로 하되 사회의 자율적인 자정작용이 기능을 발휘하도록 하여야 한다.

가짜뉴스에 대한 대응법률이 필요하다고 하면 가짜뉴스를 사전검열하고

음 각 호의 행위를 하여서는 아니 된다.
1. 성희롱·성추행 및 성폭력 등의 행위
2. 상급자·하급자나 동료를 음해(陰害)하거나 유언비어를 유포하는 행위
3. 의견 건의 또는 고충처리 등을 고의로 방해하거나 부당한 영향을 주는 행위
4. 그 밖에 군기를 문란하게 하는 행위
② 제1항에 따른 금지행위에 관한 세부기준은 국방부령으로 정한다.

60 "공익을 해할 목적으로 전기통신설비에 의하여 공연히 허위의 통신을 한 자는 5년 이하의 징역 또는 5천만원 이하의 벌금에 처한다."

61 헌재 2010. 12. 28. 2008헌바157.

처벌하는 법률보다는 가짜뉴스를 구별해내는 미디어 리터러시 교육을 강화하는 내용의 법률을 통하여 가짜뉴스에 대한 대응력을 향상시키는 정책이 오히려 바람직할 것이다. 가짜뉴스를 대하는 주된 기능과 보조적인 기능의 주종관계가 전도되는 것이 아닐지에 대한 성찰이 필요하다.

| CHAPTER 02 _ 참고문헌 |

기현석, “가짜뉴스의 확산에 따른 공직선거법의 개정방향”, 「아주법학」, 제12권 제3호, 2018.

류인모, “사이버 공간의 모욕행위와 형사책임”, 「경찰학논총」, 제12권 제1호, 2017.

박신욱, “독일의 가짜정보 대응과 미디어 리터러시 교육”, 「교육법학연구」, 제30권 제3호, 2018.

박아란, “가짜뉴스에 대한 법률적 쟁점과 대책”, 「가짜뉴스 개념과 대응방안」, 한국언론학회/한국언론진흥재단, 2017.

배 영, “페이크뉴스에 대한 이용자 인식조사”, 「페이크뉴스와 인터넷」, KISO, 2017.

심홍진, 「가짜뉴스와 민주주의」, 한국민주주의연구소, 2017.

오일석/지성우/정운갑, “가짜뉴스에 대한 규범적 고찰”, 「미국헌법연구」, 제29권 제1호, 2018.

윤성옥, “가짜뉴스의 개념과 범위에 관한 논의”, 「언론과 법」, 제17권 제1호, 2018.

이성대, “가짜뉴스에 대한 형사법적 규제가능성과 보완 필요성 검토”, 「형사정책」, 제30권 제1호, 2018.

이우영, “표현의 자유 법리와 헌법재판소의 위헌법률심사기준”, 「서울대학교 법학」, 제53권 제2호, 2012.

이재국, “가짜뉴스의 폐해와 규제논란의 배경”, 「관훈저널」, 2018 겨울호, 2018.

이재진, “포스트 트루스(Post－Truth) 시대의 페이크뉴스와 저널리즘”, 「가짜뉴스 문제점과 대응방안」, 한국기자협회, 2017.

이정념, “인터넷 가짜뉴스의 규율에 관한 법적 쟁점”, 「법조」, 2018.

장휘일, “가짜뉴스의 심각성과 법적 대응방안 －한국의 19대 대통령 선거를 중심으로”, 「KHU 글로벌 기업법무 리뷰」, 제10권 제1호, 2017.

정세훈, “가짜뉴스의 대응방안 및 쟁점”, 「관훈저널」, 2018 봄호.

최민식, “온라인서비스제공자의 가짜정보 대응과 법제 개선방안 연구”, 「교육법학연구」,

제30권 제3호, 2018.
최진웅, "제20대 국회의 가짜뉴스 관련 입법안 분석", 「의정연구」, 제24권 제3호, 2018.
한갑운/윤종민, "가짜뉴스의 규율방법에 대한 법적 고찰", 「과학기술과 법」, 제8권 제1호, 2017.
홍완식, "헌법재판소의 결정을 통해 본 입법의 원칙", 「헌법학연구」, 제15권 제4호, 2009.
황성기, "가짜뉴스에 대한 법적 규제의 문제", 「관훈저널」, 2017 봄호.
황용석/권오성, "가짜뉴스의 개념화와 규제수단에 관한 연구 –인터넷서비스사업자의 자율규제를 중심으로", 「언론과 법」, 제16권 제1호, 2017.
황용석/정재관/정다운, "가짜뉴스 관련 국내 입법안 분석과 그 한계 –위헌성 여부를 중심으로", 「사회과학연구」, 제25권 제2호, 2018.
Matthew Baum/David Lazer/Nicco Mele, Combating Fake News : An Agenda for Research and Action, 2017.
Richard Fletcher/Alessio Cornia/Lucas Graves/Rasmus Kleis Nielsen, "Measuring the reach of "fake news" and online disinformation in Europe", factsheet, Reuters institute for the study of journalism, 2018.
Nicholas W. Jankowski, "Researching Fake News: A Selective Examination of Empirical Studies", The Public, 25 : 1–2, 2018.
Edson C. Tandoc Jr. / Zheng Wei Lim / Richard Ling, "Defining 'fake news'", digital journalism, 6–2, 2018.
Alexander Yap, "The Information War in the Digital Society: A Conceptual Framework for a Comprehensive Solution to Fake News", Academy of Social Science Journal, vol. 3 Issue 7, 2018.

CHAPTER

03 연동형 비례대표제 법안에 대한 입법평론*

출처: 유럽헌법연구 제28호, 2019년, 429~451

그간의 선거제도 개혁에서는 국회의원의 증원, 중대선거구제, 양원제, 비례대표 의석수의 증대와 권역별 비례대표제, 석패율 제도 등이 논의 주제였는데, 대부분의 선거제도 개혁방안들은 실현되지 못하였다. 헌법의 개정을 요하는 것은 별론으로 하더라도 공직선거법의 개정을 통한 선거제도의 개혁은 현역 국회의원들의 기득권이나 각 정당의 이해득실과 무관할 수 없기 때문에 공직선거법을 개정하기가 쉽지는 않다. 그러나 소선거구 다수대표제와 비례대표제의 문제점에 대한 인식을 공유하고 있다면, 당위론적 관점에서 연동형 비례대표제 특히 권역별 연동형 비례대표제의 도입을 신중하게 검토할 때가 되었다고 본다. 연동형 비례대표제 도입 등을 내용으로 하는 제19대 국회에서의 공직선거법 개정안은 임기만료로 모두 폐기되었고, 제20대 국회에서도 연동형 비례대표제 도입을 내용으로 하는 공직선거법 개정안이 다수 발의되어 있다. 이들 법안들은 권역으로 하건 전국을 대상으로 하건 연동형 비례대표제의 도입을 내용으로 하고 있고 대개의 법안에서는 지역구 의석과 대비하여 비례대표의석을 확대하자는 내용을 두고 있다. 그러나 비례대표 의석수를 늘리고 비례대표의석의 배정을 권역별로 결정하는 방안은 현실정치와의 연관성이 민감하기 때문에 필요성이나 당위성과는 별개로 공직선거법이 개정되어 연동형 비례대표제가 도입될지 여부에는 의문이 제기되고 있다. 그러나 현실적인 어려움이 있더라도 바람직한

* 이 논문은 2018년도 건국대학교 KU학술연구비 지원에 의한 논문임.

선거제도와 정치개혁을 위해서 그리고 정당의 득표와 의석수의 불비례를 통한 선거결과의 왜곡을 시정하기 위한 최소한의 개선이라도 이루어져야 한다는 주장에 설득력이 있다. 이에 더하여, 정치개혁은 선거제도만 개선된다고 해결되지 않는다. 공천과정의 우려와 문제점을 해소할만한 정당제도의 개혁이 이루어지지 않는다면 선거제도의 개혁은 오히려 개악이 될 수도 있다. 현재와 같이 폐쇄형 명부식으로 비례대표제를 작성하는 경우 즉 하향식 공천의 경우에는 정당 공천과정의 투명성과 공정성이 보장되기 어렵다. 따라서 비례대표 의석수를 늘이는 경우에는 공천과정의 투명성과 공정성이 더욱 보장되는 정당제도의 개혁이 동반되어야 할 것이다.

주제어: 정치개혁, 선거제도, 연동형 비례대표제, 권역별 비례대표제, 공직선거법, 초과의석, 보정의석

제1절 머리말

선거제도는 크게 다수대표제와 비례대표제로 나눌 수 있는데, 우리나라 국회의원 선거제도는 소선거구 상대 다수대표제에 전국 단위 정당명부 비례대표제를 가미한 혼합형 선거제도를 운영하고 있다. 우리나라의 현행 국회의원 선거제도의 골격을 형성하고 있는 소선거구 다수대표제와 비례대표제는 지역구 선거에서 사표(死票)가 과다하게 발생한다는 점과 비례대표 선거에서 지역구의 불비례성을 보정하지 못한다는 문제점이 꾸준히 지적되어 왔으며,[1] 현행 제도에 대한 대안으로 연동형 비례대표제나 권역별 비례대표제 등 대표의 비례성을

1 김종갑, 독일식 선거제도의 한국적 적용방안, 독일학 연구, 제25호, 2009, 125쪽; 신옥주, 선거제도 개선을 통한 국회의원의 대표성·비례성 강화방안 연구 –독일 연방선거법에 대한 비교법적 고찰을 중심으로, 공법연구, 제45집 제3호, 2017, 3쪽.

높이는 개선방안이 제시되어 왔다.[2] 2017년 4월에 더불어민주당에서 발간한 제19대 대통령선거 정책공약집 '나라를 나라답게'에는 공직선거제도 개편안으로 국회의원 선거에 권역별 정당명부 비례대표제도가 제시되었고, 국정기획자문위원회에서 2017년 7월에 발간한 '국정운영 5개년 계획'에 나타난 신정부의 '100대 국정과제'에서도 '국회의원 선거에 권역별 정당명부 비례대표제 도입'은 제도개혁의 핵심사항으로 열거되었다. 즉, 공직선거제도 개편의 첫째 항목은 '국회의원 권역별 정당명부 비례대표제 도입'이었다.[3] 그러나 현실정치에서 이러한 개선방안이나 개편안은 실현가능성이 대단히 낮아 보인다. 현실정치에서의 선거제도 개혁논의는 국회에서 정당과 교섭단체를 중심으로 진행될 수밖에 없고 제도변화에 따른 정당의 이해득실에 민감할 수밖에 없기 때문에, 제도의 본질이나 목표 혹은 제도개혁의 당위성이 중심이 되기보다는 현실적인 의석배분이 중심이 될 수밖에 없다는 한계를 지니게 된다. 따라서, 비례대표 선거에서의 비례성을 높이자는 선거제도 개혁의 목표에는 찬성론이 많지만, 그 추진에는 어려움을 겪게 되는 것이다. 2018년 9월 정기국회나 12월 임시국회에서도 국회의원 선거제도의 비례성을 강화하기 위한 연동형 비례대표제의 도입이 무산되었다. 그러나 연동형 비례대표제 혹은 권역별 비례대표제의 도입은 향후에도 계속 논의되어질 것이기 때문에, 연동형 비례대표제를 도입하기 위한 공직선거법 개정안들에 대한 검토를 통해 향후 논의에의 자료를 제공하고자 한다.

2 홍재우, 제20대 국회의원선거 선거구획정 과정 및 평가, 의정연구, 제47권, 한국의회발전연구회, 2016, 43쪽; 이부하/장지연, 독일의 연동형 혼합선거제 검토, 법과 정책, 제19집 제2호, 2013, 312쪽; 하세헌, 지역구도 타파와 국회의원 선거제도 개혁, 사회과학 담론과 정책, 제1권, 2008, 258쪽; 홍완식, 선거제도 개편에 관한 연구, 법학연구, 제59집, 한국법학회, 2015, 326쪽.

3 홍완식, 신정부의 선거법 공약의 내용과 그 실현을 위한 헌법적 과제, 공법학연구, 제18권 제3호, 한국비교공법학회, 2017, 83쪽 이하.

제2절 연동형 비례대표제

1. 의미와 유형

지역구와 비례대표를 별도의 투표로 선출하는 선거제도를 혼합식 선거제도(Mixed Election System)라고 하는데, 이러한 혼합식 선거제도의 경우에도 지역구에서의 의원선출방식과 지역구와 비례대표의 혼합비율 및 의석배분방식 등에 따라서 다양한 형태의 선거제도가 존재한다.[4] 이러한 다양한 혼합식 선거제도 중에서 연동형 비례대표제란 의회의 전체의석을 지역구 당선인의 숫자로만 결정하는 것이 아니라 정당의 득표율과 연동하여 결정하는 방식의 선거제도를 의미한다. 지역구선거와 비례대표선거의 당선인 결정을 연동하는 방식이라는 의미에서 그리고 제도의 주된 요소가 비례대표제라는 의미에서 '연동형 비례대표제'라는 용어를 사용한다. 연동형 비례대표제를 채택하는 경우에도 정당에서 제출하는 비례대표명부를 전국 단위로 하느냐 권역 단위로 하느냐의 차이가 있을 수 있다. 연방국가의 경우에는 주 단위의 권역별 비례대표 후보자 명부가 가능하고, 단방국가의 경우에는 지방자치단체를 중심으로 하는 지방권역 단위의 권역별 비례대표 후보자 명부가 가능하다. 비례대표제에는 순수비례대표제와 혼합형 비례대표제가 있는데, '순수비례대표제'는 전국을 단위로 하는 방식이며, '혼합형 비례대표제'는 소선거구제가 가지고 있는 지역대표성의 장점과 정당득표율을 의석수에 반영하는 비례성을 함께 절충한 방식이다. 그리고 혼합형 비례대표제는 병립식과 병용식으로 구별될 수 있는데, 지역구대표와 비례대표를 상호 관계없이 선출하는 방식을 '병립제'라 하고, 지역구와 비례대표를 연동하여 당선인을 결정하는 방식을 '병용제'라 한다. '병용제'는 정당이 얻은 득표가 선거결과에 반영되어 의석수가 결정된다는 점에서, 현행 소선거구 단순다수제에서 나타나는 득표율과 의석점유율 간 불일치현상을 해소할 수 있다. 이러한

4 김종갑, 독일식 선거제도의 한국적 적용방안, 독일학 연구, 제25호, 2009, 126쪽.

결과 연동형 비례대표제 하에서는 정당득표율을 기준으로 하여 전체의석을 배분하기 때문에, 배분된 의석수 보다 지역구에서 당선된 당선자가 부족한 만큼 비례대표의원이 당선된다. 반대로 배분된 의석수 보다 지역구에서 당선된 당선자가 초과되는 만큼 초과의석이 발생하게 된다. 연동형 비례대표제는 정당에 할당되는 의석을 초과하여 지역구에서 당선되는 지역구 의원이 발생할 수 있기 때문에 후술하는 '초과의석' 문제를 필연적으로 동반하게 된다.

2. 연동형 비례대표제 관련 법안

권역별 비례대표제는 제19대 국회 정치개혁특별위원회에서도 도입 여부를 검토한 바 있으나 당시 제출된 관련 법안은 모두 임기만료로 폐기되었고, 제20대 국회에서도 연동형 비례대표제를 도입하자는 내용의 공직선거법 개정안이 다수 제출되어 현재 국회에 계류되어 있다.

소병훈 의원 등 10인이 2016년 7월 27일에 발의한 공직선거법 개정안은 전국을 6개 권역으로 나누어 비례대표 국회의원을 선출한다. 지역구국회의원과 비례대표국회의원의 비율은 2:1로 하며, 권역별 비례대표의 배분에 의해 추가의석이 발생하는 경우에는 의원정수가 증가된다. 박주현 의원 등 10인이 2016년 10월 24일에 발의한 공직선거법 개정안은 연동형 비례대표제를 내용으로 하지만 권역별 비례대표제가 아닌 전국 비례대표제를 내용으로 한다. 즉, 현행 소선거구제와 전국비례대표를 그대로 유지하고 지역구의석수를 현행 253인으로 유지하되, 비례대표의원수를 현재의 47인에서 63인으로 늘려 의석수 증가를 16인으로 최소화하였다. 만일 지역구 당선자가 비례대표 득표율에 의해 할당된 의석수를 초과하는 경우 해당 정당은 초과의석을 그대로 보유한다. 그 밖의 정당들은 초과의석이 발생한 정당의 모든 지역구의석을 총의석에서 제외한 숫자에서 비례대표 득표율에 비례해 가져가게 함으로써 총의석 316석이 유지되도록 한다. 김상희 의원 등 14인이 2017년 2월 14일에 발의한 공직선거법 개정안은 전국을 6개 권역으로 나누어 비례대표 국회의원을 선출한다. 지역구국회의원과 비례대표국회의원의 비율은 3:1로 하며, 국회의원의석배분 및 비례대표국회의원의석배분 등에 따라 추가의석이 발생하는 경우에는 그 의석수만큼 의원정수가 증가된다. 박주민 의원 등 11인이 2017년 2월 15일에 발의한 공직선거법 개정안은 전국을 6개 권역으로 나누어 비례대표 국회의원을 선출한다. 지역구국회의원과 비례대표국회의원의 비율은 2:1로 하며, 의석할당정당이 지역구국회의원선거에서 해당 정당의 의석총수보다 많은 추가의석을 획득한 경우 해당 정당은 그 의석을 그대로 보유한다. 정당의 비례대표 후보자 명부는 권역별로 작성하고, 그중 100분의 30 범위에서 해당 권역에서 출마하는 지역구국회의원 후보자를 비례대표후보로 중복 입후보할 수 있도록 한다. 심상정 의원 등 10인이 2017년 12월 12일에 발의한 공직선거법 개정안은 국회의원정수를 지역구국회의원 240인과 비례대표국회의원 120인을 합하여 360인으로 한다. 그리고, 국회의원의석배분 및 비례대표국회의원의석배분 등에 따라 추가의석이 발생하는 경우에는 그 의석수만큼 의원정수가 증가되도록 한다. 연동형 비례대표제를 내용으로 하지만 권역별 비례대표제가 아닌 전국 비례대표제를 내용으로 한다. 위 법안들은 연동형 비례대표제를 도입함과 함께 초과의석으로 인하여 전체의석이 늘어나게 되는 것도 내용으로 하고 있다.

제20대 국회에서 발의된 5개의 공직선거법 개정안이 연동형 비례대표제의 도입을 핵심내용으로 하고 있는데, 이들 5개 법안 모두 의석수가 증가되는 내용을 포함하고 있다. 심상정 의원안은 의원정수 360석으로 의석 증가폭이 가장 크고, 박주현 의원안은 의원정수 316석으로 비교적 증가폭이 적다. 나머지 3개 법안은 추가의석을 인정하는 것을 내용으로 하는데, 추가의석의 특성상 의석증가의 규모는 선거결과에 따라 유동적이다. 소병훈 의원안과 김상희 의원안 및 박주민 의원안은 전국을 6개 권역으로 나누어 비례대표의원을 선출하는 권역별 연동형 비례대표제를 내용으로 하지만, 박주현 의원안과 심상정 의원안은 권역을 나누지 않는 전국 연동형 비례대표제를 내용으로 한다. 지역구 국회의원과 비례대표 국회의원의 비율은 소병훈 의원안과 박주민 의원안 및 심상정 의원안은 2:1이고, 김상희 의원안은 3:1이며, 박주현 의원안은 4:1이다. 박주민 의원안은 권역별로 작성하는 비례대표 의석수의 30%를 지역구와 비례대표 후보로 중복 입후보 할 수 있도록 하여 석패율 제도의 도입을 시도하고 있다. 5개 법안 모두 의원정수의 증가를 공통적인 내용으로 하는 것과 반대로 의석수를 줄이는 것을 내용으로 하는 법안도 있다. 즉, 김학용 의원 등 18인이 2017년 4월 14일에 발의한 공직선거법 개정안은 국회의원 정수를 200명으로 축소하고, 지역구 국회의원의 선거구를 중대선거구제로 변경하며, 아울러 장애인 등 취약계층을 비례대표에 우선 추천되도록 명문화하고 있다.

이렇게 연동형 비례대표제 도입을 핵심내용으로 하는 다수의 법안이 발의가 되어있지만, 향후 정당간에 연동형 비례대표제 도입에 관한 실효성 있는 합의가 이루어지는 경우에는 정당의 합의를 반영한 새로운 공직선거법 개정안이 발의될 가능성이 크다. 그러나 연동형 비례대표제가 도입될 경우에 자기 정당의 의석수에 어떠한 영향을 줄 것인지를 시뮬레이션을 통하여 사전에 점검하고 지역구에서 선출된 의원들은 자기의 공천과 당선에 어떠한 영향을 미칠 것인지를 우려하는 현실정치의 한계가 엄존하고 있기 때문에, 연동형 비례대표제가 과연 합의가 되고 도입될 수 있을지에 대해서는 의문이 든다. 대개의 선거제도 개혁이 그래 왔듯이, 이번에도 무늬만의 선거제도 개혁일 가능성이 있지 않을까 하는 우려가 크다.

제3절 독일 선거제도에서의 연동형 비례대표제

1. 연동형 비례대표제

독일 연방기본법에는 연방의회 선거제도의 기본골격만을 규정하고 있으며, 상세한 선거제도는 헌법에 반하지 않는 한 입법자의 입법재량에 맡겨져 있다.[5]

5 Maunz−Dürig, Grundgesetz Kommentar, C.H.Beck, Art.38, Rdnr 36.

독일 연방선거법에 따르면, 독일 연방의회의 선거제도는 비례대표선거의 득표율에 따라 연방하원의원의 의석수가 결정된다. 즉, 각 정당의 총 득표율이 기준이 되어 해당 정당의 의석수가 결정되는데 지역구 당선자는 우선적으로 당선자로 결정되고, 지역구 당선자를 제외한 의석은 정당의 득표율에 따라 각 정당의 비례대표의원 후보자가 당선자로 결정되는 방식이다. 이러한 현행 독일 연방하원 선거제도는 1956년에 만들어졌으며 뉴질랜드, 스페인, 헝가리의 선거제도에 모델이 되었다. 이후 독일 연방선거법은 어려 차례 개정되었고 이러한 독일의 선거제도에 대한 연방헌법재판소의 위헌결정 및 이에 따른 2011년과 2013년의 연방선거법 개정의 과정을 거쳐 오늘에 이르고 있다. 전술한 바와 같이 혼합형 비례대표제의 한 방식인 독일의 병용식 비례대표제는 지역구와 비례대표를 연동하여 당선인을 결정하는 방식이며, 정당이 얻은 득표율이 선거결과에 반영되어 해당 정당의 전체 의석수가 결정된다는 점이 가장 중요한 특징이다. 독일 연방의회선거가 지역구에서의 다수대표제와 비례대표제를 혼합한 제도라고는 하지만 실제 운영에 있어서나 비중에 있어서 독일의 선거제도는 비례대표제적 성격이 매우 강한 제도라고 할 수 있다. 이러한 독일의 선거제도는 비례성을 높이고 다양한 정치적 의견을 대변할 수 있으며 전문성의 강화로 정책정당으로 나아갈 수 있고 지역주의를 완화할 수 있는 장점이 발현될 수 있는 제도로 우리나라에서도 주목을 받아 왔다.[6] 또한 독일의 선거제도는 소선거구제가 가지는 맹점인 사표문제를 보다 긍정적으로 해소할 수 있는 여지를 넓히고 전문성을 가진 인물들의 의회진출의 기회를 높이는 데에도 긍정적인 기여를 하며 안정적이고 강력한 정당구조를 전제한 제도로서 궁극적으로 특정 정당에 따른 이합집산의 가능성을 최소화할 수 있는 제도라는 평가도 있다.[7] 독일 연방선거법 제1조는 연방의회의 의원정수와 선거제도 원칙 등에 관한 규정을 두고 있는데, 연방의회 의원의 수가 원칙적으로 598명이고 선거의 5대원칙을 규정하고 있으며, 지역구에서 출마한 후보자를 선거하는 방식이 가미된 비례대표 선거임을 밝히

6 정준표, 독일선거제도 : 작동원리와 한국선거에의 적용 가능성, 한국정치학회보, 제48집 제2호, 2014, 48쪽.

7 김도협, 현행 독일선거법제에 관한 고찰, 인하대학교 법학연구, 제17집 제2호, 2014, 14쪽.

고 있다. 또한 연방의회의원의 절반에 해당되는 299명은 지역구에서 선출되고, 나머지 절반은 주단위의 비례대표 명부에 따라 선출되는 방식을 채택하고 있음을 규정하고 있다.[8] 독일 연방선거법에 규정된 이와 같은 연방의회 선거제도의 특징은 다수대표제와 비례대표제가 혼합되었기 때문에 '인물화된 비례대표제'(personalized propotional system, personalisierte Verhältniswahl)라는 용어로 표현되고 있으며,[9] 비례대표제를 선거제도의 골격으로 하면서도 소선거구 단순다수제를 혼합하여 두 제도의 장점을 살리고 있다고 평가되고 있다.[10]

2. 초과의석

독일의 연방의회 선거제도의 또 다른 대표적인 특징은 초과의석(Überhangmandate, overhang seat)이다. 독일 선거제도에서 불가피하게 발행하는 초과의석으로 인하여 연방선거법에 규정된 의원정수 598명을 초과하는 의석이 발생하여 전체 의원수가 유동적으로 변화한다. 전술한 바와 같이 연동형 비례대표제는 총 의석수를 정당별 득표율을 기준으로 배분한 후에 총 의석수에서 각 정당이 확보한 지역구 의석수를 제한 만큼을 비례의석으로 할당하는 제도이다. 따라서 정당별 득표율에 비례한 '개별정당의 총 의석수' 보다 지역구에서 더 많은 의석을 확보하는 정당이 나타나는 경우, 초과의석이 발생하세 되는 것이나. 이처럼 독일 연방의회 선거제도에서 초과의석이란 1인의 유권자가 투표하는 2표 중에서 후보자에 대한 투표를 통해 획득한 지역구 의원의 수가 정당에 대한 투표를 통해 획득한 비례대표 의원의 수를 초과한 경우에 당선되는 초과한 만큼의 의석을 말

8 Bundeswahlgesetz §1 ① Der Deutsche Bundestag besteht vorbehaltlich der sich aus diesem Gesetz ergebenden Abweichungen aus 598 Abgeordneten. 2Sie werden in allgemeiner, unmittelbarer, freier, gleicher und geheimer Wahl von den wahlberechtigten Deutschen nach den Grundsätzen einer mit der Personenwahl verbundenen Verhältniswahl gewählt. ② Von den Abgeordneten werden 299 nach Kreiswahlvorschlägen in den Wahlkreisen und die übrigen nach Landeswahlvorschlägen (Landeslisten) gewählt.

9 Sachs, Michael, Grundgesetz Kommentar, Art. 38, Rdnr. 110.

10 김욱, 독일 연방의회 선거제도가 한국의 선거제도 개혁에 주는 시사점, 세계지역연구논총, 제24집 제3호, 2006, 56쪽.

한다. 독일 연방의회의원선거에서 채택하고 있는 연동형 비례대표제 즉 지역구와 비례대표를 연동하여 당선인을 결정하는 병용식 비례대표제는 지역구 선거에서 당선된 후보들에게 우선적으로 의석을 배정하고, 정당에 대한 투표를 통해 획득한 나머지 의석을 비례대표 후보들에게 배정하는 것이므로 지역구 당선자가 정당투표에 의한 의석수보다 많은 경우에는 초과의석이 발생할 수밖에 없다. 국회의원 선거에 지역구와 비례대표를 연동하여 당선인을 결정하는 연동형 비례대표제를 도입하는 경우에는 불가피하게 초과의석이 발생하게 되는 것이다. 이렇듯 독일의 연동형 비례대표제는 지역구에서 당선된 후보에게 우선적으로 의석이 배분되기 때문에 초과의석이 발생할 가능성이 높은 것이 단점으로 지적되고 있다.[11] 초과의석제도는 1990년대 초까지만 해도 그리 관심을 받지 못했지만 이후 숫자가 늘어나기 시작하면서 관심의 대상이 되었다. 초과의석이 생기는 주요 원인은 1998년까지는 강력한 제3정당의 존재였고 2002년에는 낮은 투표율 때문으로 분석되고 있다.[12] 전술한 바와 같이 초과의석은 정당득표율과 의석수 간에 비례성이 특징인데, 어떤 경우에는 정당에 대한 제2 투표가 증가함에도 의석수가 줄거나 제2투표가 감소함에도 의석수가 늘게 되는 투표가치의 역진(negatives Stimmgewicht)[13] 현상이 발생하는 경우가 발생하였다. 이러한 초과의석제도에 대해서 평등선거원칙에 위반된다는 문제 제기가 꾸준히 제기되어 왔고,[14] 독일 연방헌법재판소에 의하여 평등선거원칙과 직접선거원칙에의 위반을 이유로 헌법불합치 결정이 내려졌다.[15] 이후 연방선거법의 개정을 통하여 초과의석의 문제점을 교정하는 보정의석 제도가 도입되었다. 보정의석(Ausgleichsmandate,

---

11 이부하/장지연, 독일의 연동형 혼합선거제 검토, 법과 정책, 제19집 제2호, 2013, 311쪽.

12 홍재우, 독일 선거제도의 연대기, 유라시아연구, 제10권 제4호, 2013, 103쪽.

13 'negatives Stimmgewicht'은 '투표가치의 역진(逆進)'(오윤식) 이외에도 '부정적 득표비중'(김종갑, 김도협)이나 '부정적 득표영향'(김욱), '음의 득표가치'(정준표), '(위헌적) 역효과표'(신옥주) 등으로 다양하게 번역되어 사용되고 있다.

14 Bernd Grzeszick / Heinrich Lang, Wahlrecht als materielles Verfassungsrecht, Nomos, 2012, S.60.

15 BVerfGE 131, 316ff. "Die Bildung der Ländersitzkontingente nach der Wählerzahl gemäß § 6 Abs. 1 Satz 1 BWG ermöglicht den Effekt des negativen Stimmgewichts und verletzt deshalb die Grundsätze der Gleichheit und Unmittelbarkeit der Wahl sowie der Chancengleichheit der Parteien."

compensation seat)이란 추가의석이 주어짐에도 불구하고 정당득표율과 의석할당이 불비례(disproportionality)하는 경우에 비례성을 맞추기 위하여 추가적으로 정당에 주어지는 의석을 의미한다. 즉, 초과의석이 발생해서 오히려 나타나는 불비례성을 보정하기 위하여 의석이 배분되어져야 할 정당들의 의석배분이 득표율에 비례될 때까지 배분되는 의석을 보정의석이라 한다.[16] 이렇게 현행 독일 연방의회의 선거에서는 초과의석제도에 더하여 초과의석제도의 문제점을 보정하기 위한 보정의석제도가 병행하여 시행되고 있다.

제4절 현행 선거제도의 문제점과 개선방안으로서의 연동형 비례대표제

1. 현행 비례대표제의 문제점

국회의원 선거에서 소선거구제와 비례대표제를 혼합한 혼합형 선거제도를 규정하고 있는 현행 공직선거법은 국회의원 선거에서 소선거구 다수대표제를 통해 지역구 국회의원을 선출하고 있고, 전국 단위의 정당명부식 비례대표 의원을 선출하고 있다. 전술한 바와 같이, 혼합형 선거제도는 지역구에서의 의원 선출방식과 지역구와 비례대표의 혼합비율 및 의석배분방식 등에 따라서 다양한 선거제도가 있을 수 있는데, 혼합형 선거제도의 여러 사례에서 중요한 차이는 선거결과의 비례성에 큰 영향을 미치는 두 가지 요소에 있다. 하나는 비례대표의석의 비율이 과도하게 낮을 경우에는 지역구 선거에서 나타나는 비례적이지 아니한 결과를 보완할 수 없다는 것이고 다른 하나는 지역구 선거결과의 불비례성을 비례대표의석으로 보정해주는 장치를 두고 있는지의 여부이다. 독일과 같은 '혼합형 비례제'는 이러한 보정장치가 있는 제도로 분류되고 있고, 일본과 같은 '혼합형 다수제'에서는 이러한 보정장치가 없이 지역구 선거와 비례대

16 Umbach-Clemens, Grundgesetz Mitarbeiterkommentar, Art. 38, Rdnr.88ff.

표 선거가 독립적·병렬적으로 운영된다.[17] 우리나라와 일본의 선거제도는 지역구대표선거와 비례대표선거에서 획득한 의석수를 단순하게 합산하는 방식으로서 이를 '병립식'이라 부르고, 독일의 선거제도는 권역별 득표율에 따라 정당의 권역별 의석수를 결정하는 방식으로서 이를 '병용식'이라 부른다. 따라서 현행 공직선거법에 규정되어 있는 '병립식' 비례대표제가 과연 결과가치의 평등을 포함하는 평등선거 원칙 및 선거에 있어서 국민의 의사를 정확하게 반영한다는 비례대표제의 장점 등이 구현되는 선거제도인가에 대해서 의문이 제기되고 있다.[18] 즉, 소선거구 다수대표제의 단점을 보완하기 위하여 채택한 비례대표제가 그 취지를 구현하지 못하고 있다는 비판이 있는 것이다. 현행 비례대표제는 정당이 전국 단위로 작성하는 폐쇄명부식이며 지역구와 비례대표선거가 전혀 별개로 운영되고 있기 때문에, 소선거구제의 단점을 보완하기 위한 비례대표제의 취지가 제대로 발현되지 못하고 있다.[19] 특히, 유권자의 투표결과가 국회의원 당선자 결정에 왜곡되지 않고 반영되어 국회의 의석구성을 하기 위해서는 현행 상대적 다수대표제를 개선하여야 하고,[20] 진정한 비례대표제의 기능을 실현시키고 비례대표제의 장점을 살리기 위해서는 선거인의 지지도에 비례한 의석을 배분토록 하는 연동형 비례대표제를 도입하여야 한다.[21] 개헌논의에서도 선거에서 유권자들의 표의 등가성을 구현하는 개헌작업이 필요하다는 의견이 있었다. 헌법에 비례대표 선거원칙을 명시할 것인가의 여부가 논의되었는데, 비례대표를 포함하는 내용으로 선거원칙을 헌법에 지금보다 상세히 규정하고 구체적인 내용은 공직선거법으로 규정하는 것이 타당하다는 의견이 주를 이루었다. 구체적으로는 ① 비례대표 의석비율 또는 비례성을 강화한다는 선거원칙을 헌

17 황아란, 국회의원선거의 권역별 비례대표제 도입의 대안 제시, 21세기 정치학회보, 제25집 제4호, 2015, 4쪽.

18 홍일선, 비례대표선거와 초과의석 –초과의석의 헌법적 문제점과 도입가능성을 중심으로–, 헌법학연구, 제13권 제4호, 2007, 168쪽.

19 김수연, 지방의 입법참여를 위한 국회구성 개선방안, 공법학연구, 제17권 제3호, 2016, 38쪽.

20 신옥주, 선거제도 개선을 통한 국회의원의 대표성·비례성 강화방안 연구 –독일 연방선거법에 대한 비교법적 고찰을 중심으로, 공법연구, 제45집 제3호, 2017, 10쪽.

21 정연주, 현행 국회의원 선거제도의 비례성 증대방안, 법제연구, 제52호, 2017, 31쪽.

법에 직접 명시하자는 의견 ② 선거제도를 개혁하여 정당지지율과 의석점유율을 일치시키는 독일식 권역별 비례대표제를 도입하자는 의견 ③ 비례성을 강화하는 선거원칙을 헌법에 두고 법률유보를 규정하자는 의견 등이 있었다.[22] 우리나라의 현행 선거제도는 득표율의 의석수가 비례하지 못하다는 점과 선거제도가 지역주의를 극복하지 못하고 있다는 점이 가장 큰 문제로 지적되고 있다.

2. 연동형 비례대표제도의 도입

현행 공직선거법에 따르면 지역구에서 당선된 후보자에 대한 투표만이 유효하고 낙선한 후보자에 대한 투표는 사표가 되는데 이러한 사표의 문제를 개선할 필요가 있고 또한 국회의원 선거제도에서 정당의 득표율과 의석수 간의 비례성을 강화할 필요가 있다. 따라서 지역구에서 발생하는 사표를 방지하고 득표율과 의석수간의 비례성을 높여서 유권자의 의사가 국회의원 의석에 가능한 정확히 반영되기 위해서는 연동형 비례대표제가 도입되어야 한다는 주장이 꾸준히 제기되어 왔다. 중앙선거관리위원회에서도 2015년에 권역별 비례대표제 도입을 제안하였다. 국회의원 정수를 300명으로 유지하면서 권역별로 지역구와 비례대표를 2:1의 비율로 하고, 권역별로 정당의 득표율에 따라 의석(지역구+비례대표)을 배분하는데, 지역구 당선인을 제외한 나머지 인원은 권역별 비례대표 명부순위에 따라 당선인으로 결정하자는 내용이다. 초과의석이 발생하더라도 정당 득표율과 의석점유율의 비례성을 절대적인 기준으로 하는 독일과는 그 도입 취지가 다르기 때문에 위헌문제가 제기될 것이라고 보지 않는다는 의견도 부기하였다.[23] 오랜 논의를 통하여 연동형 비례대표제가 가져올 긍정적인 효과에 대해서는 광범위한 사회적 동의가 이루어졌다고 평가되고 있다.[24] 2018년 말에 5개 정당이 합의한 바 있었던 원칙적인 수준에서의 연동형 비례대표제 도입

---

22 조소영, 선거제도 개헌논의에 대한 비판적 검토, 헌법학연구, 제23권 제2호, 2017, 41쪽.
23 중앙선거관리위원회, 정치관계법 개정의견, 2015. 2. 25, 3쪽 이하.
24 김형철, 국민주권 시대를 위한 국회의원 선거제도의 개혁방안과 쟁점, 민주주의와 인권, 제17권 제4호, 2017, 96쪽.

(논의)도 이러한 사회적 논의의 연장선상에 있다고 볼 수 있다. 연동형 비례대표제가 도입되는 경우에 전국 규모의 연동형 비례대표제를 도입할 것인가 또는 권역별 비례대표제를 도입할 것인가에 대한 의견이 나누어지고 있다. 앞서 살펴본 5개의 법안 중에서 3개 법안은 권력별 비례대표제를 도입하자는 것이고, 2개 법안은 전국 비례대표제를 도입하자는 것이다. 이는 연동형 비례대표제가 추구하는 제도의 목표와 관련하여 판단하여야 할 것으로 본다. 우리나라 선거제도의 개편은 정부형태에 부합하고 지역주의를 완화하며 득표와 의석의 비례성을 강화하는 방향으로 나아가야 한다.[25] 이러한 점에서 권역별 비례대표제는 우리 정치의 고질적인 지역주의를 완화할 수 있는 제도로서 기대를 모아 왔다.[26] 따라서 권역별 비례대표제가 지역주의 극복을 위해서 효과적인 선거제도라는 의견,[27] 권역별 비례대표제를 도입하는 경우에는 비례대표 의원이 지역구 의원의 절반 정도가 적절하다는 의견[28] 등이 있다. 연동형 비례대표제를 도입하는 경우에 발생하는 초과의석의 문제점을 해소하는 방안이 개헌 논의과정에서 의제가 되기도 하였다.[29] 기존의 비례대표제도의 문제점을 개선하기 위한 방안에 관한 논의는 계속되어 왔고, 이러한 개선방안을 내용으로 하는 법안도 발의되었음은 전술한 바와 같다.

현행 국회의원선거에도 비례대표제가 도입되어 있으나, 국회의원 정수인 300명에 대비하여 비례대표 의석 47석의 비율이 15.7%이고 5.4:1로 지나치게 낮고, 지역구선거에서 나타나는 정당의 득표율과 의석 점유율 간에 왜곡이 나타나고 있다. 따라서 비례대표 국회의원의 수를 늘리고 전국단위의 비례대표명부가 아닌 권역별 비례대표명부를 제출하도록 하여 유권자의 투표와 의석수가 비례할 수 있도록 함과 동시에 지역주의도 극복할 수 있도록 하자는 것이 권역별

25 헌재 2001. 7. 19. 2000헌마91.

26 한정택/전용주, 한국형 석패율 제도 도입에 대한 비판적 논의와 대안, 공공정책연구, 제32집 제2호, 2016, 200쪽.

27 윤종빈, 국회의원 중대선거구제에 대한 검토 의견, 국회의원 선거구제도 개선을 위한 전문가 간담회, 민주당 정치혁신실행위원회, 2014, 22쪽.

28 성낙인, 헌법학, 2018, 법문사, 193쪽.

29 조소영, 선거제도 개헌논의에 대한 비판적 검토, 헌법학연구, 제23권 제2호, 2017, 44쪽.

비례대표제 도입을 하자는 주된 이유이다. 권역별 비례대표제를 채택하는 경우에, 지역구에서는 당선되지 못하더라도 비례대표의원을 당선시킬 가능성이 있다는 점에서, 특정 정당이 해당 지역의 모든 의석을 독점하는 일을 막을 수 있으며, 이는 지역주의를 완화시키는데 도움이 될 것이라고 기대되고 있다.[30] 뉴질랜드는 독일식 연동형 비례대표를 도입하여 성공한 사례로서 평가되고 있기 때문에 우리의 경우에도 한국 상황에 적합한 형태로 도입하는 것이 바람직할 것이라는 제안이 있다.[31] 그러나 연동형 비례대표제는 특정정당이 과반을 확보하기 어려워져 안정적으로 국정을 운영하기가 어려워지므로 연대·합의·협치에 기초한 정치문화의 확립이 선행되어야 한다는 의견, 연동형 비례대표제는 주로 의원내각제 국가에서 적용하고 있는 선거제도로 대통령제인 우리나라에서는 적합하지 않다는 입장도 있음을 감안해야 한다는 신중론도 있다.[32] 전술한 바와 같이 중앙선관위는 의원정수를 증원하지 않고 300명으로 하면서 비례대표의원을 54명에서 100명으로 확대하자고 제안하였다. 그러나, 지역구 의원의 수를 줄이는 선거제도개혁이 현실성을 지닐 수 있을지에 대하여 의문이 제기되고 있다.[33] 그리하여, 독일과 유사한 연동형 비례대표 선거제도를 도입하는 경우에 발생하는 초과의석문제를 해결하기 위한 대안으로 비례대표의석을 권역별로 배분하되 비례의석 54석만을 배분대상으로 하자는 제안이 있다.[34] 그러나 지역구 의석 보장이라는 기득권을 극복하지 못하는 정도의 변화를 선거제도의 개혁이라고 할 수는 없다. 선거제도의 존재 이유나 선거제도 개혁의 한계가 기존 지역구의 보장일리도 만무하다. 공천과정의 투명성과 공정성을 전제로 하여 비례대표의석은 확대되어야 한다.

---

30 강원택, 국회의원 선거제도와 개헌, 국민과 함께하는 개헌이야기(2권), 국회 미래한국헌법 2010, 연구회, 448쪽.

31 김욱, 독일 연방의회 선거제도가 한국의 선거제도 개혁에 주는 시사점, 세계지역연구논총, 제24집 제3호, 2006, 66쪽.

32 국회 정치개혁특별위원회, 검토보고서, 2017. 9, 133쪽 이하.

33 안승국, 국회의원 선거제도의 변화와 정치적 효과, 한국정치외교사논총, 제32집 1호, 2010, 282쪽.

34 김종갑, 독일식 선거제도의 한국적 적용방안, 독일학 연구, 제25호, 2009, 141쪽.

폐쇄형 정당명부식 비례대표제의 문제점을 개선하기 위하여 가변형 정당명부식 비례대표제 방식을 도입하자는 의견이 있다. 누가 비례대표의원으로 선출될지를 결정함에 유권자의 투표가 영향을 미칠 수 있는 가변형 정당명부식 비례대표제는 민주성의 확장과 비례대표의원의 책임성과 반응성을 확보할 수 있는 방안이라는 것이다.[35] 또한 병용식 권역별 비례대표제 하에서는 초과의석으로 인하여 수도권과 도시지역에 비하여 비수도권지역에 불리한 결과가 초래된다는 지적[36]이 있다. 즉, 발생되는 초과의석으로 인해 국회의원 의석수가 유동적이 되고 지역주의가 약한 수도권 등에서 초과의석이 많이 발생한다면 수도권이나 도시지역에 비해 비수도권과 농촌지역이 불리하게 되는 문제[37]가 지적되고 있다. 석패율제를 도입하자는 의견도 있는데, 지역구 후보자를 비례대표 후보에도 동시 입후보가 가능하도록 하여 석패율 제도를 도입하자는 것이다.[38] 이러한 의견을 반영하듯이, 정당이 비례대표국회의원후보자 명부를 작성할 때에 30%를 지역구국회의원후보자로 추천할 수 있도록 하는 내용의 공직선거법 개정안이 2017년 9월 7일에 윤관석 의원 등 12인에 의하여 발의되기도 하였다.

정당득표율과 의석수간의 비례성을 높이는 것이 중요하지만 이것만이 선거제도가 지향해야할 유일한 목표는 아니다. 그리고 의석수를 늘이는 것에 대하여 부정적인 인식을 지닌 국민정서적 한계도 있다. 따라서 공직선거법 개정안을 참조하여 정당득표율과 의석수간의 불비례성을 개선하면서도 지역주의를 완화하는 효과가 기대되는 방식의 연동형 비례대표제를 도입하는 방안이 좋다고 본다. 비례대표제도가 제 기능을 할 수 있을 정도의 비례대표의석이 확대될 필요가 있다. 초과의석을 제도화할 것이냐 전체 의석수를 다소 확대할 것

35 황아란, 국회의원선거의 권역별 비례대표제 도입의 대안 제시, 21세기 정치학회보, 제25집 제4호, 2015, 4쪽.

36 정준표, 중앙선거관리위원회 선거제도 개정안의 비판적 분석, 국제정치연구, 제18권 제1호, 2015, 218쪽.

37 정준표, 중앙선거관리위원회 선거제도 개정안의 비판적 분석, 국제정치연구, 제18집 제1호, 2015, 218쪽.

38 김만흠, 지역균열의 정당체제와 선거제도 개편, 한국정치연구, 제20집 제1호, 2011, 250쪽; 중앙선거관리위원회, 정치관계법 개정의견, 2015. 2. 25, 3쪽.

이냐는 제도의 구체적인 내용에 관한 선택의 문제라고 본다. 연동형 비례대표제 도입이라는 선거제도의 기본방향이 결정되면, 구체적인 선거제도의 내용은 정당제도나 의회제도와도 연계하여 우리의 현실에 적합하게 만들어나가야 할 것이다.

제5절 맺음말

그간의 선거제도 개혁에서는 국회의원의 증원, 중대선거구제, 양원제, 비례대표 의석수의 증대와 권역별 비례대표제, 석패율 제도 등이 논의 주제였는데, 대부분의 선거제도 개혁방안들은 실현되지 못하였다.[39] 헌법의 개정을 요하는 것은 별론으로 하더라도 공직선거법의 개정을 통한 선거제도의 개혁은 현역 국회의원들의 기득권이나 각 정당의 이해득실과 무관할 수 없기 때문에 공직선거법을 개정하기가 쉽지는 않다. 그러나 소선거구 다수대표제와 비례대표제의 문제점에 대한 인식을 공유하고 있다면, 당위론적 관점에서 연동형 비례대표제 특히 권역별 연동형 비례대표제의 도입을 신중하게 검토할 때가 되었다고 본다. 연동형 비례대표제 도입 등을 내용으로 하는 제19대 국회에서의 공직선거법 개정안은 임기만료로 모두 폐기되었고, 제20대 국회에서도 연동형 비례대표제 도입을 내용으로 하는 공직선거법 개정안이 다수 발의되어 있다. 이들 법안들은 권역으로 하건 전국을 대상으로 하건 연동형 비례대표제의 도입을 내용으로 하고 있고 대개의 법안에서는 지역구 의석과 대비하여 비례대표의석을 확대하자는 내용을 두고 있다. 그러나 비례대표 의석수를 늘리고 비례대표의석의 배정을 권역별로 결정하는 방안은 현실정치와의 연관성이 민감하기 때문에 필요성이나 당위성과는 별개로 공직선거법이 개정되어 연동형 비례대표제가 도입될지

39 홍완식, 선거제도 개편에 관한 연구, 법학연구, 제59집, 한국법학회, 2015, 325쪽.

여부에는 의문이 제기되고 있다. 그러나 현실적인 어려움이 있더라도 바람직한 선거제도와 정치개혁을 위해서 그리고 정당의 득표와 의석수의 불비례를 통한 선거결과의 왜곡을 시정하기 위한 최소한의 개선이라도 이루어져야 한다는 주장에 설득력이 있다. 이에 더하여 검토해 보자면, 정치개혁은 선거제도만 개선된다고 해결되지 않는다. 공천과정의 우려와 문제점을 해소할만한 정당제도의 개혁이 이루어지지 않는다면 선거제도의 개혁은 오히려 개악이 될 수도 있다. 현재와 같이 폐쇄형 명부식으로 비례대표제를 작성하는 경우 즉 하향식 공천의 경우에는 정당 공천과정의 투명성과 공정성이 보장되기 어렵다. 따라서 비례대표 의석수를 늘이는 경우에는 공천과정의 투명성과 공정성이 더욱 보장되는 정당제도의 개혁이 동반되어야 할 것이다.

| CHAPTER 03 _ 참고문헌 |

강원택, 대통령 선거방식의 제도적 문제점에 대한 연구 : 단순다수제와 결선투표제 방식의 비교를 중심으로, 한국정치학회보 제31집 제3호, 1997.

강원택, 국회의원 선거제도와 개헌, 국민과 함께하는 개헌이야기(2권), 국회 미래한국헌법연구회, 2010.

김도협, 공직선거법상 주요 쟁점에 관한 소고, 세계헌법연구, 제22권 제1호, 2016.

김도협, 현행 독일선거법제에 관한 고찰, 인하대학교 법학연구, 제17집 제2호, 2014.

김만흠, 지역균열의 정당체제와 선거제도 개편, 한국정치연구, 제20집 제1호, 2011.

김용복, 한국선거와 비례대표의 적실성, 한국정당학회보, 제3권 제1호, 2004.

김욱, 독일 연방의회 선거제도가 한국의 선거제도 개혁에 주는 시사점, 세계지역연구논총, 제24집 제3호, 2006.

김종갑, 독일식 선거제도의 한국적 적용방안, 독일학 연구, 제25호, 2009.

김형철, 국민주권 시대를 위한 국회의원 선거제도의 개혁방안과 쟁점, 민주주의와 인권, 제17권 제4호, 2017.

신옥주, 선거제도 개선을 통한 국회의원의 대표성·비례성 강화방안 연구 –독일 연방선거법에 대한 비교법적 고찰을 중심으로, 공법연구, 제45집 제3호, 2017.

오윤식, 독일 연방선거법상 비례대표의석배분에 대한 실무적 이해와 그 수용방안의 모색, 사법발전재단, 사법, 제37권 제1호, 2016.

이부하/장지연, 독일의 연동형 혼합선거제 검토, 법과 정책, 제19집 제2호, 2013.
정연주, 현행 국회의원 선거제도의 비례성 증대방안, 법제연구, 제52호, 2017.
정준표, 독일선거제도 : 작동원리와 한국선거에의 적용 가능성, 한국정치학회보, 제48집 제2호, 2014.
정준표, 중앙선거관리위원회 선거제도 개정안의 비판적 분석, 국제정치연구, 제18권 제1호, 2015.
조소영, 선거제도 개헌논의에 대한 비판적 검토, 헌법학연구, 제23권 제2호, 2017.
최태욱, 선거제도 개혁방향, 선거제도 개혁 및 정당민주화, 국회 입법조사처, 2017. 2.
표명환, 공직선거와 당선인 결정방식, 토지공법연구, 제73집 제2호, 2016.
한정택/전용주, 한국형 석패율 제도 도입에 대한 비판적 논의와 대안, 공공정책연구, 제32집 제2호, 2016.
홍재우, 제20대 국회의원선거 선거구획정 과정 및 평가, 한국의회발전연구회, 의정연구, 제47권, 2016.
홍완식, 신정부의 선거법 공약의 내용과 그 실현을 위한 헌법적 과제, 한국비교공법학회, 공법학연구, 제18권 제3호, 2017.
홍완식, 선거제도 개편에 관한 연구, 한국법학회, 법학연구, 제59집, 2015.
홍완식, 선거법의 지향점으로서의 선거의 공정성과 선거의 자유, 한국법제연구원, 이슈와 전망, 제28호, 2012. 4.
홍완식, 지역구도 타파를 위한 선거구제 개편에 관한 헌법적 쟁점, 한국비교공법학회, 공법학연구, 제7권 제2호, 2005.
홍완식, 연동형 비례대표제 도입, 서울경제신문, 2018. 12. 20.
홍일선, 비례대표선거와 초과의석 －초과의석의 헌법적 문제점과 도입가능성을 중심으로－, 헌법학연구, 제13권 제4호, 2007.
황아란, 국회의원선거의 권역별 비례대표제 도입의 대안 제시, 21세기 정치학회보, 제25집 제4호, 2015.
중앙선거관리위원회, 정치관계법 개정의견, 2016. 8.
중앙선거관리위원회, 정치관계법 개정의견, 2015. 2.
Grzeszick－Lang, Wahlrecht als materielles Verfassungsrecht, Nomos.
Maunz－Dürig, Grundgesetz Kommentar, C.H.Beck.
Sachs Michael, Grundgesetz Kommentar, C.H.Beck.
Umbach－Clemens, Grundgesetz Mitarbeiterkommentar. C.F.Müller.

CHAPTER 04

대체복무제 법안에 관한 입법평론*

출처: 토지공법연구 제84집, 2018년, 235~255

2018년 6월에 헌재가 양심적 병역거부에 대하여 헌법불합치 결정을 내렸고 2018년 11월에는 대법원도 양심적 병역거부가 병역법상 정당한 사유에 해당한다고 보아 유죄판결을 내린 원심을 파기환송하였다. 아직도 여전히 찬반론이 있기는 하지만, 양심적 병역거부자들에게 현역집총복무를 강요하여 형사처벌을 받게 하는 것보다 넓은 의미의 안보에 실질적으로 더 유익한 효과를 거둘 수 있는 방안을 찾는 것이 보다 생산적이라는 의견이 점차 공감을 얻어 왔다. 양심적 병역거부를 둘러싼 수십년간의 논쟁을 종결짓는 방법으로는 헌재가 위헌 혹은 헌법불합치 결정을 하거나 국회가 입법을 통하여 대체복무제도를 도입하는 선택지가 있었다. 양심적 병역거부자에게 대체복무제를 허용하지 아니하고 징역형을 부과하는 입법적 선택에 대한 사회적 지지는 점차 힘을 잃어 왔다. 이러한 사회적 변화는 양심적 병역거부자 처벌에 대한 헌재의 결정에 영향을 미쳤다고 할 수 있다. 헌재의 헌법불합치 결정으로 대체복무제 도입에 관한 논의가 일단락이 지어지기는 하였지만, 대체복무제의 문제는 궁극적으로 국회가 결단을 내려야 할 문제였다. 정부는 2019년 상반기에 관련 법령을 제·개정하고 2019년 하반기에 시행을 준비하여 2020년에는 대체복무제를 시행할 계획으로 있다. 현재 제20대 국회에 제출되어 있는 법안들은 특히 복무기간, 복무분야, 복무형태 등과 관련하여 논의가 진행되고 있으며, 현재 준비되고 있는 정부안과 의원안

* 이 논문은 2017년도 건국대학교 KU학술연구비 지원에 의한 논문임.

들이 통합된 대안이 만들어질 것으로 예상된다. 제17대 국회에서 제20대 국회까지 발의된 의원발의 법안들은 그 내용이 크게 다르지 않고, 준비되는 정부안도 기존의 논의에서 크게 벗어나는 내용으로 만들어진다고 볼 수 없기 때문에, 정부안과 의원안을 통합하여 국회 국방위원회에서 하나의 위원회대안을 만드는 데에 커다란 기술적인 어려움은 없을 것으로 본다. 대체복무제 입법에서 규율되어야 하는 사항은 구체적으로 신청대상자, 신청사유, 심사기관, 심사방법, 기각시 이의절차, 대체복무 총정원제 도입 여부, 관리 및 감독기관, 복무기간, 합숙 여부, 복무분야, 처우, 예비군에 상응하는 추가복무, 전시동원 여부, 복무기간에 형을 산입하는 문제, 벌칙 등이 있다. 그러나 가장 중요한 것은, 입법과정에서 대체복무의 분야와 기간, 형평 등의 문제에서 사회적인 공감과 합의가 이루어져야 한다는 것이다. 대체복무제 도입 초기에는 제도를 다소 엄격하게 하여 부작용의 여지를 차단하고 제도의 안정화 추세를 모니터링 한 이후에 제도를 점차 완화하는 것도 하나의 방법이라고 본다.

주제어: 양심적 병역거부, 병역법, 대체복무법안, 민간복무, 양심의 자유, 종교의 자유, 여호와의 증인

제1절 머리말

양심적 병역거부를 둘러싼 지난 수십년간의 논쟁을 종결짓는 방법으로는 헌법재판소가 위헌 혹은 헌법불합치 결정을 하거나 국회가 입법을 통하여 대체복무제도를 도입하는 선택지가 있었다. 그간 양심적 병역거부자에게 대체복무제를 허용하지 아니하고 징역형을 부과하는 입법적 선택에 대한 사회적 지지는 점차 힘을 잃어 왔다. 이러한 사회적 변화는 양심적 병역거부 처벌에 대한 헌재의 네 번째 결정에 영향을 미쳤다고 할 수 있다. 헌재가 지난 6월에 헌법불합치 결정을 함으로써 일차적으로는 대체복무제 도입에 관한 논의가 일단락이 지어지

기는 하였지만, 대체복무제의 문제는 궁극적으로 국회가 결단을 내려야 할 문제[1]였다고 할 수 있다. 그러나 지금까지의 과정이야 어떻든 간에 앞으로 구체적인 대체복무제 입법의 내용에 대해서는 국회가 결단을 내려야만 한다. 우선, 한 국가에서 양심적 병역거부권을 인정할 것이냐의 여부는 그 나라의 병역제도와 밀접한 관련이 있다. 징병제도는 크게 '모병제도(募兵制度)'와 '국민개병(國民皆兵)의 징병제도(徵兵制度)'로 나눌 수 있고, 모든 국민에게 병역의 의무가 부과되는 징병제도 하에서 종교적 신념이나 양심적 결정에 의한 병역거부를 하는 경우, 이에 대하여 국가가 어떠한 대처를 할 것이냐가 문제되는 것이다.[2] 국민개병제를 채택하고 있는 우리나라의 경우 양심 혹은 종교상의 이유 등으로 이러한 「헌법」과 법률이 정하고 있는 병역의 의무를 이행하지 않는 경우에는 구체적인 행위 유형에 따라 「병역법」이나 「군형법」에 의하여 징병검사의 기피나 입영 기피 또는 항명죄로 처벌된다. 「병역법」이나 「군형법」에 따르면 양심적 병역거부는 징병검사나 입영의 기피 등 병역 자체의 거부와 무기를 사용하는 훈련의 거부 즉, 입영 거부와 집총 거부로 구분될 수 있다. 이렇게 병역거부가 입영 거부와 집총 거부의 형태로 나타날 수 있기 때문에, 대체복무의 경우에도 '민간복무'와 '비전투영역의 군복무'로 나누어 질 수 있다. 병역거부에 대한 처벌은 징역형과 벌금형 등이다. 이들 법률을 위반한 병역거부자에 대해서는 과거 3년이나 2년의 징역형이 선고되었는데, 지금은 대개 1년 6개월의 징역형이 선고되고 있다. 제도는 선택 가능하고 형사정책은 변화하는 것이라는 관점에서 보자면, 어떠한 제도건 간에 영원하거나 불변하는 것은 없다. 제도와 법령은 그 시대에 가장 합당한 내용으로 국민들의 의사를 모아 만드는 것이라고 한다면, 제도의 선택에 있어서는 그 시대에 맞게 유연성과 합리성을 강화할 필요가 있다. 대체복무제에 관한 논의도 이제는 다분히 감정적이고 경직된 입법적 태도에서 유연성과 합리성을 갖춘 입법을 형성하는 입법작업이 필요하다.

---

1 박찬운, 양심적 병역거부 –국제인권법적 현황과 한국의 선택, 한국법학원, 저스티스, 2014, 25쪽.

2 홍완식, 법과 사회 –사회적 쟁점과 법적 접근, 법문사, 개정판, 2018, 350쪽.

제2절 논란되는 개념(槪念)과 논의의 실익(實益)

'양심적 병역거부'라고 하는 개념 혹은 용어의 적절성을 두고 오랜 동안 논쟁이 이어져 왔다. 영어 표현으로 'Conscientious Objection(to military service)'에 해당되는 '양심에 따른 병역 거부' 혹은 '양심적 병역거부'라는 개념과 용어는 해외에서는 생소하지 않은 개념이다. '신념에 따른 병역 거부' 혹은 '종교에 따른 병역거부'라는 개념은 사상이나 종교 등을 다 포괄하지 못하는 문제점이 지적될 수 있다. 번역 용어를 사용한다고 하더라도, 특정 종교의 교리에 따른 집총거부를 양심적 거부라고 하는 것은 적합한 용어의 사용이 아니며, 이보다는 '종교적 신념에 의한 집총 거부'라는 용어가 현실을 가장 정확히 반영한다. 즉, 병역을 거부하여 처벌을 받는 사람의 대부분이 특정 종교에 속해 있다는 현실을 고려한다면, '종교적 신념에 의한 병역 거부'가 현황과 실태를 가장 정확히 반영하는 용어라고 볼 수 있다. 그러나 수가 많지는 않지만 잠재적인 가능성을 반영한다면, 무종교적 가치관에 따른 병역거부를 배제할 수는 없다고 본다. 헌재의 2018년 6월 헌법불합치 결정에서도 "양심적 병역거부를 인정하는 것이 여호와의 증인 등을 비롯한 특정 종교나 교리에 대한 특별취급을 하는 것이 아니냐는 의문이 제기되기도 한다. 그러나 이는 앞서 본 것처럼 인류 공통의 염원인 평화를 수호하기 위하여 무기를 들 수 없다는 양심을 보호하고자 하는 것일 뿐, 특정 종교나 교리를 보호하고자 하는 것은 아니다"[3]는 언급의 취지도 이와 일맥상통한다고 본다. 따라서 종교적 교리나 비종교적 가치관을 포함하는 모든 종류의 '신념에 따른 대체복무'가 보다 포괄적인 범주의 개념 및 용어라고 본다. 또한 양심적 병역거부라는 말에는 병역의무를 성실히 수행하는 대다수의 국민들은 비양심적이고 병역을 거부하는 사람들만이 고결하다는 의미로 들릴 수 있다는 이유로, '양심적 병역거부' 대신 '종교적 이유로 인한 병역의무 불능자'이거

3 헌재 2018. 6. 28. 2011헌바379 등.

나 '신념에 따른 병역 거부자' 등 다른 용어를 사용해야 한다는 주장도 있다. 이러한 논란을 피하기 위해서라도 '양심'보다는 '신념'이라는 용어를 사용하여야 하고, '병역거부'보다는 '대체복무'라는 용어를 사용하는 것이 바람직하다고 생각한다. 즉, '양심적 병역거부'나 '신념에 따른 병역거부'[4]라는 용어 보다는 '신념에 따른 대체복무'라는 용어를 사용하는 것이 바람직하다고 본다.

개념이 중요하기는 하지만, 개념에 과도하게 집착하여 논쟁을 하기 시작하면, 다음 단계의 논의로 전혀 나아가지 못하는 경우가 우리 사회에서는 종종 발생하기도 한다. '양심적 병역거부'라는 용어를 놓고 소모적인 대립을 하는 것 보다는, 병역의무에 대응하는 적절한 복무내용과 복무기간 등에 관한 대체복무제도의 내용에 관한 논의가 훨씬 생산적이다. 올해 6월의 헌재 결정은, 그 동안의 다분히 감정적이고 비생산적인 개념 논쟁에서 대체복무제의 내용과 기간 등의 내용에 관한 생산적인 논의로 나아가게 된 것에서 보다 큰 의미를 찾을 수 있다.

제3절 대체복무제 법안의 검토

1. 제17대 국회에서 제19대 국회까지의 대체복무제 법안

대체복무제를 도입하고자 하는 입법적 노력은 대체복무제를 내용으로 하는 「병역법」 개정안이 국회의원들에 의하여 발의되기 시작한 제17대 국회부터 가시화되었다. 즉, 제17대 국회에서 이미 대체복무 제도를 도입하도록 하는 취지의 병역법 개정안이 발의되었다. 임종인 의원이 2004년 9월 22일에 대표발의한 「병역법」 개정안은 종교적 신념 또는 양심의 확신을 이유로 양심적 병역거부자로 인정받은 사람은 사회복지시설에서 아동·노인·장애인 등의 보호·치

4 "개인적 신념에 따른 병역거부"라는 용어를 사용하자는 주장도 이와 유사하다. 신운환, 양심적 병역거부라는 용어의 적절성 여부 검토와 대체 용어의 모색에 관한 소고, 행정법연구, 제46호, 2016. 8, 408쪽.

료·요양·자활 또는 상담 등의 업무를 보조·지원하도록 하며, 복무기간은 육군의 1.5배이다. 노회찬 의원이 2004년 11월 19일에 대표발의한 「병역법」 개정안도 대체복무요원은 사회복지 관련업무 또는 공익 관련 업무를 행하되 무기를 소지하고 수행하는 업무를 하지 않도록 하고, 복무기간은 육군현역병의 1.5배이다. 대체복무제도를 도입하려는 취지로 제17대 국회에서 발의된 법안들은 결국 국회의 임기만료로 폐기되었다. 그러나 제17대 국회에서 발의된 법안들은 제20대 국회인 현재 논의되고 있는 중요 내용들을 어느 정도 이미 다루고 있었다.

제18대 국회에서도 대체복무에 대한 법률안이 발의되었다. 김부겸 의원이 2011년 7월 1일에 대표발의한 「병역법」 개정안은 사회복지요원의 복무기간은 육군의 1.5배로 하고, 사회복지요원은 원칙적으로 합숙을 하도록 하였다. 이정희 의원이 2011년 9월 14일에 대표발의한 「병역법」 개정안은 종교적 신념이나 양심의 확신을 이유로 하는 대체복무는 사회복지 또는 공익과 관련된 분야의 업무를 수행하되 집총을 수반하는 업무에 복무할 수 없도록 하며, 복무기간은 육군의 1.5배이다. 제18대 국회에서 발의되었던 이러한 법안에 대해서는 국방위원회에서 검토보고서도 작성되지 않았고, 제18대 국회의 임기만료로 자동 폐기되었다.

〈표 4-1〉 제17대~제19대 국회에서 발의된 대체복무법안

발의시기	대표발의	복무기간	복무분야	합숙 여부	신청사유	심사기관
제17대 국회 2004년	임종인	육군 1.5배	사회복지/공익 관련	합숙	종교적 신념/양심의 확신	지방병무청
제17대 국회 2004년	노회찬	육군 1.5배	사회복지/공익 관련	합숙원칙	종교적 신념/양심적 확신	지방병무청
제18대 국회 2011년	김부겸	육군 1.5배	사회복지/공익 관련	합숙원칙	종교적 신념/양심의 확신	지방병무청
제18대 국회 2011년	이정희	육군 1.5배	사회복지/공익 관련	합숙원칙	종교적 신념/양심적 확신	지방병무청
제19대 국회 2013년	전해철	육군 1.5배	사회복지/공익 관련	합숙원칙	종교적 신념/양심의 확신	지방병무청

제19대 국회에서 전해철 의원이 2013년 7월 18일에 대표발의한 「병역법」 개정안은 종교적 신념이나 양심의 확신을 이유로 하는 대체복무는 사회복지 또는 공익과 관련된 분야의 업무를 수행하되 집총을 수반하는 업무에 복무할 수 없도록 하며, 복무기간은 육군의 1.5이다. 이 법안도 역시 제19대 국회의 임기만료로 자동 폐기되었다.

제17대 국회에서 제19대 국회에서의 대체복무제 법안들은 공히 대체복무요원의 심사와 판정을 위하여 지방병무청에 지방대체복무위원회를 설치하고, 중앙대체복무위원회에 재심절차를 마련하였다는 점에서 명칭은 다소 다르더라도 심사 및 판정위원회의 심급구조는 유사하다고 할 수 있다. 복무분야는 대체로 사회복지와 공익 분야이다. 특히 대체복무의 기간에 대해서는, 법안을 발의한 다섯 의원 중에서 어느 의원도 예외없이, 육군 현역병의 1.5배로 동일하게 규정하고 있다는 특징을 지니고 있다. 전반적으로 제17대에서 제19대까지 발의된 대체복무제 법안은 복구기간과 복무분야 등 중요사항에서 큰 차이가 없이 대동소이하다고 평가될 수 있다. 제17대 국회에서 제19대 국회에서의 이러한 법안 발의는 대체복무제를 도입하고자 하는 본격적인 입법시도라고 하기 보다는, 사회적 이슈를 국회로 옮겨오는 역할로서의 의미가 더 컸다고 본다.

2. 헌법재판소의 대체복무제 입법권고

헌법재판소는 2018년의 헌법불합치 결정 이전에 2004년에 두 차례 합헌 결정[5][6]과 2011년에 한 차례 합헌 결정[7]을 내린 바 있으며, 양심적 이유로 예비군훈련을 거부한 경우에도 관련 법률규정이 헌법에 위반되지 않는다고 결정[8]하였다.

2004년의 헌재 결정에서 다수의견은 나름대로 대체복무제에 관한 입법론

5 헌재 2004. 8. 26. 2002헌가1.
6 헌재 2004. 10. 28. 2004헌바61 등.
7 헌재 2011. 8. 30. 2008헌가22 등.
8 헌재 2011. 8. 30. 2007헌가12 등.

을 제시하였다. 즉, "입법자는 「헌법」 제19조의 양심의 자유에 의하여 공익이나 법질서를 저해하지 않는 범위 내에서 법적 의무를 대체하는 다른 가능성이나 법적 의무의 개별적인 면제와 같은 대안을 제시함으로써 양심상의 갈등을 완화해야 할 의무가 있다. 또한 이러한 가능성을 제공할 수 없다면, 적어도 의무 위반 시 가해지는 처벌이나 징계에 있어서 그의 경감이나 면제를 허용함으로써 양심의 자유를 보호할 수 있는 여지가 있는가를 살펴보아야 한다. 그러므로 입법자는 양심의 자유와 국가안보라는 법익의 갈등관계를 해소하고 양 법익을 공존시킬 수 있는 방안이 있는지, 국가안보란 공익의 실현을 확보하면서도 병역거부자의 양심을 보호할 수 있는 대안이 있는지, 우리 사회가 이제는 양심적 병역거부자에 대하여 이해와 관용을 보일 정도로 성숙한 사회가 되었는지에 관하여 진지하게 검토하여야 한다"[9]고 입법자에게 권고하고 있다. 2004년에 합헌결정이 내려진 다른 사건에서도 "양심의 자유는 일차적으로 입법자에 대한 요청으로서 가능하면 양심의 자유가 보장될 수 있도록 법질서를 형성해야 할 의무를 부과하는 기본권이다. 법적 의무와 개인의 양심이 충돌하는 경우 법적 의무의 부과를 통하여 달성하고자 하는 공익의 실현과 법질서를 위태롭게 함이 없이 법적 의무를 대체하는 다른 가능성이나 법적 의무의 개별적 면제와 같은 대안을 제시함으로써 양심상의 갈등이 제거될 수 있다면, 입법자는 이와 같은 방법을 통하여 개인의 양심과 국가 법질서의 충돌가능성을 최소화해야 할 의무가 있다"고 하였다. 이후 2011년의 헌재 결정에서도 합헌을 선고하면서 다수의견은 입법자를 수신으로 하는 일종의 메시지를 잊지 않았다. 즉, "이 사건 법률조항은, 국가안전보장 및 병역의무의 공평부담이라는 공익을 실현하기 위하여 그 위반자에 대하여 3년 이하의 징역형이라는 형사처벌을 부과하고 있다. 어떠한 행위를 범죄로 규정하고, 어떠한 형벌을 과할 것인가에 관하여는 원칙적으로 입법자에게 형성권이 인정되나, 형벌은 다른 법적 수단과는 비교할 수 없는 강력한 법률효과 및 기본권 제한 효과를 발생시키므로 가급적 그 사용을 억제할 필요가 있고, 따라서 형벌 아닌 다른 제재수단으로서 입법목적을 달성할 수 있

9 헌재 2004. 8. 26. 2002헌가1.

다면 입법자는 마땅히 그 방법을 모색하여야 한다"[10]고 하였다.

2018년의 헌법불합치 결정 이전에도 헌재는 양심적 병역거부를 처벌하는 규정에 대하여 합헌을 선고하면서도, 끊임없이 입법자를 향해 이 문제에 대한 입법적 해결을 촉구하였다고 볼 수 있다. 2018년 헌재의 헌법불합치 결정에서 "이미 2004년에는 대체복무제 도입에 관한 검토를 권고한 바 있고(2002헌가1), 이제 그로부터 약 14년이라는 결코 짧지 않은 시간이 지나고 있다. 이러한 모든 사정을 감안해 볼 때 국가는 이 문제의 해결을 더 이상 미룰 수 없으며 대체복무제를 도입함으로써 병역종류조항으로 인한 기본권 침해 상황을 제거할 의무가 있음이 분명해진다. 양심의 자유와 국가안보라는 공익을 조화시킬 수 있는 대안이 존재하며 그에 관한 우리 사회의 논의가 성숙하였음에도 불구하고, 오로지 개인에게만 책임을 전가하는 것은 국가의 중대한 임무 해태"라고 표현하였다. 비록 주어가 생략되기는 하였지만 국가의 중대 임무를 해태한 국회가 이 문장의 수신기관이라 할 수 있고, 헌재의 헌법불합치 결정은 입법자에게 1차적인 책임을 이행하라는 '지체된 선고'라고 할 수 있을 것이다.

3. 국가인권위원회의 대체복무제 입법권고 등

국가인권위원회는 2005년 12월 26일에 국회의장과 국방부장관에게 대체복무제 도입을 권고한 바 있고, 2016년 11월 28일에 헌재에 제출한 의견서에서도 양심적 병역거부권과 국방의 의무가 조화롭게 공존할 수 있는 대체복무제가 마련되어야 한다는 의견을 제출하였다. 또한 2017년 7월 21일에도 다시 국회의장과 국방부장관에게 대체복무제 도입을 권고하였다.

국가인권위원회는 2005년 12월 전원위원회 결정을 통하여, 국회의장 등에게 대체복무제도의 도입을 권고한 바 있다. 즉, "현재의 제도로는 '양심적 병역거부 및 그로 인한 형사처벌'과 '단순한 병역의무의 이행' 간에 양자택일식의 해결방법뿐인데, 「헌법」 제19조의 양심의 자유와 제39조의 국방의 의무는 조화롭

10 헌재 2011. 8. 30. 2008헌가22 등.

게 공존하게 할 수 있는 방법은 병역 이외의 방법으로 국방의 의무를 수행할 수 있는 대체복무제도를 마련하는 것"이라고 하면서 "대체복무 제도를 도입할 경우, 대체복무의 인정 여부를 공정하게 판정할 기구가 설치되어야 하고, 대체복무의 기간은 초기 단계에서는 현역복무기간을 초과하더라도 추후 국제적 기준에 따라 단계적으로 축소하도록 하고, 대체복무의 영역은 사회의 평화와 안녕, 질서유지 및 인간보호에 필요한 봉사와 희생정신을 필요로 하는 영역 중에서 우리 실정에 맞게 채택하여야 할 것"이라고 권고하였다. 이후 2017년 6월에도 국가인권위원회는 국회의장 등에게 대체복무제도의 도입을 재차 권고한 바 있다. 즉, "2015년 자유권규약위원회를 비롯하여, 국제사회는 대한민국에 양심적 병역거부권 인정 침 대체복무제 도입을 권고하고 있으며, 위원회 역시 대체복무제 도입 필요성에 일관된 입장을 취해왔다. 특히 최근 양심적 병역거부자에 대한 무죄판결이 이어지고 있고, 각종 실태조사 및 여론조사 등에 따르면 대체복무제 도입에 대한 국민의 공감대가 점차 확산되고 있으며, 국회에도 관련 개정안이 발의되어 있는 등 이제는 정부가 대체복무제 도입을 적극적으로 검토할 시기라 판단"[11]된다는 것이다. 2018년 6월에 헌재가 병역법 일부 규정에 대한 헌법불합치 결정을 내린 이후인 2018년 9월 18일에도 국가인권위원회는 국회의장에게 "대체복무신청사유를 종교적 사유로 한정하지 말고, 판정기구와 절차의 객관성과 공정성을 확보하고, 군과 무관한 민간영역에서 과도하지 않은 기간 동안 복무특성에 맞는 형태로 복무할 수 있도록"[12] 입법을 촉구하는 의견을 표명하였다. 이러한 국가인권위원회가 국회의장이나 정부에 대하여 한 권고결정은 비록 직접적인 구속력은 없지만, 국제사회의 계속되는 지적과 당사자들의 지속적인 호소에 대한 반응이라는 측면에서 의미를 찾을 수 있다.[13]

국방부는 2007년에 사회복무제도의 일환으로 종교적 사유 등에 의한 병역거부자에 대한 대체복무제 도입을 추진하겠다는 '「병역이행 관련 소수자」의 사회복무제 편입 추진 방안'을 발표한 적이 있었으나, 대통령 선거 이후에 입장을

11 국가인권위원회 상임위원회 결정, 2017. 6. 27, 6쪽.
12 국가인권위원회 상임위원회 결정, 2018. 9. 18, 1쪽.
13 홍완식, 앞의 책, 367쪽.

번복하였다. 법무부는 2018년에 '제3차 국가인권정책 기본계획' 초안에서 '입영 및 집총거부자'에 대한 합리적 대체복무 방안 도입을 검토하겠다는 발표를 한 적이 있다.

4. 제20대 국회에 계류 중인 대체복무제 법안

제20대 국회에 들어와서 헌재가 헌법불합치 결정을 내리기 이전에도 대체복무제를 도입하기 위한 법률안이 전해철, 박주민, 이철희 의원에 의하여 각각 대표발의 되었고, 이들 법안은 현재 국회에 계류 중에 있다. 전해철 의원이 대표발의한 「병역법」 개정안은 첫째, 종교적 신념이나 양심의 확신을 이유로 집총을 수반하는 병역의무의 이행을 거부하고자 하는 사람은 지방병무청에 대체복무를 신청하고 둘째, 대체복무요원은 대체복무기관등에서 사회복지 또는 공익과 관련된 업무를 수행하되, 집총을 수반하는 업무인 국군, 경비교도대, 전투경찰대 등에 복무할 수 없도록 하고, 셋째, 대체복무요원은 육군 복무기간(2년)의 1.5배를 복무하도록 하고, 현역병 또는 보충역으로 복무 중인 경우 그 복무한 기간을 차감할 수 있도록 한다. 이철희 의원이 대표발의한 「병역법」 개정안은 첫째, 대체복무요원의 업무 분야를 공익목적에 필요한 사회복지, 보건·의료 등의 사회서비스 또는 재난 복구·구호 등의 공익 관련 업무로서 신체적·정신적으로 난이도가 높은 분야로 지정하고, 집총을 수반하는 의무를 수행하지 않도록 하고 둘째, 대체복무요원의 복무기간은 현역 육군의 2배로 하고, 셋째, 대체복무요원은 병력동원소집 및 군사교육소집에서 제외하고, 대신 그에 준하는 복무를 명하도록 하고 넷째, 대체복무신청 시 신청인에게 허위로 증명서 등을 발급한 종교인에 대하여도 처벌할 수 있도록 하였다. 박주민 의원이 대표발의한 「병역법」 개정안은 첫째, 종교적 신념 또는 헌법상 양심을 이유로 집총을 수반하는 병역의무의 이행을 거부하고자 하는 사람은 지방병무청에 대체복무를 신청하고 둘째, 대체복무요원은 대체복무기관 등에서 사회복지 또는 공익과 관련된 업무를 수행하되, 집총을 수반하는 업무인 국군, 경비교도대, 전투경찰대 등에 복무할 수 없도록 하고 셋째, 대체복무요원은 현역병 복무기간의 1.5배를 복무하도록 하고, 현역병 또는 보충역으로 복무 중인 경우 그 복무한 기간을 차감할 수 있도록 하며 넷째, 대체복무요원은 원칙적으로 합숙근무를 하도록 규정하고 있다.

〈표 4-2〉 제20대 국회에서 발의된 대체복무법안

발의시점	대표발의	복무기간	복무분야	합숙 여부	신청사유	심사기관
헌재 결정 전 2016. 11. 15	전해철 (민주)	육군 1.5배	사회복지/공익 관련	합숙원칙	종교적 신념/ 양심적 확신	국방부 지방병무청
헌재 결정 전 2017. 5. 31	이철희 (민주)	육군 2배	사회복지/사회서비스/공익관련 ※신체·정신적 난이도가 높은 업무	합숙	종교적 신념/ 개인의 양심	국무총리실
헌재 결정 전 2017. 5. 31	박주민 (민주)	육군 1.5배	사회복지/공익 관련	합숙원칙	종교적 신념/ 헌법상 양심	국무총리실
헌재 결정 후 2018. 8. 10	김중로 (바른미래)	육군 2배	사회서비스/공익 관련 ※신체·정신적 고난도 업무	합숙 또는 출퇴근	종교적 신념/ 개인의 가치관·세계관·신조	국방부
헌재 결정 후 2018. 8. 14	이종명 (자유한국)	육군 2배	평화증진/대민지원/사회서비스/재난·복구·구호 ※신체·정신적 고난도 업무	합숙	종교 등의 개인의 신념	병무청
헌재 결정 후 2018. 8. 17	이용주 (민주평화)	육군 2배	사회복지/공익관련업무	합숙원칙	종교적 신념/ 헌법상 양심	병무청
헌재 결정 후 2018. 8. 20	김학용 (자유한국)	공군 2배 (3년 8개월)	평화통일증진/전쟁예방/보훈사업/재해·재난복구지원	합숙원칙	종교적 신념	병무청
헌재 결정 후 2018. 11. 19	김종대 (정의)	육군 1.5배	사회복지/공익 관련	단체숙박 원칙	종교적 신념등 양심의 자유	행정안전부 특별시·광역시·특별자치시·도·특별자치도

전해철 의원이 대표발의한 병역법 개정안은 제19대에 임기만료로 폐기된 자신의 법안과 비교하여 크게 변한 것이 없으며, 박주민 의원이 대표발의한 병역법 개정안은 이전에 발의된 다른 법안의 내용과 크게 다르지 않다. 이철희 의원이 대표발의한 병역법 개정안은 대부분의 다른 병역법 개정안과 달리 대체복무요원의 복무기간을 현역 육군의 1.5배가 아닌 2배로 설정하였다는 점에 특징이 있다. 복무기간에 관한 다양한 논의와 제안들이 있지만, 헌재의 헌법불합치 결정이 내려지기 전에 발의된 법안 중에서 대체복무요원의 복무기간을 현역 육군의 1.5배가 아닌 2배로 제안한 것은 이철희 의원이 발의한 법안이 유일하다.

올해 6월에 헌재의 헌법불합치 결정이 내려진 이후에는 김종대, 김중로, 김학용, 이용주, 이종명 의원이 각각 대체복무제 도입을 내용으로 하는 「병역법」 개정안을 발의하였다.

김중로 의원을 포함한 10인의 국회의원이 발의한 「병역법」 개정안은 종교적 신념 등 개인의 가치관, 세계관, 신조 등을 이유로 대체복무를 신청할 수 있으며, 복무기간은 현역 육군의 2배로 규정하고 있다. 업무분야는 공익목적에 필요한 사회복지, 보건·의료 등의 사회서비스 또는 소방, 재난 복구·구호 등의 공익 관련 업무로서 신체적·정신적으로 난이도가 높은 분야로 지정하고, 집총을 수반하는 의무를 수행하지 않도록 규정하고 있다. 이종명 의원을 포함한 25인의 국회의원이 발의한 「병역법」 개정안은 종교 등 개인의 신념을 이유로 대체복무를 신청할 수 있으며, 복무기간은 현역 육군의 2배로 규정하고 있다. 업무분야는 평화증진 업무, 대민 지원 업무, 공익목적에 필요한 사회복지·보건·의료 등의 사회서비스 또는 재난 복구·구호 등의 업무로서 신체적·정신적으로 난이도가 높은 분야로 지정하고, 집총을 수반하는 의무를 수행하지 않도록 규정하고 있다. 이용주 의원을 포함한 11인의 국회의원이 발의한 「병역법」 개정안은 종교적 신념이나 헌법상 양심을 이유로 대체복무를 신청할 수 있으며, 복무기간은 현역 육군의 2배로 규정하고 있다. 업무분야는 대체복무기관등에서 사회복지 또는 공익과 관련된 업무를 수행하되, 집총을 수반하는 업무인 국군, 의무경찰대 등에 복무할 수 없도록 규정하고 있다. 김학용 의원을 포함한 11인의 국회의원이 발의한 「병역법」 개정안은 종교적 신념을 이유로 대체복무를 신청할 수 있으며, 복무기간은 3년 8개월로 명시하고 있다. 업무분야는 평화통일의 증진, 전쟁 예방, 보훈사업, 재해·재난에 대한 복구 등에 관한 지원 업무에 복무하도록 하고, 집총 또는 인명 살상 등과 관련한 업무는 대체복무요원의 업무에서 제외하도록 규정하고 있다. 김종대 의원을 포함한 10인의 국회의원이 발의한 「병역법」 개정안은 종교적 신념 등 양심의 자유를 이유로 대체복무를 신청할 수 있으며, 복무기간은 현역 육군의 2배로 규정하고 있다. 업무분야는 대체복무기관 등에서 사회복지관련업무 또는 공익관련업무를 행하되 국군의 업무, 의무경찰대의 업무, 기타 이에 준하는 대인용무기를 소지한 상태에서 수행하는 업무를 수행하지 않도록 규정하고 있다.

헌재 결정이 내려진 이후에는 발의된 대체복무법안의 가장 큰 특징은 복무기간이다. 3건의 법안에 있어서 복무기간은 현역 육군의 2배이고, 복무기간을 현역 공군의 2배인 3년 8개월로 규정한 법안도 있다. 제20대 국회 이전의 대체복무제 법안이나 제20대 국회의 이철희 의원 발의법안처럼, 헌재 결정 이후에 발의된 법안 중에서 대체복무자의 복무기간을 현역 육군의 1.5배로 한 것은 김종대 의원이 2018년 11월 19일에 발의한 법안이 유일하다. 김종대 의원이 발의한 법안은 제20대 국회에서 발의된 대체복무제 법안으로서는 가장 최근에 제출되었다. 정부가 준비하고 있는 대체복무제 법안의 윤곽이 어느 정도 드러난 시점에 발의된 법안으로서의 특징이 있다고 할 수 있으며, '복무기간이 징벌적이어서는 아니된다'는 당사자들의 의견이 반영되었다고 볼 수 있다. 대체복무제 신청사유로는 대개 종교적 사유 이외에도 비종교적 사유를 인정하고 있으나, 김학용 의원이 발의한 법안[14]에서는 종교적 신념만을 대체복무 신청사유로 인정하고 있다. 합숙이나 출퇴근 등 복무형태에 대해서는 이종명 의원이 발의한 법안에서는 합숙 근무 만을 규정하고 있으나 대체로 합숙과 출퇴근을 가미한 다양한 방식이 규정되어 있다. 이러한 발의법안의 주요 내용을 보면 대체복무

14 김학용 의원이 대표발의한 병역법 개정안에는 대체복무제 도입에 관한 근거만을 규정하고, 대체복무제도의 요건과 절차 등에 관해서는 '대체복무역 편입 및 복무 등에 관한 법률안' 제정안을 발의한 것이 다른 대체복무제 법안과 다른 특징이다.

제를 도입하기 위하여 발의된 법안의 경향성을 알 수 있다. 헌법불합치 결정 이전에는 법안 통과 보다는 사회적 의제 설정을 염두에 두었다고 한다면, 헌법불합치 결정 이후에는 법안 통과의 현실성이 고려된 것으로 볼 수 있지 않을까 생각한다. 합숙 여부나 신청 사유의 범위도 중요 논점이라고 볼 수 있지만, 역시 가장 중요한 관심사는 복무 기간과 복무 분야이다. 아직 정부안이 입법예고 되거나 국회에 발의된 것은 아니지만, 대체복무의 기간은 현역 육군의 2배로 하고 업무분야는 교정업무가 중심이 될 것으로 알려지고 있다.

5. 주요 외국의 대체복무제 입법

징병제를 택하고 있는 59개국 중 약 20개[15] 국가가 양심적 병역거부에 대한 대체복무제를 도입한 바 있다. 대체복무제를 입법할 경우의 대안으로 제시되는 것은 대체복무제를 전면적으로 민간업무로 전환하여 현역 복무기간 대비 1.3배의 기간으로 입법하는 방식(A모델), 공공기관에서의 공익복무로 하여 현역 복무기간 대비 1.5~2배의 기간으로 입법하는 방식(B모델), 무기를 사용하지 않는 비전투복무와 공공기관 공익복무를 포함시키고 현역 복무기간 대비 1.8~2배의 기간으로 입법하는 방식(C모델)이 있다. A모델은 병역거부의 비범죄화 영역은 확대되는 반면에 현역병과 복무강도의 등가성 확보가 현저히 곤란해지는 문제가 발생하고, B모델은 병역거부의 비범죄화 영역이 증가되고 민간대체복무보다 복무강도의 등가성은 조금 확보될 수 있지만 여전히 현역병의 복무강도와 유사하기는 어렵고, C모델은 비범죄화 영역은 크지 않을 수 있지만 복무강도의 등가성은 어느 정도 확보되는 것으로 대비될 수 있다.[16] 독일의 경우에는 별도

15 몽골, 우즈베키스탄, 키르기스스탄, 이스라엘, 그리스, 러시아, 몰도바, 스위스, 아르메니아, 아제르바이잔, 우크라이나, 키프로스, 핀란드, 모잠비크, 앙골라, 카보베르데, 브라질, 파라과이 등 (2008년도 병무청 연구용역 "종교적 사유 등에 의한 입영거부자 사회복무체계 편입 방안 연구보고서" 및 위키백과 참조) 재인용 : 국회 국방위원회, 병역법 일부개정법률안 검토보고서, 2016. 12, 18쪽.

16 이상현, 양심적 병역거부에 대한 헌법재판소의 비범죄화 결정과 적절한 대체복무제의 설계, 숭실대 법학연구소, 법학논총, 2018, 10쪽.

의 대체복무법을 만들었고 연방대체복무청을 설립하여 대체복무 신청수리와 판정 등의 업무를 담당하게 하고 있으며, 병역거부 동기로 종교적, 윤리적, 평화주의적, 인도적 사유를 인정하고 있다. 그리스의 경우에도 별도의 비무장복무법을 만들었고 대체복무기간은 현역복무 12개월의 2배에 못미치는 23개월로 하고, 비무장 군복무는 18개월이며, 병역거부의 사유로는 종교적, 철학적, 윤리적 사유를 인정하고 있다. 대만의 경우에는 별도의 대체복무실시조례를 만들어 운영하다가, 올해부터는 대체복무제를 모병제로 전환하였다. 대체복무기간은 처음에는 현역복무 22개월에 절반인 11개월을 가산하였으나, 2003년에 4개월로 2007년에 2개월로 축소되었다가 현재는 동일하게 조정되었다.[17] 핀란드는 이례적으로 대체복무기간이 현역복무의 2배를 초과하고 있는 국가이며 따라서 유엔자유권규약위원회가 시정권고를 한 바 있다.[18] 러시아의 대체복무기간은 군복무기간의 1.75배이며 군내 대체복무의 경우에는 군복무기간의 1.5배이다.[19] 아르메니아도 별도의 대체복무법을 만들었고 24개월의 군복무에 비하여 대체 군복무는 30개월이고 대체 노동복무는 36개월이다. 대체복무제도에 관한 외국의 입법례는 매우 다양한 사례가 거론되고 있지만, 표준적이라고 할 만한 것을 추출하기는 어렵다. 이는 대체복무제가 해당 국가의 특수한 안보상황과 국민들의 여론을 반영할 수밖에 없는 입법사안이기 때문이라고 본다. 따라서 대체복무제는 비교법적 검토를 참조는 하되, 모범적인 입법모델을 찾기는 어렵다는 생각이다.

6. 대체복무제 입법의 전망과 방향

(1) 향후 입법계획

우선 대체복무제도는 양심적 병역거부를 전적으로 인정하여 특혜를 주는

17 심민석, 양심적 병역거부에 따른 대체복무제 도입 문제, 양심적 병역거부와 대체복무제 도입에 관한 심포지엄, 한국헌법학회/서울지방변호사회, 2018. 10. 16, 81쪽 이하.

18 임재성, 징벌적 대체복무제가 아닌 합리적 합헌적 대체복무제로, 양심적 병역거부와 대체복무제 도입에 관한 심포지엄, 한국헌법학회/서울지방변호사회, 2018. 10. 16, 125쪽.

19 김명수, 양심적 병역거부자에 대한 대체복무수단 마련, 현안 관련 외국 입법례, 제8호, 2018. 7. 26, 2쪽.

것이 아니라 대체복무제도의 도입 자체가 양심의 자유와 국방의 의무가 조화롭게 공존할 수 있도록 하는 적절한 방안으로 해석되고 있다.[20] 즉 대체복무제도는 병역의무를 면제하거나 특혜를 주기 위한 제도가 아니라, 군사훈련이나 집총의무가 아닌 다른 비집총 혹은 비군사 분야에서 국가를 위해 복무하는 제도를 의미한다는 전제 하에 입법이 준비되고 있는 것으로 보아야 한다. 현재 정부는 2019년 상반기에 관련 법령을 제·개정하고 2019년 하반기에 시행을 준비한 후에 2020년부터는 대체복무제를 시행할 계획으로 있다.[21] 현재 제20대 국회에 제출되어 있는 8건의 법안들과 관련하여, 아직은 국회 밖에서 복무기간·복무분야·복무형태 등을 중심으로 논의가 진행되고 있지만, 정부안이 국회에 제출된 이후부터는 법안심의가 본격화될 것이다. 그리고 현재 준비되고 있는 정부안과 의원이 발의한 법안들이 합해져서 통합된 내용의 국방위원회 위원장 대안이 만들어질 것으로 예상된다. 전술한 바와 같이 그간 제17대 국회에서 제20대 국회까지 발의된 의원발의 법안들은 그 내용이 크게 다르지 않고, 준비되는 정부안도 기존의 논의에서 크게 벗어나는 내용으로 만들어진다고 볼 수 없기 때문에, 정부안과 의원안을 합한 국회 국방위원회의 대안을 만드는 데 있어서, 기술적인 어려움은 크지 않을 것으로 본다. 내용적으로도 대체복무의 분야와 기간에서 공감과 합의가 이루어질 수 있다면, 국회 입법과정에서의 논의가 큰 어려움을 겪지는 않을 것으로 보인다. 전술한 바와 같이, 양심적 병역거부자에 대한 대체복무제를 규정하지 아니한 「병역법」의 병역종류조항에 대하여 헌재가 헌법불합치 결정을 내렸다는 점은 국회에서의 입법추진에 강한 원동력을 주었다. 이제 국회는 「병역법」의 이러한 헌법불합치 상태를 2019년 12월 31일 이전까지 해소하여야 하는 입법의무를 지고 있다.

(2) 헌법 원칙

대체복무제 관련 입법에 있어서는 인간의 존엄 및 가치의 존중(제10조), 평

20 하민경, 사회적 약자의 인권에 관한 대법원 판결과 사회변화, 법과 사회, 제57호, 2018. 4, 137쪽.

21 김서영, 종교, 개인적 신념 등 양심에 따른 병역거부자 대체복무제 도입방안, 대체복무제 도입방안 공청회, 2018. 10. 4, 12쪽.

등원칙(제11조), 법치주의(제37조 제2항) 등의 헌법적 원리가 입법의 지침이 될 것이지만, 그럼에도 불구하고 복무기간과 복무분야 및 복무내용에 관한 입법사안은 대단히 논쟁적이다. 앞으로 국회가 "헌법 제39조 제1항에 규정된 국방의무를 구체화하는 입법재량권"을 행사함에 있어서 "의무부과에 따른 기본권 제한에 있어서 자유와 권리의 본질적 내용"이 침해되지 않고, "부담의 형평성"이 고려되고 "법률유보와 과잉금지원칙"을 존중하여야 할 것이라는 점에 공감한다.[22] 우선 복무분야나 방법 및 복무관리 등에서 인간 존엄과 가치를 침해하지 않으며, 과잉금지원칙이 침해되지 않도록 입법되어야 할 것이다. 그리고 대체복무제 입법을 어떻게 하느냐에 따라 차별의 문제가 발생하여 평등권 침해 논란이 발생할 수도 있다. 특히 우리나라에서는 종교적 동기에 의한 병역거부가 대부분이었지만, 정치적·윤리적·철학적 동기에 의한 비종교적 병역거부자 즉 반전 평화주의 등의 신념에 따른 병역거부도 있을 수 있다고 보아야 한다.[23] 즉, 지금까지는 여호와의 증인이 주로 신념에 따른 병역거부를 하였지만 대체복무제가 만들어지면 다른 종교의 신자와 가치관에 따른 무종교인들도 대체복무를 신청할 가능성이 크다. 만일 "통상의 병역의무자에게 선택권을 주지 아니하면, 양심적 병역거부자에 대한 특혜 논란이 발생할 것이다. 그리고 양심적 병역거부자 구별의 문제가 생길 것이고 나아가 구별에 실패하여 양심적 병역거부자를 다시 처벌하는 문제가 생길 것이다."[24] 이를 위해서는 처음부터 종교나 가치관 등에서 차별적이지 않은 대체복무제도를 만들어서 병역의무자가 선택할 수 있도록 하여야 한다고 본다. 가령 여호와의 증인 신도가 아니라고 대체복무판정을 하지 않고 형사처벌을 하게 된다면, 신념에 의한 병역거부의 문제는 해결되지 않고 계속되어질 것이다. 이러한 최소한의 헌법원칙이 준수된다면, 대체복무제 입

22 음선필, 종교적 병역거부와 대체복무제 –병역법 병역종류의 헌법불합치 결정에 대한 비판적 검토, 헌법재판과 한국교회, 한국교회법학회 제22회 학술세미나 자료집, 2018. 10. 18, 39쪽.

23 문재태, 양심적 병역거부에 관한 법적 검토 –대체복무제도의 도입방안을 중심으로, 법이론실무연구, 제5권 제1호, 2017. 4, 181쪽.

24 정주백, 양심적 병역거부 관련 헌법재판소 판례에 대한 분석과 평가, 양심적 병역거부와 대체복무제 도입에 관한 심포지엄, 한국헌법학회/서울지방변호사회, 2018. 10. 16, 32쪽.

법에 관해서는 입법자인 국회에 비교적 넓은 형성의 자유가 인정된다고 볼 수 있다. 특히 복무기간이나 복무분야에 있어서 현재 논의되고 있고 구체적인 법안으로 발의되어 있는 입법적 선택지를 고려해 볼 때에, 복무기간이나 복무분야에 관한 어떠한 입법적 선택이 위헌이냐 합헌이냐의 문제라고 볼 수는 없고, 내용의 적절성과 타당성의 문제라고 볼 수 있다. 그리고 국회에서의 입법심의과정에서 국민들의 의견수렴을 여하히 원활하게 하느냐에 따라 입법갈등이나 사회갈등을 부드럽게 혹은 심하게 극복하고 결국에는 대체복무제 입법으로 나아갈 것으로 본다.

(3) 주요 검토사항

대체복무제 입법에서 규율되어야 하는 사항을 열거하면 신청대상자, 신청사유, 심사기관, 심사방법, 기각시 이의절차, 대체복무 총정원제 도입 여부, 관리 및 감독기관, 복무기간, 합숙 여부, 복무분야, 처우, 예비군에 상응하는 추가복무, 전시동원 여부, 복무기간에 형을 산입하는 문제, 벌칙 등이다.[25] 합리적인 대체복무제 도입을 위해서 대체복무 사유의 명확화, 대체복무 부담의 형평성, 전쟁 등 특수상황에서의 대체복무자 업무 등이 조건으로 제시되기도 한다.[26] 지금까지의 논의를 통해 대체복무제 입법의 핵심사항을 살펴보면, 대체복무제도를 법률로 규정하기 위해서는 대체복무의 엄격한 심사절차 및 현역복무에 상응하는 정도의 복무강도와 복무기간을 여하히 합의하여 법률로 정하느냐가 가장 중요한 관건이다. 헌재도 "입법자는 대체복무제를 형성함에 있어 그 신청절차, 심사주체 및 심사방법, 심사결과에 대한 이의신청절차, 복무분야, 복무기간 등을 어떻게 설정할지 등에 관하여 광범위한 입법재량을 가진다"[27]고 하여 대체복무제의 주요 내용이 어떠한 사항을 포함하여야 할 것인지를 예시하였다고 볼

---

25 상세는 백종건, 토론문, 양심적 병역거부와 대체복무제 도입에 관한 심포지엄, 한국헌법학회/서울지방변호사회, 2018. 10. 16, 62~63쪽.

26 장영수, 양심적 병역거부와 병역법 제88조 제1항 등의 합헌성 여부에 대한 검토, 헌법학연구, 제21권 제3호, 2015, 178쪽.

27 헌재 2018. 6. 28. 2011헌바379 등.

수 있다. 대체복무제 입법에 있어서 중요한 것은 “부담의 내용과 수준 그리고 형평성”이며, 이는 특히 복무기간과 복무분야를 정해 나감에 있어서 가장 크게 영향을 미칠 요소라고 할 수 있다.[28] 복무기간과 관련해서는 복무기간이 징벌적 성격을 가질 정도의 기간인지의 여부가 쟁점이고, 복무분야 혹은 복무내용과 관련하여서는 지뢰제거 등 위험한 임무에의 투입 여부 등이 문제가 되고 있다.

비전투복무는 민간 대체복부 보다 상대적으로 국민들의 감정적 저항이 적은 제도이기에 ‘민간복무’ 이외에 ‘비전투복무’가 절충적인 대안이 될 수도 있다.[29] 그러나 국가가인권위원회는 국회의장에게 대체복무제를 도입할 것을 권고하면서 “현 병역거부자의 대다수가 군대와 직접 관련된 일체의 행위를 하지 않겠다는 상황에서, 군대 내에서 병역의무를 이행하면서, 군 지휘관의 명령이나 군대의 권한으로 비전투적 임무에 배정하는 비전투복무제도는 실효성이 없을 것이라 판단”[30]된다고 하였다. 대체복무제 입법에 있어서 현실적인 주요 당사자라고 할 수 있는 여호와의 증인은, 국방부 산하 기관에서 하는 대체복무는 할 수 없고 민간 대체복무를 요청하고 있는 것으로 알려져 있다. 대체복무제도를 비전투복무를 내용으로 도입하는 경우에는 역시 지금처럼 징역형을 택할 가능성이 있다는 것이다. 따라서 대체복무제도가 실효성을 갖기 위해서는 민간복무와 비전투복무를 선택할 수 있도록 하거나 민간대체복무로 업무분야를 규정하는 것이 바람직하다고 본다. 만일 민간복무와 비전투복무를 선택할 수 있도록 하는 경우에는 민간복무와 비전투복무의 복무기간을 약간 다르게 제도를 설계할 수 있을 것이다. 2017년 6월에 채택된 국제연합 인권이사회의 ‘양심적 병역거부 보고서’에는 공익을 위한 ‘비전투원’ 또는 ‘민간적 성격’의 대체복무를 권고하고 있다. 기간이 다소 긴 민간복무와 기간이 다소 짧은 비전투복무 중에서 하나를 선택하게 하는 것도 선택지가 될 수 있다.

---

28 음선필, 종교적 병역거부와 대체복무제 –병역법 병역종류의 헌법불합치 결정에 대한 비판적 검토, 헌법재판과 한국교회, 한국교회법학회 제22회 학술세미나 자료집, 2018. 10. 18, 39쪽.

29 김두식, 평화의 얼굴, 교양인, 2007, 332쪽.

30 국가인권위원회 상임위원회 결정, 2017. 6. 27, 13쪽.

대체복무제를 설계함에 있어, '대체복무자의 복무기간을 현역의 복무기간'과 최대한 동일하게 설계할 수 있는 '복무형태'가 국제인권기준에 부합한 바람직한 대체복무제 방안이 될 수 있을 것이라는 점에는 동의하지만, 대체복무의 복무기간을 현역의 1.5배로 하든 2배로 하든 모두가 징벌적이라고 볼 수도 있다는 점에는 동의할 수 없다. 양심적 병역거부를 처벌하지 않고 처음으로 도입하는 대체복무제도는 이상적인 선택보다는 현실적인 선택이어야 논의가 원활하게 진행될 수 있고 결과적으로는 성공확률이 높을 것으로 본다. 대체복무제의 복무기간을 현역과 동일하게 하면 신청자는 지금보다 많아질 것이고, 1.5배로 하면 지금보다 조금 늘어날 가능성이 있고 2배로 하면 늘어날 가능성이 상대적으로 적다고 본다. 복무기간의 입법적 선택은 징벌적인지의 여부가 아니라 현실적인지의 여부에 초점이 모아져야 한다. 복무기간의 장단(長短)은 초기 입법의 시행 이후에 입법의 사후적 영향에 대한 분석을 통하여 조정이 가능하다고 보기 때문이다. 발의된 법안과 여러 토론회 논의를 보더라도 육군 복무기간의 1.5배~2배에서 논의가 진행되고 있는데,[31] 이러한 범위의 복무기간이 징벌적인지를 두고 비생산적 논의를 계속할 필요는 없다. 이제 대체복무제 입법을 하는 것은 확실하다고 할 수 있으니, 복무기간에 관해서 만큼은 대다수 국민이 동의할 수 있는 합의를 이루기 낼 수 있도록 국회 안팎에서의 논의를 진행하여야 할 것이다.

대체복무의 복무분야에 관하여 「지뢰 등 특정 재래식무기 사용 및 이전의 규제에 관한 법률」 제2조 제1에 따른 지뢰 제거 업무 또는 「6·25 전사자유해의 발굴 등에 관한 법률」 제2조 제3호에 따른 전사자 유해 등 조사·발굴 업무 등이 거론되기도 하였다. 그러나 이러한 업무는 전문성이 필요한 업무이기 때문에 이러한 업무를 수행하기에 적합한 전문성에 의하여 업무담당 여부가 결정되어야 한다고 본다. 이러한 지뢰 제거 업무 또는 전사자 유해 등 조사·발굴 업무를 어렵거나 위험한 일로 간주하여 대체복무자들로 하여금 담당하게 한다는 것

31 다만, 대체복무의 기간을 최소한 현역병 복무기간 중 최장기간인 공군의 30개월 이하로 정하기는 어렵다는 견해도 있다. 김선택, 한국 내 양심적 병역거부의 인정여부에 관한 이론적·실증적 연구, 국가인권위원회, 2002, 80쪽.

자체가 이 업무를 징벌적인 것으로 생각하게 하는 것이다. 또한 이러한 논의는 현재 이러한 업무를 담당하는 군 전문인력의 업무수행을 징벌적이라고 하는 것과 같다. 공적인 논의과정에서 이러한 격앙되고 감정적인 논의는 지양되어야 할 것이다.

헌재는 "국가가 관리하는 객관적이고 공정한 사전 심사절차와 엄격한 사후관리 절차를 갖출 경우, 진정한 양심적 병역거부자와 그렇지 않은 자를 가려내는 데 큰 어려움이 없을 것으로 보인다"[32]고 하지만, 공정하고 객관적인 심사기준과 심사절차를 둔다고 하더라도 사람의 내면을 정확하게 판단하는 것은 어려운 일이다. 엄격한 심사절차를 두려고 하는 시도 보다는 복무기간을 조정하여 합리적인 선택을 유도하도록 제도를 설계하는 것이 바람직하다고 본다. 쉽게 말해서, '길거나 어려운' 복무를 선택하는 사람은 신념이 있기 때문이고, '길거나 어렵지 않다면' 신념을 가장하여 선택할 가능성이 커지는 것이다. 내면의 신념에 대한 '심사의 곤란성'이라는 현실적인 어려움을 고려해 볼 때, 양심적 병역거부제도를 빙자한 기피자의 증가를 예방하는 방안은 대체복무의 '복무 난이도'나 '복무 기간'을 조정하여 현역복무와의 형평성을 확보하는 방법이 유력하다. 현역복무를 회피할 요인을 제거할 수 있도록 제도를 만들어야 한다는 헌재의 의견도 이와 같은 맥락인 것으로 볼 수 있다.[33] 2011년의 헌재 결정에서 2인의 한정위헌의견은 대체복무의 기간이 현역 복무기간과 최소한 같거나 더 장기간이 되어야 할 것이며, 또한 대체복무의 강도나 어려움도 현역근무의 경우보다 최소한 같거나 더욱 무겁고 힘들어야 하며, 그렇게 함으로써 '진정한 양심적 병역거부자가 아니라면 애초부터 대체복무 신청 자체를 하지 못하도록 설계되어야 한다고 하였다.[34] 그리고, 2018년 헌재의 법정의견은 대체복무의 기간을 현역복무 기간보다 어느 정도 길게 하거나, 대체복무의 강도를 현역복무의 경우와 최소한 같게 하거나 그보다 무겁고 힘들게 함으로써 양심을 가장한 병역기피자

32 헌재 2018. 6. 28. 2011헌바379, 37쪽.

33 헌재 2018. 6. 28. 2011헌바379 38쪽; 헌재 2018. 6. 28. 2011헌바379 등, 공보 제261호, 1034쪽.

34 헌재 2011. 8. 30. 2008헌가22 한정위헌 의견.

가 대체복무 신청을 할 유인을 제거한다면 심사의 곤란성 문제를 상당 부분 극복하고 병역기피자의 증가도 막을 수 있을 것이라고 하였다.[35] 이러한 헌재 결정의 취지가 입법자에게 구속력은 없다고 하더라도, 향후 대체복무제 입법에 대체로 반영되리라 본다. 지금까지 발의된 법안의 내용을 보더라도 이와 같은 예측을 할 수 있다.

대체복무제도를 내용으로 하는 규정을 병역법에 두느냐 아니면 별도의 법률에 두느냐의 문제도 있다. 전자는 병역법 개정을 통하여 대체복무제에 관한 사항을 하나의 장으로 편성하는 방법이고, 후자는 병역법 개정이 아닌 대체복무제만을 내용으로 하는 별도의 법률을 제정하는 방법이다. 이는 입법형식과 입법기술의 문제이기도 하지만, 대체복무제의 성격과 내용을 병역(兵役)으로 볼 수 있느냐의 문제와 관련되어 있다. “대체복무도 병역의 의무의 일종으로 파악되고 있는 것이 현실”[36]이라는 관점에서는 대체복무를 병역법에 넣는 것이 가능하다는 논리로 이어질 수 있을 것이다. 대체복무의 내용이 집총은 하지 않지만 군사적인 성격을 지니는 것이라면 병역법에 규정되어질 수 있지만, 민간복무와 같이 병역에 해당하지 않는 비군사적인 성격을 지니는 것이라면 “병역법이라는 이름을 그대로 두는 것은 체계상 적절하지 아니한 것”[37]이라고 볼 수 있다. 그러나 이는 어느 방법이 옳고 그른가의 문제가 아니라 어느 방법이 체계적으로 바람직한가의 문제라고 볼 수 있다. 비교법적으로 보더라도 독일과 덴마크 등은 별도의 법률에서 규율하지만 마케도니아나 몽골 등은 병역과 대체복무를 같은 법률에서 규율하고 있다. 즉, 이는 별도의 법률을 제정해야 할 만큼 규정해야 할 내용이 많고 병역법과 특성이 다르고 독자적인 것인지를 고려하여 선택해야 할 문제이다. 전례가 없던 신념상의 이유에 따른 대체복무제도를 새로이 만들기 위해서는 신청요건은 물론이고 신청절차와 대체복무 판정위원회의 구성과 절차 그리고 재심을 담당할 재심위원회의 구성과 절차, 다양한 복무분

35 헌재 2018. 6. 28. 2011헌바379, 38쪽.
36 박찬걸, 양심적 병역거부자에 대한 형사처벌의 타당성 여부, 한양법학, 제38권, 2012, 65쪽.
37 정주백, 양심적 병역거부 관련 헌법재판소 판례에 대한 분석과 평가, 양심적 병역거부와 대체복무제 도입에 관한 심포지엄, 한국헌법학회/서울지방변호사회, 2018. 10. 16, 26쪽.

야에 관한 사항, 분야별 및 지역별로 합숙 여부를 포함한 복무관리, 복무기간, 남용 혹은 위계에 의하여 대체복무판정을 받은 경우의 병역복무와 대체복무와 대체복무 전역자에 대한 처우, 벌칙 등에 관한 상세한 규정이 만들어져야 하기 때문에 몇 개의 조문으로 구성되어질 법률은 아니다.

제 4 절 맺음말

2018년에 헌법재판소는 양심적 병역거부자에 대한 대체복무제 규정을 두고 있지 않은 것에 대하여 헌법불합치 결정을 내렸고, 대법원은 양심적 병역거부자에 대하여 무죄판결을 내렸다. 그동안에는 점차로 "현역집총복무를 강요하여 형사처벌을 받게 하는 것보다 넓은 의미의 안보에 실질적으로 더 유익한 효과를 거둘 수 있는"[38] 방안을 찾는 것이 보다 생산적이라는 의견이 점차 공감을 얻어 왔다. 국가인권위원회는 일정 간격으로 양심적 병역거부에 관한 여론조사를 하고 있다. 양심적 병역거부를 허용하면 안된다는 의견이 2005년에는 89.9%, 2011년에는 64.1%, 2016년에는 52.1%로 점점 낮아지고 있다. 반대로 허용해야 한다는 응답은 10.2%, 33.3%, 46.1%로 점차 높아져 왔다. 2016년 7월 서울변호사회 소속 변호사 1,297명을 대상으로 한 여론조사에서는 양심적 병역거부가 권리로 인정되어야 한다는 의견이 66.2%(859명)이고, 대체복무제 도입에 대해서는 80.5%(1,044명)가 찬성하였다. 양심적 병역거부 허용 여부에 관한 문언으로 조사를 할 때와 대체복무 허용 여부에 관한 문언으로 조사를 할 때에는, 후자에 보다 긍정적인 답변을 한다. 대체복무제를 도입한다면 복무기간을 현역병 복무기간의 1.5배~2배로 하는 것이 적당하다고 응답한 비율이 가장 높았다.[39] 앞에

38 신상준/이상경, 양심적 자유에 관한 헌법재판소 결정의 비판론적 검토, 서울법학, 제24권 제4호, 2017, 193쪽.

39 서울지방변호사회, 양심적 병역거부와 대체복무제 도입에 관한 설문조사 결과 발표, 2016. 7. 5.

서 살펴본 제17대 국회에서부터 제20대 국회까지의 여러 법안에는 이러한 국민들의 의견이 반영된 것으로 볼 수 있다. 2007년 9월에 국방부는 「병역법」을 개정하여 종교적 이유로 병역을 거부하는 자들을 대상으로 하는 대체복무제를 도입한다는 계획을 발표하였으나, 대통령 선거 이후인 2008년 12월에 대체복무제도의 도입을 백지화한다는 발표를 한 적도 있다. 헌재는 2004년에 이미 입법자인 국회에 대하여 국가안보라는 공익의 실현을 확보하면서도 병역거부자의 양심을 보호할 수 있는 대안이 있는지 검토할 것을 권고하였다. 그간 대체복무제 입법에 관한 권고와 계획 및 시도와 법안 등은 꾸준히 지속적으로 진행되어 왔다. 국회는 그동안 대체복무제 입법에 관한 진전을 이루어내지 못하였지만, 국가인권위원회, 국방부, 법무부, 국회의원 등은 대체복무제 도입을 검토하거나 그 도입을 권고하였으며, 1심과 2심 법원에서는 양심적 병역거부에 대해 무죄판결을 선고하는 사례가 종종 등장하였던 것이다.[40] 헌재의 2018년 6월 헌법불합치 결정에 따라서 국회는 2019년 12월 31일까지 대체복무제를 도입하는 내용의 입법을 하여야 하는 입법의무를 갖게 되었다. 그때까지 법률이 마련되지 않으면, 「병역법」 상의 병역종류조항은 2020년 1월 1일부터 효력을 상실하게 되므로, 국회는 그 이전에 대체복무제를 도입하여야 하는 입법의무를 지는 것이다. 사회적 합의가 어려운 사안이기는 하였지만 헌재가 헌법불합치 결정을 내리기 전에 국회가 적정한 기간과 내용의 대체복무제를 법제화하는 것이 좋았을 것이다. 양심적 병역거부의 문제는 국민의 여론, 국가의 안보 상황, 합리적인 대체복무 제도의 제안 여부 등과 관련되어 있다. 군복무에 상응하면서도 국민들에게 체감되는 실질적인 부담이 공정하다고 느낄 수 있는 대체복무제도를 만드는 것과 대체복무제를 악용하여 병역을 회피하려는 시도를 차단하기 위한 제도적 장치 등을 마련하는 일이 핵심일 것이다. 그러나 향후 전개될 백가쟁명(百家爭鳴)식의 논의와 제안들을 여하히 수렴하여 대다수가 찬성할 수 있는 법률을

---

40 이에 대해 "한동안 하급심법원의 도전에 대해 헌법재판소나 대법원이 제동을 걸었지만 도리어 하급심법원들은 인권 관념의 확산 속에서 양심적 병역거부자를 줄기차게 옹호하였다"고 표현하고 있다. 이재승, 병역법 제88조 제1항의 '정당한 사유'의 의미, 경희법학, 제53권 제3호, 2018, 158쪽.

국회가 만드는 것이 저절로 쉽게 이루어 질 것으로 보이지는 않는다. 독일에서 사형제를 폐지하면서 폐지 초기에는 가석방 없는 종신형을 채택하였다가 나중에 이에 대한 위헌 판결과 함께 가석방이 가능한 무기징역으로 제도를 변경한 것과 유사하게, 대체복무제 도입 초기에는 제도를 엄격하게 하여 부작용의 여지를 차단하고 제도의 안정화 추세를 모니터링 한 이후에 제도를 점차 완화하는 것도 하나의 방법이라고 본다.

| CHAPTER 04 _ **참고문헌** |

김명수, 양심적 병역거부자에 대한 대체복무수단 마련, 현안 관련 외국 입법례, 제8호, 2018. 7. 26, 1~4쪽.

김서영, 종교, 개인적 신념 등 양심에 따른 병역거부자 대체복무제 도입방안, 대체복무제 도입방안 공청회, 2018. 10. 4.

김선택, 한국 내 양심적 병역거부의 인정여부에 관한 이론적·실증적 연구, 국가인권위원회, 2002.

류지영, 양심의 자유로서의 병역거부의 불법성, 중앙대학교 법학논문집, 제40집 제2호, 2016, 247~277쪽.

문재태, 양심적 병역거부에 관한 법적 검토 －대체복무제도의 도입방안을 중심으로, 법이론실무연구, 제5권 제1호, 2017. 4, 177~203쪽.

박찬걸, 양심적 병역거부자에 대한 형사처벌의 타당성 여부, 한양법학, 제38권, 2012, 61~98쪽.

박찬운, 양심적 병역거부 －국제인권법적 현황과 한국의 선택, 한국법학원, 저스티스, 2014, 5~30쪽.

백종건, 토론문, 양심적 병역거부와 대체복무제 도입에 관한 심포지엄, 한국헌법학회/서울지방변호사회, 2018. 10. 16.

신상준/이상경, 양심적 자유에 관한 헌법재판소 결정의 비판론적 검토, 서울법학, 제24권 제4호, 2017, 163~200쪽.

신운환, 양심적 병역거부라는 용어의 적절성 여부 검토와 대체 용어의 모색에 관한 소고, 행정법연구, 제46호, 2016, 389~415쪽.

심민석, 양심적 병역거부에 따른 대체복무제 도입 문제, 양심적 병역거부와 대체복무제 도입에 관한 심포지엄, 한국헌법학회/서울지방변호사회, 2018. 10. 16.

음선필, 종교적 병역거부와 대체복무제 –병역법 병역종류의 헌법불합치 결정에 대한 비판적 검토, 헌법재판과 한국교회, 한국교회법학회 제22회 학술세미나 자료집, 2018. 10. 18, 16~53쪽.

이상현, 양심적 병역거부에 대한 헌법재판소의 비범죄화 결정과 적절한 대체복무제의 설계, 숭실대 법학연구소, 법학논총, 2018, 55~84쪽.

이재승, 병역법 제88조 제1항의 '정당한 사유'의 의미, 경희법학, 제53권 제3호, 2018, 157~188쪽.

임재성, 징벌적 대체복무제가 아닌 합리적 합헌적 대체복무제로, 양심적 병역거부와 대체복무제 도입에 관한 심포지엄, 한국헌법학회/서울지방변호사회, 2018. 10. 16.

장영수, 양심적 병역거부와 병역법 제88조 제1항 등의 합헌성 여부에 대한 검토, 헌법학연구, 제21권 제3호, 2015, 161~195쪽.

정주백, 양심적 병역거부 관련 헌법재판소 판례에 대한 분석과 평가, 양심적 병역거부와 대체복무제 도입에 관한 심포지엄, 한국헌법학회/서울지방변호사회, 2018. 10. 16.

하민경, 사회적 약자의 인권에 관한 대법원 판결과 사회변화, 법과 사회, 제57호, 2018. 4, 127~152쪽.

한태원, 양심적 병역거부에 관한 법철학적 고찰, 연세 공공거버넌스와 법, 제9권 제1호, 2018, 29~58쪽.

홍완식, 법과 사회 –사회적 쟁점과 법적 접근, 법문사, 개정판, 2018, 349~379쪽.

서울지방변호사회, 양심적 병역거부와 대체복무제 도입에 관한 설문조사 결과 발표, 2016. 7. 5.

CHAPTER

05 화학물질 관련법에 대한 입법평론

출처: 입법학연구 제15집 제1호, 2018년, 71~91

2012년 구미 불산사고 등 대형 화학사고가 발생하지 않았다면 우리나라에서는 아직도 「화학물질관리법」과 「화학물질의 등록 및 평가에 관한 법」 등에 대한 법령개선 혹은 법령정비는 이루어지지 않았을 가능성이 크다. 그리고 화학물질에 대한 안전관리는 이미 국가 내적인 문제가 아니라 국가 간의 문제로 확대되었으며, 이제는 화학물질의 통제와 교역은 인류가 공동으로 대처하여야 하는 국제적인 문제로 인식되고 있다. 국가는 국민의 안전에 더욱 많은 정책적 배려를 하여야 한다. 국회는 화학물질로부터 안전하게 법령을 개선하여야 하며 이러한 법령은 집행부에 의하여 엄격히 집행되어야 하고, 화학물질로부터의 안전을 위한 법령의 해석과 적용에 있어서도 법원은 국민의 안전권 확보에 비중을 두어야 한다. 제조업자는 제조물의 안전성을 철저히 검증하고 조사·연구를 통하여 발생 가능성 있는 위험을 제거·최소화하여야 하며, 안전성이 충분히 확보될 정도로 그 위험이 제거·최소화되었다고 확인되기 전에는 그 화학제품을 유통시키지 말아야 한다. 입법·집행·사법 전반을 포함하여 국가의 최우선적 의무는 국민의 건강과 생명을 지키는 일이다. 국내의 화학물질 규제강화에 따른 산업계의 비용증가와 경쟁력 약화 등에 대한 우려가 있다. 그러나 도처에 존재하고 사용되는 화학물질로부터 안전하기 위해서는, 법규위반에 대한 처벌이 낮고 사업장의 안전관리가 미흡하다는 점이 지속적으로 지적되고 있다. 따라서 화학물질관련 국제기준이 화학물질 관련 국제시장의 진입 등에 중요한 관건이

되고 있는 현실에 비추어 규제비용은 국제경쟁력을 위한 투자라고 인식할 필요가 있다.[1] 화학물질의 관리와 규제는 양면성을 지니고 있다. 화학물질의 위험과 사고로부터 생명을 지키고 환경을 보호하기 위해서는 엄격한 관리 및 규제가 필요하다. 그러나 지나친 관리 및 규제는 산업계의 생산력과 경쟁력을 위축시킬 우려가 있다는 점을 고려하여 화학물질 관련 입법정책을 수립하여야 한다.

주제어: 화학물질, 화학물질의 등록 및 평가 등에 관한 법률, 화학물질관리법, 화평법, 화관법, 유해화학물질관리법

제1절 머리말

일상의 생활 주변에서 쓰이는 화학물질의 종류와 물량은 다양하고 많다. 더욱이 화학물질의 사용과 인간이 화학물질에 노출되는 빈도도 점차 늘어가고 있으며, 이는 생태계는 물론이고 인간의 건강과 생명에도 큰 영향을 미치고 있다. 이처럼 화학물질의 사용은 인체에 지대한 영향을 줄 수 있고 환경에 큰 부담을 줄 수 있어서, 국가의 철저한 관리 필요성이 대두되고 있다. 스스로의 선택과 계약에 의하여 화학물질이 사용된다고 하여 자유방임하기에는, 화학물질이 환경과 인체에 미치는 부정적 영향이 가늠하기 어렵고 지대한 것이다. 그렇다고 하여 화학물질에 대하여 규제 일변도의 정책을 제도화할 수는 없다. 화학물질은 유용성과 위험성을 공유하고 있는 것이므로, 유용성은 확장하고 위험성에 대해서는 적극적으로 사전 및 사후 대처하는 정책을 입법을 통하여 제도화하여야 할 것으로 본다.

---

1 문성진/김기환, 우리나라 유해화학물질 관리정책 분석 : 화학물질 등록 및 평가 등에 관한 법을 중심으로, 이화여자대학교 법학논집, 제19권 제2호, 2014, 272쪽.

화학물질 관련법은 국민들이 건강하고 쾌적한 환경에서 생활할 환경권과 기업의 영업활동의 자유가 충돌하는 가장 치열한 전장[2]으로도 인식될 수 있기 때문에, 화학물질 관련법을 입법함에 있어서는 일종의 균형감도 필요하다고 본다. 새로운 화학물질 관련법의 입법을 통하여 화학물질을 취급하는 기업으로서는 화학물질 등록을 위하여 화학물질의 용도와 정보 및 시험자료 등을 준비해야 하고, 화학물질 사고시 막대한 과징금을 부담하는 등의 현실적 부담과 두려움을 지게 되지만, 이를 통하여 취급근로자들을 포함한 국민들이 화학물질로 인한 건강과 생명에 대한 위협에서 벗어나 보다 안전한 생활을 할 수 있도록 하는, 현실과 당위간의 간극에 대하여 일정한 균형점을 찾는 것이 화학물질 관련 입법정책의 지향점이라고 할 수 있다.

우리나라에서도 화학물질을 취급하는 산업의 규모가 매우 커진 결과, 화학물질에 대한 부실관리로 발생하는 사고가 인체와 환경에 미치는 영향이 매우 크고 화학물질의 특성상 사고가 대규모로 발생할 가능성이 크기 때문에, 화학물질을 관리하고 통제하기 위한 새롭고 체계적인 법제가 필요하게 되었다. 유럽연합에서는 이미 화학물질의 새로운 등록 및 평가제도(REACH)를 도입하는 등 세계적으로도 화학물질 관리가 강화됨에 따라 기존의 화학물질 관리에 대한 법령정비의 필요성이 대두되었다. 따라서 우리나라 화학물질 관련 법제에 있어서 유의미한 법률이라고 할 수 있는 「유해화학물질 관리법」이 「화학물질관리법」과 「화학물질의 등록 및 평가 등에 관한 법률」으로 분법되며 발전되었기 때문에 이들 법률을 중심으로 하여 화학물질 관련 법제를 살펴보고자 한다.

2 정수용, 화학물질등록 및 평가 등에 관한 법률, 화학물질관리법 시행에 따른 화학물질관리체계에 대한 법적인 고찰, 한국의 환경 및 에너지에 관한 법원리, 대한변호사협회, 2014, 203쪽.

제2절 화학물질 관련법의 입법과 분법

우리나라에서 화학물질과 관련하여 만들어진 법은 1963년에 제정된 「독물 및 극물에 관한 법률」이라고 볼 수 있다. 쥐약과 농약 등 당시에 주로 사용되던 독성화학물질 취급의 자격기준과 취급방법 등에 관한 사항을 규율하였다.[3] 「독물 및 극물에 관한 법률」은 제조·수출입·판매 등을 관리하는 것을 주요 내용으로 하고 있었으나 관리대상 물질의 범위가 매우 제한적이었다는 한계가 있었다. 이후 1990년에 제정된 「유해화학물질관리법」은 독극물만이 아닌 화학물질 일반에 대한 국가 차원의 관리를 시작하였다는 의미를 지닌다.[4]

1990년에 제정된 당시의 「유해화학물질관리법」에서는 ① 화학물질의 유해성 심사 및 위해성평가 ② 유해화학물질의 안전관리 ③ 화학물질 사고의 대비

---

3 「독물 및 극물에 관한 법률」 [시행 1964.3.14.] [법률 제1492호, 1963.12.13., 제정] 제정이유 : 독물 및 극물의 관리를 적정히 하여 보건위생상의 위해를 방지하려는 것임. ① 독극물관리자의 자격을 약학대학이나 응용화학전공의 고등학교등을 졸업한 자로 함. ② 독극물의 제조·수출입업 및 판매업은 등록을 하도록 함. ③ 독극물을 판매할 때에는 독극물의 명칭 및 수량, 판매년월일 및 양수인의 주소·성명·용도등을 문서에 기재하도록 하고, 14세미만자, 정신병자 또는 마약 기타 유독물질의 중독자에게는 독극물을 판매할 수 없도록 함. ④ 보건사회부장관 또는 서울특별시장·부산시장·도지사는 독극물영업자등에게 보고를 명하거나 관계공무원으로 하여금 시설·관계장부 기타 물건을 검사하거나 관계인에 대하여 질문등을 할 수 있도록 하고, 이를 위하여 위의 각 기관에 독극물감시원을 두도록 함. ⑤ 독극물영업자 및 특정독물의 사용허가를 받은 자에 대한 허가등의 취소와 업무의 정지에 관한 사항을 정함.

4 「유해화학물질관리법」 [시행 1991. 2. 2.] [법률 제4261호, 1990. 8. 1., 제정] 제정이유 : 화학물질의 유해성을 심사하고, 유해화학물질을 적정하게 관리함으로써 국민보건 및 환경보전에 이바지 하려는 것임. ① 새로이 제조 또는 수입되는 화학물질의 사용으로 인한 위해를 미연에 방지하기 위하여 환경처장관의 유해성 심사를 받은 후가 아니면 이를 제조 또는 수입할 수 없도록 함. ② 화학물질의 기술검토 및 자료조사등 유해성 심사업무를 담당하게 하기 위하여 환경처장관소속하에 화학물질심사단을 두도록 함. ③ 유독물로 인한 위해를 예방하기 위하여 사람의 건강 또는 환경에 위해성이 심각할 정도로 광범위하게 나타날 수 있다고 판단되는 특정 유독물에 대하여는 관계중앙행정기관의 장과 협의하여 제조·수입·판매 또는 사용 등을 제한하거나 금지할 수 있도록 함. ④ 본드 등 환각물질에 의한 오용을 방지하기 위하여 이를 섭취 또는 흡입하거나 이러한 목적으로 소지할 수 없도록 하고, 그 정을 알면서 판매 또는 공여하지 못하도록 함.

및 대응 등 화학물질관리에 대한 내용 등을 주요 사항으로 하고 있었다. 1990년에 제정된 「유해화학물질관리법」은 신규 화학물질의 유해성심사 의무화를 통한 유해화학물질 관리의 기반구축 및 국제사회에서 요구되는 수준의 화학물질관리의 기초를 마련하는 중요한 계기가 되었다. 이후 1996년의 전부 개정이나 3차에 걸친 유해화학물질관리 기본계획을 통한 관리시책의 결정은 화학물질관리 선진화를 위한 구체적인 노력의 결과였다고 평가되었다.[5] 그러나 유독물 유통량과 이를 취급하는 영업자가 증가한 반면에 화학물질 유해성 심사실적이 저조한 등 실효성의 문제와 한계가 지적되었고 「유해화학물질관리법」은 화학물질에 대한 정보부족과 정보전달부재라는 문제를 해결하기 어려워 국민의 건강화 환경의 보호를 담보할 수 없다는 상황인식이 있었다. 특히 「유해화학물질관리법」은 사업자에게 유해성평가를 요구할 수 있는 근거를 두지 않고 환경부장관이 직접 유해성심사를 할 수 있도록 하고 있었다. 또한 사업자에게 제출을 요구할 수 있는 정보의 유형이나 내용에 대해서도 특정하지 않았다. 결국 이러한 문제는 화학물질 관리에 필요한 필수정보 혹은 기초정보의 부재상태를 야기하여 허술한 화학물질관리를 초래할 수 있고 평가를 하더라도 객관성과 공정성을 보장하기 어려운 큰 문제를 안고 있었다.[6]

이러한 와중에 2012년 구미에서의 불산 유출사고, 2013년 삼성전자 화학물질 유출사고를 포함한 대규모의 화학물질 사고를 포함하여, 많은 피해자를 낳은 가습기 살균제 사건 등으로 인하여 화학물질에 대한 안전관리 및 사고대응에 대한 국민적 관심이 높아졌다. 끊임없이 발생하는 화학물질 사고에 직면한 정부와 국회에서는 기존의 「유해화학물질관리법」을 전면 개편하여 화학물질에 대한 법령을 정비할 필요성을 인식하고 관련 법안을 발의하였다. 국민 여론에 힘입은 화학물질 관련법의 입법은 비교적 신속하게 추진되었다.

정부는 2012년 9월 28일에 「화학물질의 등록 및 평가 등에 관한 법률」안을

---

5 문성진/김기환, 우리나라 유해화학물질 관리정책 분석 : 화학물질 등록 및 평가 등에 관한 법을 중심으로, 이화여자대학교 법학논집, 제19권 제2호, 2014, 271쪽.

6 정호경/마정근, 화학물질 관리 법제에 관한 연구 –유해화학물질관리법과 화평법·화관법의 비교를 중심으로–, 행정법연구, 제44호, 2016, 203~215쪽.

국회에 제출하였고, 이후 2013년 4월 8일에는 심상정 의원이 같은 명칭의 법안을 대표발의하였다. 환경노동위원회 소관인 이들 법안은 2013년 4월 30일에 위원장 대안이 마련되어 같은 날 법사위와 국회 본회의에서 의결되었다. 정부로 이송된 법안은 2013년 5월 22일에 공포되었고, 2015년 1월 1일부터 시행되었다. 이후 「화학물질의 등록 및 평가 등에 관한 법률」이 제정된 이후에는 한차례 개정되었다. 즉, 일부개정 법률안이 2016년 1월 27일에 공포되어 2017년 1월 28일부터 시행되고 있다.

또한 제19대 국회에서 여러 건의 「유해화학물질관리법」 일부개정법률안이 국회의원들에 의하여 발의되었고, 2013년 4월 5일에는 한정애 의원이 「유해화학물질관리법」 전부개정법률안을 대표발의하였다. 이들 법률안들을 통합하여 2013년 5월 7일에 환경노동위원회 위원장의 대안이 만들어졌고, 「화학물질관리법」으로 제명이 변경된 환노위 대안은 같은 날에 국회 본회의를 통과하였다. 정부로 이송된 법안은 2013년 6월 4일에 공포되었고, 2015년 1월 1일부터 시행되었다. 이후 「화학물질관리법」은 공포일 기준으로 2015년 1월 20일, 2016년 1월 27일, 2016년 5월 29일, 2016년 12월 27일, 2017년 11월 28일 등 5차례나 개정되었다.

제3절 「화학물질의 등록 및 평가 등에 관한 법률」 제정 및 일부개정

1. 제정 취지 및 주요 내용

「화학물질의 등록 및 평가 등에 관한 법률」의 제정이유로는 "EU에서 화학물질과 화학물질이 함유된 제품으로부터 국민의 건강을 보호하고 자국 산업의 경쟁력을 높이기 위하여 화학물질의 등록·평가제도(REACH: Registration, Evaluation, Authorisation and Restriction of Chemicals)를 도입하고 일본 등 주요 교역국에서도 화학물질 관리를 강화하고 있는 추세에 대응하기 위하여, 일정한 화학물질을 제조·수입하려는 자는 제조·수입 전에 환경부장관에게 등록하도록 하고, 환경부장관은 화학물질의 유해성과 위해성을 평가하여 해당 화학물질을 유독물, 허가물질, 제한물질·금지물질 등으로 지정할 수 있도록 하는 등 화학물질의 유해성 및 위해성의 체계적인 관리 체계를 마련하고 위해우려제품의 안전관리체계를 마련함으로써 화학물질과 화학물질을 함유한 제품으로 인한 피해를 사전에 예방하고 국민건강 및 환경을 보호하려는 것임"[7]을 밝히고 있다.

「화학물질의 등록 및 평가에 관한 법률」은 전술한 바와 같이 「유해화학물질관리법」이 분법되면서, 신규 제정되는 방식으로 입법되었다. 제정된 법률의 주요 내용은 다음과 같다. ① 신규화학물질 또는 연간 1톤 이상 기존화학물질을 제조·수입·판매하는 사업자는 환경부령으로 정하는 바에 따라 화학물질의 용도 및 그 양 등을 매년 보고하도록 함 ② 기존화학물질에 대하여 평가위원회의 심의를 거쳐 등록대상기존화학물질로 지정·고시하도록 함 ③ 등록대상기존화학물질을 연간 1톤 이상 제조·수입하려는 자 또는 신규화학물질을 제조·수입하려는 자는 제조 또는 수입 전에 미리 등록하도록 함 ④ 화학물질을 연간 100톤 이상 제조·수입하려는 자는 등록신청을 할 때 위해성에 관한 자료를 제출하도록 하되, 법 시행 후 5년 뒤에는 연간 10톤 이상 제조·수입하려는 자로 확대될 수 있도록 단계적으로 적용하도록 함 ⑤ 등록한 화학물질에 대하여 유해성심사를 하도록 하고, 유해성이 있는 화학물질에 대해서는 유독물로 지정·고시하도록 함 ⑥ 위해성이 있다고 우려되는 화학물질을 허가물질로 지정하여 고시할 수 있도록 함 ⑦ 위해성이 있다고 인정되는 화학물질을 제한물질 또는 금지물질로 지정하여 고시하도록 함 ⑧ 화학물질의 양도자는 양수자에게 해당 화학물질의 등록번호, 명칭, 유해성 및 위해성에 관한 정보 등을 제공하고, 화학물질의 하위사용자 및 판매자와 제조·수입자는 보고·등록 등을 이행하기 위하여 요청하는 해당 화학물질의 정보를 서로 제공하도록 함 ⑨ 위해우려제품의 신고,

7 「화학물질의 등록 및 평가 등에 관한 법률」 [시행 2015. 1. 1.] [법률 제11789호, 2013. 5. 22., 제정] 제정이유

위해성평가, 안전·표시기준, 판매 금지 등 위해우려제품의 관리에 관한 사항을 규정함.

화학물질에 대한 보고·심사·등록·허가 등을 통하여 전반적으로 화학물질에 대한 관리를 엄격하게 관리하고 통제하는 방향으로 법률이 새로이 만들어졌다. 이는 종종 발생하는 화학사고의 재발을 가능한 방지하고 화학물질에 대한 세계적인 기준을 법제화하였다는 의의를 지니는 것이었다.

2. 입법에 있어서의 주요 쟁점

「화학물질의 등록 및 평가 등에 관한 법률」은 국내 시장에 진입하는 화학물질 확인과 유해성 등 안전사용에 필요한 정보를 사전에 확보·공유하는 것이 목적으로 생활용 화학제품으로 인한 독성 피해사고, 사업장 내 빈번한 화학사고를 방지하기 위하여 보고 및 등록의무를 부과하고 있다. 그러나, 새로운 제도의 도입으로 인하여 관련 기업은 비용부담을 지게 되는데, 특히 중소기업이 이러한 어려움에 처한다는 점이 지적되었다. 화학물질의 제조 등 보고와 관련하여 정부안은 연간 1톤 이상 화학물질의 제조·수입자는 2년마다 제조·수입량을 보고하도록 규정되어 있었으나, 심상정 의원안을 참고하여 매년 보고하도록 규정되었다. 다만, 법제사법위원회에서는 사용자에 대한 보고의무를 삭제하였다. 화학물질의 등록대상과 관련하여 0.1톤 이상의 화확물질을 모두 의무등록대상으로 하자는 강력한 규제를 제도화하려 하였다. 그러나 기존화학물질은 1톤으로 하고 모든 신규화학물질은 의무적으로 보고하되 1년 단위로 보고하는 것으로 조정되었다. 신규화학물질의 경우에 0.1톤 이상인 경우를 등록대상으로 하느냐 또는 모든 화학물질을 대상으로 하느냐에 관해서는 오랜 논란이 있었고, 결국은 모든 신규화학물질을 등록대상으로 하는 최종안을 만들게 되었다. 또한 위해성자료 제출의무에 대하여 초기에는 100톤 이상으로 규정하고 있었으나 2020년에는 10톤 이상까지 제출하도록 단계적으로 강화하였다. 그리고 법률안에서 등록 면제 대상이었던 "조사·연구용"이 포괄적이라는 지적에 따라 삭제되고, 시행령에서 구체적으로 R&D 물질을 등록대상에서 제외하기로 하였다.

모든 신규화학물질에 등록을 하게 할 때 화학산업계에서 특히 우려했던 점은 물질특허 등 지적재산권의 공개 문제였다. 「화학물질의 등록 및 평가 등에 관한 법률」은 화학물질 등록신청자료를 제출할 때에 영업비밀의 보호를 위하여 자료보호요청을 할 수 있으며, 이 경우 해당 자료는 비공개되도록 하였다. 이는 하위법령에서 영업비밀 침해 우려를 최소화하는 장치를 마련하는 노력을 하였다고 평가되기도 하지만, 반면에 알권리는 그만큼 제한되는 것으로 평가되기도 한다.

화평법의 제정에 있어서는 유럽연합의 REACH규정을 많이 참고하였고 화평법의 법적 기초에는 사전배려원칙과 원인자책임원칙 등의 환경법원칙이 자리잡고 있다는 평가이다. 즉, 화학물질로 인한 리스크의 유무나 정도 등에 관하여 과학적 불확실성이 남아 있는 상태에서부터 등록 평가 허가 제한 등의 조치를 통해 리스크를 관리할 수 있다는 점에서 사전배려원칙이 적용되었다는 것이고 화학물질을 제조 수입하는 사업자에게 정보제출책임을 지우고 있다는 점에서 환경법상 원인자책임원칙에 부합한다는 평가이다.[8] 유럽연합은 물론이고 일본, 중국, 호주 등도 이미 REACH규정을 벤치마킹한 입법을 두고 있기 때문에 화학물질의 등록 및 평가의 시행은 국제적인 기준이 되었으며, 우리나라도 이러한 제도를 입법화한 것으로 평가되었다.

그러나 2011년에 입법예고된 법안은 지나친 규제로 인하여 산업계를 위축시킬 수 있다는 우려가 제기되었고, 2013년에 제정된 법률은 화학물질의 리스크평가 관리에 관한 중요한 사항을 하위법령으로 다수 위임하였다는 비판을 받았다. 이는 법률유보원칙 혹은 의회유보원칙의 지나친 완화에 대한 우려를 낳았고, 더 나아가 행정입법 통제의 강화를 위한 「국회법」 개정 논란과도 무관하지 않다. 또한, "하위법령 제정과정에서 산업계의 부담 등을 고려하여 사전배려원칙이나 원인자책임원칙의 규범화 정도가 상당 부분 약화"[9]되었다는 평가가

8 박종원, 가습기살균제 사건에 비추어 본 화학물질 리스크 평가·관리법제의 문제점과 개선방안, 한양법학, 제28권 제2집, 2017, 92쪽.

9 박종원, 가습기살균제 사건에 비추어 본 화학물질 리스크 평가·관리법제의 문제점과 개

있었다.

3. 이후 「화학물질의 등록 및 평가 등에 관한 법률」의 개정

2016년 1월 27일에는 화평법 개정법률이 공포되어 2017년 1월 28일부터 시행되고 있다. 이 개정을 통하여 화학물질의 유해성평가 결과의 사용승인 취소사유를 법에 규정하였고, 사용승인을 취소할 경우에는 청문절차를 거치도록 하였다. 또한 환경부장관은 중소기업의 화학물질 등록·평가 등에 관한 행정적·기술적·재정적 지원을 할 수 있도록 하는 규정을 신설하였다. 그리고 권한의 위임·위탁기관을 추가하고, 수탁기관의 임원 및 직원에 대한 벌칙 적용 시 공무원 의제조항을 신설하였다.

제4절 「화학물질관리법」 전부개정 및 일부개정

1. 개정취지 및 주요 내용

「유해화학물질 관리법」을 「화학물질관리법」으로 전부개정한 개정이유는 "최근 잇따라 발생한 화학사고로 인해 현행 「유해화학물질관리법」으로는 화학물질 관리 및 화학사고 대응에 한계가 있다는 지적이 제기되고 국민들의 불안감이 가중되고 있는바, 화학물질에 대한 통계조사 및 정보체계를 구축하여 국민의 알권리를 보장하고, 유해화학물질 취급기준 구체화, 화학사고 장외영향평가제도 및 영업허가제 신설 등을 통해 유해화학물질 예방관리체계를 강화하며, 화학사고 발생 시 즉시 신고의무를 부여하고, 현장조정관 파견 및 특별관리지역 지정 등을 통해 화학사고의 신속한 대응체계를 마련하는 한편, 제명 「유해화

선방안, 한양법학, 제28권 제2집, 2017, 93쪽.

학물질관리법」을 「화학물질관리법」으로 변경하여 화학물질의 체계적인 관리와 화학사고의 예방을 통해 화학물질의 위험으로부터 국민 건강 및 환경을 보호하는 법률로서의 위상을 정립하려는 것임"[10]을 밝히고 있다. 근래 들어 화학사고가 연이어 발생하고 있었지만 기존의 「유해화학물질관리법」으로는 화학물질의 관리 및 화학사고 대응에 대한 한계점이 노출되었고, 화학물질에 대한 국민들의 불안감이 가중되고 있었다. 따라서 화학물질에 대한 국민의 알권리를 보장하고, 유해화학물질 예방관리체계를 강화하며, 화학사고의 발생 시에 신속한 대응체계를 마련하기 위한 법령이 필요하였다.

새로운 명칭의 「화학물질관리법」은 기존에 있던 「유해화학물질관리법」이 전부개정되는 방식으로 입법되었다. 개정의 주요내용은 다음과 같다. ① 법률의 제명을 「화학물질관리법」으로 변경함 ② 법 목적 및 정의 규정을 보완하여 화학물질 관리 및 화학사고 대응에 관한 법체계를 정립함 ③ 화학물질의 조사를 확대·개편하고 조사결과의 정보공개절차를 마련함 ④ 유해화학물질 취급자의 개인보호장구 착용 및 진열·보관량 제한의 근거를 마련함 ⑤ 화학사고 장외영향평가 제도를 도입하고 취급시설의 검사를 실시하여 개선할 수 있도록 함 ⑥ 유해화학물질의 영업을 구분하고 화학사고 장외영향평가, 설치검사 등의 검토를 거쳐 허가하도록 함 ⑦ 유해화학물질의 취급을 도급할 경우 신고하도록 하고, 사업장 규모에 따라 유해화학물질관리자를 선임하여 안전교육을 받도록 함 ⑧ 유해화학물질 취급중단 사업장에 대한 관리를 강화하도록 함 ⑨ 사고대비물질 위해관리계획 제도를 개편하고 그 내용을 고지하도록 함 ⑩ 화학사고 발생 시 초기 대응체계를 강화하고 즉시 관계기관에 신고하도록 함 ⑪ 화학사고 현장에 현장수습조정관을 파견하고 특별관리지역 지정 및 전담기관 설치근거를 마련함 ⑫ 법규위반 사업장에 대한 제재수단을 강화함.

전부개정된 이 법률은 유해화학물질을 포함한 화학물질 전반에 대한 관리를 강화하여 화학사고를 사전에 예방할 수 있는 관리체계를 만들고자 하였고, 화학사고가 발생하는 경우에도 대응체계를 강화하여 피해를 최소화하고자 하려

10 「화학물질관리법」 [시행 2015. 1. 1.] [법률 제11862호, 2013. 6. 4., 전부개정] 개정이유

는 내용을 담고 있다. 화학물질 안전교육과 신고를 의무화하고 실효성확보를 위하여 제재수단을 강화하였다.

2. 입법에 있어서의 주요 쟁점

화학물질 영업허가를 받으려는 자는 장외영향평가서와 검사결과서 및 위해관리계획서를 제출하고, 시설장비와 인력에 대한 기준에 맞추어 환경부장관의 허가를 받도록 하였다. 화학물질의 관리강화를 위하여 화학물질사업자에 대한 영업허가제를 도입한 것이다. 또한 화학물질 영업자의 책임을 강화하기 위한 방법으로, 화학사고가 발생할 경우에 해당 기업에 부과되는 과징금에 관한 논란이 컸다. 화학사고에 책임있는 업체에 부과하는 과징금 규모가 문제가 되었는데, 초기에는 매출액의 10퍼센트를 상한으로 한 법안이 환경노동위원회를 통과하였으나, 법제사법위원회와 본회의 통과 과정에서 과징금 규모가 인하되어 최종적으로 매출액의 5퍼센트를 상한으로 하여 입법되었다.

2012년과 2013년에 연이어 전국 규모의 화학사고에 대한 대응미숙이 지적되었기 때문에 개정법에서는 환경부의 주도 하에 화학사고에 대응하도록 사고대응체계를 개편하였다. 화학물질 취급자는 화학사고가 발생하면 위해관리계획에 따라 응급조치를 하고, 즉시 관계기관에 신고하도록 의무화하였다. 환경부장관이 화학사고 발생 시 현장에 수습조정관을 파견하도록 규정하고, 사고발생 우려가 높은 지역을 특별관리지역으로 지정하여 관리하도록 하여, 화학사고에 대한 신속한 대응과 상황관리 및 사고정보의 수집과 통보가 가능하게 규정하였다. 환경부장관은 화학사고의 원인과 피해사항 등에 대한 영향조사를 실시하고, 해당 화학사고의 원인이 되는 사업자에게 화학물질로 오염된 지역에 대학 복구조치와 피해최소화 등을 명할 수 있도록 하는 근거를 마련하였다. 이러한 모든 의무는 화학물질을 취급하는 사업자에게는 규제요 부담이었지만, 화학사고로부터의 안전과 화학사고후 신속한 복구와 피해최소화를 위해 필요하였다.

3. 이후 「화학물질관리법」의 개정

이후 「화학물질관리법」은 공포일 기준으로 2015년 1월 20일, 2016년 1월 27일, 2016년 5월 29일, 2016년 12월 27일, 2017년 11월 28일 등 5차례나 일부개정의 방식으로 개정되었다.

2015년 1월 20일의 화관법 개정에서는 화학물질 종합정보시스템의 관리 대상 정보에 화학사고 발생 이력을 포함하고, 환경부장관에게 위 시스템의 구축·운영 의무를 명시적으로 부과하며, 위 시스템 상의 정보를 국민에게 반드시 제공하도록 근거를 마련하여 안전과 건강에 관한 국민의 알권리를 보다 구체적으로 보장하려는 것이었다. 환경부장관은 화학물질의 안전관리 및 화학사고 대비·대응 등과 관련된 정보를 수집·보급하기 위하여 화학물질 종합정보시스템을 구축·운영할 수 있고, 해당 시스템을 통해 확보한 정보를 화학물질을 취급하는 자, 화학사고 대응 관계기관 또는 국민에게 제공하여야 한다. 그러나 이 시스템을 통해 수집·보급하는 정보의 대상에는 화학사고 발생 이력에 관련된 정보가 포함되어 있지 않아, 국민들은 자신의 생활터전에 관한 사고이력을 구체적으로 알 수 있는 방법이 없었다.

2016년 1월 27일의 화관법 개정에서는 장외영향평가서 작성 전문기관의 지정·지정취소의 근거를 마련하고, 지정을 취소하는 경우 청문을 거치도록 하여 의견진술의 기회를 보장하는 한편 유해화학물질 영업자의 법 위반사항에 대한 개선명령의 근거를 마련하였다. 또한, 환경부장관이 중소기업의 화학물질 안전관리를 위하여 관계 중앙행정기관의 장과 협의를 거쳐 장외영향평가서의 작성 등에 관한 행정적·기술적·재정적 지원방안을 마련하고 시행할 수 있도록 규정하였다.

2016년 5월 29일의 화관법 개정에서는 화학물질의 관리에 관한 기본계획과는 별도로 지방자치단체에서 매년 화학사고에 대한 비상대응계획을 수립할 필요가 있으며 이러한 계획을 수립·변경할 때 지역사회가 참여할 수 있는 체계가 마련되어 있지 않았다. 따라서 화학물질의 관리와 관련하여 지역사회가 개입할 수 있는 방안을 마련하였다. 또한 위해관리계획서를 작성·제출하여야 하는 자를 사고대비물질을 일정 수량 이상 취급하는 자로 규정하고 있으나 유독물질도 유해성(有害性)이 있는 화학물질이므로 위해관리계획서를 작성·제출하도록 하였다. 그리고 화학사고가 발생한 경우 즉시 관계기관에 신고하도록 되어 있으나 지역 주민에게 고지하도록 되어 있지 않으므로 지역 주민에게도 화학사고의 발생을 고지하도록 하였다.

2016년 12월 27일의 화관법 개정에서는 유해화학물질 및 시약용 유해화학물질 영업에 대해 통신판매 시 본인 인증 절차를 마련하도록 하고 시약의 경우 해당 용도로만 판매한다는 등의 내용을 표시하도록 하는 등 관리를 강화하였다. 이전에는 유해화학물질을 인터넷 상에서 판매하는 경우 구매자의 인적사항에 대하여 확인 절차 없이 유해화학물질 매매가 이루어져 화학물질 관리대장 등의 기록·보존이 어렵고 이에 따라 화학물질 매매에 대한 관리·규제가 불가능하였다. 또한 화학사고가 발생한 경우 해당 시설의 가동중지에 관하여는 명확하게 규정하고 있지 않아 관계 공무원이 화학사고 현장에서 해당시설의 가동을 중지시킬 권한이 없어 사업주와 마찰을 초래하는 등 화학사고로 인한 피해확산 방지 조치 등에 어려움을 겪고 있었다. 이에 화학사고가 발생한 경우 현장수습조정관으로 하여금 해당 시설에 대한 가동중지를 명할 수 있도록 하고, 그 밖에 일정기간 이상 유해화학물질 취급시설을 가동하지 않는 경우 환경부장관에게 신고하도록 하는 등 현행법 운영상의 미비한 점을 보완하였다.

2017년 11월 28일의 화관법 개정에서는 유해성이 높은 화학물질을 일정량 이상 취급하는 사업자로 하여금 배출량 저감계획서를 작성하여 환경부장관에게 제출하도록 하였다. 그리고 화학물질 취급정보의 비공개 절차를 마련하며, 장외영향평가서 작성 전문기관이 업무를 수행함에 있어 준수해야 하는 사항을 명시하고, 사고대비물질을 취급하려는 자가 위해관리계획서를 작성하여 제출하는 경우 환경부장관이 취급시설에 대한 현장조사를 하도록 하는 등 현행 제도의 운영상 나타난 미비점을 개선하였다.

제5절 '화평법'과 '화관법'의 입법과 체계 등에 대한 평가

2003년부터 2014년까지 환경부에 신고된 화학사고는 총 324건이며, 실제로는 화학사고임에도 불구하고 사업장의 화재나 산업재해 등 다른 사고로 신고된 사고 등을 합하면 우리나라에서는 많은 화학사고가 발생하고 있다.[11] 특히 2012년 구미에서의 불산사고 등 근래 화학물질과 관련한 대형사고가 수차례 발생하면서 화학물질의 관리와 안전에 관한 법제정비의 필요성이 강조되었다. 전술한 바와 같이 1990년에 제정된 「유해화학물질관리법」이 2013년에 「화학물질관리법」과 「화학물질의 등록 및 평가 등에 관한 법률」로 분법되면서 일부 개선작업이 이루어진 것으로 평가되었다. 화학물질에 대한 통제강화는 우리나라의 문제만이 아니라 "인간과 환경에 대한 위해성 최소화를 위한 화학물질관리에 대한 요구는 거스를 수 없는 전 지구적 과제"[12]이다. 유럽연합에서 REACH를 도입하기 위한 취지가 되었던 국제 화학물질 교역시장에서의 'No Data, No Market' 원칙에 따라 유해정보를 알고 시장에 화학물질을 유통·공유함으로써 화학물질의 위협을 최소화하고자 9년여의 자료수집과 연구 끝에 화평법과 화관법이 제정되었다. 작업환경과 생활환경에서 쉽게 노출되기 쉬운 화학물질을 국가차원에서 엄격히 관리하는 것은 국민의 생존권 확보를 위한 국가적 의무이며, 이러한 의무를 법령을 통하여 이행하기 시작한 것으로 평가되고 있다.[13]

우리나라의 화학물질 관리정책은 독극물 중심의 화학물질 유해성 심사와 위해성 중심의 화학물질 관리기반 구축, 화학물질의 위해성 평가, 사전예방적 위해관리 등과 같은 화학물질 관리제도 개선 등을 중심으로 변화되어 왔다. 규제 일변도의 관리방법에서 최근에는 화학물질 관리의 효율성을 높이기 위한 정

---

11 신창현 외, 화학물질관리법의 유해화학물질 취급시설 안전관리 체계 고찰, 한국위기관리논집, 제11권 제7호, 2015, 23쪽.

12 정남순, 가습기살균제를 통해 본 화학물질관리제도의 현황과 문제점에 대한 고찰, 환경법과 정책, 제11권, 2013, 52쪽.

13 조영민, 화학물질 안전관리에 관한 환경법령, 공업화학전망, 제19권 제2호, 2016, 75쪽.

보공개, 인센티브, 자발협약 등 다각적인 정책수단이 시도되고 있는 것으로 긍정적으로 평가되고 있다.[14] 그러나 화평법 입법에서는 아무리 소량이라도 신규물질을 등록해야 한다는 규정에 대한 논란이 있었고, 화관법 입법에서는 화학사고 발생기 매출액의 5%에 이르는 과징금과 가동중단에 더하여 위법 수급인과 거래한 도급인에게도 책임을 지우는 규정에 대한 논란이 있었다.[15]

그러나 기본적으로 2015년 1월 1일부터 시행된 화평법과 화관법을 기점으로 하여 "우리나라는 화학사고 발생에 체계적으로 대응하는데 필요한 법적 기반을 마련"[16]했다거나 "제도적인 측면에서 우리나라 화학물질 관리는 한 단계 발전할 수 있는 계기가 마련되었다"[17]거나 "기존 유해법의 화학물질관리보다 진일보했다"[18]고 평가되고 있다. 정보공개 확대 혹은 알권리 강화라는 측면에서는 "기업의 어떠한 경제활동도 국민과 노동자의 건강과 안전에 피해를 주어서는 안된다는 취지에 입각하여" "한국사회는 화학물질 정보에 있어 비밀이 우선하던 시대에서 알권리가 우선하는 사회로 전환되고 있다"[19]는 평가도 있다.

그러나 아직 미비한 점이 지적되고 있기도 하다. 화관법과 화평법이 입법되었음에도 기존부터 시행되던 위험물안전관리법, 산업안전보건법, 고압가스안전관리법 등 타법에 의한 안전교육 의무사항 등이 중복되기도 하고[20] 이들 법률에서 관리하는 물질 중에 많은 수가 겹치므로 중복규제 등의 문제가 발생하였음이 지적되고 있다.[21] 또한 산업계는 화학물질의 관리와 등록 등에 드는 절차

---

14 문성진/김기환, 우리나라 유해화학물질 관리정책 분석 : 화학물질 등록 및 평가 등에 관한 법을 중심으로, 이화여자대학교 법학논집, 제19권 제2호, 2014, 252쪽.

15 조영민, 화학물질 안전관리에 관한 환경법령, 공업화학전망, 제19권 제2호, 2016, 75쪽.

16 서양원/박정규 외, 화학사고 사후영향평가 체계 구축방안 마련, 한국환경정책평가연구원, 2015, 1쪽.

17 윤준헌, 화평법과 화관법의 제정 취지와 발전방향, 방재와 보험, 한국화재보험협회, 2015 여름호, 11쪽.

18 정남순, 가습기살균제를 통해 본 화학물질관리제도의 현황과 문제점에 대한 고찰, 환경법과 정책, 제11권, 2013, 49쪽.

19 김신범/이윤근/최영은, 「화학물질관리법」과 「산업안전보건법」의 영업비밀 사전허가제도 도입과 관련한 쟁점 분석, 한국산업보건학회지, 제25권 제4호, 2015, 444쪽.

20 정엠마/박희준, 국내 4대 화학물질관련 법률 사업장 안전교육 의무사항 비교 -화관법, 산안법, 고압법, 위안법-, 포장계, 한국포장협회, 2017. 9, 54쪽 이하.

21 윤준헌, 화평법과 화관법의 제정 취지와 발전방향, 방재와 보험, 한국화재보험협회, 2015

가 까다롭고 비용이 과다하다는 등의 주장을 하여서 일부 조문에서는 법규사항의 상당부분을 시행령 등에 위임하여 국회의 입법권이 침해가 있었다는 비판이 있었다.[22] 반면에 "법률 공포 이후 하위법령의 구체적인 내용은 이해관계자 간 지속적인 소통과 협의를 거쳐 현장 수용력을 제고하는 방향으로 조정됐다"[23]는 상반된 평가도 있었다. 시행령으로의 입법위임 필요성은 인정함에도 불구하고 산업계의 이익이 지나치게 반영되어 화학물질로부터 국민의 안전을 지킨다는 취지가 다소 퇴색되었다는 비판도 있다.

화관법과 화평법에 더하여 산업안전보건법에도 화학물질 관련 사항이 포함되어 있다. 화관법과 화평법은 국민과 환경을 주 보호대상으로 하고 있고 산업안전보건법은 근로자를 주 보호대상으로 하고 있다는 특징을 지니고 있다. 이 법률들의 주 대상이나 내용 및 특징이 다르기는 하지만, 법률간의 모순과 충돌을 피하기 위해서는 화학물질 관련법으로서의 체계성을 갖출 필요가 있다. 이들 법률들에는 정보제공, 영업비밀, 장회영향평가서, 위해관리계획서, 공정안전보고서 등의 중복되는 규정이 있고 이들 중복되는 내용에 대한 상호 인정 및 하위규정에서의 세부항목의 조율이 필요하며 이중 규제로 인한 불편과 행정낭비 자원의 효율적 활용 등이 모색될 필요가 있다는 지적이 있다.[24] 또한 화관법과 화평법의 효과적인 집행을 위해서 사업자의 불법성이 심각한 경우에는 행정형벌과 더불어 이행강제금을 부과하고 회수명령을 적극적으로 활용하자는 제안도 있다.[25]

여름호, 5쪽.

22 대한변호사협회, 입법평가보고서, 2015.

23 조영민, 화학물질 안전관리에 관한 환경법령, 공업화학전망, 제19권 제2호, 2016, 76쪽.

24 윤충식 외, 환경부의 화학물질관리법, 화학물질 등록 및 평가에 관한 법률, 고용노동부의 산업안전보건법의 화학물질 관련 내용 비교, 한국환경보건학회지, 제40권 제5호, 2014, 344쪽.

25 이윤정, 화학물질의 등록 및 평가 등에 관한 법률 및 화학물질관리법상 효과적인 의무이행확보수단 연구, 환경법연구, 제36권 제2호, 2014, 83쪽.

제6절 맺음말

2012년 구미 불산사고 등 대형 화학사고가 발생하지 않았다면 우리나라에서는 아직도 「화학물질관리법」과 「화학물질의 등록 및 평가에 관한 법」 등에 대한 법령개선 혹은 법령정비는 이루어지지 않았을 가능성이 크다. 그리고 화학물질에 대한 안전관리는 이미 국가 내적인 문제가 아니라 국가 간의 문제로 확대되었으며, 이제는 화학물질의 통제와 교역은 인류가 공동으로 대처하여야 하는 국제적인 문제로 인식되고 있다. 이미 1998년의 '로테르담 조약'은 특정 유해화학물질 및 농약의 국제 교역시 사전통보 승인절차에 관한 문제를 규율하고 있고, 2001년의 '스톡홀름 조약'은 잔류성 유기오염물질의 규제 및 행동계획 및 폐기물 배출규제에 관한 문제를 규율하고 있다. 또한 2006년 유럽연합(EU)이 채택한 신 화학물질관리제도인 REACH(Registration, Evaluation, Authorization and Restriction of Chemicals)는 화학물질정책 강화와 국제적 공조의 형성을 주도한 대표적인 국제규약으로 평가받고 있다.[26] 2012년 7월 4일에 유럽의회와 이사회가 채택한 유해물질 관련 중대사고 위험관리에 관한 지침 2012/18/EU도 유해화학물질 관련 중대사고를 통제하기 위한 것이며, 위험물질과 사고대응에 대한 정보접근권 강화와 화학물질 관련 시설의 입지와 설치·관리기준의 엄격화 등을 규율하여 회원국들에게 2015년 6월 1일부터 이를 적용할 것과 이행보고서 제출을 의무화하고 있다.[27]

국가는 국민의 안전에 더욱 많은 정책적 배려를 하여야 한다. 국회는 화학물질로부터 안전하게 법령을 개선하여야 하며 이러한 법령은 집행부에 의하여 엄격히 집행되어야 하고, 화학물질로부터의 안전을 위한 법령의 해석과 적용에

26 문성진/김기환, 우리나라 유해화학물질 관리정책 분석 : 화학물질 등록 및 평가 등에 관한 법을 중심으로, 이화여자대학교 법학논집, 제19권 제2호, 2014, 251쪽.

27 김두수, EU 세베소 지침의 정보공개 범위와 기준에 대한 법적 검토 및 시사점 연구, 국제경제법연구, 제14권 제1호, 2016, 86쪽.

있어서도 법원은 국민의 안전권 확보에 비중을 두어야 한다. 이러한 점에서 화학물질에 대한 통제강화는 입법자인 국회만이 의지를 지니고 있는 것이 아니고, 법원도 동일한 문제의식을 지니고 있다. 즉, 대법원은 2013년의 판결에서 인체에 유해한 독성물질이 혼합된 화학제품을 설계·제조하는 경우에 제조업자는 고도의 위험방지의무를 부담한다고 보았다. 제조업자는 제조물의 안전성을 철저히 검증하고 조사·연구를 통하여 발생 가능성 있는 위험을 제거·최소화하여야 하며, 안전성이 충분히 확보될 정도로 그 위험이 제거·최소화되었다고 확인되기 전에는 그 화학제품을 유통시키지 말아야 한다고 하였다.[28] 입법·집행·사법 전반을 포함하여 국가의 최우선적 의무는 국민의 건강과 생명을 지키는 일이다.

국내의 화학물질 규제강화에 따른 산업계의 비용증가와 경쟁력 약화 등에 대한 우려가 있다. 그러나 도처에 존재하고 사용되는 화학물질로부터 안전하기 위해서는, 법규위반에 대한 처벌이 낮고 사업장의 안전관리가 미흡하다는 점이 지속적으로 지적되고 있다.[29] 따라서 화학물질관련 국제기준이 화학물질 관련 국제시장의 진입 등에 중요한 관건이 되고 있는 현실에 비추어 규제비용은 국

---

28 "제조업자가 인체에 유해한 독성물질이 혼합된 화학제품을 설계·제조하는 경우, 그 화학제품의 사용 용도와 방법 등에 비추어 사용자나 그 주변 사람이 그 독성물질에 계속적·반복적으로 노출될 수 있고, 그 독성물질이 가진 기능적 효용은 없거나 극히 미미한 반면, 그 독성물질에 계속적·반복적으로 노출됨으로써 사용자 등의 생명·신체에 위해가 발생할 위험이 있으며 제조업자가 사전에 적절한 위험방지조치를 취하기 전에는 사용자 등이 그 피해를 회피하기 어려운 때에는, 제조업자는 고도의 위험방지의무를 부담한다. 즉 이러한 경우 제조업자는 그 시점에서의 최고의 기술 수준으로 그 제조물의 안전성을 철저히 검증하고 조사·연구를 통하여 발생 가능성 있는 위험을 제거·최소화하여야 하며, 만약 그 위험이 제대로 제거·최소화되었는지 불분명하고 더욱이 실제 사용자 등에게 그 위험을 적절히 경고하기 곤란한 사정도 존재하는 때에는, 안전성이 충분히 확보될 정도로 그 위험이 제거·최소화되었다고 확인되기 전에는 그 화학제품을 유통시키지 말아야 한다. 따라서 제조업자가 이러한 고도의 위험방지의무를 위반한 채 생명·신체에 위해를 발생시킬 위험이 있는 화학제품을 설계하여 그대로 제조·판매한 경우에는 특별한 사정이 없는 한 그 화학제품에는 사회통념상 통상적으로 기대되는 안전성이 결여된 설계상의 결함이 존재한다고 봄이 타당하다." 대법원 2013. 7. 12. 선고 2006다17539 판결 [손해배상(기)]

29 이덕재/이태형/신창현, 화학사고 예방을 위한 유해화학물질 관리개선 연구, 한국화재소방학회논문집, 제31권 제1호, 2017, 79쪽.

제경쟁력을 위한 투자라고 인식할 필요가 있다.[30] 화학물질의 관리와 규제는 양면성을 지니고 있다. 화학물질의 위험과 사고로부터 생명을 지키고 환경을 보호하기 위해서는 엄격한 관리 및 규제가 필요하다. 그러나 지나친 관리 및 규제는 산업계의 생산력과 경쟁력을 위축시킬 우려가 있다는 점을 고려하여 화학물질 관련 입법정책을 수립하여야 할 것이다.

| CHAPTER 05 _ 참고문헌 |

강문경, 대만 독성화학물질관리법, 중국법연구, 제27권, 2016.

김두수, EU 세베소 지침의 정보공개 범위와 기준에 대한 법적 검토 및 시사점 연구, 국제경제법연구, 제14권 제1호, 2016.

김상태/박종원, 일본 화학물질심사규제법의 법정책적 시사점, 법과 정책연구, 제9권 제2호, 2009.

김성배, 사회통합과 국민안전을 위한 화학제품관리법제, 유럽헌법연구, 제22호, 2016.

김신범/이윤근/최영은, 「화학물질관리법」과 「산업안전보건법」의 영업비밀 사전허가제도 도입과 관련한 쟁점 분석, 한국산업보건학회지, 제25권 제4호, 2015.

문성진/김기환, 우리나라 유해화학물질 관리정책 분석 : 화학물질 등록 및 평가 등에 관한 법을 중심으로, 이화여자대학교 법학논집, 제19권 제2호, 2014.

박종원, 가습기살균제 사건에 비추어 본 화학물질 리스크 평가·관리법제의 문제점과 개선방안, 한양법학, 제28권 제2집, 2017.

박지현, EU화학물질정책의 최근 동향과 시사점, 환경법연구, 제36권 제2호, 2014.

서양원/박정규, 화학사고 사후영향평가 체계 구축방안 마련, 한국환경정책평가연구원, 2015.

신창현 외, 화학물질관리법의 유해화학물질 취급시설 안전관리 체계 고찰, 한국위기관리논집, 제11권 제7호, 2015.

오성은/윤혜선, 미국 화학물질 규제행정의 체계와 법제, 가천법학, 제9권 제1호, 2016.

윤준헌, 화평법과 화관법의 제정 취지와 발전방향, 방재와 보험, 한국화재보험협회, 2015 여름호.

윤충식 외, 환경부의 화학물질관리법, 화학물질 등록 및 평가에 관한 법률, 고용노동부

30 문성진/김기환, 우리나라 유해화학물질 관리정책 분석 : 화학물질 등록 및 평가 등에 관한 법을 중심으로, 이화여자대학교 법학논집, 제19권 제2호, 2014, 272쪽.

의 산업안전보건법의 화학물질 관련 내용 비교, 한국환경보건학회지, 제40권 제5호, 2014.
이덕재/이태형/신창현, 화학사고 예방을 위한 유해화학물질 관리개선 연구, 한국화재소방학회논문집, 제31권 제1호, 2017.
이윤정, 화학물질의 등록 및 평가 등에 관한 법률 및 화학물질관리법상 효과적인 의무이행확보수단 연구, 환경법연구, 제36권 제2호, 2014.
이한웅 외, 화학물질등록 및 평가 등에 관한 법률 제정에 따른 산업계 부담비용에 관한 연구, 환경경영연구, 제10권 제1호, 2012.
정남순, 가습기살균제를 통해 본 화학물질관리제도의 현황과 문제점에 대한 고찰, 환경법과 정책, 제11권, 2013.
정엠마/박희준, 국내 4대 화학물질관련 법률 사업장 안전교육 의무사항 비교 -화관법, 산안법, 고압법, 위안법-, 포장계, 한국포장협회, 2017. 9.
정수용, 화학물질등록 및 평가 등에 관한 법률, 화학물질관리법 시행에 따른 화학물질 관리체계에 대한 법적인 고찰, 한국의 환경 및 에너지에 관한 법원리, 대한변호사협회, 2014.
정호경/마정근, 화학물질 관리 법제에 관한 연구 -유해화학물질관리법과 화평법·화관법의 비교를 중심으로-, 행정법연구, 제44호, 2016.
조영민, 화학물질 안전관리에 관한 환경법령, 공업화학전망, 제19권 제2호, 2016.

문일 외, 화학물질안전개론, 연세대 출판문화원, 2016.
박종원, 화학물질 등록 및 평가 등에 관한 법률(안)에 대한 입법평가 연구, 한국법제연구원, 2011.
이권섭, 화학제품의 관리방법 개선을 위한 실태분석 및 대응전략에 관한 연구, 안전보건공단, 산업안전보건연구원, 2011.
피영규, 산업안전보건법 상 화학물질 규제수준별 기준 마련 및 선정 타당성 등에 관한 연구, 한국산업안전보건공단 산업안전보건연구원, 2011.

CHAPTER 06 징벌적 손해배상제도에 관한 입법평론

출처: 경희법학 제52권 2호, 2017년, 479~506

징벌적 손해배상제도는 가해자에게 형사적 제재보다 금전적 배상을 부과하는 것이 불법행위의 예방에 더욱 효과적이라는 점에 특징이 있으며, 공법과 사법의 구분이 엄격하지 않은 영미법계에서 발달한 제도이다. 그러나 실손해액의 배상만으로는 피해구제가 충분하지 못하게 되는 경우가 종종 발생하였으며, 실손해액보다 고액의 배상액을 부과함으로 인하여 불법행위의 가능성을 줄이는 불법행위의 예방기능차원에서 징벌적 손해배상제도를 도입하자는 주장이 점차 힘을 얻었다. 이러한 주장에 부응하여, 2011년의 「하도급거래 공정화에 관한 법률」을 시작으로 하여 「기간제 및 단시간 근로자 보호 등에 관한 법률」, 「파견근로자 보호 등에 관한 법률」, 「신용정보의 이용 및 보호에 관한 법률」, 「개인정보보호법」, 「대리점거래의 공정화에 관한 법률」, 「정보통신망 이용촉진 및 정보보호 등에 관한 법률」, 「제조물책임법」, 「가맹사업거래의 공정화에 관한 법률」에 이르기까지 총 9개 법률에서 징벌적 손해배상제도가 도입되었다. 이러한 징벌적 손해배상제도를 도입하게 된 입법적 성과에 힘입어 노동·환경·특허·안전관리 등의 분야에서도 동 제도의 도입이 주장되거나 관련 법안이 발의된 분야도 점차 늘어나고 있다. 그간 징벌적 배상제도의 부분적 도입은 우리나라의 기존의 손해배상제도의 문제점을 개선하는 기능을 적절히 담당하고 있다는 긍정적인 평가가 있지만, 반대론 혹은 신중론도 있다. 즉, 징벌적 배상제도를 확대하기 위해서는 합리적인 징벌적 손해배상액을 산정하고 소송남발 가능성에 대한 대책이 마련되고, 징벌적 손해배상액을 공적 기금으로 활용하도록 제도화하는 문제 등의 개선방안을 검토하여야 한다는 의견이 있다. 기존의 제도가 추가적 가중사유로 주관적 요소를 중심으로 도입되었을 뿐만 아니라 그 주관적 가중사유들 사이에도 일관성이 결여되어 있는 등 혼선이 있다는 지적도 있다. 각 분야별로 개별법을 통해 도입되다 보니 입법적 완성도의 차이도 발생할 수 있고 각 분야의 특성이 반영되지 않거나 반대로 특성이 지나치게 반영되는 경우도 있을 수 있으며, 징벌적 손해배상의 요건이나 배상액수의 산정요인 등에서 부당한 편차가 발생할 수도 있을 것이다. 또한 징벌적 손해배상제도가 도입된 분야에서 원래 의도했던 입법적 효과가 발행하는지에 관해서도 지속적으로 모니터링할 필요가 있다.

주제어: 징벌적 손해배상, 전보적 손해배상, 불법행위, 하도급법, 제조물책임법, 대리점거래의 공정화에 관한 법률, 가맹사업거래의 공정화에 관한 법률

제1절 머리말

징벌적 손해배상제도는 가해자에게 형사적 제재보다 금전적 배상을 부과하는 것이 불법행위의 예방에 더욱 효과적이라는 점에 특징이 있으며, 공법과 사법의 구분이 엄격하지 않은 영미법계에서 발달한 제도이다. 그러나 대륙법계 국가에서도 징벌적 손해배상제도에 관한 관심이 없는 것은 아닌데, 독일은 판례를 통하여 전보배상액의 산정에 징벌적 요소를 가미하기도 하며, 일부 북유럽 국가에서는 입법을 통하여 이 제도를 도입하려는 시도가 있다.[1] 우리나라에

1 이 논문은 징벌적 손해배상제도에 관한 현행 법률과 국회에 발의되어 있는 법률안 및 이를 둘러싼 헌법적 쟁점에 대한 검토를 중심으로 하는 입법평론(立法評論) 성격의 글이므로, 영·미의 징벌적 손해배상제도를 중심으로 하는 비교법적 검토에 대해서는 다음의 선행연구를 참조하기 바람. 박창석, "징벌적 손해배상에 관한 비교법적 검토", 「환경법연구」

서는 이에 관한 논의가 계속되고 있으며, 일부 개별법 분야에서 징벌적 배상에 관한 제도를 이미 도입하였고, 다른 법 분야에서도 이 제도를 도입하자는 주장이 확산되고 있다. 우리 민법이 채택하고 있는 손해배상제도의 주요기능은 손해의 전보에 집중되어 있어, 가해자의 처벌을 통한 불법행위의 억지에 관한 기능은 우리 민법상의 손해배상제도에서는 예외적인 것이다. 따라서 일반적으로 불법행위로 인한 손해는 손해배상 청구를 통하여 구제할 수 있으나 실손해액의 배상만으로는 피해구제가 충분하지 못하게 되는 경우가 발생하고 있으며, 실손해액보다 고액의 배상액을 부과함으로 인하여 불법행위의 가능성을 줄이고 피해자는 적극적으로 불법행위에 대처할 가능성을 높임으로써 불법행위의 예방기능차원에서 징벌적 손해배상제도의 필요성이 대두되고 있는 것이다. 우리는 징벌적 손해배상제도를 도입하자는 논의가 계속되어 왔으며 현재까지 9건의 개별법을 통하여 특정한 분야에 제한적으로 도입되었으나, 전면적인 징벌적 손해배상제도는 아직 도입되어 있지 않다. 징벌적 손해배상제도의 원조격인 미국에서도 징벌적 손해배상은 제한적으로 인정되는 제도이다. 또한 몇 개의 특별한 사건에서 과도한 징벌적 손해배상액의 산정이 문제되기도 하는 등 미국에서도 징벌적 손해배상 제도에 관한 찬반 논란이 있다. 우리 법제에 이질적이라고 평가되기도 하였고 우리나라의 공서양속에 반할 수 있다고 판결이 되기도 했던 징벌적 손해배상제도가, 이제는 이미 일부 도입되었고 다른 분야로 확산되는 시점에서 이 제도를 전반적으로 검토할 필요가 있다. 또한 일반법으로서 징벌적 손해배상제도가 도입된 것이 아니라 징벌적 손해배상제도가 개별법 분야에서 도입이 되었기 때문에 징벌적 손해배상 제도의 전체적인 체계가 왜곡될 가능성도 있기 때문에, 이미 입법된 징벌적 손해배상 법령을 포함하여 도입이 추진되고 있는 분야의 관련 법령안도 검토해 보고자 한다.

第35권 제1호, 2013, 75쪽 이하; 김상찬/이충은, "징벌적 손해배상제도의 도입을 위한 비교법적 고찰", 「법학연구」 제35집, 한국법학회, 2009, 163쪽 이하; 한국법제연구원, 「징벌적 손해배상제의 법리와 도입가능성」, 2007 등 참조.

제2절 징벌적 손해배상제도의 의미와 기능

징벌적 손해배상(punitive damages) 제도는 가해자의 불법행위에 악의가 있거나 중과실이 있는 등의 경우에 있어서, 전보적 손해배상(compensatory damages)에 부가하여 징벌적 성격의 배상금 지급의무를 부과하는 제도를 말한다. 즉, 징벌적 손해배상은 민사적 책임과 형사적 책임의 법적 성질을 동시에 지니고 있다. 영미법계에서 발달된 이와 같은 징벌적 손해배상제도는 우리나라와 같은 대륙법계 국가에서는 예외적이다. 민사법과 형사법의 구별이 모호한 영미법과 달리, 대륙법계 국가에서는 실손해의 배상을 목적으로 하는 전보적 손해배상을 손해배상법의 기본원칙으로 하고 있으며, 징벌의 기능은 원칙적으로 형사적 제재가 담당하고 있는 법체계를 지니고 있기 때문이다. 미국에서의 징벌적 손해배상은 불법행위분야를 중심으로 하여 허위(fraudulent), 악의(malicious), 강압(oppression), 중과실(grossly negligent)이 인정되면 통상 전보적 손해배상액의 2배에서 5배의 한도 내에서 인정되고 있다.[2] 미국에서도 징벌적 손해배상제도의 구체적 내용은 주마다 다양하지만 최근에는 과도하다는 비판을 받고 있는 징벌적 손해배상액수를 제한하기 위하여 연방법이나 주법을 통해서 손해배상액수를 제한하는 입법이 점차 증가하고 있다.[3] 우리 법원에서는 징벌적 손해배상을 인정하지 않는 취지의 판결을 하면서 징벌적 손해배상의 개념을 정의한 바 있다. 판례에 따르면 "징벌적 배상이란 가해자에게 특히 고의 등의 주관적인 악사정이 있는 경우에 보상적 손해배상에 덧붙여 위법행위에 대한 징벌과 동종행위의 억지를 주목적으로 하여 과하여지는 손해배상으로 코몬로(common law)상 인정되고 있는 구제방법의 일종으로서, 불법행위의 효과로 손해의 전보만을 인정하는 우리의

2 정하명, "소위 '경제민주화입법'과 징벌적 손해배상제도", 「법학논고」, 제42집, 경북대학교 법학연구원, 2013, 135쪽.

3 장재옥/이은옥, "징벌적 손해배상 개념의 수용가능성", 「법학논문집」, 제39집 제3호, 중앙대학교 법학연구원, 2015, 90쪽.

민사법 체계에서 인정되지 아니하는 형벌적 성질을 갖는 배상형태로서 우리나라의 공서양속에 반할 수 있다"[4]고 한다. 대법원 판례에서도 징벌적 손해배상을 전보적 손해배상과 대비하면서 "징벌적 손해배상과 같이 손해전보의 범위를 초과하는 배상액의 지급을 명한 외국법원의 확정판결"[5] 등의 표현으로 징벌적 손해배상을 정의하고 있다. 이와 같은 우리 법원의 판결은 손해의 전보와 제재를 전혀 다른 별개의 제도라고 이해하여, 민사상의 불법행위책임을 전보적 손해배상에 한정하는 우리의 기존 법체계상의 손해배상 법리에 충실한 것이라 볼 수 있다.[6] 이에 대하여 징벌적 손해배상제도의 핵심적 기능은 처벌과 억지기능이다. 즉, 불법행위의 피해자에게 발생한 손해를 전보하는 것 이외에 악의적 가해자를 응징하는 제재적 기능을 수행하고, 불법행위로 취득한 수익의 환수를 통하여 불법행위를 억지하는 기능을 수행한다. 또한 부가적으로는 형사제재와 행정제재를 통해 다루어질 수 없는 영역에서 사인의 위법행위에 대한 소추를 가능하게 함으로써 사인에 의한 법실현을 장려하는 기능도 있다.[7] 징벌적 손해배상은 전보적 손해배상에서 포함되지 않거나 미미하게 산정되는 피해자의 정신적 고통에 대한 보상과 소송비용을 보상해주는 기능이 있다. 특히 피해자의 손해가 크지 않고 소송비용이 과다한 경우에 효과적이다. 전보적 손해배상을 감수하면서 이익추구를 위하여 불법행위를 감행하는 가해자를 효과적으로 제재할 수 있는 제도로 평가받고 있다.

---

4 서울지법 동부지원, 1995. 2. 10. 선고 93가합19069 판결.

5 대법원 2015. 10. 15. 선고 2015다1284 판결; 대법원 2016. 1. 28. 선고 2015다207747 판결.

6 이점인, "현행 징벌적 손해배상제도에 대한 비판적 고찰", 「동아법학」, 제74호, 2017, 43쪽 이하 참조; 정해상, "손해배상의 법리와 징벌적 손해배상의 관계", 「중앙법학」, 제6집 제4호, 2004, 241쪽 이하 참조.

7 김현수, "징벌적 손해배상액의 산정기준 -소비자보호 등 개별법 분야에서의 징벌배상제 도입가능성을 전제로-", 「법학논집」, 제18권 제1호, 이화여자대학교 법학연구소, 2013, 165쪽.

제3절 징벌적 손해배상제도 관련 입법

1. 징벌적 손해배상제도에 관한 논의

징벌적 손해배상제도에 관한 학계에서의 논의는 1984년에 개최된 민사판례연구회의 심포지움 자료에서 확인할 수 있다. 당시에 민법의 일반조항으로서 징벌적 배상을 도입할 필요가 있다는 견해와 민·형사책임을 구별하는 우리 민법체계에 비추어 이를 반대하는 견해 등이 논의되었다.[8] 2003년의 대법원 산하 사법개혁위원회나 2005년의 사법개혁추진위원회에서도 징벌적 손해배상제도 도입을 논의[9]하였으나 입법화 단계에는 이르지 못하였다. 징벌적 손해배상제도의 확대도입론에도 불구하고 징벌적 배상제도 확대에는 여전히 찬반론이 대립하고 있다. 확대 찬성론은 권리구제에 충분치 못한 기존의 손해배상제도를 보완할 수 있다는 점을 들고 있다. 우리나라의 전보적 손해배상 원칙만으로는 비난가능성이 큰 악의의 가해자들에 대한 처벌의 정도가 약하며 불법행위 피해자들에게 신체적·정신적 고통과 피해에 대한 적절한 보상이 이루어지지 못하고, 장래의 유사한 위법행위에 대한 예방을 하기 어렵기 때문에 전보적 손해배상제도가 가지는 한계를 극복할 대안으로 주장[10]된다. 여기서 더 나아가 징벌적 손해배상제도의 도입속도를 더욱 끌어올려서 경쟁력있는 법집행수단을 더 적극 활용해야 할 것이라는 의견[11]이 있다. 확대 반대론은 민·형사 책임구분을 모호하게 하고 민법상의 손해배상책임법리에 위배되며, 징벌적 손해배상제도의 처벌 기능은 형사법 또는 행정벌의 영역으로서 이들 법제를 정비함으로써 해결하는 것이 바람직하다[12]는

8 민사판례연구회, 「민사판례연구」 Ⅶ, 경문사, 1985, 380쪽 이하.

9 김태선, "징벌적 손해배상제도에 관한 고찰, －민법개정에 따른 논의와 관련하여", 「민사법학」, 제50권, 2010, 241쪽.

10 장재옥/이은옥, 앞의 논문, 101쪽; 최나진, "징벌적 손해배상과 법정 손해배상 : 우리나라 민법과 양립가능성", 「경희법학」, 제51권 3호, 2016, 286쪽.

11 김차동, "징벌적 손해배상제도 도입방안에 관한 연구", 「법경제학 연구」, 2016, 395쪽.

12 김태선, 앞의 논문, 270쪽.

점을 들고 있다. 또한 거액의 배상금 지급기대에 따른 남소 우려와 과중한 배상액으로 인하여 기업활동의 어려움을 가중시킬 수 있다는 우려를 제기하고 있다. 나아가 징벌적 손해배상제도가 반복적인 차별행위를 억제하는 효과가 있을지 및 실효성이 있을지에 대한 의문도 제기하고 있다.[13] 징벌적 손해배상의 제도화에 대한 도입 초기에서부터 제도 확대가 주장되고 있는 지금까지 이 제도에 관한 찬반론은 여전하다. 그러나 보다 실용적인 의견은 이 제도에 관한 이분법적인 찬반론보다는 이 제도가 과연 기존 제도의 문제를 해결해 가는데 효과적인 수단이 될 수 있는지에 논의의 초점이 맞추어질 필요가 있다[14]거나 현실적 필요성을 고려하여 입법정책적으로 검토해 볼 수 있다[15]는 의견이 있다. 징벌적 손해배상제도의 제도화론은 멈출 줄 모르고 지속적으로 확산되고 있다. 2017년 상반기의 대통령 선거과정을 거치면서 여야를 막론한 5대 정당이 빠짐없이 내건 공약이었고, 후술하는 바와 같이 문재인대통령 정부는 국민 대다수의 찬성 여론을 기반으로 하여 징벌적 손해배상제도를 확대하는 정책을 취하고 있다. 대한변협도 징벌적 손해배상제도를 '변협 역점사업 1호'로 지정할 정도로 제도 확대론이 힘을 얻고 있다.[16]

2. 징벌적 손해배상을 제도화한 현행 법률

전술한 바와 같이 실손해액의 배상만으로는 피해구제가 충분하지 못하게 되는 경우가 있으며, 실손해액보다 고액의 배상액을 부과함으로 인하여 불법행위의 가능성을 줄이는 불법행위의 예방기능차원에서 징벌적 손해배상제도의 도입 필요성이 대두되었다. 이러한 주장에 부응하여, 2011년의 「하도급거래 공정화에 관한 법률」을 시작으로 하여 「기간제 및 단시간 근로자 보호 등에 관한 법

---

13 김미영/박종희, "미국 고용차별금지법제에서의 징벌적 손해배상의 역사와 원리", 「노동법학」, 제52호, 2014, 249쪽.
14 김태선, 앞의 논문, 250쪽.
15 장재옥/이은옥, 앞의 논문, 84쪽.
16 대한변호사협회, 대한변협신문, 2017. 6. 5, 2쪽.

률」, 「파견근로자 보호 등에 관한 법률」, 「신용정보의 이용 및 보호에 관한 법률」, 「개인정보보호법」, 「대리점거래의 공정화에 관한 법률」, 「정보통신망 이용촉진 및 정보보호 등에 관한 법률」, 「제조물책임법」, 「가맹사업거래의 공정화에 관한 법률」에 이르기까지 총 9개 법률에서 징벌적 손해배상제도가 도입되었다.

「하도급거래 공정화에 관한 법률」 제35조[17]는 2011년 3월 29일에 개정되어 6월 30일부터 시행되고 있다. 원사업자가 기술자료를 유용하여 손해가 발생한 경우 발생한 손해의 3배까지 배상할 수 있도록 하고, 기술자료 탈취·유용에 대한 고의·과실의 입증책임을 원사업자에게 부담하게 하였다. 이후 2013년에는 법률을 개정하여 징벌적 손해배상의 적용범위를 확대[18]하였다. 즉, 기존의 기술

---

17 「하도급거래 공정화에 관한 법률」 제35조(손해배상 책임) ① 원사업자가 이 법의 규정을 위반함으로써 손해를 입은 자가 있는 경우에는 그 자에게 발생한 손해에 대하여 배상책임을 진다. 다만, 원사업자가 고의 또는 과실이 없음을 입증한 경우에는 그러하지 아니하다. <개정 2013. 5. 28.>

② 원사업자가 제4조, 제8조 제1항, 제10조, 제11조 제1항·제2항 및 제12조의3 제3항을 위반함으로써 손해를 입은 자가 있는 경우에는 그 자에게 발생한 손해의 3배를 넘지 아니하는 범위에서 배상책임을 진다. 다만, 원사업자가 고의 또는 과실이 없음을 입증한 경우에는 그러하지 아니하다. <개정 2013. 5. 28.>

③ 법원은 제2항의 배상액을 정할 때에는 다음 각 호의 사항을 고려하여야 한다. <신설 2013. 5. 28.>

1. 고의 또는 손해 발생의 우려를 인식한 정도
2. 위반행위로 인하여 수급사업자와 다른 사람이 입은 피해규모
3. 위법행위로 인하여 원사업자가 취득한 경제적 이익
4. 위반행위에 따른 벌금 및 과징금
5. 위반행위의 기간·횟수 등
6. 원사업자의 재산상태
7. 원사업자의 피해구제 노력의 정도

④ 제1항 또는 제2항에 따라 손해배상청구의 소가 제기된 경우 「독점규제 및 공정거래에 관한 법률」 제56조의2 및 제57조를 준용한다. <개정 2013. 5. 28.> [본조신설 2011. 3. 29.]

18 하도급법상의 징벌적 손해배상을 확대하는 개정에 대하여 "그동안 하도급거래의 공정화를 위한 여러 차례의 법률개정과 제도개선 노력에도 불구하고, 불공정 하도급 행위는 근절되지 않고 있고, 실제 하도급 현장에서 이루어지는 위반행위는 교묘하고 적발이 쉽지 않아서 상대적 약자인 하도급업체를 보호하지 못하고 있을 뿐만 아니라, 최근 세계경기 침체로 인해 열악한 중소기업의 어려움이 더욱 가중되고 있는바, 실손해배상 및 징벌적 손해배상의 적용대상을 확대하고, 중소기업협동조합에 납품단가 조정 협의권 및 분쟁조정신청권을 부여하는 한편, 원사업자의 보복행위 등에 대한 처벌수준을 강화하는 등 현행 제도의 운영상 나타난 일부 미비점을 개선·보완하려는 것"이라고 개정이유를 제시한 바 있다. 「하도급거래 공정화에 관한 법률」 개정(법률 제11842호, 2013. 5. 28 개정 2013. 11. 29 시행) 이유

유용행위뿐만 아니라 하도급 대금의 부당한 단가인하, 부당한 발주취소, 부당한 반품 행위에 대하여 3배 범위에서 징벌적 손해배상책임을 부과하도록 적용범위를 확대하였다.

「기간제 및 단시간 근로자 보호 등에 관한 법률」 제13조[19]는 2014년 3월 18일 개정되어 9월 19일부터 시행되고 있다. 기존의 차별시정 제도가 임금 및 근로조건의 보상 또는 원상회복 수준에 머물고 있어 사용자의 고의적이고 반복적인 차별행위에 대한 사전적 예방 효과가 미미하므로, 사용자의 고의적 또는 반복적 차별 행위에 대해서는 노동위원회가 기간제 및 단시간 근로자에게 발생한 손해액의 3배 내에서 징벌적인 성격의 배상명령을 함으로써 차별을 근본적으로 차단하도록 하였다.

「기간제 및 단시간 근로자 보호 등에 관한 법률」에 징벌적 손해배상제도가 도입되면서, 동 법률 규정을 준용하도록 되어 있는 「파견근로자 보호 등에 관한 법률」 제21조[20]에 의해서 「파견근로자 보호 등에 관한 법률」에도 징벌적 손해배상제도가 도입되었다. 이에 따라 파견근로자가 차별적 처우를 받은 경우에는 노동위원회에 시정을 신청할 수 있으며, 차별적 처우에 명백한 고의가 인정되

---

19 「기간제 및 단시간 근로자 보호 등에 관한 법률」 제13조(조정·중재 또는 시정명령의 내용) ① 제11조의 규정에 따른 조정·중재 또는 제12조의 규정에 따른 시정명령의 내용에는 차별적 행위의 중지, 임금 등 근로조건의 개선(취업규칙, 단체협약 등의 제도개선 명령을 포함한다) 또는 적절한 배상 등이 포함될 수 있다. <개정 2014. 3. 18.>
② 제1항에 따른 배상액은 차별적 처우로 인하여 기간제근로자 또는 단시간근로자에게 발생한 손해액을 기준으로 정한다. 다만, 노동위원회는 사용자의 차별적 처우에 명백한 고의가 인정되거나 차별적 처우가 반복되는 경우에는 손해액을 기준으로 3배를 넘지 아니하는 범위에서 배상을 명령할 수 있다.

20 「파견근로자 보호 등에 관한 법률」 제21조(차별적 처우의 금지 및 시정 등) ① 파견사업주와 사용사업주는 파견근로자임을 이유로 사용사업주의 사업 내의 동종 또는 유사한 업무를 수행하는 근로자에 비하여 파견근로자에게 차별적 처우를 하여서는 아니 된다.
② 파견근로자는 차별적 처우를 받은 경우 노동위원회에 그 시정을 신청할 수 있다.
③ 제2항의 규정에 따른 시정신청 그 밖의 시정절차 등에 관하여는 「기간제 및 단시간근로자 보호 등에 관한 법률」 제9조 내지 제15조 및 제16조(동조 제1호 및 제4호를 제외한다)의 규정을 준용한다. 이 경우 "기간제근로자 또는 단시간근로자"는 "파견근로자"로, "사용자"는 "파견사업주 또는 사용사업주"로 본다.
④ 제1항 내지 제3항의 규정은 사용사업주가 상시 4인 이하의 근로자를 사용하는 경우에는 이를 적용하지 아니한다.

거나 반복된 경우에는 노동위원회가 손해액 기준 3배 내에서 징벌적 손해배상을 명령할 수 있다.

「신용정보의 이용 및 보호에 관한 법률」 제43조[21]는 2015년 3월 11일에 개정되어 2016년 3월 12일부터 시행되고 있다. 근래 계속 발생하고 있는 개인정보 유출 사태를 계기로 신용정보의 보호를 강화할 필요성이 제기됨에 따라, 신용정보집중기관에 대한 공적 통제를 제고하는 방안의 하나로 징벌적 과징금 및 징벌적 손해배상 책임, 법정손해배상책임 부과 등을 규정함으로써, 신용정보 유출에 대한 사전적 예방과 사후적 제재 및 소비자의 피해구제를 강화하였다. 특히, 신용정보회사 등이나 신용정보이용자가 고의 또는 중대한 과실로 이 법을 위반하여 신용정보가 누설되거나 분실·도난·누출·변조 또는 훼손되어 신용정보주체에게 피해를 입힌 경우에는 해당 신용정보주체에 대하여 그 손해의 3배 이내에서 배상할 책임을 지도록 하였다.

「개인정보보호법」 제39조[22]는 2015년 7월 24일에 개정되어 2016년 7월 25

---

21 「신용정보의 이용 및 보호에 관한 법률」 제43조(손해배상의 책임) ① 신용정보회사등과 그 밖의 신용정보 이용자가 이 법을 위반하여 신용정보주체에게 피해를 입힌 경우에는 해당 신용정보주체에 대하여 손해배상의 책임을 진다. 다만, 신용정보회사등과 그 밖의 신용정보 이용자가 고의 또는 과실이 없음을 증명한 경우에는 그러하지 아니하다.
② 신용정보회사등이나 그 밖의 신용정보 이용자(수탁자를 포함한다. 이하 이 조에서 같다)가 고의 또는 중대한 과실로 이 법을 위반하여 개인신용정보가 누설되거나 분실·도난·누출·변조 또는 훼손되어 신용정보주체에게 피해를 입힌 경우에는 해당 신용정보주체에 대하여 그 손해의 3배를 넘지 아니하는 범위에서 배상할 책임이 있다. 다만, 신용정보회사등이나 그 밖의 신용정보 이용자가 고의 또는 중대한 과실이 없음을 증명한 경우에는 그러하지 아니하다. <신설 2015. 3. 11.>
③ 법원은 제2항의 배상액을 정할 때에는 다음 각 호의 사항을 고려하여야 한다. <신설 2015. 3. 11.>
1. 고의 또는 손해 발생의 우려를 인식한 정도
2. 위반행위로 인하여 입은 피해 규모
3. 위반행위로 인하여 신용정보회사등이나 그 밖의 신용정보 이용자가 취득한 경제적 이익
4. 위반행위에 따른 벌금 및 과징금
5. 위반행위의 기간·횟수 등
6. 신용정보회사등이나 그 밖의 신용정보 이용자의 재산상태
7. 신용정보회사등이나 그 밖의 신용정보 이용자의 개인신용정보 분실·도난·누출 후 해당 개인신용정보 회수 노력의 정도
8. 신용정보회사등이나 그 밖의 신용정보 이용자의 피해구제 노력의 정도

22 「개인정보보호법」 제39조(손해배상책임) ① 정보주체는 개인정보처리자가 이 법을 위반

일부터 시행되고 있다. 개인정보의 수집·유출·오용·남용으로부터 사생활의 비밀 등을 보호하기 위하여 2011년부터 현행법이 제정·시행되고 있으나, 2014년 1월 카드사 개인정보 유출사고와 같은 대형 개인정보 유출이 빈발하는 등 아직까지는 개인정보 보호에 대한 인식 수준이 낮은 상황이다. 따라서 개인정보보호법의 운영상 미비사항을 보완하고 개인정보 범죄에 대한 제재수준을 강화함과 동시에, 개인정보 유출에 대한 피해구제를 강화하는 방안의 하나로 징벌적 손해배상제도를 도입하였다. 즉, 개인정보처리자의 고의 또는 중대한 과실로 인하여 개인정보가 분실·도난·유출·위조·변조 또는 훼손된 경우로서 정보주체에게 손해가 발생하고, 개인정보처리자가 고의 또는 중대한 과실이 없음을 증명하지 못한 경우에, 법원은 그 손해액의 3배를 넘지 아니하는 범위에서 손해배상액을 정할 수 있도록 규정하였다.

「대리점거래의 공정화에 관한 법률」 제34조[23]는 2015년 12월 22일에 제정

한 행위로 손해를 입으면 개인정보처리자에게 손해배상을 청구할 수 있다. 이 경우 그 개인정보처리자는 고의 또는 과실이 없음을 입증하지 아니하면 책임을 면할 수 없다.

② 삭제 <2015. 7. 24.>

③ 개인정보처리자의 고의 또는 중대한 과실로 인하여 개인정보가 분실·도난·유출·위조·변조 또는 훼손된 경우로서 정보주체에게 손해가 발생한 때에는 법원은 그 손해액의 3배를 넘지 아니하는 범위에서 손해배상액을 정할 수 있다. 다만, 개인정보처리자가 고의 또는 중대한 과실이 없음을 증명한 경우에는 그러하지 아니하다. <신설 2015. 7. 24.>

④ 법원은 제3항의 배상액을 정할 때에는 다음 각 호의 사항을 고려하여야 한다. <신설 2015. 7. 24.>

1. 고의 또는 손해 발생의 우려를 인식한 정도
2. 위반행위로 인하여 입은 피해 규모
3. 위법행위로 인하여 개인정보처리자가 취득한 경제적 이익
4. 위반행위에 따른 벌금 및 과징금
5. 위반행위의 기간·횟수 등
6. 개인정보처리자의 재산상태
7. 개인정보처리자가 정보주체의 개인정보 분실·도난·유출 후 해당 개인정보를 회수하기 위하여 노력한 정도
8. 개인정보처리자가 정보주체의 피해구제를 위하여 노력한 정도

23 「대리점거래의 공정화에 관한 법률」 제34조(손해배상 책임) ① 공급업자가 이 법의 규정을 위반함으로써 대리점에게 손해를 입힌 경우에는 대리점에게 발생한 손해에 대하여 배상책임을 진다. 다만, 공급업자가 고의 또는 과실이 없음을 입증한 경우에는 그러하지 아니하다.

② 제1항에도 불구하고, 공급업자가 제6조 또는 제7조의 불공정거래행위를 하여 대리점에게 손해를 입힌 경우에는 대리점에게 발생한 손해의 3배를 넘지 아니하는 범위에서 배

되어 2016년 12월 23일부터 시행되고 있다. 대리점 본사는 거래상 우월적 지위를 남용하여, 물량 밀어내기, 일방적 영업비용의 전가 등의 불공정거래행위를 저지르고 있으며, 이에 대해 대리점이 응하지 않는 경우 일방적 거래중단을 요구하는 등으로 현행 「독점규제 및 공정거래에 관한 법률」의 규제만으로 실효적인 규제가 되지 않고 있으며, 대리점거래에 대해서는 「가맹사업거래의 공정화에 관한 법률」이나 「대규모유통업에서의 거래공정화에 관한 법률」이 적용되지 않아 그 피해가 심각하므로 이러한 불공정거래의 현실을 개선할 필요성이 존재하였다. 대리점 거래에서의 공정한 거래질서를 확립하기 위한 여러 방안을 제도화하였는데 특히 이 법의 규정을 위반하여 대리점에서 손해를 입힌 경우 그에 대한 배상책임을 규정하고, 공급업자가 제6조 또는 제7조의 불공정거래행위를 하여 대리점에게 손해를 입힌 경우 손해의 3배를 넘지 아니하는 범위에서 배상책임을 지도록 하였다.

「정보통신망 이용촉진 및 정보보호 등에 관한 법률」 제32조[24]는 2016년 3

상책임을 진다.
③ 법원은 제2항의 배상액을 정할 때에는 다음 각 호의 사항을 고려하여야 한다.
1. 고의 또는 손해 발생의 우려를 인식한 정도
2. 위반행위로 인하여 대리점이 입은 피해 규모
3. 위법행위로 인하여 공급업자가 취득한 경제적 이익
4. 위반행위에 따른 벌금 및 과징금
5. 위반행위의 기간·횟수 등
6. 공급업자의 재산상태
7. 공급업자의 피해구제 노력의 정도
④ 제1항 또는 제2항에 따라 손해배상청구의 소가 제기된 경우 「독점규제 및 공정거래에 관한 법률」 제56조의2 및 제57조를 준용한다.

24 「정보통신망 이용촉진 및 정보보호 등에 관한 법률」 제32조(손해배상) ① 이용자는 정보통신서비스 제공자등이 이 장의 규정을 위반한 행위로 손해를 입으면 그 정보통신서비스 제공자등에게 손해배상을 청구할 수 있다. 이 경우 해당 정보통신서비스 제공자등은 고의 또는 과실이 없음을 입증하지 아니하면 책임을 면할 수 없다. <개정 2016. 3. 22.>
② 정보통신서비스 제공자등의 고의 또는 중대한 과실로 인하여 개인정보가 분실·도난·유출·위조·변조 또는 훼손된 경우로서 이용자에게 손해가 발생한 때에는 법원은 그 손해액의 3배를 넘지 아니하는 범위에서 손해배상액을 정할 수 있다. 다만, 정보통신서비스 제공자등이 고의 또는 중대한 과실이 없음을 증명한 경우에는 그러하지 아니하다. <신설 2016. 3. 22.>
③ 법원은 제2항의 손해배상액을 정할 때에는 다음 각 호의 사항을 고려하여야 한다. <신설 2016. 3. 22.>

월 22일에 개정되어 2017년 3월 23일부터 시행되고 있다. 최근 이동통신사, 은행, 카드사 등에서 대량의 개인정보가 유출되는 사건이 증가하고 있는데, 정보통신망을 통한 개인정보의 유출은 그 피해 정도가 지대하며, 유출된 개인정보로 인한 2차 피해의 발생 가능성이 높아 이에 대한 시급한 대책 마련이 필요하다. 이에 정보통신서비스 제공자에게 개인정보 유출에 대한 손해배상책임을 지게 하고 있으나 기존의 손해배상제도만으로는 재산적 피해 보전 어려움 및 피해방지의 실효성 의문이 제기되는 상황이어서, 징벌적 손해배상제를 도입해 정보통신서비스 제공자의 책임성을 강화하였다.

「제조물책임법」 제3조[25]는 2017년 4월 18일에 개정되었고 1년의 준비기간

---

1. 고의 또는 손해 발생의 우려를 인식한 정도
2. 위반행위로 인하여 입은 피해 규모
3. 위반행위로 인하여 정보통신서비스 제공자등이 취득한 경제적 이익
4. 위반행위에 따른 벌금 및 과징금
5. 위반행위의 기간·횟수 등
6. 정보통신서비스 제공자등의 재산상태
7. 정보통신서비스 제공자등이 이용자의 개인정보 분실·도난·유출 후 해당 개인정보를 회수하기 위하여 노력한 정도
8. 정보통신서비스 제공자등이 이용자의 피해구제를 위하여 노력한 정도 [전문개정 2008. 6. 13.]

25 「제조물책임법」 제3조(제조물 책임) ① 제조업자는 제조물의 결함으로 생명·신체 또는 재산에 손해(그 제조물에 대하여만 발생한 손해는 제외한다)를 입은 자에게 그 손해를 배상하여야 한다.

② 제1항에도 불구하고 제조업자가 제조물의 결함을 알면서도 그 결함에 대하여 필요한 조치를 취하지 아니한 결과로 생명 또는 신체에 중대한 손해를 입은 자가 있는 경우에는 그 자에게 발생한 손해의 3배를 넘지 아니하는 범위에서 배상책임을 진다. 이 경우 법원은 배상액을 정할 때 다음 각 호의 사항을 고려하여야 한다. <신설 2017. 4. 18.>

1. 고의성의 정도
2. 해당 제조물의 결함으로 인하여 발생한 손해의 정도
3. 해당 제조물의 공급으로 인하여 제조업자가 취득한 경제적 이익
4. 해당 제조물의 결함으로 인하여 제조업자가 형사처벌 또는 행정처분을 받은 경우 그 형사처벌 또는 행정처분의 정도
5. 해당 제조물의 공급이 지속된 기간 및 공급 규모
6. 제조업자의 재산상태
7. 제조업자가 피해구제를 위하여 노력한 정도

③ 피해자가 제조물의 제조업자를 알 수 없는 경우에 그 제조물을 영리 목적으로 판매·대여 등의 방법으로 공급한 자는 제1항에 따른 손해를 배상하여야 한다. 다만, 피해자 또는 법정대리인의 요청을 받고 상당한 기간 내에 그 제조업자 또는 공급한 자를 그 피해자 또는 법정대리인에게 고지(告知)한 때에는 그러하지 아니하다. <개정 2017. 4. 18.>

을 두고 2018년 4월 19일부터 시행된다. 공정거래위원회에서는 2017년의 3대 핵심과제 중 하나로 “제조물 결함에 따른 피해구제를 강화하기 위해 제조물 책임법에 최대 3배의 손해배상 책임을 부과하는 징벌적 손해배상제도를 도입할 예정”임을 밝힌 바 있고, 대한변호사협회에서도 제도 도입을 변협 집행부의 핵심사업으로 추진한 바 있다. 개정된 「제조물책임법」 제3조에서는 제조업자가 제조물의 결함을 알면서도 필요한 조치를 취하지 아니한 결과로 생명 또는 신체에 중대한 손해를 입은 자가 있는 경우, 그 손해의 3배를 넘지 아니하는 범위에서 손해배상 책임을 지도록 하였다. 또한 피해자가 ‘제조물이 정상적으로 사용되는 상태에서 손해가 발생하였다는 사실’ 등 세 가지 사실을 증명하면 제조물을 공급할 당시의 제조물 결함으로 인하여 손해가 발생한 것으로 추정하도록 하였다.

「가맹사업거래의 공정화에 관한 법률」 제37조의2[26]는 2017년 4월 18일에 개정되었고 2017년 10월 19일부터 시행된다. 「대리점거래의 공정화에 관한 법률」의 개정을 통하여 징벌적 손해배상을 제도화한 것처럼, 가맹사업에 있어서 가맹본부가 가맹점사업자에게 우월적 지위를 이용한 불공정한 거래를 하고 있

26 「가맹사업거래의 공정화에 관한 법률」 제37조의2(손해배상책임) ① 가맹본부는 이 법의 규정을 위반함으로써 가맹점사업자에게 손해를 입힌 경우에는 가맹점사업자에 대하여 손해배상의 책임을 진다. 다만, 가맹본부가 고의 또는 과실이 없음을 입증한 경우에는 그러하지 아니하다.
② 제1항에도 불구하고 가맹본부가 제9조 제1항, 제12조 제1항 제1호를 위반함으로써 가맹점사업자에게 손해를 입힌 경우에는 가맹점사업자에게 발생한 손해의 3배를 넘지 아니하는 범위에서 배상책임을 진다. 다만, 가맹본부가 고의 또는 과실이 없음을 입증한 경우에는 그러하지 아니하다.
③ 법원은 제2항의 배상액을 정할 때에는 다음 각 호의 사항을 고려하여야 한다.
1. 고의 또는 손해 발생의 우려를 인식한 정도
2. 위반행위로 인하여 가맹점사업자가 입은 피해 규모
3. 위법행위로 인하여 가맹본부가 취득한 경제적 이익
4. 위반행위에 따른 벌금 및 과징금
5. 위반행위의 기간·횟수
6. 가맹본부의 재산상태
7. 가맹본부의 피해구제 노력의 정도
④ 제1항 또는 제2항에 따라 손해배상청구의 소가 제기된 경우 「독점규제 및 공정거래에 관한 법률」 제56조의2 및 제57조를 준용한다. [본조신설 2017. 4. 18.]

으며 이를 개선할 사회적 요구가 있었다. 따라서 가맹본부가 허위·과장되거나 기만적인 정보제공을 하였거나 상품공급 등을 부당하게 중단하는 등의 법위반 행위를 하여 가맹점사업자에게 손해를 입힌 경우에는 손해의 3배를 넘지 않는 범위 내에서 배상책임을 지도록 하였다.

우선 2011년에 「하도급거래 공정화에 관한 법률」에 징벌적 손해배상제도를 도입한 것은, 제도 도입에 반대가 심했던 논란을 종식하고, 징벌적 손해배상 제도를 최초로 도입했다는 의의를 지닌다. 이는 징벌적 손해배상이 총 9개의 개별법 개정을 통해 제도화되는 물꼬를 트게 하는 역할을 하였다. 또한 징벌적 손해배상액의 상한을 손해의 3배를 넘지 않도록 상한액을 표준화하였고, '고의 또는 손해 발생의 우려를 인식한 정도'를 시작으로 하여 7~8개의 배상액산정을 위한 고려사항을 표준화[27]하는 일종의 입법의 가이드라인 역할을 하였다. 이후에 입법된 징벌적 손해배상 관련 법률은 이러한 제도적 공통점을 보이는 가운데 개별법 분야의 특성을 반영하고 있다.

3. 징벌적 손해배상제도의 확대를 위한 기타 개정안

근래 들어서 이미 징벌적 손해배상이 제도화된 법분야 이외에서도 동 제도의 도입이 추진되고 있다. 미국에서도 초기에는 일반적인 불법행위 영역에서 인정하던 징벌적 손해배상 제도를 계약위반이나 고용차별 및 배임적 증권거래법 위반과 제조물책임 분야 등으로 범위를 확대한 바 있다.[28] 우리의 경우에도 전술한 바와 같이 도입된 분야 이외의 여타 분야에서 징벌적 배상제도의 도입이 주장되었는데, 2006년에 장애인차별금지 및 권리구제에 관한 법률 개정안과 2011년의 차별금지법 개정안, 금융소비자보호기본법 개정안, 독점규제 및 공정거래에 관한 법률 개정안 등에서 징벌적 손해배상제도의 도입을 추진한 바 있다. 전술한 바와 같이 2011년의 「하도급거래 공정화에 관한 법률」 개정을 시작

27 각주 17~26 참조.

28 문건영/차병직, "언론보도로 입은 피해의 금전적 가치", 「언론과 법의 지배」, 박영사, 2007, 160쪽.

으로 하여 9개의 법률에서 징벌적 손해배상이 제도화된 이후에도 여러 분야에서 제도화 논의가 계속되고 있다. 제20대 국회에서 발의되어 국회 위원회에 계류 중인 징벌적 손해배상을 내용으로 하는 법안은 다음과 같다.

징벌적 배상에 관한 일반법으로서 2016년 6월에 박영선 의원 등 12인에 의하여 발의된 징벌적 배상법안[29]은 「민법」 및 「민사소송법」에 대한 특례로서 징벌적 배상제도를 도입하자는 것으로, 특정분야에 한정되지 않고 타인의 권리나 이익을 침해한다는 사실을 알면서도 의도적으로 그 결과 발생을 용인하거나 위법행위를 하여 타인에게 손해를 가하여 전보배상책임을 지는 자에게 징벌적 손해배상의 책임을 물을 수 있도록 구성되었다. 또한 2016년 11월에 금태섭 의원 등 10인에 의하여 발의된 징벌적 손해배상에 관한 법률안[30]도 징벌적 손해배상을 특정행위 혹은 특정법률로 한정하지 않고 다양한 유형의 불법행위에 적용되는 내용으로 발의되었다. 그리고 2017년 3월에 박주민 의원 등 14인에 의하여 발의된 징벌적 배상에 관한 법률안[31]도 특정분야에 한정되지 않고 불법행위 전반에 걸친 징벌적 배상책임을 인정하려는 내용으로 구성되어 있다. 특히 고의 또는 중대한 과실로 타인의 생명 또는 신체에 대한 손해를 가한 자에 대하여 상한 없는 징벌적 배상책임을 인정하려 하고 있다. 미국의 모델 징벌적 손해배상법(Model Punitive Damages Act)을 근거로 민법에 규정을 두어 일반적인 징벌적 손해배상을 규정[32]하려는 것처럼, 이들 제정법안은 불법행위 전반에 대한 징벌적 손해배상책임을 인정하려는 것이다. 징벌적 손해배상제도를 통일적으로 규율할 수 있고 다양한 불법행위 유형에 대하여 불법행위의 발생을 억제할 수 있다는 점이 장점이다. 그러나 적용분야 및 행위유형을 한정하지 않아서 적용범위가 지나치게 포괄적이라는 점이 지적되고 있으며, 모든 종류의 손해배상책임에 대한 징벌적 배상소송이 가능해져 남소 및 기획소송에 대한 우려[33]가 제기되고 있다.

---

29 의안번호 제2000283호 참조.
30 의안번호 제2003400호 참조.
31 의안번호 제2006302호 참조.
32 윤정환, “징벌적 손해배상에 관한 연구”, 「사회과학연구」 제10권, 창원대학교 사회과학연구소, 2003, 386쪽.
33 국회 법제사법위원회, 징벌적 배상법안 검토보고, 2016. 11, 15쪽 이하.

개별적인 법위반행위 유형별로 징벌적 손해배상을 인정하는 현행 입법태도가 바람직하다[34]는 관점에서 보면, 일반법으로서의 징벌적 배상법보다는 개별적 배상법이 입법취지 달성에 효과적인 것으로 평가되고 있다. 징벌적 손해배상제 도입이 필요한 분야로는 공정거래, 금융 및 증권거래, 환경보호, 소비자보호, 개인정보보호, 장애인차별, 제조물 책임 분야 등이 꼽히고 있다.[35] 특히 징벌적 배상제도가 지니는 처벌·예방·억제의 기능 및 사회적 배상기능, 고의적이고 악의적인 불법행위를 억지하는 사회개혁적 역할과 통제기능 등은 환경분쟁에서의 갈등양상이나 침해의 특수성에 비추어볼 때 충분히 활용될 수 있을 것[36]으로 평가되고 있다.

'가습기살균제피해구제 특별법안'[37]은 가습기살균제를 개발·제조·판매·유통·수입한 자에게 가습기살균제 사용자가 사망하거나 건강에 심각한 손상을 입은 경우에 고의 또는 과실이 없음을 입증하지 아니한 경우 5~20배의 범위에서 배상책임을 지도록 하려는 것이다. 가습기살균제 피해에 대해서는 공소시효를 적용하지 않도록 특례규정을 두고자 하였다. 이 법안의 대안에는 가습기살균제 사업자와 원료물질 사업자에게 피해구제 분담금 납부의무에 관한 사항이 규정되었고, 징벌적 손해배상에 관한 사항은 반영되지 않았다.

「최저임금법」에 징벌적 손해배상을 도입하자는 개정안[38]이 발의되었다. 「최저임금법」에 제32조를 신설하여, 근로자에게 최저임금액보다 적은 임금을 지급하여 근로자에게 손해가 발생한 때에는 사업주에게 10배의 배상책임을 두도록 하여 최저임금선 노동자들의 생계를 보호하고 최저임금 위반에 대한 강력한 제재가 이뤄질 수 있도록 하려는 것이다.

「방위사업법」에 징벌적 손해배상을 도입하자는 개정안[39]도 발의된 적이 있

34 김차동, 앞의 논문, 390쪽.
35 장재옥/이은옥, 앞의 논문, 102쪽.
36 박창석, "징벌적 손해배상에 관한 비교법적 검토", 「환경법연구」 제35권 제1호, 2013, 102쪽.
37 2016년 6월 2일에 이정미의원 등 11인이 발의하여 환경노동위원회에 회부되었으나, 2016년 12월 29일에 대안반영으로 인하여 폐기되었다.
38 2016년 7월 1일 이정미의원 등 10인이 발의하여 환경노동위원회에 회부되었다.
39 2016년 6월 27일에 김중로의원 등 19인이 발의하여 국방위원회에 회부되었고, 2016년 11월 18

다. 방위사업과 관련한 비리가 빈번하게 발생하여 고질적인 방위사업 비리에 대한 제재를 강화할 필요가 있으며, 이 법을 위반하여 국가에 손해를 입힌 경우에는 손해배상의 책임을 지도록 하자는 것이다. 방산업체 등이 고의 또는 중대한 과실로 부당이득을 얻어 국가에 손해를 입힌 경우에는 국가에 대하여 그 발생한 손해의 3배를 넘지 아니하는 범위에서 배상할 책임을 지도록 하는 규정을 신설하고자 하였다. 그러나 부당이득의 환수 및 부당이득금에 대한 가산금 징수를 포함하여 국가입찰에 대한 입찰참가자격 제한 등의 민사·형사·행정적 제재가 규정되어 있으므로, 징벌적 손해배상을 새로이 도입하지 않고 가산금을 부당이득금의 100%에서 200%로 하고 입찰참가자격제한 기간을 기존의 2년 이하에서 5년 이하 등으로 제재조치를 강화하는 방안을 제시하였다.

'공중이용시설 등의 안전관리위반범죄 처벌 특별법안'[40]이 제정안으로 발의되어 있다. 안전관리의무 위반으로 인명피해를 발생한 공중이용시설의 안전관리를 방치한 경영책임자, 안전점검을 소홀히 한 관리책임자, 관리 책임자를 감독하지 못한 법인·사업주와 공중이용시설의 위험예방·안전관리 감독을 유기하거나 태만히 한 공무원을 가중처벌하고, 법인의 대표자나 법인 또는 개인의 대리인, 종업원 등의 업무상 과실 또는 중대한 과실로 인하여 사람이 사상에 이른 경우에는 법인 또는 개인에게 12배 범위에서 징벌적 손해배상책임을 부과하려는 것이다.

「채권의 공정한 추심에 관한 법률」에 징벌적 손해배상을 도입하자는 개정안[41]이 발의되었다. 일부 대부업체나 채권추심업체가 소멸시효가 완성된 채권을 매입하여 소멸시효제도를 잘 모르는 채무자를 상대로 법원에 지급명령을 신청하거나 채무자에게 소액변제를 받아내는 방법으로 시효의 이익을 포기하게 함으로써 소멸시효와 상관없이 장기간에 걸쳐 채권을 추심하는 사례가 나타나고 있다. 따라서 소멸시효가 완성된 채권의 추심을 금지하고, 고의·과실로 소멸시효가 완성된 채권을 추심할 경우 그 손해의 3배 한도 내에서 배상책임을 지

일에 대안반영으로 인하여 폐기되었다.

40 2016년 7월 19일에 전해철의원 등 12인이 발의하여 법제사법위원회에 회부되었다.

41 2016년 6월 14일에 제윤경의원 등 39인이 발의하여 법제사법위원회에 회부되었다.

도록 하려는 것이다.

경제법 전반에 적용될 수 있도록 일반법으로서 징벌적 손해배상제도를 도입하자는 주장이 있다. 특히 「독점규제 및 공정거래에 관한 법률」 개정을 통하여 시장지배적 사업자나 대규모기업집단 등 대기업의 불법행위에 대하여 시장지배적 사업자의 지위남용행위, 부당한 공동행위 등에 대하여 적절히 대응할 수 있도록 하는 징벌적 손해배상제도를 도입하여야 한다는 의견[42]이다.

또한 특허법 분야에도 징벌적 손해배상 제도를 도입하자는 주장이 있다. 특허권을 고의적으로 침해하는 행위에 대하여 검찰의 기소건수가 적고 법원의 제재수위도 낮아서 형사적 구제수단의 실효성이 높지 않다. 따라서 우리나라에서도 특허를 침해하는 행위에 대하여 징벌적 손해배상을 부과하는 제도를 도입하자는 의견[43]이 있는 반면에, 특허침해 억제기능은 현행 특허법의 충실한 운용을 통해서도 달성될 수 있다는 반론[44]이 있다.

2017년 4월에 더불어민주당에서 발간한 제19대 대통령선거 정책공약집인 '나라를 나라답게' 12대 약속의 두 번째 '공정한 대한민국'에 해당하는 '경제민주화' 항목의 제1항에 "가맹사업, 대규모유통업, 대리점업, 전자상거래 등 고질적인 갑을관계 분야에서의 각종 불공정행위 및 갑질 근절 추진"의 구체화 방안의 하나로 '공정거래법 위반으로 인해 피해를 입은 기업이 실질적인 피해구제를 받을 수 있도록 징벌적 손해배상제 확대'를 추진할 예정이다.[45] 이 공약을 실천하기 위한 방안으로 공정거래위원회는 5월 26일 국정기획자문위원회에 「대규모유통업에서의 거래 공정화에 관한 법률」(약칭 대규모유통업법)에 징벌적 손해배상제도를 도입하겠다고 보고하였다. 이와 관련하여 이미 국회에는 2건의 대규모유통업법 개정안이 발의되어 있다. 하나는 대규모유통업자가 상품대금 감액, 부

42 정완, "독점규제법상 징벌적 손해배상제도 도입에 관한 입법방안 검토", 「경희법학」 제52권 1호, 2017, 287쪽.

43 권인희, "특허법상 징벌적 손해배상제도 도입가능성에 관한 소고 −하도급법상 징벌적 손해배상제도의 도입에 즈음하여−", 「법학논총」 제27집, 숭실대학교 법학연구소, 2012, 13쪽.

44 이우석, "특허법상 징벌적 손해배상제도입에 관한 소고", 「민사법이론과 실무」 제18권 제1호, 2014, 239쪽.

45 「나라를 나라답게」, 제19대 대통령선거 정책공약집, 2017. 4, 43쪽.

당 반품, 납품업체 종업원 부당 사용 등 공정한 거래질서를 심각하게 저해하는 불공정행위로 인해 납품업자등에게 손해를 입힌 경우 대규모유통업자가 그 손해의 3배의 범위에서 이를 배상하도록 하는 내용의 대규모유통업법 개정안[46]이고, 다른 하나는 고의적 혹은 악의적으로 상품대금의 감액, 정당한 사유 없는 상품의 반품 등 행위에 대하여 손해의 3배의 범위에서 징벌적 손해배상을 하도록 하는 내용의 개정안[47]이다.

제4절 징벌적 손해배상 입법에 관한 헌법적 쟁점

1. 평등원칙

일반법으로서 징벌적 손해배상제도가 도입된 것이 아니라 징벌적 손해배상제도가 각 분야에서 개별법을 통해 도입되었기 때문에 징벌적 손해배상 제도의 전체적인 체계가 왜곡될 가능성이 있다. 즉, 우리의 법제는 현재 특정 분야에 한정적으로 징벌적 손해배상제도가 도입되어 있기 때문에 징벌적 배상이 인정되는 영역과 인정되지 아니하는 영역 사이에 형평성이 문제될 수 있다. "대륙법계 국가에서는 민·형사 책임을 엄격히 분리하고 있어 징벌이나 제재는 형벌 또는 행정규제에 의하여 국가가 행하는 것이 통상적이나, 징벌적 배상은 손해전보 외에 징벌적 기능을 포함하고 있어 종합적인 법제의 정비 없이 도입하기에는 무리가 있음"[48]이라는 의견도 이러한 점을 지적하고 있는 것이다. 특히, 무거운 범죄에 속하는 불법행위에는 징벌적 손해배상을 인정하지 않으면서 그보다 가벼운 불법행위에 대해서만 징벌적 손해배상을 인정해서는 안된다[49]는 의

46 2016년 3월 31일에 정태옥의원 등 10인이 발의하여 법제사법위원회에 회부되었다.
47 2016년 4월 6일에 송기헌의원 등 10인이 발의하여 법제사법위원회에 회부되었다.
48 국회 법제사법위원회, 징벌적 배상법안 검토보고, 2016. 11, 9쪽.
49 김재형, "징벌적 손해배상제도의 도입문제", 「언론과 법의 지배」, 박영사, 2007, 176쪽.

견에도 주목할 필요가 있다. 이러한 주장이 받아들여진다면 가벼운 불법행위에 징벌적 손해배상책임을 규정한 법률은 평등원칙에 위배될 가능성이 있고 그 법률에 의하여 징벌적 손해배상을 지는 자의 평등권이 침해될 가능성이 있다. 그러나 법질서의 통일성이나 체계성에 위반된다고 하여 헌법재판소가 이러한 입법을 위헌으로 판단할 가능성은 높지 않다. 헌재는 "'체계정당성'(Systemgerechtigkeit)의 원리라는 것은 동일 규범 내에서 또는 상이한 규범간에 (수평적 관계이건 수직적 관계이건) 그 규범의 구조나 내용 또는 규범의 근거가 되는 원칙면에서 상호 배치되거나 모순되어서는 안된다는 하나의 헌법적 요청(Verfassung-spostulat)"이라고 하면서도, "체계정당성위반은 비례의 원칙이나 평등원칙위반 내지 입법자의 자의금지위반 등 일정한 위헌성을 시사하기는 하지만 아직 위헌은 아니고, 그것이 위헌이 되기 위해서는 결과적으로 비례의 원칙이나 평등의 원칙 등 일정한 헌법의 규정이나 원칙을 위반하여야 한다"[50]고 판시하고 있다. 이러한 헌재의 논리에 따르면 분야별로 도입되어진 징벌적 손해배상 입법의 경우에는 체계적으로 바람직하지 않다고 하여 이를 평등원칙 위반으로 판단할 가능성은 크지 않다. 그러나 징벌적 손해배상을 자의적으로 과도하게 확대하는 입법에 대해서는 평등원칙 침해의 가능성을 부정할 수 없을 것이다.

2. 이중처벌금지원칙

징벌적 손해배상도 손해배상 즉 민사문제라고 보면 별다른 문제가 없지만 징벌적 손해배상이 억제와 징벌이라는 형벌로서의 기능을 지니고 있다면 문제가 안된다고 쉽사리 결론을 내리기는 어렵다는 의견[51]이 있다. 국회에서도 법안을 검토하면서 "징벌적 배상의 대상이 되는 법위반행위는 동시에 형사처벌의 대상이 되므로, 하나의 불법행위에 제재적 성격의 징벌적 배상책임과 형사처벌이란 제재가 이중적으로 부과되는 결과가 발생되어 헌법상 이중처벌금지의 원

50 헌재 2004. 11. 25. 2002헌바66.

51 오문완, "징벌적 손해배상제도의 도입 -노동법에서의 논의를 시작하며", 「노동법연구」 제13호, 2002, 435쪽.

칙에 반하는 문제가 있음"[52]이라는 우려를 하고 있다. 하도급법의 경우에 징벌적 손해배상에 그치지 않고 과징금과 벌금까지 부과한다면 결국 이중처벌금지원칙에 반한다고 하는 견해[53]가 있다. 헌법 제13조 제1항에 규정되어 있는 이중처벌금지원칙은 처벌 또는 제재가 동일한 행위를 대상으로 하여 거듭 행해질 때에 침해되는데,[54] 징벌적 손해배상은 형벌을 받은 사건에 대하여 또 다시 형을 부과하는 것이라거나 과거의 범죄행위에 대한 제재가 아니라 전보적 손해배상의 한계를 보완할 대안적 제도로서 인식되고 있다. 또한 헌법 제13조 제1항에서 말하는 "처벌"은 원칙으로 범죄에 대한 국가의 형벌권 실행으로서의 과벌을 의미하는 것이고, 국가가 행하는 일체의 제재나 불이익처분을 모두 그 "처벌"에 포함시킬 수는 없다.[55] 지금까지의 헌재의 결정에 비추어볼 때에는, 징벌적 손해배상을 헌법 제13조 제1항이 금지하는 처벌에 해당하는 것으로는 볼 수 없다.

3. 적법절차원칙

우리 헌법 제12조 제1항 후문은 적법절차의 원칙을 헌법원리로 수용하고 있으며, 적법절차는 비단 신체의 자유에서만이 아니고 모든 기본권보장과 관련이 있는 것이고, 법치주의의 구체적 실현원리이다.[56] 적법절차원칙은 절차가 법률로 정하여져야 할 뿐만 아니라 적용되는 법률의 내용에 있어서도 합리성과 정당성을 갖춘 적정한 것이어야 한다.[57] 형사소송절차에서는 죄형법정주의를 비롯하여 자신에게 불리한 진술을 강요당하지 않은 권리 및 영장주의 적용 등 적법절차 원칙을 적용하여 공권력행사의 합헌성을 담보하고 있다. 징벌적 손해배상제도는 민사재판에서 징벌적 손해배상 여부와 액수를 결정하는 것으로 일

52 국회 법제사법위원회, 징벌적 배상법안 검토보고, 2016. 11, 10쪽.
53 김성돈, "징벌적 손해배상제도의 법이론적 문제점과 그 극복방안", 「성균관법학」 제25권 제4호, 2013, 286쪽.
54 헌재 2005. 7. 21. 2003헌바98; 헌재 2016. 12. 29. 2016헌바153.
55 헌재 1994. 6. 30. 92헌바38.
56 헌재 1992. 11. 12. 91헌가2.
57 헌재 1998. 7. 16. 97헌바22.

부 징벌적 요소를 지닌 것이기 때문에 적법절차원리에 위배되는지 여부가 문제될 수 있다. 이 경우 징벌적 손해배상액을 산정할 때에 형사처벌을 부과하는 형사재판과 같은 정도의 적법절차를 준수하고 있는지가 관건일 것이다. 미국에서도 징벌적 손해배상제도에 관한 논란이 계속되고 있으며 일정한 징벌적 손해배상은 적법절차 조항에 위반될 가능성이 있다고 보는 경우도 있다.[58] 우리의 경우에도 "형사소송절차는 행위자의 불법성에 대하여 합리적 의심을 넘는 엄격한 입증을 요구하나, 징벌적 배상제도는 이러한 헌법상의 적법절차원칙을 우회하여 민사소송절차를 통해 형사상 제재와 유사한 징벌을 부과하게 되므로 헌법상의 적법절차의 원칙을 위배하는 결과를 가져올 수 있음"과 "형사소송절차는 행위자의 불법성에 대하여 합리적 의심을 넘는 엄격한 입증을 요구하나, 징벌적 배상제도는 이러한 헌법상의 적법절차원칙을 우회하여 민사소송절차를 통해 형사상 제재와 유사한 징벌을 부과하게 되므로 헌법상의 적법절차의 원칙을 위배하는 결과를 가져올 수 있음"[59]의 우려가 있는 것이다. 그러나 적법절차 원칙이 구체적으로 어떠한 절차를 어느 정도로 요구하는지는 일률적으로 말하기 어렵고, 규율되는 사항의 성질, 관련 당사자의 사익(私益), 절차의 이행으로 제고될 가치, 국가작용의 효율성, 절차에 소요되는 비용, 불복의 기회 등 다양한 요소들을 형량하여 개별적으로 판단할 수밖에 없을 것[60]이기 때문에, 악의의 가해자를 실효적으로 제재하기 위한 목적으로 도입된 징벌적 손해배상 규정이 적법절차 원칙을 침해하였다고 보기는 어려울 것이다.

4. 과잉금지원칙

현행 하도급법은 법위반행위에 대하여 시정조치나 사업자 명단공표를 포

58 김재형, 앞의 논문, 169쪽.
59 국회 법제사법위원회, 징벌적 배상법안 검토보고, 2016. 11, 10쪽.
60 헌재 2003. 7. 24. 2001헌가25; 헌재 2007. 10. 4. 2006헌바91; 헌재 2010. 3. 25. 2009헌마170; 헌재 2011. 9. 29. 2010헌마68; 헌재 2011. 10. 25. 2009헌마691; 헌재 2011. 11. 24. 2010헌바231; 헌재 2012. 12. 27. 2011헌바225; 헌재 2013. 7. 25. 2011헌바274.

함하여 과징금이나 벌금 혹은 과태료를 부과하는 규정을 두고 있음에도 이렇게 다양한 행정조치와 더불어 징벌적 손해배상을 규정하고 있기 때문에 이는 과잉입법이라는 헌법 문제가 제기될 수 있다는 의견[61]이 있다. 즉, 징벌적 손해배상은 불법행위에 대한 제재적 성격을 지니고 있기 때문에 제재가 지나친 경우에는 과잉금지 원칙 위반이 될 수 있다.[62] 징벌적 손해배상이라고 하면 미국에서의 맥도날드 커피 화상 사건이나 필립 모리스 담배 소송 사건이 연상되어 천문학적인 배상액수에 대한 우려나 반감이 생겨날 수 있고, 상한액이 없는 징벌적 손해배상제도는 과잉금지원칙에 위반된다는 위헌론이 힘을 얻을 수 있다. 그러나, 우리나라의 징벌적 손해배상제도는 미국연방대법원이 인정하는 3배수 손해배상(Treble－Damages－Regel)을 제도화하여 종래 미국에서와 같이 천문학적 배상금이 부과될 수 있는 가능성을 염두에 두었고 배상금액 산정에서의 자의성 시비를 원천적으로 봉쇄하였다[63]는 점에서 과잉금지원칙 위반의 가능성을 줄였다고 본다. 또한 이러한 위헌론을 우려하여 하도급법 제35조 제2항 단서를 "원청업자가 고의·중과실이 없음을 인정하는 경우에는 그러하지 아니하다"로 개정하여 원청업자의 경과실인 경우에는 징벌적 손해배상을 지지 않도록 하자는 제안[64]도 있다. 징벌적 손해배상제도의 필요성에 대한 인식 여하에 따라 위헌 여부에 대한 판단이 달라질 수 있다는 견해[65]도 있는 것처럼, 과잉입법인지의 여부나 과잉금지원칙 위반인지의 여부는 징벌적 손해배상 입법이 입법재량의 범주에 속하는지와 관련이 있다. 징벌적 손해배상에 관한 작금의 입법정책적 경향성이 무시되기는 어려워 보인다.

---

61 고세일, "대륙법에서 징벌적 손해배상 논의 －민법의 관점에서", 「법조」 제688호, 2014, 180쪽.

62 국회 법제사법위원회, 징벌적 배상법안 검토보고, 2016. 11, 10쪽; 전삼현, "징벌적 손해배상과 제조물 책임", 「시민과 변호사」, 2004. 9, 37쪽.

63 김성돈, 앞의 논문, 285쪽.

64 정하명, 앞의 논문, 136쪽.

65 김유환, 「행정법과 규제정책」, 법문사, 2012, 227쪽.

5. 명확성의 원칙

징벌적 손해배상제도가 형사적 제재로서의 속성을 갖는다고 보면 죄형법정주의의 준수까지는 아니더라도, 최소한 형사제재 유사의 엄격성을 갖출 필요가 있다. 명확성은 죄형법정주의의 한 내용이기도 하지만 일반법의 입법에 있어서의 원칙이기도 하기 때문이다. 예를 들어, 입법에 성공하지는 못했지만, 2006년에 「장애인차별금지 및 권리구제에 관한 법률」 개정안과 2011년의 '차별금지법' 제정안에서는 주관적 요건으로 '악성'을 규정한 것 이외에는 별도의 주관적 요건을 설정하지 않아서 그 구성요건의 개방성이 문제된 바 있었다.[66] 입법에 성공한 법률에서도 명확성 원칙이 논란되는 경우가 있다. 예를 들어, 하도급법 제35조 제2항의 "기술자료의 유용" "하도급대금의 부당한 단가 인하, 부당한 발주취소, 부당한 반품행위 및 하도급대금의 부당한 감액" 등에서의 유용이나 부당이라는 용어는 그에 포섭되는 행위태양이 지나치게 넓어서 예측가능성을 담보하기 어렵기 때문에, 죄형법정주의의 명확성의 원칙에 합치되는 것이라고 말하기에는 무리가 있다는 주장[67]이 있다. 헌재는 "광범위하여 법관의 보충적인 해석을 필요로 하는 개념을 사용하였다고 하더라도, 통상의 해석방법에 의하여 건전한 상식과 통상적인 법감정을 가진 사람이면 당해 처벌법규의 보호법익과 금지된 행위 및 처벌의 종류와 정도를 알 수 있도록 규정하였다면 헌법이 요구하는 처벌법규의 명확성에 배치되지 않는다"[68]고 보고 있다. 그러나 징벌적 손해배상제도의 우리 법체계에서의 예외성을 감안하여 볼 때 가능한 한 명확한 용어와 표현이 사용되어야 할 것이다.

---

66 고세일, 앞의 논문, 176쪽.
67 김성돈, 앞의 논문, 294쪽.
68 헌재 2016. 12. 29. 2016헌바153; 헌재 2011. 10. 25. 2010헌가29.

제5절 맺음말

징벌적 손해배상제도를 도입하자는 논의가 계속되어 왔으며 전면적인 징벌적 손해배상제도는 아직 도입되어 있지 않지만 9건의 개별법을 통하여 특정한 분야에 제한적으로 도입되었다. 징벌적 손해배상제도의 도입과 확대를 찬성하면 반기업적이고 반대하면 친기업적이라고 하는 이분법적 논리가 있을 수 있다. 그러나 2011년의 하도급법 개정을 통한 징벌적 손해배상제도의 도입이 친기업을 표방한 이명박 정부에서 이루어지고 나머지 8개 분야의 제도도입이 박근혜 정부에서 이루진 것처럼, 징벌적 손해배상제도의 도입을 단순히 반기업적인 입법정책이라고 볼 수는 없을 것이다. 대기업과 중소기업, 생산자와 소비자, 상징적으로 '갑과 을'의 사이에서 국가가 사회적 힘의 균형추 역할을 하는 것으로 평가할 수 있다. 이 제도의 도입을 통하여 기업의 책임을 합리적으로 조정하는 의의를 지닌다고 볼 수도 있다는 것이다. 또한 사회적·경제적 권력을 가진 주체의 방만한 행태들이 징벌적 손해배상제도의 도입과 확대를 지지하는 여론과 정책기조에 힘을 실어주어서, 제도의 도입과 확대를 스스로 초래한 것으로 평가될 수도 있다. 이러한 징벌적 손해배상제도를 도입하게 된 입법적 성과에 힘입어 노동·환경·특허·안전관리 등의 분야에서도 동 제도의 도입이 주장되거나 관련 법안이 발의되는 분야가 점차 늘어나고 있다. 그러나 징벌적 배상제도의 부분적 도입은 우리나라의 기존의 손해배상제도의 문제점을 개선하는 기능을 적절히 담당하고 있다는 긍정적인 평가가 있지만, 징벌적 손해배상제도를 지나치게 확대하는 것에 대한 반대론 혹은 신중론도 있음을 감안할 필요가 있다. 즉, 징벌적 배상제도를 확대하기 위해서는 구체적으로 합리적인 징벌적 손해배상액을 산정되어야 하고 소송남발 가능성에 대한 대책이 마련되어야 하며, 징벌적 손해배상을 공적 기금으로 활용하도록 제도화하는 문제 등의 개선방안을 검토하여야 한다는 의견에도 주목하여야 한다. 기존의 제도가 추가적 가중사유로 주관적 요소를 중심으로 도입되었을 뿐만 아니라 그 주관적 가중사유들 사이에도 일관성이 결여되어 있는 등 혼선이 있다는 지적[69]도 있다. 각 분야별로 개별법을 통해 도입되다 보니 입법적 완성도의 차이가 발생하여 전체적으로 징벌적 손해배상 관련 법률의 체계성[70]이 저해될 수 있고 각 분야의 특성이 반영되지 않거나 반대로 특성이 지나치게 반영되는 경우도 있을 수 있으며, 징벌적 손해배상의 요건이나 배상액수의 산정요인 등에서 부당한 편차가 발생할 수도 있다. 또한 징벌적 손해배상제도가 도입된 분야에서 원래 의도했던 입법적 효과가 발행하는지에 관해서도 지속적으로 모니터링 함으로써 사후 입법영향분석[71]을 수행할 필요가 있다고 본다.

| CHAPTER 06 _ **참고문헌** |

강병모, 소비자권리실현을 위한 징벌적 손해배상제도의 도입에 관한 연구, 한국소비자원, 2008.

고세일, 대륙법에서 징벌적 손해배상 논의 -민법의 관점에서, 법조, 제688호, 2014.

권인희, 특허법상 징벌적 손해배상제도 도입 가능성에 관한 소고 －하도급법상 징벌적 손해배상제도의 도입에 즈음하여, 법학논총, 제27권, 숭실대학교 법학연구소, 2012.

김명엽, 징벌적 손해배상제도의 도입과 개선에 관한 연구, 일감법학, 제34호, 2016.

김미영/박종희, 미국 고용차별금지법제에서의 징벌적 손해배상의 역사와 원리, 노동법학, 제52호, 2014.

김상찬/이충은, 징벌적 손해배상제도의 도입을 위한 비교법적 고찰, 법학연구, 제35집, 한국법학회, 2009.

김성돈, 징벌적 손해배상제도의 법이론적 문제점과 그 극복방안, 성균관법학, 제25권 제4호, 2013.

김성배, 사회통합과 국민안전을 위한 화학제품관리법제, 유럽헌법연구, 제22호, 2016.

김유환, 행정법과 규제정책, 법문사, 2012.

---

69 김차동, 앞의 논문, 394쪽.

70 이에 관해서는 홍완식, "체계정당성의 원리에 관한 연구", 「토지공법연구」 제29집, 2005, 459쪽 이하 참조.

71 이에 관해서는 홍완식, "제20대 국회의 과제로서 입법영향분석제도 도입", 「공법연구」 제45집 제1호, 2016, 27쪽 이하 참조.

김재형, 징벌적 손해배상제도의 도입문제 - 특히 언론 피해에 대한 구제수단으로서 징벌적 손해배상제도는 합리적인 제도인가?, 언론과 법의 지배, 박영사, 2007.
김차동, 징벌적 손해배상제도 도입방안에 관한 연구, 법경제학 연구, 제13권 제3호, 2016.
김태선, 징벌적 손해배상제도에 관한 고찰, －민법개정에 따른 논의와 관련하여, 민사법학, 제50권, 2010.
김현수, 징벌적 손해배상제도에 관한 입법평가, 한국법제연구원, 2012.
문건영/차병직, 언론보도로 입은 피해의 금전적 가치, 언론과 법의 지배, 박영사, 2007.
박종열, 징벌적 손해배상에 관한 연구, 법학연구, 제26집, 2007.
박창석, 징벌적 손해배상에 관한 비교법적 검토, 환경법연구, 제35권 제1호, 2013.
배병호, 환경분쟁해결을 위한 징벌적 손해배상제도 도입에 관한 고찰, 환경법연구, 2013.
배상철, 산업재산권 분야에 있어서 징벌적 손해배상제도의 도입 가능성 및 도입방안, 한국발명진흥회 지식재산권연구센터, 2005.
송동수, 개인정보유출에 대한 구제방안으로서의 징벌적 손해배상, 2014.
신석훈, 하도급법상의 징벌적 손해배상제도의 위헌성 검토, Keri Brief 11－1, 2011.
오문완, 징벌적 손해배상제도의 도입, 노동법연구, 제13호, 2002.
이우석, 특허법상 징벌적 손해배상제도입에 관한 소고, 민사법이론과 실무, 제18권 제1호, 2014.
이점인, 현행 징벌적 손해배상제도에 대한 비판적 고찰, 동아법학, 제74호, 2017.
장재옥/이은옥, 징벌적 손해배상 개념의 수용가능성, 법학논문집, 제39집 제3호, 중앙대학교 법학연구원, 2015.
전삼현, 징벌적 손해배상과 제조물 책임, 시민과 변호사, 2004. 9.
정완, 독점규제법상 징벌적 손해배상제도 도입에 관한 입법방안 검토, 경희법학, 제52권 1호, 2017.
정하명, 소위 '경제민주화입법'과 징벌적 손해배상제도, 법학논고, 제42집, 경북대학교 법학연구원, 2013.
정해상, 손해배상의 법리와 징벌적 손해배상의 관계, 중앙법학, 제6집 제4호, 2004.
최나진, 징벌적 손해배상과 법정 손해배상 ; 우리나라 민법과 양립가능성, 경희법학, 제51권 제3호, 2016.
최정학, 기업범죄와 징벌적 손해배상, 민주법학, 제42호, 2010.
홍명수, 공정거래법상 징벌적 손해배상제도의 도입에 관한 연구, 성균관법학, 제20권

제2호, 2008.
홍완식, 제20대 국회의 과제로서 입법영향분석제도 도입, 공법연구, 제45집 제1호, 2016.
홍완식, 체계정당성의 원리에 관한 연구, 토지공법연구, 제29집, 2005.
사법제도 개혁추진위원회, 징벌적 손해배상 도입방안에 관한 보고서, 2006.
한국경제연구원, 징벌적 손해배상제와 집단소송제 확대도입의 쟁점과 과제, 2016.
한국법제연구원, 징벌적 손해배상제의 법리와 도입 가능성, 2007.

CHAPTER

07 관세법 개정에 대한 입법평론
-면세점 특허 규정을 중심으로

출처: 토지공법연구 제78집, 2017년, 283~299

사전면세점의 특허권 재심사기간을 10년으로 5년으로 단축시키는 개정 「관세법」이 시행되면서 문제가 발생하고 큰 논란이 일었다. 면세점에는 세금을 사전에 공제해 주는 사전면세점(Duty free shop)과 사후에 환급해 주는 사후면세점(Tax refund shop)이 있다. 신고제로 운영되는 사후면세점은 여행객들이 면세점에서 면세품을 구입한 후에 세금을 환급해주는 방식인데 비하여, 특허제로 운영되는 사전면세점은 특허가 부여되는 사업자의 수가 엄격히 제한되어 왔다. 다양한 면세점의 법적 근거는 여러 법률, 시행령, 시행규칙, 고시 등에 산재해 있어서 관련 법령의 체계성을 확보하거나 일관된 면세점 정책을 추구하기 어렵다. 또한 법령 전반에 대해서는 규제를 완화하자는 정책을 추진하면서도 면세점과 관련한 정책이나 법령에 대해서는 가장 강력한 규제라고 할 수 있는 특허제도를 유지하고 있다. 면세점과 관련하여 특허기간을 포함하여 특허결정 및 특허갱신 등에 관한 국가의 규제가 강하다보니, 이와 관련된 처분을 포함하여 관련 법령의 결정에 있어서 부패의 가능성도 대단히 크다는 것은 면세점 특허기간의 단축과 관련한 지난 몇 년간의 경험을 통해서 알 수 있다. 그러나 면세점 정책과 관련한 혼란은 해소된 것이 아니라 잠시 소강상태에 들어간 것 뿐이다. 면세점 특허기간이 5년으로 단축되고 중소·중견의 1회 갱신을 제외하고는 특허갱신이 허용되지 않는 현행 「관세법」에 따르면, 갱신주기 5년 마다 논란을 거듭하여야 한다. 면세점 제도의 예측가능성이 확보되지 않고 있는 것이다. 그

영향을 따져보지 않고 갑작스럽게 진행된 입법에 의하여 국가적 손실과 사회적 혼란이 발생하였다. 「관세법」 개정을 통해 면세점 재심사 기간이 10년에서 5년으로 단축되면서 초래된 혼란과 손실은 입법실패와 정치부패가 빚어낸 사건이라고 볼 수 있다. 면세점의 특허기간을 10년에서 5년으로 단축하는 입법과정에서 이러한 면세점특허기간의 단축이 면세시장에 어떠한 결과를 초래할지에 대해서는 신중하게 검토된 바가 전혀 없다. 결국은 면세점을 추가로 선정하는 미봉책으로 「관세법」 개정의 입법적 결함이 시정되었지만, 이러한 입법적 문제의 발생은 의원발의 법안에 대한 합리적인 영향분석 즉 규제영향분석제도나 입법영향분석제도가 전혀 수행되지 않은 것도 원인의 하나로 지적되었다. 국회나 정부가 「관세법」 개정안을 제대로 살펴보고 다루었다면 이러한 일은 일어나지 않았을 것이다. 정부가 제출하는 법안에는 규제심사가 있지만 국회의원의 발의하는 법안에는 규제심사가 존재하지 않는다. 면세점 재심사기간을 단축하는 법안은 소위 의원입법이었는데, 정부가 이러한 법안을 제출했다면 동 법안은 규제개혁위원회의 규제심사과정을 통해서 신중하게 처리되었을 것이다. 의원입법의 일반적인 문제점과 면세점 특허라는 제도적 문제점이 이러한 결과를 낳았다고 할 수 있다. 따라서 향후에는 의원이 발의하는 법안에 대해서도 입법평가 혹은 입법영향분석제도가 점진적으로 도입될 필요가 있다. 입법영향분석제도의 도입은 면세점특허제도의 문제점 개선에도 기여할 수 있을 것이다.

주제어: 규제, 관세법, 사전면세점, 사후면세점, 보세판매점, 입법

제1절 머리말

면세점은 물품판매에 부가되는 부가가치세와 개별소비세 등의 세금을 면제해 주는 비과세상점이다. 공식적인 법률용어는 「관세법」에 따른 '보세판매장'

이지만 면세점이라는 용어가 일반적이므로 이를 사용하기로 한다. 면세점에는 사전면세점과 사후면세점이 있는데, 사전면세점의 특허권 재심사기간을 10년으로 5년으로 단축시키는 개정 「관세법」이 시행되면서 문제가 발생하고 큰 논란이 일었다. 면세점의 종류에는 세금을 사전에 공제해 주는 사전면세점(Duty free shop)과 사후에 환급해 주는 사후면세점(Tax refund shop)이 있다. 신고제로 운영되는 사후면세점은 여행객들이 면세점에서 면세품을 구입한 후에 세금을 환급해주는 방식인데 비하여, 특허제로 운영되는 사전면세점은 특허가 부여되는 사업자의 수가 엄격히 제한되어 왔다. 이외에도 제주도에 설치된 지정면세점과 외교관을 대상으로 운영되는 외교관면세점이 있다. 이러한 다양한 면세점의 법적 근거는 여러 법률, 시행령, 시행규칙, 고시 등에 산재해 있어서 관련 법령의 체계성을 확보하거나 일관된 면세점 정책을 추구하기 어렵다. 또한 법령 전반에 대해서는 규제를 완화하자는 정책을 추진하면서도 면세점과 관련한 정책이나 법령에 대해서는 가장 강력한 규제라고 할 수 있는 특허제도를 유지하고 있다. 면세점과 관련하여 특허기간을 포함하여 특허결정 및 특허갱신 등에 관한 국가의 규제가 강하다보니, 이와 관련된 처분을 포함하여 관련 법령의 결정에 있어서 부패의 가능성도 대단히 크다는 것은 면세점 특허기간의 단축과 관련한 지난 몇 년간의 경험을 통해서 알 수 있다. 그러나 면세점 정책과 관련한 혼란은 해소된 것이 아니라 잠시 소강상태에 들어간 것 뿐이다. 면세점 특허기간이 5년으로 단축되고 중소·중견의 1회 갱신을 제외하고는 특허갱신이 허용되지 않는 현행 「관세법」에 따르면, 갱신주기 5년 마다 논란을 거듭하여야 한다. 면세점 제도의 예측가능성이 확보되지 않고 있는 것이다. 그 영향을 따져보지 않고 갑작스럽게 진행된 입법에 의하여 국가적 손실과 사회적 혼란이 발생하였다. 이 글에서는 면세점 특허 재심사기간의 단축을 위한 「관세법」 개정의 입법과정을 고찰함을 통해서, 다시는 이러한 입법실패가 발생하지 않도록 향후에는 신중을 기하여야 한다는 교훈을 얻고자 한다.

제2절 특허기간 단축을 초래한 「관세법」 개정과정

1. 「관세법」의 제·개정과 면세점

1949년에 법률 제67호로 제정된 「관세법」은 제78조 이하에서 '특허보세구역'을 규정하였지만 특허보세구역으로 보세장치장·보세창고·보세공장만을 정하였다. 특허보세구역을 설영(設營)하려는 자는 세관장의 특허를 받아야 한다고 규정하여, 특허보세구역에 대한 세관장의 특허권 부여와 특허받은 자에게는 특허수수료 납부의무가 발생하는 기본적 틀은 「관세법」의 제정시부터 마련되었다. 이후 특허보세구역 이외에도 지정보세구역과 종합보세구역이 추가되었고, 특허보세구역은 보세장치장·보세창고·보세공장 이외에 보세전시장·보세건설장이 추가되었다. 특허보세구역에 면세점이라고 불리는 보세판매장을 추가하는 「관세법」 개정이 이루어진 것은 1978년이다. 즉, 「관세법」 제65조(보세구역의 종류)에 보세판매장을 추가로 규정함으로써 면세점 설립이 가능하게 되었다.

우리나라에서는 1962년에 면세품판매점이 김포공항에 개장을 하면서 최초의 면세점이 설치되었지만, 법적 근거는 마련되지 않았다. 전술한 바와 같이 1978년 12월 5일(1979년 1월 1일 시행)에 「관세법」이 개정되면서 면세점을 의미하는 보세판매장의 법적 근거가 규정되었다. 즉, 특허보세구역에 이전에는 없던 보세판매장이 새로이 규정되면서[1] 면세점의 법적 근거가 마련되었고, 1979년에는 서울시내의 관광호텔 주변에 시내면세점 2개소가 개장을 하였으며, 이후 시내면세점은 점포수가 증가하였다. 2003년에는 제주특별자치도에 내국 여행객도 이용할 수 있는 지정면세점이 개장을 하였다.

---

1 「관세법」 제65조 (보세구역의 종류) 보세구역은 지정보세구역과 특허보세구역으로 구분하고 지정보세구역은 지정장치장 및 세관검사장으로, 특허보세구역은 보세장치장·보세창고·보세공장·보세전시장·보세건설장 및 보세판매장으로 구분한다. [전문개정 1978·12·5]

2. 2013년의「관세법」개정

2012년 11월 2일에 홍종학 의원을 대표발의자로 하여 14인의 국회의원은「관세법」개정안을 발의하였다. 법안은 "중소·중견기업이 보세판매장을 운영할 수 있도록 제도적 장치를 마련하고 특허기간을 단축하며, 특허수수료를 인상하고 중소기업 등의 제품을 일정 비율 이상 판매할 수 있도록 하기 위한 개정"[2]임을 밝히고 있다. 즉, 2012년 11월에 발의된「관세법」개정안 중에서 영향력이 가장 큰 내용은 면세점의 특허기간을 기존 10년에서 5년으로 단축하는 것이었다. 이에 더하여 대기업의 특허권은 갱신을 허용하지 않고 중소·중견기업의 특허권은 1회에 한해 갱신을 허용하였다.[3] 입법예고기간 중에는 단 한건의 의견제시도 없었다. 법이 개정된 이후 발생한 집회 및 민원이 발생한 것을 보면 이러한 개정안의 입법예고에 대해서 의견이 있었어야 함에도 불구하고 입법예고기간 중에 의견제시가 전무한 것을 보면 관련업체 및 관련 종사자들도 이러한 개정안을 알지 못했다고 볼 수 있다. 즉, 입법예고가 형식적으로 운영되기 때문에

---

2 제안이유 : 최근 인천공항 등에 입점하고 있는 보세판매장은 대기업 독점으로 운영되면서 외국제품 위주로 판매를 하고 있고, 이들 대기업이 지난 4년간 보세판매장 운영으로 벌어들인 매출액은 2008년도 약 5천억에서 2011년 약 1조 300억 가까이 증가했지만 낮은 특허수수료 규정으로 매출액의 30만분의 1 수준만 납부하고 있어 소수의 기업에 국가 징세권을 포기한 특혜를 주고 있는 상황임. 이에 보세판매장에 대한 특례규정을 신설하여 중소기업 등이 보세판매장을 운영할 수 있도록 제도적 장치를 마련하고, 특허수수료를 현실화하며, 보세판매장에서 중소기업 등의 제품을 일정 비율 이상 판매할 수 있도록 하려는 것임.

3 주요내용 : 가. 중소기업 및 중견기업 중 보세판매장 특허를 받을 수 있는 요건을 갖춘 자에게 보세판매장 특허의 100분의 50을 할당하며, 한국관광공사에게 보세판매장 특허의 100분의 20을 각 전국 시도 지역·개별 공항 내·개별 항만 내별로 할당함(안 제176조의2 제1항).

나. 보세판매장의 특허는 국내 중소기업 제품의 판매비율, 보세판매장의 특허수수료 등의 기준을 고려하여 제한경쟁입찰로 할당하며, 제한경쟁입찰 시 최저경쟁가격을 고시하여야 함(안 제176조의2 제2항 및 제3항).

다. 보세판매장의 특허기간은 5년 이내로 함(안 제176조의2 제4항).

라. 보세판매장에서 국내 중소기업의 제품이 100분의 25 이상 진열·판매되도록 함(안 제176조의2 제5항).

마. 기획재정부장관으로 하여금 매 회계연도 종료 후 3개월 이내에 보세판매장별 관세면세내역을 국회 소관 상임위원회에 보고하도록 함(안 제176조의2 제6항).

입법예고제도의 도입취지가 제대로 발휘되고 있지 못한 것이다.

국회 기획재정위원회의 검토보고서에는 “현재 보세판매장의 특허기간은 10년 이내로 규정되어 있으나,[4] 개정안은 이를 5년으로 단축하고 있음. 특허권이 1979년 이후 지속적으로 갱신되는 보세판매장이 있는 등 한 번 특허를 받은 사업자가 과도하게 오랫동안 사업을 영위하는 것을 방지하려는 것임.”이라고 언급만 하고 있을 뿐, 면세점 재심사기간을 5년으로 단축하는 것에 대한 구체적인 이유나 이에 대한 검토 혹은 관련업계의 의견이나 외국 면세점제도와의 비교 등 이에 관한 실질적인 검토는 찾아볼 수 없다. 보세판매장의 특허기간을 5년으로 단축하는 내용을 담은 이 법안은 정부가 제출한 「관세법」 개정안과 함께 국회 기획재정위원장의 「관세법」 개정안 대안에 포함되어 법률 제11602호로 개정되어 2013년 1월 1일부터 시행되었다. 이러한 「관세법」 개정안에 대해서는 기획재정위원회 전체회의나 법제사법위원회를 포함하여 본회의에서도 논의가 전혀 이루어지지 않았다. 2012년 12월 28일에 개최된 기획재정위원회 전체회의에서는 84건의 의안과 함께 통과되었고, 2013년 1월 1일 새벽 4시경에 개최된 본회의에서도 역시 아무런 토론없이 재석의원 283인 중 찬성 279표로 가결되었다. 법안은 당일 정부로 이송되어 공포되고 당일부터 시행되었다.[5] 입법교착이 심하다고 주장되는 제19대 국회에서 면세점 특허기간을 5년으로 단축한 「관세법」 개정안은 법안을 발의한지 60일도 지나지 않은 기간에 국회를 통과하여 공포되었다.

3. 2016년의 「관세법」 시행규칙 개정

특허신청자와 면세점을 설치하여 운영하는 자는 특허수수료를 납부하여야 한다. 특허수수료에 관한 구체적인 사항은 「관세법」 제176조의2 제4항에서 위임하는 바에 따라, 「관세법」 시행규칙에 규정되어 있다. 1979년부터 2013년까지

4 「관세법」 제176조(특허기간) ① 특허보세구역의 특허기간은 10년 이내로 한다.

5 면세점 특허기간 단축 등을 규정한 제176조의2 규정만은 2013년 10월 1일부터 시행되는 것으로 부칙에 규정되었다.

는 다른 특허보세구역과 동일하게 면적에 따라 특허수수료를 부과하였으나 2014년부터는 해당 연도 매출액이 2천억원 이하인 경우에는 해당 매출액의 0.05%를 부과하고 있으며, 중소·중견기업의 경우에는 차등적으로 해당 연도 매출액의 0.01%만을 부과하고 있다. 국회 기획재정위원회의 검토보고서는 전술한 「관세법」 개정안의 내용을 검토하면서 부가적으로 특허수수료에 대하여 언급하면서 "2011년 보세판매장 전체 매출액 대비 총 특허수수료는 약 0.3%에 해당함. 특히 해당 시행규칙 조항이 1993년 개정된 이후 현재까지 운영되고 있어, 수수료의 액수가 현실적이지 않다"[6]고 지적하고 있다. 이러한 지적에 대한 반론도 있다. 면세점 특허수수료는 세관의 보세판매장의 관리 및 감독 등 행정서비스에 대한 비용이므로 면세점 감독에 소요되는 행정비용에 기초하여 결정되어야 한다는 주장이다.[7] 그러나 특허수수료를 행정서비스에 대한 반대급부로서의 성격만을 가지는 것으로 본다면, 특허면세사업으로 인한 면세사업자의 수익을 국가가 적절히 환수하는 제도는 전혀 없는 것이 된다. 따라서 면세사업으로 인한 수익을 특허를 통한 진입규제의 보호를 받는 사업자가 모두 가져가는 것이 올바른가 하는 비판에서 벗어나기 어렵다.

주지하다시피 면세점에서는 여행객들에게 세금을 면제해주고 있지만, 면세사업자는 면세품의 판매를 통해서 많은 수익을 올리고 있다. 특허제도는 일부 사업자에게 특혜를 주기 위한 제도가 아니다. 따라서 특허제도라고 하더라도 특정사업자가 특혜를 보도록 제도화되어서는 아니된다. 특허제도를 통해 특정사업자가 특혜를 본다는 것은 국가가 불합리한 진입규제를 통해 특정인에게 차별적인 처우를 한다는 것이다. 따라서 제한된 사업자에게 주어지는 면세점 특허가 특혜가 되지 않게 하기 위해서는 국가가 면세점 운영을 통해서 얻어지는 수익을 적절히 거두어들여야 한다. 그런데 지금까지의 면세점제도 운영을 보면 특허가 부여된 면세사업자로부터 거두어들이는 특허수수료가 지나치게 적었기 때문에, 면세점특허를 받기만 하면 황금알을 낳는 특혜사업이 되었던 것이다.

---

6 「관세법」 일부개정법률안 검토보고서, 국회 기획재정위원회, 2012. 12. 28, 5쪽.

7 이제희, 면세점 특허제도의 문제점과 개선방안 -시내 면세점을 중심으로-, 전국경제인연합회, 2016. 7, 16쪽.

경제적인 논리에 따라 제도가 만들어지고 유지되어야 할 면세점 사업에 비경제적인 논리가 개입할 수 있는 제도적 환경이 만들어졌다. 세금을 내지 않고 물건을 사갈 수 있도록 하는 매장은 운영할 수 있는 사업에 공정하게 참여할 수 있는 기회와 면세점 사업에서 나오는 수익을 관광진흥과 국민경제 발전 등에 활용할 수 있는 제도적 환경은 만들어지지 않았다. 이에 대하여 카지노산업이나 주파수 할당처럼 특허수수료의 일정 부분을 면세점산업의 발전과 관광개발진흥에 활용하는 방안을 고려할 수 있다는 제안도 있다.

특혜성 특허수수료는 진입규제와 짝을 이루어 불합리한 면세점제도를 지속시켜 온 것이라고 볼 수 있다. '현실적이지 않은' 낮은 특허수수료를 현실화시키는 것은 그나마 합리적이라고 보지만, 특허수수료를 조금 올린다고 해서 면세점제도의 문제점이 근본적으로 해소된다고 보기는 어렵다. 그럼에도 불구하고 면세점제도의 근본적인 문제점을 해소하려는 노력과 함께 특허수수료를 현실화하는 제도개선과 법령개정은 일단 격려할 만 하다. 그러나 단기적으로는 특허수수료를 현실화하는 정도의 개선을 하더라도 장기적으로는 면세점제도의 근본적인 문제점을 개선하는 폭넓은 방안을 마련할 필요가 있다.

4. 면세점 관련 법령의 현황

전술한 바와 같이 면세점에는 사전면제점과 사후면세점이 있는데, 세금을 사전에 공제해 주는 사전면세점(Duty free shop)은 「관세법」[8]에 의하여 규율되고 있고 세금을 사후에 환급해 주는 사후면세점(Tax refund shop)은 조세특례제한법[9]과 관광진흥법[10] 등에 의하여 규율되고 있다. 사후면세점은 세무서에 신고하

8 「관세법」 제154조(보세구역의 종류) 보세구역은 지정보세구역·특허보세구역 및 종합보세구역으로 구분하고, 지정보세구역은 지정장치장 및 세관검사장으로 구분하며, 특허보세구역은 보세창고·보세공장·보세전시장·보세건설장 및 보세판매장으로 구분한다. 제174조(특허보세구역의 설치·운영에 관한 특허) ① 특허보세구역을 설치·운영하려는 자는 세관장의 특허를 받아야 한다. 기존의 특허를 갱신하려는 경우에도 또한 같다.

9 「조세특례제한법」 제107조(외국사업자 등에 대한 간접세의 특례) ① 외국인관광객 등이 국외로 반출하기 위하여 대통령령으로 정하는 사업자로부터 구입하는 재화에 대해서는

여 지정을 받아야 하고, 사전면세점은 관세청장으로부터 특허를 받아야 한다. 제도의 특성상 신고와 지정을 요건으로 하는 사후면세점은 경쟁적이고 특허를 요건으로 하는 사전면세점은 경쟁제한적이 될 수밖에 없다. 사전면세점 설치에 특허제를 적용하다보니 필연적으로 특허의 요건 기간 갱신 여부 등의 사항을 규제할 수밖에 없다. 따라서, 「관세법」 제176조(특허기간) 제1항에는 아직도 "특허보세구역의 특허기간은 10년 이내로 한다"고 하면서도, 제176조의2(특허보세구역의 특례) 제5항에는 "보세판매장의 특허기간은 제176조 제1항에도 불구하고 5년 이내로 한다"고 규정하고 있다. 결과적으로 현행 「관세법」은 면세점의 특허기간을 5년으로 하고 중소·중견기업은 특허 갱신을 예외적으로 1회 허용하지만 대기업은 특허갱신을 허용하지 않고 있다. 또한 「관세법 시행령」 제192조(특허기간)는 "특허보세구역(보세전시장, 보세건설장 및 보세판매장은 제외한다)의 특허기간은 10년의 범위 내에서 신청인이 신청한 기간으로 한다. 다만, 관세청장은 보세구역의 합리적 운영을 위하여 필요한 경우에는 신청인이 신청한 기간과 달리 특허기간을 정할 수 있다"고 규정하고 있다. 또한 「관세법 시행령」 제192조의3(보세판매장 특허의 신청자격과 심사 시 평가기준)과 제192조의5(보세판매장의 특허절차)에서는 면세점 특허의 신청자격과 평가기준 및 절차 등에 관해서 상세히 규정하고 있다. 나아가 출국장면세점과 시내면세점을 특허로 운영하다보니 운영인의 자격과 의무를 포함하여 시설요건, 특허신청절차, 특허의 심사와 결정,

---

대통령령으로 정하는 바에 따라 부가가치세 영세율(零稅率)을 적용하거나 해당 재화에 대한 부가가치세액을 환급할 수 있다.
② 외국인관광객 등이 국외로 반출하기 위하여 대통령령으로 정하는 판매장에서 구입하는 물품에 대해서는 대통령령으로 정하는 바에 따라 개별소비세를 면제하거나 해당 물품에 대한 개별소비세액을 환급할 수 있다. 면세물품 등에 관한 상세한 사항은 「외국인관광객 등에 대한 부가가치세 및 개별소비세 특례규정」에 규정되어 있다.

10 「관광진흥법」 제3조(관광사업의 종류) ① 관광사업의 종류는 다음 각 호와 같다. 7. 관광편의시설업 : 제1호부터 제6호까지의 규정에 따른 관광사업 외에 관광 진흥에 이바지할 수 있다고 인정되는 사업이나 시설 등을 운영하는 업 「관광진흥법 시행령」 제2조(관광사업의 종류) ① 「관광진흥법」 제3조 제2항에 따라 관광사업의 종류를 다음과 같이 세분한다. 카. 관광면세업: 다음의 어느 하나에 해당하는 자가 판매시설을 갖추고 관광객에게 면세물품을 판매하는 업 1) 「관세법」 제196조에 따른 보세판매장의 특허를 받은 자 2) 「외국인관광객 등에 대한 부가가치세 및 개별소비세 특례규정」 제5조에 따라 면세판매장의 지정을 받은 자

면세물품의 반출입 절차 등의 상세한 규제가 필요하고 이러한 규제사항은 「보세판매장 운영에 관한 고시」[11]를 통해서 규율하고 있다. '내국인 면세점' 혹은 '지정면세점'이라고 불리는 제주도에 위치한 면세품판매장은 「제주특별자치도 설치 및 국제자유도시 조성을 위한 특별법」 제255조(제주자치도 여행객에 대한 관세 등의 면제 또는 환급)[12]와 「조세특례제한법」 제121조의13(제주도여행객 면세점에 대한 간접세 등의 특례)[13]에 법적 근거를 두고 있다. 우리가 흔히 '면세점'이라고 부르지만 그 용어도 '보세판매장' '지정면세점' '출국장면세점' '시내면세점' 등으로 다양하고, 근거법률은 매우 복잡하다. 중요한 사항에 대해서 법률에 규정하

11 관세청 고시 제2015－23호(2015년 7월 1일 발령·시행)

12 「제주특별자치도 설치 및 국제자유도시 조성을 위한 특별법」 제255조(제주자치도 여행객에 대한 관세 등의 면제 또는 환급) ① 제주자치도 여행객이 지정면세점에서 물품을 구입하여 대한민국의 다른 지역으로 반출하는 경우에는 「조세특례제한법」, 「지방세특례제한법」 등에서 정하는 바에 따라 관세·부가가치세·개별소비세·주세·교육세·농어촌특별세·담배소비세 및 지방교육세를 면제하거나 환급할 수 있다.
② 제주자치도 여행객이 제주자치도에서 구입·소비하는 관광 관련 재화·용역은 「조세특례제한법」에서 정하는 바에 따라 부가가치세액을 환급할 수 있다.

13 「조세특례제한법」 제121조의13(제주도여행객 면세점에 대한 간접세 등의 특례) ① 대통령령으로 정하는 제주도여행객(이하 이 조에서 "제주도여행객"이라 한다)이 「제주특별자치도 설치 및 국제자유도시 조성을 위한 특별법」 제255조에 따른 면세품판매장(이하 이 조에서 "지정면세점"이라 한다)에서 대통령령으로 정하는 물품(이하 이 조에서 "면세물품"이라 한다)을 구입하여 제주도 외의 다른 지역으로 휴대하여 반출하는 경우에는 그 물품에 대한 부가가치세, 개별소비세, 주세, 관세 및 담배소비세(이하 이 조에서 "부가가치세등"이라 한다)를 면제(부가가치세의 경우에는 영세율을 적용하는 것을 말한다. 이하 이 조에서 같다)한다.
② 지정면세점은 「관세법」 제174조에 따라 특허를 받은 보세판매장으로 본다. 이 경우 해당 보세판매장에서는 「관세법」 제196조 제1항에도 불구하고 제1항에 따라 제주도 외의 다른 지역으로 휴대하여 반출하는 면세물품을 판매할 수 있다.
③ 사업자가 면세물품을 지정면세점에 공급하는 경우에는 대통령령으로 정하는 바에 따라 부가가치세, 개별소비세, 주세 및 담배소비세를 면제한다.
④ 지정면세점에서 판매할 수 있는 면세물품은 판매가격이 미합중국 화폐 600달러에 상당하는 금액으로서 대통령령으로 정하는 금액 이하의 것으로 한다.
⑤ 제주도여행객이 지정면세점에서 구입할 수 있는 면세물품의 금액한도는 1회당 미합중국 화폐 600달러에 상당하는 금액으로서 대통령령으로 정하는 금액으로 하며, 연도별로 6회까지 구입할 수 있다.
⑥ 면세물품의 종류별 구입수량 및 금액, 면세물품의 판매절차, 면세물품에 대한 부가가치세등의 면제절차, 미반출 물품에 대한 관리절차, 면세물품의 부정구입에 따른 감면세액의 징수 및 지정면세점의 이용제한, 그 밖에 부가가치세등의 면제에 관하여 필요한 사항은 대통령령으로 정한다.

지 않고 관세청장의 고시로 정하는 것이 법률유보원칙이나 포괄위임입법금지원칙 등에 충실한 것인지, 규제에 관한 사항은 법률로 정하도록 하는 「행정규제기본법」의 규제법정주의[14]에 위배되지 않는 것인지, 면세점에 관한 사항이 이렇게 여러 법률에 산재하는 것이 체계정당성의 원칙에 부합하는 것인지,[15] 사전면세점 특허제도가 우리의 규제정책에 적합한 것인지[16] 등에 대한 우려가 있다.

제3절 특허기간 연장을 위한 「관세법」 개정안

1. 第19대 국회에서의 「관세법」 개정안

홍종학 의원이 대표발의한 전술한 「관세법」 개정안의 심사과정에서 조세소위원장을 맡았던 나성린 의원은 "보세판매장 특허의 일정 비율을 중소·중견기업에 할당하고 상호출자제한기업집단에 속하는 기업에 보세판매장 특허를 일정 비율 이하로 부여하도록 제한하며, 보세판매장 특허 수수료를 차등적으로 지급하는 근거를 법률화하고, 특허 기간을 5년으로 제한하는 내용을 대안에 포함시키되, 이 법안은 본회의에 부의하지 아니하기로 함"[17]이라는 기록을 남겼다. 특허기간을 5년으로 단축하는 내용의 개정안을 소위원회에서 통과시킨 것이다. 이후 나성린 의원은 2016년 3월 9일에 면세점 특허기간 연장과 특허갱신

---

14 「행정규제기본법」 제4조(규제 법정주의) ① 규제는 법률에 근거하여야 하며, 그 내용은 알기 쉬운 용어로 구체적이고 명확하게 규정되어야 한다. ② 규제는 법률에 직접 규정하되, 규제의 세부적인 내용은 법률 또는 상위법령(上位法令)에서 구체적으로 범위를 정하여 위임한 바에 따라 대통령령·총리령·부령 또는 조례·규칙으로 정할 수 있다. 다만, 법령에서 전문적·기술적 사항이나 경미한 사항으로서 업무의 성질상 위임이 불가피한 사항에 관하여 구체적으로 범위를 정하여 위임한 경우에는 고시 등으로 정할 수 있다. ③ 행정기관은 법률에 근거하지 아니한 규제로 국민의 권리를 제한하거나 의무를 부과할 수 없다.

15 홍완식, 체계정당성의 원리에 관한 연구, 토지공법연구, 제29집, 459쪽 이하 참조.

16 홍완식, 규제개혁과 입법정책, 공법연구, 제36집 제3호, 2008, 339쪽 이하 참조.

17 국회 기획재정위원회, 「관세법」 일부개정법률안 심사보고서, 2012. 12. 28, 12쪽.

허용을 주요 내용으로 하는 「관세법」 개정안[18]을 발의하였다. 동 법안은 갱신기간을 5년으로 단축한 이전의 「관세법」 개정이 면세점에 고용된 근로자의 일자리를 박탈하고 관광경쟁력을 위축시켰기 때문에 특허갱신을 허용하고 특허기간을 다시 10년으로 원상회복시키자는 내용으로 구성되었다. 그러나 국회의원 총선거를 앞둔 시점에서 개정안이 발의되었고, 개정안이 발의된 두 달 후인 5월에 제19대 국회의 임기가 만료되면서 개정안은 자동폐기되었다. 제19대 국회의 임기만료직전에 발의되었기 때문에 검토보고서나 심사보고서도 작성되지 않았다. 이렇게 면세점 재심사기간을 5년에서 다시 10년으로 원상복귀시키기 위한 개정안이 발의되기는 했어도, 개정안 발의시점 등을 보면 입법을 관철시키려는 의지가 있었다고 볼 수는 없어 보인다.

2. 제20대 국회에서의 「관세법」 개정안

정부는 면세점의 특허기간을 5년에서 10년으로 환원하는 내용을 포함한 「관세법」 개정안을 2016년 9월 2일에 국회에 제출하였다. 즉, "보세판매장의 특허기간을 5년 이내에서 10년 이내로 연장하고, 보세판매장 특허의 갱신을 중소기업 및 중견기업에 대해서만 허용하던 것을, 앞으로는 모든 보세판매장의 특허에 대하여 갱신을 허용하도록"하는 개정안이 국회에 발의되었다. 주요 내용은 면세점 특허기간의 연장과 특허갱신의 대상 확대이다. 개정안의 취지는 "면세점 경쟁력 제고를 위해 특허기간 연장 및 갱신을 허용함으로써 안정적인 경

---

18 제안이유 및 주요내용 : 최근 한시적인 보세판매장 운영기간으로 고용불안정 및 투자위축 등에 대한 우려의 목소리가 지속적으로 제기되고 있음. 이는 2012년 말 보세판매장 특허기간을 10년에서 5년으로 단축하고 갱신제도를 폐지한 「관세법」 개정에 따른 것으로, 2015년말 특허가 만료된 4곳의 시내면세점 중 2곳의 면세점 사업자가 심사에서 탈락하면서 약 2,000명의 일자리가 없어질 위기에 처해있는 시급한 상황임. 또한 외국인관광객 유치의 측면에서 관광 명소로 기능하고 있는 보세판매장이 일시에 폐쇄됨으로써 우리나라의 관광경쟁력 위축 우려도 발생하고 있는 상황임. 현행 법률 하에서는 이와 같은 문제점이 반복적으로 발생할 것으로 예상되므로, 현행 특허기간을 5년에서 10년으로 연장하고, 특허갱신을 허용함으로써 보세판매장의 글로벌 경쟁력약화를 방지하고 국내 관광산업의 진흥을 도모하려는 것임.

영환경을 보장하기 위한 것"임을 밝히고 있다. 이와 같이 면세점 특허기간을 연장하고 갱신을 허용하는 것에 대해 찬성의견은 "2013년 면세점 특허제도가 개정되어 특허기간이 제한됨에 따라 영업중단 리스크로 우리나라 면세점의 글로벌 경쟁력이 약화되고 있다고 주장함. 또한 주변국은 면세점 영업을 강화하는 추세로, 일본은 도쿄에 2016년 1월 최초로 시내면세점을 설치하였고, 태국은 소비세 폐지 및 면세범위 확대를 추진하고 있다는 것"임을 밝히고 있다. 이에 반해서 반대의견은 "면세점 특허기간 연장 및 갱신을 허용하면 면세점 독과점이 문제될 수 있다는 의견임. 2013년에 면세점 특허기간을 10년에서 5년으로 제한하고, 갱신을 불허한 것은 기존 면세점이 특허갱신을 통해 사실상 면세점 시장을 독점하고, 신규 업체의 진입이 어렵다는 점을 고려한 것"임을 밝히고 있다.[19]

그러나 이러한 정부 제출「관세법」개정안은 2016년 12월 1일에 기획재정위원장의 대안에 포함되었지만, 정부가 제출한「관세법」개정안에 포함되어 있던 특허기간을 10년으로 연장하는 내용은 위원회 대안에 반영되지 않았다. 즉, 기획재정위원이 제안한「관세법」개정안 대안이 만들어지면서, 정부가 제출한「관세법」개정안은 2016년 12월 2일에 '대안폐기'되었는데, 이는 면세점의 특허기간을 5년에서 10년으로 환원하는 개정안은 이제 존재하지 않는다는 것을 의미한다. 그러나, 정부제출 법률안의 특허기간연장에 관한 규정이 위원회 대안에서는 왜 제외되었는지에 관한 설명은 법안제안서 등 관련 문건에서 찾아볼 수 없다. 사안의 중요성에 비추어 특허기간연장에 관한 정부법안규정이 위원회 대안의 처리과정에서 슬그머니 삭제된 것을 이해하기 어렵다. 기획재정위원장이 제안한「관세법」개정안 대안은 결국 국회 본회의를 통과하여 2016년 12월 20일에 공포되었다. 결과적으로, 면세점 특허기간을 5년에서 10년으로 재추진하고 있다는 세간의 인식과는 달리 면세점 특허기간 재연장을 위한 법안은 현재 존재하지 않는다.

19 국회 기획재정위원회, 정부(의안번호 2115호)「관세법」일부개정법률안 검토보고, 2016. 11, 7쪽.

제4절 면세점 제도의 발전을 위한 정책방향

1. 면세점특허와 규제정책

면세점에서 판매되는 국산 면세물품과 수입 면세물품은 부가가치세와 소비세 등을 면제받게 된다. 이렇게 세금이 면제되는 면세점에 특허가 부여되는 것은 국가에 의하여 세금을 면제받는 법적 특혜가 부여되는 것으로 소비자에게는 면세로 인한 특혜가 주어지고 사업자에게는 독과점적인 면세물품판매로 인한 고수익이라는 특혜가 주어지는 것이다. 여행객에게는 누구에게나 면세점을 이용할 수 있는 권리가 주어지기 때문에 면세특혜에 문제점이 발생하지 않지만, 사업자에게는 누구에게나 면세점을 개설할 권리가 주어지지 않기 때문에 면세특혜에 문제점이 발생한다. 즉 면세제도에 면세점사업에의 진입장벽이 합해지면서 면세특혜에 문제점이 발생하는 것이다. 주지하는 바와 같이 기본산업과 그 산업에 참여하기를 원하는 잠재적 기업 사이의 경쟁을 제약하는 진입규제(entry regulation)는 기업간의 자유로운 경쟁을 제약하는 경제적 규제이다.[20] 특허제는 "영업허가의 여부가 행정의 재량"[21]이라는 특성을 지니기 때문에 이로 인한 문제발생의 소지도 크다. 이와 같이 면세점에 특허를 부여하는 제도는 새로운 사업자의 시장진입을 억제하는 전형적인 진입규제이다. 면세점은 전 산업의 평균 일자리 창출보다 2배 이상의 효과를 내는 일자리 창출사업이기에, 전경련 등에서는 시장진입 완화를 통한 일자리 창출을 주장하고 있다.[22] 그러나 시장진입을 완화하더라도 이는 진입규제정책을 고수하는 것이기 때문에 근원적인 문제해결이 아니다. 면세사업에는 '경쟁적 시장의 개설(Creating Competitive Markets)'[23]이

20 최병선, 정부규제론 - 규제와 규제완화의 정치경제 -, 법문사, 2007, 16쇄, 29쪽.
21 이원우, 규제경제법론, 홍문사, 2010, 800쪽.
22 이제희, 면세점 특허제도의 문제점과 개선방안 -시내 면세점을 중심으로-, 전국경제인연합회, 2016. 7, 14쪽.
23 김유환, 행정법과 규제정책, 법문사, 2012, 231쪽.

라고 하는 방안이 시장진입을 완화하는 방안보다는 면세시장의 경쟁력 확보와 시장경제의 기능회복을 위하여 우수한 방안일 것이다. 즉, 면세점 개설을 위해서는 반드시 특허를 받도록 하는 진입규제정책이 면세점 제도에 본질적인 것인지의 문제가 해명되어야 한다. 우리나라의 경우에 있어서는 최초의 면세점을 개장할 때부터 특허를 받도록 하였기 때문에, 사전면세점제도와 특허제도는 분리할 수 없는 것처럼 인식되고 있다. 그러나 비교법적으로 검토해보면 사전면세점을 신고제나 등록제로 운영하고 있는 국가가 있는 것을 볼 수 있다.[24] 특히 주요 경쟁상대국의 면세점 제도를 보면, 요건이나 수수료 등과 같은 규제만 존재할 뿐 사업자의 규모에 대한 제한이나 강제할당조항을 두고 있는 입법사례는 볼 수 없다.[25]

면세점을 운영하는 대기업의 입장에서는 "면세점 사업자의 매출액이 높은 것은 노력의 결과이지 특권이나 특혜 때문이 아니다. 이들 기업은 국내외 소비자들을 만족시켰고 그들의 선택을 받은 결과 지금과 같은 경쟁력을 확보했다. 소비자들을 만족시키지 못하는 경우 언제든 경쟁자들이 그 자리를 차지해왔다. 특허를 획득했으나 폐업을 하거나 특허권을 자진 반납한 사례가 이를 증명한다"[26]고 주장한다. 그러나 이러한 노력과 그로 인한 결실은 제한적인 경쟁이 아니라 자유로운 경쟁에서도 가능할 것이다. 면세점 사업을 특허제도로 운영하는 제도적 환경 하에서 롯데와 SK 등 사업자들의 특허가 취소되고 재특허를 위해 노력하는 과정에서 여러 문제가 발생했던 것처럼, 이러한 일이 계속 되풀이 하여 발생될 수 있다. 공정하고 투명하게 면세점사업을 할 수 있는 제도적 기반을 만드는 것은 국가나 기업이나 소비자 모두에게 필요한 것이다.

면세점사업을 특허로 운영되도록 하는 이유는 공공복리의 증진으로 설명하고 있지만, 현행의 「관세법」상 특허제도 운영이 공공복리의 증진이라는 정책

24 해외 사례에 관해서는 문상일/김혜림, 면세점 사업규제 현황과 개선방안에 관한 소고, 유통법연구, 제3권 2호, 2016, 69쪽 이하; 이제희, 면세점 특허제도의 문제점과 개선방안 -시내 면세점을 중심으로-, 전국경제인연합회, 2016. 7, 17쪽 이하 참조.

25 곽은경, 면세점 시장의 현황 및 제도 개선방향, 자유경제원, 2016.

26 곽은경, 면세점 시장의 현황 및 제도 개선방향, 자유경제원, 2015, 15쪽 이하.

적 효과를 달성하고 있는지에 대해서 의문이 제기되고 있다.[27] 경제부분에 있어서 규제를 완화하여 정부의 기능보다 시장의 기능을 우선하려는 규제합리화정책에 반하는 제도라고 볼 수 있다. 따라서 면세점 정책과 관련하여 규제를 축소하거나 철폐하고 시장적 요소를 보다 확대할 필요가 있다. 이러한 관점에서 경매를 통하여 면세사업자를 선정한다면 특혜시비와 정관경유착 의혹도 해소할 수 있기에 면세점산업의 독과점을 효과적인 경매제도로 전환하자는 제안이 있다. 인천공항 면세점 사업자 선정에서 경매의 경험이 있으며 이를 시내면세점 사업에도 적용해 보자는 것이다.[28] 이를 통해 해외에서는 찾아보기 어려운 면세점 사업자에 대한 5년의 단기특허와 원칙적인 갱신불허제도라는 강력한 과잉규제[29]를 해소하여야 한다는 주장이다.

국가정책 전반에 규제완화를 강조하면서 면세점 정책은 마치 규제와는 전해 상관없는 것같은 태도를 취하고 있다. 그러면서 면세점에 부여되는 특허를 이용하여 면세사업자가 과도한 수익을 얻는다면 이러한 제도는 개선되어야 한다. 규제완화 혹은 규제합리화정책은 갈 곳이 많지 않은 푸드트럭을 허용하는 제한적이고 대증적인 방법이나 기차나 선박 등 대중교통수단의 선령제한을 풀어주는 검증되지 않고 위험한 방법으로 실현되어야 하는 것이 아니라,[30] 면세점에 대한 특허를 통해 면세시장참여를 일부 사업자에게만 제한하는 불공정한 진입규제를 해소하는 등의 방향으로 나아가야 한다. 보여주기식의 규제해소정책에서 근본적이고 경제에 미치는 긍정적인 효과가 큰 규제해소정책을 추구하여야 한다.

---

27 문상일/김혜림, 면세점 사업규제 현황과 개선방안에 관한 소고, 유통법연구, 제3권 2호, 2016, 80쪽.

28 박상인, 시내면세점 사업자 선전방식 개선방안, 면세점 사업공정화를 위한 입법공청회, 2015. 11. 13, 32쪽.

29 문상일/김혜림, 면세점 사업규제 현황과 개선방안에 관한 소고, 유통법연구, 제3권 2호, 2016, 89쪽.

30 홍완식, 세월호 사고에 관한 입법적 성찰, 법학연구, 제56권, 한국법학회, 2014, 327쪽 이하 참조.

2. 면세점특허와 입법정책

면세점 특허기간을 5년으로 단축한 「관세법」 개정은 입법의 영향을 고려하지 않아서 사회적 충격을 가져왔고, 결국은 면세점을 추가로 선정하는 미봉책으로 「관세법」 개정의 입법적 결함이 시정되었다. 이러한 입법적 문제의 발생은 의원발의 법안에 대한 합리적인 영향분석 즉 규제영향분석제도나 입법영향분석제도가 전혀 수행되지 않은 것이 원인의 하나로 지적되었다.[31] 국회에서의 입법실패가 있더라도 대통령이 국회에 법률안 재의를 요구하는 절차가 있는데, 「관세법」 개정안과 관련해서는 이러한 법률안거부권 행사가 전혀 검토되지도 않았다. 경제에 적지 않은 영향을 미칠 입법이 국회에서 단 한번의 제대로 된 검토도 없이 통과되었다면, 이러한 법률을 재검토 해달라고 요구하라는 제도가 법률안 재의요구 절차이다. 이념문제나 정치문제에는 그렇게 사사건건이 대립하면서, 왜 중요한 경제문제이자 일자리 문제에는 아무런 점검이나 통제장치가 작동하지 않았는지, 국회에서나 정부에서나 이처럼 영향력이 크고 중요한 문제를 소홀히 다루었는지 반성하여야 한다. 이러한 「관세법」 개정에 대해서 "면세점 사업권을 기존 10년에서 5년마다 원점에서 재심사하도록 규정한 「관세법」 개정안이 국회에서 졸속통과된 2013년 이후 3년간 한국의 면세점 산업은 근간이 흔들렸다"[32]는 평가가 내려지기도 했다. 현재와 같이 면세점에 특허를 부여하고 특허수수료를 징수하는 것이 면세점에 관한 제도의 목적에 적합하고 타당한 것인지를 검토할 필요가 있다. 면세사업에 참여하려는 자에게 공정하고 동등한 기회를 부여하고 면세사업의 경쟁력을 제고하며 면세사업으로 인한 적정한 수익을 사업자에게 보장하면서도 적정한 규모를 상회하는 면세사업자의 수익은 수수료나 세금 등의 형태로 국가가 환수하여 국가재원으로 활용할 수 있도록 하여야 할 것이다. 면세점 사업과 관련하여 독과점 방지 및 초과이윤의 환수와 산업의 경쟁력 제고라는 양 측면이 조화를 이룰 수 있도록 정책방향을 설

---

31 홍완식, 제20대 국회의 과제로서 입법영향분석제도 도입, 공법연구, 제45집 제1호, 2016, 18쪽.

32 조선일보, 2016. 4. 30.

정하여야 한다는 제안도 있다.[33] 이러한 관점에서 면세점 특허기간을 5년에서 10년으로 원상회복 시키는 내용의 「관세법」 개정은 면세점제도의 근본적인 문제점을 해소하지 못한다. 근본적인 문제점을 해소하지 못한 채 특허기간을 5년에서 10년으로 연장하는 것은 이전보다 몇 개 늘어난 면세점에게 더 이상의 사업자를 허용하지 않는 특혜를 부여하는 효과를 주게 될 수 있다.

면세점 재심사 기간을 10년에서 5년으로 단축했다가 다시 5년에서 10년으로 연장하기 위한 움직임을 보면, 입법이 합리적이거나 과학적이지 않은 경우의 폐해를 생각하게 된다. 이렇게 「관세법」을 개정하면 주변국과의 경쟁에서 유리하게 되는지 불리하게 되는지, 면세점 종사자들의 일자리에는 어떠한 영향을 미치는지, 대기업과 중소기업 등 관련업계에 미치는 영향은 어떠한지, 향후 어떠한 방향으로 면세점 정책을 입법에 반영하여야 하는지 등의 입법영향은 왜 분석조차도 하지 않았는지 의문이다. 2013년의 「관세법」 개정시 이러한 입법영향분석을 하였더라면, 관련업계의 손실과 종사자의 실직 및 주변국과의 경쟁에 미치는 영향 등을 미리 점검할 수 있었을 것이다. 재심사 기간을 변경하는 것이 필요할 수도 있고 대기업 위주의 사업권 특허 체계를 개선할 필요도 있을 수 있는 등, 어떠한 정책적 필요를 부인하는 것은 아니다. 그러나 입법을 하기 전에는 입법이 어떠한 영향을 미칠지에 관해서 관련자와 전문가 및 일반국민들의 이야기도 들어보고 연구도 시켜보고 평가도 해보라는 것이다. 아무런 입법의 영향을 따져보지도 않는 주먹구구식의 입법은 혼란과 재앙을 유발할 수 있다.

면세점 업계 관계자의 표현을 빌리면 이러한 「관세법」 개정과정과 그로 인한 혼란은 "정치권의 입법횡포와 정부의 단견이 빚어낸 불행한 사태"[34]라고 평가되기도 하였다. 면세점 특허제의 "신고제 전환은 공급과잉으로 직결될 수 있어 매우 중대한 리스크"[35]라는 관점은 면세점 사업자의 관점이라고 볼 수 있다. 그러나 제도의 유지나 변화시 고려할 것은 특정사업자나 특정업계의 관점만이

---

33 이수진, 면세점 특허제도의 문제점 및 개선방안, 국회 입법조사처, 이슈와 논점, 2015. 10. 5, 4쪽.

34 조선일보, 2016. 4. 30.

35 아시아경제신문, 2016. 4. 1.

아니라 국민 전체 및 공익증진의 관점에 우선순위를 두어야 한다는 점에는 이론이 있을 수 없다.

면세점 사업은 관광진흥과 외화획득 및 고용효과 등의 측면에서 국민경제 기여도가 크기 때문에 관련제도의 개선은 면세점 사업의 발전과 투명성을 촉진하는 계기를 마련할 수 있도록 마련되어야 할 것이다.[36] 경쟁을 통한 서비스개선과 면세사업 수익의 증진, 면세점제도의 안정과 면세제도의 발전을 위한 것에 면세점정책의 목표를 두어야 할 것이다. 또한 일본과 중국과의 면세점 경쟁도 염두에 두어야 한다. 일본과 중국은 면제점 제도의 개선을 통한 면세점포확대와 서비스확대 등에 치중해 왔다. 이를 통하여 매출이 증진되는 등의 효과를 거두고 있다. 이에 반해 우리는 면세점 제도에 관해서 개선이 아니라 개악을 통해 진전이 아닌 퇴보를 해왔다고 할 수 있다. 몇 개 기업에 특혜를 주는 밀실과 같은 면세사업 구조 하에서는 중국이나 일본과의 면세점 경쟁이나 범세계적인 면세점 고객을 유치하는 등의 넓은 시야를 가질 수 없다.

면세점의 특허를 관세청장이 부여하지 않고 광역지방자치단체장에게 위임하는 방안이 제시[37]되기도 하지만 이는 특허제도의 근본적인 문제점을 해소하지 못하고, 규제당국자의 변경만을 의미하는 것이다. 누구나 자유롭게 면세점 사업에 진입하고 퇴출할 수 있도록 면세점 특허제를 신고제나 등록제로 바꾸자는 제안[38]이 큰 힘을 얻고 있다. 규제를 대신하여 경쟁을 통하여 면세시장의 근본적 문제점을 해소하자는 주장으로 평가된다. 특허수수료를 적정수준으로 인상하고 관광부문에 재투자할 수 있는 방안마련이 필요하다는 주장[39]도 일응 적극적으로 받아들일 수 있다. 면세점특허를 심사하는 특허심사위원회는 법령상 근거가 없고, 보세판매장운영에 관한 고시에 근거하여 설치·운영되고 있다. 심사기준도 불투명하여 개략적인 평가기준의 항목만 공개되어 있을 뿐 세부적인

36 이만우, 면세점 시장구조 개선방안, 면세점 시장구조 개선공청회 -독과점적 시장구조 개선을 통한 면세점산업 육성, 대외경제정책연구원, 2015. 10. 15, 23쪽.

37 한국관세무역개발원, 보세판매장(시내면세점) 특허기준 개선을 위한 연구, 2016, 26쪽.

38 최낙균, 관광산업 발전을 위한 면세점제도 개선방안, 대외경제정책연구원, 2016, 18쪽; 곽은경, 면세점 시장의 현황 및 제도 개선방향, 자유경제원, 2016, 19쪽.

39 최낙균, 관광산업 발전을 위한 면세점제도 개선방안, 대외경제정책연구원, 2016, 40쪽.

심사기준 및 심사방법이 공개되지 않아서 예측가능성이 저하되고 심사결과에 대한 공정성 시비가 발생한 바 있다. 2015년 4월에 마지못해 평가기준과 배점이 공개된 적이 있지만, 이마저도 세부 평가항목별 점수가 분류되어 있지 않아서 예측가능성 제고에는 한계가 있다는 지적[40]이 있다. 중요한 사항은 고시에 위임하지 말아야 하고 법률유보원칙과 법치주의원칙에 부합하는 형식과 규범수준으로 규정되어야 한다.

제5절 맺음말

「관세법」 개정을 통해 면세점 재심사 기간이 10년에서 5년으로 단축되면서 초래된 혼란과 손실은 입법실패와 정치부패가 빚어낸 사건이라고 볼 수 있다. 면세점의 특허기간을 10년에서 5년으로 단축하는 입법과정에서 이러한 면세점 특허기간의 단축이 면세시장에 어떠한 결과를 초래할지에 대해서는 신중하게 검토된 바가 전혀 없다. 결국은 면세점을 추가로 선정하는 미봉책으로 「관세법」 개정의 입법적 결함이 시정되었지만, 이러한 입법적 문제의 발생은 의원발의 법안에 대한 합리적인 영향분석 즉 규제영향분석제도나 입법영향분석제도가 전혀 수행되지 않은 것도 원인의 하나로 지적되었다. 국민들은 대통령이건 국회의원이건 아니면 일반 공무원이건 간에 국민을 다스리는 권력을 준 것이 아니라 국민을 위해서 일하는데 필요한 권한을 부여한 것이다. 국회나 정부가 「관세법」 개정안을 제대로 살펴보고 다루었다면 이러한 일은 일어나지 않았을 것이다. 정부가 제출하는 법안에는 규제심사가 있지만 국회의원의 발의하는 법안에는 규제심사가 존재하지 않는다. 면세점 재심사기간을 단축하는 법안은 소위 의원입법 즉 의원이 발의한 법률안이었는데, 정부가 이러한 법안을 제출했다면

40 이수진, 면세점 특허제도의 문제점 및 개선방안, 국회 입법조사처, 이슈와 논점, 2015. 10. 5, 3쪽.

동 법안은 규제개혁위원회의 규제심사과정을 통해서 보다 신중하게 처리되었을 것이다. 의원발의 법률안의 일반적인 문제점과 면세점 특허라는 제도적 문제점이 이러한 결과를 낳았다고 할 수 있다. 따라서 향후에는 의원이 발의하는 법안에 대해서도 입법평가 혹은 입법영향분석제도가 점진적으로 도입될 필요가 있다. 입법영향분석제도의 도입은 면세점특허제도의 문제점 개선에도 기여할 수 있을 것이다.

정부는 면세점의 특허기간을 5년에서 10년으로 환원하는 내용을 포함한 「관세법」 개정안을 2016년 9월 2일에 국회에 제출하였다. 정부가 제출한 「관세법」 개정안은 2016년 12월 1일에 기획재정위원장의 대안에 포함되었지만, 정부가 제출한 「관세법」 개정안에 포함되어 있던 특허기간을 10년으로 연장하는 내용은 위원회 대안에 반영되지 않았다. 즉, 기획재정위원장이 제안한 「관세법」 개정안 대안이 만들어지면서, 정부가 제출한 「관세법」 개정안은 2016년 12월 2일에 '대안폐기'되었는데, 이는 면세점의 특허기간을 5년에서 10년으로 환원하는 개정안은 이제 존재하지 않는다는 것을 의미한다. 결과적으로, 면세점 특허기간을 5년에서 10년으로 재추진하고 있다는 세간의 인식과는 달리 면세점 특허기간 재연장을 위한 법안은 현재 존재하지 않는다. 즉, 현재의 규정대로 라면 면세점 특허 상실로 인한 소동이 재연될 수밖에 없다. 면세점 특허에 관한 「관세법」 규정은 조속히 정비되어야 한다.

| CHAPTER 07 _ **참고문헌** |

곽은경, 면세점 시장의 현황 및 제도 개선방향, 자유경제원, 2016.
김영찬, 면세점 특허제도 개선을 위한 입법 및 정책과제,
김유환, 행정법과 규제정책, 법문사, 2012.
김종일, 면세점 개선안 7가지 누가 어떤 주장을 하나, 조선일보, 2015. 11. 23.
문상일/김혜림, 면세점 사업규제 현황과 개선방안에 관한 소고, 유통법연구, 제3권 2호, 2016, 63~91쪽.
박상인, 시내면세점 사업자 선정방식 개선방안, 면세점 사업공정화를 위한 입법공청회,

2015. 11. 13.
이만우, 면세점 시장구조 개선방안, 면세점 시장구조 개선공청회 -독과점적 시장구조 개선을 통한 면세점산업 육성, 대외경제정책연구원, 2015. 10. 15.
이수진, 면세점 특허제도의 문제점 및 개선방안, 국회 입법조사처, 이슈와 논점, 2015. 10. 5, 1~4쪽.
이원우, 경제규제법론, 홍문사, 2010.
이제희, 면세점 특허제도의 문제점과 개선방안 －시내 면세점을 중심으로－, 전국경제인연합회, 2016. 7.
정재완, 최근 면세점 규제정책의 문제점과 제도적 발전방안에 대한 연구, 관세학회지, 제17권 2호, 2016. 5, 49~70쪽.
최낙균, 관광산업 발전을 위한 면세점제도 개선방안, 대외경제정책연구원, 2016.
최병선, 정부규제론 -규제와 규제완화의 정치경제－, 법문사, 2007, 16쇄.
홍완식, 세월호 사고에 관한 입법적 성찰, 법학연구, 제56권, 한국법학회, 2014, 327~348쪽.
홍완식, 제20대 국회의 과제로서 입법영향분석제도 도입, 공법연구, 제45집 제1호, 2016, 27~47쪽.
홍완식, 규제개혁과 입법정책, 공법연구, 제36집 제3호, 2008, 339~363쪽.
홍완식, 체계정당성의 원리에 관한 연구, 토지공법연구, 제29집, 459~482쪽.
대외경제정책연구원, 면세점 제도개선 공청회, 2016. 3. 16.
정부, 면세점 제도개선안, 2016. 3. 31.
면세점 제도개선 TF, 보세판매장(시내면세점) 특허기준 개선을 위한 연구, 한국관세무역개발원, 2016. 6.

제 2 편

입법 원칙론

立法原則論

CHAPTER 08

헌법재판소 결정을 통해 본 포괄위임입법금지 원칙*

-입법적 시사점을 중심으로

출처: 입법학연구 제17집 1호, 2020년, 175~202

위임입법에 대한 범위와 한계로 작용하는 포괄위임입법금지 원칙은 헌법 제75조와 헌법 제95조에 근거한 것으로 헌재가 법률의 위헌여부를 심사하는 원칙으로 기능하고 있다. 포괄위임입법금지 원칙 위반 여부에 관해서는 학설과 판례를 통하여 일정한 심사기준이 형성되어 있으나 어떠한 사안이 포괄위임입법금지 원칙에 합당하는지 아닌지에 관해서는 입법사안별로 개별적·구체적으로 판단하여야 하는 경우가 많기 때문에 법률을 입법하는 경우 입법위임을 어느 정도 어떤 내용으로 하여야 하는지에 관해서 입법자는 늘 의문이 있을 수밖에 없다. 헌재는 위임입법은 구체적이고 명확하여야 하며 위임의 내용이 예측가능하게 규정되어야 하지만 이러한 예측가능성의 유무는 당해 특정조항 하나만을 가지고 판단할 것은 아니고 관련 법조항 전체를 유기적·체계적으로 종합판단하여야 하며 또한 이는 각 대상법률의 성질에 따라 구체적·개별적으로 검토하여야 하되 원칙적으로 법률의 수권에 의거한 명령의 내용이 어떠한 것이 될 것인가는 수권법률의 내용으로부터 예측가능하여야 한다고 하여 예측가능성을 포괄위임입법금지의 원칙의 심사기준으로 제시하고 있지만 여전히 구체적인 입법지침으로 되기에는 부족함이 있다. 또한 헌재는 법률에 의한 기본권제한의 효과가 중할수록 법률의 명확성에 대하여 보다 엄격함이 요구되고 침해적 행정입법에 대한 수권의 경우에는 급부적 행정입법에 대한 수권의 경우보다 그 수

* 김승태, 홍완식 공저.

권이 보다 명확해야 한다고 하여 행정부에 입법권을 위임하는 수권법률의 명확성을 판단함에 있어서 규율대상의 특성에 따라 심사의 엄격성이 달라져야 한다는 것을 밝히고 있다. 그러나 이러한 획일적이고 도식적인 기준은 위임입법의 구체적인 경우에 있어서 많은 비판을 받고 있다. 따라서 포괄위임입법금지 원칙에 대한 위반 여부를 판단할 때에 이러한 획일적인 기준만을 고집할 것이 아니라, 입법자인 국회가 입법위임에 있어서 기대되는 헌법적 역할과 기능을 적절히 수행하였는지 라고 하는 관점에서 판단하여야 할 것으로 보인다. 처벌법규나 조세법규 등의 입법분야에서 지나치게 방만하게 입법권을 행정부에 위임하고 있는지에 관한 입법적 성찰이 필요하다고 보며, 규범통제가인 헌재도 이러한 점에 보다 주목하여 포괄위임입법금지 원칙을 적용하여야 할 것이다. 규범통제기관의 규범심사기준과 입법자의 규범형성기준은 정확히 일치하지 않을 수 있다. 즉 헌재의 위헌법률심사기준와 의회의 법률입법기준은 정확히 일치하지 않을 수 있다. 그러나 입법자는 올바른 입법 및 합헌적인 입법의 형성을 위하여 노력하여야 하고 이를 위해 헌재의 위헌법률심사기준에 따른 결정에 주목하여야 하고, 가능한 한 법률유보원칙에 충실하게 포괄적 위임입법이 되지 않도록 유의하여야 한다. 주권자인 국민에 의하여 대의기관인 의회에 부여된 입법권이 포괄적인 위임입법의 방식으로 형해화되지 않도록 하여야 하고, 헌법에 의하여 의회에 유보된 규범정립의 기능과 권한을 합헌적으로 충실하게 수행하여야 할 것이다.

주제어: 위임입법, 포괄위임입법금지 원칙, 헌법재판소, 예측가능성, 명확성의 원칙

제1절 머리말

우리 헌법은 제40조에 "입법권은 국회에 속한다"라고 규정하여 입법권이 국회에 있음을 분명히 하고 있으며 이 규정에 따라 법률의 제정·개정·폐지 등

의 입법권한은 국회에서 행사하고 있다. 그리고 헌법 제75조에 "대통령은 법률에서 구체적으로 범위를 정하여 위임받은 사항과 법률을 집행하기 위하여 필요한 사항에 관하여 대통령령을 발할 수 있다"라고 하고 있으며 제95조에 "국무총리 또는 행정각부의 장은 소관 사무에 관하여 법률이나 대통령령의 위임 또는 직권으로 총리령 또는 부령을 발할 수 있다"라고 규정하여 위임입법의 헌법적 근거를 규정하고 있다.[1] 즉, 포괄위임입법금지 원칙은 헌법 제75조와 헌법 제95조에 근거한 것으로 헌법재판소에서 법률의 위헌여부를 심사하는 하나의 헌법원칙으로 기능하고 있다. 현대국가의 행정기능이 증대되고 규율대상이 전문화·복잡화되었을 뿐만 아니라, 신속한 입법적 대처가 필요한 경우가 많은 상황에서, 국회 입법권에 입법의 전반을 모두 담당하게 하기보다는 행정부에 일정부분 입법을 위임함을 통하여 현대국가의 임무와 과제를 보다 효과적으로 실현하기 위한 것에 위임입법의 필요가 있다. 그러나 이러한 상황변화와 필요를 인정한다고 하더라도, 여전히 법률의 입법권은 오로지 국민의 대표기관인 국회에 부여된 권한이며 이를 표현하는 헌법원칙이 법률유보 원칙이고 이를 의회유보 원칙이라고도 한다. 따라서 위임입법이 필요하다고 하더라도 일정한 한계가 있을 수밖에 없으며 입법위임의 범위와 한계 설정에 관한 원칙이 바로 포괄위임입법금지 원칙이라고 할 수 있다. 포괄위임입법금지 원칙은 중요한 헌법원칙으로서, 법률유보 원칙을 입법권 행사의 측면에서 구체화하는 원칙이라고 할 수 있다. 그간의 학설과 판례를 통하여 포괄위임입법금지 원칙 위반 여부에 관해서는 일정한 심사기준이 형성되어 있고, 헌법재판소의 관련 판례도 많이 축적되어 있다. 그럼에도 불구하고 어떠한 사안이 포괄위임입법금지 원칙에 합당하는지 아닌지에 관해서는 의문이 생기는 경우가 많다. 규율대상이 워낙 다양하기도 하고 원칙 위반 여부에 대해서 획일적인 판단으로 해결되는 것이 아니라 입법사안별로 개별적·구체적으로 판단하여야 하는 경우가 많기 때문이다. 따라서 법률을 입법하는 경우에 입법위임을 어느 정도 및 어떤 범위 어떤 문구로 해

1 강대출, "포괄적 재위임에 대한 통제기준 모색 연구", 『유럽헌법연구』, 제5호(유럽헌법학회, 2009), 219면; 이명웅, "위임입법의 위헌심사기준 및 위헌결정사례 분석", 『저스티스』, 96호(한국법학원, 2007), 66면.

야 하는지에 관해서 입법자에게는 늘 의문이 있을 수밖에 없다. 포괄위임입법금지 원칙에 관하여 형성된 그간의 헌법재판소 판례를 바탕으로 하여 입법시의 심사기준을 살펴보기로 한다.

제2절 포괄위임입법금지 원칙의 헌법적 근거와 내용

포괄위임입법금지 원칙[2]에 대한 헌법적 근거는 우리 헌법 제75조와 헌법 제95조에서 찾을 수 있다. 헌법 제75조는 "대통령은 법률에서 구체적으로 범위를 정하여 위임받은 사항과 법률을 집행하기 위하여 필요한 사항에 관하여 대통령령을 발할 수 있다"라고 하고 있으며 제95조는 "국무총리 또는 행정각부의 장은 소관사무에 관하여 법률이나 대통령령의 위임 또는 직권으로 총리령 또는 부령을 발할 수 있다"라고 하여 입법부의 행정부에 대한 위임입법의 헌법적 근거 및 그 범위와 한계를 정하고 있다.[3] 이에 따라 행정부는 입법자로부터 위임받은 입법권을 행사하고 있으나 헌법 제75조의 "법률에서 구체적으로 범위를 정하여 위임"을 받거나 헌법 제95조의 "소관 사무에 관하여 법률이나 대통령령의 위임"을 받고 있기 때문에 일반적·포괄적으로 위임을 받은 것은 아니므로 일반적·포괄적 위임입법을 금지하고 있음을 알 수 있다. 따라서 헌법 제75조에 의한 법률의 위임의 경우는 반드시 구체적으로 범위를 정한 한정된 사항에 대하여 이루어져야 한다. 그렇지 아니하고 일반적·포괄적인 위임이 이루어진다면 입법부는 행정부에 대하여 입법권을 백지위임하는 것이나 다름이 없게 되어 이

2 포괄위임입법금지 원칙은 헌법 제75조에서 뿐만 아니라 헌법상 법치국가원리로부터도 도출할 수 있는 헌법상 원칙이다(김해원, "수권법률에 대한 수권방식통제로서 포괄위임금지원칙－기본권심사를 중심으로－", 『헌법학연구』, 제21권 제2호(한국헌법학회, 2015), 183면; 이부하, "포괄위임입법금지원칙에 대한 헌법재판소 견해에 대한 평가", 『법학논총』, 제29권 제2호(국민대학교 법학연구소, 2016), 300면).

3 이부하, 위의 논문, 300면; 전종익, "포괄위임금지원칙의 심사기준", 『아주법학』, 제7권 제3호(아주대학교 법학연구소, 2013), 12면; 이명웅, 앞의 논문, 66면.

는 결국에 의회입법의 원칙이나 법치주의를 부인하게 되는 것이 되고 또한 행정부의 기본권 행사에 대한 무제한적 침해를 초래할 위험이 있기 때문이다."[4] 이렇듯 우리 헌법은 제75조와 제95조에서 위임입법의 근거를 마련하는 한편, 다른 한편으로는 위임입법의 범위와 한계를 제시하고 있는 것이다. 따라서, 헌법 제75조는 위임입법의 근거를 마련하는 한편, 대통령령으로 입법할 수 있는 사항을 법률에서 구체적으로 범위를 정하여 위임받은 사항으로 한정함으로써 위임입법의 범위와 한계를 제시하고 있는 것으로, 이는 법률에서 일정한 사항을 하위법령에 위임하는 경우의 일반원칙으로서 대통령령뿐만 아니라 헌법 제95조에 의하여 총리령 또는 부령에 위임하는 경우에도 동일하게 적용된다.[5] 결론적으로 헌법 제75조와 제95조는 위임입법의 헌법적 근거가 되는 동시에 위임입법의 헌법적 한계규정이 되는 것이다.

제3절 포괄위임입법금지 원칙에 관한 헌재의 심사기준

헌법재판소 결정에서 볼 수 있는 바와 같이 포괄위임입법금지 원칙은 헌법재판소가 법률의 위헌여부를 심사하는 헌법원칙으로 기능하고 있다.[6] 즉, 헌법재판소는 제75조의 해석과 관련하여 "법률의 위임은 반드시 구체적이고 개별적으로 한정된 사항에 대하여 행해져야 한다. 그렇지 아니하고 일반적이고 포괄적인 위임을 한다면 이는 사실상 입법권을 백지위임하는 것이나 다름없어 의회입법의 원칙이나 법치주의를 부인하는 것이 되고 행정권의 부당한 자의와 기본권 행사에 대한 무제한적 침해를 초래할 위험이 있기 때문이다." 우리 헌법 제75조에서 "법률에서 구체적으로 범위를 정하여 위임받은 사항"이라 함은, "법률에 이미 대통령령으로 규정될 내용 및 범위의 기본사항이 구체적으로 규정되어

4 헌재, 1991. 7. 8. 91헌가4 전원재판부 결정
5 헌재, 2016. 2. 25. 2015헌바191 결정, 판례집 28-1상, 156, 164.
6 전종익, 앞의 논문, 12면.

있어서 누구라도 당해 법률로부터 대통령령에 규정될 내용의 대강을 예측할 수 있어야 함을 의미한다"[7]고 하고 있다. 이처럼 헌법재판소는 헌법 제75조와 제95조는 입법부의 행정부에 대한 입법위임을 허용한 것으로 다만 이러한 법률의 위임은 반드시 구체적이고 개별적으로 한정된 사항에 대하여 행해져야 하며[8] 헌법 제75조의 "법률에서 구체적으로 범위를 정하여 위임받은 사항"이라 함은 "법률에 이미 대통령령으로 규정될 내용 및 범위의 기본사항이 구체적으로 규정되어 있어서 누구라도 당해 법률로부터 대통령령에 규정될 내용의 대강을 예측할 수 있어야 함을 의미한다"[9]라고 판시하여 포괄위임입법금지의 원칙에 대한 심사기준으로 위임범위에 대한 예측가능성을 요구하고 있다.

여기서 예측가능성이 무엇인가에 관하여 헌법재판소는 예측가능성의 유무는 당해 특정조항 하나만을 가지고 판단할 것이 아니고 관련 법조항 전체를 유기적·체계적으로 종합 판단하여야 하며, 각 대상법률의 성질에 따라 구체적·개별적으로 검토하여야 할 것이라고 풀이하고 있다. 특히 위임의 구체성·명확성의 정도와 관련하여 헌법재판소는 위임의 구체성·명확성의 요구 정도는 그 규율대상의 종류와 성격에 따라 달라질 것이지만 특히 처벌법규나 조세법규와 같이 국민의 기본권을 직접적으로 제한하거나 침해할 소지가 있는 법규에서는 구체성·명확성의 요구가 강화되어 그 위임의 요건과 범위가 일반적인 급부행정의 경우보다 더 엄격하게 제한적으로 규정되어야 하는 반면에, 규율대상이 지극히 다양하거나 수시로 변화하는 성질의 것일 때에는 위임의 구체성·명확성의 요건이 완화되어야 할 것[10]이라고 하여 위임입법의 구체성·명확성의 요구

7 헌재, 1991. 7. 8. 91헌가4 결정, 판례집 3, 336, 341; 헌재, 1995. 9. 28. 93헌바50 결정, 판례집 7-2, 297, 307; 헌재, 1995. 11. 30. 91헌바1등 결정, 판례집 7-2, 562, 592; 헌재, 1995. 11. 30. 93헌바32 결정, 판례집 7-2, 598, 607; 헌재, 2002. 6. 27. 2000헌가10 결정, 판례집 14-1, 565, 569; 헌재, 2015. 5. 28. 2013헌바82등 결정, 판례집 27-1하, 216, 236; 헌재, 2016. 2. 25. 2015헌바191 결정, 판례집 28-1상, 156, 165; 헌재, 2016. 3. 31. 2014헌바382 결정, 판례집 28-1상, 388, 395-396; 헌재, 2016. 4. 28. 2014헌바60등 결정, 판례집 28-1상, 617, 628.

8 전종익, 위의 논문, 12면.

9 헌재, 1991. 7. 8. 헌가4 결정; 헌재, 1996. 8. 29. 95헌바36 결정

10 헌재, 1994. 6. 30. 93헌가15등 결정, 판례집 6-1, 576, 585; 헌재, 1995. 10. 26. 93헌바62 결정, 판례집 7-2, 419, 429; 헌재, 1997. 2. 20. 95헌바27 결정, 판례집 9-1, 156, 164; 헌

정도가 규율대상의 종류와 성격에 따라 달라짐을 지속적으로 확인하는 결정을 내리고 있다. 이처럼 헌법재판소는 포괄위임입법금지 원칙을 판단하는 기준으로 위임범위에 대한 예측가능성과 법률에 대한 명확성의 원칙을 들고 있다.

헌법 제75조의 해석과 관련하여 "구체적으로"와 "범위를 정하여"를 구분하여 보다 정밀한 해석이 필요함이 강조되기도 하지만, 헌법재판소는 이 둘을 구분하지 않고 백지위임 내지 포괄위임을 금지하는 것으로 해석하고 있으며, 예측가능성과는 별도로 '위임의 필요성'을 계속적으로 언급하며 위임의 형식과 관련한 검토를 하고 있다.[11] 그리고 헌법재판소는 헌법 제75조의 가장 중요한 해석원리로 수권법률의 명확성 원칙에 따른 예측가능성의 요청으로 이해하고 있다. 그러나 이러한 헌법 제75조에 관한 헌법재판소의 해석에 대하여 "예견가능성의 기준을 헌법 제75조의 요청에 그대로 적용하는 것은 문제가 있다"[12]는 견

재, 1998. 2. 27. 97헌마64 결정, 판례집 10-1, 187, 195; 헌재, 2000. 7. 20. 99헌가15 결정, 판례집 12-2, 37, 45; 헌재, 2002. 8. 29. 2000헌바50등 결정, 판례집 14-2, 153, 162; 헌재, 2002. 12. 18. 2001헌바52 결정, 판례집 14-2, 795, 802; 헌재, 2002. 6. 27. 2000헌가10 결정, 판례집 14-1, 565, 570; 헌재, 2002. 6. 27. 2000헌바88 결정, 판례집 14-1, 579, 585. 위임의 구체성·명확성의 요구 정도는 그 규율대상의 종류와 성격에 따라 달라질 것이지만 특히 처벌법규나 조세법규와 같이 국민의 기본권을 직접적으로 제한하거나 침해할 소지가 있는 법규에서는 구체성·명확성의 요구가 강화되어 그 위임의 요건과 범위가 일반적인 급부행정의 경우보다 더 엄격하게 제한적으로 규정되어야 하는 반면, 규율대상이 지극히 다양하거나 수시로 변화하는 성질의 것일 때에는 위임의 구체성·명확성의 요건이 완화되어야 할 것이다. 헌재, 2008. 5. 29. 2005헌바6 결정, 판례집 20-1하, 55, 64; 헌재, 2009. 5. 28. 2007헌바26 결정, 판례집 21-1하, 623, 633; 헌재, 2010. 2. 25. 2009헌바38 결정, 판례집 22-1상, 275, 289; 헌재, 2011. 2. 24. 2009헌바11등 결정, 판례집 23-1상, 37, 50; 헌재, 2011. 7. 28. 2009헌바244 결정, 판례집 23-2상, 33, 56-57; 헌재, 2012. 2. 23. 2011헌가13 결정, 판례집 24-1상, 25, 36-37; 헌재, 2012. 2. 23. 2009헌바47 결정, 판례집 24-1상, 95, 105; 헌재, 2012. 8. 23. 2010헌바471 결정, 판례집 24-2상, 512, 524; 헌재, 2012. 11. 29. 2011헌마827 결정, 판례집 24-2하, 250, 263; 헌재, 2014. 3. 27. 2013헌바198 결정, 판례집 26-1상, 480, 488; 헌재, 2014. 4. 24. 2012헌바412 결정, 판례집 26-1하, 64, 73; 헌재, 2015. 2. 26. 2012헌바355 결정, 판례집 27-1상, 64, 77; 헌재, 2015. 5. 28. 2013헌가6 결정, 판례집 27-1하, 176, 184; 헌재, 2015. 5. 28. 2013헌바82등 결정, 판례집 27-1하, 216, 236; 헌재, 2015. 7. 30. 2013헌바204 결정, 판례집 27-2상, 116, 125; 헌재, 2015. 11. 26. 2012헌바403 결정, 판례집 27-2하, 161, 171; 헌재, 2016. 2. 25. 2015헌바191 결정, 판례집 28-1상, 156, 165.

11 홍석한, "위임입법의 헌법적 한계에 관한 고찰", 『공법학연구』, 제11권 제1호(한국비교공법학회, 2010), 221~222면.

12 한수웅, "본질성 이론과 위임입법의 명확성 원칙", 『헌법논총』, 14집(헌법재판소, 2003),

해가 있다. 즉, 헌법재판소는 다수의 결정들에서 예측가능성의 기준을 제시하고 있지만, "개별적인 경우 수범자의 입장에서 사실상 무엇을 예측할 수 있는지"에 관해 헌법재판소의 '예측가능하다'는 판단이 공허한 경우가 적지 않고, 예측가능성의 기준을 언급하지 아니하고 판단을 한 경우도 있다고 비판하고 있다.[13] 더 나아가 헌법재판소는 예측가능성의 기준에 대하여 '법률해석을 통한 명확성 판단'이라는 관점과 '규율효과와 규율대상의 특성에 따른 명확성판단'이라는 두 가지 관점에 의하여 '위임법률이 예측가능성의 기준을 충족시키고 있는지를 판단하고 있다[14]고 한다. 그리고 헌법재판소가 위임입법에 대한 위헌심사기준으로 삼는 것은 근거성, 명확성, 예측가능성, 엄격성 등이다. 위임입법은 상위규범인 법률에 수권의 근거가 있어야 하며(근거성), 위임입법에 의한 규정은 명확하여야 하고(명확성), 위임의 내용은 예측가능하여야 하고(예측가능성), 형법이나 세법 등의 경우에는 보다 엄격하게(엄격성) 규정되어야 한다.[15] 또한 헌법재판소의 위헌심사기준인 위임의 구체성과 명확성이란, 국민에게는 해석과 집행의 예측가능성을 주어야 하고, 법집행자에게는 자의적 집행을 방지하도록 규정되어야 한다. 입법자에 대한 입법기준으로는 위임의 구체성, 개별성, 명확성이 제시되고 헌법재판소의 기준으로 분석되고 있다.[16]

제4절 포괄위임입법금지 원칙과 명확성 원칙

헌법 제75조는 "대통령은 법률에서 구체적으로 범위를 정하여 위임받은 사

618면.

13 한수웅, 위의 논문, 619면.

14 한수웅, 위의 논문, 617면.

15 정극원, "헌법재판에서의 포괄적 위임입법금지 원칙의 적용", 『헌법학연구』, 제15권 3호(한국헌법학회, 2009), 467면 이하; 김명수, "보건의료법 체계에서 포괄적 위임금지원칙에 관한 고찰", 『세계헌법연구』, 제20권 제1호(세계헌법학회한국학회, 2014), 32면 이하.

16 이명웅, 앞의 논문, 68면 이하.

항에 관하여 대통령령을 발할 수 있다"고 규정하여 위임입법의 헌법상 근거를 마련함과 동시에 위임은 구체적으로 범위를 정하여 하도록 하여 그 한계를 제시하고 있다. 이는 행정부에 입법을 위임하는 수권법률의 명확성원칙에 관한 것으로서 법률의 명확성원칙이 행정입법에 관하여 구체화된 특별규정이라는 것이다.[17]

포괄위임입법금지 원칙과 명확성원칙의 관계에 관하여 헌법재판소는 포괄위임입법금지 원칙은 행정부에 입법을 위임하는 수권법률의 명확성원칙에 관한 것으로서 법률의 명확성원칙이 위임입법에 관하여 구체화된 특별규정이라고 본다. 따라서 수권법률조항의 명확성원칙 위배 여부는 헌법 제75조의 포괄위임입법금지 원칙의 위반 여부에 대한 심사로써 충족된다고 한다.[18] 즉, "입법의 위임은 "구체적으로 범위를 정하여" 하도록 하는 "헌법 제75조의 포괄위임입법금지 원칙은 입법부가 행정부에 입법을 위임하는 수권법률의 명확성원칙에 관한 것으로서 법률의 명확성원칙이 위임입법에 관하여 구체화된 특별규정이라고 할 수 있다. 따라서 수권법률조항의 명확성원칙 위반 여부는 헌법 제75조의 포괄위임입법금지 원칙의 위반 여부에 대한 심사로써 충족된다"[19]라고 판시하여 포괄위임입법금지 원칙에 대한 심사기준으로 법률에 대한 명확성의 원칙을 요구하고 있다.[20] 나아가서 법률의 명확성원칙은 "법률의 수권은 그 내용, 목적, 범위에 있어서 충분히 확정되고 제한되어 있어서 국민이 행정의 행위를 어느 정

17 헌재, 2007. 4. 26. 2004헌가29 결정, 판례집 19-1, 349, 365-366; 헌재, 2011. 12. 29. 2010헌바385등 결정, 판례집 23-2하, 673, 687; 헌재, 2016. 6. 30. 2015헌바125등 결정, 판례집 28-1하, 589, 598; 헌재, 2016. 6. 30. 2015헌바371등 결정, 판례집 28-1하, 630, 636; 헌재, 2016. 10. 27. 2015헌바360등 결정, 판례집 28-2상, 632, 639-640

18 헌재, 2011. 2. 24. 2009헌바13등 결정, 판례집 23-1상, 53, 63; 헌재, 2015. 4. 30. 2013헌바55 결정, 판례집 27-1상, 520, 530; 헌재, 2015. 11. 26. 2014헌바359 결정, 판례집 27-2하, 233, 248; 헌재, 2016. 3. 31. 2015헌바201 결정, 판례집 28-1상, 425, 431.

19 헌재, 2013. 8. 29. 2011헌가19, 2012헌가12, 2012헌바98, 2013헌가11(병합) 결정

20 즉 헌법 제75조는 "행정부에 입법을 위임하는 수권법률의 명확성원칙에 관한 것으로서, 법률의 명확성원칙이 행정입법에 관하여 구체화된 특별규정"이라 할 수 있다. 따라서 수권법률조항의 명확성원칙 위반 여부는 헌법 제75조의 포괄위임입법금지 원칙의 위반 여부에 대한 심사로써 충족된다(헌재, 2007. 4. 26. 2004헌가29 결정; 헌재, 2010. 5. 27. 2009헌바183 결정; 헌재, 2012. 4. 24. 2009헌바329 결정)

도 예측할 수 있어야 한다"[21]는 것을 의미한다고도 언급하였다. 헌법재판소는 포괄위임입법금지 원칙을 판단하는 기준으로 위임범위에 대하여 구체적이고 예측가능하여야 하며 그 규정은 명확하게 규정되어야 한다는 명확성원칙을 들고 있다.[22]

그러나 포괄위임입법금지 원칙과 명확성원칙의 관계에 관하여, 반드시 등식관계가 아님을 언급한 헌법재판소 결정도 있다. 즉, "위임입법에서 사용하고 있는 추상적 용어가 하위 법령에 규정될 내용의 범위를 구체적으로 정해주기 위한 역할을 하는지, 아니면 그와는 별도로 독자적인 규율 내용을 정하기 위한 것인지 여부에 따라 별도로 명확성원칙 위반의 문제가 나타날 수도 있고, 그렇지 않을 수도 있게 된다"[23]고 한다. 예를 들어, 노동조합법 제42조 제1항은 대통령령에 정해질 필수유지업무의 요건으로 '필수공익사업의 업무 중 그 업무가 정지되거나 폐지되는 경우 공중의 생명·건강 또는 신체의 안전이나 공중의 일상생활을 현저히 위태롭게 하는 업무'일 것을 요구하고 있는바, 이는 그 자체로 필수유지업무의 의미를 확정하는 것이 아니라 대통령령에 담아야 할 필수유지업무의 내용의 대강을 설명하고 있는 것이다. 그렇다면 이는 독자적인 명확성원칙의 문제가 아니라 명확성원칙이 헌법상 구체화된 포괄위임입법금지 원칙의 문제라 할 것이므로, 이 부분 청구인 주장과 관련해서는 포괄위임입법금지 원칙 위반 여부에 대해서만 보았다.

나아가 명확성원칙의 문제가 아니라 법률유보원칙 및 포괄위임입법금지 원칙의 문제로 본 사례도 있다. 즉, "청구인은 '독점규제 및 공정거래에 관한 법률' 제22조 본문 중 '제19조 제1항 제3호' 및 '제19조 제1항 제8호'에 관한 부분이 과징금 상한의 지표가 되는 '매출액'의 범위를 법률에서 직접 규정하지 않은 채 오로지 '대통령령이 정하는'이라는 위임 형식만을 규정하고, 과징금 부과기준에 대해서는 아무런 규율을 한 바 없어 과징금 상한 및 부과기준이 불명확하

21 헌재, 2003. 7. 24. 2002헌바82 전원재판부 결정; 헌재, 2013. 8. 29. 2011헌가19, 2012헌가12, 2012헌바98, 2013헌가11(병합) 결정
22 전종익, 앞의 논문, 12면.
23 헌재, 2011. 12. 29. 2010헌바385등 결정, 판례집 23-2하, 673, 688.

다고 주장한다. 그렇다면 문제가 되는 것은 과징금 상한과 부과기준을 법률이 직접 정하지 아니한 것 자체 및 과징금 상한에 관한 위임의 형식이라 할 것이므로, 명확성원칙에 관하여는 판단할 필요 없이, 과징금부과조항이 법률유보원칙 및 포괄위임입법금지 원칙을 준수하고 있는지 여부에 대해서만 심사하면 족하다"[24]고 하였다. 명확성원칙의 문제가 아니라 포괄위임입법금지 원칙의 문제로 본 다른 사례도 있다. "청구인들은 '신문 등의 진흥에 관한 법률' 제2조 제2호가 인터넷신문에 관하여 모호하게 규정하여 정확한 의미를 파악하기 어려우므로 명확성원칙에 위배된다고 주장한다. 그러나 '인터넷신문'은 지면이 아닌 인터넷을 통하여 발행·배포되는 신문을 뜻하는 것임이 분명하다. 청구인들 주장은 신문법상 '인터넷신문'의 요건을 위 조항에서 규정하지 않고 시행령에 위임하여 법률 규정만으로는 정확한 요건을 파악하기 어렵다는 취지이므로, 이 부분 주장은 포괄위임입법금지 원칙 위반 여부에서 판단한다. 청구인들은 구 '신문 등의 진흥에 관한 법률' 제9조 제1항 중 인터넷신문에 관한 부분이 등록에 관해 구체적 내용 없이 모호하게 규정하여 정확한 의미를 파악할 수 없으므로 명확성원칙에 위반된다고 주장한다. 하지만 사전적 의미에서 '등록'은 일정한 법률사실이나 법률관계를 특정 등록 기관이 마련해 둔 장부에 기재하는 일을 말하는 것으로 그 뜻이 명확하다. 청구인들의 주장은 신문법상 '등록'의 요건을 대통령령에 위임하여 법률 규정만으로는 정확한 요건을 파악하기 어렵다는 취지이므로, 이 부분 주장도 포괄위임입법금지 원칙 위반 여부에서 판단한다"[25]고 하였다.

헌법재판소는 명확성원칙과 포괄위임입법금지 원칙의 관계에 관해서, "일반적으로 법률에서 일부 내용을 하위법령에 위임하는 경우 위임을 둘러싼 법률 규정 자체에 대한 명확성의 문제는, 그 위임규정이 하위법령에 위임하고 있는 내용과는 무관하게 법률 자체에서 해당 부분을 완결적으로 정하고 있는지에 따라 달라진다. 즉 법률에서 사용된 추상적 용어가 하위법령에 규정될 내용과는

24 헌재, 2016. 4. 28. 2014헌바60등 결정, 판례집 28-1상, 617, 624.
25 헌재, 2016. 10. 27. 2015헌마1206등 결정, 판례집 28-2하, 1, 14~15.

별도로 독자적인 규율 내용을 정하기 위한 것이라면 별도로 명확성원칙이 문제될 수 있으나, 그 추상적 용어가 하위법령에 규정될 내용의 범위를 구체적으로 정해주기 위한 역할을 하는 경우라면 명확성의 문제는 결국 포괄위임입법금지원칙 위반의 문제로 포섭된다"[26]고 하였다. 이렇듯, 헌법재판소는 포괄위임입법금지 원칙과 명확성원칙을 동일하게 언급한 경우도 있고 달리 언급한 경우도 있다. 포괄위임입법금지 원칙과 명확성원칙의 개념과 내용은 명백히 다르다는 점에 대해서는 증명을 요하지 않는다. 다만 불명확하게 법문을 규정하여 포괄적인 위임으로 인식되는 경우에는 명확성원칙을 위주로 포괄위임입법금지 원칙 위반을 설명한 것으로 보이기 때문에, 포괄위임입법금지 원칙과 명확성원칙을 동일하게 언급한 것이라 본다. 포괄위임입법금지 원칙에는 명확한 수권규정 이외에도 근거가 있어야 하고 예측가능하여야 하는 등의 다른 내용 요소가 있는 것이다. 즉 명확하더라도 모법의 근거가 없거나 이론상 예측가능하지 않은 경우가 있을 수 있는 것이다. 이러한 점들을 종합하면, 포괄위임입법금지 원칙과 명확성원칙은 별개의 원칙이며, 다만 법률의 위임 내용과 범위 등이 명확하지 않음으로 인하여 포괄위임입법금지 원칙에 위반되는 경우가 있는 것이다. 당연히 명확성원칙 위반이 아님에도 포괄위임입법금지 원칙에 위반되는 경우가 있음은 물론이다.

제5절 입법자의 입법기준으로서의 포괄위임입법금지 원칙

1. 위헌심사기준과 입법기준

전술한 바와 같이 헌법재판소는 헌법 제75조와 제95조에 근거하여 위임입

26 헌재, 2015. 7. 30. 2013헌바204 결정; 헌재, 2016. 12. 29. 2014헌바419 결정, 판례집 28-2하, 362, 369.

법을 인정하면서도 이와 함께 헌법 제40조의 종합적 해석과 법률유보원칙 등 헌법원칙을 감안하여 포괄위임입법금지 원칙을 분명히 적용하고 있다. 즉, "사회적 변화에 대응한 입법수요의 급증과 종래의 형식적 권력분립주의로는 현대사회에 대응할 수 없다는 기능적 권력분립론 등을 감안하여 헌법 제40조와 헌법 제75조, 제95조의 의미를 살펴보면, 의회가 구체적으로 범위를 정하여 위임한 사항에 관하여는 당해 행정기관이 법정립의 권한을 갖게 되고, 이 경우 입법자는 규율의 형식도 선택할 수 있다 할 것이므로, 헌법이 명시하고 있는 법규명령의 형식이 아닌 행정규칙에 위임하더라도 이는 국회입법의 원칙과 상치되지 않는다"[27]고 하여 위임입법의 헌법적 법리를 설명하고 있다. 관건은 이러한 규범통제기준이 일종의 피드백으로 작용하여 입법기준으로 어떻게 활용될 수 있는가이다. 여기서 위임입법의 범위와 한계라는 관점과 표현은 위임하는 법률의 관점에서 보는 것이고, 입법부와 행정부간 입법권의 배분이라는 관점과 표현은 전체 입법의 관점에서 입법기능과 입법권한을 보는 것이다. 즉, 국회입법과 위임입법의 입법권한 배분에 있어서 가장 기본이 되는 것은 "국민의 권리와 의무의 형성에 관한 사항을 비롯하여 국가의 통치조직과 작용에 관한 기본적이고 본질적인 사항은 반드시 국회가 정하여야 할 것"[28]이라는 의회유보원칙이다. 법률이 행정입법에 위임할 수 있는 사항은 집행명령(헌법 제75조 후단)에 의하여 규정할 수 있는 사항 또는 법률의 의미를 구체화하는 사항에 한정되어야 하고, 새로운 입법사항이나 국민의 새로운 권리·의무에 관한 사항이 되어서는 아니 된다.[29] 입법부에서 행정부로의 입법권의 위임은 모든 사항에 대해서 가능한 것이 아니다. 헌법원칙으로부터 도출되는 위임입법의 사안적 한계 달리 말하면 헌법적 한계라고 할 수 있는 것이다. 헌법재판소의 표현을 빌리자면 "헌법상 기본권 및 기본의무와 관련된 중요한 사항 내지 본질적인 내용에 대한 정책 형성 기능만큼은 입법부가 담당하여 법률의 형식으로써 수행해야 하고 행정부나 사

27 헌재, 2016. 2. 25. 2015헌바191 결정, 판례집 28-1상, 156, 167.
28 헌재, 2006. 3. 30. 2005헌바31 결정, 판례집 18-1상, 362, 368.
29 헌재, 2008. 11. 27. 2005헌마161등 결정, 판례집 20-2하, 290, 312; 헌재, 2009. 2. 26. 2005헌바94등 결정, 판례집 21-1상, 1, 11~12.

법부에 그 기능을 넘겨서는 안 된다. 국회의 입법절차는 전문관료들만에 의하여 이루어지는 행정입법절차와는 달리 공익의 발견과 상충하는 이익간의 정당한 조정에 보다 적합한 민주적 과정이라 할 수 있으므로, 규율대상이 기본권적 중요성을 가질수록 그리고 그에 관한 공개적 토론의 필요성 내지 상충하는 이익간 조정의 필요성이 클수록, 그것이 국회의 법률에 의해 직접 규율될 필요성 및 그 규율밀도의 요구 정도는 그만큼 더 증대되는 것으로 보아야 한다."[30] 헌법상 기본권 및 기본의무와 관련된 중요한 사항 내지 본질적인 내용은 행정입법으로 위임할 수 없다는 의미이다.

이를 입법권한의 관점에서가 아니라 입법내용이라는 관점에서 보자면, 새로운 입법사항이나 국민의 새로운 권리와 의무를 규정할 수도 없다는 것이다. 이에 관해서도 헌법재판소는 "우리 헌법은 제40조에서 국회입법의 원칙을 천명하면서 예외적으로 법규명령으로 대통령령, 총리령과 부령, 대법원규칙, 헌법재판소규칙, 중앙선거관리위원회규칙을 한정적으로 열거하고 있는 한편 우리 헌법은 그것에 저촉되는 법률을 포함한 일체의 국가의사가 유효하게 존립 될 수 없는 경성헌법이므로, 법률 또는 그 이하의 입법형식으로써 헌법상 원칙에 대한 예외를 인정하여 고시와 같은 행정규칙에 입법사항을 위임할 수는 없다. 우리 헌법을 이렇게 해석한다면 위임에 따른 행정규칙은 법률의 위임 없이도 제정될 수 있는 집행명령(헌법 제75조 후단)에 의하여 규정할 수 있는 사항 또는 법률의 의미를 구체화하는 내용만을 규정할 수 있다고 보아야 하는 것이고 새로운 입법사항을 규정하거나 국민의 새로운 권리·의무를 규정할 수는 없다"[31]고 하였다.

헌법 제75조는 법률이 대통령령에 입법사항의 규정을 위임할 경우에는 법률에 미리 대통령령으로 규정될 내용 및 범위의 기본사항을 구체적으로 규정하

30 헌재, 2004. 3. 25. 2001헌마882 결정, 판례집 16-1, 441, 454.

31 헌재, 2011. 2. 24. 2009헌바13등 결정, 판례집 23-1상, 53, 64; 헌재, 2014. 7. 24. 2013헌바183등 결정, 판례집 26-2상, 149, 158; 헌재, 2016. 3. 31. 2014헌바382 결정, 판례집 28-1상, 388, 394~395; 헌재, 2016. 10. 27. 2015헌바360등 결정, 판례집 28-2상, 632, 640~641.

여 둠으로써 행정권에 의한 자의적인 법률의 해석과 집행을 방지하고 의회입법과 법치주의의 원칙을 달성하고자 하는 것이다.[32] 이처럼 헌법 제75조는 위임입법의 근거를 마련하는 한편, 대통령령으로 입법할 수 있는 사항을 법률에서 구체적으로 범위를 정하여 위임받은 사항으로 한정함으로써 위임입법의 범위와 한계를 제시하고 있다. 이와 같이 헌법에서 포괄위임을 금지하는 취지는 만약 하위법령에 대한 포괄위임을 허용한다면 이는 곧 하위법령이 실질적인 입법을 하게 되는 것이어서 입법권은 국회가 보유하는 것으로 규정한 헌법 제40조에 위반되는 것이기 때문이다.[33]

우리 헌법 제75조에서 "법률에서 구체적으로 범위를 정하여 위임받은 사항"이라 함은, "법률에 이미 대통령령으로 규정될 내용 및 범위의 기본사항이 구체적으로 규정되어 있어서 누구라도 당해 법률로부터 대통령령에 규정될 내용의 대강을 예측할 수 있어야 함을 의미한다"[34]고 하고 있다. 이러한 확립된 헌법재판소의 결정에서 포괄위임입법금지 원칙의 입법적 시사점을 얻을 수 있다. 법률에서 일정한 사항을 대통령령에 위임하는 경우에는, "대통령령으로 규정될 내용 및 범위의 기본사항"을 "구체적으로" 규정해야 한다는 것이다. 달리 말하자면, 법률에서 일정한 사항을 대통령령에 위임하는 경우, 대통령령에 위임한다는 명시적인 규정이 없거나, 대통령령에 규정될 내용을 구체적으로 규정하지 않거나 부실하거나 불명확하게 규정하거나, 위임의 범위를 정하지 않거나 불명확하게 규정하는 등의 경우에는 포괄위임입법금지 원칙에 반하는 대통령령의 입법이 될 수 있다.

---

32 헌재, 2009. 5. 28. 2007헌바26 결정, 판례집 21-1하, 623, 632~633; 헌재, 2011. 2. 24. 2009헌바13등 결정, 판례집 23-1상, 53, 63; 헌재, 2015. 5. 28. 2013헌바82등 결정, 판례집 27-1하, 216, 236.

33 헌재, 2013. 7. 25. 2012헌바92 결정, 판례집 25-2상, 178, 187~188.

34 헌재, 1991. 7. 8. 91헌가4 결정, 판례집 3, 336, 341; 헌재, 1995. 9. 28. 93헌바50 결정, 판례집 7-2, 297, 307; 헌재, 1995. 11. 30. 91헌바1등 결정, 판례집 7-2, 562, 592; 헌재, 1995. 11. 30. 93헌바32 결정, 판례집 7-2, 598, 607; 헌재, 2002. 6. 27. 2000헌가10 결정, 판례집 14-1, 565, 569; 헌재, 2015. 5. 28. 2013헌바82등 결정, 판례집 27-1하, 216, 236; 헌재, 2016. 2. 25. 2015헌바191 결정, 판례집 28-1상, 156, 165; 헌재, 2016. 3. 31. 2014헌바382 결정, 판례집 28-1상, 388, 395~396; 헌재, 2016. 4. 28. 2014헌바60등 결정, 판례집 28-1상, 617, 628.

2. 법령입안과 법제심사 기준으로서의 포괄위임입법금지 원칙

헌법에 의하여 입법자는 입법권의 범위 안에서 입법형성의 자유 혹은 입법재량을 가진다. 그러나 입법자의 형성의 자유에는 일정한 한계가 존재하며 이러한 입법형성의 한계는 입법자가 지켜야 하는 입법원칙 혹은 입법을 함에 있어서 기준이 된다. 과잉금지원칙, 과소금지원칙, 기본권존중의 원칙, 신뢰보호의 원칙, 적법절차의 원칙, 체계정당성의 원칙 등등과 함께 명확성원칙과 포괄위임입법금지 원칙도 입법원칙의 하나이다.[35] 이러한 입법의 원칙 혹은 기준은 법령의 위헌여부에 대한 규범통제를 위한 사후기준이기도 하지만, 법안심사과정에서 법안의 합헌성[36]과 타당성 심사의 기준으로서도 적용할 수 있다. 헌법재판소는 입법원칙 혹은 입법기준을 위반한 법률은 입법자의 형성의 자유의 범위를 벗어난 것으로 위헌이라는 점을 여러 결정을 통해 선고하고 있다.

이러한 관점에서, 법률에 위임관련 사항을 규정하더라도, 위임 가능한 범위를 벗어난다든가 명시적으로 위임을 한다는 문구가 없는 사항의 경우에는 입법위임의 근거가 될 수 없다. 즉, 헌법재판소는 모법이라고도 부르는 관련 법률에서 기본권 제한과 관련한 입법사항이 언급되었다거나 일부 규정되어 있는 경우, 법률을 시행하기 위하여 필요한 기술적·절차적인 사항들을 넘어 아무런 명시적 언급이 없는 사항까지 위임의 근거가 되는지 여부에 관하여 판단하면서, "헌법 제75조의 규범적 의미는 어떤 입법사항을 하위규범에 위임하는 법률조항에서 위임의 취지와 범위를 구체적으로 명시하여야 한다는 것이다. 따라서 관련 법률이나 모법에서 단지 기본권 제한과 관련한 입법사항이 언급되었다거나 일부 규정되어 있다고 하여, 그것이 법률을 시행하기 위하여 필요한 기술적·절차적인 사항들을 넘어 아무런 명시적 언급이 없는 사항까지 위임한 근거라고

---

35 이에 관한 상세한 사항은 홍완식, "헌법재판소의 결정을 통해 본 입법의 원칙", 『헌법학연구』, 제15권 제4호(한국헌법학회, 2009), 487면 이하 참조.

36 "위헌적인 것으로 의심되는 법률은 내용적으로 국회의 심의과정에서 가급적 빠짐없이 논의되어 위헌요소가 제거되도록 수정되어야 한다." 김병기, "위헌결정법률의 효력과 그에 대한 국회의 대응", 『행정법연구』, 제14호(행정법이론실무학회, 2005), 111면.

보기는 어렵다"[37]고 하였다.

또한 위임입법의 헌법적 한계를 판단하면서 헌법재판소는 위임입법과 관련하여 '입법권자에 대한 한계와 법규명령 제정자에 대한 한계'를 판단하였다. 즉, "위임입법의 내용에 관한 헌법적 한계는 그 수범자가 누구냐에 따라 입법권자에 대한 한계와 수권법률에 의해 법규명령을 제정하는 수임자에 대한 한계로 구별할 수 있다. 즉, 국회가 법률에 의하여 입법권을 위임하는 경우에도 헌법 등 상위규범에 위반해서는 아니 된다는 것이 전자의 문제이고, 반면에 법률의 우위원칙에 따른 위임입법의 내용적 한계는 후자에 속한다"고 하였다. 일반적으로 위임입법의 내용적 한계라고 하는 경우에는 주로 후자가 문제되고 있으며, 모법상 아무런 규정이 없는 입법사항을 하위명령이 규율하는 것은 위임입법의 한계를 위배하는 것이라고 판단하였다.[38]

국회 법제실에서 발간한 법제이론과 실제에서는 "행정입법으로 위임하는 규정을 두기 전에 위임대상을 확정하고 위임대상의 성질을 고려하여 위임이 허용되는지 또는 위임이 필요한지 여부를 먼저 검토"하도록 입법 가이드라인을 설정하고 있다. 즉, "입법자 스스로 위임대상을 확정하지 못하고 막연히 행정입법으로 위임하여서는 안되며, 반드시 법률에서 직접 규정하여야 하는 사항은 아닌지(위임의 허용가능성), 해당 법제 영역에 고도의 전문성이 필요하고 개정수요가 많아 입법환경이 유동적이라는 사정 등이 있는지(위임의 필요성) 등에 대하여 검토가 필요"하다는 것이다.[39] 전술한 바와 같이 헌법재판소 결정에서 지속적으로 제시하고 있는 '예측가능성'에 대해서 입법부인 국회는 한정적 수식어를 사용하거나 예시를 통해 위임대상을 예측할 수 있도록 하는 방법을 제시하면서, 위임대상이 특정되지 아니한 채 "대통령령으로 정하는 바에 따라"와 같은 표현을 쓰는 것은 해당 행정입법에서 무분별하게 입법사항을 규정하는 근거로 악용될 수 있으므로 지양하도록 법제와 법안검토 실무의 지침을 설정하고

37 헌재, 2016. 11. 24. 2014헌바401 결정, 판례집 28-2하, 165, 172; 헌재, 2016. 4. 28. 2012헌마549등 결정 참조.

38 헌재, 1997. 4. 24. 95헌마273 결정, 판례집 9-1, 487, 495.

39 국회 법제실, 『법제이론과 실제(전면개정판)』, (국회 법제실, 2019), 42면.

있다.[40]

국회 법제사법위원회의 체계·자구심사와 관련해서도 포괄위임입법금지 원칙을 검토하도록 하고 있다. 체계·자구심사의 구체적인 심사사례로서 법사위가 발간한 '체계·자구심사편람'에는 「대부업 등의 등록 및 금융이용자 보호에 관한 법률」 일부개정법률안이 제시되어 있다. 당초 발의된 개정안에서는 대부업자가 이자율을 제한받는 대부 대상자 중의 하나로 "대통령으로 정하는 소규모 법인"을 규정하고 있으나, 포괄위임이 아닌가 하는 문제가 발생할 수 있으므로, "「중소기업기본법」 제2조 제2항에 따른 소기업에 해당하는 법인"으로 수정하라고 하는 수정의견을 마련한 적이 있다.[41] 이처럼 막연히 '소규모 법인'의 규모를 대통령령으로 정하도록 하는 것보다는 밀접한 법률에서 이미 '소기업'의 정의와 규모를 규정하고 있기 때문에 수정한 것은 포괄위임입법금지 원칙을 잘 적용한 것으로 평가할 수 있다. 만일 당초 원안대로 개정되었다면 행정부에서는 '소규모 법인'을 어떤 기준으로 정할지에 관해서 기준을 잡기 어려웠을 수 있고, 「중소기업기본법」과는 달리 정하였다면 법률간의 체계정당성 위반의 문제가 발생할 가능성도 있었을 것이다. 국민들의 입장에서는 '소규모 법인'이나 '소기업'이 어느 정도의 규모인지에 대해 예측을 할 수 없었음은 당연하고 법률에 따라 '작은 규모의 기업'의 명칭이나 규모가 달랐다면 집행을 하는 입장에서도 혼란을 가져왔을 것이다.

헌법재판소의 결정에서 나타난 포괄위임입법금지 원칙은 이렇게 입법자인 국회의 입법심사기준으로 활용되고 있는 것이다. 또한 헌법재판소가 위헌심사기준으로 적용하고 있는 포괄위임입법금지 원칙은 법제처의 법안심사기준으로도 적극 활용되고 있다. 우선 헌법 제40조에 근거하여 입법권은 국회에 속하지만 합의제 대의기관으로서 국회가 갖는 전문적 취약점 등의 제약요인에 따라 국회의 입법기능에는 한계가 있음을 지적하면서, 국회의 입법기능을 보완하기 위하여 행정입법이 양적·질적으로 증대되고 있는데 행정입법을 어떻게 통제하

40 국회 법제실, 위의 책, 43면.
41 국회 법제사법위원회, 『체계·자구심사편람』, (국회 법제사법위원회, 2016), 30면.

느냐와 관련된 것이 포괄위임입법금지 원칙이라고 설명하고 있다. 위임의 구체성과 명확성 요구의 정도와 관련해서 "입법사항을 하위법령에 위임할 경우에는 구체적으로 범위를 정하여 일반적·포괄적 위임이 되지 않도록 주의해야 한다"고 법제 가이드라인을 설정하고 있다. 즉 "법률에 미리 대통령령 등으로 규정될 내용과 범위의 기본적인 사항을 구체적이고 명확하게 규정"할 것을 언급하며 구체적으로는 "입법취지나 하위법령의 입법방향을 짐작할 수 있도록 하는 표현을 덧붙여 주는 것도 좋을 것"이라 하고 "하위법령에서 권리의무에 관한 사항을 정하려고 하는 경우에는 법률에서 그 점을 분명히 해야 한다"고 하고 있다.[42]

3. 위임입법과 규범단계의 문제

입법사항을 총리령이나 부령에 위임할 수 있는지 여부에 관해서 헌법재판소는 "헌법 제75조는 대통령에 대한 입법권한의 위임에 관한 규정이지만, 국무총리나 행정각부의 장으로 하여금 법률의 위임에 따라 총리령 또는 부령을 발할 수 있도록 하고 있는 헌법 제95조의 취지에 비추어 볼 때, 입법자는 법률에서 구체적으로 범위를 정하기만 한다면 대통령령뿐만 아니라 부령에 입법사항을 위임할 수도 있다"[43]고 하였다. 그러나 재위임에 관해서 헌법재판소는 "법률에서 위임받은 사항을 전혀 규정하지 않고 재위임하는 것은 위임금지의 법리에 반할 뿐 아니라 수권법의 내용변경을 초래하는 것이 되고, 부령의 제정·개정절차가 대통령령에 비하여 보다 용이한 점을 고려할 때 재위임에 의한 부령의 경우에도 위임에 의한 대통령령에 가해지는 헌법상의 제한이 당연히 적용되어야 할 것이므로 법률에서 위임받은 사항을 전혀 규정하지 아니하고 그대로 재위임하는 것은 허용되지 않으며 위임받은 사항에 관하여 대강을 정하고 그 중의 특정사항을 범위를 정하여 하위법에 다시 위임하는 경우에만 재위임이 허용된다"[44]고 하였다. 즉, 법률에서 위임받은 사항을 대통령령에서 전혀 규정하지 아

42 법제처, 『법령입안·심사기준』, (법제처, 2017), 38~40면.
43 헌재, 1998. 2. 27. 97헌마64 결정, 판례집 10-1, 187, 194.
44 헌재, 1996. 2. 29. 94헌마213 결정, 판례집 8-1, 147, 163; 헌재, 2002. 7. 18. 2001헌마605

니한 채 부령에 재위임하는 것은 허용되지 않는다는 것이며, 대통령령에서 법률의 위임사항의 대강이라도 정하고 그 중의 특정사항을 범위를 정하여 하위법령에 위임하는 경우에는 재위임이 허용된다는 것이다.

조례에 대한 위임의 한계에 관해서 헌법재판소는 "조례의 제정권자인 지방의회는 선거를 통해서 그 지역적인 민주적 정당성을 지니고 있는 주민의 대표기관이고 헌법이 지방자치단체에 포괄적인 자치권을 보장하고 있는 취지로 볼 때, 조례에 대한 법률의 위임은 법규명령에 대한 법률의 위임과 같이 반드시 구체적으로 범위를 정하여 할 필요가 없으며 포괄적인 것으로 족하다"[45]고 하였다. 그러나 2000년대 이후 우리나라에서 급격히 증가한 위임조례에 관해서 법이론상으로 자치사무의 규율방식에 맞지도 않는 "입법적 혼란"이라는 비판이 있다.[46]

국민의 권리의무와 관련된 사항을 고시와 같은 행정규칙에 위임할 수 있는지에 관해서도 헌법재판소는 "재산권 등과 같은 기본권을 제한하는 작용을 하는 법률이 입법위임을 할 때에는 "대통령령", "총리령", "부령" 등 법규명령에 위임함이 바람직하고, 금융감독위원회의 고시와 같은 형식으로 입법위임을 할 때에는 적어도 행정규제기본법 제4조 제2항 단서에서 정한 바와 같이 법령이 전문적·기술적 사항이나 경미한 사항으로서 업무의 성질상 위임이 불가피한 사항에 한정된다 할 것이고, 그러한 사항이라 하더라도 포괄위임입법금지 원칙상 법률의 위임은 반드시 구체적·개별적으로 한정된 사항에 대하여 행하여져야 한다"[47]고 하였다. 즉, 입법사항을 고시 등의 하위입법에 위임하는 것은 대통령령이나 부령 등에 위임하는 것과는 달리 보아야 한다는 점을 분명히 한 것이

결정, 판례집 14−2, 84, 101; 헌재, 2002. 10. 31. 2001헌라1 결정, 판례집 14−2, 362, 371−372; 헌재, 2004. 1. 29. 2001헌마894 결정, 판례집 16−1, 114, 131.

45 헌재, 1995. 4. 20. 92헌마264등 결정, 판례집 7−1, 564, 572; 헌재, 2004. 9. 23. 2002헌바76 결정, 판례집 16−2상, 501; 헌재, 2015. 7. 26. 2009헌바328 결정, 판례집 24−2상, 64, 86.

46 선정원, "침익적 위임조례에 있어 위임의 포괄성과 그 한계", 『지방자치법연구』, 제18권 4호(한국지방자치법학회, 2018), 206면.

47 헌재, 2004. 10. 28. 99헌바91 결정, 판례집 16−2하, 104, 119−120; 헌재, 2016. 10. 27. 2015헌바360등 결정, 판례집 28−2상, 632, 641

다. 국민의 권리의무에 관한 사항이 국민의 대표인 국회에 의하여 정해지지 않고 고시와 같은 하위의 행정입법권을 지니는 행정기관에 의하여 정해진다는 것은 입법상 불가능하다는 점을 명백히 밝힌 것이다.

4. 위임입법의 분야와 관련한 문제

헌법재판소는 예측가능성에 관하여 당해 특정조항 하나만이 아니라 관련 법조항 전체를 유기적·체계적으로 종합 판단하여야 한다고 하였다. 즉, 위임입법의 구체성·명확성의 요구 정도는 그 규율대상의 종류와 성격에 따라 달라질 것이지만 특히 처벌법규나 조세법규와 같이 국민의 기본권을 직접적으로 제한하거나 침해할 소지가 있는 법규에서는 구체성·명확성의 요구가 강화되고, 일반적인 급부행정의 경우나 규율대상이 지극히 다양하거나 수시로 변화하는 성질의 법규에서는 위임의 구체성·명확성의 요건이 완화된다고 하였다.[48] 우리나

48 헌재, 1994. 6. 30. 93헌가15등 결정, 판례집 6-1, 576, 585; 헌재, 1995. 10. 26. 93헌바62 결정, 판례집 7-2, 419, 429; 헌재, 1997. 2. 20. 95헌바27 결정, 판례집 9-1, 156, 164; 헌재, 1998. 2. 27. 97헌마64 결정, 판례집 10-1, 187, 195; 헌재, 2000. 7. 20. 99헌가15 결정, 판례집 12-2, 37, 45; 헌재, 2002. 8. 29. 2000헌바50등 결정, 판례집 14-2, 153, 162; 헌재, 2002. 12. 18. 2001헌바52 결정, 판례집 14-2, 795, 802; 헌재, 2002. 6. 27. 2000헌가10 결정, 판례집 14-1, 565, 570; 헌재, 2002. 6. 27. 2000헌바88 결정, 판례집 14-1, 579, 585. 위임의 구체성·명확성의 요구 정도는 그 규율대상의 종류와 성격에 따라 달라질 것이지만 특히 처벌법규나 조세법규와 같이 국민의 기본권을 직접적으로 제한하거나 침해할 소지가 있는 법규에서는 구체성·명확성의 요구가 강화되어 그 위임의 요건과 범위가 일반적인 급부행정의 경우보다 더 엄격하게 제한적으로 규정되어야 하는 반면, 규율대상이 지극히 다양하거나 수시로 변화하는 성질의 것일 때에는 위임의 구체성·명확성의 요건이 완화되어야 할 것이다. 헌재, 2008. 5. 29. 2005헌바6 결정, 판례집 20-1하, 55, 64; 헌재, 2009. 5. 28. 2007헌바26 결정, 판례집 21-1하, 623, 633; 헌재, 2010. 2. 25. 2009헌바38 결정, 판례집 22-1상, 275, 289; 헌재, 2011. 2. 24. 2009헌바11등 결정, 판례집 23-1상, 37, 50; 헌재, 2011. 7. 28. 2009헌바244 결정, 판례집 23-2상, 33, 56-57; 헌재, 2012. 2. 23. 2011헌가13 결정, 판례집 24-1상, 25, 36-37; 헌재, 2012. 2. 23. 2009헌바47 결정, 판례집 24-1상, 95, 105; 헌재, 2012. 8. 23. 2010헌바471 결정, 판례집 24-2상, 512, 524; 헌재, 2012. 11. 29. 2011헌마827 결정, 판례집 24-2하, 250, 263; 헌재, 2014. 3. 27. 2013헌바198 결정, 판례집 26-1상, 480, 488; 헌재, 2014. 4. 24. 2012헌바412 결정, 판례집 26-1하, 64, 73; 헌재, 2015. 2. 26. 2012헌바355 결정, 판례집 27-1상, 64, 77; 헌재, 2015. 5. 28. 2013헌가6 결정, 판례집 27-1하, 176, 184; 헌재, 2015. 5. 28. 2013헌바82등 결정, 판례집 27-1하, 216, 236; 헌재, 2015. 7. 30. 2013헌바204 결정, 판례집 27-2상,

라의 학설과 판례는 위임입법의 구체성·명확성의 요구 정도는 규율대상의 종류와 성격에 따라 달라지는데, 전문적이고 기술적인 사항과 상황의 변화에 즉시 적용되어야 할 사항 등에 있어서 구체성의 정도가 완화될 수 있다고 하고 있다.[49] 예를 들어, 보건의료법제는 전문적이고 기술적인 사항이 많은 분야라고 할 수 있으며, 따라서 보건의료법제는 많은 중요 사항을 명령·규칙·고시로 규정하고 있다. 그러나 국회에 의한 법률이 아닌 하위법령에서 중요한 법률사항들을 규정하는 것은 보건의료법 적용대상 집단간의 갈등의 원인이 되어 왔다는 평가가 있다. 보건의료종사자들이 "관련 법만으로는 그 구체적인 내용을 파악하기 어려울 뿐만 아니라, 이로 인하여 법의 집행기관인 보건복지부와 보건의료종사자들 간의 갈등이 조성"된다는 것인데, 「의료법」·「약사법」·「국민건강보건법」 등은 주요사항을 하위명령에 위임한 사항이 적지 않으며, 이는 국민의 대표기관인 국회입법의 원칙뿐만 아니라 법치국가 원칙의 측면에서도 문제의 소지가 있다고 한다.[50] 간호사와 간호조무사의 업무범위를 모호하게 정하고 있는 「의료법」의 경우에도 이와 유사한 문제가 제기되었다.[51] 방송통신 분야도 위임입법이 많은 분야이고 전문적·기술적인 사항이 많은 분야인데, "과도하게 확장된 행정권에 대한 견제장치가 없는 가운데 만들어지는 위임법령들이 국민생활에 밀접하게 영향을 미치고 있음에도 불구하고 국회가 제 기능을 수행하지 않고 있"다는 비판이 있다. 국회가 법률의 입법에만 관심을 가지고 있으며 법이 실제로 작동하는 방식과 효력에 대한 관심이 많지 않다는 비판이 제기되고 있는 등 "국회에 의한 적극적인 통제장치의 제안이 필요"하다는 주장이 반복적으로 제기되고 있다.[52] 클라우드컴퓨팅 분야는 신기술·신산업의 대표적인 분야라

116, 125; 헌재, 2015. 11. 26. 2012헌바403 결정, 판례집 27-2하, 161, 171; 헌재, 2016. 2. 25. 2015헌바191 결정, 판례집 28-1상, 156, 165

49 박재윤, "위임명령을 통한 행정의 통제와 조종", 공법연구』, 제41집 제3호(한국공법학회, 2013), 376면.

50 김명수, 앞의 논문, 32면.

51 조재현, "의료법상 위임입법의 한계: 간호조수사 등에 관한 규칙을 중심으로", 『한국의료법학회지』, 제23권 제2호(한국의료법학회, 2015), 109면.

52 박석철, "방송통신 분야 위임입법의 국회 통제절차 분석", 『언론과 법』, 제14권 제3호(한국언론법학회, 2015), 320면.

고 할 수 있으며, 말 그대로 기술적인 사항이 매우 많은 분야인데 이 분야에서도 "신산업 및 신기술 분야에서 광범위한 위임입법이 불가피하다고 하더라도 법률유보원칙을 벗어난 경우에 해당 규제는 정당화될 수 없다"는 비판이 제기되었다. 신산업 및 신기술 분야도 규제법정주의의 원칙을 준수하여야 한다는 것이다.[53] 소위 '셧다운제'라고 부르는 「청소년보호법」의 인터넷게임 심야시간대 강제종료제도의 경우에도 인터넷게임의 범위와 판단기준 등과 관련하여 강제종료제도의 적용대상이 되는 인터넷게임물의 범위의 적절성을 2년마다 평가하도록 하면서도 평가기관, 평가기준, 평가방법 등에 관하여 대강의 기준을 제시함이 없이 포괄적으로 대통령령으로 위임하고 있는 것에 대한 비판이 있다. 즉 "입법자가 대통령 등에게 명확하고 적정한 기준을 제공하지 못하는 경우 행정입법자에 의해 제정되는 행정입법을 제대로 통제하지 못하고 법집행 당국에 의하여 자의적인 법해석과 법집행을 초래할 위험이 있다"는 비판이 있다.[54] 사회보장법 분야 등의 급부행정 영역에서는 기본권 침해 영역 보다 구체성의 요구가 다소 약화되어도 무방하다고 해석하고 있는 헌법재판소의 결정에 대한 비판이 있다. 사회적 기본권을 구체화하는 입법자의 형성의무는 위임입법을 통하여 은연 중에 약화되어서는 안 된다는 비판인데, "법률유보원칙과 포괄위임입법금지 원칙은 기본권의 종류 여하를 막론하고 대의민주주의와 기본권을 수호하는 방파제역할을 할 수 있어야 한다"는 것이다.[55] 또한 급부행정영역인 특수임부수행자보상법 사례의 경우에도, 수익적 법률에서도 법률유보와 포괄위임입법금지 원칙이 침해적 행정에서와 마찬가지로 엄격하게 적용되어야 한다는 의견이 있다. 즉, 수익적 법률도 "침해적 행정에서와 마찬가지로 엄격하게 심사하여, 행정부의 자의적인 입법과 자의적 입법가능성을 제한하여야 한다. 더 나아가 침해와 수익, 또는 급부의 구분이 희미해져 감에 따라 행정부의 자의적인 급

53 김현철, "클라우드컴퓨팅 규제개혁의 법적 문제", 『법학연구』, 제42권 제4호(단국대학교 법학연구소, 2018), 24면.

54 박경철, "청소년보호법의 인터넷게임 강제종료제에 관한 헌법적 검토", 『서울법학』, 제27권 제1호(서울시립대학교 법학연구소, 2019), 132면.

55 김진곤, "사회보장법 영역에서 포괄위임입법금지원칙의 적용과 그 한계", 『사회보장법학』, 제3권 제1호(한국사회보장법학회, 2014), 67면.

부에서의 배제 역시 침해적인 행정으로 해석할 수 있어야 한다"는 것이다.[56]

이처럼 헌법재판소의 다수 판례들이 언급하고 있는 것처럼, 포괄위임입법 금지 원칙이 규율대상의 종류와 성격에 따라 달라지는데 처벌법규나 조세법규와 같이 국민의 기본권을 직접적으로 제한하거나 침해할 소지가 있는 법규에서는 구체성·명확성의 요구가 강화되어 그 위임의 요건과 범위가 일반적인 급부행정의 경우보다 더 엄격하게 제한적으로 규정되어야 하는 반면에, 규율대상이 지극히 다양하거나 수시로 변화하는 성질의 것일 때에는 위임의 구체성·명확성의 요건이 완화되어야 할 것[57]이라고 하는 획일적이고 도식적인 기준은 위임입법의 구체적인 경우에 있어서 많은 비판을 받고 있다. 따라서 포괄위임입법 금지 원칙에 대한 위반 여부를 판단할 때에 이러한 획일적인 기준만을 고집할

---

56 유은정, "소위 수익적 법률에서 위임입법의 헌법적 한계", 『공법학연구』, 제14권 제3호(한국비교공법학회, 2013), 288면.

57 헌재, 1994. 6. 30. 93헌가15등 결정, 판례집 6-1, 576, 585; 헌재, 1995. 10. 26. 93헌바62 결정, 판례집 7-2, 419, 429; 헌재, 1997. 2. 20. 95헌바27 결정, 판례집 9-1, 156, 164; 헌재, 1998. 2. 27. 97헌마64 결정, 판례집 10-1, 187, 195; 헌재, 2000. 7. 20. 99헌가15 결정, 판례집 12-2, 37, 45; 헌재, 2002. 8. 29. 2000헌바50등 결정, 판례집 14-2, 153, 162; 헌재, 2002. 12. 18. 2001헌바52 결정, 판례집 14-2, 795, 802; 헌재, 2002. 6. 27. 2000헌가10 결정, 판례집 14-1, 565, 570; 헌재, 2002. 6. 27. 2000헌바88 결정, 판례집 14-1, 579, 585. 위임의 구체성·명확성의 요구 정도는 그 규율대상의 종류와 성격에 따라 달라질 것이지만 특히 처벌법규나 조세법규와 같이 국민의 기본권을 직접적으로 제한하거나 침해할 소지가 있는 법규에서는 구체성·명확성의 요구가 강화되어 그 위임의 요건과 범위가 일반적인 급부행정의 경우보다 더 엄격하게 제한적으로 규정되어야 하는 반면, 규율대상이 지극히 다양하거나 수시로 변화하는 성질의 것일 때에는 위임의 구체성·명확성의 요건이 완화되어야 할 것이다. 헌재, 2008. 5. 29. 2005헌바6 결정, 판례집 20-1하, 55, 64; 헌재, 2009. 5. 28. 2007헌바26 결정, 판례집 21-1하, 623, 633; 헌재, 2010. 2. 25. 2009헌바38 결정, 판례집 22-1상, 275, 289; 헌재, 2011. 2. 24. 2009헌바11등 결정, 판례집 23-1상, 37, 50; 헌재, 2011. 7. 28. 2009헌바244 결정, 판례집 23-2상, 33, 56~57; 헌재, 2012. 2. 23. 2011헌가13 결정, 판례집 24-1상, 25, 36~37; 헌재, 2012. 2. 23. 2009헌바47 결정, 판례집 24-1상, 95, 105; 헌재, 2012. 8. 23. 2010헌바471 결정, 판례집 24-2상, 512, 524; 헌재, 2012. 11. 29. 2011헌마827 결정, 판례집 24-2하, 250, 263; 헌재, 2014. 3. 27. 2013헌바198 결정, 판례집 26-1상, 480, 488; 헌재, 2014. 4. 24. 2012헌바412 결정, 판례집 26-1하, 64, 73; 헌재, 2015. 2. 26. 2012헌바355 결정, 판례집 27-1상, 64, 77; 헌재, 2015. 5. 28. 2013헌가6 결정, 판례집 27-1하, 176, 184; 헌재, 2015. 5. 28. 2013헌바82등 결정, 판례집 27-1하, 216, 236; 헌재, 2015. 7. 30. 2013헌바204 결정, 판례집 27-2상, 116, 125; 헌재, 2015. 11. 26. 2012헌바403 결정, 판례집 27-2하, 161, 171; 헌재, 2016. 2. 25. 2015헌바191 결정, 판례집 28-1상, 156, 165

것이 아니라, 입법자인 국회가 입법위임에 있어서 기대되는 헌법적 역할과 기능을 적절히 수행하였는지라고 하는 관점에서 판단하여야 할 것으로 보인다. 처벌법규나 조세법규 등의 입법분야에서 지나치게 방만하게 입법권을 행정부에 위임하고 있는지에 관한 입법적 성찰이 필요하다고 보며, 규범통제가인 헌법재판소도 이러한 점에 보다 주목하여 포괄위임입법금지 원칙을 적용하여야 할 것이다.

제6절 맺음말

법치국가에서 입법권의 위임은 의회의 입법부담을 덜어주고 행정의 전문성을 보충하기 위하여 불가피하다. 복잡하고 다양하며 끊임없이 변화하는 사회에서 구체적이고 세부적인 전문적·기술적 규정들은 현장의 사정에 정통한 해당 집행기관에 의해 규율되는 것이 보다 효율적이라는 관점은 일응 유효하다. 불가피하지만 방만하게 위임되어서는 아니되는 위임입법 분야에서 근거와 한계를 설정하는 문제는 해결하기 쉽지 않다. 어떠한 위임입법이 올바른 범위 내에서의 위임입법이냐 또는 허용되지 않는 포괄적 위임입법이냐 하는 문제는 지속적으로 제기되는 의문이다.[58] 헌법재판소의 결정례에서 살펴보았듯이 위임입법은 구체적이고 명확하여야 하며 위임의 내용이 예측가능하게 규정되어야 하지만, 이러한 예측가능성의 유무는 당해 특정조항 하나만을 가지고 판단할 것은 아니고 관련 법조항 전체를 유기적·체계적으로 종합 판단하여야 하며[59] 또한, 이는 각 대상법률의 성질에 따라 구체적·개별적으로 검토하여야 하되[60] 원칙적으로 법률의 수권에 의거한 명령의 내용이 어떠한 것이 될 것인가는 수권법률

58 홍완식, 앞의 논문, 497면.

59 헌재, 2014. 5. 29. 2012헌마515 결정; 헌재, 2016. 6. 30. 2013헌가1 결정

60 헌재, 1997. 10. 30. 96헌바92등 결정; 헌재, 2000. 7. 20. 99헌가15 결정; 헌재, 2008. 9. 25. 2007헌바74 결정

의 내용으로부터 예측가능하여야 한다고 하여, 예측가능성을 포괄위임입법금지 원칙의 심사기준으로 제시하고 있지만, 여전히 구체적인 입법지침으로 되기에는 부족함이 있다. 또한 법률에 의한 기본권제한의 효과가 중할수록, 법률의 명확성에 대하여 보다 엄격함이 요구되고, 침해적 행정입법에 대한 수권의 경우에는 급부적 행정입법에 대한 수권의 경우보다 그 수권이 보다 명확해야 한다[61]고 하여, 행정부에 입법권을 위임하는 수권법률의 명확성을 판단함에 있어서 규율대상의 특성에 따라 심사의 엄격성이 달라져야 한다는 것을 밝히고 있다.[62] 헌법재판소의 다수 판례들이 언급하고 있는 것처럼, 포괄위임입법금지 원칙이 규율대상의 종류와 성격에 따라 달라지는데 처벌법규나 조세법규와 같이 국민의 기본권을 직접적으로 제한하거나 침해할 소지가 있는 법규에서는 구체성·명확성의 요구가 강화되어 그 위임의 요건과 범위가 일반적인 급부행정의 경우보다 더 엄격하게 제한적으로 규정되어야 하는 반면에, 규율대상이 지극히 다양하거나 수시로 변화하는 성질의 것일 때에는 위임의 구체성·명확성의 요건이 완화되어야 할 것[63]이라고 하는 획일적이고 도식적인 기준은 위임입법의 구

61 헌재, 2003. 7. 24. 2002헌바82 결정

62 헌재, 1991. 2. 11. 90헌가27 결정

63 헌재, 1994. 6. 30. 93헌가15등 결정, 판례집 6-1, 576, 585; 헌재, 1995. 10. 26. 93헌바62 결정, 판례집 7-2, 419, 429; 헌재, 1997. 2. 20. 95헌바27 결정, 판례집 9-1, 156, 164; 헌재, 1998. 2. 27. 97헌마64 결정, 판례집 10-1, 187, 195; 헌재, 2000. 7. 20. 99헌가15 결정, 판례집 12-2, 37, 45; 헌재, 2002. 8. 29. 2000헌바50등 결정, 판례집 14-2, 153, 162; 헌재, 2002. 12. 18. 2001헌바52 결정, 판례집 14-2, 795, 802; 헌재, 2002. 6. 27. 2000헌가10 결정, 판례집 14-1, 565, 570; 헌재, 2002. 6. 27. 2000헌바88 결정, 판례집 14-1, 579, 585. 위임의 구체성·명확성의 요구 정도는 그 규율대상의 종류와 성격에 따라 달라질 것이지만 특히 처벌법규나 조세법규와 같이 국민의 기본권을 직접적으로 제한하거나 침해할 소지가 있는 법규에서는 구체성·명확성의 요구가 강화되어 그 위임의 요건과 범위가 일반적인 급부행정의 경우보다 더 엄격하게 제한적으로 규정되어야 하는 반면, 규율대상이 지극히 다양하거나 수시로 변화하는 성질의 것일 때에는 위임의 구체성·명확성의 요건이 완화되어야 할 것이다. 헌재, 2008. 5. 29. 2005헌바6 결정, 판례집 20-1하, 55, 64; 헌재, 2009. 5. 28. 2007헌바26 결정, 판례집 21-1하, 623, 633; 헌재, 2010. 2. 25. 2009헌바38 결정, 판례집 22-1상, 275, 289; 헌재, 2011. 2. 24. 2009헌바11등 결정, 판례집 23-1상, 37, 50; 헌재, 2011. 7. 28. 2009헌바244 결정, 판례집 23-2상, 33, 56~57; 헌재, 2012. 2. 23. 2011헌가13 결정, 판례집 24-1상, 25, 36~37; 헌재, 2012. 2. 23. 2009헌바47 결정, 판례집 24-1상, 95, 105; 헌재, 2012. 8. 23. 2010헌바471 결정, 판례집 24-2상, 512, 524; 헌재, 2012. 11. 29. 2011헌마827 결정, 판례집 24-2하, 250, 263; 헌재, 2014. 3. 27. 2013헌바198 결정, 판례집 26-1상, 480, 488; 헌재, 2014. 4. 24. 2012헌바412 결정, 판

체적인 경우에 있어서 많은 비판을 받고 있다. 따라서 포괄위임입법금지 원칙에 대한 위반 여부를 판단할 때에 이러한 획일적인 기준만을 고집할 것이 아니라, 입법자인 국회가 입법위임에 있어서 기대되는 헌법적 역할과 기능을 적절히 수행하였는지라고 하는 관점에서 판단하여야 할 것으로 보인다. 처벌법규나 조세법규 등의 입법분야에서 지나치게 방만하게 입법권을 행정부에 위임하고 있는지에 관한 입법적 성찰이 필요하다고 보며, 규범통제자인 헌법재판소도 이러한 점에 보다 주목하여 포괄위임입법금지 원칙을 적용하여야 할 것이다.

규범통제기관의 규범심사기준과 입법자의 규범형성기준은 정확히 일치하지 않을 수 있다. 즉 헌법재판소의 위헌법률심사기준과 의회의 법률입법기준은 정확히 일치하지 않을 수 있다. 그러나 입법자는 올바른 입법 및 합헌적인 입법의 형성을 위하여 노력하여야 하고 이를 위해 헌법재판소의 위헌법률심사기준에 따른 결정에 주목하여야 하고, 가능한 한 법률유보원칙에 충실하게 포괄적 위임입법이 되지 않도록 유의하여야 한다. 주권자인 국민에 의하여 대의기관인 의회에 부여된 입법권이 포괄적인 위임입법의 방식으로 형해화되지 않도록 하여야 하고, 헌법에 의하여 의회에 유보된 규범정립의 기능과 권한을 합헌적으로 충실하게 수행하여야 할 것이다.

| CHAPTER 08 _ 참고문헌 |

강대출, “포괄적 재위임에 대한 통제기준 모색 연구”, 『유럽헌법연구』, 제5호, 2009.
국회 법제사법위원회, 『체계·자구심사편람』, 2016.
국회 법제실, 『법제이론과 실제(전면개정판)』, 2019.
김명수, “보건의료법 체계에서 포괄적 위임금지원칙에 관한 고찰”, 『세계헌법연구』, 제20권 제1호, 2014.

례집 26-1하, 64, 73; 헌재, 2015. 2. 26. 2012헌바355 결정, 판례집 27-1상, 64, 77; 헌재, 2015. 5. 28. 2013헌가6 결정, 판례집 27-1하, 176, 184; 헌재, 2015. 5. 28. 2013헌바82등 결정, 판례집 27-1하, 216, 236; 헌재, 2015. 7. 30. 2013헌바204 결정, 판례집 27-2상, 116, 125; 헌재, 2015. 11. 26. 2012헌바403 결정, 판례집 27-2하, 161, 171; 헌재, 2016. 2. 25. 2015헌바191 결정, 판례집 28-1상, 156, 165

김병기, “위헌결정법률의 효력과 그에 대한 국회의 대응”, 『행정법연구』, 제14호, 2005.
김진곤, “사회보장법 영역에서 포괄위임입법금지원칙의 적용과 그 한계”, 『사회보장법학』, 제3권 제1호, 2014.
김해원, “수권법률에 대한 수권방식통제로서 포괄위임금지원칙－기본권심사를 중심으로－”, 『헌법학연구』, 제21권 제2호, 2015.
김현철, “클라우드컴퓨팅 규제개혁의 법적 문제”, 『법학연구』, 제42권 제4호, 2018.
박경철, “청소년보호법의 인터넷게임 강제종료제에 관한 헌법적 검토”, 『서울법학』, 제27권 제1호, 2019.
박석철, “방송통신 분야 위임입법의 국회 통제절차 분석”, 『언론과 법』, 제14권 제3호, 2015.
박재윤, “위임명령을 통한 행정의 통제와 조종”, 공법연구』, 제41집 제3호, 2013.
법제처, 『법령입안·심사기준』, 2017.
선정원, “침익적 위임조례에 있어 위임의 포괄성과 그 한계”, 『지방자치법연구』, 제18권 4호, 2018.
유은정, “소위 수익적 법률에서 위임입법의 헌법적 한계”, 『공법학연구』, 제14권 제3호, 2013.
이명웅, “위임입법의 위헌심사기준 및 위헌결정사례 분석”, 『저스티스』, 96호, 2007.
이부하, “포괄위임입법금지원칙에 대한 헌법재판소 견해에 대한 평가”, 『법학논총』, 제29권 제2호, 2016.
전종익, “포괄위임금지원칙의 심사기준”, 『아주법학』, 제7권 제3호, 2013.
정극원, “헌법재판에서의 포괄적 위임입법금지 원칙의 적용”, 『헌법학연구』, 제15권 3호, 2009.
조재현, “의료법상 위임입법의 한계: 간호조수사 등에 관한 규칙을 중심으로”, 『한국의료법학회지』, 제23권 제2호, 2015.
한수웅, “본질성 이론과 위임입법의 명확성 원칙”, 『헌법논총』, 14집, 2003.
홍석한, “위임입법의 헌법적 한계에 관한 고찰”, 『공법학연구』, 제11권 제1호, 2010.
홍완식, “헌법재판소의 결정을 통해 본 입법의 원칙”, 『헌법학연구』, 제15권 제4호, 2009.

CHAPTER

09 규제와 입법
-동아시아 국가와의 비교법적 고찰

출처: 저스티스 제158권 3호, 2017년, 168~185

규제개혁정책은 근래 유럽이나 미국, 아시아의 거의 모든 국가에서 추진되고 있다. 특히 경제협력개발기구(OECD)나 아시아태평양경제협력체(APEC) 등의 지역 경제공동체에서는, 규제개혁에 많은 관심을 지니고 회원국의 규제개혁을 모니터하고 있으며, 규제개혁 모범국가의 사례 등을 소개하고 있다. 아시아 국가에 있어서 규제개혁(regulatory reform)은 아시아권역의 경제통합의 측면에서는 물론이고 개별 아시아 국가의 구조개혁과 법령의 개혁을 위해서도 중요하다는 점에 목표를 두고 추진되고 있다. ASEAN 회원국들은 경제계획이 생산성 향상과 성장을 목표로 하는 규범을 전제로 한다는 것을 인식하고 있으며, 효과적·효율적·일관성·유연성을 갖춘 규범을 공동체 차원에서 모색하고 있다. 법치주의(rule of law)를 제도적 기반으로 하는 국가에서는 국가정책이나 기업활동 등의 제도적 기반이 법령임은 물론이고, 국가정책과 기업활동을 제한하거나 금지하는 규제는 법령에 근거를 두는 것이기 때문에, 올바른 규제정책과 이를 반영하는 입법정책은 대단히 중요하다. OECD와 ASEAN이 규제개혁에 관심을 갖고 공동의 목표를 추구하는 것도 이러한 이유 때문이다. 그러나 동아시아 국가의 규제개혁정책은 그 발전단계가 매우 다양하다. 경제개방의 폭과 범위에 차이가 많을 뿐만 아니라, 민주주의 발전의 단계도 매우 상이하기 때문이다. 또한 동아시아 국가의 규제개혁정책에 관한 자료에의 접근성도 매우 제한적이기 때문에, OECD의 규제개혁정책에 관한 자료를 중심으로 이들 국가의 규제개혁정책을 검토하였다. 일본의 규제개혁정책은 모범적인 것으로 볼 수 있다. 특히 일본의 규제개혁정책은 아베노믹스와 긴밀히 연결되는 것으로 볼 수 있고, 정부가 주도하는 의원내각제의 입법절차적 특성 및 내각법제국을 통한 규제개혁정책의 입법적 반영 등을 일본 규제개혁정책의 특징으로 볼 수 있다. 중국의 경우에는 '의법치국'이라고 표현되는 법치국가적 전통은 아직 미비하지만, 강한 경제력과 사회주의적 효율성을 수단으로 하여 규제개혁정책과 이를 반영하는 입법정책을 추진하고 있는 특징을 볼 수 있다. 베트남과 인도 및 인도네시아의 규제개혁정책과 입법정책은 시장개방을 통한 경제성장에의 열망을 나타내주고 있다.

주제어: 입법, 입법과정, 규제, 규제개혁, 규제영향분석, 규제개혁위원회

제1절 머리말

규제개혁은 선진국이나 개발도상국으로 지칭되는 세계의 거의 모든 국가에서 추진되고 있다. 규제개혁은 경제정책이나 사회정책 분야에서 경제주체나 개인들의 행동에 영향을 미치는 정부정책의 핵심수단으로서 전략적인 것으로 이해되고 있기 때문이다.[1] 2015년에 대만의 법학자가 미디어법을 중심으로 한 대만의 규제개혁에 관하여 다음과 같은 의견을 피력한 바 있다. 즉, 법규범의 목적에 따라 볼 때 규제는 필요하지만 과도한 규제는 효율을 저해할 수 있다. 정부가 지속적으로 입법만하고 규제를 완화하기 위한 아무런 검토도 하지 않는다면, 법규범은 그 기능을 상실하고 법규범의 준수는 기업에게 무거운 부담이 된다. 따라서 현대 국가의 시대적 흐름과 보조를 같이 하기 위하여 규제개혁은 불가피하다는 것이다.[2] 규제개혁정책은 근래 유럽이나 미국, 아시아의 거의 모

1 OECD Reviews of Regulatory Reform, Indonesia, Strengthening Co-ordination and Connecting Markets, 2012. 9, p.3.

2 吳志光, "대만에서의 규제개혁 : 미디어의 임시운영허가를 중심으로", 보장국가와 규제개

든 국가에서 추진되고 있다. 특히 경제협력개발기구(OECD)나 아시아태평양경제협력체(APEC) 등의 지역 경제공동체에서는, 규제개혁에 많은 관심을 지니고 회원국의 규제개혁을 모니터하고 있으며, 규제개혁 모범국가의 사례 등을 소개하고 있다. OECD는 오래전부터 회원국들의 규제개혁에 관해서 모니터링을 하고 있고, 회원국들의 규제개혁성과를 공유하고 있으며, 필요한 경우에는 규제개혁을 위한 권고와 협력사업을 수행하고 있다. APEC도 규제정책과 협치분야에 있어서의 OECD와의 협력을 1999년부터 시작하였다. 또한 동남아시아국가연합(ASEAN)은 OECD와 협력하여 선한규제실행연합(Good Regulatory Practice Network, 약칭 GRPN)을 2014년부터 발족하였다. 2014년부터 시작된 GRPN은 OECD와 ASEAN이 규제개혁분야의 협력을 강화하기 위한 중요한 플랫폼으로서의 역할을 하고 있다. 아시아 국가에 있어서 규제개혁(regulatory reform)은 아시아권역의 경제통합의 측면에서는 물론이고 개별 아시아 국가의 구조개혁과 법령의 개혁을 위해서도 중요하다는 점에 목표를 두고 추진되고 있다.[3] ASEAN 회원국들은 경제계획이 생산성 향상과 성장을 목표로 하는 규범을 전제로 한다는 것을 인식하고 있으며, 효과적·효율적·일관성·유연성을 갖춘 규범을 공동체 차원에서 모색하고 있다. 규제 혹은 규범 영역에서의 이러한 공동의 목표는 '아세안 경제공동체 청사진 2025'(Asean Economic Community Blueprint 2025)에 집약되어 있다. '아세안 경제공동체 청사진 2025'에는 향후 아세안의 규제정책의 목표가 효과적·효율적·일관성·유연성있는 규제여야 하고, 규제정책의 궁극적인 목표는 양질의 규제가 실행되어야 한다는 것에 두고 있다.[4] 법치주의(rule of law)를 제도적 기반으로 하는 국가에서는 국가정책이나 기업활동 등의 제도적 기반이 법령임은 물론이고, 국가정책과 기업활동을 제한하거나 금지하는 규제는 법령에 근거를 두는 것이기 때문에, 올바른 규제정책과 이를 반영하는 입법정책은 대단히 중요하다. OECD와 ASEAN이 규제개혁에 관심을 갖고 공동의 목표를 추구하는 것도 이러한 이유 때문이다. 일본의 규제정책에 관해서는 비교적 자료가 풍부하고

혁, 한국규제법학회 국제학술대회(2015), 35면.

3 http://www.oecd.org/gov/regulatory-policy/southeast-asia.htm 2016. 11. 11 방문.

4 The Asean Secretariat, Asean Economic Community Blueprint 2025, 2015. 11, p.18.

근래 들어 중국에 대한 높은 관심으로 인하여 중국의 규제정책에 관한 자료가 늘어가고 있다. 그러나 일본과 중국을 제외한 중앙아시아 동쪽에 위치한 동아시아 국가들에 관한 국내자료는 풍부하지 않고 해당 국가에서 생산하는 자료는 접근성이 낮다. 따라서 OECD에 등록된 동아시아 국가의 규제개혁에 관한 보고서를 중심으로 하여 동아시아 국가의 규제와 입법에 관해서 고찰해 본 후에 우리나라의 규제정책과 관련 입법에 관해서 살펴보기로 한다.

제2절 동아시아 국가의 입법과 규제정책

1. 일 본

의원내각제 국가인 일본에서 법률안 제출권은 내각과 의원에게 있으나 대부분의 주요 법률안은 내각에 의하여 제출되고 있다. 내각이 법률안을 작성하면 내각법제국에서 이를 심사하고, 법률안의 국회제출을 위한 각의결정 이후에 국회심의를 거쳐 법률로 공포된다.[5] 일본에서의 입법과정의 특징은 관료주도와 여당심사에 의하여 법안이 성안 및 심사되고, 내각 주도 법률안의 성립율이 높다는 점에서 알 수 있는 것처럼, 국회에서의 법안심의는 일반적으로 입법과정에 큰 영향을 주지 못한다.[6] 일본의 규제절차는 비공식적이고 은밀하여 사법부가 상세히 검토할 가능성이 낮으며, 독립적인 규제개혁기관이 존재하지 않는다는 특징이 있다.[7] 즉, 규제개혁위원회나 규범통제위원회 같은 별도의 기관이 설치되어 있는 것이 아니라, 총리 직속의 심의·자문기구인 규제개혁회의가 2013년 1월에 설치되어 운용되고 있다. 일본 규제개혁회의는 우리나라의 규제개혁

5 최환용, 일본법의 구조·체계, 법률정보조사과정, 국회사무처, 2009, 310면.

6 최근 일본 입법과정의 경향과 변화에 관해서는 유진식, “일본의 민주당연립정권 하에서의 입법과정의 변화”, 충남대학교 법학연구 제23권 제2호(2012), 99면 이하 참조.

7 박남기·김연식·김동윤·정지은, “정부구조와 규제 거버넌스, 보편적 전화서비스의 제공 – 미국과 일본의 비교연구”, 일본근대학연구 제43권(2014), 419면.

위원회와는 달리 의결권을 갖고 있지 아니하며, 규제개선 필요분야를 선정하고 각 부처 및 이해관계자와 협의 후 개선안을 내각부에 제출하는 형태로 운영되고 있다. 일본의 규제개혁회의에서는 2013년에 142개, 2014년에 249개, 2015년에 182개의 항목을 포함한 보고서 및 계획서를 결정한 바 있다.

일본에서는 1970년대부터 복지부문의 다양한 수요와 재정의 확대가 초래한 '큰 정부'의 재정적 방만성 혹은 비효율성이 문제되었으며, 이러한 문제를 해결하기 위한 방안으로서 신자유주의에 입각한 민영화와 규제개혁이 힘을 얻게 되었다. 민영화를 통하여 기존에 행정부문에서 담당하던 사무를 민간사업자에게 맡긴 후에 행정기관은 민간사업자가 담당하게 된 사업을 적절하게 수행하고 있는지를 지시·감시하는 역할 즉 국가의 보장책임(Gewährleistungsverantwortung)을 담당하는 것이 주된 책임이라고 보고 있다. 2006년에 「경쟁의 도입에 의한 공공서비스의 개혁에 관한 법률」(약칭 공공서비스개혁법)은 민영화와 규제개혁을 실현하는 대표적인 법률이다. 일본에서의 민영화와 규제개혁이 남긴 교훈으로 첫째, 민영화와 규제개혁이 정치적 관심에 기반을 두고 진행되었기 때문에 법적인 논의가 충분치 못했다는 점이고 둘째, 국영기업의 민영화이 영향은 한 국가의 경제에서 국영기업이 차지하는 영향력의 크기와 비례한다는 점이 지적되고 있다.[8] 고이즈미 내각에서도 의료·복지·교육·고용·노동분야에서를 중심으로 규제개혁이 추진되었으나, 아베 내각에 들어와 아베노믹스의 일환으로 규제개혁이 체계적으로 추진되고 있다. 아베 내각의 규제개혁은 의료·고용·농업분야의 일반적 규제개혁를 중심으로 하여 지역단위 규제개혁, 기업단위 규제개혁 등 3개 분야로 유형화된다. 2012년 말 출범한 아베 내각은 2013년 10월의 임시국회를 '성장전략실행국회'로 명명하고, 성장전략과 관련된 9개의 법률[9]을 제·개정하였다. 이후 '선순환실현국회'로 명명한 2014년 1월의 정기국회에서는 30개, '지방창생국회'로 명명한 2014년 9월의 임시국회에서는 5개, '개혁단행국회'

8 板桓 勝彦, "일본에서의 민영화와 규제개혁", 보장국가와 규제개혁, 한국규제법학회 국제학술대회(2015), 76면 이하.

9 이는 전기사업법, 재생에너지발전촉진법, 약사법, 재생의료안전성확보법률, 산업경쟁력강화법(제정), 약사법및약제사법, 국가전략특별구역법(제정), 농업경영기반강화촉진법, 농지중간관리사업추진법률(제정)이다.

로 명명한 2015년 1월의 정기국회에서는 15개의 성장전략 관련 법률을 입법하였다. 3년여에 걸쳐 59개의 성장전략 관련 법안을 만들었는데, 규제개혁과 직접 관련된 법안은 16개 정도이다.[10] 일본의 규제개혁자문회의는 한시적이고 내각으로부터 독립성이 확보되지 못하는 한계가 있지만, 투명성이 확보되고 입법을 통해 제도화되며 활용도가 있다는 점을 특장점으로 평가할 수 있다.

1999년 이후부터 일본은 OECD의 규제개혁 프로그램과 협력하여 규제의 질을 개선하고 규제개혁을 촉진하고 경쟁정책을 강화하고 시장을 개방하기 위한 노력을 해왔다.[11] 특히, 규제개혁 핫라인은 2013년부터 운용되고 있는데, 시민과 기업의 애로를 간편하게 반영할 수 있는 효과적인 수단으로 평가되고 있다.[12] 2016년 이후의 규제개혁정책의 중점사항으로서 규제개혁정책을 입법에 반영하고, 규제개혁정책을 적시에 추진하고 실행하며, 기업과 시민의 의견을 규제정책에 적극 반영하고, 산업경쟁력강화위원회 등과의 협업을 강화하는 방안 등을 도입하여 궁극적으로는 기업친화적 및 시민친화적 국가(the most business-friendly country in the world and the most citizen-friendly country in the world)를 만들고자 하는 목표를 가지고 있다.[13]

2. 중 국

사회주의 국가인 중국에서 최고권력기관인 전국인민대표대회는 단순히 기본법률의 입법기관에 그치는 것이 아니라 전면적·독립적·통일적으로 국가주권 및 통치권을 행사하는 기관이다. 헌법과 기본법의 입법은 전인대의 권한이며 그 이외의 법률은 전인대 상무위원회의 권한이고, 행정법규와 지방성법규는 국

10 김은지, "일본의 규제개혁 추진현황과 평가", 지역경제포커스 제8권 제7호, 대외경제정책연구원(2014), 1면 이하; 김규판·이형근·이신애, 저성장시대 일본정부의 규제개혁에 관한 연구, 대외경제정책연구원, 2016, 182면 이하 참조.

11 OECD Reviews of Regulatory Reform Japan, Executive Summary, 2015, p.1.

12 Country Profile Japan, OECD Regulatory Policy Outlook 2015, p.2.

13 Fourth Report by the Council for Regulatory Reform – Never Ending Challenges, Council for Regulatory Reform Japan, 2016. 5, p.66.

무원과 지방입법기관의 권한이다. 전인대 혹은 전인대 상무위원회에 제출된 법률안 중에서 본회의에 상정된 법률안은 전인대 혹은 전인대 상무위원회에서 심의·의결된 이후에 국가주석에 의하여 서명·공포된다.[14] 이러한 입법절차는 입법법에 의하여 규정되어 있는데 입법법은 '법률의 법률' 혹은 '헌법성 법률'로 불리면서, 중국의 법체계, 입법기관과 입법권한, 법률해석, 활용방법 등의 내용으로 중국의 모든 입법행위를 규범화하는 입법기본법의 지위를 지닌다고 평가되고 있다.[15] 중국은 '의법치국(依法治國)'과 '사회주의법치(社會主義法治)'를 기본방침으로 정하고 2000년에 「입법법」(立法法)을 제정하여 시행하고 있으며, 2015년에는 '의법치국'을 강화하기 위하여 「입법법」을 개정하기도 하였다.[16]

특히 개정 「입법법」에서는, 제39조에 사전 입법평가제도를 규정하고 제63조에 사후 입법평가제도를 새로이 규정하여, 법률안에 대한 입법평가제도를 도입하였다. 개정된 입법법 제39조에 따르면, 상무위원회에서 심의될 예정인 법률안은 법률안의 집행가능성, 사회적 효과와 발생가능한 문제 등에 대한 평가결과를 법률위원회에서 심의결과를 보고할 때 첨부하도록 하고 있다. 사전 입법평가제도는 입법질량의 향상과 법률의 집행가능성 강화 등을 위하여 도입한 제도로서 사전입법평가결과는 법률위원회 심의결과 보고에 반영하여 상무위원회의 심의·의결에서 중요한 참고의견이 되고 있다. 또한 개정된 「입법법」 제63조에 따르면, 전문위원회와 상무위원회의 공작기구는 관련 법률 또는 법률규정에 대하여 사후입법평가를 하고 평가결과를 상무위원회에 보고하도록 하고 있다. 사후 입법평가제도는 법률의 객관적 입법평가[17]를 통하여 법률의 개정·폐지, 입법업무의 참고자료 제공 등을 위하여 도입된 제도이다.

---

14 정이근, "중국의 입법기관과 입법권 행사상의 문제점", 중국법연구 제14집, 한중법학회(2010), 223면 이하.

15 김준영, "중국 2015년 입법법 개정의 쟁점 연구", 중국법연구 제26집, 한중법학회(2016. 5), 2면.

16 전희, "중국의 입법권과 입법과정", Ewha Law Review 제5권 제2호(2015), 21면 이하.

17 2011년에는 과학기술진보법, 농업기계화촉진법, 2012년에는 장애인보장법에 대하여 사후 입법평가가 시행되었다. 2013년에는 여행법, 2014년에는 안전생산법 등에 대하여 사전 입법평가가 시행되었다. 김준영, "중국 2015년 입법법 개정의 쟁점 연구", 중국법연구 제26집, 한중법학회(2016. 5), 35면.

아직은 법치주의가 확립되었다고 평가되기 어려운 중국에서의 규제개혁은 중국의 경제개혁에서 제한적인 역할만을 담당하였으나, '의법치국'이 전면에 부각되는 이제는 법의 역할이 점차로 중요해지고 있으며 따라서 과도한 규제를 완화시키기 위한 규제개혁의 역할도 중요해졌다. OECD는 중국정부와의 협력하에 규제정책이 경제발전에 기여할 수 있도록 중국의 규제개혁정책을 점검하고 있다. 경쟁정책과 시장개방은 물론이고 사회간접자본영역에서 효과적인 규제정책이 실현될 수 있도록 검토하고 있다.[18]

3. 베트남

국회에서 선출되는 임기 5년의 국가주석이 대내외적으로 국가를 대표하며, 입법기관인 국회는 임기 5년의 국회의원 500명으로 구성된다. 최근에는 행정부와 의회의 기능 및 권한이 상대적으로 강화되었지만, 공산당서기장, 국가주석, 총리가 권력을 실질적으로 분점하고 있다. 당서기장이 최고 실권자이며 국가주석은 군사, 외교권을 행사하고 총리는 정치와 경제 부문 전반을 관장하고 있다. 공산당이 중요한 국가정책을 결정하는 사회주의국가인 베트남은 1986년에 개최된 제6차 베트남 공산당대회에서 개혁·개방을 내용으로 하는 도이머이(Doi Moi) 정책[19]을 채택하였다. 베트남은 사회주의 계획경제체제에서 자본주의 시장경제체제로 빠르게 변화하고 있으며, 도이머이 정책이 채택된 이후에 베트남 법체제에는 상당한 변화가 있다고 평가된다.[20] 베트남은 1995년에 ASEAN, 1998년에는 APEC에 가입하였고, 2015년에는 TPP에 가입하였다. 베트남이 대외개방정책을 추구한 이후에는 외국과의 사이에 발생하는 법률관계를 규율하기 위하여 대대적

---

18 OECD Reviews of the regulatory reform : China – Defining the boundary between the market and the state, 2009, p.17.

19 도이 머이(Doi Moi : 刷新) 정책은 경제발전을 위하여 외국인투자를 허용하는 등의 시장개방정책으로, 이 정책에 따라 1987년에는 외국인투자법이 제정되었고 민간분야가 활성화되는 등의 시장경제적 조치가 동반되고 관련 법제가 정비되었다.

20 한종규, "베트남 국제사법의 특징과 유의점", 법학연구 제16권 제1호, 한국법학회(2016), 310면 이하.

으로 법제를 정비하고 있다. 베트남의 법원(法源)은 헌법, 법률, 시행령, 시행규칙 등이며, 헌법과 「법문서 공포에 관한 법률」에 따라 국회는 헌법과 법률, 국회 상무위원회는 법령, 국가주석은 시행령, 장관은 시행규칙의 입법권한을 지닌다.[21]

베트남에서도 규제의 질은 경제성장 및 생산성향상과 매우 긴밀하게 연계되어 있다는 점이 인식되고 있다. 규제정책의 성공은 경제발전과 사회복지의 향상에 매우 큰 기여를 한다고 생각하고 있다. 베트남의 중요한 정책적 목표중의 하나로서 법치주의를 강화하고 규제정책을 향상시키는 일을 중요하게 생각하고 있다.[22] 도이머이 정책 채택 이후 경제개발과 함께 행정개혁을 추진하였으며, 1995년에 종합적인 행정개혁안을 발표하였으나 그 성과는 미미한 것으로 평가되고 있다. 이후 2001년 9월 17일에는 국가와 사인간의 관계에서 사인의 권익증진 및 행정절차의 공정성과 투명성 확보를 위한 법제개선방안을 내용으로 하는 '공공행정개혁에 관한 종합계획'(Public Administration Reform Master Plan)을 발표하고 이를 추진하였다. 이후 2010년대 들어서는 헌법개정과 함께 공공분야 법제개혁의 일환으로 행정소송법제와 부패방지법제를 제정·개정하였는데, 이러한 일련의 개혁정책 및 법령정비는 지속적인 행정개혁의 성과로 평가되고 있다.[23]

도이머이 정책 이후에 시장경제를 뒷받침할 수 있는 경제분야의 법제정비의 필요성이 강조되지만, 사회주의 공법질서와 시장경제질서의 사법질서가 끊임없이 긴장의 관계를 이어가고 있다는 점이 지적되고 있다.[24]

4. 인 도

영국식 의원내각제가 변형된 정부형태의 연방국가인 인도는 임기 5년의 대

---

21 김교숙, "베트남 노동법의 체계", 비교법학 제27집, 부산외국어대학교 비교법연구소(2016), 5면 이하; 계경문·김종욱·이경희, 베트남의 정부조직과 법체계, 한국법제연구원, 2009, 131면; 계경문, 베트남의 법제에 관한 연구, 한국법제연구원, 2004, 29면.

22 Nick Malyshev, The right time to focus on regulatory reform in Vietnam, OECD, 2011, p.8.

23 이상현, "베트남의 행정개혁 법제 연구 : 헌법, 행정쟁송법 및 부패방지법제를 중심으로", 동북아법연구 제9권 제2호(2015), 82면.

24 권오승·김대인·이상현, 베트남의 체제전환과 법, 서울대학교 출판문화원, 2013, 238~239면.

통령과 부통령 및 연방하원에서 선출되는 총리를 두고 있다. 양원제인 연방의회는 임기 6년의 지역대표인 연방상원과 직선으로 임기 5년의 선출직대표인 연방하원으로 구성된다. 법률안을 포함한 의안은 양원에서 발의될 수 있으며, 발의된 법률안은 양원에서 의결되어야 한다. 양원의 의결이 불일치할 경우에는 대통령에 의하여 소집되는 양원합동회의에서 의결될 수 있다.[25]

인도는 영국의 법제를 모태로 하여 인도 고유의 종교와 사회관습이 가미된 법제도를 운영[26]하고 있다. 인도는 1990년대 초반부터 규제개혁을 시작하였으며, 2000년대에 들어와서는 규제정책의 발전을 위해서 본격적으로 노력해 왔다. 인도는 경쟁체제를 구축하기 위한 법령상의 장애가 매우 높았으며 인도의 입법과정은 매우 복잡했기 때문에, 제반 규정을 단순하게 정비하고 기업에 부담을 주는 행정규제를 완화하는 작업이 시급했다. 기업의 민영화를 통하여 국가의 간섭을 줄이고 경쟁을 촉진하고 소비자보호를 강화하였다. 그러나 인도에서의 규제개혁은 일관성이 부족하였으며, 최근에는 규제개혁의 동력이 점차로 줄어들고 있다. 최근 10여년 동안 인도의 경제가 급속히 성장하고는 있지만 인도에서의 경제활동이 어렵다는 평가를 보면, 그간의 규제개혁의 성과는 여전히 부족하다고 평가될 수 있다. 공기업은 물론이고 사기업 영역에서의 예측가능성과 투명성이 부족하고, 입법과정이 복잡하기 때문에 기업활동에서의 행정적 부담이 매우 큰 것으로 나타나고 있다. 특히 금융관련 부문에서의 규제개혁이 시급하고 중요하다고 평가된다. 중앙정부와 지방정부의 규제가 중복되고 엄격해서 기업활동의 예측가능성이 떨어지기 때문에 투자에 소극적이고, 투명성이 확보되지 않기 때문에 기업의 거래비용이 증가되는 것이 인도에서의 과잉규제의 가장 큰 문제점으로 지적되고 있다. 따라서 법령에 근거를 둔 규제에 관한 범정부적인 접근이 필요하고, 규제영향분석(regulatory impact assessment)이나 공적 상담 및 효율적인 법령의 품질관리(regulatory quality management)와 같은 국제적인 모범사례와 체계를 인도의 입법과정에 도입하는 방안이 좋을 것이라는 권고가 있다.[27]

---

25 류시조, "인도연방헌법의 통치구조와 그 특징", 비교법학 제14집(2004), 7면 이하.
26 권영호, 인도법제에 관한 연구, 한국법제연구원, 2005, 18면.
27 Regulatory reform – Improving the business environment through effective regulation, India

5. 인도네시아

대통령중심제인 인도네시아의 대통령은 행정부의 수반이자 국가원수로서 국민들의 직접선거로 선출되고 임기는 5년이다. 1998년 수하르토 대통령의 퇴진 이후 헌법 개정을 통하여 대통령과 의회는 이전에 비하여 보다 견제와 균형의 원리를 반영하고 있다. 인도네시아는 1999년부터 2002년까지 이루어진 4차례의 헌법개정을 통하여 국민의회의 입법권한을 확대하고 대통령의 입법권한을 대폭 제한하였다. 이러한 헌법개정을 통하여 대통령과 국민의회 사이의 견제와 균형의 원리가 작용하게 된 것으로 평가된다.[28]

인도네시아에서 민주화와 규제개혁은 민주주의적인 정책결정을 확고히 하고 경제성장을 촉진하는 것은 물론, 사회복지 전달체계의 구축을 위한 야심찬 시도의 중요부분이라고 할 수 있다. 1999년의 개혁정책을 시작으로 하여 인도네시아는 공개선거(free elections)에서 자유언론(free media)에 이르기까지, 현대 민주주의 국가의 중요한 제도를 확립하는 괄목할만한 진전을 이루어냈다는 보고가 있다.[29] 인도네시아는 1997년 외환위기 이후에 「노동조합법」과 「산업분쟁해결법」 등의 노동관계법이 정비되었는데, 권위주의 체제 하에서 추진되어온 경제개발과 함께 노동관계법이 형성되었다는 점이 인도네시아 노동법의 특색으로 지적되기도 한다.[30] 그러나 민주화와 지방자치 확대는 시장경제와 기업친화적인 규제정책의 충분조건에 미치지는 못하였다. 지방분권을 통해 지방자치단체의 권한이 확대되면서 중앙정부의 규제 이외에 지방정부의 규제가 더하게 되었고, 이는 정책결정과정을 더욱 복잡하게 하고 규제에 따른 부패의 가능성을 오히려 확대하였다. 이러한 상황을 타개하기 위하여 중앙정부는 경제개발종합계획을 수립하여 2025년까지 시장개방 확대, 관민협력 강화, 지역경제 촉진, 투

Policy Brief, OECD, 2014. 11, p.1.

28 변해철, "인도네시아의 입법절차에 관한 연구", 세계헌법연구 제19권 제3호(2013), 100면.

29 OECD Reviews of Regulatory Reform, Indonesia, Strengthening Co-ordination and Connecting Markets, 2012. 9, p.3.

30 이나경, "인도네시아 노동법의 체계", 비교법학 제27집, 부산외국어대학교 비교법연구소(2016), 51면.

자 확대 등을 추진하고 있다. 이러한 야심찬 경제개발종합계획이 성공하기 위해서는 투명하고 종합적인 법령정비가 필요하였다. ASEAN도 인도네시아에 관료사회를 개혁하고 규제개혁을 추진하여 자유무역과 시장의 경쟁을 강화하기 위한 조치를 할 것을 권고하였다. APEC의 2011년의 호놀룰루선언에서 인도네시아는 법령관리(regulatory management)와 규제개혁분석(assess the impact of regulation) 등을 위한 범정부적 노력을 추진할 것을 천명하였다.[31] 천연자원을 기반으로 한 국가경제, 많은 섬으로 구성되어 있기 때문에 물류비용이 높다는 점, 국내시장 활성화를 위해서는 새로운 일자리 창출이 필요하다는 점 등 인도네시아의 특성을 고려할 때, 인도네시아 국가경제의 발전을 위해서는 효율적인 시장경제가 작동될 수 있도록 법령의 틀이 마련되어야 하고 이러한 법령을 만들기 위해서는 과도한 규제가 있어서는 안되기 때문에, 합리적인 규제개혁정책이 추진되어야 하는 것이다.[32]

제3절 우리나라의 규제정책과 입법

1. 규제개혁을 위한 기구

우리나라에서는 1990년대 이후로 규제개혁을 위한 정부 차원의 노력이 활발해졌다. 규제개혁을 담당하는 기구는 1990년 초 '경제행정규제완화위원회', 1991년 말 국무총리 자문위원회로서의 '행정규제완화 민간자문위원회', 1993년에 경제기획원의 '경제행정규제위원회', 1993년에 대통령 직속의 '행정쇄신위원회', 1993년에 상공자원부의 '기업활동규제심의위원회', 1994년에 총무처 소속의

31 OECD Reviews of Regulatory Reform, Indonesia, Strengthening Co–ordination and Connecting Markets, 2012. 9, p.4.

32 OECD Reviews of Regulatory Reform, Indonesia, Strengthening Co–ordination and Connecting Markets, 2012. 9, p.12.

'행정규제합동심의위원회', 1994년에 대통령직속의 '경제행정규제완화점검단' 등이 있었다.[33] 현재의 규제개혁을 위한 기구는 '규제개혁위원회'인데, 1998년 3월에 시행된 행정규제기본법에 근거하여 4월에 설립되었다. 이에 비하여 규제개혁을 위한 국회 차원의 노력은 가시적이라고 보기 어렵다. 제17대 국회와 제18대 국회에서 규제개혁특별위원회가 구성되어 일시적으로 활동한 적이 있으나, 의원입법의 규제개혁을 위한 특별한 성과를 내거나 국회의 규제개혁을 위한 상시적인 조직이 만들어졌다거나 하는 제도개선에는 이르지 못하였다. 제19대 국회에서 의원발의 법률안에 대한 규제심사를 내용으로 하는 법률안이 발의되었으나 통과되지 못하였고, 현 제20대 국회에서도 유사한 법률안이 발의되어 있으나 주목을 받지 못하고 있다.

2. 규제개혁을 위한 법률

규제에 관한 주된 법률은 「행정규제기본법」과 「기업활동 규제완화에 관한 특별조치법」이다. 「행정규제기본법」과 「기업활동 규제완화에 관한 특별조치법」의 관계를 보면, 전자는 규제에 관한 일반법으로서의 성격을 지니고 있고, 후자는 규제 중 기업활동에 관한 규제를 대상으로 하는 특별법으로서의 성격을 지니고 있다. 두 법률간의 이러한 일반법-특별법 관계는 행정규제에 관한 두 법률의 개념정의에서 드러난다. 전술한 바와 같이, 「행정규제기본법」에서는 "행정규제"를 국가 또는 지방자치단체가 특정한 행정목적을 실현하기 위하여 국민의 권리를 제한하거나 의무를 부과하는 것으로서 법령 등이나 조례·규칙에 규정되는 사항을 말한다[34]고 행정규제를 개념정의하고 있고, 「기업활동 규제완화에 관한 특별조치법」에서는 "행정규제"를 국가, 지방자치단체 또는 법령에 따라 행정권한을 행사하거나 행정권한을 위임 또는 위탁받은 법인·단체 또는 개인이 특정한 행정목적의 실현을 위하여 기업활동에 직접적 또는 간접적으로 개

33 홍완식, "규제심사실무에 관한 연구", 법이론실무연구 제2권 제2집(2014. 10), 280면.
34 행정규제기본법 제2조 제1호.

입하는 것을 말한다[35]고 하여 행정규제에 대한 개념정의를 하고 있다. 이러한 행정규제의 개념정의의 문구를 보면 「기업활동 규제완화에 관한 특별조치법」에서의 행정규제는 규제 중에서 특별히 "기업활동에 직접 또는 간접적으로 개입하는 것"으로 한정하고 있음을 알 수 있다. 특별히 「기업활동 규제완화에 관한 특별조치법」 제3조의 규정에서는 다른 법령과의 관계를 규정하고 있는데, 이 법은 행정규제를 정하고 있는 다른 법령의 규정에 우선적으로 적용되지만, 「행정규제기본법」은 제외하도록 하고 있다. 이러한 두 법률간의 체계성 문제는 「행정규제기본법」에 의하여 설치된 규제개혁위원회와 「기업활동 규제완화에 관한 특별조치법」에 의하여 설치된 기업활동규제심의위원회가 모두 규제를 심의하고 개혁하는 위원회로서 그 업무의 관계에 대하여 특별한 규정을 두지 않고 한동안 병존하였다. 논리적으로는 「행정규제기본법」에 의하여 설치된 규제개혁위원회는 행정규제에 관한 사항을 심의·분석하여야 하고, 「기업활동 규제완화에 관한 특별조치법」에 의하여 설치된 기업활동규제심의위원회는 기업활동과 관련한 경제적 규제에 관한 사항을 심의·분석하여야 될 것이다. 그러나 이 두 위원회의 업무가 유사하거나 중복됨에도 불구하고 두 위원회간의 관계설정은 법령상 및 운영상에서도 미흡했다. 이와는 별도로 「기업활동 규제완화에 관한 특별조치법」이 개정(법률 제7442호, 2005. 3. 31. 공포, 2005. 7. 1. 시행)되면서, 행정규제로 인한 기업의 어려움을 해결하기 위하여 노력하는 것을 산업자원부장관의 책무로 정함에 따라, "이해관계자 및 전문가의 의견을 수렴하여 기업의 애로사항을 조정·심의하는" 기업애로조정심의회를 설치하기도 하였다. 즉, 규제개혁위원회, 기업활동규제심의위원회, 기업애로조정심의회 등이 비체계적으로 설치되었다. 결국 행정안전부가 2008년 5월 27일에 정부위원회의 절반가량인 273개를 폐지하면서, 기업활동규제심의위원회와 기업애로조정심의회도 폐지되었다. 입법적으로는 「기업활동 규제완화에 관한 특별조치법」이 2009년 3월 15일에 개정되면서, 두 위원회의 법적 근거가 없어졌다. 기업애로조정심의회는 '법률'이 아닌 '대통령령'에 의하여 그 설치근거가 규정되어 있었다. 즉, 「기업활

35 기업활동 규제완화에 관한 특별조치법 제2조 제2호.

동 규제완화에 관한 특별조치법」이 아니라 「기업활동 규제완화에 관한 특별조치법 시행령」에 의하여 위원회가 설치근거가 규정되어 있다는 점은 바람직하지 못하다. 또한 기업활동규제심의위원회와 기업애로조정심의회의 성격, 업무분담이나 상호관계 등도 명확하지 않았다는 점을 반성할 필요가 있다. 또한 「기업활동 규제완화에 관한 특별조치법」 제3조의 규정에서는 다른 법령과의 관계를 규정하고 있는데, 이 법은 행정규제를 정하고 있는 다른 법령의 규정에 우선적으로 적용하도록 하고 있으며, 다른 법령의 개정으로 이 법의 규정에 의하여 완화된 행정규제 내용 보다 그 규제내용이 더 완화되는 경우에는 그 법령이 정하는 바에 의하도록 하고 있다. 이러한 규정에 의거하여 이 법의 많은 조항에서는 다른 법률에서 의무화하고 있는 여러 부담과 의무를 의제하거나 면제하거나 적용하지 않도록 하는 규정을 두고 있다.

1993년에 처음으로 「기업활동 규제완화에 관한 특별조치법」이 제정된 이후 몇 차례의 개정이 이루어 졌다. 1997. 4. 10의 일부개정은 산업단지에 전기를 공급하기 위한 전기시설 공사비를 전기공급자가 전액 부담하게 하고, 각종 의무고용제도 중 국민의 안전 및 환경의 보호와 밀접한 관련이 없는 부분은 폐지하거나 완화하며, 각종 영업에 대한 불필요한 행정규제를 완화함으로써 기업의 경쟁력을 강화하고자 이루어졌다. 2005. 3. 31에 이루어진 일부개정은 기업의 경쟁력 강화를 위하여 공장입지 관련 규제를 완화하고, 공장설립 승인의 처리기간을 단축하는 등 규제완화를 위한 제도적 장치를 보완하였다. 2007. 8. 3.에 이루어진 일부개정은 1997년의 「기업활동 규제완화에 관한 특별조치법」 개정으로 프레스·리프트에 대한 정기검사면제와 「산업안전보건법」상 안전관리자에 대한 직무교육 면제, 제조업 유해위험방지계획서 제출의무 면제가 산업재해 증가를 초래하였기에 이러한 면제규정을 삭제하여 안전검사와 교육을 복원하는 개정이 이루어졌다.[36] 2010. 1. 27의 일부개정은 여객자동차 및 화물자동차 운송

36 기업활동규제완화에 관한 특별조치법 일부개정법률안 검토보고서, 산업자원위원회, 2007. 6, 3면 이하 참조. (1) 프레스 및 리프트 정기검사 복원 : 프레스 및 리프트 정기검사 폐지된 이후 사용과정에서의 안전성확보 곤란으로 해당 기계로 인한 재해가 증가하고 있으며, 검사비용과 이에 따른 편익을 분석한 결과 편익비가 5배 이상인 것으로 확인되었다. (2)

사업자에 대한 행정기관의 시정지시를 금지하고 있는 규정을 삭제하였다. 2011. 4. 14의 개정은 법 문장을 한글로 적고, 어려운 용어를 쉬운 용어로 바꾸며, 길고 복잡한 문장은 체계 등을 정비하였다.

1998년 3월에 제정된 「행정규제기본법」은 몇 차례 일부 개정되었다. 2005년 12월 29일의 개정(시행 2006. 6. 30)은 규제사무의 국회보고, 규제의 존속기한이 도래 3월 전까지 규제의 존속기한 마련, 규제 타당성의 사전 검토, 입법예고기간 동안 규제영향분석서 공표 등을 내용으로 하였다. 2010년 1월 25일에 개정(시행 2010. 1. 25)은 규제와 관련한 내용의 개정없이 한자병기, 용어순화(醇化), 어문규범 준수 등을 개정하였다. 이후 2013년 7월 16일 개정(시행 2013. 8. 17)의 주요내용은 재검토형 규제일몰제의 법적 근거 신설이었다. 규제를 신설·강화·기존규제 모두 존속시켜야 할 명백한 사유가 없는 규제는 존속기한 또는 재검토기한을 규정하도록 하였다.[37] 가장 최근의 개정은 2015년 5월 18일(시행 2015. 5. 18)의 개정으로, 규제가 중소기업에 미치는 영향을 고려할 것을 규제영향분석의 항목에 추가하는 내용이다.

3. 법률안에 대한 규제심사

헌법 제52조에 의하여 국회의원과 정부는 법률안을 제출할 수 있다. 「행정규제기본법」 제10조 제1항은 "중앙행정기관의 장은 규제를 신설하거나 강화하려면 위원회에 심사를 요청하여야 한다. 이 경우 법령안(法令案)에 대하여는 법제처장에게 법령안 심사를 요청하기 전에 하여야 한다"고 규정하여, 정부가 법

안전·보건관리자 등의 정기교육 복원 : 안전관리자 등에 대해 실시하는 신규교육과 보수교육(2년주기)의 폐지로 인해 사업장의 안전관리 투자위축 및 안전보건관계자의 업무수행 능력 부족으로 실질적인 재해예방효과를 기대할 수 없는 실정이며, 이에 대한 편익비용도 5배 이상인 것으로 확인 되었다. (3) 제조업 유해위험방지계획서 제출의무 복원 : 제조업 유해위험방지계획서 제출 의무가 면제되면서, 위험설비 설치 사전에 유해.위험성 평가를 통한 재해예방대책을 제대로 수립·시행하지 않아 사업장의 재해 위험이 증가 하고 있다. 실제로 유해위험방지계획서 제출 사업장이 미제출 사업장보다 재해률이 20~30% 낮은 것으로 확인되었다.

37 홍완식, 앞의 논문(주 35), 280면.

률안을 제출하기 위해서는 규제심사를 받도록 하고 있다. 정부제출 법률안에 대한 규제심사는 시행되고 있지만, 의원발의 법률안의 발의과정에는 규제심사가 없다는 점이 지적되고 있다.

우리나라에서는 규제개혁위원회의 규제심사제도를 중심으로 하는 규제개혁정책과 입법절차개선이 추진되어 왔지만, 여전히 규제개혁의 가시적인 성과는 부족한 것으로 평가되고 있다. 법률의 입법과정과 관련해서는, 법안심사만이 있는 국회입법절차에 규제심사를 새로이 도입할 필요가 있다는 주장이 큰 힘을 얻고 있다. 주지하디시피, 정부제출 법률안에 대해서는 다양한 심사절차가 있는데 그 중에서도 규제심사가 중요한 입법절차인데, 의원발의 법률안에 대해서는 규제심사절차가 없기 때문에 우회입법이나 청부입법 혹은 절차회피적 법률안이 의원들에 의하여 발의되고 있고, 이러한 문제점은 이미 여러 차례 지적된 바 있다. 따라서 의원발의 법률안에 대하여 규제심사나 입법영향분석제도를 도입하여 정부에 의한 법안발의절차와 국회의원에 의한 법안발의절차의 균형성을 맞출 필요가 있다. 이를 위하여 제19대 국회에서는 의원발의 법률안에 대한 규제심사제도 도입을 내용으로 하는 이한구의원의 「국회법」 개정안과 민현주의원의 「국회입법조사처법」 개정안 및 유기준의원의 「국회입법조사처법」 개정안이 발의되었으나, 이 3건의 법률안은 제19대 국회의 임기만료로 모두 폐기되었다.[38] 제20대 국회에 들어와 2016년 8월 23일에는 김종석의원의 대표발의로 의원발의 법률안에 대하여 규제심사제도를 도입하는 내용의 「국회법」 개정안[39]이 발의되었다. 즉, 「국회법」에 제79조의4[40]를 신설하여 국회의원들이 법안을 발의하는

38 홍완식, "제20대 국회의 과제로서 입법영향분석제도 도입", 공법연구 제45집 제1호(2016), 7면.

39 제안이유로 "정부제출 법률안의 경우, 규제 신설·강화 시 규제영향분석을 통한 자체규제심사와 규제개혁위원회의 규제심사를 받아야하나 의원입법의 경우에는 규제영향에 대한 검토가 없는 실정임. 이에 규제를 합리화하고 의원입법의 품질을 높이기 위하여 중요규제를 포함하는 의원입법에 한하여 규제영향분석을 함께 제출하도록 하는 법적 근거를 마련하려는 것"임을 밝히고 있다. 「국회법」 일부개정법률안, 의안번호 1763호, 2016. 8. 23, 1면.

40 안 제79조의4(중요규제 법률안에 대한 규제영향분석 제출) ① 의원이 「행정규제기본법」 제2조 제1항 제1호에 따른 행정규제(중요규제에 한정한다)에 관한 사항을 포함하고 있는 법률안을 발의하는 경우에는 국회입법조사처 또는 국회규칙으로 정하는 전문 조사·연구

경우에 규제영향분석을 함께 제출하도록 규정하고 있다. 제19대 국회에서도 유사한 내용의 법률안이 발의되었다가 임기만료로 폐기된 것을 보면, 의원발의 법률안에 대한 규제심사제도 도입에 관한 입법의지가 있는지에 대한 의문이 있으나, 제20대 국회에서 동 법안의 처리과정을 지켜볼 필요가 있다.

제4절 맺음말

거의 모든 국가에서 규제개혁에 관한 필요성과 당위성이 지속적으로 강조되고 있다.[41] 세계적으로도 규제완화정책이 추진되고 있지만, 국내에서의 규제개혁논의도 뜨겁다. 규제개혁이 관료제의 경직성을 완화하여 시민들의 자유를 확대하며 경제주체들의 활동을 자유롭게 하고, 이러한 규제완화정책이 경제적 활력에 기여할 수 있다는 기대가 크다. 그러나 규제개혁의 성과와 효과는 기대한 만큼 크지 않아 보인다. 규제심사는 기술적인 과정이기도 하지만 정치적인 과정이기 때문이다. 따라서 기술성과 정치성, 전문성과 대중성 등의 균형이 적절히 유지되는 심사절차가 마련될 필요가 있다.[42] 동아시아 국가의 규제개혁정책은 그 발전단계가 매우 다양하다. 경제개방의 폭과 범위에 차이가 많을 뿐만 아니라, 민주주의 발전의 단계도 매우 상이하기 때문이다. 또한 동아시아 국가

기관에서 작성한 규제영향분석(규제의 신설·강화로 인하여 국민의 일상생활과 사회·경제·행정 등에 미치는 여러 가지 영향을 객관적이고 과학적인 방법을 사용하여 미리 예측·분석함으로써 규제의 신설·강화의 타당성을 판단하는 기준을 제시하는 것을 말한다. 이하 이 조에서 같다)을 아울러 제출하여야 한다. 다만, 「행정규제기본법」 제3조 제2항 각 호의 어느 하나에 해당하는 사항에 관한 법률안의 경우 그러하지 아니하며 위원회에서 제안하는 법률안에 대하여는 긴급한 사유가 있는 경우 소관 상임위원회의 의결로 이를 생략할 수 있다. ② 제1항에 따른 중요규제의 범위, 규제영향분석의 작성 및 제출절차 등에 관하여 필요한 사항은 국회규칙으로 정한다.

41 "규제개혁의 목표와 지향점은 모든 규제를 철폐하는 것이 아니라, 과도한 규제는 철폐하거나 완화하고 필요한 규제는 유지하는 것이다". 홍완식, "규제개혁과 입법정책", 공법연구 제36집 제3호(2008), 359면.

42 김유환, 행정법과 규제정책, 법문사, 2012, 172면.

의 규제개혁정책에 관한 자료에의 접근성도 매우 제한적이기 때문에, OECD의 규제개혁정책에 관한 자료를 중심으로 이들 국가의 규제개혁정책을 검토하였다. 일본의 규제개혁정책은 모범적인 것으로 볼 수 있다. 특히 일본의 규제개혁정책은 아베노믹스와 긴밀히 연결되는 것으로 볼 수 있고, 정부가 주도하는 의원내각제의 입법절차적 특성 및 내각법제국을 통한 규제개혁정책의 입법적 반영 등을 일본 규제개혁정책의 특징으로 볼 수 있다. 중국의 경우에는 '의법치국'이라고 표현되는 법치국가적 전통은 아직 미비하지만, 강한 경제력과 사회주의적 효율성을 수단으로 하여 규제개혁정책과 이를 반영하는 입법정책을 추진하고 있는 특징을 볼 수 있다. 베트남과 인도 및 인도네시아의 규제개혁정책과 입법정책은 시장개방을 통한 경제성장에의 열망을 나타내주고 있다. 우리나라의 경우에도 정부에서의 입법과정에서는 규제심사제도를 두고 있으며 오랜 기간 동안의 제도운용경험을 지니고 있다. 그러나 의원발의 법률안의 입법과정에서는 규제심사제도를 두고 있지 않기 때문에, 의원발의 법률안에 대한 규제심사제도를 도입하려 하고 있다.

| CHAPTER 09 _ 참고문헌 |

계경문·김종욱·이경희, 베트남의 정부조직과 법체계, 한국법제연구원, 2009.

계경문, 베트남의 법제에 관한 연구, 한국법제연구원, 2004.

권오승·김대인·이상현, 베트남의 체제전환과 법, 서울대학교 출판문화원, 2013.

권영호, 인도법제에 관한 연구, 한국법제연구원, 2005.

김규판·이형근·이신애, 저성장시대 일본정부의 규제개혁에 관한 연구, 대외경제정책연구원, 2016.

김유환, 행정법과 규제정책, 법문사, 2012.

최환용, 일본법의 구조·체계, 법률정보조사과정, 국회사무처, 2009.

김교숙, "베트남 노동법의 체계", 비교법학 제27집, 부산외국어대학교 비교법연구소 (2016).

김은지, "일본의 규제개혁 추진현황과 평가", 지역경제포커스 제8권 제7호, 대외경제정책연구원(2014).
김준영, “중국 2015년 입법법 개정의 쟁점 연구”, 중국법연구 제26집, 한중법학회(2016. 5).
류시조, “인도연방헌법의 통치구조와 그 특징”, 비교법학 제14집(2004).
박남기·김연식·김동윤·정지은, “정부구조와 규제 거버넌스, 보편적 전화서비스의 제공 -미국과 일본의 비교연구”, 일본근대학연구 제43권(2014).
변해철, “인도네시아의 입법절차에 관한 연구”, 세계헌법연구 제19권 제3호(2013).
유진식, “일본의 민주당연립정권 하에서의 입법과정의 변화”, 충남대학교 법학연구 제23권 제2호(2012).
이나경, “인도네시아 노동법의 체계”, 비교법학 제27집, 부산외국어대학교 비교법연구소(2016).
이상현, “베트남의 행정개혁 법제 연구 : 헌법, 행정쟁송법 및 부패방지법제를 중심으로”, 동북아법연구 제9권 제2호(2015).
전 희, “중국의 입법권과 입법과정”, Ewha Law Review 제5권 제2호(2015).
정이근, “중국의 입법기관과 입법권 행사상의 문제점”, 중국법연구 제14집, 한중법학회(2010).
한종규, “베트남 국제사법의 특징과 유의점”, 법학연구 제16권 제1호, 한국법학회(2016).
홍완식, “제20대 국회의 과제로서 입법영향분석제도 도입”, 공법연구 제45집 제1호(2016).
홍완식, “규제심사실무에 관한 연구”, 법이론실무연구 제2권 제2집(2014. 10).
홍완식, “규제개혁과 입법정책”, 공법연구 제36집 제3호(2008).
吳志光, “대만에서의 규제개혁 : 미디어의 임시운영허가를 중심으로”, 보장국가와 규제개혁, 한국규제법학회 국제학술대회(2015).
板桓 勝彦, “일본에서의 민영화와 규제개혁”, 보장국가와 규제개혁, 한국규제법학회 국제학술대회(2015).
The Asean Secretariat, Asean Economic Community Blueprint 2025, 2015. 11.
Country Profile Japan, OECD Regulatory Policy Outlook 2015.
Fourth Report by the Council for Regulatory Reform - Never Ending Challenges, Council for Regulatory Reform Japan, 2016
Nick Malyshev, The right time to focus on regulatory reform in Vietnam, OECD, 2011.
OECD Reviews of Regulatory Reform Japan, Executive Summary, 2015.
OECD Reviews of Regulatory Reform, Indonesia, Strengthening Co-ordination and

Connecting Markets, 2012. 9.

OECD Reviews of the regulatory reform : China – Defining the boundary between the market and the state, 2009.

Regulatory reform – Improving the business environment through effective regulation, India Policy Brief, OECD, 2014. 11.

CHAPTER

10 축산물 신고포상금에 관한 연구

출처: 토지공법연구 제72집, 2015년, 443~464

민간감시기능을 촉진하기 위한 신고포상금 제도가 도입된 이후에 공무원에게 신고포상금을 지급하는 것에 대한 논란이 끊이지 않았다. 특히 범인 검거가 주 업무인 경찰이 포상금을 받는 것이 합당한가를 놓고 논란이 일었으며, 부정 축산물 신고 포상금의 절반 이상을 경찰이 수령한 사실이 문제되기도 하였다. 부정식품을 신고하는 경우와 부정축산물을 신고하는 경우에는 신고포상금이 지급되는데, 부정 축산물 신고포상금은 공무원에게 지급되고, 부정식품 신고포상금은 공무원에게 지급되지 않고 있다. 이러한 차이는 식품위생법령에서는 지급대상 및 지급제외대상을 명확하게 규정하고 있는 반면에, 축산물위생관리법령에서는 지급대상 및 지급제외대상을 명확하게 규정하고 있지 않기 때문이다. 신고포상금제도는 민간감시기능을 촉진하기 위하여 도입된 제도이기 때문에, 본연의 업무를 수행하는 공무원에게 신고포상금이 주어지는 것은 신고포상금의 도입 취지에 위반되는 것이다. 즉, 법위반 행위를 적발하는 것은 경찰을 포함한 공무원의 본연의 직무에 포함되는 것이다. 공무원이 이러한 직무를 모범적으로 수행하여 격려가 필요한 경우에는 이러한 일반적인 신고포상금제도가 아니라 상훈·표창이나 승진 또는 공무원에게 주어지는 포상금 등을 통하여 격려하는 제도를 활용하는 것이 옳다. 「식품위생법」 및 「건강기능식품에 관한 법률」은 포상금지급 대상을 '불법 행위 신고(고발)자'로 한정하고 있다. 또 하위 법령은 '식품위생공무원 등 직무상 인지해 신고한 자'에 대해서는 포상금을 지급하지 않도록 규정하고 있다. 반면 「축산물위생관리법」은 지급 대상 자체를 '불법 행위를 신고 또는 고발하거나 검거한 사람, 검거에 협조한 사람'으로 규정하고 있다. 지급 제외 대상에 관한 규정은 없다. 따라서 축산물 신고포상금제도를 부정·불량식품, 건강기능식품 신고포상금제도와 같이 운용할 필요가 있다. 즉, 관련 법령을 조속히 개정해 포상금 지급 대상에서 공직자를 제외하고 신고자로 국한하여야 할 것이다. 이를 위해서는 신고포상금 지급대상에서 관련 공무원을 제외하는 규정을 두는 입법작업이 필요하다. 이 경우 지급제한 규정을 위반하여 포상금이 지급된 경우에 포상금 환수에 관한 규정을 두고 있듯이 지급대상이 아닌 사람에게 포상금이 지급된 경우에도 포상금 환수에 관한 규정을 두어야 할 것이다.

주제어: 신고포상금, 보상금, 축산물위생법, 식품위생법, 공익신고자보호법

제1절 머리말

민간감시기능을 촉진하고자 하는 신고포상금제도가 도입된 이후에 근래에는 그 종류와 숫자를 헤아리기 힘들 정도로 우후죽순처럼 생겨나고 있다. 공익신고에 관한 기본법이라고 할 수 있는 「공익신고자보호법」의 제4장에서는 '보상금, 포상금 및 구조금'이라는 제목으로 포상금에 관한 규정을 두고 있고, 이 법률의 적용대상에 해당하는 279개의 법률을 별표에서 규정하고 있다. 그러나 별표에 규정된 법률 이외의 법률에도 포상금에 관한 법적 근거를 두고 있는 경우가 있다. 즉, 필요에 따라서 개별법에 법적 근거를 마련하여 신고포상금제도를 도입하고 있는 것이다. 이렇게 필요에 따라 그리고 부처 및 지방자치단체에 따라 신고포상금제도가 도입되다 보니, 용어·대상·요건·절차·액수·상한 등이 매우 다양하고 혼란스러워졌다. 또한 신고포상금 제도가 도입된 이후에 공무원

에게 신고포상금이 지급되는 것에 대한 논란도 끊이지 않았다. 신고포상금제도는 민간감시기능을 촉진하기 위하여 도입된 제도이기 때문에, 본연의 업무를 수행하는 공무원에게 신고포상금이 주어지는 것은 신고포상금의 도입 취지에 위반되는 것이다. 공무원에 대한 신고포상금 지급은 올해의 국정감사에서도 논란이 되었고, 특히 축산물 관련 법률 위반사범에 대하여 경찰에게 신고포상금을 지급한 것이 문제되었다. 구체적으로는, 2015년 7월에 불법 도축범을 검거한 경찰이 제보자에게 알리지 않고 포상금을 챙긴 사실이 알려지면서 범인 검거가 주 업무인 경찰이 포상금을 받는 것이 합당한가를 놓고 논란이 일었다. 뿐만 아니라 지난 3년간 부정 축산물 신고 포상금의 절반 이상을 경찰이 수령한 사실이 국정감사 자료에서 적시되었다.[1] 즉, 2013년부터 2015년 7월까지 부정축산물 신고포상금 지급사례는 약 3,640만원(93건)인데, 경찰에게 지급된 포상금이 전체 금액의 54%인 1980만원(9건)으로 집계됐다. 그러나 식약처에서 운영하는 신고포상금제도인 부정식품 신고포상금(건강기능식품 포함)으로 지급된 사례는 지난 3년간 1,610건으로 약 9,700만원이었는데, 부정 축산물 신고포상금제와 달리 경찰에게 지급된 신고포상금은 없었다. 이러한 차이는 식품위생법령에서는 지급대상 및 지급제외대상을 명확하게 규정하고 있는 반면에, 축산물위생관리법령에서는 지급대상 및 지급제외대상을 명확하게 규정하고 있지 않기 때문이다. 이러한 문제에 직면하여 신고포상금에 관한 법령과 조례의 입법에 관한 문제를 생각해 볼 필요가 생겼으며, 특히 언론의 보도에 주목하여 축산물 관련 법령에서 신고포상금 관련 규정을 살펴보는 계기가 되었다. 이러한 문제의식과 법령 고찰을 중심으로 하여 우선 신고포상금 일반론을 살펴보고 다음으로는 식품분야와 축산물분야의 신고포상금에 대한 고찰을 통하여 농수축산물 신고포상금의 문제점과 개선방안을 살펴보기로 한다.

1 최동익, 축산물 신고포상금 제도는 경찰 곳간? 3년간 지급된 포상금 중 54%는 경찰이 수령, http://hopewings.or.kr/ko/alim/439, 2015. 9. 13, 1쪽 이하.

제2절 신고포상금 일반론

1. 개 념

신고포상금제도는 정부가 정책목표를 달성하기 위하여 그 규모와 범위를 확대하고 있는 정책수단[2]이며, 규제순응을 제고하기 위한 정책수단으로 규제불응에 대한 시민들의 감시를 통해 순응을 유도하는 제도[3]이다. 신고포상금제도는 행정의 목적과 실효성을 달성하기 위한 새로운 의무이행확보수단[4]으로서 평가되고 있다. 이러한 포상금제도는 미국이나 영국 등에서도 탈세제보에 대한 포상금지급을 법제화함을 통하여 민간감시기능을 촉진하고 있다.[5] 일부 신고포상금제도가 사생활의 비밀과 자유를 침해하는 위헌적 요소를 지니고 있다는 의견[6]이 있기는 하지만, 신고포상금 제도를 도입한 법령에 대하여 위헌 결정이 내려진 사례는 아직 없다.

포상금의 사전적 의미는 칭찬하고 장려하여 상으로 주는 돈이며, 위험방지나 업적·공적에 대하여 칭찬하고 권장하기 위하여 부여하는 금전[7]이라거나, 각종 법규 위반행위에 대하여 이를 신고한 자에게 지급하는 금전,[8] 규제대상행위의 위반에 대하여 신고를 하게 하고 이에 대한 반대급부로서 제공되는 금전적 보상,[9]

---

2 송광섭/윤상민, 형집행확보를 위한 형 미집행자 명단공개 및 신고자 포상금제도의 도입방안, 원광법학, 제31권 제1호, 2015, 134쪽.

3 박형준/양고운, 규제순응정책수단으로서 신고포상금제도 : 1회용품 신고포상금제도를 중심으로, 한국행정학회 학술대회, 2010, 3쪽.

4 최우용, 쓰레기 신고포상금제의 문제점과 입법정책상의 과제, 공법연구, 제29집 제4호, 2001, 326쪽.

5 박세훈, 내부고발자 보상제도에 관한 연구, 치안정책연구, 제27권 제2호, 2013. 12, 61쪽 이하.

6 손희권, 사교육규제법안들의 헌법적합성 검토 : 제18대 국회 계류법안들을 중심으로, 교육행정학연구, 제27권 제4호, 2009, 189쪽.

7 이재삼/박문선, 식품위생법상 위해식품 방지에 관한 연구, 법학연구, 제54권, 2014, 159쪽.

8 송광섭/윤상민, 앞의 논문, 134쪽.

9 임도빈, 한국의 신고포상금 제도 분석 : 유형화와 확산이유를 중심으로, 한국조직학회보, 제6권 제1호, 2009, 235쪽;

불법행위나 불공정행위 등 위법·탈법 행위를 관계기관에 신고한 경우 관련 규정에 따라 신고자에게 주어지는 금전이라고 정의되고 있다. 따라서 조세범죄 신고포상금은 탈세범의 신고에 대한 반대급부로서의 금전적 보상이고, 성범죄 신고포상금은 성범죄의 신고에 대한 반대급부로서의 금전적 보상을 의미하며, 선거범죄 신고포상금은 선거범죄의 신고에 대한 반대급부로서의 금전적 보상을 의미한다.10

문헌과 법령에서는 포상금과 보상금이 혼용되는 경우가 있다. 신고포상금과 신고보상금의 개념상의 차이를 구분하기 위한 시도가 있지만, 학자에 따라 다양하게 개념을 정의하고 있으며, 법령에서도 포상금과 보상금을 혼용하고 있는 경우가 많은 것이다. 「공익신고자보호법」에서는 보상금이라는 용어만을 사용하다가, 2015년 7월 24일의 개정을 통하여 포상금에 관한 규정을 신설하였다. 즉, 법률개정을 통하여 동법 제4장의 제목이 "보상금 및 구조금"에서 "보상금, 포상금 및 구조금"으로 변경되었고, 제26조(보상금) 규정 다음에 제26조의2(포상금)를 신설하였다.

〈표 10-1〉 「공익신고자보호법」상의 보상금과 포상금 규정

조항	제26조(보상금) 제1항	제26조의2(포상금) 제1항
규정 내용	내부 공익신고자는 공익신고로 인하여 다음 각 호의 어느 하나에 해당하는 부과 등을 통하여 국가 또는 지방자치단체에 직접적인 수입의 회복 또는 증대를 가져오거나 그에 관한 법률관계가 확정된 때에는 위원회에 보상금의 지급을 신청할 수 있다. <개정 2015.7.24.> 1. 벌칙 또는 통고처분 2. 몰수 또는 추징금의 부과 3. 과태료 또는 이행강제금의 부과	위원회는 공익신고 등으로 인하여 다음 각 호의 어느 하나에 해당되는 사유로 현저히 국가 및 지방자치단체에 재산상 이익을 가져오거나 손실을 방지한 경우 또는 공익의 증진을 가져온 경우에는 포상금을 지급할 수 있다. 다만, 제26조에 따른 보상금이나 다른 법령에 따른 보상금과 중복하여 지급할 수 없다. 1. 공익침해행위를 한 자에 대하여 기소유예, 형의 선고유예·집행유예

10 정극원, 법 경시풍조와 선거범죄신고포상금제, 공법학연구, 제9권 제1호, 2008, 203쪽.

4. 과징금(인허가 등의 취소·정지 처분 등을 갈음하는 과징금 제도가 있는 경우에 인허가 등의 취소·정지 처분 등을 포함한다)의 부과 5. 그 밖에 대통령령으로 정하는 처분이나 판결	또는 형의 선고 등이 있는 경우 2. 시정명령 등 특정한 행위나 금지를 명하는 행정처분이 있는 경우 3. 공익침해행위 예방을 위한 관계 법령의 제정 또는 개정 등 제도개선에 기여한 경우 4. 그 밖에 대통령령으로 정하는 사유

「부패방지 및 국민권익위원회의 설치와 운영에 관한 법률」은 제68조(포상 및 보상)에서 보상금과 포상금을 규정하고 있는데, 제1항에서는 포상금에 관한 사항을 규정하고 있으며 제2항에서는 보상금에 관한 사항을 규정하고 있다. 보상금과 포상금을 항을 나누어서 달리 규정하고 있는 것이다.

〈표 10-2〉「부패방지 및 국민권익위원회의 설치와 운영에 관한 법률」상의 보상금과 포상금 규정

조항	제68조(포상 및 보상) 제2항	제68조(포상 및 보상) 제1항
규정 내용	부패행위의 신고자는 이 법에 따른 신고로 인하여 직접적인 공공기관 수입의 회복이나 증대 또는 비용의 절감을 가져오거나 그에 관한 법률관계가 확정된 때에는 위원회에 보상금의 지급을 신청할 수 있다. 이 경우 보상금은 불이익처분에 대한 원상회복 등에 소요된 비용을 포함한다.	위원회는 이 법에 따른 신고에 의하여 현저히 공공기관에 재산상 이익을 가져오거나 손실을 방지한 경우 또는 공익의 증진을 가져온 경우에는 신고를 한 자에 대하여 상훈법 등의 규정에 따라 포상을 추천할 수 있으며, 대통령령으로 정하는 바에 따라 포상금을 지급할 수 있다.

그러나 국민권익위원회의 백서에서는 신고보상금과 신고포상금을 함께 설명하고 있다. 즉, "신고자에 대한 포상·보상제도는 부패행위 신고로 인하여 공익 증진에 기여하거나 공공기관의 잘못된 지출의 회복이나 수입의 증대를 가져온 경우 신고자에게 금전적 대가를 지급하는 제도로, 각종 위험부담을 안고 공익 차원에서 이루어지는 개인의 용기있는 행동에 대해 보상(reward)함으로써 부

패행위 신고에 대한 국민의 자율적 참여를 유도할 수 있는 효과적인 부패방지 수단"으로 포상과 보상을 동일한 문구로 설명하고 있다.[11] 이러한 법령 에서의 용례는 보상금과 포상금의 개념상의 혼란을 스스로 드러내고 있다.

2. 용 례

파파라치를 패러디하여 쓰파라치, 카파라치, 세파라치, 영파라치, 폰파라치 등의 용어가 사용되기도 하고 '전문신고꾼'이라고 지칭되기도 하지만,[12] 각종 법령 위반행위를 신고한 자에게 지급되는 금전에 대하여 법령에서 사용되는 용어는 포상금이다. 그러나 단지 '포상금'이라고 하는 경우도 있지만 드물게 '신고포상금'이나 '고발포상금'을 사용하는 경우도 있다. 「가축전염병예방법」, 「계량에 관한 법률」, 「농약관리법」등에서는 신고포상금이라는 용어를 제목에 사용하고 있고, 「양곡부정유통신고 고발포상금 지급규정」에서는 예외적으로 신고포상금이라는 용어 대신 고발포상금이라는 용어를 사용하고 있다. 분야별로 환경 및 경제 분야에서는 신고포상금이라는 용어가 사용되고, 범죄나 경찰행정 분야에서는 신고보상금이라는 용어가 사용된다는 분석도 있다.[13] 그러나 「아동·청소년의 성보호에 관한 법률」 제59조(포상금), 「범죄수익은닉의 규제 및 처벌 등에 관한 법률」 제13조(포상금 지급), 「공직선거법」 제262조의3(선거범죄신고자에 대한 포상금 지급), 「병역법 시행령」 제166조(포상금 지급) 등 범죄나 경찰 분야에서도 포상금이라는 용어를 사용하고 있기 때문에 이러한 구분은 정확하지 않다. 신고포상금에 대하여 아직 법령에서도 '보상금'이라는 용어가 사용되는 경우가 있다. 예를 들어, 「성매매 알선 등 행위의 처벌에 관한 법률」 제28조(보상금)는 동 법률을 위반한 범죄를 신고한 사람에게는 "보상금을 지급할 수 있다"고 하여

11 국민권익위원회, 국민권익백서, 2014, 294쪽.

12 신고포상금의 패러디한 명칭과 신고포상금제도의 문제점 등에 대해서는 홍완식, 포상금 지급 관련 입법정책의 발전방향, 보건복지분야 입법정책의 발전방향, 국회법제실·한국입법정책학회 공동세미나, 2007. 8. 23 참조.

13 임도빈, 앞의 논문, 235쪽.

보상금이라는 용어가 사용되고 있다. 그러나 아동·청소년을 대상으로 하는 성범죄에 대해서는 포상금이라는 용어를 사용하고 있다. 즉, 「아동·청소년의 성보호에 관한 법률」 제59조(포상금)에는 동 법률을 위반한 범죄를 신고한 사람에게는 "포상금을 지급할 수 있다"고 규정되어 있다.[14] 용어 사용의 일관성이 결여되어 있음을 알 수 있다. 「국가인권위원회법」 제55조(불이익 금지와 지원) 제3항에 근거한 「국가인권위원회 보상금 지급 규칙」은 "인권침해 또는 차별행위의 진상을 규명하는데 유익한 정보를 제공하거나 증거 또는 자료를 발견하거나 제출한 자에 대한 보상금의 지급"에 관하여 필요한 사항을 규정한다고 하면서, 보상금이라는 용어를 사용하고 있다. 「부정청탁 및 금품 등 수수의 금지에 관한 법률」 제15조(신고자 등의 보호·보상)에서도 제5항에서는 "국민권익위원회는 제13조 제1항에 따른 신고로 인하여 공공기관에 재산상 이익을 가져오거나 손실을 방지한 경우 또는 공익의 증진을 가져온 경우에는 그 신고자에게 포상금을 지급할 수 있다"고 하고, 제6항에서는 "국민권익위원회는 제13조 제1항에 따른 신고로 인하여 공공기관에 직접적인 수입의 회복·증대 또는 비용의 절감을 가져온 경우에는 그 신고자의 신청에 의하여 보상금을 지급하여야 한다"고 규정되어 있다. 그러나 보상금과 포상금에 관한 사항은 모두 「부패방지 및 국민권익위원회의 설치와 운영에 관한 법률」의 '보상'심의위원회에서 심의·의결한다고 규정되어 있다.

이처럼 법률이나 대통령령 등에서는 (신고)보상금이라는 용어보다는 (신고)포상금이라는 용어가 사용되고 있다. 또한, 지방자치단체 조례에서는 신고보상금[15]이라는 용어와 신고포상금[16]이라는 용어가 구분없이 더욱 혼란스럽게 사용

---

14 「성매매 알선 등 행위의 처벌에 관한 법률」에 따른 신고보상금은 법무부 소관이고 「아동·청소년의 성보호에 관한 법률」에 따른 신고포상금은 여성가족부 소관이기 때문에 업무의 효율성이 저해되므로, 이를 일원화하자는 주장이 있다. 박찬걸, 성매매 신고보상금 제도의 활성화 방안, 형사법의 신동향, 제45호, 2014, 60쪽.

15 서울특별시 부조리 신고 및 보상금 지급에 관한 조례, 부산광역시 부조리신고 보상금 지급 조례, 경기도 부조리 신고 및 보상금 지급에 관한 조례, 서울특별시 강남구 부조리 신고보상금 지급에 관한 조례, 서울특별시 강북구 부패방지 및 부조리신고 보상금 지급에 관한 조례, 부산광역시 해운대구 부조리신고 보상금 지급 조례, 개인정보 보호를 위한 「서울특별시 성동구 부조리 신고보상금 지급에 관한 조례」등의 정비에 관한 조례 등이 있

되고 있다. 지방자치단체에서 공직자 부조리 신고포상금 제도를 위한 조례를 처음 제정한 것은 서울특별시이며, 이후 전국 각지의 지방자치단체에서 이와 같은 조례를 제정하였다. 2010년 3월에 당시 행정안전부에서는 '부조리신고 포상금 지급 조례'를 마련해서 각 지방차치단체에 대한 부조리 신고제도 운영활성화 방안으로 제시한 바 있다.[17] 그러나 2004년에 도입된 청소년유해환경신고포상금제도는 2010년 12월 현재 231개 시군구 중에서 206개 시군구에서 실시[18]하였고, 2015년 12월 현재 법제처 국가법령정보센터에는 지방자치단체에서 제정한 217건의 청소년유해환경신고포상금지급규칙[19]이 등록되어 있다. 지방자치단체 조례에서도 보상금과 포상금을 혼용하고 있는데, 이러한 지방자치단체 조례에서의 용어상의 혼란은 관련 위임법령에 의해 초래된 경우가 많다. 법령을 포함하여 조례와 규칙 등에서도 용어의 사용이 일관성이 없어서 대단히 혼란스럽다. 앞으로 보상금과 포상금의 용어 사용이 혼란스럽지 않도록 법령과 조례 등의 관련 규정이 정리될 필요가 있다.

3. 법적 근거

"공익을 침해하는 행위를 신고한 사람 등을 보호하고 지원"하기 위한 「공

다. 법제처에는 2015년 11월 23일 현재 141개의 지방자치단체 신고보상금 조례가 등록되어 있다.

16 경상남도 부조리신고 포상금 등 지급조례, 공주시 공직자 부조리 신고 포상금 지급에 관한 조례, 서울특별시 자동차관리법 위반행위 신고포상금 지급 조례, 대전광역시 자동차관리법 위반행위 신고포상금 지급조례, 경상남도 비상구 폐쇄 등 불법행위 신고포상금 지급에 관한 조례, 고성군 공공시설물 파손자 신고포상금 지급 조례, 고창군 부정수도사용 신고 포상금지급 조례, 과천시 폐기물 등 과태료 부과·징수 및 신고포상금 지급 조례 등이 있다. 법제처에는 2015년 11월 23일 현재 406개의 지방자치단체 신고포상금 조례가 등록되어 있다.

17 김홍주, 공직자 부조리 신고포상금제도의 효과에 관한 연구 : 지방자치단체를 중심으로, 한국정책과학학회보, 제17권 제1호, 2013, 162쪽.

18 박진규, 청소년보호정책의 평가와 전망 : 법률제도와 행정제도 변천을 중심으로, 청소년학연구, 제20권 제2호, 2013, 374쪽.

19 예를 들어「서울특별시 강남구 청소년 유해환경 신고포상금 지급규칙」, 「완주군 청소년 유해환경 신고포상금 지급규칙」, 「울릉군 청소년 유해환경 신고포상금 지급규칙」 등 217건의 청소년 유해환경 신고포상금이 있다.

익신고자보호법」은 신고자의 신분을 비밀로 해주고 신변호호조치 등과 함께 금전적인 보상도 해준다. 동 법률은 공익신고자에 대한 포괄적이고 일반법적인 규정을 두고 있는데, 공익침해행위 대상 법률로서 279개를 별표에 규정하고 있다. 그러나 「공익신고자보호법」의 별표에 열거된 법률 이외에도 「농업소득의 보전에 관한 법률」, 「보조금관리에 관한 법률」, 「공공단체 등 위탁선거에 관한 법률」, 「국세기본법」, 「소득세법」, 「법인세법」, 「국가채권관리법」, 「부정청탁 및 금품 등 수수의 금지에 관한 법률」 등 개별 법률에서도 공익신고자에게 신고포상금을 지급하는 규정을 두고 있다.

신고포상금은 법률에 근거를 둔 경우도 있지만 행정규칙에 근거하여 만든 것들도 있다. 행정규칙에 신고포상금을 규정하는 경우에도, 신고포상금에 관해서는 법률에 그 법적 근거를 두어야 한다. 예를 들어 「공직선거법」 제262조의3(선거범죄신고자에 대한 포상금지급)에 선거범죄 신고포상금의 법률적 근거를 두고 있고 「공직선거관리규칙」(중앙선거관리위원회규칙 제430호, 2015. 8. 13. 일부개정) 제143조의4(포상금 지급기준 및 포상방법)에서 제143조의10(포상금의 반환통지 등)까지 7개 조항에서 상세한 사항을 규정하고 있다.[20] 대부분의 신고포상금 제도는 법률에 근거를 두고 상세한 사항은 고시, 훈령, 예규, 세칙의 다양한 형식으로 입법되어 있다. 법제처에서 포상금으로 검색되는 18개 행정규칙 중에 제일 많은 형식은 '고시'이다. 예를 들어, 「공정거래법 등 위반행위 신고자에 대한 포상금 지급에 관한 규정」은 공정거래위원회의 고시로 제정되었고, 「복지 부정수급 신고 포상금 지급에 관한 규정」은 보건복지부의 예규로 제정되었다. 「어린이집 공익 신고자에 대한 포상금 지급에 관한 규정」은 보건복지부 훈령으로 제정되었고, 「전기통신금융사기 피해 방지 및 신고포상금에 관한 규정 시행세칙」은 금융감독원의 세칙으로 제정되었다. 또한 전술한 바와 같이 지방자치단체에서는 「서울특별시 부조리 신고 및 보상금 지급에 관한 조례」, 「부산광역시 부조리신고 보상금 지급 조례」 등 조례에 근거를 두고 신고포상금제도를 운영

20 과거에는 「선거범죄 신고포상금 지급에 관한 규칙」(법무부령 제603호, 2006. 11. 28 제정)의 형식으로 입법되었다. 국가법령정보센터(www.law.go.kr) 2015. 11월 3일 방문.

하고 있다. 이 경우 명칭은 신고포상금이 아니라 보상금이라는 용어를 사용하고 있음은 앞에서 서술한 바 있다. 현재 신고포상금이 몇 개인지는 정확히 파악하기 어렵지만, 이미 확인된 것만도 족히 몇백개에 이를 정도로 신고포상금은 다양한 법규의 형식으로 대단히 많이 입법되어 있다. 이미 도입되어 있는 신고포상금 이외에도, 형 미집행자에 대한 신고포상금 도입[21] 등 새로운 포상금제도의 도입이 주장되고 있다. 신고포상금제도의 도입은 당연히 법적 근거를 필요로 하기 때문에, 관련 법령도 계속 입법되고 있다.

4. 포상금 지급대상

전술한 바와 같이 신고포상금제도는 각종 법규위반행위에 대하여 위반행위를 적발할 인원 등이 충분치 못해서 실효적인 집행을 하기 어려운 경우에, 일반 시민의 감시와 협조를 통해서 정책목표를 달성하기 위해서 고안된 제도이다. 따라서 포상금 지급대상은 일반 시민이 되어야지, 원래 법규위반행위에 대하여 직무상 책임이 있거나 직무와 관련된 자가 되어서는 아니된다. 예를 들어, 선거범죄를 단속하는 직무를 수행하는 선거관리위원회 공무원이 선거범죄 신고포상금을 받아서는 아니되고, 세무공무원이 세법위반사범 신고포상금을 받아서는 안되며, 마약범죄를 단속하는 직무를 수행하는 경찰공무원이나 검찰공무원이 마약사범 신고포상금을 받아서는 아니되는 것이다. 또한 원칙적으로 모든 범죄를 수사하여야 하는 검찰이나 경찰 공무원의 경우에 신고포상금이 지급된다면, 신고포상금이 지급되는 사건에 대하여 수사력이 집중되고 신고포상금이 지급되어지지 않는 사건에 대해서는 수사가 소홀해질 우려가 있다는 점도 지적될 수 있다. 또한 직무 수행과 관련하여 현저한 공을 세운 공무원에게는 특진이나 포상제도가 운영되고 있다는 점도 고려되어야 할 것이다. 여하간 관련 공무원에게 신고포상금이 지급되는 것은 상식적이지 않으며, 이러한 지급대상 제외규정을 두고 있지 않은 신고포상금 관련 규정은 입법적 결함이 있는 규정이라 아니

21 송광섭/윤상민, 앞의 논문, 134쪽.

할 수 없다.

포상금 지급대상을 규율하고 있는 다수의 법령에는 (지급대상 제외에 관한 것을 포함하여) '지급대상'에 관한 규정이 없는 경우도 있고, '지급대상'에 관한 규정이 있더라도 불명확하거나 미비한 경우도 있다. 관련 공무원을 지급대상에서 제외하는 규정의 유무에도 불구하고 규정을 운영할 때 관련 공무원에게는 신고포상금을 지급하지 않는 경우도 있을 수 있지만, 관련 공무원을 지급대상에서 제외하는 규정이 없다는 이유로 일반 신고자와 동일하게 신고포상금을 지급하는 경우가 발생하고 있다. 이처럼 관련 공무원이 신고포상금을 받는 것이 문제되는 이유는, 관련 공무원이 신고포상금을 수령하는 것이 제도의 취지에 어긋난다는 우리의 상식관념이 작동하기 때문일 것이다.

우선 관련 공무원이 지급대상에서 제외된다는 규정을 두고 있는 법령이 있다. 관련 공무원을 지급대상에서 제외하는 규정을 두고 있는 경우에는, '지급대상' 혹은 '지급대상자'라는 제목으로 이를 규정하는 경우가 있다. 즉, 「공정거래법 등 위반행위 신고자에 대한 포상금 지급에 관한 규정」 제2조(포상금 지급대상자)에서는 5호에 "공무의 수행 또는 그 과정에서 공정거래법, 방문판매법 및 대규모유통업법 위반혐의를 지득한 공무원 또는 공공기관 종사자와 공정거래위원회에 소속 또는 파견된 공무원은 포상금 지급대상자에서 제외한다"는 규정을 두고 있다. 「해외금융계좌 신고의무 위반행위에 관한 제보 처리와 포상금 지급 규정」 제9조(포상금 지급대상)에서는 제3항 3호에서 "공무원이 직무를 수행하는 과정에서 직접적 또는 간접적으로 얻은 자료를 근거로 제보하거나, 그 자료나 정보를 제3자에게 제공하여 제보하도록 하는 경우"에는 포상금을 지급하지 않는다는 규정을 두고 있다. 「복지 부정수급 신고 포상금 지급에 관한 규정」 제3조(포상금 지급대상자) 제1항에서는 "공무원이 그 직무와 관련하여 신고한 경우에는 포상금 지급대상자에서 제외한다"는 규정을 두고 있다.

이와는 달리 관련 공무원을 지급대상에서 제외하는 규정을 두고 있는 경우에도, '지급기준'이라는 제목에서 이를 규정하고 있는 경우도 있다. 즉, 「아동·청소년의 성보호에 관한 법률 시행령」 제29조(포상금의 지급기준)에는 "범죄의 단속사무에 종사하는 공무원이 직무와 관련하여 신고한 경우"를 포상금을 지급하지 아니하도록 규정하고 있다. 또한 관련 공무원을 지급대상에서 제외하는 규정을 두고 있는 경우에도, '지급제한' 이라는 제목으로 이를 규정하는 경우가 있다. 즉, 「불법직업소개 등 신고 포상금제 운영규정」 제7조(포상금 지급제한) 제3항에는 "다음 각 호의 어느 하나에 해당하는 경우에는 포상금을 지급하지 아니할 수 있다"고 하면서 제1호에 "공무원(직업안정기관, 시군구, 수사기관 직원을 포함한다)이 직무와 관련하여 위반행위를 발견·신고한 경우"를 규정하고 있다. '지급대상'에 관한 규정에서 지급제외대상을 규정하지 않고 '지급제한'에 관한 규정에서 지급제외대상을 규정하고 있다. 또한 '포상금을 지급하지 아니한다'가 아니라 "포상금을 지급하지 아니할 수 있다"고 하여 관련 공무원에게 포상금을 지급할 수도 있는 여지를 남기고 있다. 관련 공무원에게 신고포상금을 지급할 수 있다는 것도 아니고 없다는 것도 아니며, 지급하지 아니할 수 있다고 하여 그 불명확성을 더욱 가중시키는 규정을 두고 있다. 이러한 규정들은 다음 표에서 비교하여 관찰할 수 있다.

〈표 10-3〉 관련 공무원의 신고포상금 지급대상 제외에 관한 규정

규정 명칭	규정 내용
공정거래법 등 위반행위 신고자에 대한 포상금 지급에 관한 규정 제2조(포상금 지급대상자) 제5항	⑤ 공무의 수행 또는 그 과정에서 공정거래법, 방문판매법 및 대규모유통업법 위반혐의를 지득한 공무원 또는 공공기관 종사자와 공정거래위원회에 소속 또는 파견된 공무원은 포상금 지급대상자에서 제외한다.
위조상품 신고자에 대한 포상금 지급에 관한 규정 제10조(포상금 지급제한)	다음 각 호의 경우에는 포상금을 지급하지 아니한다. 4. 특허청, 검찰청, 경찰청, 관세청공무원이 신고한 경우 5. 지방자치단체 공무원 등 공공기관 종사자가 직무상 인지하여 신고한 경우

규정 명칭	규정 내용
해외금융계좌 신고의무 위반행위에 관한 제보 처리와 포상금 지급 규정 제9조(포상금 지급대상)	③ 다음 각 호의 어느 하나에 해당하는 경우에 대해서는 포상금을 지급하지 아니한다. 3. 공무원이 직무를 수행하는 과정에서 직접적 또는 간접적으로 얻은 자료를 근거로 제보하거나, 그 자료나 정보를 제3자에게 제공하여 제보하도록 하는 경우
부정불량 농약 신고자 포상금 지급기준 제3조(포상금 지급의 기준·방법과 절차)	② 신고내용이 사실로 확인되어 주무관청의 행정처분(과태료, 행정조치 포함) 또는 고발(송치 포함)한 경우에 한하여 농촌진흥청장은 신고한 자에게 해당 년도 예산의 범위에서 포상금을 지급할 수 있다. 다만, 다음 각 호의 어느 하나에 해당되는 경우에는 포상금을 지급하지 아니한다. 2. 공무원이 직무와 관련하여 부정행위를 발견하여 신고한 경우
복지 부정수급 신고 포상금 지급에 관한 규정 제3조(포상금 지급대상자)	① 다음 각 호에 해당하는 복지 부정수급 신고대상자를 보건복지부장관에게 신고하고, 해당 신고의 입증에 필요한 증거자료를 제출한 자(이하 "신고인"이라 한다)를 신고 포상금(이하 "포상금"이라 한다) 지급대상자로 한다. 다만, 공무원이 그 직무와 관련하여 신고한 경우에는 포상금 지급대상자에서 제외한다.
불법직업소개 등 신고 포상금제 운영규정 제7조(포상금 지급제한)	③ 다음 각 호의 어느 하나에 해당하는 경우에는 포상금을 지급하지 아니할 수 있다. 1. 공무원(직업안정기관, 시군구, 수사기관 직원을 포함한다)이 직무와 관련하여 위반행위를 발견·신고한 경우

관련 공무원을 신고포상금 지급대상에서 제외하는 규정을 전혀 두고 있지 않은 법령으로는 「문화재보호법」 및 동 시행령, 「축산물위생관리법」 및 동 시행령 등을 들 수 있다. 이들 규정에는 관련 공무원이 신고포상금 지급대상에서 제외된다는 규정이 존재하지 않는다. 「문화재보호법」과 「매장문화재 보호 및 조사에 관한 법률」에는 신고포상금에 관한 규정을 두고 있음에도 불구하고, 신고포상금의 신청절차나 지급제한 등 상세한 사항에 관한 규정이나 규칙을 전혀 만들지 않고 운영되고 있다는 점이다. 과거에도 「선거범죄 신고포상금 지급에 관한 규칙」에는 지급대상에 관한 규정 자체가 없다. 다만, 제17조에 '지급의 제한'에 관한 사항을 규정하면서 5호에 "그밖에 신고인에게 포상금을 지급하는 것이 사회상규(社會常規)에 비추어 부적절한 경우"를 두고 있다. 그러나 지급대상에 관한 규정을 두지 않고 지급제한에 관한 이러한 규정이 관련 공무원에게 신고포상금을 지급하는 것을 제한할 수 있는지에 대해서 명확하지 않기 때문에, 이러한 입법례는 예견가능성이 없어서 법적 안정성을 해치기 때문에 바람직하지 않다.

「범죄수익은닉의 규제 및 처벌 등에 관한 법률」 제13조(포상금 지급)[22]에서는 법률에서 공무원 등에게는 포상금을 지급하지 않을 수 있다는 규정을 두고, 하위법규에서 지급대상·지급기준·지급방법·지급절차 등을 포함한 자세한 사항을 규정하고 있다. 바람직 한 것은 「국세기본법」 제84조의2(포상금의 지급)[23]에서처럼 신고포상금의 근거 법률에서 공무원이 지급대상에서 제외된다는 규정을 두고, 하위법규에서 지급대상·지급기준·지급절차·지급제한 등을 포함한 자

22 「범죄수익은닉의 규제 및 처벌에 관한 법률」 제13조(포상금 지급) ① 법무부장관은 몰수 대상재산이 몰수·추징되어 국고에 귀속된 경우에는 수사기관에 신고한 자 또는 몰수·추징에 공로가 있는 자에게 포상금을 지급할 수 있다. 다만, 공무원이 그 직무와 관련하여 신고하거나 금융회사등에 종사하는 사람이 제5조 제1항에 따라 신고한 경우에는 포상금을 감액하거나 지급하지 아니할 수 있다.
② 제1항에 따른 포상금 지급 대상이 되는 신고 또는 공로의 범위, 포상금 지급의 기준·방법 및 절차 등에 관하여 필요한 사항은 대통령령으로 정한다.

23 「국세기본법」 제84조의2(포상금의 지급) ① 국세청장은 다음 각 호의 어느 하나에 해당하는 자에게는 20억원(제1호에 해당하는 자에게는 30억원으로 한다)의 범위에서 포상금을 지급할 수 있다. 다만, 탈루세액, 부당하게 환급·공제받은 세액, 은닉재산의 신고를 통하여 징수된 금액 또는 해외금융계좌 신고의무 불이행에 따른 과태료가 대통령령으로 정하는 금액 미만인 경우 또는 공무원이 그 직무와 관련하여 자료를 제공하거나 은닉재산을 신고한 경우에는 포상금을 지급하지 아니한다. (이하 생략)

세한 사항을 규정하는 입법태도이다. 지급대상과 관련해서 「해외금융계좌 신고 의무 위반행위에 관한 제보 처리와 포상금 지급 규정」(국세청훈령 제2052호, 2014. 6. 1 일부개정)에서는 "공무원이 직무를 수행하는 과정에서 직접적 또는 간접적으로 얻은 자료를 근거로 제보하거나, 그 자료나 정보를 제3자에게 제공하여 제보하도록 하는 경우"를 제외하는 명문의 규정을 두고 있으나, 「현금영수증 발급 의무 위반자를 신고한 자에 대한 포상금 지급 규정 고시」(국세청고시 제2015-34호, 2015. 7. 16)에서는 공무원 지급제외 규정을 두고 있지 않다.[24] 「아동·청소년의 성보호에 관한 법률」 제59조(포상금)[25]에 법률상의 근거를 두고 「아동·청소년의 성보호에 관한 법률 시행령」에서 제29조(포상금의 지급기준), 제30조(포상금의 지급절차), 제31조(포상금의 지급액 등), 제32조(포상금의 환수)를 규정하고 있는 경우도 있다.

제3절 식품분야 신고포상금과 축산물 신고포상금

1. 식품위생과 관련한 신고포상금

「식품위생법」에서도 법집행의 실효성을 확보하기 위하여 신고포상금제도를 도입하여 운영하고 있다. 「식품위생법」 제90조(포상금 지급)에서는 식품의약

---

24 「현금영수증 발급 의무 위반자를 신고한 자에 대한 포상금 지급 규정 고시」에 '포상금의 지급제외'를 규정하면서 다음과 같이 규정하고 있다.
제6조(포상금의 지급제외) ① 사기·기타 부정한 행위에 의하여 거짓 사실을 신고한 것이 확인되는 경우에는 포상금을 지급하지 아니한다.
② 발급의무자 관할세무서장은 포상금 지급 후 제1항에 따라 포상금 지급 제외대상으로 확인되는 경우에는 이미 지급한 포상금을 환수 조치하여야 한다.

25 「아동·청소년의 성보호에 관한 법률」 제59조(포상금) ① 여성가족부장관은 제8조 및 제13조부터 제15조까지에 해당하는 범죄를 저지른 사람을 수사기관에 신고한 사람에 대하여는 예산의 범위에서 포상금을 지급할 수 있다.
② 제1항에 따른 포상금의 지급 기준, 방법과 절차 및 구체적인 지급액 등에 필요한 사항은 대통령령으로 정한다.

품안전처장, 시·도지사 또는 시장·군수·구청장은 「식품위생법」 위반행위 신고자에게 포상금을 지급할 수 있도록 하고 있으며, 포상금 지급의 기준·방법 및 절차 등에 관한 대강을 「식품위생법 시행령」 제63조(포상금의 지급기준)에 규정하고, 포상금의 세부적인 지급대상, 지급금액, 지급방법 및 지급절차 등은 식품의약품안전처장이 정하여 고시하도록 하고 있다.

또한 「건강기능식품에 관한 법률」 제40조(포상금 지급)에서도 식품의약품안전처장 또는 특별자치시장·특별자치도지사·시장·군수·구청장은 「건강기능식품에 관한 법률」 위반행위 신고자에게 포상금을 지급할 수 있도록 하고 있으며, 포상금 지급의 기준·방법 및 절차 등의 대강을 「건강기능식품에 관한 법률 시행령」 제19조의3(포상금 지급)에 규정하고, 포상금의 세부적인 지급대상, 지급금액, 지급방법 및 지급절차 등은 식품의약품안전처장이 정하여 고시하도록 하고 있다. 「건강기능식품에 관한 법률 시행령」 제20조(권한의 위임 및 위탁 등) 제1항 12호에서는 포상금 지급에 관한 사항을 지방식품의약품안전청장에게 위임하는 규정을 두고 있다.

식품의약품안전처장은 「식품위생법」과 「건강기능식품에 관한 법률」에 규정된 신고포상금에 관한 상세한 사항을 「부정·불량 식품 및 건강기능식품 등의 신고포상금 지급에 관한 규정」(식품의약품안전처고시 제2014-101호, 2014. 3. 11. 일부개정)에서 규정하고 있다. 동 고시의 제1조(목적)에서는 「식품위생법」 제90조 및 같은 법 시행령 제63조와 「건강기능식품에 관한 법률」 제40조 및 같은 법 시행령 제19조의2에 따라 부정·불량 식품 및 건강기능식품 등의 신고포상금의 지급대상, 지급금액, 지급방법 및 절차 등을 규정함을 목적으로 한다고 밝히고 있다. 동 규정은 지급대상, 지급금액, 지급방법 및 절차, 지급실적의 보고, 재검토기한 등 6개 조문으로 구성되어 있다.

고시 제2조(지급대상)에는 지급대상, 지급제외대상 및 지급제한에 관한 사항이 규정되어 있다. 특히 지급제외대상에 관해서는 동조 2호에서 “식품의약품안전처, 지방식품의약품안전청, 시·도 및 시·군·구의 식품위생공무원, 법 제33조에 따른 소비자식품위생감시원, 법 제34조에 따른 시민식품감사인, 법 제63조에 따른 자율지도원과 「건강기능식품에 관한 법률」 제38조에 따른 건강기능식품위생감사원, 명예건강기능식품위생감시원 및 소비자단체의 임·직원 등이 직무상 인지하여 신고한 사항"이라고 규정하고 있다. 다른 입법례처럼 공무원이 그 직무와 관련하여 신고한 경우에는 포상금 지급대상자에서 제외한다는 규정을 두지 않고, 지급제외대상을 식품관련 및 건강식품관련 공무원이나 소비자단체 등 관련자로 제한하여 열거하는 방식을 취하고 있다. 다른 입법례처럼 지급대상과 지급제한을 구분하지 않고, 지급대상 규정에서 지급대상과 지급제한 등을 모두 규정하고 있다. 동 고시의 특징적이고 바람직한 것은 포상금 지급실적의 보고와 고시의 재검토기한에 관한 명시적인 규정을 둔 것이다. 즉, 지방식품의약품안전청장, 시·도지사는 반기마다 포상금 지급실적을 식품의약품안전처장에게 보고하도록 하고, 시장·군수 및 구청장이 포상금을 지급하는 경우에도 지급실적을 식품의약품안전처장에게 보고하도록 하고 있다. 규제일몰제[26]의 취지에 맞게 이 훈령은 2017년 1월 28일까지 재검토되어야 한다.

2. 농수축산물 신고포상금

(1) 농수산물 신고포상금

「농수산물품질관리법」 제112조(포상금)와 「농수산물품질관리법 시행령」 제41조(포상금의 지급)에서는 유전자변형농수산물의 표시규정을 위반한 행위를 주무관청 또는 수사기관에 신고하거나 고발한 사람에게 식품의약품안전처장이 포상금을 지급할 수 있으며, 포상금의 지급기준·방법 및 절차 등에 관하여는 고시하도록 하고 있다. 이에 따라 식품의약품안전처장은 「유전자변형농수산물 표시 위반 신고포상금 지급요령」(식품의약품안전처고시 제2013-99호, 2013. 4. 5. 타법개정)을 입법하였다. 동 고시의 제1조(목적)에서는 유전자변형농수산물 표시 위반사항을 주무관청이나 수사기관에 신고하거나 고발한 자에 대한 포상금의 지

26 「훈령·예규 등의 발령 및 관리에 관한 규정」 제7조(훈령·예규 등의 존속기한 등의 설정)에 따라 훈령·예규는 3년의 범위에서 재검토기한을 설정할 수 있다.

급기준·방법 및 절차 등에 관한 사항을 정함을 목적으로 한다고 밝히고 있다. 고시는 정의, 포상금의 지급기준, 포상금의 지급방법 및 절차, 비밀의 보장 등 5개 조문으로 구성되어 있다. 다른 부서의 신고포상금에 관한 규정에서 볼 수 있는 지급대상이나 지급제한에 관한 기본적인 규정이 미비되어 있다.

「농수산물의 원산지 표시에 관한 법률」 제12조(포상금)에서는 농림축산식품부장관, 해양수산부장관 또는 시·도지사는 원산지표시규정을 위반한 행위를 주무관청이나 수사기관에 신고하거나 고발한 자에 대하여 포상금을 지급할 수 있다고 규정하고 있으며, 「농수산물의 원산지 표시에 관한 법률 시행령」 제8조(포상금)에서는 포상금을 200만원의 범위로 제한하고 같은 내용의 신고 또는 고발을 한 사람에게 중복지급을 금지하는 규정을 두고 있다. 그 외에 포상금의 지급 기준, 방법 및 절차 등에 관한 사항은 농림축산식품부장관과 해양수산부장관이 공동으로 정하여 고시하도록 하고 있다. 이에 따라 (농림축산식품부) 원산지표시 위반 신고포상금 지급요령(농림축산식품부고시 제2014-29호, 2014. 3. 17. 일부개정)과 (해양수산부) 원산지표시 위반 신고포상금 지급요령(해양수산부고시 제2014-33호, 2014. 3. 19. 일부개정)이 규정되어 있다. 특히, 농림축산식품부장관과 해양수산부장관이 유사한 내용으로 각각 고시를 입법한 것이 특징적이다. 동 고시의 제1조(목적)에서는 원산지표시 위반사항을 주무관청이나 수사기관에 신고하거나 고발한 자에 대한 포상금의 지급기준·방법 및 절차 등에 관한 사항을 정함을 목적으로 한다고 밝히고 있다. 동 고시는 정의, 포상금의 지급기준, 포상금의 지급방법 및 절차, 비밀의 보장 등 5개 조문으로 구성되어 있다. 동 고시도 다른 부서의 신고포상금에 관한 규정에서 볼 수 있는 지급대상이나 지급제한에 관한 기본적인 규정이 미비되어 있는 등 「유전자변형농수산물 표시 위반 신고포상금 지급요령」과 유사한 구조와 내용으로 구성되어 있는 것이다. 그러나 「유전자변형농수산물 표시 위반 신고포상금 지급요령」 별표의 각주로 "법 제7조의 규정에 따른 원산지 표시 조사 공무원 또는 조사 공무원과 명예감시원이 합동으로 단속·활동한 건에 대해서는 포상금을 지급하지 아니한다"고 규정하고 있다.

(2) 수산업 신고포상금

「수산업법」 제92조(포상)와 「수산업법 시행령」 제83조(포상의 방법 및 절차)에서는 「수산업법」 위반행위에 대한 신고에 대하여 해양수산부장관은 포상금을 지급할 수 있도록 규정하고 있으며, 포상금의 수여기준 및 포상의 방법·절차 등에 관해서는 고시를 정하도록 하고 있다. 또한 「수산자원관리법」 제63조(포상)와 「수산자원관리법 시행령」 제52조(포상의 방법 및 절차)에서는 「수산자원관리법」 위반행위에 대한 신고에 대하여 해양수산부장관은 포상금을 지급할 수 있도록 규정하고 있으며, 포상금의 수여기준 및 포상의 방법·절차 등에 관해서는 고시를 정하도록 하고 있다. 이에 따라 「수산관계법령 위반행위 신고자에 대한 포상기준 및 방법 등에 관한 규정」(해양수산부고시 제2013-207호, 2013. 8. 30. 일부개정)은 불법어업 등의 수산업법령과 수산자원관리법령 등의 위반행위에 대한 신고에 대하여 포상금 수여 기준 및 포상의 방법·절차 등에 관해서 규정하고 있다. 동 고시는 정의, 신고대상 및 방법, 신고사항의 처리, 포상금의 지급기준, 포상금의 지급방법 및 절차, 비밀누설의 금지 등, 불법어업신고자 등에 대한 신변안전조치, 포상금지급의 제한, 포상금의 환수 등 10개 조문으로 구성되어 있다.

제3조(신고대상 및 방법) 제1항에는 불법어업 행위자 등의 신고 또는 검거에 공로가 있는 자에게는 포상금을 지급할 수 있다고 하면서, 단서 조항에서 "법령상 신고의무자인 경우에는 그러하지 아니한다"고 하여 지급제외대상을 규정하고 있다. 이 규정에 의해서 관련 공무원 등이 지급대상에서 제외되는 것으로 해석될 수 있지만, 다른 신고포상금 규정을 참조하여 법문의 의미와 내용이 명확하게 표현될 수 있도록 하는 것이 바람직할 것이다. 제5조(포상금의 지급기준) 제2항에는 "포상금은 해당 연도 예산의 범위에서 지급한다. 다만, 해당 연도 예산이 부족하여 미지급된 포상금은 다음 연도 예산에서 지급할 수 있다"고 규정하고 있다. 다른 신고포상금제도에서는 볼 수 없는 규정이다. 제6조(포상금의 지급방법 및 절차)에는 같은 건에 대하여 2인 이상이 공동으로 신고한 경우에는 지급

대상자들이 배분합의서를 제출하는 경우를 제외하고는 신고포상금을 균등하게 나누어 지급하는 것을 원칙으로 하고, 같은 건에 대하여 서로 다른 2인 이상이 신고한 경우에는 가장 먼저 신고한 자에게 포상금을 전액 지급하도록 규정하고 있다. 이것도 다른 신고포상금제도에서는 볼 수 없는 규정이다. 제8조(불법어업 신고자등에 대한 신변안전조치)도 역시 다른 신고포상금제도에서 볼 수 없는 규정이다. 제10조(포상금의 환수)에서 명의 도용 등 불법사항에 대하여는 관련법규에 따라 필요한 조치를 할 수 있도록 하고 있다.

(3) 축산물 신고포상금

「축산물위생관리법」 제39조(포상금)와 「축산물위생관리법 시행령」 제30조(포상금의 지급)는 법위반행위에 대하여 식품의약품안전처장은 포상금을 지급할 수 있도록 하고 있다. 「축산물위생관리법 시행령」에서는 포상금의 지급방법 및 절차 등에 관하여 필요한 사항을 총리령으로 정하도록 하고 있지만, 동 시행령 별표 3의2에서 포상금의 지급기준을 규정하고 있다.

〈표 10-4〉 축산물위생관리법 시행령 별표 3의2 〈개정 2014. 1. 28〉
포상금의 지급기준(제30조 제1항 관련)

포상금 지급대상자	포상금액
1. 법 제4조 제5항을 위반하여 가축을 도살·처리하거나 집유한 자 또는 축산물을 가공한 자를 신고·고발하거나 검거한 자 및 검거에 협조한 자(이하 이 표에서 "신고자등"이라 한다)	20만원 이하
2. 법 제7조 제1항을 위반하여 도축장이 아닌 곳에서 가축을 도살·처리한 자 또는 법 제7조 제5항을 위반하여 기립불능 가축을 도살·처리하여 식용으로 사용하거나 판매한 자에 대한 신고자등	식품의약품안전처장이 고시하는 바에 따른 해당 가축의 시가(이하 이 표에서 "시가"라 한다)의 전액에 해당하는 금액
3. 법 제10조를 위반하여 가축에게 강제로 물을 먹이는 등 부정한 방법으로 중량 또는 용량을 늘리는 행위를 한 자에 대한 신고자등	해당 가축의 시가의 2분의 1에 해당하는 금액

4. 법 제12조 제1항에 따른 검사를 받지 아니한 식육을 판매하거나 판매할 목적으로 처리·가공·사용·보관·운반 또는 진열한 자에 대한 신고자등	관할 특별자치도지사·시장·군수·구청장이 인정하는 해당 식육의 소비자가격의 2분의 1에 해당하는 금액
5. 법 제22조 제1항을 위반하여 영업의 허가를 받지 아니하고 영업을 하거나 법 제33조 제1항을 위반하여 축산물을 판매하거나 판매를 목적으로 처리·가공·포장·사용·수입·보관·운반 또는 진열한 자에 대한 신고자등	50만원 이하
6. 법 제24조 제1항을 위반하여 영업의 신고를 하지 아니하고 영업을 한 자에 대한 신고자등	10만원 이하

비고: 식품의약품안전처장은 제2호부터 제4호까지의 기준에도 불구하고 신고·고발 또는 검거 건당 포상금의 지급 최고한도액을 정하여 지급할 수 있으며, 포상금의 지급은 관계 공무원이 직접 확인한 가축이나 축산물에 한정한다.

「부정축산물 신고포상금 지급 요령」(식품의약품안전처고시 제2014-129호, 2014. 7. 17. 개정)은 포상금의 세부지급기준, 부정축산물 신고절차 등, 포상금의 지급절차, 비밀의 보장, 재검토기한 등 6개 조문을 두고 있다. 고시 제3조(부정축산물 신고절차 등)에서는 "부정축산물 포상금 지급대상 위반사항을 신고하고자 하는 자는 시·군·구 축산 담당부서나 수사기관에 신고(위반사항 적발시 사진 등 증거물 확보)하여야 한다. 다만, 법 제33조 제1항의 규정을 위반한 사안중 축산물을 판매하는 슈퍼·할인점 등 일반소매점에서의 위반사항에 대하여는 시·군·구 축산 담당부서나 식품위생담당부서 또는 수사기관에 신고(위반사항 적발시 사진 등 증거물 확보)하여야 한다"고 규정하고 있다. 제4조(포상금의 지급절차)에서는 시·군·구에서는 포상금 신청을 시·도지사를 경유하여 지방식품의약품안전청장에게 신청하도록 규정하고 있다. 다만, 가축의 도살·처리 및 집유와 관련된 위반행위를 하거나 가축에 대한 부정행위를 한 자를 신고·고발 또는 검거한 사람 및 검거에 협조한 사람에 대한 포상금 신청은 시·도지사를 경유하여 농림축산검역본부장에게 신청하도록 규정하고 있다.

〈표 10-5〉 부정축산물 신고포상금 지급 요령 별표 〈시행 2014. 7. 17〉
포상금 지급대상자 및 지급 세부기준(제2조 관련)

<table>
<tr><th rowspan="2">포상금 지급대상자</th><th colspan="2">포상금 지급 세부기준(건당)</th></tr>
<tr><th>부정행위 물량의 실거래가액</th><th>포상금액</th></tr>
<tr><td rowspan="4">1. 법 제4조 제5항의 규정을 위반하여 가축을 도살·처리하거나 집유한 자 또는 축산물을 가공한 자를 신고·고발하거나 검거한 자 및 검거에 협조한 자(이하 이 표에서 "신고자등"이라 한다)</td><td>100만원 미만</td><td>5만원</td></tr>
<tr><td>100~300만원 미만</td><td>10만원</td></tr>
<tr><td>300~500만원 미만</td><td>15만원</td></tr>
<tr><td>500만원 이상</td><td>20만원</td></tr>
<tr><td>2. 법 제7조 제1항을 위반하여 도축장이 아닌 곳에서 가축을 도살·처리한 자 또는 법 제7조 제5항을 위반하여 기립불능 가축을 도살·처리하여 식용으로 사용하거나 판매한 자에 대한 신고자등</td><td colspan="2">제4조 제2항 제3호에 따라 관할 시장·군수·구청장이 조사·결정한 당해 가축의 시가(이하 이 표에서 "시가"라 한다)의 전액에 해당하는 금액</td></tr>
<tr><td>3. 법 제10조의 규정을 위반하여 가축에 대하여 강제로 물을 먹이는 등 부정행위를 한 자에 대한 신고자등</td><td colspan="2">당해 가축의 시가의 2분의 1에 해당하는 금액</td></tr>
<tr><td>4. 법 제12조 제1항의 규정에 의한 검사를 받지 아니한 식육을 판매하거나 판매할 목적으로 처리·가공·사용·보관·운반 또는 진열한 자에 대한 신고자등</td><td colspan="2">관할 특별자치도지사·시장·군수·구청장이 인정하는 해당 식육의 소비자가격의 2분의 1에 해당하는 금액</td></tr>
<tr><td rowspan="3">5. 법 제22조 제1항의 규정을 위반하여 영업의 허가를 받지 아니하고 영업을 하거나 법 제33조 제1항의 규정을 위반하여 축산물을 판매하거나 판매를 목적으로 처리·가공·포장·보관·운반 또는 진열한 자에 대한 신고자등(제7호에 해당하는 경우 제외)</td><td>100만원 미만</td><td>5만원</td></tr>
<tr><td>100~500만원 미만</td><td>15만원</td></tr>
<tr><td>500만원 이상 및 무허가 영업</td><td>30만원</td></tr>
<tr><td rowspan="2">6. 법 제24조 제1항의 규정을 위반하여 영업의 신고를 하지 아니하고 영업을 한 자에 대한 신고자등</td><td>100만원 미만</td><td>5만원</td></tr>
<tr><td>100만원 이상</td><td>10만원</td></tr>
<tr><td rowspan="4">7. 법 제33조 제1항 제8호에 해당하는 축산물에 표시된 유통기한을 위조·변조 하여 판매를 목적으로 처리·가공·포장·보관·운반 또는 진열한 자에 대한 신고자등</td><td>100만원 미만</td><td>10만원</td></tr>
<tr><td>100~300만원 미만</td><td>20만원</td></tr>
<tr><td>300~500만원 미만</td><td>30만원</td></tr>
<tr><td>500만원 이상</td><td>50만원</td></tr>
</table>

주) 위 표 제2호부터 제4호의 대상가축은 소, 말, 돼지, 양, 닭, 오리임.

제4절 농수축산물 신고포상금의 문제점과 개선방안

1. 현황과 문제점

1962년에 제정된「축산물가공처리법」이 1974년 12월에 개정되면서 개정이유로 “부정축산물을 신고한 자에 대하여 포상금을 지급하도록 함”[27]을 밝히고 있다. 이에 따라「축산물가공처리법」 제19조(포상금)에 “제3조 제1항의 규정에 위반하여 도축장이 아닌 곳에서 수축을 도살·해체한 자 또는 제11조의 규정에 위반하여 수축에 대한 학대행위를 한 자를 주무관청 또는 수사기관에 신고한 자와 제14조의 규정에 의한 불량품을 주무관청에 신고한 자에 대하여는 대통령령이 정하는 바에 의하여 포상금을 지급한다”는 규정을 신설하였다.「축산물가공처리법」은 1984년에「축산물위생처리법」으로 변경되었다가 1997년에「축산물가공처리법」으로 재차 변경되었다. 1997년 12월 13일에「축산물가공처리법」이 전부개정되면서 포상금에 관한 규정은 제19조에서 제39조로 변경된 이후에 포상금규정은 제39조[28]에 자리하게 된다. 개정이유로 “축산물은 일반식품과는 달리 가축전염병을 사람에게 직접 전파하는 특성이 있어 체계적으로 관리되지 아니하면 국민의 보건위생에 커다란 피해를 줄 수 있으므로, 농림부가 가축의 사육·도살·처리와 축산물의 가공·유통·판매에 이르는 전 과정을 일관성있게 관리하고, 보건복지부는 위생관련 기준을 제정하도록 함으로써 축산물위생관리의 효율성 및 안전성을 제고하여 소비자 보호와 축산업 발전을 도모하려는 것”임

---

27 축산물 가공처리법 개정이유, 법률 제2738호, 1974. 12. 26 전부개정, http://www.law.go.kr/lsInfoP.do?lsiSeq=6175&lsId=&efYd=19741226&chrClsCd=010202&urlMode=lsEfInfoR&viewCls=lsRvsDocInfoR#0000, 2015. 11. 15. 방문.

28 「축산물위생관리법」 제39조(포상금) 식품의약품안전처장은 제4조 제5항·제6항, 제7조 제1항·제5항, 제10조, 제22조 제1항, 제24조 제1항 또는 제33조 제1항을 위반하거나 제12조 제1항에 따른 검사를 받지 아니한 식육을 가공, 포장, 사용, 보관, 운반, 진열 또는 판매한 자를 관계 행정기관 또는 수사기관에 신고 또는 고발하거나 검거한 사람 및 검거에 협조한 사람에게 대통령령으로 정하는 바에 따라 포상금을 지급할 수 있다.

을 밝히고 있다.

「축산물위생관리법 시행령」 제30조 제1항의 규정에 의하여 가공기준 위반, 밀도살, 강제급수, 미검사품 유통, 판매금지대상 축산물 판매행위, 무허가 및 미신고 영업 등 위반사항에 대한 신고절차와 포상금 지급기준·방법 및 절차 등에 관한 사항을 규정함을 목적으로 「부정축산물 신고포상금 지급 요령」[식품의약품안전처고시 제2014-129호, 2014. 7. 17. 일부개정]이 제정되어 있다. 「부정축산물 신고포상금 지급 요령」은 제1조(목적) 제2조(포상금의 세부지급기준) 제3조(부정축산물 신고절차 등) 제4조(포상금의 지급절차) 제5조(비밀의 보장) 제6조(재검토기한)의 6개 조문으로만 구성되어 있다. 즉, 「부정축산물 신고포상금 지급 요령」에는 다른 신고포상금 관련 규정에서와 달리 '포상금 지급대상'이나 '포상금 지급제한'에 관한 규정을 두지 않고 있다. 포상금의 지급요건이나 절차는 물론이고, 이러한 '포상금 지급대상'이나 '포상금 지급제한'에 관한 규정을 통하여, 신고포상금이 누구에게 주어지고 누구에게는 지급되어지지 않는지가 규정되어야 하는데, 이러한 규정이 없다는 점이 가장 큰 문제로 지적될 수 있다. 또한 신고포상금의 투명성이 부족하다는 점이 지적될 수 있다. 신고포상금 제도의 운영과 집행실적 등이 국민들에게 투명하게 공개될 필요가 있다. 투명성을 제고하기 위해서는 이러한 제도를 일반시민들이 이용하거나 신고포상금 운영실태를 감시하기 위하여 신고포상금제도에 대한 홍보와 공개를 강화할 필요가 있다. 많은 시민들이 신고포상금제도에 대하여 모르고 있다는 조사결과[29]도 있을 뿐 아니라 신고포상금제도에 대해서 안다고 하더라도 이러한 제도가 어떻게 운영되며 신고포상금이 제대로 집행되고 있는지에 대한 정보가 제공되어야 할 것이다. 특히 공무원이 직무수행과 관련하여 신고한 경우에도 신고포상금을 지급하는 것은 신고포상금의 취지에 반한다. 경찰이나 담당 공무원 등이 부정 축산물임을 알고 신고하거나 검거한 경우에도 신고포상금을 지급하는 것은 정당하지 않다. 따라서 경찰이나 담당 공무원 등을 부정 축산물신고포상금 지급대상에서 제외

29 150명의 서울시민을 대상으로 한 설문조사에서 조사대상 시민의 73.3%가 신고포상금제도에 대해서 모른다고 답하였다. 박형준/양고운, 앞의 논문, 2010, 22쪽.

되도록 규정되어 있지 않은 법령은 입법의 실수임을 부인할 수 없다.

2. 개선방안

공무원이 직무수행과 관련하여 신고대상행위를 발견하고 신고한 경우에 포상금을 지급하는 것은 옳지 않다. 따라서 신고포상금 지급제외대상에 공무원을 명시하는 규정을 두는 것이 입법론적으로 옳다. 예를 들어, 보건복지부는 2015년 10월 7일에「복지 부정수급 신고포상금 지급에 관한 규정」을 제정하여 시행하고 있는데, 포상금 지급대상에서 관련 공무원 배제 규정을 두고 있다. 즉, 「복지 부정수급 신고 포상금 지급에 관한 규정」 제3조(포상금 지급대상자) 제1항에는 "다음 각 호에 해당하는 복지 부정수급 신고대상자를 보건복지부장관에게 신고하고, 해당 신고의 입증에 필요한 증거자료를 제출한 자(이하 "신고인"이라 한다)를 신고 포상금(이하 "포상금"이라 한다) 지급대상자로 한다. 다만, 공무원이 그 직무와 관련하여 신고한 경우에는 포상금 지급대상자에서 제외한다"는 규정이 있다. 「부패방지 및 국민권익위원회의 설치와 운영에 관한 법률」 제68조(포상 및 보상) 제3항에서도 "공직자가 자기 직무와 관련하여 신고한 사항에 대하여는 보상금을 감액하거나 지급하지 아니할 수 있다"는 규정을 두고 있다. 「아동·청소년의 성보호에 관한 법률 시행령」 제29조(포상금의 지급 기준) 제2항에서 "다음 각 호의 어느 하나에 해당하는 경우에는 포상금을 지급하지 아니한다"고 하고, "수사기관에 신고할 의무가 있는 사람이 신고한 경우"와 "범죄의 단속 사무에 종사하는 공무원이 직무와 관련하여 신고한 경우" 등을 포상금 지급대상에서 제외하고 있다. 「축산물위생관리법」에 따른 신고포상금은 전술한 바와 같이 1974년에 상대적으로 일찍 도입되었고, 불법도축을 근절하여야 한다는 제도적 필요에만 집착하였기 때문에, 신고포상금에 관한 세부적인 사항이나 지급대상 및 지급제한에 관해서 소홀하게 규정하였다. 그러나 근래에는 신고포상금의 종류가 늘어나고 관련 규정이 정비되고 있기 때문에 이에 맞추어 축산물 신고포상금에 관련된 규정도 정비될 필요가 있다. 특히 「축산물위생관리법」 관련

조항의 경우에는 공무원 등에 대한 포상금지급 제외규정을 두는 법령의 개정이 필요하다. 이외에도 다른 입법례를 참조하여 포상금의 대상·절차·기준·제한 등에 관한 상세한 규정을 마련할 필요가 있다.

제5절 맺음말

행정의 목적과 실효성을 달성하기 위한 새로운 의무이행확보수단으로 평가되고 있으며 규제순응을 제고하기 위한 정책수단으로서 시민들의 감시를 유도하는 신고포상금제도는 점차 그 규모와 범위를 확대하고 있다. 신고포상금제도의 의의와 기능이 민간의 감시기능을 촉진하는 것이기 때문에, 지급대상자도 공무원이 아닌 일반 시민으로 한정되어야 한다. 법위반 행위를 적발하는 것은 경찰을 포함한 공무원의 직무에 포함되는 것이다. 공무원이 이러한 직무를 모범적으로 수행하여 격려가 필요한 경우에는 이러한 일반적인 신고포상금제도가 아니라 상훈·표창이나 승진 또는 공무원에게 주어지는 포상금 등을 통하여 격려하는 제도를 활용하는 것이 옳다. 근래 들어 우후죽순처럼 늘어나고 있는 신고포상금제도와 근거 법령에 대한 전반적인 정비가 필요하다. 이중에서 특히 문제가 되는 축산물 신고포상금제도에 대한 법령정비는 시급하다고 할 수 있다. 「식품위생법」 및「건강기능식품에 관한 법률」은 포상금 지급대상을 '불법 행위 신고(고발)자'로 한정하고 있다. 또 하위 법령은 '식품위생공무원 등 직무상 인지해 신고한 자'에 대해서는 포상금을 지급하지 않도록 규정하고 있다. 반면「축산물위생관리법」은 지급대상 자체를 '불법 행위를 신고 또는 고발하거나 검거한 사람, 검거에 협조한 사람'으로 규정하고 있다. 지급 제외 대상에 관한 규정은 없다. 축산물 신고포상금제도를 부정·불량식품, 건강기능식품 신고포상금제도와 같이 운용할 필요가 있다. 즉, 관련 법령을 조속히 개정해 포상금 지급대상에서 공무원 등을 제외하고 신고자로 국한하여야 할 것이다. 이를 위해서는 신고포상금 지급대상에서 관련 공무원을 제외하는 규정을 두는 입법작업이 필요하다. 또한 지급제한 규정을 위반하여 포상금이 지급된 경우에 포상금 환수에 관한 규정을 두고 있듯이, 지급대상이 아닌 사람에게 포상금이 지급된 경우에도 포상금 환수에 관한 규정을 두어야 할 것이다.

| CHAPTER 10 _ **참고문헌** |

김홍주, 공직자 부조리 신고포상금제도의 효과에 관한 연구 : 지방자치단체를 중심으로, 한국정책과학학회보, 제17권 제1호, 2013, 149~184쪽.

박세훈, 내부고발자 보상제도에 관한 연구, 치안정책연구, 제27권 제2호, 2013. 12, 37~68쪽.

박진규, 청소년보호정책의 평가와 전망 : 법률제도와 행정제도 변천을 중심으로, 청소년학연구, 제20권 제2호, 2013, 367~396쪽.

박형준/양고운, 규제순응정책수단으로서 신고포상금제도 : 1회용품 신고포상금제도를 중심으로, 한국행정학회 학술대회, 2010, 432~454쪽.

박찬걸, 성매매 신고보상금제도의 활성화 방안, 형사법의 신동향, 제45호, 2014, 33~66쪽.

손희권, 사교육규제법안들의 헌법적합성 검토 : 제18대 국회 계류법안들을 중심으로, 교육행정학연구, 제27권 제4호, 2009, 165~197쪽.

송광섭/윤상민, 형집행확보를 위한 형 미집행자 명단공개 및 신고자 포상금제도의 도입방안, 원광법학, 제31권 제1호, 2015, 123~156쪽.

이재삼/박문선, 식품위생법상 위해식품 방지에 관한 연구, 법학연구, 제54권, 2014, 131~167쪽.

임도빈, 한국의 신고포상금 제도 분석 : 유형화와 확산이유를 중심으로, 한국조직학회보, 제6권 제1호, 2009, 233~262쪽.

정극원, 법 경시풍조와 선거범죄신고포상금제, 공법학연구, 제9권 제1호, 2008, 195~217쪽.

최우용, 쓰레기투기 신고포상금제의 문제점과 입법정책상의 과제, 공법연구, 제29집 제4호, 2001, 325~346쪽.

최종배, 신고포상금, 법률출판사, 2014.

최종배, 공익신고포상금 1-3, 법률출판사, 2015.

홍완식, 포상금지급 관련 입법정책의 발전방향, 보건복지분야 입법정책의 발전방향, 국회법제실·한국입법정책학회 공동세미나, 2007. 8. 23, 12~50쪽.

CHAPTER

11 청탁금지법 적용대상의 문제점 -언론사를 중심으로

출처: 유럽헌법연구 제23호, 2017년, 333~360

「청탁금지법」이 제정·시행되면서 벌어진 논란 중의 하나가 「청탁금지법」의 적용대상에 언론기관이 포함되었음에도 불구하고 인터넷포털은 적용대상에서 제외되었다는 점이다. 인터넷포털의 영향력과 함께 공적 기능이 강해졌고 인터넷포털의 부패가능성이 적은 것이 아님에도 불구하고 「청탁금지법」의 적용대상에서 제외된 것은 단순한 입법실수라고 볼 수 있다. 즉, 「언론중재법」은 2005년에 제정되었는데 「언론중재법」이 제정될 때에 '언론사'의 범위에는 인터넷포털이 포함되지 않았고, 방송사업자·신문사업자·정기간행물사업자·뉴스통신사업자·인터넷신문사업자 만이 '언론사'의 범위에 포함되어 있었다. 인터넷포털이 '인터넷뉴스서비스사업자'라는 개념으로 언론에 포함된 것은 2009년의 「언론중재법」의 개정을 통해서였다. 「청탁금지법」은 이보다 6년 후인 2015년에 제정되었음에도 불구하고 「언론중재법」 제2조 12호의 '언론사'만 적용대상으로 규정하고, 2009년에 동조 18호에서 21호로 추가된 인터넷뉴스서비스사업자를 「청탁금지법」의 적용대상으로 규정하여야 함을 「청탁금지법」의 제정 과정에서 간과하였다. 이러한 입법적 실수를 만회하기 위하여 인터넷포털을 적용대상에 포함시키려는 개정안도 발의되어 있고, 보다 근본적으로 교육기관과 언론기관을 적용대상에서 제외하려는 개정안도 또한 발의되어 있다. 기존 언론은 적용대상임에도 불구하고 인터넷포털은 적용대상에서 제외된 문제를 해결하기 위해서는 「청탁금지법」 개정을 통하여 시정하면 된다. 그러나 이러한 문제점을 근본적으로 시정하기 위해서는 「청탁금지법」을 원래의 취지와 의도에 적합하게 하는 입법작업이 필요하다. 그리고, 교육계와 언론계의 부패방지를 위해서는 교육관련법과 언론관련법을 정비하면 될 것이다. 즉, 「국민체육진흥법」에 선수나 감독 및 심판 등이 부정한 청탁을 받고 재물이나 재산상의 이익을 받거나 요구 또는 약속하여서는 아니 된다는 규정과 처벌규정을 두거나 「의료법」에 의료인, 의료기관 개설자 및 의료기관 종사자 등이 부정한 리베이트를 받으면 아니된다는 규정과 처벌규정을 두고 있는 것처럼, 「사립학교법」이나 「언론중재법」에 이를 규정하는 것이 체계정당성의 원칙에 부합하는 입법정책일 것이다. 위와 같이 특정한 직종이나 분야에서 부당한 경제적 이득을 취하는 것을 제재하는 입법례는 이외에도 「약사법」, 「주식회사의 외부감사에 관한 법률」, 「하도급거래 공정화에 관한 법률」 등에서 볼 수 있다. 입법에 있어서도 필요가 결과를 무조건 정당화하지는 않는다. 법령의 홍수 속에서 체계성과 적정성이 확보되는 입법정책이 필요하며, 「청탁금지법」도 그 예외라고 할 수 없을 것이다.

주제어: 청탁금지법, 김영란법, 언론중재법, 인터넷뉴스서비스사업자, 인터넷포털

제1절 머리말

「부정청탁 및 금품등 수수의 금지에 관한 법률」(이하 「청탁금지법」이라 한다)이 제정·시행되면서 여러 논란이 있었는데, 그 중 하나가 「청탁금지법」의 적용대상에 언론기관이 포함되었음에도 불구하고 인터넷포털은 적용대상에서 제외되었다는 점이다. 기존의 매체인 TV나 신문 보다 새로운 매체인 인터넷포털을 통해 뉴스를 보는 비율이 현저히 증가하게 되면서, 인터넷포털의 영향력이 강해졌음에도 불구하고 인터넷포털이 청탁금지법의 적용대상에서 제외될 특별한 이유는 있을 수 없었다. 인터넷포털이 TV나 신문보다 공적 기능이 적은 것도

아니고, 부패나 청탁의 가능성이 적은 것도 아님은 물론이고, 오히려 막강한 사회적 영향력으로 인하여 기사순위 조정이나 검색순위 조정 등에 있어서 부패나 청탁이 실재함을 알 수 있을 뿐 아니라 공적 기능이 점증하고 있다. 최근에도 대형 인터넷포털의 검색순위 조작 여부에 관하여 논란이 발생하였던 것을 보면 강화된 공적기능에 상응하는 투명성과 책임성의 강화가 필요하다고 하겠다.

「형법」상의 뇌물죄를 비롯하여 기존의 부패방지법이 제 기능을 못하는 상황에서 「청탁금지법」 제정은 압도적인 여론의 지지를 받았다. 그러나 「청탁금지법」의 입법과정에서는 많은 논란이 있었고 적용대상을 민간분야로 확대한 것에 대한 논란이 가장 치열했다. 「청탁금지법」의 적용대상을 언론과 교육의 민간분야로 졸속으로 확대한 입법과정에 대하여 필자는 진료청탁이나 대출청탁 등이 있는 민간병원·민간은행 및 건설·하청·납품비리나 선수선발에서의 청탁·비리와 비교해서도 이해하기 힘들기 때문에, 교육영역과 언론영역을 포함하여 민간영역 중에서도 공공적 성격이 강한 방위산업·시민단체·금융·의료·법무·건설·납품·하청·스포츠 등을 포괄하는 하나의 새로운 법률을 만들던지, 아니면 학교관련법이나 언론관련법에 부패방지에 관한 사항을 규정하는 것이 보다 체계정당성의 원칙에 부합하는 입법정책이라는 점을 밝힌바 있다.[1] 그러나 이글에서는 다른 언론기관과는 달리 인터넷포털이 「청탁금지법」의 적용대상에서 제외된 문제점만을 다루기로 한다. 이 글은 인터넷뉴스서비스사업자·인터넷멀티미디어방송사업자가 「청탁금지법」의 적용대상으로 규정되어야 한다는 것을 주장하려는 것이 아니다. 「청탁금지법」이 제19대 국회 정무위원회의 심의과정에서 졸속으로 민간분야로 확대되었기 때문에 이러한 입법적 실수가 있었음을 밝히고, 「청탁금지법」이 언론 등 민간분야로 확대된 입법과정에서의 문제점을 밝힘으로서, 향후에는 다른 입법 분야에서도 이러한 입법적 실수가 반복되지 않아야 한다는 점을 경계하기 위한 것이다.

1 홍완식, 청탁금지법의 법률적 문제점 및 보완점, 국회보, 2016. 12, 17쪽 이하.

제2절 청탁금지법이 적용되는 언론사의 범위

1. 청탁금지법 적용대상과 관련한 언론관계법

「청탁금지법」 제2조(정의)에는 "공공기관"을 '국가기관 및 지방자치단체, 공공기관, 공직유관단체, 각급학교 및 학교법인, 언론사 등'으로 정의하고 있고, 「청탁금지법」이 적용되는 "공직자등"[2]에는 '공무원, 공공기관과 공직유관단체의 임직원, 각급학교의 교직원 및 학교법인의 임직원과 언론사의 임직원'이 포함되어 있다. 그리고 「청탁금지법」이 적용되는 언론사에는 「언론중재법」 제2조 제12호에 규정된 방송사업자,[3] 신문사업자,[4] 잡지 등 정기간행물사업자,[5] 뉴스통신사업자[6] 및 인터넷신문사업자[7]가 해당된다. 이와 같이 언론사를 「청탁금지법」

2 「청탁금지법」 제2조(정의) 이 법에서 사용하는 용어의 뜻은 다음과 같다.
1. "공공기관"이란 다음 각 목의 어느 하나에 해당하는 기관·단체를 말한다.
가. 국회, 법원, 헌법재판소, 선거관리위원회, 감사원, 국가인권위원회, 중앙행정기관(대통령 소속 기관과 국무총리 소속 기관을 포함한다)과 그 소속 기관 및 지방자치단체
나. 「공직자윤리법」 제3조의2에 따른 공직유관단체
다. 「공공기관의 운영에 관한 법률」 제4조에 따른 기관
라. 「초·중등교육법」, 「고등교육법」, 「유아교육법」 및 그 밖의 다른 법령에 따라 설치된 각급 학교 및 「사립학교법」에 따른 학교법인
마. 「언론중재 및 피해구제 등에 관한 법률」 제2조 제12호에 따른 언론사
2. "공직자등"이란 다음 각 목의 어느 하나에 해당하는 공직자 또는 공적 업무 종사자를 말한다.
가. 「국가공무원법」 또는 「지방공무원법」에 따른 공무원과 그 밖에 다른 법률에 따라 그 자격·임용·교육훈련·복무·보수·신분보장 등에 있어서 공무원으로 인정된 사람
나. 제1호 나목 및 다목에 따른 공직유관단체 및 기관의 장과 그 임직원
다. 제1호 라목에 따른 각급 학교의 장과 교직원 및 학교법인의 임직원
라. 제1호 마목에 따른 언론사의 대표자와 그 임직원

3 「방송법」 제2조 제3호에 따른 지상파방송사업자, 종합유선방송사업자, 위성방송사업자 및 방송채널사용사업자.

4 「신문 등의 진흥에 관한 법률」 제2조 제3호에 따른 신문사업자.

5 「잡지 등 정기간행물의 진흥에 관한 법률」 제2조 제2호에 따른 정기간행물사업자 중 잡지 또는 기타간행물을 발행하는 자.

6 「뉴스통신 진흥에 관한 법률」 제2조 제3호에 따른 뉴스통신사업자.

7 「신문 등의 진흥에 관한 법률」 제2조 제4호에 따른 인터넷신문사업자.

적용대상에 포함한 이유는, 민간영역에서도 부정부패의 근절이 필요하고 언론이 정부기관 및 공공기관에 비견될 정도로 강한 공공적 기능을 수행하기 때문이라는 것이었다.

「청탁금지법」 제2조는 '공공기관'과 '공직자 등'의 개념 정의를 통하여 「청탁금지법」의 적용대상을 확정하고 있는데, '언론사'의 범위에 관해서는 동조 1호 마목에 「언론중재 및 피해구제 등에 관한 법률」을 인용하고 있다. 우선, 「청탁금지법」을 만들면서 언론인의 범위에 대한 규정이 없는 「언론중재법」을 언론인의 범위를 정하기 위한 근거로 삼은 것은 적절치 않다는 비판[8]이 있다. 그리고 「언론중재법」 제2조는 '언론'의 개념 정의를 통하여 「언론중재법」의 적용대상을 확정하고 있는데, 「언론중재법」이 적용되는 '언론'의 범위에 해당하는 방송, 신문, 정기간행물, 뉴스통신, 인터넷신문에 관해서는 해당 언론관계법을 일일이 인용하고 있다. 즉, 현대사회에서는 신문과 방송을 두 축으로 하는 기존 언론과는 다른 형태의 언론이 등장하였기 때문에 언론의 범위가 넓어졌으며 이에 따라 언론관계법도 다소 복잡해졌다. 이렇게 언론관계법이 복잡해졌음에도 불구하고 "언론사와 언론인의 정의와 범위가 명확하지 않은 것은 더 큰 흠결"이라는 것이다.[9] 여기서 더 나아가, 「언론중재법」과 「청탁금지법」 및 「공직선거법」에 규정된 언론사의 범위가 일치하지 않는다는 점이 지적되고 있다.[10]

특히 「청탁금지법」에서 '인터넷뉴스서비스사업자'가 제외된 것이 문제라는 점이 계속적으로 지적되고 있는데, 다른 언론매체에서 생산한 뉴스를 전달하는 네이버 다음 등의 인터넷포털은 언론관계법의 개념정의에 따르면 '인터넷뉴스서비스사업자'이다. 즉, 「신문 등의 진흥에 관한 법률」 제2조(정의) 5호에는 "'인터넷뉴스서비스'란 신문, 인터넷신문, 「뉴스통신진흥에 관한 법률」에 따른 뉴스통신, 「방송법」에 따른 방송 및 「잡지 등 정기간행물의 진흥에 관한 법률」에 따

8 손태규, 부정청탁 및 금품 등 수수 금지에 관한 법률(김영란법) 언론조항의 문제점, 공법연구, 제44집 제1호, 2015. 10, 176쪽.

9 손태규, 위의 논문, 176쪽.

10 이승선, 언론학적 관점에서 본 「부정청탁 및 금품등 수수의 금지에 관한 법률」의 위헌성, 언론과 법, 제14권 제3호, 2015, 106쪽.

른 잡지 등의 기사를 인터넷을 통하여 계속적으로 제공하거나 매개하는 전자간행물을 말한다. 다만, 제2호의 인터넷신문 및 「인터넷 멀티미디어 방송사업법」 제2조 제1호에 따른 인터넷 멀티미디어 방송, 그 밖에 대통령령으로 정하는 것을 제외한다"고 하고 6호에는 "'인터넷뉴스서비스사업자'란 제5호에 따른 전자간행물을 경영하는 자를 말한다"고 규정되어 있다. 또한 「언론중재법」 제2조(정의)[11]에는 1호에서 "언론"이란 방송, 신문, 잡지 등 정기간행물, 뉴스통신 및 인

---

11 「언론중재법」 제2조(정의) 이 법에서 사용하는 용어의 뜻은 다음과 같다.

1. "언론"이란 방송, 신문, 잡지 등 정기간행물, 뉴스통신 및 인터넷신문을 말한다.
2. "방송"이란 「방송법」 제2조 제1호에 따른 텔레비전방송, 라디오방송, 데이터방송 및 이동멀티미디어방송을 말한다.
3. "방송사업자"란 「방송법」 제2조 제3호에 따른 지상파방송사업자, 종합유선방송사업자, 위성방송사업자 및 방송채널사용사업자를 말한다.
4. "신문"이란 「신문 등의 진흥에 관한 법률」 제2조 제1호에 따른 신문을 말한다.
5. "신문사업자"란 「신문 등의 진흥에 관한 법률」 제2조 제3호에 따른 신문사업자를 말한다.
6. "잡지 등 정기간행물"이란 「잡지 등 정기간행물의 진흥에 관한 법률」 제2조 제1호 가목 및 라목에 따른 잡지 및 기타간행물을 말한다.
7. "잡지 등 정기간행물사업자"란 「잡지 등 정기간행물의 진흥에 관한 법률」 제2조 제2호에 따른 정기간행물사업자 중 잡지 또는 기타간행물을 발행하는 자를 말한다.
8. "뉴스통신"이란 「뉴스통신 진흥에 관한 법률」 제2조 제1호에 따른 뉴스통신을 말한다.
9. "뉴스통신사업자"란 「뉴스통신 진흥에 관한 법률」 제2조 제3호에 따른 뉴스통신사업자를 말한다.
10. "인터넷신문"이란 「신문 등의 진흥에 관한 법률」 제2조 제2호에 따른 인터넷신문을 말한다.
11. "인터넷신문사업자"란 「신문 등의 진흥에 관한 법률」 제2조 제4호에 따른 인터넷신문사업자를 말한다.
12. "언론사"란 방송사업자, 신문사업자, 잡지 등 정기간행물사업자, 뉴스통신사업자 및 인터넷신문사업자를 말한다.
13. "언론사등의 대표자"란 제14조 제1항에 따른 언론사등의 경영에 관하여 법률상 대표권이 있는 자 또는 그와 같은 지위에 있는 자를 말한다. 다만, 외국 신문 또는 외국 잡지 등 정기간행물로서 국내에 지사 또는 지국이 있는 경우에는 「신문 등의 진흥에 관한 법률」 제28조에 따라 등록을 한 자 또는 「잡지 등 정기간행물의 진흥에 관한 법률」 제29조에 따라 등록을 한 자를 말한다.
14. "사실적 주장"이란 증거에 의하여 그 존재 여부를 판단할 수 있는 사실관계에 관한 주장을 말한다.
15. "언론보도"란 언론의 사실적 주장에 관한 보도를 말한다.
16. "정정보도"란 언론의 보도 내용의 전부 또는 일부가 진실하지 아니한 경우 이를 진실에 부합되게 고쳐서 보도하는 것을 말한다.
17. "반론보도"란 언론의 보도 내용의 진실 여부에 관계없이 그와 대립되는 반박적 주장을 보도하는 것을 말한다.

터넷신문을 말한다고 하면서, 12호에서는 "언론사" 19호에서는 "인터넷뉴스서비스사업자"에 관하여 규정하고 있다. 즉, 12호에는 "'언론사'란 방송사업자, 신문사업자, 잡지 등 정기간행물사업자, 뉴스통신사업자 및 인터넷신문사업자를 말한다"고 규정하고 있다. 그리고 18호에는 '인터넷뉴스서비스'란 언론의 기사를 인터넷을 통하여 계속적으로 제공하거나 매개하는 전자간행물을 말한다고 하고 19호에서 "'인터넷뉴스서비스사업자'란 제18호에 따른 전자간행물을 경영하는 자를 말한다"고 규정하고 있다.

언론사를 「청탁금지법」의 적용대상에 포함시키기 위한 관련법의 전체적인 구조를 보면, 「청탁금지법」은 「언론중재법」을 인용하고 있고 「언론중재법」은 다시 「신문 등의 진흥에 관한 법률」 등을 인용하는 방식을 취하고 있다. 이러한 복잡한 연쇄구조를 지닌 법률에 관한 입법을 할 때에는 세심한 주의를 기울여야 입법실수가 발생하지 않는다는 점은 어렵지 않게 짐작할 수 있다.

2. 인터넷포털이 제외된 경위

위의 규정들을 종합하면, 「언론중재법」에 따라 각 지방자치단체에 언론사로 등록된 기관의 대표자와 임직원은 「청탁금지법」의 적용대상이다. 문제는 네이버, 다음 등 인터넷 포털이 법적용대상에서 제외되었다는 점과 이와 더불어 인터넷 멀티미디어 방송사업자(IPTV)도 법적용대상에서 제외되었다는 점이다. 당연히 사회적 영향력이 막강해진 네이버, 다음 등 '인터넷뉴스서비스사업자'라는 명칭으로 언론관계법에 규정된 인터넷포털이 왜 「청탁금지법」의 적용대상에

---

18. "인터넷뉴스서비스"란 언론의 기사를 인터넷을 통하여 계속적으로 제공하거나 매개하는 전자간행물을 말한다. 다만, 인터넷신문 및 인터넷 멀티미디어 방송, 그 밖에 대통령령으로 정하는 것은 제외한다.
19. "인터넷뉴스서비스사업자"란 제18호에 따른 전자간행물을 경영하는 자를 말한다.
20. "인터넷 멀티미디어 방송"이란 「인터넷 멀티미디어 방송사업법」 제2조 제1호에 따른 인터넷 멀티미디어 방송을 말한다.
21. "인터넷 멀티미디어 방송사업자"란 「인터넷 멀티미디어 방송사업법」 제2조 제5호에 따른 인터넷 멀티미디어 방송사업자를 말한다.

서 제외되었을까 라는 의문이 생긴다.

2009년에 「신문 등의 진흥에 관한 법률」이 개정되면서 언론사의 뉴스를 포털이용자에게 전달하는 인터넷포털은 '인터넷뉴스서비스사업자(Internet Service Provider, 약칭 ISP)'라는 개념으로 동 법률에 새로이 규정되었다. 뉴스를 전달하는 인터넷포털이 일종의 언론기관이 되면서 또한 언론보도와 관련된 분쟁을 조정·중재하는 「언론중재법」의 규율대상에도 포함되었다. 즉, 2009년에 개정된 「신문 등의 진흥에 관한 법률」과 제2조2항과 「언론중재법」 제2조 18항에는 '인터넷뉴스서비스사업자'라는 개념정의가 신설된 것이다. 주지하다시피, 「언론중재법」은 2005년에 제정 및 시행되었는데, 동 법률이 제정될 때에는 인터넷 포털의 사회적 영향력이 크지 않아서 인터넷포털은 동 법률의 적용대상에 포함되지 않았다. 이후 인터넷 포털의 사회적 영향력이 커지고 TV뉴스나 신문뉴스를 보는 비율보다 인터넷포털을 통해 뉴스를 보는 비율이 현저히 증가하게 되면서, 관련 분쟁과 이에 따른 언론중재와 피해구제 신청이 증가하였다. 이에 당시에는 언론에 속하지 않던 인터넷포털의 뉴스서비스에 대하여 언론에 준하는 법적 책임을 물을 수 있도록 언론관계법을 개정하자는 담론과 시도가 있었다.[12] 이러한 사회적 요청에 부응하여, 2009년에 「언론중재법」이 개정되어 인터넷 포털과 인터넷멀티미디어방송을 동 법률의 적용대상으로 규정하게 되었다. 즉, 2009년 2월 6일에 법률 제9425호로 개정되어 2009년 8월 7일부터 시행된 「언론중재법」의 개정이유로는 "인터넷포털이나 언론사닷컴 등의 뉴스서비스 제공으로 피해가 발생하고 있는데도 불구하고 신속하고 충분한 피해구제가 어려운 실정이므로 인터넷포털 등을 이 법의 적용 대상으로 하여 피해구제를 신속히 할 수 있도록"한다는 점을 밝히고 있다 그리고 주요내용으로 제2조에 제18호부터 제21호까지를 신설하여 인터넷뉴스서비스 등을 이 법의 적용대상에 포함하면서 그 이유를 "사회적 영향력이 큰 인터넷 포털의 뉴스서비스에 대해서 언론중재 및 피해구제 방안이 마련되어야 한다는 여론이 지속적으로 제기되고 있고, 인터넷

12 정재황/유수윤, 인터넷뉴스서비스사업자의 법적 책임에 관한 연구 –언론중재법상 피해자구제방안을 중심으로, 세계헌법연구, 제16권 2호, 2010, 244쪽.

멀티미디어 방송(IPTV) 서비스가 신규로 제공되고 있는 점을 고려할 때, 인터넷 포털과 인터넷 멀티미디어 방송을 이 법의 적용 대상에 포함할 필요가 있음."이라 밝히고 있다. 2009년 「언론중재법」의 개정을 통해 「언론중재법」의 적용대상에 인터넷뉴스서비스와 인터넷 멀티미디어 방송을 추가하였다. 이 과정을 통해서 「언론중재법」 제2조(정의) 제18호에 "'인터넷뉴스서비스'란 언론의 기사를 인터넷을 통하여 계속적으로 제공하거나 매개하는 전자간행물을 말한다. 다만, 인터넷신문 및 인터넷 멀티미디어 방송, 그 밖에 대통령령으로 정하는 것은 제외한다"는 규정이 신설되었으며, 이어 제19호에는 "'인터넷뉴스서비스사업자'란 제18호에 따른 전자간행물을 경영하는 자를 말한다"는 규정이 신설되었다. 언론중재법에 인터넷포털이 인터넷뉴스서비스사업자로 규정됨에 따라, 인터넷포털에도 정정보도청구와 반론보도·추후보도 등을 청구할 수 있게 되었다.

또한 비슷한 시기에 「신문 등의 진흥에 관한 법률」도 개정되어, 인터넷포털은 「신문 등의 진흥에 관한 법률」의 규율대상에도 포함되었다. 2009년 7월 31일에 법률 제9785호로 개정되어 2010년 2월 1일부터 시행된 「신문 등의 진흥에 관한 법률」의 개정이유로는 언론기능을 하고 있는 인터넷포털을 "인터넷뉴스서비스"로 정의하여 이 법의 규율대상으로 함(법 제2조 제5호)을 밝히고 있으며, 인터넷뉴스서비스사업자는 기사배열의 기본방침과 기사배열책임자를 공개하도록 하고, 독자적으로 생산하지 않은 기사를 수정할 경우 기사공급자의 동의를 얻도록 하며, 제공받은 기사와 독자가 생산한 의견을 혼동하지 않도록 구분하여 표시하도록 하는 등 인터넷뉴스서비스사업자의 준수사항을 규정하도록 하였다.[13]

---

13 현행 「신문 등의 진흥에 관한 법률」 제10조(인터넷뉴스서비스사업자의 준수사항) ① 인터넷뉴스서비스사업자는 기사배열의 기본방침이 독자의 이익에 충실하도록 노력하여야 하며, 그 기본방침과 기사배열의 책임자를 대통령령으로 정하는 바에 따라 공개하여야 한다.
② 인터넷뉴스서비스사업자는 독자적으로 생산하지 아니한 기사의 제목·내용 등을 수정하려는 경우 해당 기사를 공급한 자의 동의를 받아야 한다.
③ 인터넷뉴스서비스사업자는 제공 또는 매개하는 기사와 독자가 생산한 의견 등을 혼동되지 아니하도록 대통령령으로 정하는 바에 따라 구분하여 표시하여야 한다.
④ 인터넷뉴스서비스사업자는 제공 또는 매개하는 기사의 제목·내용 등의 변경이 발생

이렇게 인터넷 포털과 인터넷멀티미디어방송이 「언론중재 및 피해구제 등에 관한 법률」의 적용대상으로 추가되면서, 동 법률 제2조(정의)의 언론사가 무엇인지를 규정하는 10호(현재는 12호)에 추가되지 않고 17호 이후에 4개호를 추가하게 되어, 현재는 18호와 19호에서 인터넷뉴스서비스와 인터넷뉴스서비스사업자를 정의하고 20호와 21호에서 「인터넷 멀티미디어 방송사업법」 제2조 제1호에 따른 인터넷 멀티미디어 방송과 인터넷 멀티미디어 방송사업자를 정의하고 있다.

이상의 과정을 통해서 보면 인터넷포털이 청탁금지법에서 제외된 이유는 매우 단순하다. 「언론중재법」은 2005년에 제정되었는데, 법률 제정시에 제2조 개념 정의 규정의 12호 '언론사'에는 방송사업자·신문사업자·정기간행물사업자·뉴스통신사업자·인터넷신문사업자 만이 포함되어 있었고, 인터넷뉴스서비스사업자·인터넷멀티미디어방송사업자는 12호 '언론사'에 규정되어 있지 않았다. 인터넷뉴스서비스사업자·인터넷멀티미디어방송사업자는 이후 2009년에 「언론중재법」의 개정을 통하여 제2조에 추가된 것이다. 2015년에 「청탁금지법」이 제정되면서 제2조에 적용대상인 언론기관의 범위가 규정되었는데, 「언론중재법」 제2조 12호의 '언론사'만 적용대상으로 규정하고, 동조 18호에서 21호로 나중에 추가된 「언론중재법」은 적용대상으로 규정하지 않았다. 즉, '인터넷뉴스서비스사업자'라는 명칭으로 「언론중재법」에 추가로 규정되어진 인터넷포털을 「청탁금지법」의 적용대상으로 규정되어야 함을 간과한 것이다. 이렇게 2015년에 「청탁금지법」을 제정하면서 왜 이미 2009년에 개정된 「언론중재법」을 제대로 반영하지 못했는지는 의문이다. 당시 「청탁금지법」의 국회 정무위원회의 심의과정에서 갑작스럽게 민간언론사를 포함시키자는 주장이 나왔고 언론사 포함여부는 신중하게 다루어지지 못했으며, 이러한 갑작스러운 적용대상의 확대과정에서 입법실수가 발생한 것으로 보인다. 이러한 과정을 종합해 보면, 「청탁금지법」의 대상자를 공직자에 더하여 민간분야의 학교와 언론사로 확대하면서 언

하여 이를 재전송받은 경우 인터넷뉴스서비스사업자의 인터넷홈페이지에 재전송받은 기사로 즉시 대체하여야 한다.

론사의 적용범위를 잘못 한정하는 입법적 실수를 범한 것이다.

3. 인터넷포털이 제외됨으로 발생한 형평성 논란

청탁금지법의 적용대상으로 언론인들에게만 특혜가 주어질 경우는 물론이고 특별한 법적 규제나 불이익이 주어지는 경우에는 평등원칙에 위반된다.[14] 평등원칙은 본질적으로 같은 것을 다르게 취급하거나 다른 것을 같게 취급하는 것을 금지하고 있다. 헌법재판소의 다수의견이 "사립학교 관계자 및 언론인을 '공직자등'에 포함시켜 이들에게 부정청탁하는 것을 금지하고, 이들이 정당한 이유 없이 금품등을 수수하는 것도 금지한 입법자의 선택은 수긍할 수 있다"[15]고 하더라도, 인터넷포털을 언론사의 적용범위에서 제외한 입법자의 실수는 수긍할 수 없다. 나아가 직무의 공공성이 약한 기관에 까지 "적용범위가 지나치게 확대된 부분은 없는지에 대한 면밀한 재검토가 필요"[16]한 것처럼, 직무의 공공성이 강한 기관임에도 불구하고 형평에 맞지 않게 「청탁금지법」에서 제외된 것은 아닌지 그리고 이러한 점들을 신중하게 따져보지 못한 「청탁금지법」의 국회 입법과정에 대한 성찰 및 「청탁금지법」의 재검토가 필요하다.

일반적으로는 포털뉴스라고 부르지만 포털뉴스를 유통하는 네이버나 다음 등을 전술한 바와 같이 언론관계법에서는 인터넷뉴스서비스사업자라고 한다. 즉, 「언론중재법」에 규정되어 있는 것처럼, "언론의 기사를 인터넷을 통하여 계

---

14 손태규, 앞의 논문, 176쪽.

15 소수의견은 "사회에서 발생하는 모든 부조리에 국가가 전면적으로 개입하여 부패행위를 일소하는 것은 사실상 불가능할 뿐만 아니라, 부패행위 근절을 이유로 사회의 모든 영역을 국가의 감시망 아래 두는 것은 바람직하지도 않다. 직무의 성격상 공공성이 인정된다는 이유로 공공영역과 민간영역의 본질적인 차이를 무시하고 동일한 잣대를 적용하여 청탁금지법의 규제대상을 확대하고자 하는 입법목적은 그 자체로 정당성을 인정하기 어렵다. 부정청탁을 하는 사람이나 금품등을 제공하는 사람들의 부정한 혜택에 대한 기대를 꺾고 언론이나 사학 분야의 신뢰 저하를 방지하겠다는 다소 추상적인 이익을 위하여 민간영역까지 청탁금지법의 적용대상에 포함시키는 것은 입법목적의 달성을 위한 효율성의 측면에서도 결코 적정한 수단이라 볼 수 없다"고 한다. 헌재 2016. 7. 28. 2015헌마236 등.

16 정호경, 「부정청탁 및 금품등 수수의 금지에 관한 법률」의 구조와 쟁점, 행정법연구, 제47호, 2016, 81쪽.

속적으로 제공하거나 매개하는 전자간행물"을 경영하는 자를 '인터넷뉴스서비스사업자'라고 규정하고 있다. 인터넷포털의 언론기능은 나날이 증가하고 있고 사회적 영향력은 어느 개별 언론사보다 커졌다고 할 수 있다. 따라서 뉴스기사를 중계하거나 생산하는 인터넷포털을 언론기관에서 제외하고 이에 따라 「청탁금지법」의 적용대상에서 제외하는 것은 기존언론사와의 형평을 침해하는 것이다.

인터넷포털은 언론활동의 핵심 과정인 취재, 편집(선별), 보도의 세 단계 가운데 1차 저작물의 2차적 편집에 주안점을 두고 있다는 점에서 전통적인 언론과 기능이 다르지만, 언론활동을 수행한다고 점에서는 기존 언론과 다르지 않다. 인터넷포털이 언론인가 아닌가의 논쟁은 신문법이나 선거법을 개정하면서 나온 법적 논쟁일 뿐이며, 사회적인 차원에서 포털은 뉴스 유통체이자 소비 촉진체로서 언론 기능을 수행하고 있다.[17] 역사적으로도 언론개념은 언론매체의 발달에 따라 이를 포섭하면서 발전해왔기 때문에 언론개념을 제한적이고 폐쇄적인 것으로 이해하기 보다는 시대와 기술의 변화와 발전에 맞추어 확장된 개념으로 사용할 필요가 있다.[18] 작금에 인터넷포털의 기사선정과 편집 및 이를 통한 의제설정기능의 사회적 영향력은 기존언론을 능가하여 왔음을 익히 알 수 있다.

일반 국민들도 인터넷뉴스서비스사업자 즉 인터넷포털을 언론이라 보고 있다. 즉 한국언론진흥재단이 발간한 2016년 언론수용자의식조사[19]에 의하면 응답자의 56.4%가 인터넷을 언론으로 생각하고 있는 것으로 나타나고 있다. 인터넷 포털이 언론이라고 생각하는 비율을 연령대별로 보면 20대 71.5%, 30대 71.0%, 40대 65.7%, 50대 51.9%, 60대 이상 29.4% 등으로 연령대가 낮을수록 인터넷을 언론으로 생각하는 비율이 높은 결과를 보이고 있다. 인터넷포털을 언론으로 생각하지 않는다는 응답은 18.6%였다. 또한 인터넷 이용자의 절반 이상

17 http://terms.naver.com/entry.nhn?docId=1691733&cid=42192&categoryId=42208 [네이버 지식백과] 포털 뉴스 (온라인 저널리즘, 2013. 2. 25, 커뮤니케이션북스)

18 박아란, 뉴미디어 시대 언론개념의 특성 및 한계, 언론과 법, 제14권 제3호, 2015, 75쪽.

19 한국언론진흥재단, 2016년 언론수용자 의식조사, 2017, 7쪽 이하.

이 뉴스의 원래 출처를 모르고 인터넷뉴스를 보고 있다. 인터넷포털에서 본 뉴스가 어느 언론사가 작성·제공한 것인지에 대하여 청소년의 59.9%, 성인의 52.9%가 거의 모른다고 응답했다. 일반 국민들은 인터넷뉴스의 원저작자가 누구인지에 대해 주목하지 않은 채로 인터넷뉴스서비스사업자를 언론이라 보고 있는 것이다.

헌법재판소는 「신문 등의 진흥에 관한 법률」과 시행령에 따라 인터넷신문의 5명 이상 고용조항 등에 관한 판단에서 부가적으로 "국내 전산망을 통한 언론 구조의 특징은 네이버나 다음과 같은 주요 포털 뉴스서비스가 인터넷뉴스 이용의 관문으로 뉴스 기사를 유통시키고 있다는 점이다. 특히, 포털 뉴스서비스가 제공하는 '인기검색어'나 '실시간검색어' 등이 이용자의 기사 선택 기준이 되고 있다"고 하여 포털뉴스서비스가 언론기능을 수행하고 있다는 점을 지적하고 있다. 더 나아가 "인터넷신문 시장은 진입장벽이 거의 존재하지 않기 때문에 여기에서 살아남기 위해서는 포털과 제휴사업자가 되어야 하고, 수익을 올리기 위해서는 포털에서 노출 빈도를 높일 수 있는 자극적 기사를 양산해 낼 가능성이 큰 것"도 지적하고 있다. 「청탁금지법」과의 관계에 대해서도 설시하고 있다. 즉, "인터넷신문의 고용조항과 확인조항에 따라 소규모 인터넷신문이 신문법 적용대상에서 제외되면 신문법상 언론사의 의무를 전혀 부담하지 않게 될 뿐만 아니라, 언론중재법에 따른 구제절차 대상에서도 제외된다. 또 소규모 인터넷신문의 대표자나 임직원은 '부정청탁 및 금품등 수수의 금지에 관한 법률'상 공직자등에도 포함되지 않게 되어, 소규모 인터넷신문의 언론활동으로 인한 폐해를 예방하거나 이를 구제하는 법률의 테두리에서 완전히 벗어나는 결과를 초래한다"[20]고 결정문에서 밝힌 바 있다. 법원도 '인터넷뉴스서비스사업자'는 언론사와 동일한 역할을 하고 있다는 점을 시사하는 판결 경향을 나타내고 있다. 법원의 판결[21]에서도 차츰 인터넷뉴스서비스사업자의 기능을 언론사와 동일하다고 판단한 사례가 나오고 있다. 즉, 언론매체는 취재·편집·배포의 기능을 핵심적인

20 헌재 2016. 10. 27. 2015헌마1206 등, 공보 제241호, 1727[위헌, 기각, 각하].
21 서울고등법원 2008. 7. 2. 선고 2007나60990.

요소로 하고 있는데 인터넷뉴스서비스사업자는 이러한 세 가지 기능을 지니고 있으며, 특히 주요 인터넷포털은 기사를 전달하고 댓글란을 제공하여 정보교환 또는 여론형성을 주도하고 있다는 점에서 기존의 어떤 매체보다도 월등한 배포의 기능을 갖추고 있다는 점을 밝히고 있다. 또한 언론사들로부터 공급받은 기사를 게시하지만 이는 언론사들이 통신사로부터 뉴스를 공급받아 자신이 생산한 기사와 동등하게 게재하는 것과 비슷하다는 점을 주목하였다. 따라서 인터넷뉴스서비스사업자는 기존의 언론사와 동일한 기능을 수행하고 있다는 보고 있는 것이다. 이후에도 법원은 최대 인터넷포털인 네이버를 "전기통신사업자인 동시에 국내 최대의 인터넷포털사이트를 운영하는 인터넷종합정보제공 사업자"[22]라고 표현한 경우도 있다.

논문이나 판례는 물론이고 일반 국민들의 인식에 의할 때, 인터넷포털 즉 인터넷뉴스서비스사업자는 뉴스를 제공함으로 인하여 언론기능을 수행하는 언론기관의 성격을 지닌다는 점은 부인할 수 없다. 네이버나 다음 등의 포털을 언론기관으로 볼 수 있다는 점에 대해서는 이와 같은 논증 자체가 불필요할 정도이며, 더 나아가 기존의 언론기관보다 포털의 영향력은 상상할 수 없을 정도로 커졌다. 인터넷보급율의 확대와 인터넷의존도의 증가로 인하여 뉴스소비자의 대부분이 신문이나 방송보다는 인터넷을 통하여 뉴스를 검색·열람한다는 것은 이미 주지의 사실인 것이다. 이러한 상황에서 「청탁금지법」의 적용대상으로 포털을 언론기관에서 제외하는 입법이 형평성을 상실하였다는 점은 명확하다. 「청탁금지법」의 적용대상 확대 자체가 문제되는 것이 아니라 비교집단과 관련하여 평등이 문제가 되는 것이며 이는 매우 중요한 판단의 대상이 된다.[23] 과거에 「언론중재법」 등 언론관계법에서 인터넷뉴스서비스사업자를 언론에 포함시키지 않았을 때에 이에 대한 비판이 제기되었던 것처럼, 「청탁금지법」에 인터넷뉴스서비스사업자가 언론에 포함되지 않음으로 인하여 제기되는 비판이 많다. 현대사회에서는 기존 언론이나 인터넷포털이 동일한 언론기능을 수행하고

---

22 서울고등법원 2012. 10. 18. 선고 2011나19012.

23 장영수, 「부정청탁 및 금품등 수수의 금지에 관한 법률」(이른바 김영란법)의 헌법적 의의와 발전방향, 공법연구, 제45집 제1호, 2016, 338쪽.

있음에도 불구하고, 「청탁금지법」에서는 같은 것을 다르게 취급하기 때문에 평등원칙이 침해되었다. 이러한 규범적 판단 이전에, 「언론중재법」에 인터넷포털이 포함되지 않은 것은 법이 사회변화를 수용하지 말지에 관한 문제라면, 「청탁금지법」에 인터넷포털이 포함되지 않은 것은 단순한 입법적 오류에 해당하는 것이다.

제3절 개선방향

1. 국회에 발의된 청탁금지법 개정안

박대출 의원 등 16인의 국회의원은 2016년 6월 29일에 「청탁금지법」 개정안을 발의하였고, 다음날인 9월 30일에 동 법률안은 국회 정무위원회에 회부되었다. 이 개정안의 주요내용은 「청탁금지법」의 적용대상에 인터넷뉴스서비스사업자를 포함시키려는 것이다. 즉, 개정안의 취지를 "최근 대법원 판례에서는 인터넷뉴스서비스사업자의 인터넷뉴스서비스를 언론행위로 인정하고 있고, 뉴스소비의 80% 이상이 인터넷뉴스서비스사업자가 제공하는 포털사이트를 통해 이루어지고 있는 등 그 사회적 영향력이 큼에도 불구하고 이 법의 적용대상에서 제외되어 있음. 이에 인터넷뉴스서비스사업자, 인터넷뉴스서비스사업자의 대표자 및 그 임직원을 이 법에서 정하는 공공기관과 공직자등에 포함하여 일반 언론사와의 형평성과 국민적 신뢰성을 제고하고자 함"이라고 밝히고 있다. '인터넷뉴스서비스사업자'는 언론사와 유사한 정도의 영향력을 지니고 있고 언론사 수준의 공공적 성격을 띄고 있다고 보이므로, '인터넷뉴스서비스사업자'의 대표자와 임직원에게 이 법을 적용하려는 것이 개정안의 취지와 내용이다. 이러한 개정 취지를 밝히면서도, 「청탁금지법」의 적용범위에 사립학교 관계자 및 언론인이 포함되어 있는 것은 민간영역의 자율성을 침해하는 과도한 제한이라는 점도 또한 밝히고 있다. 따라서, 사립학교 관계자 및 언론인을 적용대상에서 제외하여야 한다는 의원발의 법률안[24]이 제안되어 있기 때문에, 적용대상을 '인터넷뉴스서비스사업자'까지 확장하는 논의를 할 때에는 이를 감안할 필요가 있다는 것이다. 이러한 법안에 대하여 국민권익위원회는, 아직 「청탁금지법」의 시행 초기인 만큼 향후 언론사 등에 대한 적용상황을 살펴보고 그러한 운용결과를 토대로 법 적용범위 확대를 검토하는 것이 적절하다는 의견을 제시하고 있다.[25]

이 외에도 「청탁금지법」의 적용대상을 축소하기 위한 개정안이 몇 건 발의되어 있다. 2016년 11월 4일에 김태흠 의원의 대표발의로 법적용대상자를 고위공직자로 한정하기 위한 개정안이 발의되었다. 즉, "9월 28일부터 시행된 「부정청탁 및 금품 등 수수의 금지에 관한 법률」, 일명 '김영란법'은 대법원조차 국민권익위원회의 직무관련성 해석이 모호하다고 평가할 정도로 법 적용에 많은 혼란을 일으키고 있음. 부정부패를 척결하고 청렴한 사회를 만들기 위한 취지이기는 하나 법 적용 대상이 지나치게 포괄적이어서 소비위축과 내수침체로까지 이어질 수 있다는 우려도 나오고 있음. 또한 법 적용 대상자를 공직자는 물론이고 언론사 임직원과 사립학교 교원 그리고 배우자까지 400여 만 명을 동일선상에 두고 일시에 규제하는 것은 무리라는 지적이 있음. 따라서 고위공직자를 대상으로 우선 시행하고 그 외 대상자는 단계적으로 적용함으로서 사회적 파장을 최소화하고자 함"을 제안취지로 밝히고 있다. 개정안에 따르면 장·차관, 정무직 공무원과 4급 이상에 준하는 공무원은 현행대로 시행을 하고 그 외 중·하위직 공무원과 언론인 교직원 등에 대해서는 2년이 경과하여 시행하도록 개정하고자 한다는 것인데, 중하위직 공무원을 「청탁금지법」의 적용대상에서 제외하는 이러한 개정안은 「청탁금지법」을 무력화시킬 가능성이 있기 때문에 바람직하지 못하다고 본다.

---

24 강효상 의원, 부정청탁 및 금품 등 수수의 금지에 관한 법률 일부개정법률안, 의안번호 제743호, 2016. 7. 7.

25 국회 정무위원회, 부정청탁 및 금품 등 수수의 금지에 관한 법률 일부개정법률안 검토보고, 2017. 1, 6쪽.

2016년 7월 7일에 강효상 의원의 대표발의로 법적용대상자를 고위공직자로 한정하기 위한 개정안이 발의되었다. 즉, "현행법은 2015. 3. 27. 공직자 등에 대한 부정청탁 및 공직자 등의 금품 등의 수수를 금지함으로써 공직자 등의 공정한 직무수행을 보장하고 공공기관에 대한 국민의 신뢰를 확보하기 위하여 제정된 바 있음. 그러나 현행법 '공직자 등'에 사회통념상 공무원이라고 볼 수 없는 사립학교 교원과 언론인을 포함함으로서 법 적용의 범위를 지나치게 광범위하게 설정하여 과잉입법이라는 비판을 받고 있음. 또한 국회의원 등이 제3자의 고충민원을 전달하는 경우 현행법의 적용을 받지 않도록 하여 국회의원 등에 대하여는 실질적으로 면책의 통로를 마련하여 부정부패 척결을 염원하는 국민정서에 부합하지 못함. 이에 사립학교 교원과 언론인을 '공직자 등'에서 제외하고, 제3자의 고충민원을 전달하는 경우 현행법의 적용을 배제하는 조항을 삭제함으로서 당초 입법 목적에 부합하는 방향으로 법이 제정될 수 있도록 함"을 제안취지로 밝히고 있다. 이러한 개정안은 국민권익위원회가 당초 「청탁금지법」을 입안했던 것처럼 적용대상을 한정하자는 것이다. 이러한 개정안에 대하여는 "사립학교 관계자나 언론인이 본질적으로 공직자와는 다른 민간인이므로, 이들에게 공직자와 같은 정도의 청렴성을 요구하는 것은 과도한 제한이 될 여지가 있음. 다만, 19대 국회가 교육과 언론이 우리사회에서 차지하고 있는 고도의 공익적 성격을 중요하게 인식하여 입법정책적인 결단을 통해 사립학교 관계자나 언론인을 이 법 적용대상에 포함시켰다는 점을 감안할 필요가 있음. 결국, 사립학교 관계자나 언론인 제외 문제는 청탁금지법의 입법취지, 국민적 인식 및 헌법재판소의 결정을 종합적으로 감안하여 결정할 필요가 있다고 보임"이라는 국회 내부의 검토의견이 제출되어 있다. 이러한 검토의견은 동 개정안에 대하여 찬성한다는 것인지 반대한다는 것인지가 확실하지 않다.

2. 언론중재법의 개정 필요

전술한 바와 같이 「언론중재법」 제2조(정의)에는 1호에서 "언론"이란 방송,

신문, 잡지 등 정기간행물, 뉴스통신 및 인터넷신문을 말한다고 하면서, 12호에서는 "언론사" 19호에서는 "인터넷뉴스서비스사업자"에 관하여 규정하고 있다. 「언론중재법」이 2009년에 개정되면서 인터넷뉴스서비스사업자가 새로 추가되었음은 전술한 바와 같다. 이상적으로는 "인터넷뉴스서비스사업자"에 관한 규정이 12호 앞에 배치되면서[26] '언론사'에 현재의 "언론사란 방송사업자, 신문사업자, 잡지 등 정기간행물사업자, 뉴스통신사업자 및 인터넷신문사업자를 말한다"에 더하여 "언론사란 방송사업자, 신문사업자, 잡지 등 정기간행물사업자, 뉴스통신사업자, 인터넷신문사업자 및 인터넷뉴스서비스사업자를 말한다"고 규정하면 될 것이다. 2009년에 「언론중재법」을 개정하여 인터넷뉴스서비스사업자를 언론사에 추가할 때에 이러한 입법방식을 채택하였으면, 인터넷뉴스서비스사업자가 언론사에 속하는지에 관하여 명백하였을 것이다. 그리고 이러한 정상적인 입법방식을 채택하였다면, 「청탁금지법」을 제정할 때에 인터넷뉴스서비스사업자를 적용대상에서 제외하는 실수도 하지 않았을 것이다. 지금이라도 「언론중재법」 제2조(정의) 하위규정의 배치를 정비하여 불필요한 오해가 발생하지 않도록 하는 것이 바람직할 것이다.

3. 보다 근본적인 문제

이상에서 검토한 바와 같이 인터넷뉴스서비스사업자와 인터넷멀티미디어방송사업자는 입법상의 실수로 「청탁금지법」의 적용대상에서 제외되었다. 이처럼 언론기관이 「청탁금지법」의 적용대상이 된 입법과정은 성급하고 서툴렀다. 따라서 「청탁금지법」이 국회 정무위원회의 심의과정에서 졸속으로 민간분야로 확대된 입법적 실수를 시정하는 길은 「청탁금지법」의 개정일 수밖에 없다. 그러나 전술한 바와 같이 인터넷뉴스서비스사업자와 인터넷멀티미디어방송사업자는 「청탁금지법」의 적용대상으로 규정되어야 한다는 것을 주장하려는 것이

---

26 "'인터넷뉴스서비스사업자'란 언론의 기사를 인터넷을 통하여 계속적으로 제공하거나 매개하는 전자간행물을 경영하는 자를 말한다"라고 규정하면 될 것이다.

아니기 때문에, 근본적인 개선책은 「청탁금지법」의 적용대상을 전면적으로 수정하는 일이다. 이와 관련해서 국민권익위원회는 대변인을 통하여 "행정기관에서 일하는 기간제 공무원과 대학 시간강사, 인터넷 포털 등이 법 적용대상 범주에서 빠져 형평성에 어긋난다는 지적이 있지만, 관련법을 따른 것이기 때문에 현재로서는 어쩔 수가 없다"며 "포털이 언론사에 준하는 공적 기능이 있기 때문에 법 적용 대상 범주에 들어가야 한다는 목소리가 높았지만, 언론중재법상 언론사로 구분될 수 없기 때문에 빠질 수밖에 없었다"는 입장을 밝힌 바 있다. 문제의 해결방안에 관해서는 "입법을 통해 보완해 나갈 부분"이라고 언급하였다.[27] 관련법을 따른 것이라기 보다는 「청탁금지법」을 제정할 때에 관련법인 「언론중재법」의 입법과정을 간과하여 언론사에 관한 규정을 잘못 해석하였기 때문에 발생한 일이다. 이 외에도 언론사 대표와 상임·비상임 임원을 비롯해 근로계약을 체결하고 보도, 논평, 취재, 경영, 기술, 지원업무 등에 종사하는 직원들은 적용대상이지만, 인턴기자나 해외지사·지국 기자 등은 직접 계약 여부에 따라 적용대상인지의 여부가 결정되는 문제가 있다. 해외통신원, 프리랜서 기자·작가, 만평작가, 기고자 등이 적용대상에서 제외되는 것은 당연하다고 하더라도, 계약방식에 따라 적용대상 여부가 달라지는 것에 대해서도 역시 형평의 관점에서 문제가 제기되고 있다.

「청탁금지법」의 문제점을 "진짜 독소 조항"을 '외부강의 등의 신고 조항'으로 보는 견해도 있다.[28] 공무원의 부패를 막겠다는 취지에서 출발한 「청탁금지법」이 기자·PD 등의 활동을 검열하고 통제할 수도 있는 결과가 되었다. 공직자의 강의료가 편의에 대한 대가나 사실상의 뇌물로 악용되는 것을 막기 위해서

---

27 서울신문, 2016. 9. 6.

28 「청탁금지법」의 제정을 통하여 교수·교사·기자·PD 등이 전 세계 자유민주국가에서 유일하게 회의 등 '외부강의'를 하러갈 때 신고를 하지 않으면 징계를 받을 수도 있고 형사처벌을 받을 수도 있게 되었다. 이러한 작금의 상황에 대하여 언론에서도 "우리 대학은 글 또는 외부에서 2인 이상을 만나 회의형식으로 의견이나 지식을 전하려면 총장한테 사전 허가를 받아야 한다. 청탁금지법에 근거한 것인데 이는 사찰(査察)이다. 언론이 이점을 지적하지 않고 있다. 한 술 더 떠서 '기관의 장은 공직자의 대외활동이 과도하다고 판단되면 제재할 수 있다.'고 되어 있다. 기가 막힌 일이다. 교수·교사·기자에게 완전히 족쇄를 채웠다"고 지적하고 있다. 조선일보, 2016. 11. 18.

외부강의를 신고하게 하고 외부강의에 대한 금액을 제한하자는 것이었는데, 「청탁금지법」 적용대상의 갑작스러운 확대로 이러한 부작용이 발생하였다. 이에 대해서 "김태호, 나영석, 서수민, 김영희PD의 경우 기업 등에서 상당한 금액을 지불하더라도 강연을 듣고 싶어한다. 강연비용이 문제가 되는 것은 이른바 '로비용 강사비' 때문일텐데, 이들 예능PD들이 로비가 필요한 인물인지"[29]에 대한 문제제기가 있었음은 물론이다. 외부강의의 신고와 제한에 관한 규정이 언론사의 경우에도 적용되기 때문에, 기자와 PD 등이 '소속기관장'인 방송사나 신문사의 사장에게 신고를 하여야만 외부활동을 할 수 있다. 따라서 이러한 문제점을 근본적으로 시정하기 위해서는 「청탁금지법」을 원래의 취지와 의도에 적합하게 원상복귀시키는 입법작업이 필요하다고 본다. 기존의 이러한 입법방식이나 입법례를 존중하지 아니한 채 위원회 심의과정에서 갑작스럽게, 공직자를 적용대상으로 만들어지는 「청탁금지법」에 교육자와 언론인을 대상으로 추가한 것은 기존의 입법방식이나 관련 입법례도 고려하지 않았다는 비판을 면할 수 없다. 이후 교육계와 언론계의 부패방지를 위해서는 교육관련법과 언론관련법을 정비하면 될 것이다. 즉, 입법자가 교육영역과 언론영역이 고도의 공공성이 있기 때문에 이 분야에서의 부패를 제거하기 위하여 관련 입법을 하기로 했다면, 학교관련법이나 언론관련법에 부패방지에 관한 사항을 규정하는 것이 보다 합리적인 입법정책이라고 할 수 있다.[30] 예를 들어, 「국민체육진흥법」은 선수나 감독 및 심판 등이 "부정한 청탁을 받고 재물이나 재산상의 이익을 받거나 요구 또는 약속하여서는 아니 된다"[31]는 규정을 두고 이를 위반하는 경우에는 7년 이하의 징역이나 7천만원 이하의 벌금 등에 처한다는 규정을 두고 있다. 「의료법」

29 「부정청탁 및 금품 등 수수의 금지에 관한 법률」 시행령 제정을 위한 공개토론회, 국민권익위원회/한국법제연구원, 2015. 5. 28, 134~135쪽.

30 홍완식, 김영란법의 체계성에 관한 연구, 법제연구, 제49호, 2015, 61쪽.

31 「국민체육진흥법」 제14조의3(선수 등의 금지행위) ① 전문체육에 해당하는 운동경기의 선수·감독·코치·심판 및 경기단체의 임직원은 운동경기에 관하여 부정한 청탁을 받고 재물이나 재산상의 이익을 받거나 요구 또는 약속하여서는 아니 된다. ② 전문체육에 해당하는 운동경기의 선수·감독·코치·심판 및 경기단체의 임직원은 운동경기에 관하여 부정한 청탁을 받고 제3자에게 재물이나 재산상의 이익을 제공하거나 제공할 것을 요구 또는 약속하여서는 아니 된다.

도 의료인, 의료기관 개설자 및 의료기관 종사자 등이 "의약품공급자로부터 의약품 채택·처방유도·거래유지 등 판매촉진을 목적으로 제공되는 금전, 물품, 편익, 노무, 향응, 그 밖의 경제적 이익을 받거나 의료기관으로 하여금 받게 하여서는 아니 된다" 및 "의료기기 수입업자, 의료기기 판매업자 또는 임대업자로부터 의료기기 채택·사용유도·거래유지 등 판매촉진을 목적으로 제공되는 경제적 이익등을 받거나 의료기관으로 하여금 받게 하여서는 아니 된다"[32]는 규정을 두고 이를 위반하는 경우에는 5년 이하의 징역이나 5천만원 이하의 벌금에 처한다는 벌칙규정을 두고 있다. 이와 유사하게 「약사법」은 약국개설자가 의료기관 개설자에게 "처방전 알선의 대가로 금전, 물품, 편익, 노무, 향응, 그 밖의 경제적 이익을 제공하는 행위" 등을 금지[33]하고 이를 위반하는 경우에는 3

---

32 「의료법」 제23조의3(부당한 경제적 이익 등의 취득 금지) ① 의료인, 의료기관 개설자(법인의 대표자, 이사, 그 밖에 이에 종사하는 자를 포함한다. 이하 이 조에서 같다) 및 의료기관 종사자는 「약사법」 제47조 제2항에 따른 의약품공급자로부터 의약품 채택·처방유도·거래유지 등 판매촉진을 목적으로 제공되는 금전, 물품, 편익, 노무, 향응, 그 밖의 경제적 이익(이하 "경제적 이익등"이라 한다)을 받거나 의료기관으로 하여금 받게 하여서는 아니 된다. 다만, 견본품 제공, 학술대회 지원, 임상시험 지원, 제품설명회, 대금결제조건에 따른 비용할인, 시판 후 조사 등의 행위(이하 "견본품 제공등의 행위"라 한다)로서 보건복지부령으로 정하는 범위 안의 경제적 이익등인 경우에는 그러하지 아니하다.
② 의료인, 의료기관 개설자 및 의료기관 종사자는 「의료기기법」 제6조에 따른 제조업자, 같은 법 제15조에 따른 의료기기 수입업자, 같은 법 제17조에 따른 의료기기 판매업자 또는 임대업자로부터 의료기기 채택·사용유도·거래유지 등 판매촉진을 목적으로 제공되는 경제적 이익등을 받거나 의료기관으로 하여금 받게 하여서는 아니 된다. 다만, 견본품 제공등의 행위로서 보건복지부령으로 정하는 범위 안의 경제적 이익등인 경우에는 그러하지 아니하다. <개정 2015. 12. 29.>

33 「약사법」 제24조(의무 및 준수 사항) ② 약국개설자(해당 약국 종사자를 포함한다. 이하 이 조에서 같다)와 의료기관 개설자(해당 의료기관의 종사자를 포함한다. 이하 이 조에서 같다)는 다음 각 호의 어느 하나에 해당하는 담합 행위를 하여서는 아니 된다.
1. 약국개설자가 특정 의료기관의 처방전을 가진 자에게 약제비의 전부 또는 일부를 면제하여 주는 행위
2. 약국개설자가 의료기관 개설자에게 처방전 알선의 대가로 금전, 물품, 편익, 노무, 향응, 그 밖의 경제적 이익을 제공하는 행위
3. 의료기관 개설자가 처방전을 가진 자에게 특정 약국에서 조제 받도록 지시하거나 유도하는 행위(환자의 요구에 따라 지역 내 약국들의 명칭·소재지 등을 종합하여 안내하는 행위는 제외한다)
4. 의사 또는 치과의사가 제25조 제2항에 따라 의사회 분회 또는 치과의사회 분회가 약사회 분회에 제공한 처방의약품 목록에 포함되어 있는 의약품과 같은 성분의 다른 품목을 반복하여 처방하는 행위(그 처방전에 따라 의약품을 조제한 약사의 행위도 또한 같다)

년 이하의 징역 또는 3천만원 이하의 벌금에 처하도록 규정하고 있다. 또한 「주식회사의 외부감사에 관한 법률」에서도 감사인, 감사인에 소속된 공인회계사, 감사 또는 감사인선임위원회의 위원이 "그 직무에 관하여 부정한 청탁을 받고 금품이나 이익을 수수(收受)·요구 또는 약속한 경우"에는 5년 이하의 징역 또는 5천만원 이하의 벌금에 처한다는 규정[34]을 두고 있다. 「하도급거래 공정화에 관한 법률」에서는 원사업자가 정당한 사유 없이 수급사업자에게 "금전, 물품, 용역, 그 밖의 경제적 이익을 제공하도록 하는 행위"를 금지[35]하고 이를 위반하는 경우에는 하도급대금의 2배에 상당하는 금액 이하의 벌금에 처하도록 하고 있다. 이처럼 사립학교교직원이나 언론사의 임직원 등의 반부패입법을 제대로 실현하고자 한다면 다른 직종에서 부당한 경제적 이득을 받는 행위를 어떻게 규율하고 있는 것을 참조하여, 교육분야와 언론분야의 경우에도 「사립학교법」이나 「언론중재법」 등 관련 법률에 적절한 위치와 내용으로 이를 규정하는 것이 체계정당성의 원칙[36]에 부합하는 입법정책이라고 할 수 있다.

---

5. 제1호부터 제4호까지의 규정에 해당하는 행위와 유사하여 담합의 소지가 있는 행위로서 대통령령으로 정하는 행위

34 「주식회사의 외부감사에 관한 법률」 제19조(벌칙) ① 감사인, 감사인에 소속된 공인회계사, 감사 또는 감사인선임위원회의 위원(감사위원회가 설치된 경우에는 감사위원회의 위원을 말한다)이 그 직무에 관하여 부정한 청탁을 받고 금품이나 이익을 수수(收受)·요구 또는 약속한 경우에는 5년 이하의 징역 또는 5천만원 이하의 벌금에 처한다. 다만, 벌금형에 처하는 경우 그 직무와 관련하여 얻는 경제적 이익의 5배에 해당하는 금액이 5천만원을 초과하면 그 직무와 관련하여 얻는 경제적 이익의 5배에 상당하는 금액 이하의 벌금에 처한다.
② 제1항에서 규정하는 금품이나 이익을 약속·공여 또는 공여의 의사를 표시한 자도 제1항과 같다.
③ 제1항과 제2항에서 규정하는 금품이나 이익은 몰수한다. 그 전부 또는 일부를 몰수할 수 없으면 그 가액(加額)을 추징한다.

35 「하도급거래 공정화에 관한 법률」 제12조의2(경제적 이익의 부당요구 금지) 원사업자는 정당한 사유 없이 수급사업자에게 자기 또는 제3자를 위하여 금전, 물품, 용역, 그 밖의 경제적 이익을 제공하도록 하는 행위를 하여서는 아니 된다.

36 홍완식, 체계정당성의 원리에 관한 연구, 입법학연구, 2014, 177쪽 이하 참조.

제4절 맺음말

「청탁금지법」이 제정·시행되면서 벌어진 논란 중의 하나가 「청탁금지법」의 적용대상에 언론기관이 포함되었음에도 불구하고 인터넷포털은 적용대상에서 제외되었다는 점이다. 전술한 바와 같이 인터넷포털의 영향력과 함께 공적 기능이 강해졌고 인터넷포털의 부패가능성이 적은 것이 아님에도 불구하고 「청탁금지법」의 적용대상에서 제외된 이유는 매우 단순한 입법의 실수에서 발생하였다. 즉, 「언론중재 및 피해구제 등에 관한 법률」(이하 「언론중재법」이라 한다)은 2005년에 제정되었는데, 「언론중재법」이 제정될 때에 '언론사'에는 방송사업자·신문사업자·정기간행물사업자·뉴스통신사업자·인터넷신문사업자 만이 포함되어 있었다. 2005년 당시에는 인터넷포털은 '언론사'에 포함되어 있지 않았다. 인터넷포털이 '인터넷뉴스서비스사업자'라는 개념으로 언론에 포함된 것은 2009년의 「언론중재법」의 개정을 통하여 추가되면서였다. 「청탁금지법」은 이보다 6년 후인 2015년에 제정되었음에도 불구하고 「언론중재법」 제2조 12호의 '언론사'만 적용대상으로 규정하고, 2009년에 동조 18호에서 21호로 추가된 인터넷뉴스서비스사업자를 「청탁금지법」의 적용대상으로 규정하여야 함을 「청탁금지법」의 제정 과정에서 간과한 것이다. 이러한 입법적 실수를 만회하기 위하여 인터넷포털을 적용대상에 포함시키려는 개정안도 발의되어 있고, 보다 근본적으로 교육기관과 언론기관을 적용대상에서 제외하려는 개정안도 또한 발의되어 있다.

기존 언론은 적용대상임에도 불구하고 인터넷포털은 적용대상에서 제외된 문제를 해결하기 위해서는 「청탁금지법」 개정을 통하여 시정하면 된다. 그러나 이러한 문제점을 근본적으로 시정하기 위해서는 「청탁금지법」을 원래의 취지와 의도에 적합하게 하는 입법작업이 필요하다. 그리고, 교육계와 언론계의 부패방지를 위해서는 교육관련법과 언론관련법을 정비하면 될 것이다. 즉, 「국민체육진흥법」에 선수나 감독 및 심판 등이 부정한 청탁을 받고 재물이나 재산상의 이익을 받거나 요구 또는 약속하여서는 아니 된다는 규정과 처벌규정을 두거나

「의료법」에 의료인, 의료기관 개설자 및 의료기관 종사자 등이 부정한 리베이트를 받으면 아니된다는 규정과 처벌규정을 두고 있는 것처럼, 「사립학교법」이나 「언론중재법」에 이를 규정하는 것이 체계정당성의 원칙에 부합하는 입법정책일 것이다. 위와 같이 특정한 직종이나 분야에서 부당한 경제적 이득을 취하는 것을 제재하는 입법례는 이외에도 「약사법」, 「주식회사의 외부감사에 관한 법률」, 「하도급거래 공정화에 관한 법률」 등에서 볼 수 있다. 입법에 있어서도 필요가 결과를 무조건 정당화하지는 않는다. 법령의 홍수 속에서 체계성과 적정성이 확보되는 입법정책이 필요하며, 「청탁금지법」도 그 예외라고 할 수 없을 것이다.

| CHAPTER 11 _ 참고문헌 |

김민우, 부정청탁금지법의 헌법적 쟁점을 둘러싼 헌법재판소 판결의 문제점, 헌법학연구, 제22권 제4호, 2016.

마정근, 현행 부정청탁금지법(소위 '김영란법')의 핵심 문제점과 개정방안, 한양법학, 통권 제56집, 2016.

문재완, 인터넷상 명예훼손과 인터넷포털사이트의 법적 책임 －대법원 2009. 4. 16. 선고 2008다53812 판결을 중심으로－, 공법연구, 제38집 제1호 제2권, 2009.

박아란, 뉴미디어 시대 언론개념의 특성 및 한계, 언론과 법, 제14권 제3호, 2015.

손태규, 부정청탁 및 금품 등 수수 금지에 관한 법률(김영란법) 언론조항의 문제점, 공법연구, 제44집 제1호, 2015.

이승선, 언론학적 관점에서 본 「부정청탁 및 금품등 수수의 금지에 관한 법률」의 위헌성, 언론과 법, 제14권 제3호, 2015.

장영수, 「부정청탁 및 금품등 수수의 금지에 관한 법률」(이른바 김영란법)의 헌법적 의의와 발전방향, 공법연구, 제45집 제1호, 2016.

정재황/유수윤, 인터넷뉴스서비스사업자의 법적 책임에 관한 연구 －언론중재법상 피해자구제방안을 중심으로, 세계헌법연구, 제16권 2호, 2010.

정형근, 「부정청탁 및 금품등 수수의 금지에 관한 법률」에 관한 연구 -그 적용대상자와 부정청탁금지를 중심으로, 경희법학, 제51권 제4호, 2016.

정호경, 「부정청탁 및 금품등 수수의 금지에 관한 법률」의 구조와 쟁점, 행정법연구,

제47호, 2016.
최한수, 경제학자의 관점에서 본 김영란법의 문제점, 법경제학연구, 제13권 제3호, 2016.
한장희, 김영란법 언론인은 예외인가 필수인가, 관훈저널, 2016, 가을호.
허진성, 온라인서비스제공자로서 포털의 법적 책임에 관한 연구, 사이버커뮤니케이션학보, 2009. 12.
홍완식, 청탁금지법의 법률적 문제점 및 보완점, 국회보, 2016. 12.
홍완식, 김영란법의 체계성에 관한 연구, 법제연구, 제49호, 2015.
홍완식, 「부정청탁 및 금품 등 수수의 금지에 관한 법률」에 대한 입법론적 검토, 입법학연구, 제12집 제1호, 2015.
홍완식, 「부정청탁금지 및 공직자의 이해충돌방지법안」에 대한 입법평론, 토지공법연구, 제67집, 2014.
홍완식, 체계정당성의 원리에 관한 연구, 입법학연구, 2014.
황성기, 뉴스매개자로서의 포털 뉴스서비스의 언론성 및 법적 책임범위에 관한 연구, 사이버커뮤니케이션학보, 2007. 3.
한국언론진흥재단, 2016년 언론수용자 의식조사, 2017.

CHAPTER

12 김영란법의 체계성에 관한 연구

출처: 법제연구 제49호, 2015년, 39~66

김영란법이라고 불린 「부정청탁금지 및 공직자의 이해충돌방지법안」이 「부정청탁 및 금품 등 수수의 금지에 관한 법률」로 공포되었고 입법과정에서 김영란법의 적용대상이 사립학교와 언론사로 확대되었다. 이로 인한 논란과 갈등이 발생하였으며, 입법과정에서 해소되지 못한 논란은 헌법재판으로 이전되었다. 이러한 문제의 해결은 국회에서 이루어져야 바람직함에도, 문제의 해결이 헌법재판소에 미루어지게 된 것이다. 김영란법과 관련하여, 국회는 논란과 갈등이 해소되는 장소가 아니라 논란과 갈등이 야기되는 장소가 되었다. 김영란법에 규정된 '공직자'에 사립학교와 언론기관을 포함하는 것이 옳다면, 현행 「공직자윤리법」의 적용대상도 사립학교와 언론기관을 포함하고 법명도 「공직자 등 윤리법」으로 하여야 할 것이다. 같은 논리로 「공무원행동강령」도 적용대상을 민간분야로 확대하고 법명도 「공무원 등 행동강령」으로 변경하여야 할 것이다. 「부패방지 및 국민권익위원회의 설치와 운영에 관한 법률」에 따른 국민권익위원회도 그 업무범위를 민간분야로 크게 확대하여야 할 것이다. 공직분야와 민간분야는 규율의 대상과 특징이 다름에도 불구하고 같은 것으로 취급하였기 때문에, 사회적으로 커다란 논란이 야기되었고, 해결하기 곤란한 법적 문제가 발생하였다. 김영란법의 적용대상 확대로 인하여 수수가 허용되는 금액 및 외부강의를 할 때 받을 수 있는 금액을 정하는 시행령 규정을 제정하기도 어렵다. 이 문제도 김영란법을 민간분야로 적용대상을 확대하였기 때문에 발생한 것이다. 공직자를 적용대상으로 하여 만들어진 김영란법의 각 규정을 거의 그대로 두고, 막판에 적용대상만을 확대하였기 때문에 여러 가지 문제가 야기되었다. 단순히 김영란법의 적용대상만을 확대한 안이한 입법태도가 많은 논란과 문제를 야기하였다고 평가할 수 있다. 따라서 김영란법의 적용대상을 법안 원안처럼 복구할 필요가 있다. 즉, 김영란법의 적용대상을 입법예고안(원안)과 국회제출안(수정안)에 규정되었던 것처럼 공직자로 한정하는 법률 개정이 이루어진다면, 국회가 자초한 불필요한 논쟁과 갈등이 해소될 수 있을 것이다.

주제어: 김영란법, 부정청탁금지법, 부정청탁 및 금품 등 수수의 금지에 관한 법률, 반부패법, 뇌물죄, 국가청렴지수, 체계정당성

제 1 절 머리말

공직부패에 대응하기 위하여 「형법」, 「특정범죄가중처벌법」, 「공직자윤리법」, 「부패방지 및 국민권익위원회의 설치와 운영에 관한 법률」, 「공무원행동강령」 등이 이미 입법되어 있지만, 새로이 입법된 김영란법은 공직부패에 대한 포괄적이고 실효적인 규정을 내용으로 한다는 점에서 의미가 있다. 김영란법은 2012년 8월 22일에 「부정청탁금지 및 공직자의 이해충돌방지법안」이라는 제목으로 입법예고되었다. 정부 내에서의 입법절차를 거쳐서 「부정청탁금지 및 공직자의 이해충돌방지법안」은 2013년 8월 5일에 국회에 제출되었고, 2015년 1월 12일에는 정무위원회에서 의결되고 3월 3일에는 법제사법위원회와 본회의에서 의결되었으며, 3월 27일에 법률로 공포되었다. 그러나 2016년 9월 28일에 시행되는 것으로 예정되어 있는 「부정청탁 및 금품 등 수수의 금지에 관한 법률」(특별히 공식적인 법률 명칭을 표시할 필요가 없는 경우에는 '김영란법'이라고 표시함)에 대한 논란은 계속되고 있다. 김영란법에 대한 헌법소원심판이 청구되었으며 김

영란법 자체에 대한 문제제기는 물론이고 김영란법 시행령의 입법에 대한 논란도 계속되고 있다. 이 논문에서는 우선 김영란법 입법과정의 특징과 문제점을 고찰한 이후에 시행령 마련 및 관련법과의 체계성 확보 등 김영란법과 관련된 향후 입법적 과제에 대해서 검토해 보고자 한다.

제2절 김영란법 입법과정의 특징과 문제점 

1. 김영란법의 법률명과 목적의 변경

김영란법은 「부정청탁 및 금품 등 수수의 금지에 관한 법률」이라는 제목으로 공포되었다. 법률의 명칭을 보자면, 입법예고된 법률안이 법률로 공포되면서 법률 명칭에서 '공직자'와 '이해충돌방지'가 삭제되었다. 법률의 내용을 보더라도 입법예고된 법률안에서는 공직자의 '부정청탁금지', '금품수수금지', '이해충돌방지'로 구성되어 있었지만, 국회 입법과정에서 '이해충돌방지'에 관한 부분이 삭제되어, '부정청탁금지'와 '금품수수금지'가 공포된 김영란법의 주요 내용이다.

'공직자에 대한 부정청탁과 금품 등의 수수를 금지'하고자 하는 원래 의도한 입법목적이 국회 입법과정을 통해 변경되어서, 부정청탁과 금품 등의 수수가 금지되는 적용범위가 민간영역으로 확대되었다. 이러한 입법목적의 변화는 '공직자'를 '공직자 등'으로 변경한 김영란법의 법률 제목 변경을 통해 반영되었다. 그러나 이러한 법률 제목과 입법목적의 변경에 대해서는, 법적용대상자는 "입법목적을 고려할 때 정부안대로 공무원과 공공기관 종사자에 국한하는 것이 타당하다"[1]는 비판을 초래하고 있다.

---

1 박진우, 「부정청탁 및 금품 등 수수의 금지에 관한 법률」의 위헌성에 관한 고찰, 세계헌법연구, 제21권 제1호, 2015, 160쪽.

〈표 12-1〉 김영란법의 법률 제목과 목적(제1조)의 변화

입법예고안(원안)	국회제출안(수정안)	공포된 법률
부정청탁금지 및 공직자의 이해충돌 방지법안	부정청탁금지 및 공직자의 이해충돌 방지법안	부정청탁 및 금품 등 수수의 금지에 관한 법률
이 법은 공직자에 대한 부정청탁을 금지하고 부정한 금품 등의 수수를 금지하며, 공직자의 직무수행과 관련한 사익추구를 금지하여 공직과의 이해충돌을 방지함으로써 국민의 공공기관에 대한 신뢰를 확보하고 공직자의 청렴성을 증진함을 목적으로 한다.	이 법은 공직자에 대한 부정청탁, 공직자의 금품 등의 수수(收受) 및 직무수행과 관련한 사적 이익 추구를 금지함으로써 공직자의 직무수행 중 발생할 수 있는 이해충돌을 방지하여 공직자의 공정한 직무수행을 보장하고 공공기관에 대한 국민의 신뢰를 확보하는 것을 목적으로 한다.	이 법은 공직자 등에 대한 부정청탁 및 공직자 등의 금품 등의 수수(收受)를 금지함으로써 공직자 등의 공정한 직무수행을 보장하고 공공기관에 대한 국민의 신뢰를 확보하는 것을 목적으로 한다.

2. 김영란법의 적용대상 확대

입법과정 초기에 김영란법의 적용대상은 공직자로 한정되어 있었다. 그러나 김영란법이 국회에 제출되고 국회 정무위원회 심의과정에서 김영란법의 적용대상을 '공무원'에 한정하지 않고 '사립학교와 언론기관'으로 확대한 이후에 논란은 거세어 졌으며 위헌론이 힘을 얻기 시작하였다. 김영란법의 적용대상을 언론계와 교육계로 확대한 김영란법 수정안은 정무위원회를 통과하여 법제사법위원회로 회부되었다. 이렇게 적용대상이 확대된 김영란법은 법제사법위원회와 본회의를 통과하였다.

주지하다시피, 김영란법 제2조(정의)에서는 1호와 2호를 두어 '공공기관'과 '공직자'의 개념을 정의하고 있으며, 이는 부정청탁과 금품 등 수수가 금지되는 김영란법의 적용대상이 된다. 김영란법의 적용대상이 국회 정무위원회 법안심사소위원회의 심의과정에서 '공직자'에서 '공직자 등'으로 수정되었고, 적용대상이 확대된 법률안은 국회를 통과하여 법률로 공포되었다. 이러한 입법과정을

통하여 김영란법의 적용범위는 공공분야에서 민간분야로 확대되었다. 아래의 표에서 '공공기관'과 '공직자' 개념의 변화를 확인할 수 있다.

〈표 12-2〉 적용대상에 관한 규정 비교

입법예고안	1. "공공기관"이란 다음 각 목의 어느 하나에 해당하는 기관을 말한다. 가. 국회, 각급 법원, 헌법재판소, 각급 선거관리위원회, 감사원, 국가인권위원회, 중앙행정기관(대통령 소속 기관과 국무총리 소속 기관을 포함한다) 및 그 소속 기관 나. 지방자치단체의 집행기관 및 지방의회, 「지방교육자치에 관한 법률」에 따른 교육감, 교육청 및 교육위원회 다. 「공직자윤리법」 제3조의2에 따른 공직유관단체, 「공공기관의 운영에 관한 법률」 제4조에 따른 공공기관 라. 「초·중등교육법」, 「고등교육법」 및 그 밖의 다른 법률에 따라 설치된 각급 국·공립학교 2. "공직자"란 다음 각 목의 어느 하나에 해당하는 자를 말한다. 가. 「국가공무원법」 및 「지방공무원법」에 따른 공무원과 그 밖에 다른 법률에 따라 그 자격·임용·교육훈련·복무·보수·신분보장 등에 있어서 공무원으로 인정된 자 나. 제1호 다목에 따른 공직유관단체·공공기관의 장과 그 임직원
국회제출안	1. "공공기관"이란 다음 각 목의 어느 하나에 해당하는 기관·단체를 말한다. 가. 국회, 법원, 헌법재판소, 선거관리위원회, 감사원, 국가인권위원회, 중앙행정기관(대통령 소속 기관과 국무총리 소속 기관을 포함한다)과 그 소속 기관 및 지방자치단체 나. 「공직자윤리법」 제3조의2에 따른 공직유관단체 다. 「공공기관의 운영에 관한 법률」 제4조에 따른 공공기관 라. 「초·중등교육법」, 「고등교육법」, 그 밖의 다른 법령에 따라 설치된 각급 국립·공립학교 2. "공직자"란 다음 각 목의 어느 하나에 해당하는 사람을 말한다. 가. 「국가공무원법」 또는 「지방공무원법」에 따른 공무원과 그 밖에 다른 법률에 따라 그 자격·임용·교육훈련·복무·보수·신분보장 등에 있어서 공무원으로 인정된 사람 나. 제1호 나목 및 다목에 따른 공직유관단체 및 공공기관의 장과 그 임직원

공포 법률	1. "공공기관"이란 다음 각 목의 어느 하나에 해당하는 기관·단체를 말한다. 가. 국회, 법원, 헌법재판소, 선거관리위원회, 감사원, 국가인권위원회, 중앙행정기관(대통령 소속 기관과 국무총리 소속 기관을 포함한다)과 그 소속 기관 및 지방자치단체 나. 「공직자윤리법」 제3조의2에 따른 공직유관단체 다. 「공공기관의 운영에 관한 법률」 제4조에 따른 기관 라. 「초·중등교육법」, 「고등교육법」, 「유아교육법」 및 그 밖의 다른 법령에 따라 설치된 각급 학교 및 「사립학교법」에 따른 학교법인 마. 「언론중재 및 피해구제 등에 관한 법률」 제2조 제12호에 따른 언론사 2. "공직자등"이란 다음 각 목의 어느 하나에 해당하는 공직자 또는 공적 업무 종사자를 말한다. 가. 「국가공무원법」 또는 「지방공무원법」에 따른 공무원과 그 밖에 다른 법률에 따라 그 자격·임용·교육훈련·복무·보수·신분보장 등에 있어서 공무원으로 인정된 사람 나. 제1호 나목 및 다목에 따른 공직유관단체 및 기관의 장과 그 임직원 다. 제1호 라목에 따른 각급 학교의 장과 교직원 및 학교법인의 임직원 라. 제1호 마목에 따른 언론사의 대표자와 그 임직원

김영란법 제2조는 입법예고안(원안)과 국회제출안(수정안)에는 거의 차이가 없다. 김영란법의 입법예고안(원안)과 국회제출안(수정안)의 입법취지와 목적에서 알 수 있는 바와 같이 김영란법의 적용대상은 원래 '공직자 등'이 아닌 '공직자'로서 그 적용이 공공분야에 한정되어 있었지만, 입법취지와 법률명 및 제1조(목적)에 '등'자를 한 글자 첨가하고 제2조(정의)에서 사립학교와 언론사가 추가되었다. 비록 '등'자 한 글자를 첨가하였지만, 이에 포함되는 적용대상은 많고 복잡하다. 「언론중재 및 피해구제 등에 관한 법률」 제2조 제12호에 따른 언론사란 "방송사업자, 신문사업자, 잡지 등 정기간행물사업자, 뉴스통신사업자 및 인터넷신문사업자"이며, 따라서 이 규정에 따른 다양한 매체의 언론종사자가 김영란법의 적용대상에 포함된다. 김영란법의 적용대상에 포함되는 각종 언론사는 1만 7,000개를 넘는다[2]는 추산이 있다.

2 김성후, 비윤리적 취재관행 쇄신 계기 삼아야, 관훈저널, 2015 여름호, 2016. 6, 14쪽.

〈표 12-3〉「언론중재 및 피해구제 등에 관한 법률」 제2조(정의) 등에 따른 적용대상

적용대상 유형
"방송사업자"란 「방송법」 제2조 제3호에 따른 지상파방송사업자, 종합유선방송사업자, 위성방송사업자 및 방송채널사용사업자를 말한다. 가. 지상파방송사업자: 지상파방송사업을 하기 위하여 제9조 제1항의 규정에 의하여 허가를 받은 자 나. 종합유선방송사업자: 종합유선방송사업을 하기 위하여 제9조 제2항의 규정에 의하여 허가를 받은 자 다. 위성방송사업자: 위성방송사업을 하기 위하여 제9조 제2항에 따라 허가를 받은 자 라. 방송채널사용사업자: 방송채널사용사업을 하기 위하여 제9조 제5항의 규정에 의하여 등록을 하거나 승인을 얻은 자 마. 공동체라디오방송사업자: 공중선전력 10와트 이하로 공익목적으로 라디오방송을 하기 위하여 제9조 제11항의 규정에 의하여 허가를 받은 자
"신문사업자"란 「신문 등의 진흥에 관한 법률」 제2조 제3호에 따른 신문사업자를 말한다. "신문"이란 정치·경제·사회·문화·산업·과학·종교·교육·체육 등 전체 분야 또는 특정 분야에 관한 보도·논평·여론 및 정보 등을 전파하기 위하여 같은 명칭으로 월 2회 이상 발행하는 간행물로서 다음 각 목의 것을 말한다. 가. 일반일간신문: 정치·경제·사회·문화 등에 관한 보도·논평 및 여론 등을 전파하기 위하여 매일 발행하는 간행물 나. 특수일간신문: 산업·과학·종교·교육 또는 체육 등 특정 분야(정치를 제외한다)에 국한된 사항의 보도·논평 및 여론 등을 전파하기 위하여 매일 발행하는 간행물 다. 일반주간신문: 정치·경제·사회·문화 등에 관한 보도·논평 및 여론 등을 전파하기 위하여 매주 1회 발행하는 간행물(주 2회 또는 월 2회 이상 발행하는 것을 포함한다) 라. 특수주간신문: 산업·과학·종교·교육 또는 체육 등 특정 분야(정치를 제외한다)에 국한된 사항의 보도·논평 및 여론 등을 전파하기 위하여 매주 1회 발행하는 간행물(주 2회 또는 월 2회 이상 발행하는 것을 포함한다)

"잡지 등 정기간행물사업자"란 「잡지 등 정기간행물의 진흥에 관한 법률」 제2조 제2호에 따른 정기간행물사업자 중 잡지 또는 기타간행물을 발행하는 자를 말한다. "정기간행물"이란 동일한 제호로 연 2회 이상 계속적으로 발행하는 간행물로서 「신문 등의 자유와 기능보장에 관한 법률」 제2조에 따른 신문을 제외한 다음 각 목의 것을 말한다. 가. 잡지: 정치·경제·사회·문화·시사·산업·과학·종교·교육·체육 등 전체분야 또는 특정분야에 관한 보도·논평·여론 및 정보 등을 전파하기 위하여 동일한 제호로 월 1회 이하 정기적으로 발행하는 책자 형태의 간행물 나. 정보간행물: 보도·논평 또는 여론 형성의 목적 없이 일상생활 또는 특정사항에 대한 안내·고지 등 정보전달의 목적으로 발행되는 간행물 다. 전자간행물: 통신망을 이용하지 아니하고 컴퓨터 등의 정보처리장치를 이용하여 읽거나 보고 들을 수 있도록 전자적으로 발행한 간행물 라. 기타간행물: 월 1회 이하 발행되는 간행물 중 책자 형태가 아닌 간행물
"뉴스통신사업자"란 「뉴스통신 진흥에 관한 법률」 제2조 제3호에 따른 뉴스통신사업자를 말한다. "뉴스통신"이란 「전파법」에 따라 무선국(無線局)의 허가를 받거나 그 밖의 정보통신기술을 이용하여 외국의 뉴스통신사와 뉴스통신계약을 체결하고 국내외의 정치·경제·사회·문화·시사 등에 관한 보도·논평 및 여론 등을 전파하는 것을 목적으로 하는 유무선을 포괄한 송수신 또는 이를 목적으로 발행하는 간행물을 말한다.
"인터넷신문사업자"란 「신문 등의 진흥에 관한 법률」 제2조 제4호에 따른 인터넷신문사업자를 말한다. "인터넷신문"이란 컴퓨터 등 정보처리능력을 가진 장치와 통신망을 이용하여 정치·경제·사회·문화 등에 관한 보도·논평 및 여론·정보 등을 전파하기 위하여 간행하는 전자간행물로서 독자적 기사 생산과 지속적인 발행 등 대통령령으로 정하는 기준을 충족하는 것을 말한다.

또한 김영란법 제2조에 따라서 교육관련법에 의한 각급학교 및 사립학교법인의 교직원과 임직원 등도 김영란법의 적용대상이 되는데, 「초·중등교육법」, 「고등교육법」, 「유아교육법」 및 그 밖의 다른 법령에 따라 설치된 각급 학교 및 「사립학교법」에 따른 학교법인은 다음과 같다.

〈표 12-4〉 교육관련법에 따른

적용대상 유형
초중등교육법 제2조(학교의 종류) 초·중등교육을 실시하기 위하여 다음 각 호의 학교를 둔다. 1. 초등학교·공민학교 2. 중학교·고등공민학교 3. 고등학교·고등기술학교 4. 특수학교 5. 각종학교
고등교육법 제2조(학교의 종류) 고등교육을 실시하기 위하여 다음 각 호의 학교를 둔다. 1. 대학 2. 산업대학 3. 교육대학 4. 전문대학 5. 방송대학·통신대학·방송통신대학 및 사이버대학(이하 "원격대학"이라 한다) 6. 기술대학 7. 각종학교
유아교육법 제2조(정의) 이 법에서 사용하는 용어의 뜻은 다음 각 호와 같다. 2. "유치원"이란 유아의 교육을 위하여 이 법에 따라 설립·운영되는 학교를 말한다.
그 밖의 다른 법령에 따라 설치된 각급 학교
사립학교법 제2조(정의) ① 이 법에서 "사립학교"라 함은 학교법인 또는 공공단체외의 법인 기타 사인이 설치하는 「유아교육법」 제2조 제2호와 「초·중등교육법」 제2조 및 「고등교육법」 제2조에 규정된 학교를 말한다. ② 이 법에서 "학교법인"이라 함은 사립학교만을 설치·경영함을 목적으로 이 법에 의하여 설립되는 법인을 말한다.

사립학교 교직원 및 언론사 임직원의 공공성이 공직자의 그것과 다르지 않다는 점이 갑작스러운 적용범위 확대의 명분이었다. 그러나 교육기관 종사자와 언론사 종사자만을 김영란법의 적용대상에 포함시켰다는 점에서 김영란법의 적용범위에 대한 문제가 제기되었다.[3 4] 예를 들어 병원에서의 입원이나 수술 등

3 국회법사위 회의록, 제331회 제1차회의, 2015. 2. 5, 40쪽.

4 서술의 중복을 피하기 위하여 이에 관한 상세한 내용은 홍완식, 「부정청탁금지 및 공직자

에 있어서의 부정청탁이 문제되고 병원의 공공성이 인정된다면 국공립병원처럼 민간병원도 김영란법의 적용대상이 되어야 하지만, 민간병원은 김영란법의 적용대상이 아니다. 또한 공영방송과 국공립대학의 공공성이나 사영방송과 사립대학의 공공성이 동일하다면, 한국은행처럼 모든 민간은행이 포함되어야 한다. 그러나 민간은행을 포함한 금융기관은 김영란법의 적용대상이 아니다. 헌법재판소는 금융기관 임·직원의 직무와 관련된 수재행위에 대하여 수재액이 1억원 이상인 때에는 무기 또는 10년 이상의 징역으로 처벌하도록 규정한 구 「특정경제범죄 가중처벌 등에 관한 법률」 규정에 대하여 헌법에 위반되지 않는다고 판단하면서, "공무원이 아닌 금융기관의 임·직원도 공무원에 버금가는 정도의 청렴성과 직무의 불가매수성이 요구된다"고 한 바 있다.[5] 따라서 "금융기관이 비록 영리를 목적으로 하는 사기업이지만, 특별 법령에 의하여 설립되고 그 사업 내지 업무가 공공적 성격을 지니고 있어 국가의 경제정책과 국민경제에 중대한 영향을 미치기 때문에 그 임·직원에 대하여 공무원과 마찬가지로 엄격한 청렴의무를 부과하여 그 직무의 불가매수성을 확보하고자 하는 데에 이 사건 법률조항의 입법취지가 있다"[6]고 한 바 있다. 이어서 "금융기관 임·직원의 경우에는

의 이해충돌방지법안」에 대한 입법론적 검토, 입법학연구, 제12집 제1호, 2015. 6, 59~60쪽을 참조바람. 이러한 문제점을 제기한 문헌은 다음과 같다. 고시면, 김영란법(부정청탁 및 금품 등 수수의 금지에 관한 법률)의 위헌 여부에 관한 연구, 사법행정, 2015. 6, 11쪽; 김경렬, 토론문, 김영란법의 위헌성 및 보완방안 토론회, 대한변호사협회, 2015. 4. 20, 73쪽; 김주영, 「부정청탁 및 금품 등 수수의 금지에 관한 법률(안)」에 대한 검토의견, 「부정청탁 및 금품 등 수수의 금지에 관한 법률안」에 관한 공청회, 2015. 2, 10쪽; 박진우, 「부정청탁 및 금품 등 수수의 금지에 관한 법률」의 위헌성에 관한 고찰, 세계헌법연구, 제21권 1호, 2015, 154쪽; 송평인, 언론의 공공성을 중심으로, 김영란법의 위헌성 및 보완방안 토론회, 대한변호사협회, 2015. 4. 20, 67쪽; 오경식, 토론문, 김영란법의 위헌성 및 보완방안 토론회, 대한변호사협회, 2015. 4. 20, 60쪽; 이명웅, 김영란법 사립학교 교원 포함은 위헌, 사학, 138권, 2015, 8쪽; 이부하, 부정청탁금지법의 위헌성 검토, 법과 정책연구, 제15집 제3호, 2015. 9, 1020쪽; 이헌, 김영란법의 위헌성 및 보완방안 토론문, 김영란법의 위헌성 및 보완방안 토론회, 대한변호사협회, 2015. 4. 20, 42쪽; 전삼현, 부정청탁금지법의 위헌성 검토 및 개정방향, 김영란법의 위헌성 및 보완방안 토론회, 대한변호사협회, 2015. 4. 20, 51쪽; 채명성, 「부정청탁 및 금품 등 수수의 금지에 관한 법률」의 위헌성 및 개선방향, 김영란법의 위헌성 및 보완방안 토론회, 2015. 4. 20, 33쪽.

5 헌재 2013. 7. 25. 2011헌바397.

6 대법원 2000. 2. 22. 선고 99도4942 판결 참조.

금융기관의 공공성이 무너지는 경우 그 경제적 파급력 및 사회전반에 미치는 영향이 매우 커 입법자가 특별히 공무원과 같은 수준의 청렴성을 요구"한다고 밝혔다. 따라서 입법자가 이러한 금융기관을 포함하지 않으면서 언론사와 사립학교를 공공기관에 포함한 것은 납득하기 어렵다[7]는 의견이 있다. 이러한 판례에 비추어보더라도 사립학교와 언론사 종사자는 김영란법의 적용대상으로 하면서, 금융기관의 종사자 등을 적용대상으로 하지 않은 김영란법의 문제점이 드러난다. 입법자인 국회가 법률의 적용대상을 신중한 고려없이 자의적(恣意的)으로 선택하여 규정한 것이다. 사립학교와 언론사 종사자를 적용대상에 포함시켜야 했다면, 금융기관을 포함한 방위산업·시민단체·의료·법무·건설·납품·하청·스포츠 등의 공공성이 강한 민간영역으로서 청탁과 비리에 노출되기 쉬운 분야의 종사자들도 김영란법이 적용대상에 포함시켰어야 한다. 또한 돈을 받고 식당을 맛집으로 인터넷에서 소개하는 소위 '파워 블로거'도 적용대상으로 넣어야 한다고도 주장될 수 있을 것이다.

적용대상의 확대로 유치원은 김영란법의 적용대상이 되었지만 어린이집은 적용대상이 아니다. 이는 김영란법 제2조에 유치원의 근거법률인 「유아교육법」이 명시되었지만 어린이집의 근거법률인 「영유아보육법」은 명시되지 않았기 때문이다. 유치원의 임직원이 적용대상이기 때문에, 사립유치원의 교사도 김영란법의 적용대상이 되지만, 어린이집의 원장 등 임직원은 적용대상이 아니다. 어린이집을 적용대상으로 해야 한다는 것이 아니라, 「사립학교법」과 「유아교육법」에 따른 유치원의 교사도 김영란법의 적용대상이 되는 등의 문제는 김영란법의 적용대상을 아무런 고민없이 성급하게 민간분야로 확대했기 때문에 벌어진 일이라는 것이다.

---

7 손태규, 부정청탁 및 금품 등 수수 금지에 관한 법률(김영란법) 언론조항의 문제점, 공법연구, 제44집 제1호, 2015. 10, 173쪽.

3. 김영란법 제정과정에 대한 성찰

적용대상이 민간분야로 확대된 이후의 김영란법에 대한 문제는 위헌성·실효성·절차의 측면에서 많이 제기되었다.[8] 법제사법위원회 전문위원의 검토의견에서도 적용대상 확대의 위헌성이 지적되고 있다. 즉, "이 법의 목적이 공직자에 대한 부정청탁 및 금품 등의 수수를 금지하여 공직자의 공정한 직무수행을 보장하기 위한 것이나, 다음과 같은 점을 신중히 검토할 필요가 있음. 첫째, 공직자 등의 범위를 사립학교 교원 및 언론사 종사자까지 확대함으로 인해 민간영역에 대한 과도한 제한이 되어 위헌소지가 있음. 둘째, 공공성을 이유로 언론사 종사자를 공직자 등에 포함하는 경우 다른 공공성을 띠는 민간영역과의 형평성이 문제가 될 우려가 있음. 셋째, 제정안의 적용을 받는 사람의 범위가 애초 공직자 보다 크게 확대됨에 따라 그 가족 등을 포함할 경우 적용 대상범위가 과도하게 광범위해짐으로써 법의 규범력 및 실효성이 오히려 저하될 우려가 있음."[9] 즉, 김영란법 통과 이후에 제기된 문제점이 법사위 단계에서 전문위원에 의해서 이미 지적되고 있었으나, 이러한 의견이 반영되지 않은 것은 물론이고 이러한 의견에 대한 신중한 검토조차도 없었다. 이러한 전문의견의 검토의견을 반영하지 않는 경우에는 미반영 이유라도 남겼어야 하는데 그렇지도 않았다. 김영란법의 적용대상을 민간부문으로 확대하면서 확대범위와 속도 및 방법에 대한 사회적 합의와 토론이 부족하였다[10]는 지적도 있다. 법사위 회의록에도 "이 법의 처리과정에 관해서는 반성문을 쓰지 않을 수 없다 이런 말씀을 드립니다. 정무위를 통과한 법이 법사위에 회부됐으면 우리 법사위가 법사위 고유의 권한을 발휘해서 소위에 회부해서 법 체계·자구심사를 하고 수정을 하든가 하는 절차를 밟았어야 되는데 그렇지를 못했습니다"[11]라는 법사위 소속 의원의

---

8 이에 관해서는 홍완식, 「부정청탁금지 및 공직자의 이해충돌방지법안」에 대한 입법론적 검토, 입법학연구, 제12집 제1호, 2015. 6 참조.

9 법제사법위원회 검토의견, 2015. 2, 4쪽.

10 임종훈, 「부정청탁 및 금품 등 수수의 금지에 관한 법률」(소위 김영란법)의 헌법적 쟁점에 대한 고찰, 법조, 708호, 2015. 9, 128쪽.

11 법제사법위원회 회의록, 2015. 3. 3, 33쪽.

자기 고백도 볼 수 있다. 민간부문에의 적용대상 확대에 대해서는 감시와 통제에 따른 사회적 비용의 증가[12]를 별론으로 하더라도, 무수히 많은 문제점이 국회 내외에서 제기되었다. 그러나 법제사법위원회에서의 자기반성이 있던 같은 날에, 법안은 법사위를 떠나 곧바로 본회의에 회부되어 '신속하게' 의결되었다. 김영란법 제5조에 열거한 부정청탁의 유형은 공직자를 염두에 두고 공직자가 받을 수 있는 부정청탁을 위주로 하여 만든 것이다. 언론사를 포함하여야 한다면 언론인이 받을 수 있는 부정청탁의 유형인 방송출연청탁이나 제품홍보청탁, 홍보성 기사청탁, 불리한 기사 삭제 청탁 등도 열거되었어야 한다. 그러나 막판에 적용대상은 확대되었지만 그에 적합한 규정으로 김영란법을 만들지 못했다고 볼 수 있다. 그리하여 언론분야 부패행위 유형들을 포섭하기 위해서는 김영란법 제5조를 구체화하는 작업이 필요하다는 주장[13]도 등장하였다. 언론인과 교직원이 적용대상에 포함되어야 하느냐는 논의와는 별개로 적용대상이 확대되면서 법률의 체계성이 침해되는 결과가 발생되었다. 이와 같은 김영란법의 통과는 국회 안에서의 합리적인 논의의 결과라기 보다는, 국회 밖에서의 여야합의의 결과라고 볼 수 있다. 입법심의는 현실적으로는 정치과정이기도 하지만 본질적으로는 입법과정인데, 김영란법의 제정과정에서는 입법과정이라기 보다는 정치과정의 특성이 현저히 드러났다고 볼 수 있다. 법률심의과정의 막바지에 언론인을 포함시켜야 한다는 필요성과 당위성만을 강조하여 적용대상을 확대하다보니, 이로 인한 법률의 내적 체계성이나 완성도 등에서의 문제점과 시행으로 인한 부작용 등에 관한 논의는 검토될 수 없었던 것이다.

12 김현수, 부패방지에 관한 형사법적 대응방안, 법과 정책, 제20권 제1호, 2014, 230쪽.
13 이천현, 부정청탁 금지행위와 제재에 관한 소고, 한양법학, 제26권 제3집, 2015. 8, 320쪽.

제3절 김영란법 제정 이후의 전망과 과제

1. 시행령 제정

현재는 2016년 9월부터 시행될 김영란법의 시행령을 만드는 작업이 진행되고 있다. 주지하다시피 시행령에는 법률에서 위임한 사항이나 법률을 시행하기 위하여 필요한 사항들이 규정되어야 한다. 주지하다시피, 김영란법이 공포된 이후에는 제정된 김영란법의 문제점에 대한 지적이 많았다. 이러한 문제제기에 대하여, 시행령을 통해 김영란법의 문제점이 어느 정도 해소될 것으로 기대하는 낙관론도 있을 수 있지만, "시행령이 김영란법의 여러 문제점을 해결할 수 있을 것이라고 기대하기는 어렵다는게 법조계의 지배적인 의견"[14]일 것이다.

김영란법이 공포된 이후인 2015년 5월 28일에는 국민권익위원회와 한국법제연구원 공동 주최로 '「부정청탁 및 금품 등 수수의 금지에 관한 법률」 시행령 제정을 위한 공개토론회'가 개최되었다. 김영란법에 따르면 부정청탁의 신고·확인·처리 및 기록·관리·공개, 부정청탁을 받은 공직자 등에 대한 조치(제7조), 원활한 직무수행 또는 사교·의례 또는 부조의 목적으로 제공되는 음식물·경조사비·선물 등으로서 허용되는 가액범위(제8조), 수수금지 금품 등의 신고 및 처리에 관한 사항(제9조), 외부강의 등 사례금의 허용범위(제10조), 법 위반행위의 신고처리(제13조) 등의 사항이 대해서 시행령이 제정되어야 한다. 이 중에서 원활한 직무수행 또는 사교·의례 또는 부조의 목적으로 제공되는 음식물·경조사비·선물 등으로서 허용되는 가액범위(제8조), 외부강의 등 사례금의 허용범위(제10조)를 시행령을 통해 설정하는 것은 김영란법을 시행함에 있어 현실적으로 대단히 중요하다. 위반행위에 대해서는 법 제22조(벌칙)나 제23조(과태료부과)에 따른 엄한 제재가 가해지기 때문이다.

김영란법 제8조(금품등의 수수 금지)에 의하여 공직자 등은 금품수수가 금지

14 한지훈, 김영란법 시행령에 담아야 할 내용, 관훈저널, 2015년 여름호, 19~20쪽.

되지만 “원활한 직무수행 또는 사교·의례 또는 부조의 목적으로 제공되는 음식물·경조사비·선물 등으로서 대통령령으로 정하는 가액 범위 안의 금품 등”은 허용된다. 따라서 ‘대통령령으로 정하는 가액’이 중요하다. 즉 수수가 허용되는 가액을 대통령령으로 정함에 있어서 공무원, 언론인, 사립학교 교직원 등에 대해서 일괄적으로 규정할 것인지 상이하게 규정할 것인지를 정하여야 하고, 상이하게 규정하는 경우에는 더욱 규정하기가 어려워진다. 뮤지컬 음악회 티켓은 10만원이 넘는 경우가 많은데 기자가 이를 받는 경우, 출판사에서 보내온 책을 출판담당기자가 받는 경우, 스포츠경기의 입장권을 스포츠담당기자가 받는 경우 등도 모두 불법이 되는 것이다.[15] 서평이나 관람평 등을 쓰기 위한 충분한 취재비를 언론사에서 지급하거나 기자가 자비를 들여야 할 것이고, 이것이 원활하지 않다면 책·뮤지컬·연극·영화·연주 등 문화와 관련한 기사와 스포츠와 관련한 기사는 빈약해질 수밖에 없다. 맛집을 소개하는 기사 등을 금품이나 향응을 받고 쓰는 경우에는 언론사 자체적인 윤리규정에 의하여 징계를 받거나 편성에서 제외되는 경우가 있었듯이, 이러한 사안은 김영란법의 임무가 아니라 언론사의 임무라고 보아야 한다.

‘음식물’에는 식사자리에서 제공되는 각종 식사, 음료, 주류 등이 포함되고, ‘경조사비’에는 축의금, 조의금, 결혼선물, 화환, 조화 등이 포함되며, ‘선물’에는 물품, 유기증권, 숙박권, 회원권, 입장권 등이 포함된다. 따라서 경조사 등에 보내지는 화훼류 산업과 명절 등에 보내지는 농수산물 등 관련 산업에 미치는 영향이 우려되고 있다. 김영란법의 적용대상이 공직자에 한정되지 않고 확대되었기 때문에 이러한 관련 산업에 미치는 영향이 클 것이 예상되고 있다. 화분 및 화환 등을 선물에서 제외시키지 않거나 가액을 조정하지 않는다면 침체에 빠진 화훼산업이 고사위기에 처할 우려가 있다는 주장이 있다.[16] 소상공인연합회에서는 “제도가 시행된다면 음식점, 화원, 노래방, 주점, 주얼리산업, 옷가게 등을

15 「부정청탁 및 금품 등 수수의 금지에 관한 법률」 시행령 제정을 위한 공개토론회, 국민권익위원회/한국법제연구원, 2015. 5. 28, 134~135쪽.

16 「부정청탁 및 금품 등 수수의 금지에 관한 법률」 시행령 제정을 위한 공개토론회, 국민권익위원회/한국법제연구원, 2015. 5. 28, 101쪽.

포함해 거의 모든 소상공인의 매출액이 상당히 줄어들 것"이라거나 "소상공인의 폐업이 급증"할 것이 우려된다는 예측을 하고 있다.[17] 적용대상이 공직자에 한정되었다면 이러한 우려가 설득력이 없었겠지만, 사립학교와 언론계로 적용대상이 확대되었기 때문에 이러한 우려가 현실성을 갖게 되었다.

김영란법 제10조(외부강의 등의 사례금 수수 제한)에 의하여 "공직자등은 자신의 직무와 관련되거나 그 지위·직책 등에서 유래되는 사실상의 영향력을 통하여 요청받은 교육·홍보·토론회·세미나·공청회 또는 그 밖의 회의 등에서 한 강의·강연·기고 등(이하 "외부강의등"이라 한다)의 대가로서 대통령령으로 정하는 금액을 초과하는 사례금을 받아서는 아니 된다." 이 조항은 원래 공직자가 업무와 관련해 외부 강연 등을 하고 막대한 강연비를 받아 챙기는 것을 방지하기 위하여 마련되었다.[18] 그러나 이러한 외부강의 제한에 관한 규정도 공직자만이 아니라 교수·기자 등을 포함하는 민간영역에 적용되게 된다. 사립학교의 경우 및 언론사의 경우에는 현재 외부강의료에 대한 별도의 기준이 없다. 김영란법을 시행하기 위해서는 교사·교수와 기자·PD 등의 외부강의료를 시행령 등을 통해 정해야 하는데, 공무원과 민간분야의 기준을 동일하게 하는 것도 문제이고 달리 정하는 것도 문제인 상황이 되었다. 특히 교수 및 언론인의 경우 본인의 전문지식에 대한 강의도 김영란법의 적용을 받게 되기 때문에 문제가 발생한다. "사립학교 교원 및 언론인의 외부강의 사례금에 대한 지나친 제약을 전문지식 공유 및 사회구성원에 대한 재교육에 부정적인 영향을 미칠 수 있다는 점에서 바람직하지 않"다는 의견이다. "공직자는 강의가 본업이 아닌 반면, 교수는 강의가 본업인데 이를 동일하게 볼 수 없음"이라거나 "민간영역에서 사립학교 교직원·언론인의 전문적인 식견 및 경험전파와 공직자들의 공직경험 및 정부정책 홍보는 내용적 측면에서 차이가 있음" 등의 의견[19]이 있다. 교수가

17 「부정청탁 및 금품 등 수수의 금지에 관한 법률」 시행령 제정을 위한 공개토론회, 국민권익위원회/한국법제연구원, 2015. 5. 28, 121~122쪽.

18 한지훈, 김영란법 시행령에 담아야 할 내용, 관훈저널, 2015년 여름호, 22쪽.

19 「부정청탁 및 금품 등 수수의 금지에 관한 법률」 시행령 제정을 위한 공개토론회, 국민권익위원회/한국법제연구원, 2015. 5. 28, 109쪽.

2. 공직자윤리법 등과의 체계성 확보

헌법재판소는 체계정당성의 원리에 대하여 동일 규범 내에서 또는 상이한 규범간에 규범의 구조나 내용 또는 규범의 근거가 되는 원칙면에서 상호 배치되거나 모순되어서는 안된다는 하나의 헌법적 요청(Verfassungspostulat)[22]이라고 하고 있다. 특히 특별법을 많이 두고 있는 우리나라의 법체계에서는 법령 간에 모순·저촉이 발생할 가능성이 많으며 이러한 법령간의 모순·저촉을 방치하는 경우에는 법체계와 법질서의 혼란을 초래할 가능성이 크다. 따라서 새로운 입법을 하는 경우에는 기존의 법체계에 부합[23]하도록 입법하여야 한다. 법령 간에 모순과 불일치가 발생하는 이유 중의 하나는 현대국가의 방대하고 복잡한 법령체계이다. 특히 기본법, 특별법, 특례법 등의 이름으로 법의 체계가 복잡해졌기 때문에, 법령의 수직적 및 수평적 체계를 유지하도록 하여 법규범의 구조와 내용이 모순·충돌되지 않도록 하여야 한다.[24] 전술한 바와 같이 부패방지를 위한 법제로 「형법」, 「특정범죄가중처벌법」, 「공직자윤리법」, 「부패방지 및 국민권익위원회의 설치와 운영에 관한 법률」과 「공무원행동강령」 등이 입법되어 있다. 새로운 법률을 입법할 때에는 기존 법령과의 체계성을 고려하여야 하며, 김영란법의 입법에 있어서도 기존 법령과의 체계성 고려가 필요함은 물론이다. 법령의 체계성이 결여되는 경우에는 법규범의 법적 안정성과 예측가능성이 저하되고, 그 결과로 수범자는 물론이고 집행기관의 혼란을 야기하게 된다. 김영란법의 적용대상 확대는 체계성을 침해하고 있다. 민간분야로의 적용대상 확대는 '공공기관' 및 '공직자'의 정의 규정에서 이들 개념의 확대를 통해서 이루어졌다. 즉, 김영란법의 제정으로 '공공기관'이나 '공직자'의 용어 정의 규정이 법률에 따라 다음과 같이 다르게 규정되어 있다.

---

22 헌재 2004. 11. 25. 2002헌바66.
23 한국법제연구원, 특별법의 현황과 정비방안, 1992, 78면.
24 홍완식, 체계정당성의 원리에 관한 연구, 입법학연구, 2014, 203쪽.

〈표 12-5〉 관련 법률의 '공공기관' 및 '공직자(등)'의 정의규정 비교

	「부패방지 및 국민권익위원회의 설치와 운영에 관한 법률」 제2조(정의)	「부정청탁 및 금품 등 수수의 금지에 관한 법률」 제2조(정의)
공공기관	"공공기관"이란 다음 각 목의 어느 하나에 해당하는 기관·단체를 말한다. 가. 「정부조직법」에 따른 각급 행정기관과 「지방자치법」에 따른 지방자치단체의 집행기관 및 지방의회 나. 「지방교육자치에 관한 법률」에 따른 교육감, 교육청 및 교육위원회 다. 「국회법」에 따른 국회, 「법원조직법」에 따른 각급 법원, 「헌법재판소법」에 따른 헌법재판소, 「선거관리위원회법」에 따른 각급 선거관리위원회, 「감사원법」에 따른 감사원 라. 「공직자윤리법」 제3조 제1항 제12호에 따른 공직유관단체	"공공기관"이란 다음 각 목의 어느 하나에 해당하는 기관·단체를 말한다. 가. 국회, 법원, 헌법재판소, 선거관리위원회, 감사원, 국가인권위원회, 중앙행정기관(대통령 소속 기관과 국무총리 소속 기관을 포함한다)과 그 소속 기관 및 지방자치단체 나. 「공직자윤리법」 제3조의2에 따른 공직유관단체 다. 「공공기관의 운영에 관한 법률」 제4조에 따른 기관 라. 「초·중등교육법」, 「고등교육법」, 「유아교육법」 및 그 밖의 다른 법령에 따라 설치된 각급 학교 및 「사립학교법」에 따른 학교법인 마. 「언론중재 및 피해구제 등에 관한 법률」 제2조 제12호에 따른 언론사
공직자(등)	"공직자"란 다음 각 목의 어느 하나에 해당하는 자를 말한다. 가. 「국가공무원법」 및 「지방공무원법」에 따른 공무원과 그 밖의 다른 법률에 따라 그 자격·임용·교육훈련·복무·보수·신분보장 등에 있어서 공무원으로 인정된 자 나. 제1호 라목에 따른 공직유관단체의 장 및 그 직원	"공직자등"이란 다음 각 목의 어느 하나에 해당하는 공직자 또는 공적 업무 종사자를 말한다. 가. 「국가공무원법」 또는 「지방공무원법」에 따른 공무원과 그 밖에 다른 법률에 따라 그 자격·임용·교육훈련·복무·보수·신분보장 등에 있어서 공무원으로 인정된 사람 나. 제1호 나목 및 다목에 따른 공직유관단체 및 기관의 장과 그 임직원 다. 제1호 라목에 따른 각급 학교의 장과 교직원 및 학교법인의 임직원 라. 제1호 마목에 따른 언론사의 대표자와 그 임직원

또한 부정청탁이나 금품수수가 발생한 경우에 「형법」 또는 「특정범죄가중처벌법」을 적용할지 「공직자윤리법」 또는 「공무원행동강령」을 적용할지 김영란법을 적용할지가 불명확해질 수 있다. 적용 법률의 자의적인 선택에 따라 형벌 등 제재의 수위가 달라질 수도 있다.

김영란법의 시행령을 마련하는 과정에서도 논란이 되고 있듯이, 공무원이 외부강의를 할 경우 받을 수 있는 상한액은 각 행정기관의 공무원행동강령을 통해 정해져 있다. 예를 들어 현행 국민권익위원회 공무원 행동강령과 법제처 공무원 행동강령의 관련 기준은 다음 표와 같다.

〈표 12-6〉 [별표 3] 외부강의·회의 등 대가기준(제20조 제2항 관련)[25] (단위: 천원/1시간)

구분	위원장·부위원장	과장급 이상 (4급 포함)	5급 이하	비고
상한액	400(위원장) 300(부위원장)	230	120	원고료· 여비는 미포함
1시간 초과	300(위원장) 200(부위원장)	120	100	

※ 동 기준은 외부강의 대가 지급기준이 아니고, 기준 초과 금액은 받을 수 없는 상한액 개념임

〈표 12-7〉 [별표 1] 외부강의·회의 등 대가기준 상한액(제15조 제2항 관련)[26] (단위: 천원)

구분		법제처장	과장급 이상 (4급 포함)	5급 이하	비고
외부강의 및 강연	최초 1시간	350	230	120	원고료· 여비는 미포함
	1시간 초과 시 마다 시간당	250	120	100	
회의참석 발표·토론·심사· 평가·자문·의결·번역·원고 작성	건당	500	350	250	

※ 동 기준은 외부강의·회의 등에 대한 대가 지급기준이 아니고, 기준 초과 금액은 받을 수 없는 상한액이며, 외부강의·회의 등을 통해 받을 수 있는 연간 총액은 300만원을 초과할 수 없음.

25 국민권익위원회 공무원 행동강령.
26 법제처 공무원 행동강령.

전술한 바와 같이 사립학교의 경우에는 외부강의료에 관한 별도의 학내규정이 없고, 언론기관의 경우에도 외부강의료에 관한 별도의 규정이 없다.[27] 김영란법 시행령에서는, 각 행정기관별로 존재하는 외부강의료 규정과는 별도로, 새로운 외부강의료 규정을 만들어야 한다. 이에는 전술한 바와 같이, '공직자'만이 아니라 교수와 기자 등을 포함하여 사립학교와 사영언론기관에 소속된 '공직자 등'에게도 적용되는 규정이 포함되어야 한다.

금품 등 수수금지도 각 행정기관의 공무원 행동강령에서 별표로 금품 등 수수금지 위반 징계양정 기준을 정하고 있으며, 언론사에서는 자체적인 윤리강령을 두고 있는 경우가 있다.[28]

〈표 12-8〉 [별표 2] 금품 등 수수행위 징계기준(제19조 관련)[29]

<table>
<tr><th rowspan="2">구분</th><th colspan="2">직무 관련자로부터 의례적인 금품등을 수수한 경우</th><th colspan="2">직무와 관련하여 금품 등을 수수하고, 위법·부당한 처분은 하지 않은 경우</th><th colspan="2">직무와 관련하여 금품등을 수수하고, 위법·부당한 처분을 한 경우</th></tr>
<tr><th>수동</th><th>능동</th><th>수동</th><th>능동</th><th>수동</th><th>능동</th></tr>
<tr><td>50만원 미만</td><td>경징계</td><td>경징계</td><td>경징계</td><td>중징계</td><td rowspan="3">중징계</td><td rowspan="3">중징계</td></tr>
<tr><td>50만원 이상
200만원 미만</td><td>중징계·
경징계</td><td>중징계</td><td rowspan="2">중징계</td><td rowspan="2">중징계</td></tr>
<tr><td>200만원 이상</td><td colspan="2">중징계</td></tr>
</table>

27 「부정청탁 및 금품 등 수수의 금지에 관한 법률」 시행령 제정을 위한 공개토론회, 국민권익위원회/한국법제연구원, 2015. 5. 28, 106쪽.

28 KBS윤리강령 제1조(윤리강령) ⑫ KBS인은 직무관련자로부터 3만원 이상의 식사와 향응 등의 대접을 받지 않는다.⑬ KBS인은 직무관련자로부터 선물이나 금품 등을 받지 않으며, 불가피하게 받은 경우 되돌려 보내기 어려울 때에는 회사에 보고한 후 윤리위원회의 결정에 따른다. 다만, 3만원 이하의 선의의 선물은 예외로 할 수 있다.⑭ KBS인은 업무에 영향을 줄 수 있는 직무관련자에게는 경조사와 관련된 사항을 별도로 알리지 않는다. 또한 일반 경조금은 사회관례상 통념적인 수준인 5만원을 초과하지 않도록 한다.

29 국민권익위원회 공무원 행동강령.

〈표 12-9〉 [별표 2] 금품 등 수수금지 위반 징계양정기준(제20조 제3항 관련)[30]

<table>
<tr><th colspan="2">금액 비위·수수
유형</th><th>100만원 미만</th><th>100만원 이상~ 300만원 미만</th><th>300만원 이상~ 500만원 미만</th><th>500만원 이상~ 1,000만원 미만</th><th>1,000만원 이상~</th></tr>
<tr><td rowspan="2">직무와 관련 없는 의례적인 금품·향응 수수의 경우</td><td>수동</td><td>견책</td><td>감봉·정직</td><td>강등</td><td>해임</td><td>파면</td></tr>
<tr><td>능동</td><td>견책·감봉</td><td>정직</td><td>강등·해임</td><td colspan="2">파면</td></tr>
<tr><td rowspan="2">직무와 관련하여 금품·향응수수를 하고, 위법·부당한 처분은 하지 아니한 경우</td><td>수동</td><td>감봉</td><td>정직·강등</td><td>해임</td><td colspan="2">파면</td></tr>
<tr><td>능동</td><td>정직</td><td>강등·해임</td><td colspan="3">파면</td></tr>
<tr><td rowspan="2">직무와 관련하여 금품·향응수수를 하고, 위법·부당한 처분을 한 경우</td><td>수동</td><td>정직·강등</td><td>해임</td><td colspan="3" rowspan="2">파면</td></tr>
<tr><td>능동</td><td>강등·해임</td><td>해임·파면</td></tr>
</table>

체계성 결여의 문제는 현재 마련되고 있는 「공직자윤리법」 개정 작업에서도 나타나고 있다. 전술한 바와 같이 1981년 12월에 제정되고 1983년 1월 1일부터 시행된 「공직자윤리법」은 일정 범위 공직자의 재산등록 및 공개, 주식의 매각 또는 신탁, 선물신고, 퇴직공직자의 취업제한 및 행위제한 등에 관한 사항을 규정하였다. 2011년 7월에는 「공직자윤리법」이 개정되어 제2조의2에 '이해충돌방지의무' 규정을 신설하기도 하였으나, 구체적인 규정의 결여로 인하여 선언 이상의 의미를 가지지는 못하고 있다. 지금 마련되고 있는 「공직자윤리법」 개정안은 「공직자윤리법」에 이해충돌규정을 대거 신설하는 것이다. 김영란법의 제정과정에서 이해충돌규정을 일단 제외하기로 하였는데, 이렇게 제외된 이해충돌규정의 일부 내용이 「공직자윤리법」에 포함될 가능성이 있다. 이렇게 어떠한 내용이 이 법에도 들어갈 수 있고 저 법에도 들어갈 수 있는 것이라면, 이와

30 법제처 공무원 행동강령.

관련한 법령은 체계성이 결여되었을 가능성이 크다. 비슷한 취지와 내용의 법령이 여기저기에 있다면, 수범자가 혼란스럽다는 것은 말할 것도 없고 법의 집행자도 혼란스러울 것이다. 법은 될 수 있으면 간략하고, 당연히 체계적이어야 한다. 몽테스키외가 이미 오래 전에 '법의 정신'에서 한 이야기다. 부패방지 관련 법령이 단일화될 수 없다면 체계화라도 되어야 한다.

전술한 바와 같이 반부패입법에 있어서도 공공영역과 민간영역의 입법적 구분은 필요하다. 김영란법의 적용대상을 사립학교와 언론사에도 적용해야 한다는 논리를 다른 법률에 대입해 본다면, 「공직자윤리법」을 「공직자 등 윤리법」으로 고쳐야 하고 「공무원 윤리강령」도 「공무원 등 윤리강령」으로 고쳐야 할 것이다. 즉 김영란법의 적용대상 확대는 「공직자윤리법」과 「공무원 윤리강령」의 적용대상을 사립학교와 언론사에 확대하여야 한다는 논리와 동일한 것이다. 또한 「부패방지 및 국민권익위원회의 설치와 운영에 관한 법률」의 공공기관이나 공직자의 개념도 개정하여 사립학교와 언론사를 추가해야 한다는 논리와도 동일한 것이다.

공무원범죄의 범죄수익을 몰수·추징하기 위하여 「공무원범죄에 관한 몰수특례법」[31]이 입법되어 있지만, 민간영역에서의 범죄수익을 몰수·추징하기 위하여 「범죄수익은닉의 규제 및 처벌 등에 관한 법률」[32]이 입법되어 있다.[33] 왜 민간영역에서의 범죄수익을 몰수·추징하기 위한 입법정책으로 「공무원범죄에 관

31 「공무원범죄에 관한 몰수특례법」 제1조(목적) 이 법은 특정공무원범죄(特定公務員犯罪)를 범한 사람이 그 범죄행위를 통하여 취득한 불법수익 등을 철저히 추적·환수(還收)하기 위하여 몰수 등에 관한 특례를 규정함으로써 공직사회의 부정부패 요인을 근원적으로 제거하고 깨끗한 공직 풍토를 조성함을 목적으로 한다.

32 「범죄수익은닉의 규제 및 처벌 등에 관한 법률」 제1조(목적) 이 법은 특정범죄와 관련된 범죄수익(犯罪收益)의 취득 등에 관한 사실을 가장(假裝)하거나 특정범죄를 조장할 목적 또는 적법하게 취득한 재산으로 가장할 목적으로 범죄수익을 은닉(隱匿)하는 행위를 규제하고, 특정범죄와 관련된 범죄수익의 몰수 및 추징(追徵)에 관한 특례를 규정함으로써 특정범죄를 조장하는 경제적 요인을 근원적으로 제거하여 건전한 사회질서의 유지에 이바지함을 목적으로 한다.

33 「공무원범죄에 관한 몰수특례법」의 일부개정 법률은 일명 '전두환법'이라고 불리기도 하고, 「범죄수익은닉의 규제 및 처벌 등에 관한 법률」의 일부개정 법률은 일명 '유병언법'으로, 일부개정 법률안은 일명 '김우중법'이라고 불리기도 한다. 홍완식, 실명입법론, 2015, 30쪽 96쪽 120쪽 참조.

한 몰수특례법」을 '공무원 등 범죄에 관한 몰수특례법'을 만들어서 '공무원'을 '공무원 등'으로 하여 민간영역을 적용대상으로 하지 않고, 「범죄수익은닉의 규제 및 처벌 등에 관한 법률」을 만들었을까를 생각해 볼 필요가 있다. 공무원범죄를 일부 포함하고 있기는 하지만, 주로 민간부문의 부패[34]를 대상으로 하는 「부패재산의 몰수 및 회복에 관한 특례법」[35]이 입법되어 있다. 물론 이 법률이 「국제연합부패방지협약」 등의 이행을 위한 것이기는 하지만, 이 법이 적용되는 것인지 하는 의문은 물론이고 부패방지입법으로 거론조차도 되지 않는다. 따라서 이 법률도 부패방지법제로서의 체계성을 결여하고 있지 않은지에 대한 법제적 검토를 필요로 한다. 법률을 새로 만드는 것만이 중요한 것이 아니라, 이미 만들어진 법률이 제 목적과 역할을 잘 담당하고 있는지를 점검하는 것도 중요하다.

입법자가 교육영역과 언론영역이 고도의 공공성이 있기 때문에 이 분야에서의 부패를 제거하기 위하여 관련 입법을 하기로 했다면, 김영란법의 입법과정 막판에 '공직자'를 '공직자 등'으로 하는 편의주의적인 입법태도를 취해서는 아니되었다. 교육영역과 언론영역을 포함하여 민간영역 중에서도 공공적 성격이 강한 방위산업·시민단체·금융·의료·법무·건설·납품·하청·스포츠 등을 포괄하는 하나의 새로운 법률을 만들던지, 아니면 학교관련법이나 언론관련법에 부패방지에 관한 사항을 규정하는 것이 보다 합리적인 입법정책이라고 할 수 있다. 「국민체육진흥법」에서 선수나 감독 및 심판 등은 "부정한 청탁을 받고 재물이나 재산상의 이익을 받거나 요구 또는 약속하여서는 아니 된다"[36]는 규

34 이동원, 민간부문 부패의 의의와 법적 과제, 법학논총, 제37권 제2호, 2013, 93쪽.

35 「부패재산의 몰수 및 회복에 관한 특례법」 제1조(목적) 이 법은 「국제연합부패방지협약」 및 그 밖의 관련 국제협약을 효율적으로 이행하기 위하여 부패재산의 몰수 및 추징, 환수 등에 관한 특례를 규정함으로써 부패범죄를 조장하는 경제적 요인을 근원적으로 제거하여 부패범죄를 효과적으로 방지·척결하고 청렴한 국제사회질서 확립에 이바지함을 목적으로 한다.

36 「국민체육진흥법」 제14조의3(선수 등의 금지행위) ① 전문체육에 해당하는 운동경기의 선수·감독·코치·심판 및 경기단체의 임직원은 운동경기에 관하여 부정한 청탁을 받고 재물이나 재산상의 이익을 받거나 요구 또는 약속하여서는 아니 된다. ② 전문체육에 해당하는 운동경기의 선수·감독·코치·심판 및 경기단체의 임직원은 운동경기에 관하여 부정한 청탁을 받고 제3자에게 재물이나 재산상의 이익을 제공하거나 제공할 것을 요구 또

정을 두고 이를 위반하는 경우에는 또한 벌칙규정을 두어 7년 이하의 징역이나 7천만원 이하의 벌금 등에 처한다는 규정을 개별법에 두고 있는 이유를 생각해 볼 필요가 있다. 만일 사립학교교직원이나 언론사의 임직원 등의 반부패입법을 실현하고자 한다면, 사립학교법이나 언론중재법 등 관련 법률에 이를 규정하는 것이 체계정당성의 원칙에 부합하는 입법정책이라고 할 수 있다. 김영란법의 적용대상 확대 방식처럼 손쉬운 방식과 편의적인 입법은, 하지 않아도 될 논란은 물론이고 불필요한 사회적 비용을 야기할 수 있는 것이다.

제4절 맺음말

김영란법 규정에 대하여 한국기자협회와 대한변협신문 등이 헌법소원심판을 청구하였고,[37] 한국사학법인연합회 산하의 한국사립초중고등학교법인협의회, 한국전문대학법인협의회, 한국대학법인협의회, 한국유치원총연합회 등 4개 단체도 헌법소원심판을 청구하였다. 입법과정에서 해소되지 못한 논란이 헌법재판으로 이전되었다. 이러한 문제의 해결은 국회에서 이루어져야 바람직함에도, 문제의 해결이 헌법재판소로 미루어지게 된 것이다. 김영란법과 관련하여, 국회는 논란과 갈등이 해소되는 장소가 아니라 논란과 갈등이 야기되는 장소가 되었다.

「부정청탁금지 및 공직자의 이해충돌방지법안」이 「부정청탁 및 금품 등 수수의 금지에 관한 법률」으로 변경되고, '공직자'에 사립학교와 언론기관을 포함하는 것이 옳다면, 현행 「공직자윤리법」의 적용대상도 사립학교와 언론기관을 포함하고 법명도 「공직자 등 윤리법」으로 하여야 할 것이다. 같은 논리로 「공무

는 약속하여서는 아니 된다.

37 청구인은 사단법인 한국기자협회(대표자 박종률), 강신업(대한변호사협회 공보이사), 박형연(대한변협신문 편집인) 등이다.

원행동강령」도 적용대상을 민간분야로 확대하고 법명도 「공무원 등 행동강령」으로 변경하여야 할 것이다. 「부패방지 및 국민권익위원회의 설치와 운영에 관한 법률」에 따른 국민권익위원회도 그 업무범위를 민간분야로 크게 확대하여야 할 것이다. 공직분야와 민간분야는 규율의 대상과 특징이 다름에도 불구하고 같은 것으로 취급하였기 때문에, 사회적으로 커다란 논란이 야기되었고, 해결하기 곤란한 법적 문제가 발생하였다고 볼 수 있다. 김영란법의 적용대상 확대로 인하여 수수가 허용되는 금액 및 외부강의를 할 때 받을 수 있는 금액을 정하는 시행령 규정을 제정하기도 어렵다. 이 문제도 김영란법을 민간분야로 적용대상을 확대하였기 때문에 발생한 것이다. 공직자를 적용대상으로 하여 만들어진 김영란법의 각 규정을 거의 그대로 두고, 막판에 적용대상만을 확대하였기 때문에 여러 가지 문제가 야기되었다. 단순히 김영란법의 적용대상만을 확대한 안이한 입법태도가 많은 논란과 문제를 야기하였다고 평가할 수 있다. 따라서 김영란법의 적용대상을 법안 원안처럼 복구할 필요가 있다. 즉, 김영란법의 적용대상을 입법예고안(원안)과 국회제출안(수정안)에 규정되었던 것처럼 공직자로 한정하는 법률 개정이 이루어진다면, 국회가 자초한 불필요한 논쟁과 갈등이 해소될 수 있을 것이다.

| CHAPTER 12 _ **참고문헌** |

고시면, 김영란법(부정청탁 및 금품 등 수수의 금지에 관한 법률)의 위헌 여부에 관한 연구, 사법행정, 2015. 6.

김래영, 부정청탁 및 금품 등 수수의 금지에 관한 법률의 입법현황과 과제, 한양법학, 제26권 제3집, 2015. 8.

김성후, 비윤리적 취재관행 쇄신 계기 삼아야, 관훈저널, 2015 여름호, 2016. 6.

김주영, 「부정청탁 및 금품 등 수수의 금지에 관한 법률(안)」에 대한 검토의견, 「부정청탁 및 금품 등 수수의 금지에 관한 법률안」에 관한 공청회, 2015. 2.

김태완, 이해충돌방지, 국방과 기술, 제434호, 2015. 4.

김혁/오인호/김범식, 스포츠 경기 조작실태 과년 법적 고찰을 통한 비리척결 개선방안, 스포츠와 법, 제18권 제2호, 2015. 5.

김현수, 부패방지에 관한 형사법적 대응방안, 법과 정책, 제20권 제1호, 2014.
박진우, 「부정청탁 및 금품 등 수수의 금지에 관한 법률」의 위헌성에 관한 고찰, 세계헌법연구, 제21권 제1호, 2015.
손태규, 부정청탁 및 금품 등 수수 금지에 관한 법률(김영란법) 언론조항의 문제점, 공법연구, 제44집 제1호, 2015. 10.
이동원, 민간부문 부패의 의의와 법적 과제, 법학논총, 제37권 제2호, 2013.
이부하, 부정청탁금지법의 위헌성 검토, 법과 정책연구, 제15집 제3호, 2015. 9.
이천현, 부정청탁 금지행위와 제재에 관한 소고, 한양법학, 제26권 제3집, 2015.
한지훈, 김영란법 시행령에 담아야 할 내용, 관훈저널, 2015년 여름호.
허일태, 한국에서의 부패방지에 관한 대책, 형사정책연구, 제26권 제3호, 2015.
홍완식, 「부정청탁금지 및 공직자의 이해충돌방지법안」에 대한 입법론적 검토, 입법학연구, 제12집 제1호, 2015. 6.
홍완식, 「부정청탁금지 및 공직자의 이해충돌방지법안」에 대한 입법평론, 토지공법연구, 제67집, 2014. 11.
홍완식, 체계정당성의 원리에 관한 연구, 입법학연구, 2014.
「부정청탁 및 금품 등 수수의 금지에 관한 법률」 시행령 제정을 위한 공개토론회, 국민권익위원회/한국법제연구원, 2015. 5. 28.

CHAPTER

13 부정청탁 및 금품 등 수수의 금지에 관한 법률에 대한 입법론적 검토

출처: 입법학연구 제12집 1호, 2015년, 51~77

「부정청탁금지 및 공직자의 이해충돌방지법안」은 무수한 논란 끝에 「부정청탁 및 금품 등 수수의 금지에 관한 법률」이라는 법률명으로 공포되었다. 대다수의 국민이 김영란법의 입법을 지지하였기에, 김영란법의 공포는 일단 환영할 만한 일이다. 그러나 김영란법 입법의 절차적인 면에서나 실체적인 면에서 아쉬운 점이 있음을 간과할 수는 없다. 김영란법의 입법에서 제일 아쉬운 점은 김영란법의 적용대상에 관한 문제일 것이다. 만일 적용대상이 입법예고안(원안)과 국회제출안(수정안)처럼 사립학교와 언론기관으로 확대되지 않고 공직자로만 한정되었다면, 김영란법의 제정 이후에 이렇게 부정적인 반응이 나오지는 않았을 것이다. 논란이 많았던 이해충돌 관련규정은 향후의 개정을 통해 반영하기로 방향을 잡았기 때문에, 적용대상이 확대되지만 않았다면 이렇게 입법갈등이 심하지는 않았을 것이다. 김영란법 적용대상의 확대는 입법과정이 한참 진행된 이후에 국회 정무위원회에서 처음 나왔다. 법안에 대한 체계·자구심사권한을 지닌 국회 법제사법위원회에서 적용대상의 확대문제가 초래하는 '비체계성'의 문제가 지적되지 않았고, 모든 국회의원이 참여할 수 있는 전원위원회 제도는 활용되지 않았으며, 국회 본회의에서는 시간적 압박으로 이러한 문제가 제대로 논의되지 않았다. 김영란법 처리과정에서의 이러한 문제는 향후 입법과정에서 반면교사로 삼아야 할 것이다. 그리고 헌법재판소에 제기된 헌법소원심판 권한에 의해서 이러한 문제가 해결되기를 기다릴 것이 아니라, 법률 개정이라는 국회의 권한에 의해서 이러한 문제가 해결되는 것이 바람직하다. 즉, 김영란법의 적용대상을 입법예고안(원안)과 국회제출안(수정안)처럼 공직자로 한정하는 법률개정이 이루어져야 하고, 나중으로 미루었던 이해충돌관련규정에 관한 개정작업도 충분한 시간을 두고 준비해야 할 것이다.

주제어: 부정청탁 및 금품 등 수수의 금지에 관한 법률, 부정청탁금지법, 김영란법, 반부패법, 뇌물죄, 국가청렴지수

제1절 머리말

'김영란법'으로 널리 알려진 「부정청탁 및 금품 등 수수의 금지에 관한 법률」(이하에서 특별히 공식적인 법률안 명칭을 표시할 필요가 없는 경우에는 '김영란법'이라고 표시한다)이 오랜 논란 끝에 2015년 3월 3일에 국회를 통과하여 3월 27일에 공포되었으며 1년 6개월의 경과기간을 두고 2016년 9월 28일부터 시행되는 것으로 예정되어 있다. 김영란법의 입법 여부가 불투명할 때에, 필자는 논문을 통하여 "국회에 제출된 김영란법은 원래 의도한 공직부패 척결이라고 하는 당초의 입법의지와 입법취지가 정부 입법절차를 거치면서 완화·왜곡되었다"는 점을 강조하면서, "김영란법에 대한 정무위원회와 이후 법제사법위원회 및 본회의에서의 심사는 지체되어서는 아니된다"[1]는 요청을 하였다. 여러 가지의 문제 제기에도 불구하고 김영란법의 입법이 좌절되지 않고 제정되었다는 점은 다행으로 생각되지만, 김영란법의 입법과정에서 노출된 입법적 문제점을 실체법적 및 절차법적 측면에서 고찰하고자 한다. 이를 통해서 향후 김영란법 제정과정에서 나타난 문제점을 보완하고, 입법과정에서의 바람직한 논의 일반론도 생각해 보고자 한다.

---

1 홍완식, 「부정청탁금지 및 공직자의 이해충돌방지법안」에 대한 입법평론, 토지공법연구, 제67집, 2014. 11, 287면.

제2절 법률의 입법경과

1. 공직부패와 관련한 기존 법령의 한계

어느 나라고 부정청탁 및 금품수수 등 공무원의 부패를 금지하고 처벌하는 대표적인 법률은 「형법」이고, 대한민국 정부수립 이후 1953년에 제정된 「형법」의 뇌물죄 규정은 공무원의 뇌물수수를 엄히 처벌하고 있다. 그러나 공무원이 금품을 받은 경우에도 직무관련성과 대가성을 입증하기가 어려워 「형법」의 수뢰죄로 처벌하는 것은 쉽지 않다. 더구나, 직무관련성과 대가성 모두를 개념표지로 하는 뇌물을 전제로 하지 않고는, 공무원에게 일반적으로 적용되는 금품수수범죄가 존재하지 않는다는 점이 현행 법제의 한계이다.[2] 우리나라의 주목할 만한 반부패 입법은 1961년 4월 17일에 법률 제602호로 제정된 「부정축재특별처리법」이었다. 1981년 12월에 제정되고 1983년 1월 1일부터 시행된 「공직자윤리법」[3]은 일정 범위 공직자의 재산등록 및 공개, 주식의 매각 또는 신탁, 선물신고, 퇴직공직자의 취업제한 및 행위제한 등에 관한 사항을 규정하였다. 2011년 7월에는 「공직자윤리법」이 개정되어 제2조의2에 '이해충돌방지의무' 규정을 신설하기도 하였으나, 구체적인 규정의 결여로 인하여 선언 이상의 의미를 가지지는 못하고 있다. 2001년 7월에는 부패방지법이 제정되어 2002년 1월 25일부터 시행되었고, 2005년 7월에는 국민고충처리위원회의 설치 및 운영에 관한 법률이 제정되어 2005년 7월 30일부터 시행되었다. 2008년 2월에 부패방지법과 국민고충처리위원회의 설치 및 운영에 관한 법률이 폐지되면서 「부패

2 지유미, 현행 뇌물관련법제에 대한 보완책으로서 부정청탁금지법안, 형사법연구, 제26권 제1호, 2014, 161쪽.

3 제1조(목적) 이 법은 공직자 및 공직후보자의 재산등록, 등록재산 공개 및 재산형성과정 소명과 공직을 이용한 재산취득의 규제, 공직자의 선물신고 및 주식백지신탁, 퇴직공직자의 취업제한 및 행위제한 등을 규정함으로써 공직자의 부정한 재산 증식을 방지하고, 공무집행의 공정성을 확보하는 등 공익과 사익의 이해충돌을 방지하여 국민에 대한 봉사자로서 가져야 할 공직자의 윤리를 확립함을 목적으로 한다.

방지 및 국민권익위원회의 설치와 운영에 관한 법률」[4]이 제정되었다. 2003년 2월에는 「공무원의 청렴유지 등을 위한 행동강령」이 대통령령으로 제정되었고, 2005년 12월에는 「공무원행동강령」으로 개칭되면서 개정되었다. 「공무원행동강령」[5]에는 공정한 직무수행과 부당이득의 수수금지 등을 규정하고 있지만, 행동강령을 위반한 경우에 임의적 징계[6]가 최고 수위의 제재이다. 이러한 법령으로는 공직자의 부패를 실효적으로 차단하기에는 부족하였다. 「부패방지 및 국민권익위원회의 설치와 운영에 관한 법률」의 한계와 공직부패척결의 의지의 발현으로서, 2011년부터는 국민권익위원회의 주도로 「부정청탁금지 및 공직자의 이해충돌방지법안」을 입법하기 위한 노력이 진행되었다. 국민권익위원회에서 만든 「부정청탁금지 및 공직자의 이해충돌방지법안」은 잠재적으로 부패를 형성할 수 있는 행위들을 유형화하고, 공직부패에 대한 예방적이고 포괄적인 법규를 통해 공무에 대한 신뢰를 확보할 것을 목적으로 한다는 점에서 전술한 법령과는 차별화될 수 있다는 평가[7]를 받았다. 부패방지에 관한 법령이 산재해 있기 때문에 관련법의 통폐합과 개별법의 정리가 필요하다는 지적[8]에 유념할 필요가 있다.

---

4 제1조(목적) 이 법은 국민권익위원회를 설치하여 고충민원의 처리와 이에 관련된 불합리한 행정제도를 개선하고, 부패의 발생을 예방하며 부패행위를 효율적으로 규제함으로써 국민의 기본적 권익을 보호하고 행정의 적정성을 확보하며 청렴한 공직 및 사회풍토의 확립에 이바지함을 그 목적으로 한다.

5 제1조(목적) 이 영은 「부패방지 및 국민권익위원회의 설치와 운영에 관한 법률」 제8조에 따라 공무원이 준수하여야 할 행동기준을 규정하는 것을 목적으로 한다.

6 제5장에는 위반여부에 대한 상담(제18조), 위반행위의 신고 및 확인(제19조), 징계 등(제20조), 금지된 금품 등의 처리(제21조)에 관한 규정을 두고 있음. 제20조(징계 등)도 "제19조 제4항에 따른 보고를 받은 소속 기관의 장은 해당 공무원을 징계하는 등 필요한 조치를 할 수 있다"고 하여 행동강령을 위반한 공무원에 대한 징계도 임의적인 것으로 규정되어 있음.

7 이유봉, 공직부패 종합대책법으로서의 「부정청탁 및 이해충돌 방지법안」에 대한 분석연구, 한국법제연구원, 2012, 37면.

8 김재광, 부패방지 관련 법제의 체계 및 평가, 공법연구, 제40집 제3호, 2012. 2.

2. 김영란법의 입안 및 국회 제출

우리 사회는 연고주의와 온정주의로 인한 알선과 청탁이 부패의 주요 원인이지만, 부패근절에 대한 제도적 장치는 미비하다고 평가된다. 점차 은밀화·고도화되는 공직사회의 부패문제 해결에 현행 법체계는 효과적으로 대응하지 못하고 있다. 특히 공직자가 금품을 수수한 경우에 직무관련성과 대가성이 없다는 이유로 수뢰죄(受賂罪)로 처벌이 어려워 부패행위의 근절이 어렵다. 부패근절 및 공직자의 청렴성 확보를 위해 부패행위의 잠재성을 지닌 이해충돌의 효과적인 관리장치도 필요하다. 따라서, 부정청탁 금지 및 공직자의 이해충돌 방지를 위한 종합적인 통제장치를 법제화함은 물론이고, 공직자의 대가성 없는 금품수수도 처벌함으로써 청렴한 공직문화를 조성할 필요가 있다는 것이 김영란법의 추진배경이다. 2011년 6월 14일에 국무회의에서는 '공정사회 구현, 국민과 함께하는 청렴확산방안' 의 하나로 공직부패에 대응하기 위한 법률이 필요하다고 보고되었다. 2011년 10월 18일과 2012년 2월 21일에 공개토론회를 개최하여, 전문가, 이해관계자 및 일반인들의 의견을 수렴하였다. 토론자들은 전반적으로 법률의 입법 필요성에 동의하였다. 2012년에 한국법제연구원에서 「부정청탁 및 이해충돌방지법안」에 대한 분석연구결과를 발표하였다. 이어 관계기관 의견조회(2012년 5월 7일~18일) 및 협의(2012년 5월 2013년 6월)를 실시하였다. 국민권익위원회가 성안한 법안에는 금품을 수수한 공무원에 대한 형사처벌조항이 있었으나, 관련부처와 협의과정에서 모든 금품수수 공직자를 형사처벌하는 것은 과잉금지 원칙에 위배된다는 의견이 제시되어 직무관련을 불문하고 과태료(수수금품의 5배 이하)를 부과하는 것으로 내용이 수정되었다. 2012년 8월 22일에 국민권익위원회는 「부정청탁금지 및 공직자의 이해충돌방지법안」을 입법예고하였다. 10월 2일까지의 40일간의 입법예고기간 중 총 9건의 의견이 제출되었는데, 입법필요성에 공감하고 법위반자에 대한 처벌을 엄격히 하자는 등의 의견이 주류를 이루었다.[9] 법안에 대해서는 정책통계기반평가(2012년 8월 29일), 성

9 http://www.acrc.go.kr/acrc/board 2015. 5. 15 방문

별영향평가(2012년 9월 11일), 부패영향평가(2012년 10월 2일)가 실시되었다. 2013년 2월에 박근혜 정부 국정과제 138번으로 '청렴하고 깨끗한 정부 구현'을 설정하고, 공직자의 직무수행과 관련된 사익추구 금지를 위한 제도적인 장치 마련을 추진하였다. 2013년 7월 2일에는 법안에 대한 국무총리의 조정안이 발표되었다. 구체적으로는 금품을 수수한 경우에 대한 형사처벌 문제에 대한 부처간의 이견이 조정되었는데, 직무관련성이 있으면 대가성이 없어도 형사처벌이 가능하도록 규정하자는 조정안이 마련되었다.[10] 법안은 2013년 7월 5일에 규제개혁위원회의 규제심사를 통과하였다. 2013년 7월 23일에는 법제처의 법제심사가 수행되었고, 차관회의(2013년 7월 26일) 및 국무회의(2013년 7월 30일)에서 법안이 의결되었다. 이후 정부는 2013년 8월 5일에 「부정청탁금지 및 공직자의 이해충돌방지법안」을 국회에 제출하였다. 정부가 제출한 「부정청탁금지 및 공직자의 이해충돌방지법안」에 첨부된 제안이유는 "지속적으로 발생하고 있는 공직자의 부패·비리사건으로 인하여 공직에 대한 신뢰 및 공직자의 청렴성이 위기 상황에 직면해 있으며, 이는 공정사회 및 선진 일류국가로의 진입을 막는 최대 장애요인으로 작용하고 있으나, 이를 효과적으로 규제하기 위한 제도적 장치가 미비한 상태"라고 적시하고 있다. 또한 "공직자의 공정한 직무수행을 저해하는 부정청탁 관행을 근절하고, 공직자의 금품 등의 수수행위를 직무관련성 또는 대가성이 없는 경우에도 제재가 가능하도록 하며, 공직자의 직무수행과 관련한 사적 이익 추구를 금지함으로써 공직자의 직무수행 중 발생할 수 있는 이해충돌을 방지하여 공직자의 공정한 직무수행을 보장하고 공공기관에 대한 국민의 신뢰를 확보하려는 것"임을 법안의 제안이유[11]로 밝히고 있다.

---

10 국무조정실, 보도자료, 정홍원 국무총리, 부정청탁금지법 조정, 2013. 7. 3.

11 이후에 합의된 정무위원회안의 제안이유에서는 "최근 지속적으로 발생하고 있는 공직자의 부패·비리사건으로 인하여 공직에 대한 신뢰 및 공직자의 청렴성이 위기 상황에 직면해 있으며, 이는 공정사회 및 선진 일류국가로의 진입을 막는 최대 장애요인으로 작용하고 있으나, 이를 효과적으로 규제하기 위한 제도적 장치가 미비한 상태인 바, 이에 공직자 등의 공정한 직무수행을 저해하는 부정청탁 관행을 근절하고, 공직자 등의 금품 등의 수수행위를 직무관련성 또는 대가성이 없는 경우에도 제재가 가능하도록 하여 공직자 등의 공정한 직무수행을 보장하고 공공기관에 대한 국민의 신뢰를 확보하려는 것임."이라고 하였다. "최근 지속적으로 발생하고 있는 공직자의 부패·비리사건"에서는 '공직자 등'

2013년 8월 6일에 법안은 정무위원회에 회부되었다. 이후 2015년 1월 12일에 정무위원장이 위원회 대안으로 김영란법을 발의하여 가결되었고, 법제사법위원회에서는 2015년 3월 3일에 법안을 의결하였다. 2015년 3월 3일에 국회를 통과하여 3월 27일에 공포되었으며 1년 6개월의 경과기간을 거쳐 2016년 9월 28일부터 시행된다. 현재는 시행령을 만드는 작업이 수행되고 있다.

제3절 김영란법에 대한 위헌 논란

1. 김영란법의 주요 내용

「부정청탁금지 및 공직자의 이해충돌 방지법안」이라는 제목의 입법예고안(원안)과 국회제출안(수정안)은, 공직자의 '부정청탁금지', '금품수수금지', '이해충돌방지'라는 3개 영역으로 구성되어 있었다. 김영란법은 국회의 법률안 심의·의결과정에서 '이해충돌방지' 영역이 제외되어 「부정청탁 및 금품 등 수수의 금지에 관한 법률」이라는 제목으로 공포되었다. 법률 명칭에서 '공직자'와 '이해충돌방지'가 삭제된 것이, 법률안 명칭과의 차이점이다. 공포된 김영란법의 주요 내용은 공직자 등에 대한 부정청탁의 금지 및 공직자 등의 금품 등의 수수 금지이다. 즉, 부정청탁을 한 자에 대하여는 과태료를 부과하고, 공직자 등이 부정청탁을 받고 그에 따라 직무를 수행한 경우에는 2년 이하의 징역 또는 2천만원 이하의 벌금에 처하도록 규정하였다. 또한 공직자 등이 직무 관련 여부 및 명목에 관계없이 동일인으로부터 1회에 100만원 또는 매 회계연도에 300만원을 초과하는 금품 등을 받은 경우에는 3년 이하의 징역 또는 3천만원 이하의 벌금에 처하고, 직무와 관련하여 대가성 여부를 불문하고 1회에 100만원 또는 매 회계연도

이라고 하지 않고, 뒷부분에서는 '공직자'를 '공직자 등'으로 수정하였다. 별 중요한 것은 아니지만, 이를 연결해서 본다면 "공직자의 부패·비리사건"으로 인하여 '공직자 등의 금품 등 수수행위와 공직자 등의 공정한 직무수행을 보장'하자는 것이 법안의 제안이유이다. '공직자 등'의 규제이유가 '공직자'의 부패·비리라는 논리 구조가 흥미롭다.

에 300만원 이하의 금품 등을 받은 경우에는 가액의 2배 이상 5배 이하에 상당하는 금액의 과태료를 부과하도록 규정하였다.

2. 입법예고안(원안)과 국회제출안(수정안) 및 공포된 법률의 차이

전술한 바와 같이 김영란법은 2012년 8월에 입법예고되었고, 2013년 8월에 국회에 제출되기까지 법무부 등 관계기관과의 협의 및 국무총리의 의견조정을 거쳐 국회에 제출되었다. 그 결과 김영란법의 입법예고안(원안)과 국회제출안(수정안) 간에는 차이가 발생하였는데, 금품을 받은 경우에 있어서의 형사처벌의 완화가 특별히 주목을 받았다. 즉, 입법예고안(원안)에서는 100만원을 초과하는 금품수수는 대가성이나 직무관련성을 불문하고 형사처벌하도록 하던 것을, 국회제출안(수정안)에서는 대가관계는 불문하지만 직무관련성이 있거나 사실상 영향력 행사를 통한 금품수수의 경우의 금품수수만을 액수에 관계없이 형사처벌하도록 하였다. 이와 함께, 100만원 이하의 금품수수는 직무관련성을 불문하고 과태료를 부과하던 것을, 액수·직무·명목 여하를 불문하고 금품수수는 과태료를 부과하도록 수정하였다.

〈표 13-1〉 입법예고안(원안), 국회제출안(수정안), 공포법률의 금품수수금지 내용 비교

입법예고안 (2012년 8월)	국회제출안 (2013년 8월)	공포된 법률 (2015년 3월)
▪100만원 초과 금품 등 수수(직무관련 및 명목 여하 불문) → 형사처벌(3년 이하 징역, 5배 이하 벌금) ▪직무관련 불문 100만원 이하 금품 등 수수 → 과태료(500만원 이하)	▪직무와 관련하여 또는 사실상 영향력을 통한 금품 등 수수(대가관계 불문) → 형사처벌(3년 이하 징역, 3천만원 이하 벌금) ▪직무 및 명목 여하를 불문하고 금품 등 수수 → 과태료(수수금액 2배~5배)	▪100만원(년 300만원) 초과 금품 등 수수(직무관련 및 명목여하 불문) → 형사처벌 (3년 이하 징역, 3천만원 이하 벌금) ▪직무관련(대가여부 불문) 100만원(년 300만원) 이하 금품 등 수수 → 과태료(3천만원 이하)

입법예고안(원안)과 달리 국회제출안(수정안)에 금품수수를 처벌하기 위한 요건으로 직무관련성을 넣은 것은, 공직자의 금품수수행위에 대한 처벌을 어렵게 한다는 비판을 초래하였다. 수정안에 대한 논란과 비판이 거세지자, 입법예고안(원안)에 가깝게 금품수수금지와 처벌규정의 내용이 다시 수정되었다. 결과적으로, 공포된 법률에서는 1회 100만원(년 300만원)을 초과하는 금품 등의 수수에 대해서는, 직무관련 및 명목여하에 불구하고, 3년 이하의 징역형이나 3천만원 이하의 벌금형이 규정되었다.

〈표 13-2〉 입법예고안(원안), 국회제출안(수정안), 공포 법률의 금품수수금지 규정 비교

입법예고안 (2012년 8월)	국회제출안 (2013년 8월)	공포된 법률 (2015년 3월)
제11조(금품 등의 수수 금지) ① 공직자는 직무상의 관련 여부 및 기부·후원 등 명목 여하를 불문하고 사업자 등이나 다른 공직자를 포함한 어느 누구로부터도 일체의 금품 등을 받거나 요구 또는 약속해서는 아니 된다.	제8조(금품 등의 수수 금지) ① 공직자는 자신의 직무와 관련하여 또는 그 지위·직책 등에서 유래하는 사실상의 영향력을 통하여 어느 누구로부터도 금품 등(그 직무수행과 대가관계가 있는 금품 등은 제외한다)을 받거나 요구 또는 약속해서는 아니 된다.	제8조(금품 등의 수수 금지) ① 공직자 등은 직무 관련 여부 및 기부·후원·증여 등 그 명목에 관계없이 동일인으로부터 1회에 100만원 또는 매 회계연도에 300만원을 초과하는 금품 등을 받거나 요구 또는 약속해서는 아니 된다. ② 공직자 등은 직무와 관련하여 대가성 여부를 불문하고 제1항에서 정한 금액 이하의 금품 등을 받거나 요구 또는 약속해서는 아니 된다.

3. 공포된 법률의 위헌 여부

(1) 총 설

정부는 김영란법 원안을 "직무관련성 없는 금품 수수에 대해 행정질서벌인 과태료로 제재하여 과잉금지의 원칙, 사적자치 원칙에 위반된다는 위헌법률 논란 소지를 최소화"한 수정안을 만들었다.[12] 그러나 대다수의 국민들은 금품수수

12 국민권익위원회, 부정청탁금지 및 공직자의 이해충돌 방지법 제정안의 주요 내용, 2013.

에 대한 형사 제재를 과태료 제재로 완화한 수정안이 아닌, 김영란법 원안의 통과를 지지하였다. 이렇듯 대다수의 국민들은 김영란법 원안의 조속한 통과와 시행을 지지하였으며, 이때만 하더라도 김영란법이 위헌이라는 주장을 거의 찾아볼 수 없었다. 김영란법에 위헌적인 요소가 있다는 주장은 부처협의와 국회 정무위 심의과정에서 제기되기 시작하였으며, 학계와 언론 등에서 위헌론이 본격적으로 제기된 시점은 김영란법의 적용대상을 '공무원'에서 '사립학교와 언론기관'으로 확대하자는 방안이 나온 이후이다.

(2) 평등원칙

전술한 바와 같이 국회 정무위원회의 심의과정에서 김영란법의 적용대상이 민간분야로 확대되면서 위헌론이 확대되고 김영란법의 처리 자체가 위기를 맞게 되었다. 그러나 김영란법의 적용대상을 언론계와 교육계로 확대하자는 국회 정무위원회 소속 국회의원들의 주장이 법안에 반영되었다. 국회 법제사법위원회에서는 이에 관한 문제제기가 있었지만 김영란법 통과에 대한 여론의 압박으로 인하여 확대된 적용대상 규정은 그대로 법사위와 본회의를 통과하게 되었다. 사립학교 교직원 및 언론사 임직원의 공공성이 공직자의 그것과 다르지 않다는 점이 '갑작스러운 적용범위 확대'의 명분이었다. 이러한 규정에 대하여 대한변호사협회의 주도로 헌법소원심판이 청구되었고,[13] 한국사학법인연합회 산하의 한국사립초중고등학교법인협의회, 한국전문대학법인협의회, 한국대학법인협의회, 한국유치원총연합회 등 4개 단체도 헌법소원심판을 청구하였다.

교육영역과 언론영역의 공공적 성격을 그 이유로 사립학교의 교직원(법인 임직원 포함)과 언론사의 임직원을 동 법률의 적용대상에 포함시킨다면, 공공적 성격이 강한 방위산업·시민단체·금융·의료·법무·건설·납품·하청 등의 민간영역 종사자들도 역시 김영란법의 적용대상에 포함시켰어야 한다. 국회 법사위회의에서도 교육기관과 언론기관을 놓는다면 금융기관, 방위산업체를 포함한

---

7. 30, 11면.

13 청구인은 사단법인 한국기자협회(대표자 박종률), 강신업(대한변호사협회 공보이사), 박형연(대한변협신문 편집인) 등이다.

방위산업 관련기관, 예산지원을 받는 시민단체, 하도급비리 등의 문제가 제기되는 건설분야는 왜 제외되어야 하는지 의문이 제기되었고,[14] 공공성이 강한 금융·의료·법률 등은 제외하고 언론·교육에 적용대상을 한정[15]함에 대한 의문이 제기되었다. 대한변협의 헌법소원심판청구의 사유 중에서 중요한 논점도 평등권 침해이다.[16] 민간영역 중 언론과 교육영역에 한정하여 김영란법을 적용하는 것은 합리적인 이유를 찾아볼 수 없어 위헌성이 매우 크다는 의견[17]이나, 사립학교 교원을 김영란법의 적용대상으로 포함시킨 것은 입법목적에 반하고 이는 공사가 구분된 국가질서 내에서 헌법상 보장되는 사적 자치에 위반하여 국가가 사적 영역에 부당하는 것이며 체계정당성에 반한다는 의견,[18] 수사기관은 김영란법 위반 혐의로 언론기관의 내부자료를 압수하고 종사자에 대한 조사를 할 수 있고 이 과정에서 입는 언론기관의 피해는 막대하므로, 김영란법은 언론의 자유에 대한 심각한 피해를 낳을 수 있다는 의견,[19] 사적인 영역에 속하면서 공적인 관심사를 다루는 언론과 시민단체 중에서 언론은 포함되고 시민단체는 배제되었다는 지적[20] 등은 입법자의 선택이 자의적이라는 점을 강조하는 것이다.

---

14 국회법사위 회의록, 제331회 제1차회의, 2015. 2. 5, 40면.

15 채명성, 「부정청탁 및 금품 등 수수의 금지에 관한 법률」의 위헌성 및 개선방향, 김영란법의 위헌성 및 보완방안 토론회, 2015. 4. 20, 33쪽.

16 "언론영역에서의 공공적 성격을 그 이유로 동 직역을 동 법률의 적용대상에 포함시킨 것이라면 공공적 성격이 강한 여타의 민간 영역(금융, 의료, 법률 등) 역시 동 법률의 적용대상에 포함시켰어야 함에도 동 법률은 민간영역 중 언론과 교육 영역에 한정하여 규제를 하고 있으며", "부정청탁 및 금품등 수수의 금지에 관한 법률은 공정한 직무수행과 공공성 강화를 위해 엄격한 법적용이 요구되는 공직자의 범위에 그 성격이 전혀 다르며 자율성이 최대한 보장되어야 할 언론을 포함시켜 평등권을 침해하고 있다", 부정청탁 및 금품 등 수수의 금지에 관한 법률 제2조 제1호 마목 등에 대한 헌법소원심판청구서, 2015. 3, 4면.

17 박진우, 「부정청탁 및 금품 등 수수의 금지에 관한 법률」의 위헌성에 관한 고찰, 세계헌법연구, 제21권 1호, 2015, 154쪽; 채명성, 부정청탁 및 금품 등 수수의 금지에 관한 법률의 위헌성 및 개선방향, 김영란법의 위헌성 및 보완방안 토론회, 대한변호사협회, 2015. 4. 20, 33면.

18 이명웅, 김영란법 사립학교 교원 포함은 위헌, 사학, 138권, 2015, 8쪽.

19 송기춘, 「부정청탁 및 금품 등 수수의 금지에 관한 법률」의 법적 문제점과 개선방향, 김영란법의 위헌성 및 보완방안 토론회, 2015. 4. 20, 14쪽.

20 송평인, 언론의 공공성을 중심으로, 김영란법의 위헌성 및 보완방안 토론회, 대한변호사협회, 2015. 4. 20, 67면.

국회 법사위의 회의에서도 "공직자 등의 범위를 사립학교 교원 및 언론사 종사자까지 확대함으로 인해 민간영역에 대한 과도한 제한이 되어 위헌 소지가 있고 다른 공공성을 띠는 민간영역과의 형평성 문제가 제기될 우려가 있으며 적용대상 범위가 과도하게 광범위해짐으로 인해 법의 규범력 및 실효성이 오히려 저하될 우려가 있는 것으로 생각합니다"라는 의견이 개진되었다. 김영란법의 적용대상을 사립학교와 언론사에도 적용한다면 「공직자윤리법」도 「공직자 등 윤리법」으로 하여 사립학교와 언론사에도 적용해야 하는 것이 아닌가 하는 의문이 제기될 수 있다. 또한 사립학교와 언론사에 대한 반부패정책이 필요하다면 「부패방지 및 국민권익위원회의 설치와 운영에 관한 법률」에도 이들 영역을 포함해야 하는데, 이는 공공영역과 민간영역의 구분을 혼란스럽게 하고 법률의 체계성을 혼란스럽게 할 가능성이 크다.

평등원칙은 입법자에게 본질적으로 같은 것을 자의적으로 다르게 본질적으로 다른 것을 자의적으로 같게 취급하는 것을 금지하고 있다. 사립학교 교직원과 언론사 임직원은 공직자가 아니기 때문에 공직자와 본질적으로 다름에도 불구하고 입법자에 의하여 자의적으로 같게 취급되어졌다. 민간영역과 공공영역의 사이에는 '공공성이 강한 민간영역'이라고 하는 중간영역이 존재할 수 있다. 민간영역에 공공성이 일정부분 인정된다고 하여 형법상 뇌물죄를 사립학교 교사와 언론사의 기자에게 적용할 수 없듯이, 반부패입법에 있어서의 공공영역과 민간영역의 입법적 구분은 필수불가결하다. 김영란법의 적용대상을 사영언론기관의 임직원 및 사립학교 교직원과 학교재단임직원에게까지 확대한 것은 공직자와 민간인이라고 하는 본질적으로 다른 것을 자의적으로 같게 취급한 것으로 평등원칙에 위반된다. 김영란법의 적용대상에 언론인과 사학관계자를 포함하는 것은 평등의 원칙에 반한다.[21] 만일 사립학교교직원이나 언론사의 임직

21 이헌, 김영란법의 위헌성 및 보완방안 토론문, 김영란법의 위헌성 및 보완방안 토론회, 대한변호사협회, 2015. 4. 20, 42면; 전삼현, 부정청탁금지법의 위헌성 검토 및 개정방향, 김영란법의 위헌성 및 보완방안 토론회, 대한변호사협회, 2015. 4. 20, 51면; 오경식, 토론문, 김영란법의 위헌성 및 보완방안 토론회, 대한변호사협회, 2015. 4. 20, 60면; 송평인, 언론의 공공성을 중심으로, 김영란법의 위헌성 및 보완방안 토론회, 대한변호사협회, 2015. 4. 20, 67면; 김경렬, 토론문, 김영란법의 위헌성 및 보완방안 토론회, 대한변호사협회, 2015.

원 등의 반부패입법을 실현하고자 한다면, 사립학교법이나 언론중재법 등 관련 법률에 이를 규정하는 것이 체계정당성의 원칙에 부합하는 입법정책이다. 이 경우에도 재단 이사장과 경비원 혹은 운전사, 유치원의 조리직원 등을 구분하는 입법적 신중함이 필요함은 물론이다.[22]

(3) 과잉금지 원칙

법치국가 원리에서 파생되는 헌법상의 기본원리의 하나인 과잉금지원칙은 기본권을 제한하는 법률의 입법에서 준수되어야 한다. 김영란법과 관련해서는 일반적 행동자유권, 양심의 자유, 청원권 등의 기본권이 과도하게 제한되어 위헌이라는 주장이 있었다. 그러나 김영란법이 이들 기본권을 제한함에 있어서 과잉금지원칙에 위배되어 위헌이라는 일부의 주장은 설득력이 부족하다.

공직자의 부패·비리를 없애 공직에 대한 신뢰 및 공직자의 청렴성을 확보하기 위한 방법으로서 부정청탁과 금품수수를 금지하려는 목적의 정당성을 부인하는 주장은 없다. 이러한 목적을 달성하기 위하여 김영란법을 제정하여 부정청탁과 금품수수를 금지하는 방법의 적절성도 부인하기 힘들다. 주요 외국의 경우에도 유사 입법례가 있으며 부정청탁과 금품수수의 금지는 공직사회의 불가매수성을 달성하기에 적절한 수단이다. 또한 전술한 바와 같이 공직부패와 관련한 기존의 법령이 김영란법 보다는 상대적으로 피해를 최소화하는 방법이기는 하지만, 현행 법령으로는 입법목적을 달성하기 어렵다는 사실이 김영란법의 입법동기이기 때문에 피해의 최소성 요건도 충족된다고 할 수 있다. 입법과정에서 가족의 범위를 배우자만으로 축소한다든가 100만원 이하 금품를 수수하면 과태료를 부과함에 있어서 직무관련성이 필요한 것으로 수정하였다든가 하는 것은 피해를 최소화하기 위한 노력으로 볼 수 있다. 공직자가 겪게 되는 사

4. 20, 73면.

22 공포된 김영란법에 의하면 이러한 입법적 배려는 없다. 유치원의 원장이나 기간제 임시교사도 동일한 적용대상이고, 학교건물의 경비도 동일한 적용대상이다. 이러한 점은 국회 심의과정에서 지적이 되었지만 입법의 결과물에는 반영되지 않았다. “언론기관 대표임직원, 종사자 다 포함시키거든요, 경비하시는 분까지 그런데 이 사학과 관련해서 그런 부분에 납득이 잘 안됩니다.” 국회법사위 회의록, 제331회 제6차회의, 2015. 3. 3, 40면.

익의 제한은 공직자의 부패방지와 청렴확보라는 공익과 형량을 해 볼 때에 감수되어야 한다.[23] 대가성을 요구하지 않고 금품 등의 수수를 금지·처벌하는 것이 헌법 제37조 제2항이 허용하는 정도를 넘는 과도한 기본권 침해라고 볼 수 없다.[24]

김영란법의 부정청탁금지조항은 청원권 및 민원제기권리를 침해한다는 주장이 있지만, 김영란법 제5조 제2항 제1호에는 청원 등의 부정청탁에 해당하지 않는다는 명시적인 규정을 두고 있다.[25] 따라서, 부정청탁금지 규정이 청원권을 침해한다는 주장은 설득력이 없다. 민원제기권리는 넓게 보면 청원권에 속하기 때문에 별도로 논의할 실익이 없고, 좁게 보면 법률상의 권리이기 때문에 김영란법을 통해서 새로운 규율을 할 수 있는 것이다. 김영란법 제9조 제1항 제2호는 공직자에게 배우자의 금품 등 수수에 대한 신고의무를 부과하고 있으며, 위반시 형벌과 과태료를 부과하도록 규정하고 있다. 이러한 배우자 신고규정이 양심의 자유를 침해할 가능성이 있어서 위헌이라는 주장이 있다. 배우자를 통한 금품 등 수수에 대하여 신고의무를 두지 않으면 우회적인 금품수수를 허용하게 되므로, 이러한 규정을 두는 것이 불가피하였으리라 생각된다. 문제는 신

---

23 김종철, '부정청탁금지법(김영란법)'이야 말로 민생법안이다, 조선일보, 2014. 10. 1.

24 송기춘, 부정청탁 및 금품 등 수수의 금지에 관한 법률안에 관한 의견서, 부정청탁 및 금품 등 수수의 금지에 관한 법률안에 관한 공청회, 2015. 2, 18면.

25 제5조(부정청탁의 금지) ② 제1항에도 불구하고 다음 각 호의 어느 하나에 해당하는 경우에는 이 법을 적용하지 아니한다.

1. 「청원법」, 「민원사무 처리에 관한 법률」, 「행정절차법」, 「국회법」 및 그 밖의 다른 법령·기준(제2조 제1호 나목부터 마목까지의 공공기관의 규정·사규·기준을 포함한다. 이하 같다)에서 정하는 절차·방법에 따라 권리침해의 구제·해결을 요구하거나 그와 관련된 법령·기준의 제정·개정·폐지를 제안·건의하는 등 특정한 행위를 요구하는 행위
2. 공개적으로 공직자등에게 특정한 행위를 요구하는 행위
3. 선출직 공직자, 정당, 시민단체 등이 공익적인 목적으로 제3자의 고충민원을 전달하거나 법령·기준의 제정·개정·폐지 또는 정책·사업·제도 및 그 운영 등의 개선에 관하여 제안·건의하는 행위
4. 공공기관에 직무를 법정기한 안에 처리하여 줄 것을 신청·요구하거나 그 진행상황·조치결과 등에 대하여 확인·문의 등을 하는 행위
5. 직무 또는 법률관계에 관한 확인·증명 등을 신청·요구하는 행위
6. 질의 또는 상담형식을 통하여 직무에 관한 법령·제도·절차 등에 대하여 설명이나 해석을 요구하는 행위
7. 그 밖에 사회상규(社會常規)에 위배되지 아니하는 것으로 인정되는 행위

고의무규정 자체 보다는 형사처벌과 과태료부과라는 제재수단의 강력함이라고 본다. 따라서 개정을 통하여 형사처벌의 법정형을 완화하거나 과태료 부과로 제재수단을 변경하는 것이 바람직하다고 본다. 통상적이고 비난가능성이 낮은 부정청탁이나 금품 등 수수가 사적자치원칙 혹은 일반적 행동자유권을 침해한다는 주장이 있다. 그러나 김영란법 제8조에서 수수를 금지하는 금품 등에 해당하지 않는 사항들을 명시적으로 규정[26]하고 있기 때문에, 공직자와의 통상적이고 의례적인 선물 등의 수수는 김영란법의 제재범위에 포함되지 않는다고 해석될 수 있다.

(4) 명확성의 원칙

국회 심의과정에서부터 '부정청탁'이 명확성원칙에 위배된다는 주장이 있었다.[27] 죄형법정주의에서 파생된 명확성원칙이란, 법률이 처벌하고자 하는 행위가 무엇이고, 그에 대한 형벌이 어떠한 것인지를 누구나 예견할 수 있으며, 그에 따라 자신의 행위를 결정할 수 있도록 구성요건을 명확하게 규정하여야

---

26 「부정청탁 및 금품 등 수수의 금지에 관한 법률」 제8조 제3항 제10조의 외부강의 등에 관한 사례금 또는 다음 각 호의 어느 하나에 해당하는 금품 등의 경우에는 제1항 또는 제2항에서 수수를 금지하는 금품 등에 해당하지 아니한다.

1. 공공기관이 소속 공직자 등이나 파견 공직자등에게 지급하거나 상급 공직자등이 위로·격려·포상 등의 목적으로 하급 공직자등에게 제공하는 금품 등
2. 원활한 직무수행 또는 사교·의례 또는 부조의 목적으로 제공되는 음식물·경조사비·선물 등으로서 대통령령으로 정하는 가액 범위 안의 금품 등
3. 사적 거래(증여는 제외한다)로 인한 채무의 이행 등 정당한 권원(權原)에 의하여 제공되는 금품 등
4. 공직자등의 친족(「민법」 제777조에 따른 친족을 말한다)이 제공하는 금품 등
5. 공직자등과 관련된 직원상조회·동호인회·동창회·향우회·친목회·종교단체·사회단체 등이 정하는 기준에 따라 구성원에게 제공하는 금품 등 및 그 소속 구성원 등 공직자등과 특별히 장기적·지속적인 친분관계를 맺고 있는 자가 질병·재난 등으로 어려운 처지에 있는 공직자등에게 제공하는 금품 등
6. 공직자등의 직무와 관련된 공식적인 행사에서 주최자가 참석자에게 통상적인 범위에서 일률적으로 제공하는 교통, 숙박, 음식물 등의 금품 등
7. 불특정 다수인에게 배포하기 위한 기념품 또는 홍보용품 등이나 경연·추첨을 통하여 받는 보상 또는 상품 등
8. 그 밖에 다른 법령·기준 또는 사회상규에 따라 허용되는 금품 등

27 제325회 정무소위 제2차 회의록, 2014. 5. 27, 30면.

하는 것을 의미하고, 수범자에게 공정한 고지를 하여 예측가능성을 주고 있는지, 당해 법규범이 법을 해석·집행하는 기관에게 충분한 의미 내용을 규율하여 자의적인 법해석이나 법집행이 배제되는지 여부에 따라 그 위반 여부를 판단할 수 있는 것이다.[28] 김영란법의 입법과정에서는 부정청탁의 개념정의에 대해서 많은 논란이 있었고, 이에 따라 부정청탁의 개념 정의에 많은 수정과 변화가 있었는데, 구체적인 문구의 변화는 <표 13-3>에서 볼 수 있다.

〈표 13-3〉 입법예고안(원안), 국회제출안(수정안), 공포 법률의 부정청탁개념 규정 비교

입법 예고안	제2조(정의) 5. "부정청탁"이란 특정직무를 수행하는 공직자에게 법령을 위반하게 하거나 지위 또는 권한을 남용하게 하는 등 공정한 직무수행을 저해하는 청탁 또는 알선 행위를 의미한다. 제8조(부정청탁의 금지) ① 특정직무에 관한 이해당사자(그 직무에 있어서 사실상 이해관계가 있는 자를 포함한다)인 사업자등은 제3자(재직 중인 공직자를 포함한다)를 통해 그 특정직무를 수행하는 공직자에게 부정청탁을 하여서는 아니 된다. ② 특정직무에 관하여 이해당사자가 아닌 제3자는 직간접적으로 그 특정직무를 수행하는 공직자에게 부정청탁을 하여서는 아니 된다. ③ 다음 각 호의 행위는 제1항 또는 제2항에서 금지하는 부정청탁에 해당하지 아니한다. 1. 공공기관에 특정직무를 법정기한 안에 처리해 줄 것을 신청·요구하거나 그 진행상황·조치결과 등에 대하여 확인·문의 등을 하는 행위 2. 특정직무 또는 법률관계에 관한 확인·증명 등을 신청·요구하는 행위 3. 질의 또는 상담형식을 통하여 특정직무에 관한 법령·제도·절차 등에 대하여 설명이나 해석을 요구하는 행위 4. 「청원법」, 「민원사무처리에 관한 법률」 그 밖의 다른 법령에 따라 피해구제를 요구하는 행위 또는 공공기관의 위법·부당하거나 소극적인 처분(사실행위 및 부작위를 포함한다) 및 불합리한 행정제도로 인하여 권리를 침해하거나 불편 또는 부담을 주는 사항의 해결을 요구하는 행위 5. 공공기관이 법령에 따른 직무수행을 위하여 의견조회·자료제출 등을 요구하는 경우 이에 따라 의견 등을 제출하는 행위

28 헌재 2005. 6. 30. 2002헌바83, 판례집 17-1, 812, 821; 헌재 2004. 11. 25. 2004헌바35, 판례집 16-2하, 381, 391 참조.

	6. 「변호사법」, 「공인회계사법」 또는 다른 법령에 따라 특정직무에 관하여 이해당사자를 대리하는 행위 7. 선출직 공직자·정당·시민단체 등이 공익적인 목적을 위하여 공직자에게 법령·조례·규칙 등의 제정·개정·폐지 또는 정책·사업·제도 및 그 운영 등의 개선에 관하여 제안·건의하는 행위 8. 「행정절차법」, 「국회법」 또는 다른 법령에 규정된 위원회·청문회·공청회·공개토론회 등에서 그 절차·방법에 따라 증언 또는 진술하거나 의견·증거 등을 제출하는 행위 9. 신문·방송 등 언론매체를 통하여 연설·기고·발표 등을 하는 행위 10. 정책의 입안·수행·평가 등을 위해 공공기관과 사업자등이 공식적으로 개최하는 간담회·토론회 등을 통하여 자문·고문·진정·탄원·협의 등을 하는 행위 11. 그 밖에 다른 법령에 따라 허용되는 행위 또는 사업자등의 권익보호에 필요하거나 사회상규를 위배하지 아니하는 것으로 인정되는 행위
국회 제출안	제2조(정의) "부정청탁"이란 직무를 수행하는 공직자에게 법령을 위반하게 하거나 지위 또는 권한을 남용하게 하는 등 공정하고 청렴한 직무수행을 저해하는 청탁 또는 알선 행위를 말한다. 제5조(부정청탁의 금지) ① 누구든지 직접 또는 제3자를 통하여 공직자에게 부정청탁을 해서는 아니 된다. ② 다음 각 호의 행위는 제1항에서 금지하는 부정청탁에 해당하지 아니한다. 1. 「청원법」, 「민원사무 처리에 관한 법률」 등 법령에 따라 특정한 행위를 요구하는 행위 2. 선출직 공직자·정당·시민단체 등이 공익적인 목적으로 공직자에게 법령·조례·규칙 등의 제정·개정·폐지 등을 요구하는 행위 3. 공공기관의 위법·부당한 처분 및 불합리한 행정제도 등으로 인한 권리 침해의 해결을 요구하는 행위 4. 그 밖에 공직자의 직무수행의 공정성과 이에 대한 사회적 신뢰를 해칠 우려가 없다고 인정되는 행위로서 대통령령으로 정하는 행위
공포 법률	제5조(부정청탁의 금지) ① 누구든지 직접 또는 제3자를 통하여 직무를 수행하는 공직자등에게 다음 각 호의 어느 하나에 해당하는 부정청탁을 해서는 아니 된다. 1. 인가·허가·면허·특허·승인·검사·검정·시험·인증·확인 등 법령(조례·규칙을 포함한다. 이하 같다)에서 일정한 요건을 정하여 놓고 직무관련자로부

	터 신청을 받아 처리하는 직무에 대하여 법령을 위반하여 처리하도록 하는 행위 2. 인가 또는 허가의 취소, 조세, 부담금, 과태료, 과징금, 이행강제금, 범칙금, 징계 등 각종 행정처분 또는 형벌부과에 관하여 법령을 위반하여 감경·면제하도록 하는 행위 3. 채용·승진·전보 등 공직자등의 인사에 관하여 법령을 위반하여 개입하거나 영향을 미치도록 하는 행위 4. 법령을 위반하여 각종 심의·의결·조정 위원회의 위원, 공공기관이 주관하는 시험·선발 위원 등 공공기관의 의사결정에 관여하는 직위에 선정 또는 탈락되도록 하는 행위 5. 공공기관이 주관하는 각종 수상, 포상, 우수기관 선정 또는 우수자 선발에 관하여 법령을 위반하여 특정 개인·단체·법인이 선정 또는 탈락되도록 하는 행위 6. 입찰·경매·개발·시험·특허·군사·과세 등에 관한 직무상 비밀을 법령을 위반하여 누설하도록 하는 행위 7. 계약 관련 법령을 위반하여 특정 개인·단체·법인이 계약의 당사자로 선정 또는 탈락되도록 하는 행위 8. 보조금·장려금·출연금·출자금·교부금·기금 등의 업무에 관하여 법령을 위반하여 특정 개인·단체·법인에 배정·지원하거나 투자·예치·대여·출연·출자하도록 개입하거나 영향을 미치도록 하는 행위 9. 공공기관이 생산·공급·관리하는 재화 및 용역을 특정 개인·단체·법인에게 법령에서 정하는 가격 또는 정상적인 거래관행에서 벗어나 매각·교환·사용·수익·점유하도록 하는 행위 10. 각급 학교의 입학·성적·수행평가 등의 업무에 관하여 법령을 위반하여 처리·조작하도록 하는 행위 11. 징병검사, 부대 배속, 보직 부여 등 병역 관련 업무에 관하여 법령을 위반하여 처리하도록 하는 행위 12. 공공기관이 실시하는 각종 평가·판정 업무에 관하여 법령을 위반하여 평가 또는 판정하게 하거나 결과를 조작하도록 하는 행위 13. 법령을 위반하여 행정지도·단속·감사·조사 대상에서 특정 개인·단체·법인이 선정·배제되도록 하거나 행정지도·단속·감사·조사의 결과를 조작하거나 또는 그 위법사항을 묵인하게 하는 행위 14. 사건의 수사·재판·심판·결정·조정·중재·화해 또는 이에 준하는 업무를 법령을 위반하여 처리하도록 하는 행위

	15. 제1호부터 제14호까지의 부정청탁의 대상이 되는 업무에 관하여 공직자등이 법령에 따라 부여받은 지위·권한을 벗어나 행사하거나 권한에 속하지 아니한 사항을 행사하도록 하는 행위 ② 제1항에도 불구하고 다음 각 호의 어느 하나에 해당하는 경우에는 이 법을 적용하지 아니한다. 1. 「청원법」, 「민원사무 처리에 관한 법률」, 「행정절차법」, 「국회법」 및 그 밖의 다른 법령·기준(제2조 제1호 나목부터 마목까지의 공공기관의 규정·사규·기준을 포함한다. 이하 같다)에서 정하는 절차·방법에 따라 권리침해의 구제·해결을 요구하거나 그와 관련된 법령·기준의 제정·개정·폐지를 제안·건의하는 등 특정한 행위를 요구하는 행위 2. 공개적으로 공직자등에게 특정한 행위를 요구하는 행위 3. 선출직 공직자, 정당, 시민단체 등이 공익적인 목적으로 제3자의 고충민원을 전달하거나 법령·기준의 제정·개정·폐지 또는 정책·사업·제도 및 그 운영 등의 개선에 관하여 제안·건의하는 행위 4. 공공기관에 직무를 법정기한 안에 처리하여 줄 것을 신청·요구하거나 그 진행상황·조치결과 등에 대하여 확인·문의 등을 하는 행위 5. 직무 또는 법률관계에 관한 확인·증명 등을 신청·요구하는 행위 6. 질의 또는 상담형식을 통하여 직무에 관한 법령·제도·절차 등에 대하여 설명이나 해석을 요구하는 행위 7. 그 밖에 사회상규(社會常規)에 위배되지 아니하는 것으로 인정되는 행위

즉, 입법예고안(원안)과 국회제출안(수정안)에서는 제2조(정의)에서 부정청탁에 관한 개념을 정의하고 해당 조항(부정청탁의 금지)에서 부정청탁에 해당하지 않는 것을 규정하는 입법방식을 고수하다가, 명확성원칙 위반에 대한 논란이 계속되자 부정청탁의 개념을 정의하던 방식을 포기하고 부정청탁의 행위유형을 열거하는 방식으로 입법방식을 변경하였다. 결과적으로 공포된 김영란법에서는 제5조(부정청탁의 금지)에서 15개의 부정청탁의 유형을 열거하고, 부정청탁에 해당하지 않는 행위유형도 7개의 유형으로 늘였다.

편의상 전자를 '개념정의방식'이라고 부르고 후자를 '유형열거방식'이라고 부를 수 있다. 이러한 두 가지의 입법방식 중에서 원칙적으로 어떠한 방식이 입법적으로 옳다거나 우수하다고 하기 보다는, 입법자가 입법영역이나 특성에 따라 선택하여야 하는 것이라고 볼 수 있다. 일반적으로 개념정의방식보다는 유형열거방식이 구체적이라는 장점이 있지만 모든 행위유형을 다 열거할 수 없다는 단점이 있다. 반대로 개념정의방식은 유형열거방식이 누락할 수 있는 행위유형을 포괄적으로 규정한다는 장점이 있지만 추상적이어서 불명확하다는 단점이 있다. 이를 두고 논박을 한다면, 이는 연역(演繹)의 방법론이 우수하냐 귀납(歸納)의 방법론이 우수하냐는 우문(愚問)을 김영란법의 입법논의에 적용하는 것과도 같다. 김영란법 입법초기의 부정청탁 개념에 대한 명확성원칙 비판에 대하여 응답을 한 것이 공포된 김영란법 제5조라고 볼 수 있다. 물론 공포된 김영란법 제5조가 모두를 만족시킬 수 있을 만큼 완벽한 규정이라고 할 수는 없을 것이다. 그러나 공포된 법률의 부정청탁관련 규정이 명확성원칙에 위반된다고 한다면 이는 인간 언어의 추상성에서 나오는 한계라고 볼 수 있다. 그간의 입법논쟁과 국회 심의과정에서 부정청탁의 명확성 확보를 위해 많은 노력을 기울인 점은 인정되어야 하리라고 본다. 법률의 명확성원칙은 "입법자가 법률을 제정함에 있어서 개괄조항이나 불확정 법개념의 사용을 금지하는 것이 아니다." "법률이 불확정 개념을 사용하는 경우라도 법률해석을 통하여 행정청과 법원의 자의적인 적용을 배제하는 객관적인 기준을 얻는 것이 가능하다면 법률의 명확성원칙에 부합하는 것"[29]이다. 그리고, 형벌규정에 대한 예측가능성의 유무는 당해 특정조항 하나만으로 판단할 것이 아니라, 관련 법조항 전체를 유기적·체계적으로 종합 판단하여야 하고, 그것도 각 대상법률의 성질에 따라 구체적·개별적으로 검토하여야 하며, 일반적이거나 불확정된 개념이 사용된 경우에는 당해 법률의 입법목적과 당해 법률의 다른 규정들을 원용하거나 다른 규정과의 상호관계를 고려하여 합리적으로 해석할 수 있는지 여부에 따라 가려야 한다.[30] 입법자인 국회는 국민들과 법률가들의 의견을 수렴하여 원안을 보왔하여 왔고, 헌법재판소 결정례의 취지에 비추어볼 때에도, 명확성 원칙에 위배된다는 주장은 설득력이 없다.

29 헌재 2004. 7. 15. 2003헌바35등.

30 헌재 1996. 2. 29. 94헌마13, 판례집 8-1, 126, 137; 헌재 2001. 6. 28. 99헌바34, 판례집 13-1, 1255, 1265 참조.

(5) 연좌제 금지 원칙

김영란법 제8조 제4항은 공직자 등의 배우자는 공직자 등의 직무와 관련하여 금지되는 금품 등을 받거나 요구하거나 제공받기로 약속해서는 안된다고 규정하고 있다. 위반시에는 제22조에 의하여 3년 이하의 징역 또는 3천만원 이하의 벌금에 처한다. 제9조는 배우자가 금품을 받는 등의 사실을 안 경우에는 반환하거나 거부의사를 밝히는 등의 조치를 하도록 하고 있다. 이를 위반하면 3천만원 이하의 과태료에 처해진다. 이러한 규정이 친족의 행위로 인하여 불이익한 처우를 금지하는 헌법 제13조 제3항에 규정된 연좌제 금지를 위반한다는 주장이 있다.[31] 그러나 이 규정은 공직자가 자신의 배우자를 통하여 금품 등을 받는 우회적 통로를 차단하기 위한 규정으로서, 연좌제금지에 위반한다는 주장은 타당하지 않다고 한다. 주된 이유는 첫째, 공직자 배우자에 대한 금품수수금지는 공직자 등에게 수수가 금지되는 금품 등에 한정되는 것이어서, 단지 공직자의 배우자이기 때문에 가하는 불이익이라고 볼 수 없다. 둘째, 배우자에 대해서는 제8조 제4항의 의무를 부과하고 있으나, 이에 대한 제재를 가하고 있지 않다는 점도 연좌제금지 위반에 고려되어야 한다. 셋째, 제8조 제1항의 경우에는 금품 등을 수수한 공직자에게 직무관련 여부를 묻지 않으나, 금품 등을 수수한 배우자에게는 직무관련성을 요구하고 있어서 문제의 소지를 좁히려는 시도를 하고 있다.[32] 만일 이러한 규정들이 없다면, 금지금품 등을 본인이 받으면 처벌되고 배우자가 받으면 처벌되지 않게 되어, 금품 등의 우회적 수수를 허용하는 결과가 되고, 김영란법은 사실상 무력화될 수 있다. 그리고, 공직자를 대신하여 배우자가 금품 등을 받는 행위를 처벌하는 규정이 연좌제금지에 반한다고 할 수는 없다. 즉, 공직자 배우자를 통하여 금품 등의 수수를 금지하는 규정을 '친족의 행위로 인한 불이익한 처우'라고 할 수는 없는 것이다.

31 박진우, 앞의 논문, 158쪽.
32 송기춘, 앞의 논문, 19쪽.

(6) 양벌규정의 위헌성

김영란법 제24조에는 법위반행위에 대한 양벌규정을 두고 있다. 즉, 법인 또는 단체의 대표자나 법인·단체 또는 개인의 대리인, 사용인, 그 밖의 종업원이 그 법인·단체 또는 개인의 업무에 관하여 공직자 등이나 배우자에게 금품 등을 제공하거나 약속하는 경우 및 부정청탁을 하는 경우에는 그 행위자를 벌하는 외에 그 법인·단체 또는 개인에게도 해당 조문의 벌금 또는 과태료를 과하도록 규정하고 있다. 그러나 법인의 대표자 이외의 대리인·사용인·종업원 등의 위법행위에 대하여 법인이나 단체 또는 영업주에게 책임을 묻는 것은 형벌에 관한 책임주의원칙에 반하여 위헌 가능성이 제기될 수 있다.[33] 이 규정에 대하여 "매우 부당하다. 위헌을 피할 수 없다"[34]는 엄격한 평가도 있다. 헌법재판소의 결정 취지에 따르면 김영란법은 이 조항 본문에 이어 "다만, 법인·단체 또는 개인이 그 위반행위를 방지하기 위하여 해당 업무에 관하여 상당한 주의와 감독을 게을리하지 아니한 경우에는 그러하지 아니하다"는 단서를 두고 있기 때문에 위헌의 소지가 없을 수 있다. 그러나 은밀하게 주고 받는 법인·단체·개인의 대리인·사용인·종업원의 부정청탁이나 금품수수 등에 대한 책임을 법인·단체·개인에게 묻는 것은, 위헌인지의 여부를 떠나서 이러한 양벌규정을 통하

33 헌법재판소는 「신용정보법」 제34조 등에 관한 위헌제청사건에서 "법인이 고용한 종업원 등의 범죄행위에 대한 법인의 가담여부나 종업원 등의 행위를 감독할 주의의무의 위반 여부를 전혀 묻지 않고 곧바로 법인을 종업원 등과 같이 처벌하도록 규정하고 있는바, 이는 다른 사람의 범죄에 대하여 그 책임 유무를 묻지 않고 형벌을 부과함으로써 법치국가의 원리 및 죄형법정주의로부터 도출되는 책임주의원칙에 반한다"(헌재 2010. 9. 30. 2010헌가3)고 하고, 「보건범죄단속법」 제6조에 관한 위헌제청사건에서 "종업원의 업무 관련 무면허의료행위가 있으면 이에 대해 영업주가 비난받을 만한 행위가 있었는지 여부와는 관계없이 자동적으로 영업주도 처벌하도록 규정하고 있고, 그 문언상 명백한 의미와 달리 "종업원의 범죄행위에 대해 영업주의 선임감독상의 과실(기타 영업주의 귀책사유)이 인정되는 경우"라는 요건을 추가하여 해석하는 것은 문리해석의 범위를 넘어서는 것으로서 허용될 수 없으므로, 결국 위 법률조항은 다른 사람의 범죄에 대해 그 책임 유무를 묻지 않고 형벌을 부과함으로써, 법정형에 나아가 판단할 것 없이, 형사법의 기본원리인 '책임없는 자에게 형벌을 부과할 수 없다'는 책임주의에 반한다"(헌재 2007. 11. 29. 2005헌가10)는 입장을 나타내고 있다.

34 김학성, "부정청탁금지법(소위 김영란법)"에 대해 언론과 교총은 中心을, 변협은 重心을 잃었다, 고시계, 2015. 4, 5쪽.

여 각급 학교와 언론사에 감독책임을 묻는 규정을 둔 입법자의 편의적 발상으로서 지적될 수 있다고 본다.

제4절 김영란법의 입법과정에 대한 비판적 검토

김영란법의 논의 초기에는 공직자 등의 금품수수에 대한 제재에 관하여 형사처벌을 할 것인지 아니면 과태료만 부과할 것인지가 큰 쟁점이었으므로, 이에 관한 의견수렴과 논의가 진행되었다. 관가에서 위헌론이 제기되기는 하였지만 본격적이고 진지한 수준의 위헌론이라고 하기 보다는 '반 공직부패법'의 제정에 대한 관가의 저항 정도라고 볼 수 있을 정도였다. 위헌론의 논점도 명확성원칙이나 사적자치원칙과 관련한 우려, 과잉입법이 아니냐는 정도의 수준이었다. 입법논의 초기에는 김영란법을 공직자가 아닌 민간분야에까지 확대하자는 주장은 전혀 찾아볼 수 없었다. 입법논의 초기의 핵심적인 논점은 금품수수에 대하여 대가성이나 직무관련성을 불문한 형사처벌이었다. 오랜 논란 끝에 2014년 5월 27일에 국회 정무위원회 법안심사소위에서는 "직무관련성이 없어도 100만원 이상 금품수수를 할 경우 형사처벌하는 권익위 입법예고안을 수용하기로 의견을 모았"[35]기 때문에, 특별한 사정이 없는 한 공직자가 100만원 이상의 금품을 수수할 경우에는 형사처벌을 한다는 조항에 대해서는 이견이 해소되었다.

그러나, 국회의 소관 상임위원회인 정무위원회의 법안 심의과정에서 김영란법의 적용대상을 사립학교와 언론사 종사자 모두를 포함시키자는 논의가 새롭게 나왔으며, 이러한 적용대상의 민간분야 확대를 두고 거센 논란이 촉발되었다. 이러한 적용대상 확대가 논의되면서 입법과정에서의 갈등과 논쟁은 새로

35 2014년 5월 27일의 국회 정무위원회 법안심사소위 회의록에는 "직무 관련성이 없어도 100만원 이상 금품수수를 할 경우 형사처벌하는 권익위 입법예고안을 수용하기로 의견을 모았습니다"는 기록을 남겼다. 제325회 정무소위 제2차 회의록, 2014. 5. 27, 30면.

운 국면에 접어들었다. 김영란법의 원안과 수정안 모두에서 대상범위를 공무원과 공직유관단체만을 대상으로 규정하고 있음에도, 정무위원회의 심의과정에서 논란이 되었다.[36] 원안과 정부안의 입법목적은 공직자에 대한 부정청탁과 금품수수행위를 방지함으로써 국민의 공공기관에 대한 신뢰를 회복하고 공직자의 청렴성을 증진하는 것이다.[37] 이러한 입법목적에 비추어 볼 때, 법률의 적용대상을 확대하고자 하는 정무위원회에서의 논란은 적절치 않아 보였다.[38] 사립학교 교직원이나 언론인이 행하는 업무의 공정성·신뢰성과 공직의 불가매수성은 비교하기에 적합하지 않다거나 뇌물죄의 성립범위에 관한 논거[39] 등은 부수적인 논의로 여겨졌다. 김영란법 원안과 수정안에서는 논의도 되지 않던 적용대상의 확대가 국회 정무위원회에서 갑작스레 논의되었고 그 이후에는 법안심사소위가 재개되지 않고 있는 것은, 논리의 문제라기 보다는 이 법안을 제정할 의지가 있는지에 관한 문제라고 볼 수 있다는 우려가 제기되었다. 예상대로 적용대상 확대에 대한 논란이 있은 직후에 법안의 통과 자체가 불투명[40]하게 되었다

36 2014년 5월 27일의 국회 정무위원회 법안심사소위 회의록에는 "오늘 집중적인 심사를 통해 다음과 같은 결과를 도출하였습니다. 1. 대상범위를 공적 기능을 갖고 있는 사립학교, 사립유치원 그리고 법에 따라 등록된 언론기관으로 확대하는데 의견을 모았습니다. 이 경우 직접 대상자수는 186만명이 되고 이 법의 규율대상인 가족을 포함할 경우 가족의 범위에 따라 적게는 550만명 많게는 1786만여명이 되게 됩니다"는 기록을 남겼다. 제325회 징무소위 제2차 회의록, 2014. 5. 27, 30면.

37 원안 제1조(목적) 이 법은 공직자에 대한 부정청탁을 금지하고 부정한 금품 등의 수수를 금지하며, 공직자의 직무수행과 관련한 사익추구를 금지하여 공직과의 이해충돌을 방지함으로써 국민의 공공기관에 대한 신뢰를 확보하고 공직자의 청렴성을 증진함을 목적으로 한다. 수정안 제1조(목적) 이 법은 공직자에 대한 부정청탁, 공직자의 금품 등의 수수(收受) 및 직무수행과 관련한 사적 이익 추구를 금지함으로써 공직자의 직무수행 중 발생할 수 있는 이해충돌을 방지하여 공직자의 공정한 직무수행을 보장하고 공공기관에 대한 국민의 신뢰를 확보하는 것을 목적으로 한다.

38 "무리하게 적용대상을 늘린 것도 결국은 국회통과를 더 어렵게 만들려 한 게 아니냐는 얘기까지 나온다" 김경희, 어설픈 매스로 너덜너덜해진 김영란법, 중앙일보, 2014. 5. 29.

39 이성기, 부정청탁금지 및 공직자의 이해충돌방지법안에 대한 문제점 및 개선방안 -금품수수 및 적용대상 확대문제를 중심으로-, 형사정책, 제26권 제2호, 2014. 8, 96면 이하.

40 국회 법제사법위원회에서도 김영란법의 완성도에 대한 우려가 있었으며, 본회의에서도 완성도에 대한 우려가 있었다. 법사위에서는 "민간영역 확대 부분에 대해서 논란이 있고 위헌적 소지가 있다는 논란이 있기 때문에 저희들이 심사숙고를 해야된다"라는 의견이 있었다. 법제사법위원회 회의록, 제331회, 2015. 3. 3, 46면; 본회의에서는 "오늘 이 법을 2월 임시국회 마지막 날에 서둘러서 처리하는 것 보다는 보다 완성도가 높은 법률, 흠결

가, '김영란법' 자체에 대한 국민적 열망에 힘입어 결국 김영란법은 입법되었다.

교육과 언론영역이 고도의 공공성을 지니고 있다는 주장에 대해서는 이의가 없을 것이다. 그러나 공공성이 요청되는 여러 민간영역 중에서 특별히 두 민간영역의 종사자를 김영란법의 적용대상으로 한 이유에 대해서는 입법과정에서 설득력있는 논거가 제시된 적이 없다. 단지 교육과 언론의 고도의 공공성에 대해서만 일방적으로 주장되었고, 이에 대한 사회적 논의과정이 생략된 채[41] 국회 정무위원회 법안심사 소위원회의 의견이 전체 정무위원회의 의결이 되고 법제사법위원회의 의결이 되었다. 이는 또한 국회 본회의의 의결을 통하여 국회 전체의 의견이 되었고, 대통령의 법률공포를 통하여 국가 전체의 의견이 되었다. 김영란법의 이러한 입법과정과 관련하여, 입법예고와 공청회와 관련한 문제를 지적하지 않을 수 없다. 김영란법에 대한 여론이 입법과정에 반영되는 중요한 통로는 입법예고를 통해서라기 보다는 언론과 인터넷이었다고 할 수 있다. 정부의 입법절차에서도 입법예고를 거치고 제19대 국회에서부터 만들어진 국회입법예고사이트를 통해서 입법예고를 거쳤지만, 이러한 입법예고제도를 통한 국민들의 입법의견이 비중있게 논의되거나 반영되었다는 기록은 없다. 권익위원회가 주도한 정부에서의 입법절차와 국회에서의 입법절차에서 몇 차례의 공청회가 있었지만, 김영란법의 신속한 입법을 원하는 국민의 여망과는 달리 법안의 처리는 난항을 겪었다. 오히려 국회 정무위원회 법안심사소위원회에서 갑작스레 나온 적용대상의 확대는 입법예고제도나 공청회제도를 통해서 논의되거나 검증된 것이라고 볼 수 없다. 이와 함께 사립학교 교직원뿐만 아니라 '학교

없는 법률안을 다음 임시국회에서 처리하면서 지금 공포로부터 1년 6개월 후에 시행하도록 돼 있는 것을 1년 후에 시행하면 오히려 완벽한 법안을 보다 빨리 시행할 수 있습니다" 국회본회의 회의록, 제331회 제8차, 2015. 3. 3, 18면. 김영란법의 제정에는 찬성하지만, 문제점을 제거한 이후에 통과시키자는 의견이다.

41 "왜 국회 정무위원회가 김영란법의 적용 대상에 사립학교 교원과 언론인 등을 포함시키게 됐는지, 그리고 그같은 결정이 과연 옳은 것인지에 대한 논의가 선행돼야 하는 것이다. 적어도 정무위가 그런 결정을 하기 이전에 언론계 출신이 많은 국회 교육문화체육관광위원회나 언론 유관단체들의 의견을 청취했는지 묻지 않을 수 없다." 박종률, 부정청탁 및 금품 등 수수의 금지에 관한 법률안에 대한 의견, 부정청탁 및 금품 등 수수의 금지에 관한 법률안에 관한 공청회, 2015. 2, 19면.

법인의 임직원'이 포함됨으로써 사립학교 재단의 이사장 이사는 물론이고 직원도 김영란법의 대상이 되었다. 특히 학교법인의 포함 여부는 김영란법을 입안한 권익위는 물론이고 정부의 논의과정이나 국회 정무위원회에서의 심의과정에서도 논의된 적이 없었는데 국회 법사위에서의 논의과정에서 갑작스럽게 추가되었다. 이는 충동적이고 졸속적인 김영란법 적용대상의 확대[42]라고 볼 수 있다. 더욱이 사립학교 교직원과 언론사의 임직원 등은 적용대상에 포함된 반면에, 선출직 공직자 등은 오히려 적용대상에서 배제된 것에 대한 비판[43]도 유념할 필요가 있다.

국회 정무위원회에서는 많은 내용이 변경되었고, 국회 법제사법위원회에서는 약간의 내용이 변경되었으며, 국회 본회의에서는 아무런 내용도 변경되지 않았다. 국회 정무위원회에 법안이 회부된 이후에 오랜 기간(2013년 8월 6일~2015년 1월 12일)이 지체되었지만 법안에 대한 논란은 줄어든 것이 아니라 오히려 늘어났다. 장고(長考) 끝에 악수(惡手)를 두었다고 할 수 있다.[44] 국회 법제사법위원회에서 2015년 3월 3일에 의결된 법안은, 바로 그날 국회 본회의에서 단 두 명의 토론을 거친 후에, 다른 수많은 법률안과 함께 의결되었다. 신속하게 처리하여야 할 단계에서는 심의가 지연되었고, 신중하게 처리하여야 할 단계에서는 부실하게 심의되었다. '청개구리 입법심의'라고 부를 수 있다. 우리 국회의 운영이 본회의 중심주의가 아니고 위원회중심주의라고 하더라도, 소수의 법안심사소위원회에서 결정한 내용이 전체 위원회를 통해서 충분히 논의되었다고 볼 수 없다. 논란이 많았던 사안이었고 한 상임위원회에서만 논의될 사안이 아닌 경우에는 모든 국회의원이 모여서 의논할 수 있는 전원위원회 제도가 있

---

42 국회 법사위에서도 "원안이 두 번 세 번 변색을 가하고 널뛰기 형식으로 내용이 들어갔다 나왔다 하면서 이게 일종의 충동입법이에요. 원안에 없던 무슨 갑자기 민간영역을 집어넣었다"고 하여 법안심의의 충동성을 지적하고 있다. 국회법사위 회의록, 제331회, 2015. 3. 3, 42면.

43 전삼현, 부정청탁금지법의 위헌성 검토 및 개정방향, 김영란법의 위헌성 및 보완방안 토론회, 대한변호사협회, 2015. 4. 20, 50면.

44 "통과된 부정청탁금지법의 내용을 보면 장기간에 걸친 논의의 결과로 보기에는 졸속으로 처리된 부분이 너무도 많습니다" 김경렬, 토론문, 김영란법의 위헌성 및 보완방안 토론회, 대한변호사협회, 2015. 4. 20, 71면.

음에도 불구하고 전원위원회는 활용되지 않았을 뿐만 아니라 검토조차도 되지 않았다. 그렇다고 하여 본회의에서 심도있게 논의되거나 충분히 논의되지도 않았음은 전술한 바와 같다. 김영란법의 본회의를 통과한 직후부터 대통령의 거부권이 행사되어야 한다는 주장과 시행전 개정이 주장되었다는 사실은, 김영란법에 대한 국회에서의 심의·의결에 커다란 문제가 있었다는 점을 여실히 보여주고 있다.

제5절 맺음말

「부정청탁금지 및 공직자의 이해충돌방지법안」은 무수한 논란 끝에 「부정청탁 및 금품 등 수수의 금지에 관한 법률」이라는 법률명으로 공포되었다. 대다수의 국민이 김영란법의 입법을 지지하였기에, 김영란법의 공포는 일단 환영할 만한 일이다. 그러나 김영란법 입법의 절차적인 면에서나 실체적인 면에서 아쉬운 점이 있음을 간과할 수는 없다. 전술한 바와 같이 실체적·절차적 문제가 검토되었지만, 제일 아쉬운 점은 김영란법의 적용대상에 관한 문제일 것이다. 만일 적용대상이 입법예고안(원안)과 국회제출안(수정안)처럼 사립학교와 언론기관으로 확대되지 않고 공직자로만 한정되었다면, 김영란법의 제정 이후에 이렇게 부정적인 반응이 나오지는 않았을 것이다. 법제정 이후에 시행령 제정과정에서 농축산물이나 화훼 등은 김영란법에서 제외시켜 달라는 업계의 요청이 논란이 되기도 했다. 특히 명절선물로 제조·판매되는 물품 관련 업종이나 요식업은 현격한 매출감소가 우려되어 진다. 김영란법의 적용대상이 공직자에 한정되었다면, 명절이나 경조사에 통상적으로 주고받는 농축산물이나 화훼 등에 미치는 영향이 이처럼 우려되지는 않았을 것이다. 김영란법 적용대상의 민간분야 확대는 입법과정 후반에 돌발적으로 제안되었기 때문에, 적용대상 확대의 사회적 영향에 대해서는 입법과정에서 제대로 논의된 바 없다. 논란이 많았던 이해충돌 관련규정은 향후의 개정을 통해 반영하기로 방향을 잡았기 때문에, 적용대상이 민간분야로 확대되지만 않았다면 이렇게 입법갈등이 심하지는 않았을 것이다. 전술한 바와 같이 김영란법 적용대상의 확대는 입법과정이 한참 진행된 이후에 국회 정무위원회에서 처음 나왔다. 법안에 대한 체계·자구심사권한을 지닌 국회 법제사법위원회에서 적용대상의 확대문제가 초래하는 '비체계성'의 문제가 지적되지 않았고, 모든 국회의원이 참여할 수 있는 전원위원회 제도는 활용되지 않았으며, 국회 본회의에서는 시간적 압박으로 이러한 문제가 제대로 논의되지 않았다. 김영란법 처리과정에서의 이러한 문제는 향후 입법과정에서 반면교사로 삼아야 할 것이다. 그리고 헌법재판소에 제기된 헌법소원심판권한에 의해서 이러한 문제가 해결되기를 기다릴 것이 아니라, 법률 개정이라는 국회의 권한에 의해서 이러한 문제가 해결되는 것이 바람직하다. 즉, 김영란법의 적용대상을 입법예고안(원안)과 국회제출안(수정안)처럼 공직자로 한정하는 법률개정이 이루어져야 하고, 나중으로 미루었던 이해충돌관련규정에 관한 개정작업도 충분한 시간을 두고 준비해야 한다. 아무런 준비없이 시간을 보내다가 급하게 개정을 함으로써 문제가 생기는 잘못을 또 다시 범해서는 안되기 때문이다.

| CHAPTER 13 _ **참고문헌** |

김경렬, 토론문, 김영란법의 위헌성 및 보완방안 토론회, 대한변호사협회, 2015. 4. 20.

김상겸, 한국사회의 청렴성 제고를 위한 헌법적 고찰 -공직사회의 부패방지 문제를 중심으로, 헌법학연구, 제12권 제2호, 2006. 6.

김재광, 부패방지 관련 법제의 체계 및 평가, 공법연구, 제40집 제3호, 2012. 2.

김학성, "부정청탁금지법(소위 김영란법)"에 대해 언론과 교총은 中心을, 변협은 重心을 잃었다, 고시계, 2015. 4.

박종률, 부정청탁 및 금품 등 수수의 금지에 관한 법률안에 대한 의견, 부정청탁 및 금품 등 수수의 금지에 관한 법률안에 관한 공청회, 대한변호사협회, 2015. 2.

박진우, 「부정청탁 및 금품 등 수수의 금지에 관한 법률」의 위헌성에 관한 고찰, 세계헌법연구, 제21권 1호, 2015.

성낙인, 부패방지법제의 현황과 과제, 공법연구, 제24집 제3호, 1996.
송기춘, 부정청탁 및 금품 등 수수의 금지에 관한 법률안에 관한 의견서, 부정청탁 및 금품 등 수수의 금지에 관한 법률안에 관한 공청회, 대한변호사협회, 2015. 2.
송평인, 언론의 공공성을 중심으로, 김영란법의 위헌성 및 보완방안 토론회, 대한변호사협회, 2015. 4. 20.
이명웅, 김영란법 사립학교 교원 포함은 위헌, 사학, 138권, 2015.
이성기, 부정청탁금지 및 공직자의 이해충돌방지법안에 대한 문제점 및 개선방안 -금품수수 및 적용대상 확대문제를 중심으로-, 형사정책, 제26권 제2호, 2014. 8.
이유봉, 공직부패 종합대책법으로서의 「부정청탁 및 이해충돌 방지법안」에 대한 분석 연구, 한국법제연구원, 2012.
이 헌, 김영란법의 위헌성 및 보완방안 토론문, 김영란법의 위헌성 및 보완방안 토론회, 대한변호사협회, 2015. 4. 20.
전삼현, 부정청탁금지법의 위헌성 검토 및 개정방향, 김영란법의 위헌성 및 보완방안 토론회, 대한변호사협회, 2015. 4. 20.
지유미, 현행 뇌물관련법제에 대한 보완책으로서 부정청탁금지법안, 형사법연구, 제26권 제1호, 2014.
채명성, 부정청탁 및 금품 등 수수의 금지에 관한 법률의 위헌성 및 개선방향, 김영란법의 위헌성 및 보완방안 토론회, 대한변호사협회, 2015. 4. 20.
홍완식, 「부정청탁금지 및 공직자의 이해충돌방지법안」에 대한 입법평론, 토지공법연구, 제67집, 2014. 11.
국민권익위원회, 부정청탁금지 및 공직자의 이해충돌 방지법 제정안의 주요 내용, 2013. 7. 30.
규제개혁위원회, 「부정청탁금지 및 공직자의 이해충돌방지법」에 대한 규제영향분석, 2013. 7.

제 3 편

입법 과정론

立法過程論

CHAPTER

14 입법에서의 협치 확대를 위한 고찰

출처: 법제연구 제53호, 2017년, 311~336

국민들과 주민들의 입법참여를 위한 여러 방안들을 제도화 한 것은 의견을 수렴하기 위한 것에서 나아가 주권자인 국민과 대의기관이 협력하여 협치를 이루기 위한 것으로 볼 수 있다. 이미 제도화된 입법예고와 공청회·청문회를 비롯하여 입법청원과 주민의 조례의 제정·개폐청구권 등은 일방적으로 법을 입법하여 수범자에게 제시되는 것이 아니라, 국민들의 의견을 반영하고 협력하여 '좋은 법' 내지 '준수가능한 법'을 만들기 위한 것이다. 또한 제도화되지는 않았거나 본질상 제도화될 수는 없는 것이지만 사회적 자율과 국가적 강제를 조화시키는 장점을 지니는 국민발안과 협상에 의한 규칙제정 그리고 시민입법 및 연성법 등도 협치라고 하는 시대정신에 상응하는 입법경향에 해당하는 것이라고 볼 수 있다. 현행 제도인 입법청원이나 입법예고를 포함하여 법안심사 과정 중에 공청회·청문회를 실질화하여 국민들의 의견을 입법에 적극 반영하는 것이 국가와 국민의 협치를 강화하는 것이며 조례의 제정이나 개폐 청구를 실질화하여 주민들의 의견을 자치입법에 적극 반영하는 것이 지방자치단체와 주민의 협치를 강화하는 것이다. 또한 제도화는 안 되어 있지만 국민소환과 함께 도입이 주장되고 있는 국민발안제도 혹은 시민입법도 입법과정에서의 일방성을 시정하기 위한 협치의 한 방안이고 협상에 의한 입법이나 연성법의 활용도 협치적 요소를 강화하기 위한 방안이라고 볼 수 있다. 법률·행정입법·자치입법의 입법을 포함하여 연성규범에 있어서, 즉 입법과정에서 공식적이건 비공식적이건 간에 협치의 의미를 실현하고 이를 적용할 영역은 이와 같이 다양하게 생각해 볼 수 있다. 입법을 통한 방식의 국가의사 결정에 있어서 기존처럼 일방적인 방향성을 지니는 패러다임에서, 이제는 쌍방적인 방향성을 지니는 패러다임의 전환이 바람직하다고 할 수 있다. 특히 법률에 의한 행정과 재판이 법치주의의 본질적 내용이기 때문에 국가작용에서 입법은 특히 중요하며, 입법과정에서 국민을 참여시키고 의견을 수렴하고자 하는 협치적 요소를 입법과 관련한 제도개선에 적극적으로 반영할 필요가 있다.

주제어: 협치, 시민입법, 입법예고, 입법청원, 국민발안, 주민발안, 연성법, 협상에 의한 규칙제정

제1절 머리말

통치(統治, government)가 아닌 협치(協治, governance)를 강조하는 주장이 많아졌지만, 협치가 무엇인지 혹은 협치가 어떠한 제도와 관련되거나 어떠한 제도로 구현될 수 있는 것이지 등 그 의미와 내용에 대해서는 명확하지 않다. 협치라는 것은 정부와 국민들간의 관계가 수직적 관계에서 수평적 관계로 변화한 상황을 의미한다거나, 정부와 국민의 관계에 대한 인식의 전환 혹은 방향성의 변화를 의미하는 것으로 여겨진다. 혹은 대립과 갈등이 일상화된 우리의 정치상황에서 협력적 정치의 의미로 협치라는 용어를 사용되기도 한다. 국가는 이제 왕조시대처럼 일방적으로 국민에 대하여 명령하는 통치자로서 군림하는 것이 아니라, 민주주의시대에서는 국가가 다양한 사회세력과 국민들의 의견과 이해관계를 조정하는 조정자로서 기능하여야 한다는 생각에서 협치의 개념이 등장하였다고 본다. 그럼에도 불구하고 법학분야에서는 협치에 관한 논의가 진전된 것이 별로 없어 보인다. 법학의 특성상 담론적 성격의 논의보다는 구체적이

고 현실적인 것에 관심과 논의가 집중되기 때문이라고 볼 수도 있다. 그러나 헌법이 나아가 공법이 국가와 국민들의 관계에 관한 규율이라고 본다면, 협치의 개념과 내용이 다소 모호하더라도 협치의 방향성과 시각에 착안하여 법학 분야 특히 입법의 관점에서 법령과 제도를 고찰해볼 필요가 있다. 국민들과 주민들의 입법참여를 위한 여러 방안들을 제도화 한 것은 의견을 수렴하기 위한 것에서 나아가 주권자인 국민과 대의기관이 협력하여 협치를 이루기 위한 것으로 볼 수 있다. 즉, 이미 제도화된 입법예고와 공청회·청문회를 비롯하여 입법청원과 주민의 조례의 제정·개폐청구권 등은 일방적으로 법을 입법하여 수범자에게 제시되는 것이 아니라, 국민들의 의견을 반영하고 협력하여 '좋은 법' 내지 '준수가능한 법'을 만들기 위한 것이다. 또한 제도화되지는 않았거나 본질상 제도화될 수는 없는 것이지만 사회적 자율과 국가적 강제를 조화시키는 장점을 지니는 국민발안과 협상에 의한 규칙제정 그리고 시민입법 및 연성법 등도 협치라고 하는 시대정신에 상응하는 입법경향에 해당하는 것이라고 볼 수 있다. 따라서 이 글에서는 국가와 사회를 규율하는 법규범을 정립함에 있어서 공동체와 시장이 담당하는 규범적 역할이라고 하는 관점에서 볼 수 있는 기존의 제도와 새로운 제도를 고찰해 보고자 한다.

제2절 입법에 있어서 협치의 의미

협치의 개념은 국가중심주의에 대한 비판으로서 등장하였으며, 시민사회 중심의 파트너쉽 또는 네트워크가 구성되어 작동하여야 한다는 것으로 이해될 수 있다.[1] 협치는 광의와 협의로 이해될 수 있다. 협의의 협치는 공동체가 정부와 대등한 입장에서 독자적인 정체성을 유지하면서 역할을 분담하거나 협력을

---

1 서창록/이연호/곽진영, 거버넌스의 개념, 거버넌스의 정치학, 거버넌스연구회, 법문사, 2002, 12쪽.

하는 것을 의미하고, 광의의 협치는 정부와 공동체의 협치는 정부 영역에 민간이 참여하는 행정참여 또는 참여적 의사결정 보다 넓은 외연으로 확장되는 것을 의미한다.[2] 광협을 불문하고, 협치를 이해하기 위해서는 정책결정과정의 조정자이자 집행자인 국가의 변화된 국정운영방식에 대한 이해가 전제되어야 할 것이다. 협치 혹은 거버넌스는 국정운영의 새로운 방식으로서의 신공공관리론(New Public Management)과 맥락을 같이 하는 것으로 이해되고 있다. 신공공관리론이란 1970년대 중반 이후에 서구에서 나타난 복지국가의 위기 등으로 인하여 방만한 정부의 비효율성과 규모를 줄이고 사회 제 행위주체들과의 효율적인 국정운영의 주체로서의 정부의 역할을 논의하면서 등장하였다.[3] 협치를 협의로 이해하건 광의로 이해하건, 국가 혹은 국민의 대표인 의회의 이름으로 행해지는 입법에 일반 국민이 일방적으로 복종하는 통치와는 다른 것을 협치로 이해할 수 있으며, 국가의 정책결정 혹은 입법과정에 국민을 참여시키는 정도의 협치가 이루어지는 것을 협의의 협치라고 하고 이를 넘어 공동체와 시장의 규범적 역할이 보다 강조되는 정도를 광의의 협치라고 할 수 있다. 따라서 일방적인 규범정립작용을 넘어서 입법에 협력하거나 공동의 규범정립 행위를 모두 협치의 범주에 포함시켜 논의할 수 있을 것이다. 국가가 중요정책의 결정을 독점하는 대의민주주의는 한계에 봉착했으며 국민들이 국가의 중요정책결정권을 분점하거나 참여하는 시대가 되어야 한다.[4] 즉, 대의민주주의의 한계에 대하여 제시된 대표적인 대안이 참여민주주의와 협치라고 설명되고 있다. 참여민주주의 이론과 참여를 통한 숙의과정을 중시하는 심의민주주의가 시민들의 정치참여를 중시하는 것이라면, 협치 모델은 시민과 정부의 관계를 중시하는 것이다. 협치는 공식적 권위에 의존하지 않고 다양한 행위자들이 자율적으로 협력하는 제도 및 조정형태라고 정의된다.[5] 자유민주주의 국가에서의 입법과정은 다양한 이익

2 김승환/황은주, 정부와 공동체의 협치 사례연구, 한국법제연구원, 2010, 191쪽 이하.

3 서창록/이연호/곽진영, 거버넌스의 개념, 거버넌스의 정치학, 거버넌스연구회, 법문사, 2002, 9쪽.

4 김주환, 통제와 협력 −대의민주주의에서 의회와 정부의 관계에 대하여, 홍익법학, 제17권 제4호, 2016, 244쪽.

5 이현우, 한국민주주의의 질적 향상을 위한 방향 −절차적 민주주의를 넘어서, 한국국제정

단체간의 이해를 조정하는 과정으로도 이해될 필요가 있는데, 입법과정을 이렇게 이해하는 것은 민주적 과정이 여러 사람의 이익을 효과적으로 대변하여 입법의 이해도나 효율성 및 준수율을 증진시키는 법령을 입법하는데 기여할 수 있다는 생각에 기초하고 있는 것이다.[6] 이해관계가 대립되거나 입법에 대한 의견이 다양한 경우에는 대립되거나 관심이 많은 이해관계인들의 협의에 의하여 법률안을 조정하는 방안이 있을 수 있다. 일방적인 거번먼트(government)의 개념속에서 진행되는 입법과정보다는 협치(協治)의 개념을 지니는 거버넌스(governance) 개념이 강조되는 현대민주주의 상황 하에서는, 국가가 일방적으로 입법을 하고 이를 수범자에게 지키기를 강요하는 구도 보다는 수범자가 규범의 생성과정에 참여하는 입법이 이상적일 수 있다. 국가를 대표하는 입법자는 이들 이해관계인의 협의가 동등하고 공정하게 진행될 수 있도록 하고 협의의 결과물을 의회의 입법과정에 반영하는 역할을 담당하면 될 것이다.[7] 특히 우리의 입법과정이 국가와 국민 사이의 관계에서 국민들의 의사를 집약하고 대변하는 대표기능과 입법기능을 원활하게 수행하지 못한 것으로 평가[8]되기 때문에, 협치의 관점에서 입법을 보고 입법과정에 국민들의 의견을 적극적으로 반영하는 것은 대의제의 약점을 보완하고 국민주권주의를 실현하는데 있어 바람직하다고 할 수 있을 것이다.

협치의 의미와 관련하여, 협치가 행정부 수반과 야당 간에 이루어지는 화합과 협력의 정치를 의미한다거나 국회 내에서의 정당과 정당 간의 협력관계를 협치로 보는 견해도 있다.[9] 그러나 '협상을 통한 정치'나 '협의에 기반한 정치'를 협치라고 부르는 것에 대하여 정치에 있어 협상과 협의가 중요해 졌다는 것과

치학회, 2011. 4, 30쪽.

6 김유환, 입법과정에서의 갈등해결 : 한국의 상황과 문제점, 이화여자대학교 법학논집, 제24권 제3호, 2010, 213쪽.

7 박균성/김재광/전학선/정하명/홍완식, 입법과정의 선진화와 효율성 제고에 관한 연구, 2008, 186쪽.

8 이동윤, 국회의 입법과정과 시민단체의 역할 : 참여연대의 활동을 중심으로, 한국정당학회보, 제6권 제1호, 2007, 166쪽.

9 최태욱, 협치의 조건, 내일을 여는 역사, 제64호, 2016. 9, 110쪽.

협치는 전혀 다르다는 점이 지적되기도 한다.[10] 우리 현실정치에서 논의되는 헌법기관간 혹은 정당이나 정치세력간의 협의와 국가의사결정의 패러다임의 전환을 의미하는 협치는 다르게 보아야 할 것이다.

제3절 입법에 있어서 협치의 확대

1. 협치 입법을 위한 현행 제도의 개선

(1) 입법청원

입법청원은 국민 누구나가 국회에 법률안을 제안할 수 있도록 하는 제도이다. 입법청원은 국회나 정부가 국민들의 다양한 입법의견을 적극적으로 반영하지 못할 때에 특히 의미를 지니게 된다. 입법청원의 문제는 제도개선이나 실효성 제고 차원으로만 국한되어서는 곤란하며, 민주주의의 심화라는 보다 근본적인 문제와 관련시켜 다루어질 필요가 있다는 의견도 있다.[11] 특히 입법청원제도는 법안의 작성단계부터 국민이 참여할 수 있는 제도이기 때문에 중요하다고 평가[12]되고 있다. 우리 헌법은 제26조에 “모든 국민은 법률이 정하는 바에 의하여 국가기관에 문서로 청원할 권리를 가진다”고 하고 “국가는 청원에 대하여 심사할 의무를 진다”고 규정하고 있다. 청원권은 공권력과의 관계에서 여러 이해관계, 의견, 희망 등에 관하여 적법한 청원을 한 국민에게 국가기관이 청원을 수리하고 심사결과를 청원자에게 통지할 것을 요구할 수 있는 권리를 말한다.

---

10 홍일표, 제19대 국회에서 행정부와 입법부의 관계, 한국행정학회 학술발표논문집, 2016. 6, 1쪽.

11 박선웅/이만우, 시민사회단체(CSO)의 입법과정 참여에 관한 연구 : 입법청원운동의 형성과 발전에 대한 담론 분석, 연구보고서, 2007, 151쪽.

12 김강민/박지원/배성준, 시민사회의 역할과 변화 : 갈등, 입법, 세계화의 관점에서, 한국시민윤리학회보, 제23집 제1호, 2010, 74쪽.

청원권은 그 역사가 오래 되었지만, 국민들에게는 국민의 의견을 국가에 전달할 권리를 부여하고 국가에게는 이를 심사하여 통지하는 의무를 부여하는 것이기에, 이러한 청원권 부여와 이에 대한 국가의 의무적 심사를 협치의 한 방법이라고 볼 수 있다. 입법청원은 해당 이슈에 대한 여론조성에도 많은 영향을 미치고 있다.[13] 청원할 수 있는 내용은 다양하지만, 입법에 관한 의견을 국가기관에 개진하는 것을 입법청원이라고 하는데 국회법과 지방자치법 상에는 의원의 소개를 받도록 하는 제한을 두고 있다. 행정입법에 관한 입법청원은 행정청에 문서로서 하면 되기 때문에 이러한 제한이 없다. "행정부 등에 대한 청원은 당해 기관이 단독으로 의사결정을 할 수 있기 때문에 합의제 기관인 국회에 대한 청원과는 달리 취급할 수 있으므로 국회에 청원을 하려는 자를 행정기관 등에 청원을 하는 자와 차별하는 이 사건 법률조항이 자의적이라거나 합리성이 없는 것이라고 볼 수 없다"[14]는 것이다. 헌법재판소는 국회에 제출하는 청원서에 대하여 의원의 소개를 얻도록 제한을 두고 있는 「국회법」 제123조 제1항 위헌확인 사건에서 "이 사건 법률조항이 의회에 대한 청원에 의원의 소개를 얻도록 한 목적은 무책임한 청원서의 제출과 남용을 예방하여 청원 심사의 실효성을 확보하려는 것으로서, 청원은 일반의안과 같은 심사절차를 거치므로 청원서 제출단계에서부터 의원의 관여가 필요하며, 청원의 소개의원이 되려는 의원이 단 한 명도 없는 경우에까지 청원서를 제출할 수 있도록 하여 이를 심사할 실익은 없다 할 것이다. 또한 국회는 의원의 소개를 얻지 못한 민원들을 진정으로 접수하여 처리하는 점, 청원의 소개의원은 1인으로 족한 점 등을 감안할 때, 이 사건 법률조항이 입법형성의 재량의 범위를 넘었다고 볼 수 없으므로, 이 사건 법률조항은 청구인의 청원권을 침해하지 아니한다"[15]고 판시하였다. 또한 헌법재판소는 지방의회에 제출하는 청원서에 대하여 의원의 소개를 얻도록 제한을 두고 있는 지방자치법 제65조 제1항 위헌확인 사건에서도 "청원권의 구체적 내용은

13 이세정, 의원입법과정에서 국민참여기능 확대방안, 한국법제연구원, 법제연구, 제43권, 2012. 12, 417쪽.

14 헌재 2006. 6. 29. 2005헌마604.

15 헌재 2012. 11. 29. 2012헌마330.

입법활동에 의하여 형성되며 입법형성에는 폭넓은 재량권이 있으므로 입법자는 지방의회에 제출되는 청원서에 대하여 청원의 내용과 절차는 물론 청원의 심사·처리를 공정하고 효율적으로 행할 수 있게 하는 합리적인 수단을 선택할 수 있는 것"[16]이라고 판시한 바 있다. 그러나, 국회와 지방의회에 청원을 할 때에 의원의 소개를 얻도록 한 것은 무책임한 청원서의 제출과 남용을 예방하여 청원심사의 실효성을 확보하려는 것에 목적이 있다[17]고 하지만, "무책임한 청원"를 규제하거나 남용을 예방하고자 한다는 의원소개제도의 취지는 '협치의 시각'이라기 보다는 '통치의 시각'이라고 볼 수 있다. 입법청원의 일부를 무책임한 청원이라고 본다면, 의원이 발의하는 법안의 일부도 무책임한 법안으로 볼 여지는 없는지도 돌아보아야 한다. 동 헌법재판소 결정에서 개진된 '청원에 대한 의원소개제도가 청원권의 본질적인 내용을 침해한다'는 취지의 반대의견[18]의 논리가 오히려 '협치의 시각'에 근접한 것이 아닌가 한다. 임대주택계약의 피해구제와 관련하여 국회의원과 지방의회의원에게 청원소개를 신청하였으나 아무런 답변도 듣지 못한 청구인이 청구인의 청원권 등을 침해한다고 주장하며 청원심사 등 부작위 위헌확인을 청구한 사건에서 헌법재판소는 국회의원과 지방의회의원은 소개를 신청한 청원에 대하여 일정기간 이내에 심사하고 처리결과를 통지하여야 할 의무가 없다고 판시하였다.[19] 이러한 헌법재판소의 합헌결정에도

16 헌재 1999. 11. 25. 97헌마54; 헌재 2001. 11. 29. 99헌마713.

17 헌재 2012. 11. 29. 2012헌마330; 헌재 2006. 6. 29. 2005헌마604.

18 "입법자가 청원권의 구체적 내용을 형성할 입법재량을 가진다고 하더라도 국민이 자유롭게 국가기관에 접근할 수 있는 최소한의 절차적 요건을 설정하는데 그쳐야 함에도 이 사건 법률조항은 소개 여부를 의원 개인의 판단에 맡겨 놓고, 청원권의 행사에 의원의 동의를 얻도록 하고 있어 청원권을 사실상 박탈하고 본질적인 내용을 침해하고 있다. 접수단계에서 의원의 소개 유무에 의해서가 아니라 민원의 내용을 실질적으로 검토하여 국회의 권한에 속하는 사항은 청원으로 처리해야 하며, 청원의 남발은 예비심사제도 등을 통해 규제할 수 있으므로 의원의 소개를 요하는 것은 행정편의적 목적을 위하여 국민의 청원권을 사실상 형해화한 것으로 헌법에 위반된다." 헌재 2006. 6. 29. 2005헌마604 송인준과 주선회 재판관의 반대의견.

19 "국회법은 제123조 내지 제126조에서, 지방자치법은 제73조 내지 제76조에서 청원서를 제출하기 위한 요건으로 의원의 소개를 얻을 것을 규정하면서 청원의 제출과 접수 이후의 처리과정에 대해 규정하고 있고, 청원법 제2조에서는 청원에 관하여 다른 법률에 특별한 규정이 있는 경우를 제외하고는 청원법에 의한다고 규정하고 있을 뿐, 국회의원 또는 지방의회의원이 어떤 방식으로 국민들의 청원 소개 신청을 접수하고 심사하여 그 중 의회

불구하고, 국민들의 입법청원을 제한하는 이러한 의원소개제도는 국민대표기관으로서의 국회의 본질과 합치하지 않는 것[20]이므로 「국회법」과 「지방자치법」의 개정을 통하여 입법적으로 폐지하여야 한다는 주장에 공감한다. 또한 「청원법」도 청원권을 충분히 보장하고 있지 못하다는 보다 근본적인 비판[21]도 있다. 그러나 정작 문제인 것은 입법청원제도의 실효성 여부이다. 입법청원에 의원의 소개를 요건으로 하건 안하건 간에 입법청원이 국회 및 지방의회에서 신중하게 검토되느냐의 여부 및 나아가 청원된 법률안이 법률로 입법되느냐의 여부 등이 문제이다. 입법청원을 포함하여 국회에 제안된 모든 청원 중에서 채택된 것인 19대 국회에서는 227건 중에서 1건, 18대 국회에서는 272건 중에서 3건, 17대 국회에서는 432건 중에서 4건, 16대 국회에서는 765건 중에서 4건이다.[22] 이들 몇 건이 안 되는 채택 청원의 내용도 법률안은 없고 민원성 청원이다. 입법청원의 대부분은 '본회의 불부의'되거나 '폐기'된다. 따라서 구속력이 없거나 실효성이 부족한 입법청원제도를 개선하여 청원된 의견을 입법에 적극 반영하도록 하는 제도적 보완이 이루어져야 할 것이다.

(2) 입법예고와 공청회 등

법률의 입법과정이 국회 내부에서만 진행되는 절차일 수가 없고, 행정입법의 입법과정이 행정청 내부에서만 진행되는 절차일 수는 없을 것이다. 입법을 함에 있어서 수범자인 일반국민은 물론이고 기업과 단체 등 이해관계자의 의견이 입법에 반영되어야 한다. 국가가 국민에게 '국가가 만든 법령이니 준수하라'는 생각이 통치에 해당된다면, '준수할 수 있는 법을 만들어 보자'는 생각은 협치적 입법과정에 해당되는 것이다.

에 소개할 청원을 선택할 것인지 여부에 관하여는 규율하고 있지 않으므로, 이는 국회의원 또는 지방의회의원의 자율적인 영역에 맡겨져 있다고 보아야 할 것이다. 따라서 관련 법률에 의해서도 피청구인들이 청구인의 청원 소개 신청을 일정 기한 이내에 심사하고 처리결과를 통지하여야 할 작위의무를 부담하고 있다고 볼 수 없다. 결국 이 사건 부작위는 헌법소원이 허용되는 공권력 불행사에 해당하지 아니한다." 헌재 2015. 5. 19. 2015헌마423.

20 이성환, 입법과정에 있어서 국민참여, 법학논총, 제21권 제2호, 2009, 160쪽.

21 조승민, 로비의 제도화, 삼성경제연구소, 2005, 17쪽.

22 국회 의안정보시스템(likms.assembly.go.kr/bill/PetitionFinish.do).

입법예고는 정부와 국회에서 심의할 법령안이나 조례안 등을 사전에 예고함으로써, 국민과 주민의 다양한 이해관계와 의사를 적극 입법에 반영함을 통하여 입법의 실효성과 수범력을 향상시키는데 기여할 수 있는 제도이다. 「국회법」, 「행정절차법」, 「지방자치법」, 「법제업무운영규정」 등에는 법령과 자치입법에 대한 입법예고제도가 규정되어 있다. 헌법 제40조에 의하여 법률의 입법권을 지니고 있는 국회도 「국회법」 제82조의2에 입법예고에 관한 근거규정을 두고 있고 이를 시행하고 있다. 입법예고의 기간은 특별한 사정이 없는 한 10일 이상으로 한다. 이에 따라 구체적인 사항은 「국회입법예고에 관한 규칙」에 규정되어 있다. 또한 헌법 제52조에 의하여 법률안제출권을 지니고 있고, 헌법 제75조와 제95조에 의하여 행정입법권을 지니고 있는 정부는 「행정절차법」 제41조에 입법예고에 관한 근거규정을 두고 이를 시행하고 있다. 입법예고의 기간은 특별한 사정이 없는 한 40일(자치법규는 20일) 이상이다. 상세한 사항은 「법제업무운영규정」 제14조 이하에 규정되어 있다. 또한 헌법 제117조에 의하여 자치입법의 입법권을 지니고 있는 지방자치단체는 「지방자치법」 제66조의2에 입법예고에 관한 근거규정을 두고 이를 시행하고 있다. 「법제업무운영규정」 제20조는 자치법규안의 입법예고에 관해서 규정하고 있으며, 구체적인 사항은 각 지방자치단체 조례로 정하도록 하고 있다. 이에 따라 부산광역시 자치법규의 입법예고에 관한 조례, 대전광역시 자치법규안 입법예고에 관한 조례, 강원도 입법예고에 관한 조례, 서울특별시 양천구 입법예고에 관한 조례, 보령시 자치법규안 입법예고에 관한 조례 등 대부분의 광역과 기초 지방자치단체에는 입법예고에 관한 조례가 규정되어 있다. 「행정절차법」 제44조에는 입법예고에 제출된 의견을 반영하도록 하고 있고 지방자치단체의 입법예고에 관한 조례에도 대부분 제출된 의견의 처리에 관한 규정을 두고 있지만, 「국회법」이나 「국회입법예고에 관한 규칙」에는 이러한 규정을 두고 있지 않다. 따라서, 입법예고에의 접근성 부족과 의견제출의 소극성 및 제출의견의 반영 미비 등으로 인한 제도적 한계가 지적되고 있다.[23] 국민들의 의견을 수렴하여 입법에 반영하고자 하는

---

23 고인석/최정일/홍완식, 입법예고 제도의 운영실태 및 실효성 제고방안 연구, 2013, 189쪽.

제도로는 입법예고 외에도 공청회와 청문회를 들 수 있다. 법안에 대한 공청회는 거의 모든 국가에서 볼 수 있는 의견을 수렴하고 정책을 조정하는 방법[24]이고, 이러한 보편성에 근거하여 우리의 입법과정에는 다양한 공청회 제도를 도입하여 운용하고 있다. 「행정절차법」 제45조(공청회)에는 정부제출 법안과 행정입법안에 대한 공청회의 근거규정을 두고 있고, 「국회법」 제64조(공청회)에는 법안에 대한 공청회의 근거규정을 두고 있다. 「국회법」 제65조(청문회)에는 일반 청문회와 함께 입법청문회에 관한 근거규정을 두고 있다. 미국연방의회의 경우 입법청문회(Legislative hearings), 감독청문회(Oversight hearings), 조사청문회(Investigative hearings), 현장청문회(Field hearings), 인사청문회(Confirmation hearings) 등의 다양한 청문회가 운영되고 있다. 청문회를 개최하여 관계자와 전문가의 의견을 듣고 이 과정은 국민들에게 공개하는 것은 의회와 정부행정의 투명성을 보장하기 위한 취지를 지니고 있다.[25] 따라서 입법과정에서 공청회와 청문회 등을 보다 적극적으로 활용하고 국민들의 다양한 의사와 요구를 수용하는 제도적 장치가 마련되어야 한다.[26] 입법과정에는 심도있는 법안심사를 위하여 이해관계자 및 전문가들로부터의 의견수렴이 가능한 입법예고·공청회·청문회 등의 제도가 운영되고 있으며 이러한 제도의 활성화를 위한 보완이 필요하다는 지적이 있다.[27] 즉, 「국회법」에는 입법공청회를 규정하고 있고, 입법공청회가 진행되고 있지만 실질은 입법설명회 혹은 형식적인 공청회인 경우가 많다. 따라서 이해관계인의 의견을 수렴하고 관계기관과의 협의를 거쳤는지 여부를 법령안에 표시하도록 하자는 제안이 있다.[28] 공청회에는 주로 전문가들이 참석하고 있지만 정략적으로 운영되어 서로의 의견을 과시하고 상대당의 의견을 비판하는 자

---

24 김유환, 입법과정에서의 갈등해결 : 한국의 상황과 문제점, 이화여자대학교 법학논집, 제24권 제3호, 2010, 219쪽.

25 권영설, 입법과정의 헌법적 조명, 공법연구, 제34집 제3호, 2006, 19쪽.

26 이동윤, 국회의 입법과정과 시민단체의 역할 : 참여연대의 활동을 중심으로, 한국정당학회보, 제6권 제1호, 2007, 187쪽.

27 임종호, 입법과정의 개선 및 발전방향, 공법연구, 제34집 제3호, 2006, 43쪽; 홍완식, 현행 입법과정의 문제점과 개선방안, 한국법제연구원, 법제연구, 제37권, 2009. 12, 22쪽.

28 박균성, 입법의 질 제고에 관한 연구, 토지공법연구, 제43집 제1호, 2009, 492, 500쪽.

리로 활용되고 있어 이에 대한 개선책을 마련하라는 의견도 있다. 일반국민도 참여할 수 있도록 제안자의 범위를 넓게 개방하고, 편리하게 의견을 수렴할 수 있는 온라인 공청회의 개최도 제안하고 있다.[29] 입법예고와 공청회 등과 관련해서는 형식화되고 부실한 지금까지의 입법참여의 기회를 보다 실질화하고 활성화하자는 제안을 적극 수용할 필요가 있다.

(3) 조례의 제정과 개폐청구권

지방자치 활성화 방안의 하나로서 자치입법에 대해서 주민들이 입법절차에 실질적으로 참여하고 구체적인 법안을 제출할 수 있는 기회가 충분히 보장되어야 한다는 점에는 이견이 있을 수 없다.[30] 1999년에 「지방자치법」의 개정으로 조례의 제정·개정·폐지를 청구할 수 있는 제도가 도입되었고,[31] 현행 「지방자치법」 제15조에는 조례의 제정과 개폐청구에 관한 근거규정을 두어 일정한 수적 요건과 절차적 요건 하에 주민들에게 조례입법에 참여할 수 있는 제도를 두고 있으며, 이러한 청구에 대하여 지방자치단체의 장이 거쳐야 할 심사절차를 규정하고 있다. 주민에 의한 조례 제정·개폐 청구권제도가 처음 도입된 이래부터 2016년까지 주민청구 조례안은 총 223건이 청구되었고, 가결 116건 부결 28건 각하 24건 철회 8건 폐기 42건이고 5건이 진행중이다.[32] 주민들이 청구한 조례안의 가결율이 52%에 이른다는 점은 전술한 입법청원과는 비교가 되지 않을 정도로 실질적으로 운영되고 있는 것이다. 중앙정부의 입법에 있어서 보다 지방정부의 자치입법에 주민들이 적극적으로 입법참여를 하는 것을 실증하는 통계라고 할 수 있다. 과거 지방자치가 운용되지 않을 때와는 비교할 수도 없고, 지방의원들에 의하여 일방적으로 입법된 조례를 준수하여야 하던 '통치적 자치입법'에서 지방주민들에 의하여 청구된 조례가 만들어지는 '협치적 자치입

29 김용철, 국민참여입법을 위한 효율성 확보방안, 한국자치행정학보, 제26권 제1호, 2012, 141쪽.
30 문병효, 지방의회의 자치입법제도 운영현황 및 문제점, 강원법학, 제38권, 2013, 408쪽.
31 이후 개정 사항에 관하여는 자치법규 입법실무, 행정자치부, 2016, 129쪽 참조.
32 2016 지방자치단체 조례·규칙 현황, 행정자치부, 2017, 7쪽.

법'의 시대가 열린 것이다. 「지방자치법」에 의하여 보장된 지방자치단체의 주민들에게 부여된 조례의 제정과 개폐청구권은 조례입법에 관하여 수범자인 주민의 의견이 반영될 수 있는 제도이므로 당연히 협치의 요소라고 할 수 있다. 주민들에게 부여된 조례의 제정과 개폐청구권은 일종의 발안제도라 할 수 있고, 중앙의회에 대한 국민발안에 대응하여 지방의회에 대한 주민발안이라고 부를 수 있다. 즉, 주민에 의한 조례 제정·개폐 청구권제도는 중앙정부에서 구현되지 못하고 있는 국민발안제도를 지방정부에서 구현하고 있는 것으로서, 협치시대의 입법으로서 큰 의미를 지니고 있다. 앞으로는 조례 제정 및 개폐청구권이 지금보다 더욱 활성화되고, 이러한 자치법규 입법발안의 제도와 경험이 국회입법발안제도로까지 확대될 필요가 있다.

2. 협치 입법을 위한 새로운 구상

(1) 시민입법

국회의원이 발의하는 법안을 의원입법 정부가 제출하는 법안을 정부입법이라고 부르는 것처럼, 시민사회의 주체인 시민들이 주체가 되는 입법운동 혹은 법안을 시민입법이라고 할 수 있다. '의원입법'이나 '정부입법'은 헌법과 법률에 의하여 규정되고 제도화됨으로써 공식적인 입법과정에 속하지만, 자발적인 시민입법은 비공식적인 입법과정으로 볼 수 있다. 1980년대 이후 한국의 사회운동은 입법청원제도를 활용하여 시민들의 입법적 요구를 결집하고 다양한 세력들의 입장이 경합하는 과정을 거치면서 제도로서의 입법청원을 시민입법운동으로 전환시켰다고 평가되고 있다.[33] 또한 1993년에 출범한 경실련의 시민입법위원회의 활동[34]은 일반 국민들의 입법참여를 체계화하고 조직화하는 계기가 되기도 하였다. 입법과정에 시민이 참여하는 것은 입법과정을 감시하고 통제하는 것에만 그치는 것이 아니라 각계 각층의 여러 의견을 통합하고 수렴하는데

---

33 홍일표, 기로에 선 시민입법, 후마니타스, 2007, 28쪽.

34 이에 관해서는 최홍엽, 시민입법운동 1년을 돌이켜보며, 법과 사회, 제9호, 1994, 79쪽.

효율적이며 입법의 정당성을 높이는 의미를 지닌다.[35] 시민단체의 입법참여는 입법과정에 국민들의 의사를 직접 반영함으로써 입법과정의 실질적인 합법성을 부여하며 법률의 내용이 국민들의 상식과 동떨어지지 않게 하고 입법내용의 정당성을 제고하며 나아가 입법되는 법령이 국민들의 실질적 이해와 정서를 반영함으로써 법률시행의 당위성과 효율성을 높이는 작용을 하게 된다. 이러한 시민단체의 입법참여는 국민 참정권과 의회의 대표기능을 활성화시키는 것은 물론이고 대의민주주의를 보완하는 기능을 수행할 수도 있는 것이다.[36] 시민입법은 시민운동의 요구를 제도와 법률로 실현시키고자 하는 입법운동와 시민운동의 결합이라고 평가하고 있으며, '시민운동이 입법과정에 간여하는 방식들'로서는 입법청원 제출, 의원발의 요청, 개별의원 또는 정당관계자를 상대로 한 설득, 정부에 입법의견서 제출, 공청회에서 진술하는 등을 들고 있다.[37] 구체적으로 「생명윤리법」, 「상가임대차보호법」, 「증권집단소송법」, 「국민기초생활보장법」, 「환자연명의료결정법」, 「정보공개법」, 「공직자윤리법」 등은 시민입법운동의 영향을 많이 받은 법률이라고 할 수 있다. 주로 기존 정치권이 관심을 갖지 않은 분야이거나 국가권력을 제한하거나 사회적 영향력이 충분치 않은 분야를 보강하는 취지와 내용으로 법률을 제정하거나 개정하자는 입법이 시민입법으로 추진되었다. 시민입법이 국회입법을 대체할 수는 없지만, 국회입법의 한계를 극복하는 방안으로서 시민입법운동이 활성화되는 것은 바람직하다. 시민입법은 국가와 시민사회가 소통하고 협력하여야 한다는 협치적 요소를 지니고 있으며, 입법과정의 관점에서 기존의 통치적 관점이 아닌 협치의 관점에서 적극적으로 활용되어질 수 있을 것이다.

(2) 국민발안

입헌주의의 본질적 요소인 국민주권을 입법의 영역에서 실현하는 방안으

35 차병직, NGO와 법, 이화여자대학교 출판부, 2002, 46쪽.

36 이동윤, 국회의 입법과정과 시민단체의 역할 : 참여연대의 활동을 중심으로, 한국정당학회보, 제6권 제1호, 2007, 170쪽.

37 박근용, 시민운동과 입법과정 –입법이라는 결실을 맺기 위해 어떤 일을 벌였나?, 입법학연구, 제4집, 2007, 125쪽.

로는 직접민주주의적 방식의 입법을 들 수 있고, 국민발안제도는 직접민주주의적 입법방식의 대표적인 제도라고 할 수 있다. 국민투표를 통해서는 결정되어야 할 사안에 대한 가부의 선택만이 국민에게 허용되지만, 국민발안은 국민들이 직접 법안작성에 참여할 가능성이 열려 있으므로, 국민투표보다 국민발안은 훨씬 더 능동적이고 민주적인 제도라고 할 수 있다.[38] 국민발안과 국민소환 및 국민투표로 대표되는 직접민주제도는 각 국가의 헌정사적 배경과 헌법현실에 따라 다양하게 채택되고 있다.[39] 미국에서는 주민발안방식의 입법과정이 채택된 주가 Oregon주를 비롯하여 24개 주이고, 일부 주에서는 주민발안을 통한 주민표결에 의하여 주법률 및 조례가 입법되고 있다.[40] 우리나라에서는 법률을 제안할 수 있는 국민발안이 인정되지 않고,[41] 전술한 입법청원만이 허용되고 있다. 그러나 국민발안이 발의되면 의무적으로 국민투표가 행해져야 하고 국민투표를 통과하면 국민발안이 확정된다는 점이 입법청원과 다르다. 즉, 헌법안이나 법률안에 대한 국민발안은 국민투표가 필수적이며 구속력을 지닌다는 점에서 청원과는 다르다.[42] 대의민주제의 한계를 극복하는 방안으로서 직접민주제의 확대가 논의되고 있으며,[43] 이러한 관점에서 대의제의 위기를 극복하자거나 혹은 대의제를 보완하는 하나의 방안으로서 직접민주제적 요소인 국민투표를 제도화한 것처럼 국민발안제도와 국민소환제도를 도입하자는 주장이 있다. 국민발안제의 도입을 헌법규정에 명문화할 필요가 있을지 의문이라는 견해[44]도 있지만, 국민발안제를 도입하기 위해서는 헌법을 개정할 때 근거규정을 두고 법률을 제정하거나 관련 법률을 개정하는 것이 바람직할 것이다. 직접민주주의적 입법이 긍정적인 기여를 할 수 있는 영역은 대의제 하의 대표가 "공동체 구성원

38 김선택, 민주주의의 구조변화와 헌법개혁, 안암법학, 제25권, 2007, 25쪽.

39 변해철, 한국 헌법상의 직접민주제, 외법논집, 제40권 제1호, 2016, 30쪽.

40 이우영, 직접민주주의제도에 대한 입법학적 관점에서의 분석, 입법학연구, 제3집, 91쪽.

41 법률에 대한 국민발안제를 채택한 적은 없지만, 1954년에 개정된 헌법 제98조 제1항에서는 일반국민들도 50만인 이상의 차선으로 헌법개정안을 제안할 수 있도록 하는 헌법에 대한 국민발안제를 채택한 적이 있다.

42 김종서, 권력구조의 민주적 재편, 민주법학, 제64호, 2017, 62쪽.

43 정재각, 직접민주제도의 확산과 정책적 영향, 한독사회과학논총, 제18권 제1호, 2008, 11쪽.

44 김문현, 헌법개정의 기본방향, 공법연구, 제34집 제4호 제2권, 2006, 56쪽.

다수의 이익으로부터 동떨어진 결정을 할 여지가 있는 사안이 입법의 의제가 될 때"[45]인 정부구조, 정치자금규제를 포함한 정치과정에 대한 규제 등이 예로 제시되고 있다. 즉, 모든 분야를 국민발안의 대상으로 하는 경우에 포퓰리즘 입법의 우려가 있다. 따라서 국민발안의 대상을 제한하여 국회의원들의 이해관계와 관련되어 있는 등 국회의원들의 객관적이고 공정한 입법을 기대하기 어려운 사안 등으로 제한하는 방법이 제시되고 있는 것이다.[46] 선거구제 개편을 내용으로 하는 「공직선거법」이나 국회의원의 면책특권이나 불체포특권 등 특권을 제한하는 「국회법」이나 공무원의 윤리나 행동강령을 내용으로 하는 「공직자윤리법」 등에 관해서는 국민발안제도를 생각해 볼 수 있을 것이다. 전술한 바와 같이 입법청원은 의원의 소개가 필요하므로 제한적으로 활용될 수밖에 없을 뿐만 아니라 실효성이 없거나 크지 않은 제도라고 할 수 있기 때문에, 입법청원제도의 대안으로서 국민발안제도를 생각해 볼 수 있다. 후술하는 바와 같이 지방자치단체에는 조례의 제정과 개폐청구권 제도를 통해 주민발안을 제도화한 것처럼, 국회에도 이러한 제도를 도입하여 일반국민과 기업 및 각종 단체에도 법안을 제출할 수 있도록 하는 방안을 고려해 볼 수 있다. 정부와 국회의원만이 법률안제출권을 지닌다는 경직적인 발상이 '통치적 사고'에서 나온 것이라고 한다면, 일반국민과 기업 및 각종 단체에도 법률안제출권을 지닌다는 유연한 발상은 '협치적 사고'에서 나오는 것이라고 볼 수 있을 것이다.

(3) 협상에 의한 규칙제정

협의 혹은 협상에 의한 규칙제정(Negotiated Rulemaking)이란 행정입법의 영향을 받는 사람들이 입법과정에 참여하여 상호간의 이해관계에 대하여 협상을 하고 결과로 도출되는 합의에 기초하여 입법내용을 결정하는 제도를 의미한다.[47] 종래의 입법은 대의기관이나 행정기관에 의하여 일방적으로 이루어지는 측면이 강하다는 특징과 비교해 볼 때, 일반 국민과 이해관계자 등이 협상당사자로 참

45 이우영, 직접민주주의제도에 대한 입법학적 관점에서의 분석, 입법학연구, 제3집, 118쪽.
46 장영수, 직접민주제 강화 개헌의 쟁점과 성공조건, 한양법학, 제28권 제2집, 2017, 75쪽.
47 김유환, 미국 행정법에서의 협의에 의한 규칙제정, 공법연구, 제31집 제3호, 549쪽.

여하여 입법을 한다는 것도 역시 '통치적 사고'라기 보다는 '협치적 사고'에 보다 근접한 것이라고 볼 수 있다. 이미 시행되고 있는 행정절차나 자문위원회 등을 통한 국민의 행정참여는 다분히 형식적으로 운영되고 있고, 기존 제도는 시대적 변화와 국민들의 적극적인 참여욕구를 충분히 반영하지 못한다는 점이 지적되고 있다. 따라서, 새로운 참여방식의 하나로 권장되는 협의에 의한 규칙제정은 기존의 국민참여와는 의미와 성격이 다르다고 볼 수 있다.[48] 전술한 입법청원이나 입법예고제도에 의한 국민들의 입법의견 수렴이 입법참여를 유도하는 것에 한계가 있다는 인식하에, 협상을 통한 규칙제정은 규칙제정의 기본적인 사고를 전환하는 의미를 지니는 것이다.[49] 이처럼 협의 혹은 협상에 의한 규칙제정이란 입법에 의하여 영향을 받는 사람들이 입법과정에 적극 참여하여, 상호간의 관심사와 이해관계에 대하여 협상을 하고 협상결과를 통해 도출되는 합의에 따라 입법내용을 결정하도록 하는 제도를 의미하는 것이다.[50] 이는 규칙이 만들어지는 과정에서 규제를 받는 기업이나 단체 혹은 시민단체 등이 입법과정이나 정책결정과정에 참여할 수 있도록 하기 위한 제도이다. 다양한 구성원들간의 합의가 행정청에 대한 직접적인 구속력은 없지만, 행정청은 이러한 과정과 합의를 통하여 입법에 유용한 참고자료를 얻을 수 있다는 점에서 긍정적으로 평가된다.[51] 그렇다면 협상에 의한 규칙제정은 협치적 요소를 강하게 반영하고 있는 제도라고 할 수 있으며 국민들의 입법참여를 실질화하는 효과를 거둘 수 있는 제도이다. 최근 이 제도에 대한 관심이 높아지는 것도 이 제도의 협치적 요소 및 실질적인 효과를 기대하기 때문이라고 본다.

---

48 미국에서는 협의에 의한 규칙제정법(The Negotiated Rule-Making Act)이 제정됨에 따라 협의에 의한 규칙제정은 연방행정과정의 주요부분을 이루고 있다. 김유환, "미국 행정법에서의 참여와 협력 -그 의미의 변화와 새로운 행정법질서", 공법연구, 제30집 제5호, 2002. 6, 44면 이하 참조.

49 박동열, 미국 행정법에서의 전자적 방식에 의한 규칙제정, 미국헌법연구, 제25집 제2호, 2014, 227쪽.

50 김유환, 미국 행정법에서의 협의에 의한 규칙제정, 공법연구, 제31집 제3호, 2003, 549면.

51 박균성/김재광/전학선/정하명/홍완식, 입법과정의 선진화와 효율성 제고에 관한 연구, 2008, 186쪽.

(4) 연성법

연성법은 공공기관 또는 민간기관이 정립한 기준이나 원칙 또는 규정의 집합체로서 국가에 의한 구속력이 강제되지 않는 규범[52]이라거나, soft law(軟性法)는 법은 법이되 그 구속력이 약한 법을 의미하며 구속력의 정도가 완전한 hard law(硬性法)와 대조되는 규범[53]이라고 정의된다. 또한 연성법은 공적 규제(public regulation)나 법률(law)이 아니면서 현실을 규율하는 여러 규범으로서, "공적인 입법권능이 없는 주체들 간의 자발적 합의에 의해 형성되는 규범"[54]으로 정의되기도 한다. 그러나 우리나라에서는 아직 연성법(soft law)에 관한 본격적인 논의의 시작단계이기 때문에 연성법 용어 자체가 생소하고 개념에 관한 논의도 많지 않다. 연성법에는 행동강령(codes of conduct), 원칙(principles), 기준(standards), 실행계획(action plan), 지침(guideline)[55] 등이 속한다. 즉, 연성법(soft law)은 법적 구속력(legal binding)이 없는 준법률문서(quasi-legal instrument)들을 지칭한다. 연성법은 국제법 분야에서 활용되던 것[56]이고 기업법[57] 혹은 기업거버넌스(Corporate Governance)[58]와 관련한 국제법 및 국내법 분야에서도 종종 활용되고 있다. 경성

52 최난설헌, 연성규범(Soft Law)의 기능과 법적 효력 – EU 경쟁법상의 논의를 중심으로, 인하대학교 법학연구, 제16집 제2호, 2013, 89쪽,

53 김석현, 국제법에 있어서 soft law, 국제법평론, 통권 제8호, 1997, 22쪽.

54 이상수, UN지구협약의 특징과 가능성, 홍익법학, 제12권 제1호, 2011, 200쪽.

55 예를 들어, 정규의 감독기관으로서의 권한을 보유하고 있지 않은 바젤은행감독위원회(The Basel Committee on Banking Supervision, 약칭 BCBS)가 책정한 기준이나 가이드라인은 다자 조약이나 양자 조약이 아니며 법적 구속력을 지니지 않은 전형적인 soft law로 여겨진다. 손성, Soft Law의 충격 –국제금융기준의 수용과 관련된 시론적 접근, 기업법연구, 제22권 제1호, 2008, 402쪽.

56 정경수, 국제법상 연성법의 재인식, 안암법학, 제34권, 2011, 935쪽 이하.

57 2016년에 개정된 '기업지배구조 모범규준'이 연성법의 대표적인 예로 제시되고 있다. 곽관훈, 기업에 대한 규제수단으로서 연성규범의 활용가능성 및 한계 –'기업지배구조 모범규준'에 대한 검토를 중심으로, 증권법연구, 제18권 제1호, 2017, 183쪽; 김순석, 연성규범(Soft Law)을 통한 기업지배구조의 개선 –기업지배구조 모범규준(Corporate Governance Code)의 개선 및 '준수 또는 설명(Comply or Explain) 원칙의 도입방안을 중심으로, 증권법연구, 제18권 제2호, 2017, 5쪽.

58 손성, Corporate Governance에 있어서 미국회사법상 Monitoring Model에 관한 연구, 상사법연구, 제20권 제1호, 2001 참조.

법(hard law)과 대비되는 개념으로 법이 창조되는 중요한 전단계이고, 관습법의 형성에 불가결한 법적 확신이 국제사회의 각 국가간에 생기고 있는 유력한 증거로서 '응고과정에 있는 법'이라고도 비유되고 있다. 연성법은 엄밀한 의미로 국제적인 입법과정의 결과물은 아니지만 '준입법과정(quasi-legislation process)'에 속한다고 본다. 그리고 연성법과 경성법의 가장 큰 차이는 법원에서의 소송을 할 수 있는지 여부라고 보고 있다. 즉, 연성법에는 법적 구속력이 없으나 사실상의 법적 구속력이 있다는 점을 경성법과의 차이로 보고 있다. 전술한 바와 같이, 협치의 의미가 공식적 권위에 의존하지 않고 다양한 행위자들이 자율적으로 협력하는 제도 및 조정형태[59]라고 한다면, 연성법도 협치적 요소를 지니고 있다고 볼 수 있다. 따라서 민간 경제주체들의 자발적 협력을 유도하고 민간과의 협치를 필요로 하는 환경보전 및 국제경제 등의 분야에서는 특히 거버넌스 내지 협치를 하는 것이 필요하고 효율적이므로 연성법을 적극 활용할 만하다.

제4절 맺음말

협치의 개념은 국가중심주의에 대한 비판과 함께 등장하였고, 시민사회중심의 파트너십 또는 네트워크가 형성되고 작동되어야 한다는 점을 강조하고 있다. 입법을 함에 있어서도 국가를 중심으로 하는 제도와 운영에만 의존하는 것이 아니라, 국민들이 논의하고 참여할 수 있는 기회를 많이 만들뿐만 아니라 국민들의 의견을 적극 반영하는 제도와 운영이 될 수 있도록 국가는 노력하여야 한다. 현재 입법과정에서 시행되고 있는 다양한 의견수렴 제도를 보다 적극화하고 활성화할 필요가 있다. 즉, 입법청원이나 입법예고를 포함하여 법안심사과정 중의 공청회·청문회를 실질화하여 국민들의 의견을 입법에 적극 반영하

59 이현우, 한국민주주의의 질적 향상을 위한 방향 -절차적 민주주의를 넘어서, 한국국제정치학회, 2011. 4, 30쪽.

는 것이 중앙정부 차원에서 협치를 강화하는 것이다. 또한 조례의 제정이나 개폐 청구를 실질화하여 주민들의 의견을 자치입법에 적극 반영하는 것이 지방정부 차원에서 협치를 강화하는 것이다. 또한 제도화는 안 되어 있지만 국민발안제도 혹은 시민입법도 입법과정에서의 일방성을 시정하여 쌍방성을 강화하기 위한 협치의 한 방안으로서 적극 활용될 필요가 있다. 국민소환과 함께 도입이 주장되고 있는 국민발안은 의회민주주의를 보완하고자 하는 직접 민주주의적인 제도로서 수차례 개헌논의의 의제로 다루어지고 있다. 국민발안제도를 도입하기 위해서는 개헌을 할 때에 국민발안을 헌법에 명시하고 구체적인 사항은 「국회법」을 개정하거나 독자적인 법률을 제정하면 될 것이다. 그리고 주로 제도권의 입법수요만이 입법에 반영되는 국회입법의 한계를 극복하여 시민사회의 입법수요를 입법에 반영하는 방안으로서 시민입법운동은 활성화되는 것이 바람직하다. 시민입법운동을 제도화하기 보다는 청원이나 개폐청구제도를 국회나 지방의회에서 적극 활용할 수 있도록 입법절차를 운용할 수 있을 것이다. 협상에 의한 규칙제정 등의 입법도 협치적 요소를 강화하기 위한 방안이라고 볼 수 있다. 이는 해당 입법에 대하여 관심이 많거나 영향을 받거나 이해관계가 있는 단체 등이 입법에 적극 참여할 수 있는 공개적인 절차가 마련된다는 의미를 지니기도 한다. 우리나라에서는 아직 연성법의 개념이 생소하고 활용이 적지만, 앞으로 환경이나 기업 및 국제경제 등의 분야에서 활용가능성이 점차 있을 것으로 본다. 법률·행정입법·자치입법 등의 여러 입법단계에서 협치의 의미를 실현하고 이를 적용할 수 있는 방법은 이와 같이 다양하게 생각해 볼 수 있다. 입법을 함에 있어서 기존처럼 일방적인 방향성만을 지니는 패러다임에서, 이제는 쌍방적인 방향성을 지니는 패러다임의 전환이 바람직하다. 따라서, 입법과정에 국민을 참여시키고 의견을 수렴하고자 하는 협치적 요소를 제도개선과 법령개정에 반영할 필요가 있다.

| CHAPTER 14 _ 참고문헌 |

고인석/최정일/홍완식, 입법예고 제도의 운영실태 및 실효성 제고방안 연구, 2013.

곽관훈, 기업에 대한 규제수단으로서 연성규범의 활용가능성 및 한계 –'기업지배구조 모범규준'에 대한 검토를 중심으로, 증권법연구, 제18권 제1호, 2017.

권재열/최수정, 공생발전을 위한 상거래 연성규범의 활성화방안, 2012.

김강민/박지원/배성준, 시민사회의 역할과 변화 : 갈등, 입법, 세계화의 관점에서, 한국시민윤리학회보, 제23집 제1호, 2010.

김문현, 헌법개정의 기본방향, 공법연구, 제34집 제4호 제2권, 2006.

김석현, 국제법에 있어서 soft law, 국제법평론, 통권 제8호, 1997.

김선택, 민주주의의 구조변화와 헌법개혁, 안암법학, 제25권, 2007.

김순석, 연성규범(Soft Law)을 통한 기업지배구조의 개선 –기업지배구조 모범규준(Corporate Governance Code)의 개선 및 '준수 또는 설명(Comply or Explain) 원칙의 도입방안을 중심으로, 증권법연구, 제18권 제2호, 2017.

김승환/황은주, 정부와 공동체의 협치 사례연구, 한국법제연구원, 2010.

김유환, 미국 행정법에서의 협의에 의한 규칙제정, 공법연구, 제31집 제3호, 2003.

김종서, 권력구조의 민주적 재편, 민주법학, 제64호, 2017.

김주환, 통제와 협력 –대의민주주의에서 의회와 정부의 관계에 대하여, 홍익법학, 제17권 제4호, 2016.

김현경, 방송 및 정보통신 거버넌스 법제 개선방향에 관한 연구 –IT영역의 행정조직 구성 법원리를 중심으로–, 가천법학, 2015.

문병효, 지방의회의 자치입법제도 운영현황 및 문제점, 강원법학, 제38권, 2013.

박균성, 입법의 질 제고에 관한 연구, 토지공법연구, 제43집 제1호, 2009.

박균성/김재광/전학선/정하명/홍완식, 입법과정의 선진화와 효율성 제고에 관한 연구, 2008.

박근용, 시민운동과 입법과정 –입법이라는 결실을 맺기 위해 어떤 일을 벌였나?, 입법학연구, 제4집, 2007.

박동열, 미국 행정법에서의 전자적 방식에 의한 규칙제정, 미국헌법연구, 제25집 제2호, 2014.

박선웅/이만우, 시민사회단체(CSO)의 입법과정 참여에 관한 연구 : 입법청원운동의 형성과 발전에 대한 담론 분석, 연구보고서, 2007.

박영도, 입법과정에서의 대국민 소통과 참여방안, 입법학연구, 제9집 제1호, 2012.

서창록/이연호/곽진영, 거버넌스의 개념, 거버넌스의 정치학, 거버넌스연구회, 법문사,

2002.
손성, Soft Law의 충격 -국제금융기준의 수용과 관련된 시론적 접근, 기업법연구, 제22권 제1호, 2008.
손성, Corporate Governance에 있어서 미국회사법상 Monitoring Model에 관한 연구, 상사법연구, 제20권 제1호, 2001.
이광희, 지방자치단체의 주민참여입법, 한국정치연구, 제12권 제1호, 2003.
이상수, UN지구협약의 특징과 가능성, 홍익법학, 제12권 제1호, 2011.
이성환, 입법과정에 있어서 국민참여, 법학논총, 제21권 제2호, 2009.
이세정, 의원입법과정에서 국민참여기능 확대방안, 한국법제연구원, 법제연구, 제43권, 2012. 12.
이우영, 직접민주주의제도에 대한 입법학적 관점에서의 분석, 입법학연구, 제3집, 2006.
장영수, 직접민주제 강화 개헌의 쟁점과 성공조건, 한양법학, 제28권 제2집, 2017.
정경수, 국제법상 연성법의 재인식, 안암법학, 제34권, 2011.
정재각, 직접민주제도의 확산과 정책적 영향, 한독사회과학논총, 제18권 제1호, 2008.
차병직, NGO와 법, 이화여자대학교 출판부, 2002.
최난설헌, 연성규범(Soft Law)의 기능과 법적 효력 －EU 경쟁법상의 논의를 중심으로, 인하대학교 법학연구, 제16집 제2호, 2013.
최홍엽, 시민입법운동 1년을 돌이켜보며, 법과 사회, 제9호, 1994.
최희경, 입법과정에의 국민참여에 관한 연구, 법학논집, Vol. 11 No. 2, 2007.
최희경, 국민이 공감하는 법치주의 실현방안, 법학논집, Vol. 20 No. 1, 2015.
홍완식, 현행 입법과정의 문제점과 개선방안, 한국법제연구원, 법제연구, 제37권, 2009. 12.
홍일표, 기로에 선 시민입법, 후마니타스, 2007.
홍일표, 부패방지법 제정운동의 사례를 통해 살펴본 한국시민입법운동의 동학, 법과사회, 제31호, 2006.

CHAPTER

15 '국회선진화법'에 관한 보론

출처: 입법학연구 제13집 1호, 2016년, 31~48

'국회선진화법'이라고 불리는 2012년 5월의 「국회법」 개정은 직권상정이 된 것도 아니고 날치기처리된 것도 아니며, 여야 공히 각 정당의 의원총회를 거쳤고, 여야 원내대표 등 정당간의 합의에 의하여 이루어진 것이다. 제19대 국회에서는 직권상정의 요건을 강화한 「국회법」 제85조와 제86조에 의하여 정부·여당이 원하는 입법을 일방적으로 처리할 수 없게 되었기 때문에, 입법실패의 모든 책임이 '국회선진화법'으로 돌려졌다. 국회에서의 몸싸움을 방지하기 위하여 국회의원들 스스로 만든 국회선진화법의 입법취지는 잊혀진 듯 보였고, 국회에서의 몸싸움을 더 이상 보기 싫다는 국민적 여망은 무시된 듯 보였다. '책임정치'라는 명분을 내세우며 직권상정이 허용되어야 한다는, 과거 국회가 '통법부'라고 불리던 시절의 주장이 다시 제기되었다. 이러한 주장에 힘입어 헌법재판소에 권한쟁의심판이 청구되었고, 직권상정의 요건을 완화하기 위한 「국회법」 개정안도 발의되었다. 결과적으로 권한쟁의심판은 각하되었고, 발의된 「국회법」 개정안은 모두 임기만료로 폐기되었다. 만일 권한쟁의심판이 인용되었거나 「국회법」 개정안이 통과되었다면, 직권상정을 포함하여 다수당에 의한 의안의 일방적인 처리가 가능하게 되었다는 것을 의미하는 것이고, 우리 국회에서는 다시금 폭언과 폭력이 난무하였을 것이다. 의장 재임 중에는 당적을 가질 수 없도록 하는 「국회법」 규정이 있지만, 출신 정당의 영향으로부터 완전히 자유로웠던가라는 의문이 있다. 제20대 국회에서 야당 출신의 국회의장이 직권상정을 한 이후에 '다수결 원칙'에 따라서 정부·여당이 반대하는 법안을 일방적으로 처리한다고 가정을 할 수 있다. 이 경우에도 역시 책임정치라는 명분과 다수결 민주주의라는 논리를 앞세우며, 직권상정을 통해 가결되는 법안을 그대로 받아들이는 것이 옳은가를 생각해 보자는 것이다. 룰은 공정한 플레이를 위하여 존재하는 것이다. 정의의 신이 눈을 가리고 있는 것처럼, 법률은 특정인이나 특정 집단을 위하여 존재하는 것이 아니다. 누가 여당이건 누가 다수당이건, 「국회법」이 정하는 대로 천재지변이나 국가비상사태가 아닌 한 법안을 직권상정하여 처리하는 것은 바람직하지 않다. 입법경색은 어느 입법기에나 있었으며, '국회선진화법'은 식물국회를 만들지 않았다. 그럼에도 불구하고 뭔가 답답했다면 그것은 법률 때문이 아니라 무능하고 경직된 정치 때문이었다. 그렇다면 변해야 할 것은 법률이 아니라 정치이다.

주제어: 입법교착, 입법과정, 국회선진화법, 몸싸움방지법, 직권상정, 안선신속처리, 권한쟁의, 국회법

제 1 절 머리말

'동물국회'라고 불린 제18대 국회에서의 몸싸움과 단상점거 등 국회폭력의 재발을 방지하기 위하여, '몸싸움방지법', '국회선진화법', '의안처리 개선 및 질서유지 등을 위한 국회법 개정'으로 명명된 2012년 5월의 「국회법」 개정으로부터 이야기는 시작되었다. 당시의 「국회법」 개정은 직권상정이 된 것도 아니고 날치기처리된 것도 아니며, 여야 공히 정당의 의원총회를 거쳤고 여야 원내대표 등이 주도한 정당간의 합의에 의하여 이루어진 것이다. 제19대 국회에서는 직권상정의 요건을 강화한 「국회법」 제85조와 제86조 등에 의하여 정부·여당이 원하는 입법을 처리할 수 없게 되었기 때문에, 입법실패의 모든 책임이 '국

회선진화법'으로 돌려졌다. 국회에서의 몸싸움을 방지하기 위하여 국회의원들 스스로 만든 국회선진화법의 입법취지는 잊혀진 듯 보였고, 국회에서의 몸싸움을 더 이상 보기 싫다는 국민적 여망은 무시된 듯 보였다. '책임정치'라는 명분을 내세우며 직권상정이 허용되어야 한다는, 과거 국회가 '통법부'라고 불리던 시절의 주장이 다시 제기되었다. 이러한 주장에 힘입어 헌법재판소에 권한쟁의심판이 청구되었고, 직권상정의 요건을 완화하기 위한 「국회법」 개정안도 발의되었다. 결과적으로 권한쟁의심판은 각하되었고, 발의된 「국회법」 개정안은 모두 임기만료로 폐기되었다. 만일 권한쟁의심판이 인용되었거나 「국회법」 개정안이 통과되었다면, 직권상정을 포함하여 다수당에 의한 의안의 일방적인 처리가 가능하게 되었다는 것을 의미하는 것이고, 제20대 국회에서는 다시금 폭언과 폭력이 난무하였을 것이다.

이전에 이미 '국회선진화법'에 관한 고찰[1] 및 직권상정완화론에 대한 비판적 검토[2]를 통해 국회선진화법에 관한 의견을 밝혔지만, 직권상정요건의 강화와 안건신속처리제도에 관한 권한쟁의심판이 각하되었고, 직권상정요건의 완화 등을 내용으로 하는 「국회법」 개정안이 제19대 국회의 임기만료로 폐기된 시점에서, 국회선진화법을 다시 한 번 고찰해 보고자 한다. 앞선 두 논문에 사용된 동일한 문장의 서술을 피하기 위하여 국회선진화법의 기본적인 설명과 위헌논란 등은 반복하지 않기로 한다. 다만 법안처리통계는 제19대 국회의 입법처리통계가 완료된 최근의 수치로 업데이트하였다. 계속 업데이트되어야 할 법안처리통계는 한번 인용했다고 이후에 인용하지 않을 수가 없기 때문에, 수치를 업데이트하여 재차 사용하였으니 양해를 바란다. 이 글에서는 Ⅱ. 국회선진화법과 식물국회론 Ⅲ. 헌법재판소의 권한쟁의심판 Ⅳ. 입법비상사태론에 대한 평가 Ⅴ. 직권상정의 요건을 완화하기 위한 내용 등을 포함한 「국회법」 개정안에 대한 평가 Ⅵ. 맺음말에 갈음하여 제20대 국회의 과제를 생각해 보고자 한다.

---

1 홍완식, '국회선진화법'에 관한 고찰, 헌법학연구, 제18권 제4호, 2012.
2 홍완식, 직권상정 완화론에 대한 비판적 검토, 유럽헌법연구, 제20호, 2016.

제2절 '국회선진화법'과 식물국회론

1. 일반론

내용적으로 '몸싸움방지법' 혹은 '국회선진화법'의 기본취지와 주요내용은 국회 내 법안처리 과정에서 발생할 수 있는 다수당의 횡포는 물론이고 소수당의 폭력도 포함되는 '비정상적인 입법절차'를 방지하기 위한 것이다. 국회선진화법에서 다수당을 위해서는 예산안 자동부의제도, 안건신속처리제도(Fast Track), 의안자동상정제도, 의장석·위원장석 점거 등 의사진행방해에 대한 징계 강화 등을 마련했고, 소수당을 위해서는 국회의장 직권상정요건의 강화, 무제한 토론제도(Filibuster), 위원회에서의 안건조정제도 등을 마련하였다. 이러한 균형감있는 제도의 도입은 전술한 바와 같이 국회선진화법이 일방적으로 처리된 것이 아니라 여야의 합의에 의하여 처리되었기 때문에 가능했다고 볼 수 있다. 절차적으로 '국회선진화법은' 제18대 국회임기 말인 2012년 5월 2일에 국회 본회의를 통과하여 5월 25일에 공포되었고 5월 30일부터 시행되었다. 이를 두고 제19대 국회에서 적용되어야 할 「국회법」 규정을 제18대 국회에서 입법하였기 때문에 무효라거나, 「국회법」 개정시 찬성한 국회의원들이 제19대 국회의원 선거에서 당선되지 못했기 때문에 무효라는 주장은 잘못된 것이다. 만일 이러한 주장이 옳다면 국회의 입법기가 바뀔 때마다 모든 법을 새로이 만들어야 한다는 논리가 되는 것이다. 미국의 경우에는 입법기가 바뀔 때마다 적용되어질 의사절차를 의회규칙으로 만들지만, 우리는 「국회법」이라는 '법률'의 형식으로 의사절차를 규율하기 때문에, 미국에서나 할 수 있는 주장을 우리나라에서 하는 것이기 때문에 적절치 않다.

2. 식물국회론에 대한 반론

세간에서는 제18대 국회는 '동물국회'였고 제19대 국회는 '식물국회'라는 인식과 용어가 일반적으로 통용되었다. 그러나 이러한 인식과 용어의 사용은 포퓰리즘적 사고에 기반을 하고 있으며, 정확한 사실과 자료에 근거하지 않은 부정확한 진단과 용어라는 점을 지적하지 않을 수 없다. 학문적으로는 물론이고 사실적으로도 '식물국회'라는 표현보다는 '입법교착(Gridlock)'[3]이라는 표현이 옳다. 제19대 국회에서 '식물국회' 혹은 '입법교착'이 있었는지를 판단하기 위해서는, 제18대 국회의 입법실적과 제19대 국회의 입법실적이 비교되어야 할 것이다. 제18대 국회에서는 13,913건의 법안이 발의되었으며, 7,220건의 법안이 임기만료로 자동폐기되었다. 그리고 제19대 국회에 들어와서는 17,822건의 법안이 발의되었으며, 10,190건의 법안이 임기만료로 자동폐기되었다.[4] 제19대 국회에서의 법률안 발의건수와 가결건수는 공히 제18대 국회의 발의건수와 가결건수보다 많다. 세월호 참사 이후의 입법교착은 '국회선진화법' 때문이 아니라, 세월호 참사로 인한 충격과 갈등 때문이다. 이러한 세월호 참사로 인한 입법교착에도 불구하고, 제19대 국회의 발의건수와 가결건수는 많다.

---

3 이상신, 국회선진화법과 입법교착, 미래정치연구, 제5권 제1호, 2015, 69쪽 이하; 이상우, 국회 입법교착의 원인에 대한 탐구, 대한정치학회보, 제23집 2호, 2015, 47쪽 이하; 정연경, 18대 국회 입법교착 논의, 한국정치연구, 제19집 1호, 2010, 123쪽 이하, 윤종빈, 국회 입법교착의 역학 : 국회선진화법 입법과정 및 입법동인 분석, 21세기 정치학회보, 제23권 2호, 2013, 99쪽 이하, 전진영, 국회 입법교착의 양상과 원인에 대한 분석, 의정연구, 제33권, 2011, 171쪽 이하.

4 국회 의안정보시스템 의안통계, http://likms.assembly.go.kr/bill, 2016. 6. 5 방문.

〈표 15-1〉 제1대~제19대 국회의 법안처리 통계[5]

시기 구분 (연도)	전체 법률안	의원발의 법률안			정부제출 법률안		
		제출 건수	가결 건수	가결률	제출 건수	가결 건수	가결률
제헌국회(48~50)	234	89	43	48%	145	106	73%
제2대(50~54)	398	182	77	42%	216	137	63%
제3대(54~58)	410	169	72	43%	241	85	35%
제4대(58~60)	322	120	31	26%	202	44	22%
제5대(60~61)	296	137	30	22%	159	40	25%
국가재건최고회의(61~63)	1,162	554	514	93%	608	501	82%
제6대(63~67)	658	416	178	43%	242	154	64%
제7대(67~71)	535	244	123	50%	291	234	80%
제8대(71~72)	138	43	6	14%	95	33	35%
제9대(73~79)	633	154	84	55%	479	460	96%
제10대(79~80)	129	5	3	60%	124	97	78%
국가보위입법회의(80~81)	189	33	33	100%	156	156	100%
제11대(81~85)	489	202	83	41%	287	257	90%
제12대(85~88)	379	211	66	31%	168	156	93%
제13대(88~92)	938	570	171	30%	368	321	87%
제14대(92~96)	902	321	119	37%	581	537	92%
제15대(96~00)	1,951	1,144	461	40%	807	659	82%
제16대(00~04)	2,507	1,912	514	27%	595	431	72%
제17대(04~08)	7,489	6,387	1,352	21%	1,102	563	51%
제18대(08~12)	13,913	12,220	1,663	14%	1,693	690	41%
제19대(12~16)	17,822	16,729	2,414	14%	1,093	379	35%

5 국회사무처에서 2004년에 발간한 의정자료집을 기초로 하고, 법률안의 처리에 관한 국회사무처 의안정보시스템의 의안통계 http://likms.assembly.go.kr/bill를 반영하여 재구성한 자료임. 제19대 국회통계는 임기 4년을 모두 반영한 자료임.

제16대 국회 이후에는 의원발의 법률안이 정부제출 법률안에 비하여 크게 증가하였음을 알 수 있는데, 제16대 국회의 총 제출법률안 2,507건 중에서 의원발의 법률안은 1,912건으로써 76%를 차지하고 있으며, 제17대 국회의 총 7,489건 중에서 의원발의 법률안은 6,387건으로 85%를 차지하고 있다. 제18대 국회의 총 13,139건 중에서 의원발의 법률안은 12,220건으로 93%이며, 제19대 국회의 총 17,822건 중에서 의원발의 법률안은 16,729건으로 94%를 차지하고 있다. 전체 법률안 중에서 의원발의 법률안이 차지하는 비중은 계속 증가하여 왔다.

또한 <표 15-1>을 통해 제18대 국회와 제19대 국회의 가결법안 통계를 보면, 제18대에서 통과된 법안은 총 2,353건(의원안 1,663건+정부안 690건)이었고, 제19대 국회에서 통과된 법안은 총 2,793건(의원안 2,414건+정부안 379건)이다. 즉, 제19대 국회에서 통과된 법안은 제18대 국회에서 통과된 법안에 비하여 총 440건이 많다. 제19대 국회에서의 전체 법안의 가결건수가 제18대 국회에서의 가결건수보다 증가한 것에 비하여, 제19대 국회에서 정부가 제출한 법안의 가결건수는 379건으로서 제14대(1992년~1996년) 국회 이후 최저이다. 제18대 국회의 정부제출법안의 가결건수 690건(대안포함 1,288건)과 비교하여 제19대 국회의 정부제출법률안의 가결건수가 379건(대안포함 803건)으로 낮아진 것은, 제19대 국회 시기의 정부의 소통능력이나 입법노력이 부족함을 나타내준다. 즉, 제19대 국회에서 정부는 야당과는 물론이고, 여당과의 협력관계를 통한 입법공조의 역량이 부족하였다고 할 수 있다.

〈표 15-2〉 제16대~제19대 국회의 법안 가결률 비교 (단위: %)

제안대수	제16대	제17대	제18대	제19대
의원발의 법률안 가결률	27	21	14	14
정부제출 법률안 가결률	72	51	41	35
전체 법률안 가결률	38	26	17	16

<표 15−2>에서 볼 수 있는 바와 같이, 제16대 국회 이후의 법안 가결율은 의원발의 및 정부제출 공히 줄어들고 있다. 전체 법안의 가결율도 역시 점차 줄어들고 있으며, 제19대 국회의 전체 법안 가결율은 16%에 이르고 있다. 그러나 법안의 가결건수는 증가(16대: 945, 17대: 1,915, 18대: 2,353건, 19대: 2,793건)하고 있는 가운데 가결율이 점차 감소하는 것을 보면, 법안 가결율의 주요 원인은 법안 제출건수의 급격한 증가임을 알 수 있다. 제18대 국회와 비교하여 제19대 국회의 가결율이 17%에서 16%로 1p%줄었다고 하여, 제19대 국회를 '식물국회'라고 하는 것은 옳지 않다. 특히 1p%의 가결율 저하의 원인은 법안발의건수의 증가이기 때문이다. 전술하였듯이, 제19대 국회에서 통과된 법안이 제18대 국회에서 통과된 법안에 비하여 440건이 많다는 점은 제19대 국회를 식물국회라고 표현하는 것이 잘못되었다는 점을 나타내 주고 있다.

국회선진화법은 입법교착의 가능성은 증대시켜준 반면, 여야합의를 통한 법안처리의 가능성을 열어준 것으로 평가되고 있다. 제왕적 대통령제를 개혁하고 의원자율성을 높이는 것이 한국 국회의 고질적인 문제인 여야간의 정치적 교착을 타개하는 방안으로서, 국회선진화법 같은 초다수제도가 초래하는 입법적 교착은 의원자율성에 의해서 어느 정도 해소될 수 있다고 보고 있다.[6] 직권상정을 어렵게 하고 무제한토론을 허용한 국회선진화법이 당장에는 입법효율성을 저하시킬지 모르지만, 이로 인해 다수당과 소수당의 협의가 촉진되면 장기적으로는 입법효율성을 높이는 긍정적 효과가 있을 것이라는 전망[7]도 있으며, '합의입법문화'를 확산시키는 효과가 있을 것이라는 평가[8]도 있다.

---

6 문우진, 한국정치제도와 설계방향 : 이론적 접근, 현대정치연구, 제9권 제1호, 2016, 62쪽.
7 임지봉, 국회입법권한의 내실화를 위한 제도개선 과제, 세계헌법연구, 제22권 1호, 2016, 150쪽.
8 장영철, 국회선진화법 권한쟁의심판에 관한 소고, 서울법학, 제24권 1호, 2016, 28쪽.

제3절 헌법재판소의 권한쟁의 심판

19인의 국회의원이 국회의장과 기획재정위원장을 상대로 법률안 심의·표결권을 침해당하였다며 제기한 권한쟁의 심판사건에 대하여 헌법재판소는 2016년 5월 26일에 재판관 5(각하) : 2(기각) : 2(인용)의 의견으로 각하결정을 하였다.[9] 청구인들을 포함한 제19대 국회의원 146명은 국회의장에게 2014년 12월 9일에 상임위원회에 계류 중인 북한인권법안을 포함한 11건의 법률안 및 국회의원 157명은 12월 16일에 서비스산업발전 기본법안을 포함한 10건의 법률안에 대하여 직권상정 요청을 하였으나, 국회의장은 국회법 제85조 제1항의 심사기간 지정 요건을 충족하지 못하였다는 이유로 직권상정은 할 수 없다는 답변을 하였다. 이에 청구인들은 이들 법률안에 대한 심사기간 지정요청을 국회의장이 거부한 행위 및 국회의장이 2012년 5월 2일에 국회선진화법을 의결하여 국회법 제85조의2를 신설함으로 인한 청구인들의 권한침해 확인 및 무효의 확인을 구하였다. 또한 11명의 기재위 소속 위원인 청구인들은 2015년 1월 15일에 피청구인 국회 기획재정위원회 위원장에게 서비스산업발전기본법안을 신속처리대상안건으로 지정할 것을 요청하였으나, 기재위 위원장은 위원회 재적위원 과반수(14인)가 서명하지 않았다는 이유로 지정동의안에 대해 표결을 실시할 수 없다는 답변을 하였다. 이에 청구인들은, 국회법 제85조 제1항 제3호 중 '각 교섭단

9 이 사건 법정의견에 대하여, 제1 심사기간 지정 거부행위에 대한 심판청구가 부적법하여 각하하여야 한다는 점에서는 법정의견과 결론을 같이하지만 그 이유를 달리하고, 제2 심사기간 지정 거부행위에 대한 심판청구는 법정의견과 달리 심판청구가 적법하여 본안에 나아가 판단하여야 하고 이 부분 청구는 이유 없어 기각하여야 한다는 재판관 이진성, 재판관 김창종의 이 사건 심사기간 지정 거부행위에 대한 별개의견 및 기각의견이 있다. 또한 피청구인 국회의장의 이 사건 심사기간 지정 거부행에 대한 심판청구는 적법하므로 그 본안 판단에 나아가야 하고, 제1 심사기간 지정 거부행위는 이유 없어 기각하나, 제2 심사기간 지정 거부행위는 청구인들의 법률안 심의·표결권을 침해한 것이므로 그 확인을 구하는 심판청구는 이유 있어 인용하며, 나아가 제2 심사기간 지정 거부행위의 근거가 된 국회법 제85조 제1항에 대하여 헌법불합치결정을 선고하여야 한다는 재판관 서기석, 재판관 조용호의 기각 및 인용의견과 재판관 조용호의 인용의견에 대한 보충의견이 있다.

체대표의원과의 합의' 부분 및 같은 법 제85조의2 제1항 중 '재적위원 5분의 3 이상의 찬성' 부분이 헌법상 다수결의 원리 등에 반하여 위헌이며, 위헌인 위 국회법 조항들에 근거한 피청구인들의 각 거부행위가 국회의원인 청구인들의 법률안 심의·표결권을 침해하였다고 주장하면서 권한쟁의심판을 청구하였다.

이 사건의 심판대상은 ① 대한민국 국회가 2012. 5. 25. 법률 제11453호로 국회법 제85조 제1항 및 제85조의2 제1항을 개정한 행위 ② 피청구인 국회의장이 2014. 12. 17. 북한인권법안을 포함한 11건의 법률안에 대한 심사기간 지정 요청을 거부한 행위 및 2016. 1. 6. 서비스산업발전 기본법안을 포함한 10건의 법률안에 대한 심사기간 지정 요청을 거부한 행위 ③ 피청구인 기재위 위원장이 2015. 1. 29. 서비스산업발전 기본법안에 대한 신속처리대상안건 지정 요청에 대해 기재위 재적위원 과반수가 서명한 신속처리안건지정동의가 아니라는 이유로 표결실시를 거부한 행위 ④ 피청구인 국회의장이 2012. 5. 2. 제307회 국회에서 국회법 일부개정법률안에 대한 수정안 중 국회법 제85조의2를 가결선포한 행위가 청구인들의 법률안 심의·표결권을 침해하였는지 여부 및 이 사건 가결선포행위가 무효인지 여부이다.

헌재의 결정에 따르면, 피청구인 국회의장이 2014. 12. 17. 및 2016. 1. 6. 법률안에 대한 심사기간 지정요청을 거부한 행위는 청구인들의 법률안 심의·표결권을 침해하거나 침해할 위험성이 없으며, 그 근거조항인 국회법 제85조 제1항 제3호나 국회 재적의원 과반수가 의안에 대하여 심사기간 지정을 요청하는 경우 국회의장이 그 의안에 대하여 의무적으로 심사기간을 지정하도록 규정하지 아니한 입법부작위의 위헌성을 이유로 이 사건 심사기간 지정 거부행위가 청구인들의 법률안 심의·표결권을 침해할 가능성 또한 인정되지 않는다고 하였다. 또한 국회법 제85조 제1항, 제85조의2 제1항을 개정한 행위, 기획재정위원회 위원장이 2015. 1. 29. 서비스산업발전 기본법안에 대한 신속처리대상안건 지정 요청에 대해 표결실시를 거부한 행위, 국회의장이 2012. 5. 2. 제307회 국회에서 국회법 일부개정법률안에 대한 수정안 중 국회법 제85조의2를 가결선포한 행위는, 재판관 전원 일치로 권한쟁의 심판청구의 적법요건을 갖추지 못하여 부적법하다는 이유를 들어 모두 각하하였다.

법정의견이 본안판단에 나아가지 아니하고 심판청구를 각하한 것은 아쉽지만, 청구가 인용되어 직권상정 요건강화에 관한 규정이 무효로 됨으로써 제18대 국회와 같은 폭력국회의 제도적 기초[10]가 부활되지 않았다는 점은 다행이다. 직권상정 요건이 완화되어 과거의 법상태로 다시 회귀하는 것은 헌법정신과 원리에 반한다[11]는 점에서, 기본적으로 입법처리의 손쉬운 필요성보다는 입법과정의 헌법적 정당성이 강조되었다는 데서 헌재 결정의 큰 의미를 찾을 수 있다. 입법교착이 발생하는 경우에도 향후 국회 입법과정에서의 폭력행위의 개연성은 분명히 낮아졌으며, 여야간의 소통과 협의의 제도적 기초는 무너지지 않았다고 본다. 이번 권한쟁의심판의 결정이 국회에 주는 메시지는, 과거의 폭력적이고 일방적인 국회운영보다는 국회선진화법이 의도한 비폭력적이고 양방향적인 국회운영을 하여야 한다는 점일 것이다. 특히, 권한쟁의심판의 결정문에서 '식물국회'라는 용어를 사용하지 않은 점을 높이 평가하고 싶다. 모든 주장은 올바른 근거를 지녀야 한다. 국회선진화법이 적용되기 않은 제18대 국회와 적용된 제19대 국회의 법안처리건수와 가결율을 비교하면, 제19대 국회를 식물국회라고 주장하는 것은 근거가 없다는 점에 대해서는 전술한 바와 같다. 또한 '식물국회'라는 표현은 다분히 자극적이며 국회에 대한 불신을 조장한다는 점에서 바람직하지 못하다. 일부 국회의원이 부패하고 무능하다고 할지라도 의회제도를 폐지하거나 의원들의 권한을 박탈할 수 없다고 한다면, 좋은 대표가 선출되고 행정부에 의하여 존중받으며 국민들을 위해 봉사하도록 감시하고 통제하여야 한다. 헌법재판소가 자극적인 '식물국회'라는 표현 대신에 사실적이고 객관적인 '입법교착(Gridlock)'이라는 표현을 사용하여, 비난이 아닌 사실에 기초한 논리를 전개하였다는 점은 바람직하다고 본다.

10 음선필, 국회 입법과정의 분석과 개선방안, 홍익법학, 제13권 제2호, 2012, 152쪽.
11 조한상, 이른바 국회선진화법의 위헌 여부와 적실성에 관한 고찰, 법학연구, 제60집, 2015, 358쪽.

제4절 입법비상사태론

국가에는 비상사태가 있을 수 있으며, 국가의 비상사태 또는 국가긴급사태가 발생하는 경우 이를 극복하기 위한 국가긴급권(emergency power)이 대통령이나 총리 등에게 부여되어 있다. 우리 헌법도 다양한 성격과 정도의 국가비상사태의 상황에 대처하고 극복할 수 있도록 대통령에게 국가긴급권으로서 긴급명령권, 긴급경제처분권, 긴급재정경제명령권, 계엄선포권을 부여하고 있으며,[12] 이는 헌법 제76조와 제77조에 근거를 두고 있다. 그러나 제19대 국회 임기말에 거론된 '입법비상사태'는 헌법적 근거가 전혀 존재하지 않을 뿐만 아니라, 정치적 필요에 의하여 새로이 만들어진 신조어라고 할 수 있다. 국가최고재건회의나 국가보위입법회의 시절을 입법비상사태라고 볼 수도 없기 때문에 입법비상사태에 관한 헌정사적 경험도 없을 뿐만 아니라, 헌법적으로 바람직한 상상이라고도 할 수 없다. 더욱이 직권상정제도를 입법비상사태를 위한 제도라고도 할 수 없다. 헌법재판소도 국회의장의 직권상정제도를 "비상적·예외적 의사절차" 혹은 "비상적이고 예외적인 입법절차"라 부르고 있으며,[13] '입법비상사태'라는 표현은 전혀 사용하지 않고 있다.

입법비상사태론과 관련하여 제19대 국회에서는 경제관련법안의 처리를 위하여 대통령의 권한인 긴급재정명령을 검토하였다고 알려졌으나 추진되지 않았다. 이후에는 헌재에서 헌법불합치 결정을 내린 「공직선거법」의 개정이 지체되자 입법비상사태론이 제기되었다. 2015년 12월 17일에 여당 최고위원회의에서 "절박한 법안 처리를 앞에 두고 당내 권력투쟁에 따른 무책임한 논란과 혼란으로 입법기능이 마비됐다는 게 문제 (중략) 입법 비상사태다. 대외 악재 비상사태와 입법 비상사태를 위해 특단의 대책이 필요하다"[14]는 주장이 제기되었다. 또

---

12 정종섭, 한국헌법론, 2016, 1267쪽.

13 헌재 2015. 5. 26. 2015헌라1.

14 뉴스1, 2015. 12. 17 http://news1.kr/articles/?2518844 2016. 6. 5 방문.

한 "직권상정 조항을 제한한 입법불비의 현행법 하에서는 국가비상사태를 폭넓게 해석할 필요가 있다"[15]는 주장도 제기되었다. 일부 언론에서 "여야 지도부의 정치력 실종으로 특단의 조치가 거론되는 '입법 비상사태'를 자초한 것"[16]이라는 사설도 나왔다. 그리고 2016년 1월 1일 0시에 당시 정의화 국회의장은 "우리는 지금 국회의원 선거구가 아예 없어져버리는 초유의 비상사태에 직면했습니다. (중략) 국회의장으로서 더 이상 명약관화한 비상사태를 그대로 방치할 수 없습니다. 모두를 만족시킬 수 있는 새로운 방안을 만들어내는 것이 어렵고, 모든 기준을 다 고려한 선거구 획정이 불가능한 상황이라면, 국민들이 상식적으로 용인할 수 있는 수준에서 획정기준을 결정하는 것이 의장에게 주어진 권한이자 의무라고 생각합니다. 이에 국회를 대표하는 국회의장으로서 선거구 획정위원회에 요청합니다. 오는 1월 5일까지 선거구 획정안을 마련하여 의장에게 제출해 줄 것을 의장 직권으로 요청하는 바입니다"[17]라는 담화문을 발표하였다. 그러나 이에 대해서 이러한 상태를 방치할 수는 없지만, "엄밀하게 해석할 때, 국회가 자초한 현재의 선거구 공백사태를 전시·사변에 준하는 국가비상사태로 보는 것에는 무리가 있다"는 평가[18]가 있다.

2012년 5월에 국회선진화법을 통하여 「국회법」 제85조 제1항 2호에는 국회의장의 직권상정 요건으로서 "전시·사변 또는 이에 준하는 국가비상사태의 경우"가 신설되었다. 이는 헌법에 규정된 계엄의 요건과 동일하다. 즉, 헌법 제77조 제1항은 "대통령은 전시·사변 또는 이에 준하는 국가비상사태에 있어서 병력으로써 군사상의 필요에 응하거나 공공의 안녕질서를 유지할 필요가 있을 때에는 법률이 정하는 바에 의하여 계엄을 선포할 수 있다"고 규정하고 있다. '전시·사변 또는 이에 준하는 국가비상사태'는 헌법에 규정된 대통령의 계엄권행사 요건이면서, 국회선진화법 이후에는 「국회법」에 규정된 국회의장의 직권상

15 뉴스1, 2015. 12. 17 http://news1.kr/articles/?2518844 2016. 6. 5 방문.

16 세계일보, 2015. 12. 16.

17 국회ON, http://www.naon.go.kr/content/html/2015/12/31/871f3e6a-e054-4186-b637-30d3b29cb817.html 2016. 6. 5 방문.

18 장영수, 국회선진화법(국회법 제85조, 제85조의2)의 합헌성 여부에 대한 검토, 고려법학, 제80호, 2016, 113쪽.

정권 행사의 요건이기도 하다.

국회의장이 국가비상사태라고 하여 의안을 직권상정할 경우에는 국가긴급권 행사에 대한 국회의 통제권이 유명무실해지거나 오·남용될 수 있는 등 매우 복잡한 문제들이 야기될 수 있을 것이라는 견해[19]도 있다. 더 나아가 특정 입법의 국회 심의·의결절차가 지연되고 있다고 하여 이를 입법비상사태라고 보아 직권상정할 수 있다고 한다면, 특정 입법의 국회 심의·의결절차가 지연된다는 이유로 계엄을 선포할 수 있다는 논리로도 비약될 수 있다. 이러한 「국회법」 해석은 옳지 않다. 필요한 입법이 지연되고 있으면, 입법에 반대하는 의원들을 설득하는 한편 국민들에게 호소하여 여론의 압력을 가하는 방식으로 입법을 추진하는 것이 선진 외국의 방식이다. 필요한 입법이 지연되고 있다고 하여, 이를 헌법적 근거도 없는 '입법비상사태'라고 명명하고, 「국회법」이 정하고 있는 요건에 적합지 않은 직권상정을 통해 입법을 추진하는 것은 후진 외국의 방식이다. 입법비상사태론은 헌법에 근거가 없는 초헌법적인 발상으로서 위헌적이다. 입법비상사태론은 국회선진화법의 입법취지는 물론이고, 건전한 상식을 지닌 국민들의 기대와 여망에 부합하지 않는다.

제5절 국회선진화법을 개정하기 위한 법률안

권성동 의원은 2016년 1월 11일에 「국회법」 개정안을 대표발의하였다. 제안이유로 "현행법은 국회의장의 직권상정 요건 제한과 재적의원 또는 재적위원 5분의 3이상의 찬성을 요하는 안건신속처리제로 인해 국회의 최종적 의사 결정을 헌법 제49조가 정하는 다수결의 원칙이 아닌 가중다수결에 의해서 결정하도록 규정하고 있음. 이러한 가중다수결에 의한 의사결정은 헌법의 위임을 받거

19 장영수, 국회선진화법(국회법 제85조, 제85조의2)의 합헌성 여부에 대한 검토, 고려법학, 제80호, 2016, 112쪽.

나 헌법에서 직접 규정한 경우가 아니기 때문에 헌법상 일반 다수결 원칙, 의회주의 원리 등 헌법정신에 반하며, 표결 및 심의권이 보장된 헌법기관인 국회의원의 권한을 침해하고 있음. (중략) 현행 국회법의 위헌적 조항 개정을 통해 대의민주주의 체제하에서 국민의 의사가 충실히 반영되는 책임정치를 구현하고 나아가 국민주권을 강화하고자 함"이라고 하면서, 국회의장의 직권상정 요건으로 '재적의원 과반수가 본회의 부의를 요구하는 경우'를 추가하자는 것이다. 소관 위원회, 법사위원회, 본회의 상정기간을 현재의 180일, 90일, 60일에서 180일, 15일, 7일로 단축하는 내용도 포함되어 있다.

정의화 의장은 국회의원의 자격으로 2016년 1월 28일에 「국회법」 개정안을 대표발의하였다. 제안이유로 "제19대 국회에서 물리적 충돌이 발생하지 않는 등 의사운영상의 일부 개선이 있었"다고 긍정적으로 평가하면서도 "의회민주주의의 기본원칙인 다수결원칙이 아닌 가중의결정족수로 인하여 교섭단체 간 합의가 이루어지지 아니하면 안건심의가 지체되는 등 국민의 대표기관인 국회의 입법기능이 사회·경제적 입법수요에 적절히 대응하지 못한다는 문제"를 지적하였다. 따라서, 국회선진화법의 "기본정신을 유지"하면서 "국민 안전에 대한 중대한 침해 또는 국가 재정·경제상의 위기가 초래될 우려가 명백한 안건"에 대해서는 위원회 심사기간 및 본회의 상정기간을 현재의 270일에서 75일로 단축하도록 하였다.[20]

조원진 의원은 2016년 2월 11일에 「국회법」 개정안을 대표발의하였다. 제안이유로 "제19대 국회에서 물리적 충돌이 발생하지 않는 등 의사운영상의 일부 개선이 있었"다고 긍정적으로 평가하면서도 "의회민주주의의 기본원칙인 다수결원칙이 아닌 가중의결정족수로 인하여 교섭단체 간 합의가 이루어지지 아

20 현행 제85조의2(안건의 신속처리) 제3항 "위원회는 신속처리대상안건에 대한 심사를 그 지정일부터 180일 이내에 마쳐야 한다. 다만, 법제사법위원회는 신속처리대상안건에 대한 체계·자구심사를 그 지정일, 제4항에 따라 회부된 것으로 보는 날 또는 제86조 제1항에 따라 회부된 날부터 90일 이내에 마쳐야 한다."를 "위원회는 신속처리대상안건에 대한 심사를 그 지정일부터 60일 이내에 마쳐야 한다. 다만, 법제사법위원회는 신속처리대상안건에 대한 체계·자구심사를 그 지정일, 제4항에 따라 회부된 것으로 보는 날 또는 제86조 제1항에 따라 회부된 날부터 15일 이내에 마쳐야 한다."로 수정하자는 내용의 개정안이다.

니하면 본회의에서 전체 의원의 의사를 물을 수 있는 기회조차 차단되는 결과를 초래하여 국민의 대표기관인 국회의 입법기능이 사회·경제적 입법수요에 적절히 대응하지 못한다는 문제"를 지적하였다. 정의화 의장 대표발의「국회법」개정안의 문구와 거의 일치하고, 내용도 대동소이하다.

제20대 국회에서도 유사한 법안이 발의되었다. 조배숙의원은 2016년 7월 6일에「국회법」개정안을 대표발의하였다. 또한 국민의당과 더불어민주당에 속한 국회의원 15인이 공동으로 발의하였다. 제안이유는 "지난 19대 국회에서는 물리적 충돌은 일어나지는 않았으나, 가중의결정족수 요건으로 인해 교섭단체 간 합의가 되지 않으면 주요 안건이 의결되지 않는 등, 국회의 자율적 입법 기능이 마비됐으며, 특히 국민들의 관심이 집중된 안건들에 대해서는 국회가 제 역할을 다 하지 못한다는 비판 또한 제기되어 왔음. 우리 헌법 제49조는 다수결 원칙으로 국회의 최종적 의사를 결정하는 것을 원칙으로 두고 있으며, 이러한 헌법 정신은 각 안건을 다루는 각종 위원회의 의사결정에도 가장 큰 원칙임. 따라서 현행「국회법」의 의사결정 방식은 헌법을 기준으로 할 때 매우 예외적인 절차 규정을 두고 있다고 할 것임. (중략) 신속처리대상안건지정동의는 가중다수결이 아닌 일반 다수결로 의결하고, 현행 신속처리대상안건의 위원회 심사기간을 180일 이내에서 60일로, 법제사법위원회의 신속처리대상안건에 대한 체계·자구 심사기간을 90일에서 15일로 줄이고, 신속처리대상안건이 본회의에 부의된 것으로 보는 날부터 60일 이내 지체 없이 상정하도록 하되, 의장이 각 교섭단체대표의원과 합의한 경우 법으로 제한한 신속처리대상안건에 대한 심사기간을 적용하지 않는다는 규정을 존치시킴. 또한 쟁점 의안의 심의 및 상정 과정에서 발생하는 물리적 충돌을 방지하고자 하는 현행「국회법」의 취지를 살려 법제사법위원회가 이유 없이 기간 내에 심사를 마치지 아니한 법률안의 본회의 부의에 대해 소관 위원회 위원장과 간사의 협의가 이루어지지 않을 경우, 이를 해당 위원회 재적위원 5분의 3 이상의 찬성으로 의결하도록 한 현행 조항은 존치시키되, 법률안 심사 기간을 체계·자구심사를 회부된 날부터 90일 이내로 제한하여 의원이 신속처리대상안건지정동의 여부를 조속히 결정하도록 함으로써,

국회의 운영을 신속하고 효율적으로 하여 국회가 국민적 입법수요를 충족시키고, 일반 다수결 의결을 원칙으로 하는 헌법정신을 지키며, 합의와 자율로 운영되도록 만들고자 함"이다. 주요내용으로는 첫째, 위원회에 회부된 안건을 신속처리대상안건으로 지정하고자 하는 경우, 의장 또는 소관 위원회 위원장은 의원이 재적의원 과반수 서명과 소관 위원회 재적의원 과반수 서명을 받아 제출한 신속처리안건지정동의를 지체 없이 무기명 투표로 표결하되, 재적인원의 과반수의 찬성으로 의결하도록 함(안 제85조의2 제1항). 둘째, 신속처리대상안건에 대한 위원회와 법제사법위원회의 심사기간을 단축함(안 제85조의2 제3항). 셋째, 법제사법위원회의 체계·자구심사를 회부된 날부터 90일 이내로 제한함(안 제86조 제3항)이다.

제19대 국회에서 발의된 법안은 모두 임기만료로 폐기되었다. 제20대 국회에서도 신속처리대상안건 정족수를 완화하고 심사기간을 단축하는 내용의 유사한 법안이 발의되었다. 다만, 제19대 국회에서는 여당에 의하여 발의되었고, 제20대 국회에서는 야당에 의하여 발의되었다는 점에 차이가 있다. 헌법재판소에 의하여 직권상정요건의 강화 등 국회선진화법의 주요내용이 무효가 되는 것은 바람직하지 않지만, 입법교착을 어느 정도 해소하기 위한 방안을 반영한 국회 스스로의 「국회법」 개정은 가능하다고 본다. 특히 안건신속처리의 총 기간이 330일(상임위 180일+법사위 90일+본회의 60일)이라는 점은 제도의 이름(fast track)과 내용이 명실상부하지 않고 처리기간이 평균적인 법안처리기간[21]에 비해서도 장기간이기 때문에, 이를 위의 법률안에서처럼 단축시키는 방안은 채택할 만하다. 민생법안이나 간단한 법안 등 여야간에 이견이 없는 무논쟁법안(Non-controversial Bill)은 안건신속처리제도의 이름처럼 신속하고 효율적으로 처리될 수 있도록 하는 것이 바람직하다.[22] 다만, 직권상정의 요건을 완화하는 것은 시기상조라고

21 제18대 국회에서 법안이 본회의에 상정되기까지 소요된 기간은 평균 282일로서 국회선진화법에 따른 본회의 상정까지의 최장 기간인 330일보다 짧고, 제19대 국회에서 법안이 상임위 의결까지 소요된 기간은 129.57일로서 국회선진화법에 따른 위원회 최장 심사기간인 180일보다 짧다. 이상우, 국회 입법교착의 원인에 대한 탐구, 대한정치학회보, 제23집 2호, 2015, 62쪽.

22 여야간에 이견이 없는 법안은 이러한 신속처리제도가 없더라도 합의에 의하여 법안처리

본다. 일단은 제20대 국회의 운영을 통해 비폭력적이고 합의제 민주주의의 문화가 정착되는 것을 지켜볼 필요가 있다.

제6절 제20대 국회의 과제

국회선진화의 주요내용과 관련한 권한쟁의심판이 각하되고 직권상정요건을 완화하고 안건신속처리를 위해 일반다수결을 규정하고자 하는 법률안이 임기만료로 폐기되면서, 제20대 국회 운영의 규범적 토대는 여전히 국회선진화법을 주요 내용을 포함하고 있는 「국회법」이다. 규범적 토대는 동일한데 정치적 환경이 변화되었기 때문에, 여소야대의 제20대 국회에서는 소통과 협치(協治)가 특히 강조되고 있다. 즉, 제20대 국회에서는 일반정족수인 재적과반수의 출석과 출석과반수의 찬성표를 확보하기 어렵고, 신속처리안건 지정요건 및 무제한토론 종결요건인 180석(재적의원 5분의 3) 이상을 확보하기는 더욱 어렵다. 정부·여당의 입장에서 보면 제20대 국회는 제19대 국회보다 더욱 험준해졌고 불확실성이 커졌다. 제19대 국회처럼 협상과 타협이 바람직한 상황이 아니라, 제20대 국회의 의석분포는 협상과 타협이 불가피한 상황이 되었다.

법률이 하나 개정되었다거나 제도가 변경되었다고 하여, 바로 국회가 선진화되고 국가가 발전하지는 않는다. 권력분립이 헌법의 기본원리요 국가운영의 제도적 토대인 국가에서, "청와대 핵심관계자"가 여당의 대표에게 "대통령에 대한 항명"[23] 운운하고, 대통령 정무수석이 국회의장을 만나 법안의 직권상정을 "강력히 요청"[24]한다거나, 대통령 비서실장이 국회의장과 여야 대표 등을 만나

가 지체되지 않는다. 안건신속처리제도는 여야간에 이견이 큰 법안이라 해더라도 아무리 늦어도 최장 330일 이전에 본회의까지 도달하도록 하려는 의도로 도입된 것이다. 그러나 이러한 입법의도는 잊혀지고 '신속처리'라는 제목에 상응하는 기간단축에 관해서만 논의되고 있다.

23 조선일보, 2016. 3. 25.

24 매일경제, 2015. 12. 15.

법안을 "신속히 처리"[25]해 달라고 요청하는 국정운영태도는 변화되어야 한다. 선진화를 지향(指向)한다면, 후진적인 언행을 지양(止揚)해야 한다. 대통령이 하면 설득이고, 대통령이 보낸 사람이 하면 압력이 된다. "야당 설득하는 오바마처럼 … 대통령, 입법세일즈맨 돼라"[26]는 요청을 숙고하고 실천할 필요가 있다. 법률의 개정이나 제도의 변화보다도 중요한 것 혹은 최소한 동반되어야 할 것은 인식의 전환이요 태도의 변화이다. 우리 헌정사에서 국회폭력을 야기했던 직권상정에 미련을 갖는다거나 '국회선진화법'에 책임을 돌릴 것이 아니라, 여야 합의에 의하여 개정된 「국회법」에 의하여 마련된 제도 하에서 여야가 머리를 맞대고 국정과 입법을 논의하여야 한다. 축구를 보는 관중들이 박수를 보내는 축구선수는 주어진 경기규칙에 따라 열심히 뛰어서 골을 넣는 선수이지, 골을 넣지 못하는 책임을 경기규칙에 돌리는 축구선수가 아니다.

의장 재임 중에는 당적을 가질 수 없도록 하는 「국회법」 제20조의2(의장의 당적보유금지) 규정이 있지만, 출신 정당의 영향으로부터 완전히 자유로운 국회의장이 있었던가라는 의문이 있다. 따라서 야당 출신의 국회의장이 직권상정을 한 이후에 '다수결 원칙'에 따라서 정부·여당이 반대하는 법안을 일방적으로 처리한다고 가정을 할 수 있다. 이 경우에도 역시 책임정치라는 명분과 다수결 민주주의라는 논리를 앞세우며, 직권상정을 통해 가결되는 법안을 그대로 받아들이는 것이 옳은가를 생각해 보자는 것이다. 룰은 공정한 플레이를 위하여 존재하는 것이다. 정의의 신이 눈을 가리고 있는 것처럼, 법률은 특정인이나 특정집단을 위하여 존재하는 것이 아니다. 누가 여당이건 누가 다수당이건, 「국회법」이 정하는 대로 천재지변이나 국가비상사태가 아닌 한 법안을 직권상정하여 처리하는 것은 바람직하지 않다. '국회선진화법'이 식물국회를 만들지는 않았지만, 입법경색은 어느 입법기에나 있었으며 앞으로도 있을 것이다. 입법교착은 법률때문이 아니라, 무능하고 경직된 정치 때문이다. 그렇다면 변해야 할 것은 법률이 아니라 정치이다.

---

25 연합뉴스, 2016. 2. 19.
26 중앙일보, 2016. 4. 15.

| CHAPTER 15 _ **참고문헌** |

문우진, 한국정치제도와 설계방향 : 이론적 접근, 현대정치연구, 제9권 제1호, 2016.

윤종빈, 국회 입법교착의 역학 : 국회선진화법 입법과정 및 입법동인 분석, 21세기 정치학회보, 제23권 2호, 2013.

음선필, 국회 입법과정의 분석과 개선방안, 홍익법학, 제13권 제2호, 2012.

이상신, 국회선진화법과 입법교착, 미래정치연구, 제5권 제1호, 2015.

이상우, 국회 입법교착의 원인에 대한 탐구, 대한정치학회보, 제23집 2호, 2015.

임지봉, 국회입법권한의 내실화를 위한 제도개선 과제, 세계헌법연구, 제22권 1호, 2016.

전진영, 국회 입법교착의 양상과 원인에 대한 분석, 의정연구, 제33권, 2011.

조한상, 이른바 국회선진화법의 위헌 여부와 적실성에 관한 고찰, 법학연구, 제60집, 2015.

장영수, 국회선진화법(국회법 제85조, 제85조의2)의 합헌성 여부에 대한 검토, 고려법학, 제80호, 2016.

장영철, 국회선진화법 권한쟁의심판에 관한 소고, 서울법학, 제24권 1호, 2016.

정연경, 18대 국회 입법교착 논의, 한국정치연구, 제19집 1호, 2010.

정종섭, 한국헌법론, 박영사, 2016.

홍완식, '국회선진화법'에 관한 고찰, 헌법학연구, 제18권 제4호, 2012.

홍완식, 직권상정 완화론에 대한 비판적 검토, 유럽헌법연구, 제20호, 2016.

홍완식, 헌법재판소 공개변론 진술요지서, 2016.

CHAPTER

16 직권상정 완화론에 대한 비판적 검토

출처: 유럽헌법연구 제20호, 2016년, 267~292

우리 헌정사에서의 국회폭력에 대한 반성으로 2012년 5월 25일에 공포된 개정 「국회법」은 '몸싸움방지법' 혹은 '국회선진화법'이라고 불렸다. 개정 「국회법」은 국회의장의 직권상정 제한, 안건신속처리, 합법적 의사진행방해, 안건조정위원회의 설치에 관한 규정, 장기미처리 의안의 자동상정에 관한 규정, 의장석·위원장석 점거 및 회의장 출입방해 행위에 대한 징계의 강화, 예산안 자동부의제도 등이다. 헌정사에서는 여야 모두 과거에 국회의장의 직권상정권을 행사한 적이 있다. 의장에게 직권상정권을 인정하는 것은 선진국가에서 찾아보기 힘든 입법례이기 때문에, 국회의장의 직권상정요건을 강화한 이유는 우리 헌정사에 얼룩진 국회폭력을 근절하려는 것이다. 직권상정 요건의 강화는 일방적 법안처리와 몸싸움이 아닌 설득과 대화를 통하여 입법을 하라는 취지를 담고 있다. 국회의장의 직권상정요건을 제한한 것으로 인하여 법안처리에 어려움을 겪고 있다는 주장도 이해할 수 있지만, 국회는 설득하고 협의를 하는 곳이지 몸싸움을 하고 폭력을 행사하는 곳이 아니라는 점을 명심할 필요가 있다. 제18대 국회에서 통과된 법률의 수는 2,353건 임에 비하여, 제19대 국회에서 통과된 법률의 수는 2,665건으로서, 제19대 국회에서 통과된 법률의 수가 훨씬 많다. 통과된 법률에 대안반영으로 인한 폐기건수를 포함(제18대 국회 6,178건, 제19대 국회 7,111건)해도, 제19대 국회에서 통과된 법률이 훨씬 많다. 따라서, 몸싸움방지법 혹은 국회선진화법로 인하여 제19대 국회가 식물국회가 되었다는 주장은 근거가 없다. '쟁점법안'이 통과되지 않아서 식물국회라는 주장은 타당하지 않다. 쟁점법안은 정당과 국민들간에 의견이 대립되는 법안들이다. 이러한 법안일수록 직권상정을 통해 국회의원들의 심의절차를 배제할 것이 아니라, 충분한 심의를 통해 다양한 입장과 이해가 균형있게 반영되어야 한다. 따라서 국회선진화법 이후에는 정부여당간의 협력보다는 정부야당 혹은 여야간의 설득과 협력이 더욱 중요하다. 이를 통해 '말의 정치'를 하고 '몸싸움의 정치'을 하지 말라는 것이다. '몸싸움방지법'의 핵심제도인 직권상정제한이 완화되고 국회의장의 직권상정이 현실화되면, 국회폭력이 재연될 것임은 명약관화하다. 국회의장의 직권상정요건을 강화하여 직권상정을 엄격히 제한하는 규정을 위헌이라고 하거나 이러한 국회법 규정에 따른 국회의장의 권한행사를 헌법과 법률에 위반된 것이라고 볼 수는 없다.

주제어: 국회법, 입법과정, 몸싸움방지법, 국회선진화법, 직권상정, 심사기간지정, 위원회 중심주의, 본회의 중심주의, 권한쟁의

제 1 절 머리말

국회에서의 폭력은 국가의 부끄러움이고 국가의 품격을 단적으로 평가받는 행태이다. 우리가 뉴스를 통해 소말리아나 대만, 우크라이나 의회에서 벌어진 의원들간의 난투극을 보았을 때를 생각해 볼 필요가 있다. 국회에서의 폭력행사는 그간의 경제적 발전이나 민주화의 진전을 국제사회에서 거론하기조차 부끄러운 일이다. 국제사회에서의 국격저하와 국민들의 정치혐오로 인하여 잃어버리는 손해를 비용으로 계산해 본다면, 일방적인 법안처리를 통해 얻는 행정적 편익에 비교하더라도 잃어버리는 비용이 훨씬 클 것이다. 그간 우리 헌정사에서 의안의 직권상정을 통한 '날치기'는 여러 차례 있어 왔고, 그 때마다 다

시 그래서는 안된다는 반성과 각오가 있었다. 그러나 결국에는 '날치기'로 이어지는 국회의장의 직권상정은 계속 반복되었다. "제17대와 제18대 국회에 와서는 여야가 입장을 번갈아가면서 국회의사당 난입, 전기톱, 최루탄이 등장하는 최악의 폭력사태를 주도하여 2009년 9월에는 외교전문지 Foreign Policy로부터 의회 난투극 분야에서 세계 최악이라는 조롱까지 받았다"[1] 특히 제18대 국회에서의 여야간의 갈등과 대립은 고조되어, 국회 회의장은 난장판이 되었다. 이에 대한 반성으로 2012년 5월 2일에 본회의에서 의결되어 5월 25일에 공포된 「국회법」 일부개정법률은 '몸싸움방지법' 혹은 '국회선진화법'이라고 불렸다. 제19대 국회부터 시행된 개정 「국회법」은 국회에서의 '평화적인' 의안처리를 위하여, 국회에서의 폭력·폭언을 사전에 예방하고 사후에 제재하는 제도를 도입하였다.[2]

'몸싸움방지법' 혹은 '국회선진화법' 중에서 다수당에 유리한 제도는 예산안 자동부의제도, 안건신속처리제도, 의안자동상정제도, 의사진행방해에 대한 징계의 강화 등이 꼽히고 있고, 소수당에 유리한 제도는 국회의장 직권상정요건의 강화, 무제한 토론제도, 위원회에서의 안건조정제도 등이 꼽히고 있다. 특히, 매년 예산안이 법정기한을 넘겨 처리되는 것을 방지하기 위하여 도입된 예산안 등 세입예산안 부수법률안 본회의 자동부의제도는 몸싸움방지법이 이룬 큰 공헌으로 볼 수 있다. 테러방지법이 직권상정된 이후에 길고 긴 연설이 계속되었지만, 국회에서의 몸싸움이나 폭력이 점거농성은 발생하지 않았다. '몸싸움방지법' 혹은 '국회선진화법'이 결과적으로 '몸싸움'을 억제하고 '말싸움'을 하게 하는 나름대로의 입법목적을 달성하였음에도 불구하고, '몸싸움방지법' 혹은 '국회선진화법'에 대한 일반의 평가는 냉담하다. 이러한 부정적인 평가의 핵심은 제19대 국회가 입법을 제대로 처리하지 못하는 식물국회가 되었다는 것이다. 따라서 개정 국회법 중에서도 가장 논란이 큰 국회의장의 직권상정에 대하여 검토해 보고자 한다. 이 글에서는 Ⅱ. 직권상정 요건강화의 구체적인 내용과 이에

---

1 유세환, "국회선진화법에 대한 인식론적 민주주의의 관점", 『한국의회학회보』, 제2권 제1호, 2013, 125쪽.

2 상세한 내용은 홍완식, "'국회선진화법'에 관한 고찰", 『헌법학연구』, 제18권 제4호, 2012, 215~342쪽 참조.

대한 평가를 서술하고 Ⅲ. 직권상정의 요건을 강화한 이후에 입법교착이 발생하여 제19대 국회가 소위 '식물국회'인지 Ⅳ. 국회법 규정에 의거하여 국회의장이 일부 국회의원들의 직권상정 요청을 거부한 것을 어떻게 평가할 것이지 등에 대하여 검토하고자 한다.

제2절 직권상정 요건 강화에 대한 평가

1. 국회의장 직권상정의 요건 강화

「국회법」에는 '직권상정'이라는 표현이 존재하지 않음에도 불구하고, 「국회법」 제85조에 의한 국회의장의 심사기간지정을 직권상정이라 부른다. 즉, 「국회법」 제85조에 의하여 국회의장은 위원회에 회부하는 안건 또는 회부된 안건에 대하여 심사기간을 지정할 수 있으며, 해당 위원회가 심사기간 내에 심사를 마치지 아니한 때에는 중간보고를 들은 후 다른 위원회에 회부하거나 바로 본회의에 부의할 수 있다. 대개의 경우 바로 본회의에 부의하는 절차를 거치게 되므로, 심사기간 지정에 관한 국회의장의 권한을 직권상정 혹은 국회 본회의 직권상정이라 부르는 것이다.

국회의장 직권상정제도는 제9대 국회인 1973년에 「국회법」 개정을 통하여 처음으로 도입되었다. 제도의 도입에도 불구하고 제9대, 제10대, 제11대 국회와 제14대 국회에서는 이러한 권한이 행사되지 않았지만, 2009년 2월까지 총 18차례에 걸쳐 71개 법안이 직권상정되었다. 제18대 국회에서 국회의장은 직권상정권을 발동하여 2009년 4월 「한국토지주택공사법」 제정안을 포함한 3건의 법안, 7월 22일에 「금융지주회사법」을 포함한 4건의 법안, 12월 31일에 예산부수법안 9건, 2010년 1월 1일에 노동조합 및 노동관계법을 포함한 12건의 법안이 국회의장의 직권상정을 통하여 본회의에 상정·의결되었다.[3] 국회의장의 직권상정제도

---

3 박인수, "국회의장 직권상정제도", 『입법정책』, 제4권 제2호, 2010, 8쪽.

는 야당의 반대로 정상적인 절차에 의하여 법안을 통과시키기 어려울 때에 여당이 상임위원회와 법사위원회 등의 심의·의결을 생략하고 본회의에서 단독으로 법안을 의결하는 방법으로 악용되었다.[4]

이러한 부끄러운 헌정사에 대한 반성으로, 2012년 5월 25일에 공포된 개정 「국회법」은 국회의장이 직권상정을 할 수 있는 요건을 강화하였다. 즉, 「국회법」의 개정 이전에는 심사기간을 지정할 수 있는 사유 즉 직권상정의 요건을 규정하지 않았으나, 개정 이후에는 직권상정의 요건이 규정되었다. 직권상정의 요건을 규정하였다는 것은, 직권상정을 할 수 있는 사유를 규정에 해당하는 경우로만 제한하는 것이므로, 직권상정의 요건을 강화하는 의미를 지니는 것이다.

〈표 16-1〉 직권상정 규정의 개정 전후 비교

개정전	개정후
제85조 (심사기간) ① 의장은 위원회에 회부하는 안건 또는 회부된 안건에 대하여 심사기간을 지정할 수 있다. 이 경우 의장은 각 교섭단체대표의원과 협의하여야 한다. <개정 2005. 7. 28>	제85조(심사기간) ① 의장은 다음 각 호의 어느 하나에 해당하는 경우에는 위원회에 회부하는 안건 또는 회부된 안건에 대하여 심사기간을 지정할 수 있다. 이 경우 제1호 또는 제2호에 해당하는 때에는 의장이 각 교섭단체대표의원과 협의하여 해당 호와 관련된 안건에 대하여만 심사기간을 지정할 수 있다. <개정 2012. 5. 25> 1. 천재지변의 경우 2. 전시·사변 또는 이에 준하는 국가비상사태의 경우 3. 의장이 각 교섭단체대표의원과 합의하는 경우
② 제1항의 경우 위원회가 이유없이 그 기간내에 심사를 마치지 아니한 때에는 의장은 중간보고를 들은 후 다른 위원회에 회부하거나 바로 본회의에 부의할 수 있다.	② 제1항의 경우 위원회가 이유없이 그 기간내에 심사를 마치지 아니한 때에는 의장은 중간보고를 들은 후 다른 위원회에 회부하거나 바로 본회의에 부의할 수 있다.

4 이철호, "국회 날치기 폭력사와 국회폭력 방지방안", 『국가법연구』, 제8권 제2호, 2012, 18쪽.

국회의장의 직권상정을 엄격하게 제한한 것은 국회에서의 무질서와 폭력을 방지하기 위한 방안이었다. 직권상정요건의 강화로 인하여, “의장의 직권상정은 매우 특수한 상황에서만 가능하게 되었으며, 사실상 사문화되었다고 해도 과언이 아니다.”[5]

그간 정치적으로 또는 법적으로 문제가 되었던 ‘법안 날치기처리’는 대개 국회의장의 심사기간 지정 즉, 직권상정을 통해 본회의에 상정되는 절차를 거치는 것이다. 즉, 국회의장 직권상정제도는 과거 야당이 강하게 반대하는 법안을 여당이 국회 본회의에서 통과시키는 수단으로 종종 이용된 바 있다. “직권상정제도가 본회의에서의 이른바 ‘날치기’의 제도적 기초”[6]이고, “국회의장이 직권상정을 할 때 마다 여야간에 물리적인 충돌이 발생하고, 결국 국회가 공전되는 또 다른 파국적 교착상태에 빠지는 악순환이 되풀이되어 왔다”[7]는 의견이 있었다. 우리나라 국회사를 폭력으로 얼룩지게 한 제도적 원인의 하나가 직권상정이었기에, 국회폭력을 초래한 직권상정의 요건을 강화하였고 이러한 제도개선은 제19대 국회에서 폭력행위를 예방하는 효과를 보았다.

‘몸싸움방지법’ 혹은 ‘국회선진화법’에 대해서는 긍정적인 평가와 부정적인 평가가 교차하였다. 특히 국회선진화법에 대한 비판은 무제한 토론의 종결동의 요건 등 재적의원 5분의 3이라는 요건이 비현실적이라는 점을 강조하고 있지만, “여당의 입법에 실제로 가장 부담을 주는 부분은 무제한 토론이라기 보다는 오히려 국회의장의 직권상정이 힘들어진 점 (중략) 문제는 여야 대치상황을 돌파하기 위한 손쉬운 방법으로 여겨지던 직권상정이 더 이상 불가능해진 것에 대한 불만이 고조되고 있다는 것이며, 이것이 국회선진화법을 둘러싼 집권여당의 불만의 핵심”[8]이라는 것이다. 그간의 논의에서 위헌론의 주된 대상은 ‘무제한 토론’ 제도였음에도 불구하고, 논의의 쟁점이 ‘국회의장의 직권상정 요건 강화’

5 이상신, 앞의 논문, 74쪽.
6 음선필, “국회 입법과정의 분석과 개선방안”, 『홍익법학』, 제13권 제2호, 2012, 152쪽.
7 전진영, “국회의장 직권상정제도의 운영현황과 정치적 함의”, 『한국정치연구』, 제20집 제2호, 2011, 75쪽.
8 이상신, “국회선진화법과 입법교착”, 『미래정치연구』, 제5권 제1호, 2015, 73~74쪽.

에 있음은 이러한 현실적 정치상황과 무관치 않아 보인다. 즉, 정부·여당이 생각하는 '입법 효율성'에 저해가 되는 가장 불편한 제도는 실질적으로 무제한 토론제도 라기 보다는 직권상정 요건의 강화라고 할 수 있다.

2. 직권상정 요건 강화 조항의 위헌 논란

일부 정치인들은 '직권상정의 요건 강화'가 국회의원의 입법권을 침해하여 위헌이라는 주장을 하고 있다. 천재지변이나 전시·사변 또는 이에 준하는 국가비상사태가 없는 한, 일반다수결에 의한 요구가 있더라도 위원회가 심의중인 법안에 대하여 본회의에서 심의·표결할 방법이 없어서 국회 및 국회의원 입법권의 본질적 내용을 침해한다는 주장이다. 또한 직권상정이 가능한 경우를 각 교섭단체대표의원과 합의가 있을 때로 하여 국회의 의사결정을 국회의원이 아닌 교섭단체 대표가 결정하도록 규정하여 국회의사의 국회의원 직접 결정권을 침해한다는 것이다. 이러한 주장에 대하여 살펴보기로 한다.

소위 '쟁점법안'에 대해서는 특별히 많은 논의가 필요함에도 불구하고 우리 헌정사에서 직권상정은 쟁점법안에 대하여 이루어졌고, "쟁점법안은 직권상정을 통해 처리됨으로써 위원회 심사과정이 생략되는 아이러니가 반복되고 있다. (중략) 국회의장 1인의 판단으로 상임위원회의 법안심사권을 무력화시키고, 법안을 바로 본회의에 회부할 수 있는 권한을 부여하는 것은 국회운영에서 '중립적 중재자'로서 국회의장의 위상과 배치된다"[9]는 것이다. 나아가 "직권상정제도가 본회의에서의 이른바 '날치기'의 제도적 기초가 되었으며, 또한 이를 저지하기 위한 본회의장 폭력점거의 事端이 되었다." "제18대 국회에서의 입법전쟁도 바로 이러한 직권상정의 여부를 둘러싸고 발생한 것이다. 국회의원 재적과반수가 훨씬 넘는 의석수의 한나라당(현 새누리당)은 의장의 직권상정만을 기다렸고, 민주당(현 민주통합당)은 직권상정을 원천적으로 막기 위하여 본회의장을 점거하였던 것이다. 지금까지의 경험을 통해 볼 때, 의장의 직권상정은 원내 다수세

9 전진영, 앞의 논문, 75쪽.

력에게는 무척 매력적으로 손쉬운 수단이었기에 언제나 입법과정상의 파열음의 단초요 종지부가 되곤 하였다."[10] 국회의장이 직권을 발동하여 소관위원회의 심사를 배제하는 것은 헌법과 국회법이 구체화하고 있는 의회주의의 원칙에 반할 가능성이 높다.[11] 이러한 의견들은 모두, 정치권의 일부에서 주장하는 것처럼 국회의장의 '직권상정 요건을 강화'한 것이 위헌이 아니라는 것이다. 반대로 국회의장의 심사기일 지정을 통해서 국회의원들이 더 이상 위원회에서 법안을 심의하지 못하도록 하는 '직권상정제도' 자체가 국회의원들의 입법권을 침해하여 위헌이라는 의견인 것이다.

국회의장의 직권상정제도는 선진 외국에서는 사례를 찾아보기 어려운 제도이며, 민주주의의 핵심제도인 다수의 지배와 소수에 대한 존중, 대화와 타협의 원리를 퇴보하게 하는 제도적 장치로 작용하고 있다. 따라서 "다수에 의한 지배가 아니라 다수에 의한 독재를 가능하게 하는 직권상정제도를 폐지하는 것이 타당"하다는 강력한 주장[12]도 있다. 과거에 종종 활용되던 국회의장의 직권상정은 의안의 심사기간을 의장이 정함으로 인하여 의원들이 의안을 심의할 수 있는 기회를 상실하게 되어 민주주의 원칙에 배치될 뿐만 아니라, 직권상정으로 야기되는 폭력사태는 국회의 신뢰를 떨어뜨리며 정치냉소주의를 부추기고 있었다. 또한 국회의장이 의안의 심사기간을 지정하는 것은 의원들이 의안을 심사하는 기간을 단축시키게 되므로, 위원회에 소속된 국회의원의 심의·표결권을 침해하는 결과가 된다. 즉, 국회의장 직권상정제도는 국회의장이 소관 상임위원회와 법제사법위원회 소속 여야 국회의원의 심의·의결권을 침해하는 제도라고 할 수 있다. 직권상정은 정상적인 법안심의절차를 무시하고 소수당 의원을 입법과정에서 배제하는 것을 의미[13]한다거나, '부실심사된 법안의 신속처리'로서 소관위원회가 제대로 심사하지도 못한 법안을 본회에서 바로 처리한다는

10 음선필, 앞의 논문, 152쪽.

11 조한상, "이른바 국회선진화법의 위헌 여부와 적실성에 관한 고찰", 『법학연구』, 제60집, 2015, 358쪽.

12 박인수, 앞의 논문, 20~21쪽.

13 이한수, "제19대 국회 평가 : 국회선진화법과 입법활동", 『의정연구』, 제20권 제2호, 2014, 10쪽.

점에서 상임위원회의 법안심사권과 의사결정권을 침해[14]하는 것이기 때문이다. 이는 국회의장이 독단적인 판단으로, 헌법과 국회법에 의하여 보장된 소수당 의원들의 심의·표결권을 침해하는 것이다. 결론적으로, 국회의장이 직권상정을 하지 않는 것이 국회의원들의 심의·의결권을 침해하는 것이 아니라, 국회의장이 직권상정을 하는 것이 국회의원들의 심의·의결권을 침해하는 것이다. 따라서, 국회의장 직권상정의 요건을 강화한 것이 위헌이라는 주장은 타당하지 않으며, 헌법학계에서는 위헌론을 주장하는 학자를 거의 찾아볼 수 없다.

제3절 직권상정 요건 강화와 식물국회론

제19대 국회에서 국회의장이 심사기간을 지정한 사례는 2014년 12월 2일에 본회의에서 의결된 「지방교부세법」과 2015년 12월 3일에 본회의에서 의결된 「관광진흥법」, 「대리점거래의 공정화에 관한 법률」, 「모자보건법」, 「의료 해외진출 및 외국인환자 유치지원에 관한 법률」, 「전공의의 수련환경 개선 및 지위향상을 위한 법률」 등 5건의 제정 및 개정안이다. 이들 법안의 직권상정은 여야 교섭단체대표의 합의라는 요건을 충족하여 직권상정된 것이다.[15] 그러나 여야 교섭단체대표가 합의하여 직권상정되는 경우는 일반적인 법안처리절차와 크게 다르지 않다.[16] 즉, 긴급한 상황 등 여야가 합의하는 경우에는 현행 「국회법」의 일반적인 법안처리절차에 따라서도 얼마든지 신속하게 법안을 처리할 수 있다.

---

14 전진영, "국회 입법교착의 양상과 원인에 대한 분석", 『의정연구』, 제17권 제2호, 2011, 186쪽. 제18대 국회에서 2010년 12월에 직권상정된 「과학기술발전기본법」은 상임위원회에서 상정조차 되지 않았던 법안인데, 소속위원들이 전혀 법안내용을 파악하지도 못한 상태에서 본회의에서 처리했다는 점에서 논란이 되었던 예로 소개되고 있다.

15 전진영, "국회선진화법", 『국회를 마비시키는 '국회선진화법', 어떻게 해야 하나?』, 2015. 7. 7, 37쪽.

16 박인수 교수도, 각 교섭단체 대표의원간 합의가 있는 경우는 이미 국회의장의 직권에 의한 상정이라 보기 어렵다는 의견이다. 박인수, 앞의 논문, 15쪽.

따라서「국회법」제85조 제1항의 3호의 직권상정은 별 문제될 것이 없고, 1호의 천재지변이나 2호의 전시·사변 또는 이에 준하는 국가비상사태가 문제시될 수 있다. 과거와 같은 국회의장의 일방적인 직권상정은 제19대 국회에서는 테러방지법 의결과정에서 단 한번만 활용되었고, 직권상정 직후에 무제한토론(필리버스터)도 역시 단 한번 활용되었다.

국회의장 직권상정 요건의 강화로 인하여, 필요한 법률이 입법되지 못하는 입법교착이 발생하여 제19대 국회는 '식물국회'라는 주장이 있다. 그러나 입법지연과 입법교착의 원인은 국회선진화법 때문이 아니라, 교섭단체 대표의원간 협의 중심의 국회운영과 대립적인 정치문화 때문인 것으로 볼 수 있다.[17] 식물국회는 타협문화, 정치기술 등의 부재와 같은 것에서 기인했을 가능성이 크다는 진단[18]이 타당하다. "국회선진화법은 우리 국회가 다수제 중심으로 운영되어 나타난 여야 간의 극한 대립을 막고 합의제 방식의 대안을 제도적으로 보완하는 것이다. 입법과정의 효율성이 저하될 수 있다는 일부의 우려가 틀린 것은 아니지만 폭력을 방지하겠다는 취지는 더욱 큰 설득력을 발휘한다"[19]는 것이고, "국회선진화법을 탓하기에 앞서 정치인들의 의식과 리더십 행태, 제도보다 더 중요한 규범은 어떤지 보면서 종합적 제도개혁을 해 나가야 한다"[20]는 의견도 있다. "대립과 갈등 중심의 정치문화가 지속되는 한, 국회선진화법을 비롯한 국회 의사절차의 개혁이 애초의 취지를 달성하기란 어렵기 때문이다"[21]는 의견도 입법교착의 원인을 비슷한 맥락으로 보고 있다.

그러나 입법교착이나 식물국회의 원인이 무엇인지를 따지기 전에, 과연 제19대 국회에서 입법교착이 있는지 혹은 제19대 국회가 식물국회인지를 먼저 살

---

17 전진영, "국회선진화법은 국회를 선진화시켰는가?",『현대정치연구』, 제8권 제1호, 2015, 121쪽.

18 김행범, "의사결정 규칙에 관한 공공선택론적 연구 : 개정 국회법을 중심으로",『제도와 경제』, 제8권 제1호, 2014, 79쪽.

19 윤종빈, "국회입법교착의 역학",『21세기 정치학회보』, 제23집 제2호, 2013, 116쪽.

20 "국회선진화법만 수정하면 된다? 지나친 환원주의", 국회 입법조사처 임성호처장 인터뷰,『the 300』, 2016. 1. 11.

21 전진영, "국회선진화법",『국회를 마비시키는 '국회선진화법', 어떻게 해야하나?』, 2015. 7. 7, 37쪽.

펴보아야 한다. <표 16-2>와 <표 16-3>의 통계자료는 제18대 국회와 제19대 국회의 법안의 제출건수, 가결건수 및 가결률을 비교할 수 있는 표이다.

〈표 16-2〉 제1대~제19대 국회의 의원발의 법률안과 정부제출 법률안 비교[22]

시기 구분 (연도)	전체 법률안	의원발의 법률안			정부제출 법률안		
		제출 건수	가결 건수	가결률	제출 건수	가결 건수	가결률
제헌국회(48~50)	234	89	43	48%	145	106	73%
제2대(50~54)	398	182	77	42%	216	137	63%
제3대(54~58)	410	169	72	43%	241	85	35%
제4대(58~60)	322	120	31	26%	202	44	22%
제5대(60~61)	296	137	30	22%	159	40	25%
국가재건최고회의(61~63)	1,162	554	514	93%	608	501	82%
제6대(63~67)	658	416	178	43%	242	154	64%
제7대(67~71)	535	244	123	50%	291	234	80%
제8대(71~72)	138	43	6	14%	95	33	35%
제9대(73~79)	633	154	84	55%	479	460	96%
제10대(79~80)	129	5	3	60%	124	97	78%
국가보위입법회의(80~81)	189	33	33	100%	156	156	100%
제11대(81~85)	489	202	83	41%	287	257	90%
제12대(85~88)	379	211	66	31%	168	156	93%
제13대(88~92)	938	570	171	30%	368	321	87%
제14대(92~96)	902	321	119	37%	581	537	92%
제15대(96~00)	1,951	1,144	461	40%	807	659	82%
제16대(00~04)	2,507	1,912	514	27%	595	431	72%
제17대(04~08)	7,489	6,387	1,352	21%	1,102	563	51%
제18대(08~12)	13,913	12,220	1,663	14%	1,693	690	41%
제19대(12~16. 4. 5)	17,757	16,664	2,305[23]	14%	1,093	360[24]	33%

22 국회사무처에서 2004년에 발간한 의정자료집을 기초로 하고, 법률안의 처리에 관한 국회사무처 의안정보시스템의 의안통계 http://likms.assembly.go.kr/bill를 반영하여 재구성한 자료임. 제19대 국회자료는 2016년 4월 5일 기준임.

23 의원발의 법률안의 원안통과는 1,578건이고, 수정통과는 727건으로, 총 2,305건이다.

<표 16-2>를 보면 제19대 국회에서 의원발의 법안의 가결율은 14%로서 제18대의 의원발의 법안의 가결율 14%와 동일하고, 정부제출 법안의 가결율은 32%로서 제18대 국회의 가결율 41%보다 다소 낮다. 가결법안의 수를 보면 제18대 4년간 통과된 법안은 총 2,353건(의원안 1,663건+정부안 690건)이었지만, 제19대 국회에서 통과된 법안은 2016년 4월 5일 기준으로 총 2,665건(의원안 2,305건+정부안 360건)으로 제19대 국회에서 통과된 법안이 제18대 국회에서 통과된 법안에 비하여 312건이나 많다.

〈표 16-3〉 제18대와 제19대 국회의 법안처리 현황 비교[25](2016. 4. 5 기준)

	발의주체	접수	가결 (대안 제외)	가결 (대안 포함)
제18대	의원	11,191	639	3,866
	위원장	1,029	1,024	1,024
	정부	1,693	690	1,288
	계	13,913	**2,353**	**6,178**
제19대	의원	15,437	1,084	5,138
	위원장	1,227	1,221	1,221
	정부	1,093	360	752
	계	17,757	**2,665 (312△)**	**7,111 (933△)**

국회사무처의 새로운 통계방식을 도입하여 법률안 가결건수에 대안을 포함한다면, 제19대 국회에서 통과된 법안은 <표 16-3>에서 보는 바와 같이 2016년 4월 5일 기준으로 총 7,111건(의원안 6,359건+정부안 752건)이다. 그러나 제1대 국회에서부터 제18대 국회까지의 법안처리에 관한 통계는 대안을 포함하지 않았는데, 제19대 국회에 들어와서 대안을 포함시킨 새로운 방식을 적용하고 있다. 이러한 새로운 방식에 나름대로의 의미를 부여할 수는 있겠지만, 제19

24 정부제출 법률안의 원안통과는 124건이고, 수정통과는 236건으로, 총 360건이다.

25 국회사무처 의안정보시스템의 의안통계 http://likms.assembly.go.kr/bill를 반영하여 재구성한 자료임.

대 국회와 다른 입법기를 비교하기 위해서는 대안을 제외한 원안과 수정안을 처리한 통계를 사용하는 것이 비교에 적합할 뿐만 아니라 일관성도 있다. 그럼에도 불구하고 제19대 국회가 식물국회이냐를 여부를 판단하기 위해서는, 대안을 포함한 법안의 가결건수가 얼마나 되는가를 볼 수도 있다. 즉, 대안을 포함한 법안의 가결건수는 제18대 국회에서는 6,178건이고 제19대 국회에서는 7,111건으로서, 제19대 국회에서는 제18대 국회에서보다 933건이 더 많다. 이러한 법안처리 통계를 비교하여 본다면 국회선진화법이 적용되기 시작한 제19대 국회에서의 법안의 입법효율성은 제18대 국회와 비교하여 오히려 증가하였다[26]는 것이 증명되고 있다.

입법효율성을 판단하기 위해서는 법안의 가결건수가 아니라 법안의 가결율을 비교하여야 한다는 주장이 있을 수 있다. 그러나 <표 16-2>에서 법안가결율을 보면, 제19대 국회에서의 법안의 가결율은 15.0%(가결법안 2,665건÷총 발의법안 17,757건)로서 제18대에서의 법안의 가결율 16.9%(가결법안 2,353건÷총 발의법안 13,913건)보다 다소 낮다. 대안을 포함한 가결율을 나타내고 있는 <표 16-3>에서의 법안 가결율을 보더라도, 제19대 국회에서 법안의 가결율은 40.0%(가결법안 7,111건÷총 발의법안 17,757건)로서 제18대의 의원발의 법안의 가결율 44.4%(가결법안 6,178건÷총 발의법안 13,913건)에 비하여 다소 낮기는 하지만, 제19대 국회를 식물국회라고 할 만큼 낮지는 않다. 이렇게 전체 법안의 가결율이 다소 낮아진 것은 제19대 국회에서 법안이 덜 통과가 되었기 때문이 아니라, 제19대 국회에서 법안이 더 많이 발의되었기 때문이다. <표 16-2>와 <표 16-3>에서 볼 수 있는 바와 같이, 2016년 4월 5일 기준으로 제19대 국회에서는 제18대 국회보다 3,844건이 많은 법안이 발의되었다. 발의건수가 동일하다고 가정을 하여 분모에 제18대 국회의 총 발의건수인 13,913건을 놓고 비교를 하면, 제19대 국회의 가결율은 원안과 수정안의 경우에는 19.2%(가결법안 2,665건÷총 발의법안 13,913건)이고 대안을 포함한 경우에는 51.1%(가결법안 7,111건÷총 발의법안 13,913건)로서, 제18대 국회의 각각 16.9%와 44.4%보다 높다.

26 이한수, 앞의 논문, 35쪽.

이상의 법안처리통계를 종합하면, 첫째는 제19대 국회의 법안가결건수는 제18대 국회보다 많다는 점이다. 둘째는 제18대와 제19대 국회의 법안제출건수를 동일하다고 가정한 상태에서 법안가결율을 산출하면, 제19대 국회에서의 법안가결율이 제18대 국회에서의 법안가결율보다 높다. 즉, 국회선진화법 특히 직권상정 요건의 강화가 입법교착 혹은 식물국회를 초래하였다는 것은, 국회선진화법 비판론자와 위헌론자의 막연한 짐작일 뿐 근거가 없는 주장이라고 할 수 있다.

다만, 국회선진화법으로 인하여 쟁점법안에 대한 입법교착이 있다는 주장이 있을 수 있지만, 제19대 국회에서의 쟁점법안은 말 그대로 정당간의 입장이 대립되는 사안이기 때문에 충분한 시간을 두고 심의되어야 하는 사안이라고 볼 수 있다. 거론되는 쟁점법안은 5건의 노동개혁법안[27]과 2건의 경제활성화법안,[28] 북한인권법안, 테러방지법안 등 9건이었는데, 9건 법안의 통과에 시간이 걸린다고 하여 제19대 국회를 식물국회라 칭할 수 있을지는 의문이다. 특히 '기간제 및 단시간근로자 보호 등에 관한 법률안'과 '서비스산업발전기본법안'은 노동계와 의료계 등에서 매우 논쟁이 많은 법안이었기에, 이들은 특히 일방적인 직권상정에 의해서 처리되는 것이 아니라 국회의 법안심의과정에서 신중히 처리해야 할 입법사안이라고 할 수 있다. 이들 9건의 쟁점법안 중에서 테러방지법[29]

27 5건의 '노동개혁법안'은 행정부에 의하여 의욕적으로 추진하고 있음에도 불구하고, 모두 의원발의 법안으로 제출되었다. 즉, 김무성 의원 등 159인의 국회의원이 「근로기준법」 개정안과 「고용보험법」 개정안을 발의하고, 원유철 의원 등 159인이 「산업재해보상보험법」 개정안을 발의하고, 이인제 의원 등 159인이 「기간제 및 단시간근로자 보호 등에 관한 법률」과 「파견근로자 보호 등에 관한 법률」 개정안을 발의하였다. 이 중에서 기간제근로자법과 파견근로자법의 개정안에 대하여는 논란이 컸다. 이 중에서 기간제 및 파견 근로자의 사용기간 제한을 2년에서 4년으로 늘리는 기간제근로자법 개정안과 파견허용업종을 확대하는 등의 파견근로자법 개정안은 사회적 논란이 심했다. 이 중에서 '장그래법'이라고 불린 「기간제 및 단시간근로자 보호 등에 관한 법률」은 노동개혁법안은 주요 추진법안에서 제외되어, 노동개혁법안은 5건에서 4건으로 줄었다.

28 2건의 '경제활성화법안'도 역시 정부제출법안이 아닌 의원발의법안으로 제출되었다. '서비스산업발전기본법안'(김용익의원 대표발의로 10인의 공동발의)과 '기업활력제고를 위한 특별법안'(이현재의원 대표발의로 27인의 공동발의)

29 「국민보호와 공공안전을 위한 테러방지법」은 2016년 3월 2일에 국회 본회의에서 의결되고, 3월 3일에 공포되었다.

은 직권상정에 의해서 통과되었지만, 경제활성화법안[30]과 북한인권법[31]은 일반적인 법안상정절차에 의하여 통과되었다. 국회 내에서 설득을 하건 국회 밖에서 국민들의 여론이 압박을 하건 합의와 타결의 가능성은 있음을 나타내는 것이다. 전술한 바와 같이 제19대 국회에서의 가결건수가 제18대 국회의 가결건수를 훨씬 상회하고 있다는 점에 비추어 보면, 국회선진화법 때문에 식물국회가 되었다는 주장은 근거가 없다.

반면에 제19대 국회에서 몸싸움이 일어나지 않았고 예산이 기한을 맞추어 처리되었다는 점은 확실하기 때문에, 국회선진화법이 몸싸움을 방지하고 헌법상 명시된 예산처리기한을 준수하여 국회선진화에 일조하였다는 주장은 확실한 근거를 지니는 것이다. 제19대 국회에서는 "원내에서 물리적 충돌이나 회의장 점거사태는 한 번도 발생하지 않았다. 선진화법의 성과에 대한 논의도 이 부분에 집중되어 있다. 국회선진화법에 대한 입장이 우호적인지 비판적인지에 따라서 평가가 다르지만, 비판적인 입장에서도 제19대 국회에서 국회폭력을 근절하는데는 국회선진화법이 효과가 있음을 인정하고 있다(이병길 2015; 박명호 2014; 동아일보 14/09/16)"는 평가가 있다.[32] "국회선진화법의 도입취지가 가장 잘 구현되고 있는 부분은 국회폭력의 근절이라고 할 수 있다. 제17대 국회와 제18대 국회에서 빈발하였던 의장석이나 위원장석 점거를 비롯한 물리적 충돌이 제19대 국회에서 한번도 발생하지 않았다"는 점이 긍정적으로 평가되고 있다. 직권상정의 요건이 강화됨으로써 직권상정 자체가 원천적으로 어려워진 점도 물리적 충돌을 감소시키는 원인으로 작용하였다는 분석이다.[33] 직권상정의 제한을 통한 합의제의 강화가 쟁점법안을 둘러싸고 좀 더 적극적으로 여야의 타협을 모색하는 동기가 되었으며 제18대 국회에서 무리하게 처리되어 권한쟁의심판이

30 「기업활력제고를 위한 특별법」은 2016년 2월 4일에 국회 본회의에서 의결되고, 2월 12일에 공포되었다.

31 「북한인권법」은 2016년 3월 2일에 국회 본회의에서 의결되고, 3월 3일에 공포되었다.

32 전진영, "국회선진화법은 국회를 선진화시켰는가?", 『현대정치연구』, 제8권 제1호, 2015, 113쪽.

33 전진영, "제19대 국회 의정활동 평가와 쟁점", 『이슈와 논점』 1088호, 국회 입법조사처, 2015. 12. 2, 4쪽.

청구된 바 있던 미디어관련 법안에 비하여 제19대 국회에서 통과된 기초연금법안의 처리과정에서 보다 적극적인 협상과 타협이 있었던 것을 관찰할 수 있다는 실증적인 분석도 있다.[34] 국회의장 직권상정 요건의 강화가 본회의에서의 여야간 물리적 충돌가능성을 최소화하는 효과가 있을 것이라고 기대되었으며, 제19대 국회에서 이러한 몸싸움을 없앤 효과는 분명하였고 이렇게 국회폭력을 없앤 것은 대단히 바람직한 일로 평가받고 있다.[35]

이처럼 몸싸움방지법이 시행된 이후에 제19대 국회에서는 몸싸움이 한 번도 일어나지 않았고 예산안이 정해진 기간에 처리되었다는 점을 감안한다면, 「국회법」 개정의 실효성은 이미 나타났다고 볼 수 있다. 다만 쟁점법안의 처리가 지연되고 있다는 점이 문제로 지적될 수 있지만, 쟁점법안일수록 대화와 협상이 필요한 사안이기 때문에 이를 직권상정으로 처리한다면 이는 국회의원의 심의·의결권을 심각하게 침해하는 결과가 된다. 또한 쟁점법안의 처리를 위하여 직권상정의 요건을 이전처럼 다시 완화할 경우에는 국회에서의 몸싸움이 재연될 수밖에 없을 것이고, 후진적인 국회의 모습이 다시 재연될 것이다.

제4절 직권상정과 권한쟁의심판

'몸싸움방지법' 혹은 '국회선진화법'에 불만을 가진 일부 국회의원들은 북한인권법안과 서비스산업발전법안을 본회의에 직권상정해달라는 요청을 국회의장이 거부한 처분이 법률안 심의·표결권을 침해하였다는 등의 이유로 2015년 1월 30일에 권한쟁의심판을 청구하였다.[36] 이 권한쟁의심판청구의 논점은 국회의장의 직권상정(심사기간지정)의 요건을 강화한 국회법 제85조 제1항과 의안신

34 이한수, 앞의 논문, 10쪽.
35 박명호/정선아, "국회선진화법의 쟁점과 성공조건", 『의정논총』, 제9권 제2호, 10쪽.
36 2015헌라1 권한쟁의심판청구 사건

속처리를 규정하고 있는 제85조의2 제1항에 관한 것이다. 이 중에서 특히 가장 논란이 많았던 것은 국회의장의 직권상정 요건을 강화하여 직권상정을 매우 어렵게 제한한 것이었다.

국회의 의사는 본회의에서 결정되어야 하는 것이 '헌법원칙'이므로 상임위원회의 심사완료 전이라도 필요한 경우에는 본회의에 바로 회부하여 심의·표결할 수 있어야 하는데, 개정「국회법」제85조 제1항에 따라 국회의장이 심사기간을 지정하기 위한 요건이 지나치게 엄격하여 국회의원들의 본회의에서의 심의·표결권이 침해된다는 것이 위헌론의 주된 논거이다. 그러나 전술한 바와 같이, 국회의장이 법안의 심사기간을 지정하게 되면, 소관상임위원회에 소속된 국회의원들이 상임위원회에서 법안을 심의하고 표결할 수 있는 권한을 침해하는 결과가 된다. 헌법재판소가 수차례 확인하고 있는 바와 같이 우리는 '본회의 중심주의'를 택하고 있는 것이 아니라 '위원회 중심주의'를 택하고 있기 때문에,[37] 국회의장에 의한 법안의 직권상정은 국회의원들이 위원회에서 법안을 심의·표결할 권한을 침해하는 것이다. 또한 국회의장 1인의 결정으로 소관상임위원회에 속한 국회의원들의 법안심사권을 박탈하고 법안을 바로 본회의에 상정할 수 있는 권한을 부여하는 것은 국회운영에서 '중립적 중재자'로서의 국회의장의 위상과 배치된다는 점이 지적되었다.[38] 2007년 12월 14일의「국회법」개정[39]을 통하여 국회의장은 그 직에 있는 동안은 당적을 가질 수 없도록 한 취지는 국회의장은 당적을 떠나 국회를 중립적으로 운영하여야 한다는 것인데, 국회의장의 직권상정권한은 이러한 취지로 개정된 국회법의 취지에 상응하지 않는다.

---

37 헌재 2012. 2. 23. 2010헌라5; 2010. 12. 28. 2008헌라6; 2000. 6. 29. 98헌마443 등.

38 전진영, "국회의장 직권상정제도의 운영현황과 정치적 함의",『한국정치연구』, 제20집 제2호, 2011, 75쪽.

39「국회법」제20조의2(의장의 당적보유금지) ① 의원이 의장으로 당선된 때에는 당선된 다음 날부터 그 직에 있는 동안은 당적을 가질 수 없다. 다만, 국회의원총선거에 있어서「공직선거법」제47조의 규정에 의한 정당추천후보자로 추천을 받고자 하는 경우에는 의원 임기만료일전 90일부터 당적을 가질 수 있다. ② 제1항 본문의 규정에 의하여 당적을 이탈한 의장이 그 임기를 만료한 때에는 당적을 이탈할 당시의 소속정당으로 복귀한다.

또한 국회의장의 권한행사는 헌법과 법률에 따라서 행사되어야 하는 것이다. 헌법과 법률에 따라 권한을 행사하여야 하는 국회의장이 직권상정의 요건을 엄격히 규정하고 있는 명시적인 국회법 규정에도 불구하고, 이와 다른 선택을 할 수는 없다. 따라서 국회의장은 헌법과 국회법 규정에 따른 요건에 해당하지 아니함으로 인하여, 법안을 직권상정을 하지 않을 수밖에 없는 것이다.

헌법 제77조 제1항은 "대통령은 전시·사변 또는 이에 준하는 국가비상사태에 있어서 병력으로써 군사상의 필요에 응하거나 공공의 안녕질서를 유지할 필요가 있을 때에는 법률이 정하는 바에 의하여 계엄을 선포할 수 있다"고 규정하고 있다. 또한「국회법」제85조 제1항 2호는 국회의장이 직권상정을 할 수 있는 사유의 하나로 "전시·사변 또는 이에 준하는 국가비상사태의 경우"를 규정하고 있다. 즉, '전시·사변 또는 이에 준하는 국가비상사태'는 국회의장의 직권상정권 행사의 요건이기도 하지만, 대통령의 계엄권 행사의 요건이기도 하다. 테러방지법을 국회의장이 직권상정하면서 그 이유를 국가비상사태라고 하였다면, 그와 같은 상황에서 대통령이 계엄을 선포할 수도 있다는 설명도 가능하다는 것인데, 객관적으로 보아 그 때의 상황을 계엄선포의 요건에 해당한다고 할 수는 없을 것이다. 그렇다면, 국회의장이 직권상정의 이유로 들은 '전시·사변 또는 이에 준하는 국가비상사태'는 적절한 권한행사라고 볼 수 없다.

헌법학계에서는 직권상정을 완화하자는 주장을 찾기가 쉽지 않다. 오히려 국회의장의 직권상정권한을 폐지하자거나 존폐에 대해서 진지하게 고민할 필요가 있다는 의견이 통설적 지위를 차지하고 있다.[40] 일부 정치권에서는 직권상정의 요건을 다시 과거처럼 완화하자는 주장이 있지만, 직권상정 제한을 폐지하고 과거의 법상태로 되돌리는 것은 헌법정신과 원리에 반한다[41]는 것이다. 국회의장의 권한행사는 헌법과 법률에 따라야 하는데,「국회법」제85조의 개정을 통하여 직권상정의 사유를 엄격하게 제한하고 있는 경우에는, 이러한 법률규정

40 최철호, "국회법상 위원회의 법안심의제도 개선방안에 관한 연구",『입법학연구』, 제9집 제2호, 2012, 13쪽; 박인수, 앞의 논문, 22쪽; 전진영, "국회의장 직권상정제도의 운영현황과 정치적 함의",『한국정치연구』, 제20집 제2호, 2011, 75쪽.

41 조한상, 앞의 논문, 358쪽.

의 취지에 맞게 직권상정권을 행사하여야 한다. 즉, 직권상정의 요건에 해당하지 않음이 객관적으로 명백한 경우에, 국회의장은 직권상정요청을 거부하여야 한다. 국회의원 19인에 의한 2014년 12월 9일의 북한인권법안, 서비스산업발전기본법안에 대한 '심사기간 지정 및 본회의 상정 요구'는 「국회법」 제85조 제1항의 직권상정의 요건인 천재지변이나 국가비상사태도 아니고 교섭단체 대표의원과 합의된 바도 없으므로, 국회의장이 심사기간지정을 거부한 것에 대한 권한쟁의심판 청구는 이유없다고 할 것이다.

제5절 맺음말

'몸싸움방지법' 혹은 '국회선진화법'은 절차적인 면에서 '국회선진화법'은 국회에서의 몸싸움방지를 위해 발의된 많은 법안들이 정상적인 입법과정을 거쳐서 만들어진 「국회법」 개정이라는 점에 특징이 있다. 또한 국회선진화법의 실체적인 내용은 국회의장의 직권상정 제한, 안건신속처리, 합법적 의사진행방해, 안건조정위원회의 설치에 관한 규정, 장기미처리 의안의 자동상정에 관한 규정, 의장석·위원장석 점거 및 회의장 출입방해 행위에 대한 징계의 강화, 예산안 자동부의제도 등이다. 국회선진화법의 합의제 강화가 법안처리의 지연을 야기할 수는 있지만, 이러한 제도개혁의 궁극적인 목적은 국민의 신뢰를 받는 협력적 정치를 실현할 수 있는 변화를 기대[42]하는 국민의 여망이 반영된 것이라는 점을 우선 인식할 필요가 있다. 이에 부응하여 개정 「국회법」에 대해서는 "긍정적인 효과라 함은 첫째, 몸싸움이나 폭력이 사라졌다는 것, 둘째, 예산안이 법정기한 내 통과되는 성과를 가져온 것"[43]이라는 긍정적 평가가 있다.

---

42 김정도, "국회선진화법에 대한 국회의원 인식연구", 『의정연구』, 제21권 제1호, 2015, 91쪽.
43 김인영, "'국회선진화법' 비판과 대안", 『국회를 마비시키는 '국회선진화법', 어떻게 해야 하나?』, 2015. 7. 7, 27쪽.

그 동안 우리 헌정사에서는 국회의장의 직권상정에 이은 국회 내에서의 무질서와 폭력이 종종 발생하였다. 우리 헌정사에서는 지금의 여야 모두 과거에 국회의장의 직권상정권을 행사한 적이 있다.[44] 따라서 직권상정을 해서는 안된다는 것은 어느 특정정당을 향한 요구가 아니라, 한국의 정치문화와 행태를 바꾸라는 국민들의 요구 즉 '주권자'의 명령이다. 여당이 다수당이 되건 야당이 다수당이 되건, 일방적인 의안처리를 의미하는 직권상정을 하지 말하는 것이다. 폭력국회가 연출된 배경에는 여러 가지 요인이 있지만 "이 중 가장 문제가 되는 것은 국회의장의 제한되지 않은 '직권상정권'"이며, "의장에게 직권상정권을 인정하는 것은 선진국가에서 찾아보기 힘든 입법례"이다.[45] 직권상정은 후진국의 정치행태요 정치제도라고 할 수 있는 것이다. 따라서, 국회의장의 직권상정요건을 강화한 이유는 우리 헌정사에 얼룩진 국회폭력을 근절하려는 것이다.[46] 즉, 일방적 법안처리와 몸싸움이 아니라 설득과 대화를 통하여 입법과정을 비폭력적 및 선진적으로 운영하라는 취지를 담고 있다. 국회는 설득하고 협의를 하는 곳이지 몸싸움을 하고 폭력을 행사하는 곳이 아니다.

제19대 국회에서는 국회의장의 직권상정이 엄격히 제한됨으로 인하여, 정부와 여당이 원하는 법안의 처리가 지연되고 있다. 이처럼 국회의장의 직권상정요건을 엄격히 제한함으로 인하여 법안처리에 어려움을 겪고 있다는 주장에 대하여 이해할 수 있다. 그러나 전술한 바와 같이 제18대 국회에서 통과된 법률의 수는 2,353건 임에 비하여, 제19대 국회에서 통과된 법률의 수는 2,665건(2016년 4월 5일 기준)으로서, 제19대 국회에서 통과된 법률의 수가 훨씬 많다. 통

---

44 상세는 이철호, 앞의 논문, 4쪽 이하.

45 음선필, 앞의 논문, 152쪽.

46 얼마전 타계한 이만섭 전 국회의장은 인터뷰에서 "나는 이 대한민국 국회에서 날치기는 어떤 일이 있더라도 없애야겠다는 결심을 지난번 14대 국회의장 때부터 갖고 있었어요. 그리고 14대 국회의장 때는 1993년 12월 초인데 내가 청와대의 강력한 요청이 있었음에도 불구하고 끝까지 날치기 사회를 거부했어요. 그래서 그때 대통령하고 감정이 좀 나빠져 그것 때문에 국회의장직이 1년 2개월 만에 단명으로 끝난 겁니다. 그리고 또 이번 16대 국회에 들어와서도 국회법 개정안을 운영위원회에서 여당이 날치기를 했지만 내가 그것을 끝까지 본회의에 직권상정하지 않았습니다"라고 하여 국회의장의 직권상정은 대의민주주의에 반한다는 소신을 밝힌 바 있다. 황소웅, 『날치기는 없다』, 문학사상사, 2001, 51~52쪽.

과된 법률에 대안반영으로 인한 폐기건수를 포함(제18대 국회 6,178건, 제19대 국회 7,111건)해도, 제19대 국회에서 통과된 법률이 훨씬 많다. 따라서, 몸싸움방지법 혹은 국회선진화법로 인하여 제19대 국회가 식물국회가 되었다는 주장은 근거가 없다.

식물국회가 되었다는 주장은 정부·여당이 원하는 소위 '쟁점법안'이 통과되지 않았다는 말을 의미하는 것으로 생각된다. 그러나 쟁점법안은 말 그대로 쟁점을 놓고 다투는 법안이며, 정당은 물론이고 국민들간의 입장과 이해관계가 쉽게 일치되지 않는 법안들이다. 이러한 법안일수록 직권상정을 통해 국회의원들의 심의절차를 배제할 것이 아니라, 충분한 심의를 통해 다양한 입장과 이해가 균형있게 반영되어야 한다. 이러한 점에서 과연 제19대 국회에서 여야가 만나 대화와 협의를 한 노력이 얼마나 있었는지를 돌아볼 필요가 있다. 제19대 국회에서의 정부와 여당의 협력관계와 비교해 볼 때, 여당과 야당의 협력관계를 활성화하기 위한 노력이 보다 더 요구된다. "국회선진화법 이후의 국회가 성공적으로 운영되기 위해서는 대통령과 반대당 간의 협력적 관계를 형성 발전시켜 나가는 것이 집권당과의 협력적 관계 못지않게 중요하기 때문에 정책결정과정에 있어 대통령과 집권당간의 정책협조가 반대당을 과도하게 압박하거나 반대당과의 대결적인 구도로 되지 않도록 유의하여야 할 것이다"[47]는 당부를 명심할 필요가 있다. 국회선진화법 이후에는 정부여당간의 협력보다는 정부야당 혹은 여야간의 설득과 협력이 더욱 중요한 것이다. 이를 통해 다수의 정치가 아니라 '말의 정치'를 하고 '몸싸움'을 하지 말라는 것이다. 청와대와 여당의 협력관계가 더욱 강조되면 법안 직권상정에의 유혹은 더욱 커질 수 있지만, 여야의 협력관계가 활성화되면 직권상정을 할 필요조차 없어지는 것이다.

국회의장의 직권상정요건을 강화하여 직권상정을 엄격히 제한하는 규정을 위헌이라고 하거나, 이러한 「국회법」 규정에 따른 국회의장의 권한행사를 헌법과 법률에 위반된 것이라고 볼 수는 없다. 법적으로 「국회법」이 위헌이라거나 「국회법」에 따른 국회의장의 직권상정 거부를 권한쟁의 심판으로 시비를 가

47 정진민, 국회선진화법과 19대 국회의 과제, 현대정치연구, 제6권 제1호, 2013, 20쪽.

리기 이전에, 정치적으로도 정치권의 '협의 부재'와 '합의 불능'이라는 상황에 대한 반성이 선행되어야 한다. 정부와 여당에서는 직권상정이 가능케 되어야 하는 현실적인 필요성을 강조하고 있다. 그러나 권한쟁의심판이 인용되어 '몸싸움방지법'의 핵심제도인 직권상정제한이 완화되고 국회의장의 직권상정이 현실화되면, 국회폭력이 재연될 것임은 명약관화하다. 따라서 '몸싸움방지법' 혹은 '국회선진화법' 입법에 반영된 국민들의 여망을 생각해볼 필요가 있다. 우리는 각 분야에서 산업화와 민주화의 단계를 넘어 선진화를 향해 나아가고 있다. 직권상정을 하지 않고도 법안을 처리할 수 있는 것이 선진화인 것이지, 직권상정을 통해 선진국가를 만들자는 발상은 전혀 선진적이지 않다.

| CHAPTER 16 _ **참고문헌** |

김인영, "'국회선진화법' 비판과 대안", 『국회를 마비시키는 '국회선진화법', 어떻게 해야 하나?』, 2015. 7. 7.

김정도, "국회선진화법에 대한 국회의원 인식연구", 『의정연구』, 제21권 제1호, 2015.

김행범, "의사결정 규칙에 관한 공공선택론적 연구 : 개정 국회법을 중심으로", 『제도와 경제』, 제8권 제1호, 2014.

박명호/정선아, "국회선진화법의 쟁점과 성공조건", 『의정논총』, 제9권 제2호.

박인수, "국회의장 직권상정제도", 『입법정책』, 제4권 제2호, 2010.

유세환, "국회선진화법에 대한 인식론적 민주주의의 관점", 『한국의회학회보』, 제2권 제1호, 2013.

윤종빈, "국회입법교착의 역학", 『21세기 정치학회보』, 제23집 제2호, 2013.

음선필, "국회 입법과정의 분석과 개선방안", 『홍익법학』, 제13권 제2호, 2012.

임성호, "국회선진화법만 수정하면 된다? 지나친 환원주의", 국회 입법조사처 임성호처장 인터뷰, 『the 300』, 2016. 1. 11.

이상신, "국회선진화법과 입법교착", 『미래정치연구』, 제5권 제1호, 2015.

이철호, "국회 날치기 폭력사와 국회폭력 방지방안", 『국가법연구』, 제8권 제2호, 2012.

이한수, "제19대 국회 평가 : 국회선진화법과 입법활동", 『의정연구』, 제20권 제2호, 2014.

전진영, "국회의장 직권상정제도의 운영현황과 정치적 함의", 『한국정치연구』, 제20집

제2호, 2011.
전진영, “국회선진화법”, 『국회를 마비시키는 ‘국회선진화법’, 어떻게 해야 하나?』, 2015. 7. 7.
전진영, “국회 입법교착의 양상과 원인에 대한 분석”, 『의정연구』, 제17권 제2호, 2011.
전진영, “제19대 국회 의정활동 평가와 쟁점”, 국회 입법조사처, 『이슈와 논점』, 제1088호, 2015. 12. 2.
전진영, “국회선진화법은 국회를 선진화시켰는가?”, 『현대정치연구』, 제8권 제1호, 2015.
정진민, “국회선진화법과 19대 국회의 과제”, 『현대정치연구』, 제6권 제1호, 2013.
홍완식, “‘국회선진화법’에 관한 고찰”, 『헌법학연구』, 제18권 제4호, 2012.
황소웅, 『날치기는 없다』, 문학사상사, 2001.

CHAPTER 17 신속처리안건의 심사기간에 관한 연구

출처: 토지공법연구 제88집, 2019년, 237~256

국회의 소관 상임위원회나 특별위원회에서 신속처리안건으로 지정된 법안은 지정일부터 180일 이내에 법안심사를 마쳐야 한다. 소관 위원회가 이 기간 내에 심사를 마치지 아니한 때에는 그 기간이 종료된 다음 날에 법제사법위원회로 회부(回附)된 것으로 본다. 그리고 법제사법위원회가 체계·자구 심사를 90일 이내에 마치지 아니한 때에는 그 기간이 종료된 다음 날에 본회의에 부의(附議)된 것으로 본다. 그리고 신속처리대상안건은 본회의에 부의된 것으로 보는 날부터 60일 이내에 본회의에 상정(上程)되어야 하며, 60일 이내에 본회의에 상정되지 아니한 때에는 그 기간이 경과한 후 처음으로 개의되는 본회의에 상정된다. 이러한 안건신속처리과정 중에서, 쟁점이 된 4건의 '사법개혁법안'은 사개특위에서 의결되지 못하고 법사위로 이관되었고, 「국회법」 관련 규정이 이러한 예외적인 입법절차에 대비하지 못하고 미흡하게 입법이 되었기 때문에, 사개특위와 법사위에서의 심사기간 산정이 문제되었다. 사개특위에서 법사위를 거쳐 본회의에 부의되는 기간에 관해서는 몇 가지의 해석이 있을 수 있다. 제1설(57일설)은 법사위로 이관된 이상 법사위의 '고유법안'으로 변경되었다고 보아야 하고, 신속처리안건 지정의 취지를 살려 특위에서의 심사기간 123일과 잔여기간인 57일을 합쳐 최대 180일 동안만 심사할 수 있다는 것이다. 법사위에서 체계자구심사기간은 필요하지 않고 법사위에서 57일 동안 심사한 이후에는 본회의에 부의해야 한다는 것이다. 제2설(147일설)은 법안이 법사위로 이관되어 법사위

'고유법안'이 되었으므로, 법사위에서 법안심사를 위하여 57일 동안 심사할 수 있어야 하며, 체계·자구심사기간 90일이 추가되어야 한다는 것이다. 제3설(90일설)은 사개특위에서 법사위로 이관된 것은 '타위법안'의 법사위 회부로 볼 수 있으며, 법사위에서 90일 동안 심사한 이후에 본회의에 부의되어야 한다는 것이다. 쟁점이 되고 있는 4개 법안이 「국회법」 제82조(특별위원회 회부) 등 「국회법」 규정과 절차에 따라 별도의 사개특위 회부되어 심의되었다면 이들 법안은 사개특위 소관법안이고, 사개특위가 활동을 종료하여 4개 소관법안이 사개위로 이관된 것은 타위법안의 법사위 회부라고 보아야 한다. 「국회법」 제85의2(안건의 신속처리)의 문언해석과 「국회법」의 해석·운영 사례가 있음을 고려해 볼 때, 쟁점이 된 4개 법안은 사개특위에서 법사위로 법안이 이관된 날로부터 90일간의 체계·자구 심사기간이 있다고 보아야 하므로, 법사위로 법안이 이관된 날인 2019년 9월 2일로부터 90일이 경과하는 2019년 12월 2일에 본회의에 부의되는 것으로 해석하는 것이 「국회법」 제85조의2의 규정에 충실한 해석이라고 본다.

주제어: 국회법, 국회선진화법, 안건신속처리, 체계·자구심사, 국회 상임위원회, 국회 특별위원회, 국회 법제사법위원회

제1절 머리말

'의안처리 개선 및 질서유지 등을 위한 국회법 개정안'이라는 긴 제목을 지니기도 한 '국회선진화법'은 2012년 5월 2일에 국회 본회의를 통과하여 2012년 5월 25일에 공포되어 시행되고 있는 「국회법」 개정법률을 지칭하는 것이다. '국회선진화법'에는 다수당에 의한 날치기 통과를 어렵게 하는 내용이 포함되어 있는 한편, 소수당에 의한 의안처리 지연이나 물리력 행사를 어렵게 하기 위한 내용이 포함되어 있다. 다수당이 단순히 다수의 힘에만 의지하여 소수당에 대한 설득이나 합의 없이 의안을 처리하지 못하도록 하려는 내용과, 소수당이 회의

장 점거나 폭력 행사를 통하여 회의진행을 저지하지 않도록 하려는 내용을 지녔다. 즉, 다수당을 위해서는 예산안 자동부의제도, 안건신속처리제도(Fast Track), 의안자동상정제도, 의장석 위원장석 점거 등 의사진행방해에 대한 징계 강화 등을 도입하였고, 소수당을 위해서는 국회의장 직권상정요건의 강화, 무제한 토론제도(Filibuster), 위원회에서의 안건조정제도 등을 도입하였다.[1] 이러한「국회법」개정은 국회 안건처리절차의 기본적 구조를 유지하는 가운데 안건의 신속처리를 위한 절차를 도입함으로써 법안의 처리절차가 신속처리절차와 일반처리절차로 이원화되는 결과가 되었다.[2] 국회선진화법에서 특히 논란이 많았던 것은 '안건신속처리(Fast Track)제도'와 '의사진행방해(Filibuster)제도'이다.「국회법」제106조의2(무제한토론의 실시 등)에 규정되어 있는 의사진행방해(Filibuster) 제도는 제19대 국회인 2016년 2월에 테러방지법안의 본회의 심의과정에서 행사된 바 있지만,「국회법」제85조의2(안건의 신속처리)에 규정되어 있는 안건신속처리(Fast Track) 제도는 제19대 국회에서는 행사된 바 없다.[3] 반대로 제20대 국회에서는 무제한토론이 진행된 바는 없지만, 법안이 신속처리대상으로 지정되어 절차가 진행되고 있다. 즉, 제20대 국회인 2019년 4월에 고위공직자범죄수사처법과 검찰청법 등[4]의 사개특위 심의과정에서 안건신속처리제도가 활용된 적

---

1 국회선진화법은 이 외에도 안건조정위원회의 설치에 관한 규정, 장기미회부 의안의 자동상정에 관한 규정, 의장석·위원장석을 점거한 의원은 징계안을 바로 본회의에 부의하여 신속히 의결하도록 하는 규정, 의원의 국회 회의장 출입을 방해하는 행위에 대한 징계를 신설하고 질서문란 행위를 한 의원에 대한 징계로 경고·수당감액·출석정지를 통하여 징계수준을 강화하는 규정 등을 내용으로 한다. 국회운영위원회 수석전문위원실, 개정 국회법 소개 -안건처리절차개선 및 질서유지 관련-, 국회법 소개시리즈 5, 2012. 6, 12쪽 이하; '국회선진화법'에 관한 상세는 홍완식, 국회선진화법에 관한 고찰, 헌법학연구, 제18권 제4호, 2012, 315쪽 이하; 홍완식, '국회선진화법'에 관한 보론, 입법학연구, 제13권 제1호, 2016, 31쪽 이하; 홍완식, 직권상정 완화론에 대한 비판적 검토, 유럽헌법연구, 제20권, 2016, 267쪽 이하 참조.

2 장영수, 이른바 국회선진화법의 문제점, 입법학연구, 제13집 제1호, 2016, 11쪽.

3 정만희, 국회 입법과정의 개선방안에 관한 소고, 공법학연구, 제17권 제4호, 2016, 44쪽. "안건신속처리제의 도입은 입법과정의 효율성과 신속성을 확보하기 위한 것이지만 실제로 제19대 국회에서 신속처리대상안건으로 지정된 사례는 1건도 없었음은 입법의 지연과 교착상태의 경우 이를 해결할 수 있는 실효적인 수단을 기대하기 어렵다는 것을 말해 준다."

4 검찰청법 일부개정법률안(백혜련의원 등 19인), 형사소송법 일부개정법률안(채이배의원 등 11인), 고위공직자범죄수사처 설치 및 운영에 관한 법률안(백혜련의원 등 12인), 고위

이 있다. 특히 쟁점법안의 안건신속처리 지정 당시 국회의사당에서 여야간 격렬한 갈등과 다툼이 있었고, 당시 신속처리안건으로 지정된 법안의 본회의 자동부의시기와 처리 등을 두고 법적 논쟁 및 정치적 논쟁이 격화되었다. 이글에서는 신속처리안건으로 지정된 법안의 처리와 관련하여 발생하는 「국회법」 해석에 관한 문제를 고찰해 보려고 한다.

제2절 「국회법」 제85조의2 규정의 입법경과 및 내용분석

1. 2012년 「국회법」 개정시의 제85조의2

실질적인 법안심의가 '본회의 중심주의'가 아닌 '위원회 중심주의'를 채택하고 있는 우리 국회의 경우에 있어서 위원회 단계에서의 법안심의는 매우 중요하다. 위원회는 법안의 내용에 관한 실질적인 심사를 맡아 법안통과를 촉진한다는 의미에서도 중요하지만 법안통과를 저지하는 역할을 할 수도 있다는 의미에서도 중요하다. 즉, 소관 상임위원회는 법안을 심의·의결하여 다음 단계인 법제사법위원회의 체계·자구 심사와 본회의 심사 단계로 넘길 수도 있지만, 법안을 법제사법위원회와 본회의에 부의하지 않고 사장(死藏)시키는 권한도 가지고 있는 것이다. 이를 법안비토권 또는 법안을 저지하는 권한(gatekeeping power)[5]이라고 표현하기도 한다. 안건신속처리(fast track)제도는 이러한 위원회의 심사기간을 최장 180일로 제한함을 통하여 법안비토권을 종료시키는 의미를 지니게 된다. 즉, 안건신속처리제도는 안건의 위원회 심사기간을 제한하고 그 기간 경과후에 법안을 다음 단계로 자동 회부하는 제도이다. 신속처리대상안건은 소관위원회 단계에서 지정되는 경우가 있고 법제사법위원회 단계에서 지정되는 경

공직자부패수사처 설치 및 운영에 관한 법안(권은희의원 등 10인).

5 전진영, 사회적 참사법의 입법과 국회 안건신속처리제의 쟁점, 이슈와 논점, 1408호, 2018, 3쪽.

우가 있다.

2012년에 신설된 「국회법」 제85조의2(안건의 신속처리) 제1항에 의하면, 위원회에 회부된 안건(체계·자구심사를 위하여 법제사법위원회에 회부된 안건을 포함한다)을 신속처리대상안건으로 지정하고자 하는 경우에 의원은 재적의원 과반수가 서명한 '신속처리안건 지정동의'를 의장에게, 안건의 소관위원회 소속 위원은 위원회 재적위원 과반수가 서명한 '신속처리안건 지정동의'를 소관 위원장에게 제출하여야 한다. 이 경우 의장 또는 소관 위원장은 지체없이 '신속처리안건 지정동의'를 무기명으로 표결하여야 하고, 재적의원 5분의 3 이상 또는 소관위원회 재적위원 5분의 3 이상이 찬성으로 의결한다. 동조 제2항에 의하면, 의장은 신속처리안건지정동의가 가결된 때에는 해당 안건을 신속처리대상안건으로 지정하여야 한다.

동조 제3항에 의하면, 위원회는 신속처리대상안건에 대한 심사를 지정일부터 180일 이내에 마쳐야 한다. 동조 제4항에 의하면, 위원회가 이 기간 내에 심사를 마치지 아니한 때에는 그 기간이 종료된 다음 날에 체계·자구심사를 위하여 법제사법위원회로 회부(回附)된 것으로 본다. 동조 제5항에 의하면 법제사법위원회가 신속처리안건을 90일 이내[6]에 심사를 완료하지 아니한 때에는 다음 날에 본회의에 부의(附議)된 것으로 본다. 그리고 동조 제6항과 제7항에 의하면, 신속처리대상안건은 본회의에 부의된 것으로 보는 날부터 60일 이내에 본회의에 상정(上程)되어야 하며, 60일 이내에 본회의에 상정되지 아니한 때에는 그 기간이 경과한 후 처음으로 개의되는 본회의에 상정된다. 신속처리제도는 소관위원회와 법제사법위원회 및 본회의의 안건심의에 적용되는 것이다.[7]

통상적으로 법사위 소관 법안이 아닌 경우에는 소관위원회－법제사법위원회－본회의 순으로 심의·의결이 이루어지기 때문에, 신속처리대상안건으로 지정되면 소관위원회 180일－법제사법위원회 90일－본회의 60일의 기간 내에 심사를 종료하여야 한다. 따라서 신속처리대상안건의 경우 총 330일의 기간이 경

6 「국회법」 제85조의2 제5항에는 "제3항에 따른 기간 내"라고 되어 있다.
7 정호영, 국회법론, 법문사, 2012, 452쪽.

과한 후에 처음으로 개의되는 본회의에 상정된다. 안건신속처리 대상안건으로 지정되더라도 본회의에 상정되기까지 총 330일이나 걸리기 때문에 이 제도는 법안의 신속처리를 내용으로 하는 외국의 제도와는 그 내용과 효과가 다르고,[8] 패스트트랙(fast track)이라기 보다는 슬로우트랙(slow track)이라고 하는 비판[9]이 있기도 하지만, 안건신속처리제는 소관 위원회와 법제사법위원회에서 심사를 마치지 않거나 회의에 상정하지도 않는 경우에 법안이 사장(死藏)되는 문제를 개선하기 위한 심사기간 지정제도인 것이다. 물론 신속처리안건으로 지정된 법안이라고 하여도 여야가 합의한다면 당연히 법안의 처리기간이 단축될 수 있다.

신속처리안건 지정은 소관 위원회단계가 아니라 법제사법위원회 심사단계에서도 가능하다. 즉, 법제사법위원회의 체계·자구의 심사에 관해서 규정을 하고 있는 「국회법」 제86조(체계·자구의 심사) 제3항 및 제4항에 의하면, 법제사법위원회가 체계·자구심사를 위하여 회부된 안건에 대하여 이유 없이 회부 후 120일 이내에 심사를 마치지 아니한 때에는, 소관 위원회 위원장이 간사와 협의하여 이의가 없으면 의장에게 해당 법률안의 본회의 부의를 요구한다. 다만, 이의가 있는 경우에는 해당 법률안에 대한 본회의 부의요구 여부를 무기명으로 표결하되, 해당 위원회 재적위원 5분의 3 이상의 찬성으로 의결한다. 즉, 법제사법위원회에서 이유없이 법안심사를 종료하지 않는 경우에는 법안의 소관위원회에서 법안을 본회의에 부의할 수 있도록 하는 절차와 기간을 규정한 것이다. 이러한 본회의 부의요구가 있는 경우 국회의장은 해당 법률안을 각 교섭단체대표의원과 합의하여 바로 본회의에 회부한다. 다만, 본회의 부의요구일로부터 30일 이내에 합의가 이루어지지 아니하는 때에는, 그 기간 경과 후 처음으로 개의되는 본회의에서 무기명투표로 본회의 부의 여부를 결정한다.

안건신속처리제도의 주된 규정은 「국회법」 제85조의2(안건의 신속처리)이며, 법안의 소관 위원회에 소속된 의원이 해당 위원회 소관 법안을 신속처리안건으로 지정하거나 또는 소관위원회와 관계없이 모든 의원이 특정 법안을 신속처리

---

8 조동관, 국회선진화법 중 안건 신속처리에 관한 외국의 입법례와 시사점, 입법현안 법률정보, 제16호, 국회도서관, 2013, 2쪽.
9 이철희, 동물국회와 패스트트랙, 인물과사상, 254호, 2019. 6, 136쪽.

안건으로 지정하려 할 경우에 적용하기 위한 절차와 요건 및 기간을 규정하고 있다. 그리고 「국회법」 제86조(체계·자구의 심사)는 법제사법위원회가 타 위원회 법안에 대한 체계·자구심사를 지연하고 있는 경우에, 해당 법안의 소관위원회가 법제사법위원회의 심사를 압박하기 위한 절차와 요건 및 기간을 규정하고 있다. 따라서 「국회법」 제86조(체계·자구의 심사) 제3항과 제4항도 그 취지와 내용을 감안하자면, 일종의 신속처리안건 지정제도라고 할 수 있으며, 이 제도도 역시 국회선진화법의 도입과정에서 신설된 것이다.

2. 2018년의 「국회법」 제85조의2의 개정

2018년 4월 17일의 「국회법」 개정을 통하여 제85조의2 제5항의 "제3항에 따른 기간"을 "제3항의 단서에 따른 기간"으로 변경하였다.

〈표 17-1〉 「국회법」 제85조의2 제5항 신구조문 비교

구 조문	신 조문
법제사법위원회가 신속처리대상안건(체계·자구심사를 위하여 법제사법위원회에 회부되었거나 제4항 본문에 따라 회부된 것으로 보는 신속처리대상안건을 포함한다)에 대하여 제3항에 따른 기간 내에 심사를 마치지 아니한 때에는 그 기간이 종료한 다음 날에 법제사법위원회에서 심사를 마치고 바로 본회의에 부의된 것으로 본다.	법제사법위원회가 신속처리대상안건(체계·자구 심사를 위하여 법제사법위원회에 회부되었거나 제4항 본문에 따라 회부된 것으로 보는 신속처리대상안건을 포함한다)에 대하여 제3항 단서에 따른 기간 내에 심사를 마치지 아니하였을 때에는 그 기간이 끝난 다음 날에 법제사법위원회에서 심사를 마치고 바로 본회의에 부의된 것으로 본다.

2018년 4월 17일에 「국회법」이 일부개정되었는데, 통과된 법률안은 국회운영위원장이 7건의 「국회법」 개정안을 모아서 대안을 만든 것으로, 동 국회 운영위원장의 대안을 만들면서 7건의 「국회법」 개정안[10]이 대안반영 폐기되었다. 국회운영위원회 위원장의 대안의 개정이유[11]와 주요내용[12]에는 재85조의2 5항에

관한 언급이 전혀 없으나, 개정내용에는 제85조의2를 수정하는 내용이 포함되어 있다. 따라서 어떠한 이유로 「국회법」 제85조의2 제5항의 '제3항에 따른 기간'이 '제3항의 단서에 따른 기간'으로 변경되었는지를 확인할 수 있는 입법 관련 자료를 찾을 수가 없다.

'제3항에 따른 기간'이란 본문에서는 소관 위원회의 심사기간으로 180일이고, 단서에서는 법제사법위원회의 심사기간으로 90일이다. 따라서, '제3항에 따

10 대안반영으로 폐기된 법률안은 [2002386] 「국회법」 일부개정법률안(주승용의원 등 15인발의), [2002388] 「국회법」 일부개정법률안(설훈의원 등 10인발의), [2003869] 「국회법」 일부개정법률안(김도읍의원 등 12인발의), [2004275] 「국회법」 일부개정법률안(김민기의원 등 11인발의), [2006038] 「국회법」 일부개정법률안(우원식의원 등 10인발의), [2006301] 「국회법」 일부개정법률안(박완주의원 등 47인발의), [2011357] 「국회법」 일부개정법률안(윤재옥의원 등 10인발의) 등이다.

11 개정이유 "국회방송심의소위원회가 제대로 활용되지 못하고 있으므로 현행법의 국회방송심의소위원회 규정을 삭제하는 대신 국회 방송에 관한 사항을 국회운영위원회가 국회 방송에 관한 기본원칙의 수립 및 관리 등 필요한 사항을 심의하도록 하고, 위원회는 회부된 청원이 고충민원으로서 정부에서 조사함이 타당하다고 인정하는 경우에는 그 의결로 국민권익위원회에 대하여 그 청원의 조사를 요구할 수 있도록 하는 한편, 법률안 용어와 법문 표현은 일반 국민이 쉽게 읽고 이해해서 잘 지킬 수 있도록 해야 할 필요성이 있으나, 현행법의 경우 그 용어 등이 한자로 표기되어 어려워 이해하기 힘든 경우가 많고 문장 구조도 어문(語文) 규정에 맞지 않아 국민의 일상적인 언어생활과 거리가 있다는 지적이 있으므로 법률안의 용어를 한글 맞춤법 및 표준어 규정 등 어문 규정에 따라 표기하고 어려운 한자식 용어, 권위적·비민주적 용어 및 일본식 표현은 사용하지 아니하는 등 국민의 언어생활에 맞는 법률이 되도록 하려는 것임."

12 가. 위원회는 회부된 청원이 고충민원으로서 정부에서 조사함이 타당하다고 인정하는 경우에는 그 의결로 국민권익위원회에 대하여 그 청원의 조사를 요구할 수 있도록 하고, 국민권익위원회는 그 조사요구를 받은 날부터 3개월 이내에 조사 및 처리결과를 해당 조사를 요구한 위원회에 보고하도록 함(제127조의3 신설). 나. 국회방송심의소위원회를 삭제함(제149조). 다. 법률의 한글화 : 법 문장 중 한자를 한글로 바꾸되, 한글만으로 이해가 어렵거나 혼동의 우려가 있는 경우에는 괄호 안에 한자를 병기(倂記)함. 라. 어려운 법령 용어의 순화(醇化) : 법률의 내용을 바꾸지 아니하는 범위에서, "기타"를 "그 밖에"로 하는 등 법 문장에 쓰는 한자어, 일본식 표현 등을 알기 쉬운 우리말로 고침. 마. 한글맞춤법 등 어문 규범의 준수 : 법 문장에 나오는 법령 제명(이름)과 명사구 등의 띄어쓰기를 할 때와 가운뎃점(·), 반점(,) 등의 문장부호와 기호 등을 사용할 때에 한글맞춤법 등 어문 규범에 맞도록 함. 바. 정확하고 자연스러운 법 문장의 구성 1) 주어와 서술어, 부사어와 서술어, 목적어와 서술어 등의 문장 성분끼리 호응(呼應)이 잘 되도록 법 문장을 구성함. 2) 어순(語順)이 제대로 되어 있지 아니하여 이해가 어렵고 표현이 번잡한 문장은 어순을 올바르고 자연스럽게 배치함. 3) 자연스럽지 않거나 일상생활에서 자주 쓰지 아니하는 표현은 문맥에 따라 알맞고 쉬운 표현으로 바꿈. 사. 체계 정비를 통한 간결화·명확화 : 여러 가지 내용이 한 문장 속에 뒤섞여 내용 파악이 어렵거나 너무 길고 복잡한 문장 등은 표현을 간소화하거나 문장을 나누는 등 체계를 정비하여 명확하게 함.

른 기간'이 본문에 규정된 기간을 의미하는지 단서에 규정된 기간을 의미하는지를 명확히 해주기 위하여, '제3항에 따른 기간'을 '제3항의 단서에 따른 기간'으로 단순히 변경한 것은 아닌지 라고 추정해 볼 수는 있다. 그러나 법제사법위원회는 다른 상임위에서 체계·자구심사를 위하여 회부된 법안도 있지만, 본래 법제사법위원회 소관의 법제사법위원회 고유법안도 있다. '제3항의 단서'의 경우에는 법제사법위원회가 위원회에서 회부된 법안에 대한 체계·자구 심사를 하는 경우이고, 이 경우의 안건신속처리대상법안에 대한 심사기간은 90일 이내이다. 그렇다면, 법제사법심사위원회 소관의 법안이 안건신속처리대상법안으로 지정된 경우에는 '제3항의 단서에 따른 기간'인 90일로 하는 것이 문제가 될 수 있다. 신속처리안건으로 지정된 경우에 법제사법위원회를 제외한 다른 위원회에서는 180일 이내의 심사기간이 주어짐에 비하여 법제사법위원회 소관의 법안이 안건신속처리 대상법안으로 지정된 경우에는 180일이 아닌 90일의 심사기간만이 주어지는 것으로 해석될 수 있도록 규정이 바뀌는 개정이 되었다고 볼 수 있다. 그렇다면 이러한 개정은 입법오류에 해당할 수도 있는 것이다.

복잡한 변경이건 단순한 변경이건 법문을 개정을 하였다면 개정한 이유를 밝혀야 한다. 만일 단순하거나 경미한 개정이라고 하더라도, 단순한 이유로 경미한 개정을 한다는 것을 밝혀서 법해석이나 법적용시에 참조하도록 해야 한다. 중요하거나 민감하거나 논란이 커질 수 있는 조문의 개정이라면 더욱 그렇다. 그리고 어떠한 문구의 경미한 수정이 경미한 것인지 아닌지는 입법자가 판단할 일이 아니다. 법문에 있어서의 점 하나 단어 하나가 해석상 논란이 되는 경우가 있고 결론이 달라지는 경우가 있기 때문에, 입법자는 철저히 신중해야 하고 상세히 기록에 남겨야 한다. 이러한 이유로, 조문별 개정이유 제도를 도입해야 한다는 주장[13]이 설득력을 얻게 된다. 그리고 어떠한 경우에는 논란의 소지를 줄이기 위하여 민감하거나 논란이 될 만할 내용을 법안의 제안이유는 물론이고 법안의 주요내용에서 일부러 누락시키는 경우도 있다. 이러한 문제를 방지하기 위해서라도 법안의 제정 및 개정 시에는 조문별로 제정 혹은 개정의 이유를 기

13 박균성, 입법의 질 제고에 관한 연구, 토지공법연구, 제43집 제1호, 2009, 493쪽.

록하여야 한다.

제3절 「국회법」 제85조의2의 적용에서 발생하는 문제점과 개선방안

1. 법사위의 권한과 관련하여

「국회법」 제37조(상임위원회와 그 소관)는 국회에 설치된 상임위원회의 종류와 각 상임위원회의 권한이 규정되어 있는데, 법제사법위원회의 소관사항은 법무부 소관에 속하는 사항, 법제처 소관에 속하는 사항, 감사원 소관에 속하는 사항, 헌법재판소 사무에 관한 사항, 법원·군사법원의 사법행정에 관한 사항, 탄핵소추에 관한 사항, 법률안·국회규칙안의 체계·형식과 자구의 심사에 관한 사항 등이다. 소관사항에서 알 수 있는 바와 같이 법제사법위원회는 사법위원회와 법제위원회의 성격의 지니고 있다고 볼 수 있는데, 법무부 소관에 속하는 사항, 법제처 소관에 속하는 사항, 감사원 소관에 속하는 사항, 헌법재판소 사무에 관한 사항, 법원·군사법원의 사법행정에 관한 사항, 탄핵소추에 관한 사항은 사법위원회로서의 소관사항이고 법제처 소관에 관한 사항과 법률안·국회규칙안의 체계·형식과 자구의 심사에 관한 사항은 법제위원회로서의 소관사항으로 구분할 수 있다.

법제사법위원회는 사법(司法)에 관련된 법률안의 소관위원회이자 법제(法制)에 관련된 소관위원회이기도 하다. 즉, 법제사법위원회는 자기 소관법률에 대한 심의를 담당할 뿐만 아니라 타 위원회 소관법률에 대한 체계·자구심사를 담당하는 위원회이다. 전자를 '법사위 고유법안'이라고 부를 수 있고, 후자를 '타위법안'이라고 부를 수 있다. 법사위의 체계·자구심사는 순차회부, 제한심사 및 강제심사라는 특징을 지니고 있다. 순차회부란 소관 위원회의 심의 이후에 법사위에 순차적으로 오는 방식이라는 의미이며, 제한심사란 법사위에서는 체계·

자구에 관해서 제한적으로 심사한다는 의미이고, 강제심사란 모든 법안은 법사위를 통과해야만 한다는 의미이다.[14]

사법개혁특별위원회에서 법제사법위원회로 회부된 소위 '사법개혁법안'인 검찰청법 일부개정법률안(백혜련의원 등 19인), 형사소송법 일부개정법률안(채이배의원 등 11인), 고위공직자범죄수사처 설치 및 운영에 관한 법률안(백혜련의원 등 12인), 고위공직자부패수사처 설치 및 운영에 관한 법안(권은희의원 등 10인)은 법무부의 소관법률[15]로서 법제사법위원회 소관의 법안이고, 따라서 법제사법위원회에서는 이들 법안의 내용에 관한 심사도 하여야 할 뿐만 아니라 이들 법안의 체계·자구 심사도 하여야 한다.

주지하다시피, 법제사법위원회의 체계·자구 심사권 행사에 관해서는 논란이 있다. 각 소관 위원회에서 법안에 관해서 심의·의결 과정을 거쳤음에도 불구하고 법제사법위원회가 법안에 대해서 제동을 걸거나 심사를 하지 않음으로 인해서 소관 위원회를 무력화시키거나 마치 다른 위원회의 상급심처럼 권한을 행사한다는 비판이 있는 것이다. 그리고 원칙적으로 모든 법안이 법제사법위원회의 체계·자구심사를 거치도록 되어 있기 때문에 법제사법위원회에서 일종의 병목현상이 발생되어 입법이 지연된다는 것이다. 이러한 점에서 법사위의 체계·자구심사는 국회의 효율적인 입법을 저해하는 정치적 기능을 수행한다는 분석[16]도 있다. 그리고 심사대상법안의 90.2%에 해당하는 법안은 전체회의에 상정된 당일에 바로 의결되어 처리되고 있지만, 심사대상법안의 평균 상정기간은 31일이고 법안회부 이후에 3개월이 넘게 걸려서 상정된 법안은 7.2%에 달한다.[17] 법사위에 회부된 안건을 본회의 심사 단계로 넘길 수도 있지만, 법안을 본

---

14 서복경, 법제사법위원회 '제2원 기능'의 역사적 기원에 관한 연구, 의정논총, 제10권 제2호, 2015, 86쪽.

15 http://legislation.na.go.kr/legislation/statute/statute01.do에는 법제사법위원회의 소관법률 목록이 게시되어 있음. 2019. 10. 30 방문.

16 박근후, 국회 법제사법위원회 체계·자구심의의 정치기능화, 정책분석평가학회보, 제4권 제1호, 1994, 234쪽.

17 고상근, 국회 법제사법위원회 체계·자구심사제도에 관한 연구 -제19대 국회 체계자구심사결과 분석을 중심으로-, 의정논총, 제12권 제2호, 2017, 40쪽.

회의에 부의하지 않고 사장시키는 권한도 가지고 있는 것이다. 이는 전술한 바와 같이, 상임위원회 단계에서 실질적인 법안비토권 또는 법안을 사장시킬 권한(gatekeeping power)을 행사하고 있는 것과 동일하다. 상임위원회는 소관 법안에 대하여 법안을 저지하는 권한을 지니고 있지만, 법제사법위원회는 모든 법안에 대하여 법안을 저지하는 권한을 지니고 있는 것이다. 그리고 체계·자구심사는 법안의 실질적 내용까지 심사를 할 수 없음[18]에도 불구하고 체계·자구심사권을 확대해석하여 법안의 내용에 대한 심사를 하기도 한다는 비판이 있다. 따라서 향후에는 사법위원회와 법제위원회를 분리하여, 사법위원회에서는 법무부, 감사원, 헌법재판소, 법원의 소관법률에 대한 법안심사를 담담하도록 하고, 법제위원회는 법제에 관한 전문위원회로서 법안의 체계심사와 영향평가, 문언과 자구의 조정, 규제심사 등을 전담하도록 할 필요가 있다.[19] 타 위원회 소관 법안의 경우에는 법제사법위원회에서 체계·자구 심사만을 하면 되지만, 법제사법위원회에서 이렇게 소관법안에 대한 법안심사를 담당하고 체계·자구 심사를 담당하는 권한을 지니고 있기 때문에, 특별히 심사기간의 문제가 발생하게 된다.

2. 법사위에서의 신속처리안건 심사기간의 문제

국회선진화법을 통해 국회의장의 직권상정 권한행사가 엄격해 지면서 체계·자구심사권을 가진 법사위가 한층 더 우월적 지위를 갖게 되고, 법사위 소속 의원들의 법안 비토권이 강화되는 경향을 보이고 있다[20]는 분석도 있다.

신속처리대상안건이 아닌 법안인 경우에는 「국회법」에서 심사기간을 제한하는 규정을 두고 있지 않기 때문에, 다른 위원회에서 회부된 법안을 심사하건 법제사법위원회 소관의 법안을 심사하건 간에, 심사기간과 관련하여 별다른 문제가 발생하지 않는다. 국회의 운영 관행상 위원장과 각 교섭단체 간사들 간에

---

18 김학성, 헌법학원론, 피앤씨미디어, 2019, 919쪽.

19 홍완식, 현행 입법과정의 문제점과 개선방향, 법제연구, 제37호, 한국법제연구원, 2009, 17쪽.

20 장석준/박윤희, 국회 법제사법위원회 기능변화에 대한 제도 분석 −신제도주의의 내생적 변화이론을 중심으로−, 의정논총, 제13권 제1호, 2018, 150쪽.

협의를 통해서 심사여부와 심사기간을 조정할 수 있는 것이다.

그러나 신속처리대상안건으로 지정된 법안의 경우에는 심사기간이 정해지는 것이기 때문에, 다른 위원회에서 회부된 법안을 심사하는 경우의 심사기간과 법제사법위원회 소관의 법안을 심사하는 경우의 심사기간에 차이가 발생할 수 있는 것이다.

전술한 바와 같이, 「국회법」 제85조의2(안건의 신속처리)에 의하여, 위원회에 회부된 안건(체계·자구심사를 위하여 법제사법위원회에 회부된 안건을 포함한다)을 신속처리대상안건으로 지정하고자 하는 경우에 의원은 재적의원 과반수가 서명한 '신속처리안건 지정동의'를 의장에게, 안건의 소관위원회 소속 위원은 위원회 재적위원 과반수가 서명한 '신속처리안건 지정동의'를 소관 위원장에게 제출하여야 한다. 이 경우 의장 또는 소관 위원장은 지체없이 '신속처리안건 지정동의'를 무기명으로 표결하여야 하고, 재적의원 5분의 3 이상 또는 소관 위원회 재적위원 5분의 3 이상이 찬성으로 의결한다. 이렇게 신속처리안건지정동의가 가결된 때에는 의장은 해당 안건을 신속처리대상안건으로 지정하여야 하고, 위원회는 신속처리대상안건에 대한 심사를 지정일부터 180일 이내에 마쳐야 한다. 위원회가 이 기간 내에 심사를 마치지 아니한 때에는 그 기간이 종료된 다음 날에 체계·자구심사를 위하여 법제사법위원회로 회부된 것으로 본다. 그리고 법제사법위원회가 신속처리안건을 90일 이내[21]에 심사를 완료하지 아니한 때에는 다음 날에 본회의에 부의된 것으로 본다. 즉, 신속처리대상안건은 소관위원회에서 180일 이내에 심사를 완료하여야 하고, 법제사법위원회에서 90일 이내에 심사를 완료하여야 하며, 본회의에서는 60일 이내에 본회의에 상정하여야 한다.

문제는 법사위 소관 법안인 경우에 심사기간이 법안심사 기간에 해당하는 180일인가, 체계·자구심사기간에 해당하는 90일인가, 아니면 법안심사와 체계·자구심사기간를 합한 270일간인가 이다.

「국회법」 제85조의2(안건의 신속처리) 체계를 보면, 제1항에서는 신속처리대

---

21 「국회법」 제85조의2 제5항에는 "제3항에 따른 기간 내"라고 되어 있다.

상안건으로 지정하기 위한 절차와 정족수를 규정하고 있고, 제2항은 제1항의 절차를 거쳐서 가결된 안건의 지정 등에 관한 사항을 규정하고 있다. 그리고 제3항은 지정된 신속처리대상안건 심사기간의 상한을 규정하고 있는데, 소관 위원회는 180일이라고 본문에 규정하고 있고, 법제사법위원회는 90일이라고 단서에 규정하고 있다. 이어서 제4항은 소관위원회에서 180일 이내에 심사를 마치지 못한 경우의 처리절차를 규정하고 있고 제5항은 법제사법위원회에서 90일 이내에 심사를 마치지 못한 경우의 처리절차를 규정하고 있다. 제6항과 제7항은 본회의 상정에 관한 사항이고 제8항은 신속처리제도보다 합의제 우선원칙을 규정하고 있다. 따라서 다른 위원회에서 법제사법위원회로 회부된 신속처리대상법안의 경우에는 소관 위원회에서 180일 법제사법위원회에서 90일의 기간이 지나면 본회의에 회부된다. 그러나 법제사법위원회 소관의 법안을 심사하는 경우에는 180일이 지나면 본회의에 회부되는지 90일이 지나면 회부되는지, 아니면 270일이 지나야 본회의에 회부되는지에 관해서 해석이 갈리는 것이다. 이렇게 해석이 갈릴 수 있는 경우에는 특별히 명확하게 규정되어야 하지만, 법제사법위원회 소관의 법안을 심사하는 경우의 심사기간은 국회선진화법을 만들 때부터 명확하지 않았다. 당시 국회선진화법의 도입 여부에 관하여 매우 논란이 심했고, 그 과정에서 안건신속처리제도를 성안함에 있어서 충분한 논의와 검토가 부족했다고 본다.

안건신속처리제의 도입취지상 법사위에서 법안심사기간과 체계·자구심사기간을 합한 270일간은 길다고 볼 수도 있지만 다른 위원회와 비교하여 법사위의 심사기간이 다르다면 형평의 문제가 발생할 수도 있다. 그리고 법사위에서의 심사기간을 180일로 본다면 체계·자구심사는 불필요하다고 보는 것이 되고, 심사기간을 90일로 본다면 법안심사는 불필요하다고 보는 것이 된다. 이 세 가지 기간 중에서 입법자는 보다 넓은 형성의 자유를 가지고 입법대안을 선택할 수 있다고 본다. 그러나 2012년에 「국회법」이 개정되면서 법사위 소관 법안에 대한 심사기간은 모호하게 규정되었고, 이후 2018년에 「국회법」이 개정되면서 이러한 불명확성은 해소되지 못한 결과가 되었다. 오히려 2012년 당초의 규정대로 제85조의2 제5항의 "제3항에 따른 기간"이라는 문구가 유지되고 있었다면, 법사위 소관 법안(고유법안)인 경우 제3항 단서 규정에 따라 '90일 이내'로 해석되고 타 위원회 소관 법안(타위법안)인 경우에는 제3항 본문 규정에 따라 '180일 이내'라고 해석할 가능성이 있다. 그러나 2018년에 「국회법」 개정으로 '제3항에 따른 기간'이 '제3항의 단서에 따른 기간'으로 변경되면서, 법사위는 고유법안이건 타위법안이건 '제3항의 단서에 따른 기간'인 90일 이내에 심사를 마치지 아니한 때에는 다음날 본회의에 부의된 것으로 보는 해석의 가능성만이 남게 되었다. 그렇다면 2018년 4월의 「국회법」 개정을 통하여 제85조의2 제5항의 '제3항에 따른 기간'을 '제3항의 단서에 따른 기간'으로 변경한 것은 법사위 소관 법안의 심사기간을 90일로 단축하려는 실질적인 내용변경이라기 보다는 단순한 입법오류라고 보는 것이 논리적이다.

3. 특위에서 법사위로 이관된 법안의 심사기간 산정 문제

(1) 특위에서 법사위로 이관된 법안의 심사기간 산정

주지하다시피, 국회의 위원회에는 상임위원회와 특별위원회가 있다. 17개의 상임위원회는 소관사항을 특정하여 「국회법」 제37조에 규정되어 있다. 특별위원회는 예산결산특별위원회(「국회법」 제45조), 윤리특별위원회(「국회법」 제46조), 인사청문특별위원회(「국회법」 제46조의3)는 「국회법」에 명시적으로 규정되어 있고, 이외의 특별위원회(「국회법」 제44조)는 '둘 이상의 상임위원회와 관련된 안건'이거나 '특히 필요하다고 인정한 안건'을 효율적으로 심사하기 위하여 '본회의의 의결'로 특별위원회를 둘 수 있는 것이다. 이러한 국회의 특별위원회를 '한시적 위원회라고 표현하기도 한다.[22] 본회의의 의결로 특별위원회를 둘 수 있기 때문에 지금까지 각 임기의 국회에서는 사법개혁특별위원회, 사법제도개혁특별위원회, 정치개혁특별위원회, 정치쇄신특별위원회, 지방행정체계개편특

22 성낙인, 헌법학, 법문사, 제19판, 2019, 414쪽.

별위원회, 지방자치발전특별위원회, 서민주거복지특별위원회 등의 다양한 특별위원회가 구성되어 활동하여 왔고, 제20대 국회에서도 사법개혁특별위원회와 정치개혁특별위원회 등이 구성되어 활동한 바 있다. 이렇게 국회 본회의의 의결로 특별위원회가 구성되는 경우에는 활동기간과 그 연장이 본회의의 의결로 정해지기 때문에 이들 특별위원회에서 심의·의결한 법안을 법제사법위원회와 본회의에서 어떻게 처리할 것인지에 관한 규정도 또한 「국회법」에 규정되어 있다.

「국회법」 제44조(특별위원회) 제3항에 따르면, 특별위원회는 활동기한의 종료 시까지 존속한다. 다만, 활동기한의 종료 시까지 「국회법」 제86조에 따라 법제사법위원회에 체계·자구 심사를 의뢰하였거나 「국회법」 제66조에 따라 심사보고서를 제출한 경우에는 해당 안건이 본회의에서 의결될 때까지 해당 특위는 존속하는 것으로 본다고 규정되어 있다. 이러한 규정을 보면, 특별위원회와 법제사법위원회는 명확히 다르며 원래 법사위 소관 법률이라고 하더라도 특별위원회에서 심의·의결한 법률안은 체계·자구심사를 위하여 법사위를 거치도록 하고 있음이 명백하다. 그간의 법안심사 사례를 보더라도, 법사위 소관법률임에도 불구하고 특위에서 심사된 이후에 법사위에 회부되어 체계자구심사를 거친 사례가 있다.

제18대 국회의 사법제도개혁특별위원회에서 심의·의결된 「민사소송법」 개정안(의안번호 1812489)은 2011년 6월 22일에 사개특위에 상정되어 같은 날에 의결되었고, 2011년 6월 23일에 법사위에 회부된 이후에 6월 28일에 법사위에서 심의·의결되었다. 이후 2011년 6월 30일에 본회의에 상정되어 같은 날 본회의에서 심의·의결되었다. 하루에 160건의 법안이 심사된 당시 법사위 회의록에서 “사법제도개혁특별위원회에서 체계·자구심사를 의뢰한 법안에 대해서 심사를 한 후에 이어서 타 상임위원회 소관 법률안을 상정해서 처리하고자 합니다”[23] 라고 하고, “사법제도개혁특별위원회 소관 법률안을 상정”[24]한다고 하여 민사소송법, 법원조직법, 형의 집행 및 수용자의 처우에 관한 법률, 출입국관리법, 사

23 국회 제301회 법제사법 위원회 제6차 회의록, 2011. 6. 28, 13쪽.
24 국회 제301회 법제사법 위원회 제6차 회의록, 2011. 6. 28, 20쪽.

면법, 형사소송법, 검찰청법의 개정안을 7건에 대한 체계·자구심사를 진행하였다. 즉, 원래 법사위 소관 법안이라고 하더라도 사개특위에서 심사를 한 경우에는 이를 사개특위 소관의 법안 즉 '타위법안'으로 보아 법사위에서는 체계·자구심사를 담당하는 형식을 취하고 있는 것이다.

제19대 국회에서도 사법제도개혁특별위원회에서 공직자윤리법, 변호사법 등의 개정이나, 상설특검법과 특별감찰관법 등의 제정이 건의되기는 했지만, 사개특위에서 법안을 만들어 처리한 것이 아니고 이러한 의견을 받아들여 법사위 위원인 국회의원이 법사위에 법안을 제출하였다. 예를 들어, 제19대 국회의 사법제도개혁특별위원회에서 도입을 건의한 특별검찰관법안은 여야의원이 각각 1건씩 발의하였고 이를 통합한 법제사법위원장의 대안이 만들어져서 원안가결되었다. 제19대 국회에서는 이렇게 사개특위는 구성되어 활동했지만 법안을 심의·의결하지 않고, 사개특위의 의견을 존중하여 법사위에서 법안을 심의·의결하였기 때문에, 특별한 문제가 발생하지 않았다. 그리고 안건신속처리제도를 도입한 국회선진화법은 제18대 국회 임기 종료 직전에 만들어져서 제19대 국회에서부터 시행되었기 때문에, 사개특위에서 법사위로 이관된 법안의 심의기간 산정에 관한 문제는 발생한 적이 없다. 따라서 국회 사개특위에서 법사위로 이관된 법안의 본회의 부의시점에 대한 참고할 만한 전례는 없는 것이다.

제20대 국회에서도 역시 사법개혁특별위원회가 구성되었는데 제20대 국회의 사개특위에서는 '고위공직자범죄수사처 설치 및 운영에 관한 법률안' 등 사법개혁을 위한 4건의 법안이 제출되었다. 동 법안들은 2019년 4월 26일에 사법개혁특별위원회에 회부되어 4월 30일에 안건신속처리대상안건으로 지정되었으며, 「국회법」 제85조의2에 따르면 일정기간이 지나면 법사위와 본회의에 자동적으로 부의되는 절차를 거치게 되는 것이다.[25]

---

25 제20대 국회에서 안건신속처리제도를 통해서 성공적으로 만들어진 법률로서 첫 사례는 「사회적 참사의 진상규명 및 안전사회건설 등을 위한 특별법」(사회적 참사법)이다. 동 법안은 2016년 12월 19일에 박주민의원 등에 의하여 발의되어 12월 20일에 환경노동위원회에 회부되었고, 2016년 12월 23일에 신속처리안건지정동의가 제출되어 환노위 출석위원 14인 중 10인의 찬성을 얻어 신속처리안건으로 지정되었다. 그로부터 180일이 지난 2017년 6월 24일에 법제사법위원회에 자동회부되었고, 법사위에 회부된 지 90일이 지난 9월

국회의 의결로 설치되어 일정하게 정해진 기간 동안 활동하는 특별위원회의 경우, 활동기간동안 법안을 제출하면 통상적인 입법절차에 따라 법사위를 거쳐 본회의에서 심의·의결되는 과정을 거치게 되고 특별한 문제가 발생하지 않는다. 그러나 활동기간동안 법안을 제출하지 못하게 되면 타 위원회 즉 원래 해당 법안의 소관 상임위원회에 이관되는 절차를 거치게 된다. 이렇게 법안이 특별위원회에서 소관 상임위원회로 이관되더라도 통상적인 입법절차에 따라 법사위를 거쳐 본회의에서 심의·의결되는 과정을 거치게 되고, 이렇게 되면 특별한 문제가 발생하지 않는다. 그러나 안건신속처리제도가 도입되면서 특별위원회에서 소관 상임위원회로 법안이 이관된 경우 심사기간 산정의 문제가 발생하게 된다.

전술한 바와 같이 특별위원회의 활동기간동안 법안을 제출하면 통상적인 입법절차에 따라 처리되므로 안건신속처리제도의 운용에 별 문제가 발생하지 않는다. 그러나 활동기간동안 법안을 제출하지 못하게 되면 타 위원회 즉 원래 해당 법안의 소관 상임위원회에 이관되는 절차를 거치게 되는데, 신속처리안건으로 지정된 법안의 경우에는 소관 위원회에서의 최대 심사기간 180일을 산정함에 있어서 문제가 발생하게 된다. 특별위원회에서의 심사기간과 이관된 상임위원회에서의 심사기간을 합산하느냐 아니면 새로이 심사기간이 시작되는 것으로 보아야 하느냐 아니면 특별위원회에서 심사가 종료된 것으로 보느냐 등의 문제가 발생한다. 그러나 특별위원회와 소관 상임위원회의 심사기간을 합산하자거나 새로이 심사기간이 시작되는 것으로 하자는 것은 특별위원회를 둔 취지에 반하는 것일 뿐만 아니라 안건신속처리제도를 둔 취지에 반하는 것으로 생각된다.

(2) 특위에서 법사위로 이관된 법안의 체계·자구 심사기간

사법개혁특별위원회에서 심의되던 소위 '사법개혁법안'인 검찰청법 개정안

22일에 본회의에 자동회부되었다. 그리고 본회의에 회부된지 60일이 경과한 후 처음으로 개의되는 본회의인 11월 24일에 자동상정된 이후 수정안이 만들어져서 11월 24일에 본회의에서 의결되었다. 이후 2017년 12월 1일에 정부로 이송되어 12월 12일에 공포되었다.

과 형사소송법 개정안, 고위공직자범죄수사처 설치 및 운영에 관한 법률안 제정안, 고위공직자부패수사처 설치 및 운영에 관한 법률안 제정안은 법무부의 소관법률이기 때문에 사개특위의 활동이 종료되면서 법제사법위원회로 이관되었다. 이처럼 원래 법제사법위원회 소관 법안이 사법개혁특위에서 법제사법위원회로 이관되는 경우에는, 법제사법위원회의 고유권한인 체계·자구심사기간을 별도로 산정하느냐의 문제가 발생하게 된다.

전술한 바와 같이 「국회법」에 의하면 신속처리대상안건은 소관 위원회에서 최장 180일의 심사기간과 법사위에서 체계·자구 심사를 위하여 최장 90일의 심사기간이 규정되어 있는데, '검찰개혁 법안'은 원래 법사위 소관이기 때문에 별도의 체계·자구 심사가 불필요하다는 주장과 그럼에도 불구하고 체계·자구 심사기간이 필요하다는 주장이 있는 것이다. 즉, 법사위 고유법안에 대한 위원회 심사기간 180일에는 체계·자구 심사를 위한 90일이 포함돼 있기 때문에 별도의 체계·자구 심사기간이 주어질 필요가 없다는 주장과 사개특위라는 타 위원회에서 심사되던 법안의 경우(타위법안)에는 법사위에서 체계·자구 심사를 위한 기간이 주어질 필요가 있다는 주장이 대립되는 것이다.

원래 이들 사법개혁법안이 '내용상' 법사위 고유법안이라고 하더라도 입법과정상 이들 법안은 특별위원회에 회부되어 심사되던 법안이기 때문에 이들 사법개혁법안은 이미 '절차상' 타위법안으로 다루어진 것이다. 이들에 대하여 법사위 고유법안이라고 하여 체계·자구 심사를 하지 않는다면 이들 법안에 대해서는 체계·자구심사를 할 기회가 없어져서 부실심사법안이 통과될 가능성을 배제할 수 없고, 이는 법사위 체계·자구심사제도를 둔 취지에 상응하지 않는다. 따라서 안건신속처리대상 법안이라도 하더라도 체계·자구심사를 전혀 누락하는 것은 옳지 않으며, 특위에서 법사위로 이관된 이들 법안의 체계·자구심사 기회는 보장되어야 한다.

(3) 사안에의 적용

2019년 4월 30일 신속처리대상안건으로 지정된 법안인 '검찰청법 개정안',

'형사소송법 개정안', '고위공직자범죄수사처 설치 및 운영에 관한 법률 제정안', 고위공직자부패수사처 설치 및 운영에 관한 법률 제정안' 등의 심사절차 및 심사기간과 관련하여 「국회법」 제85조의2를 해석함에 있어서 이견이 발생하였다.

첫째 문제는 소위 '사법개혁법안'이 법사위 고유법안인지 아니면 타 위원회 법안(타위법안)인지에 관한 것이고, 이와 연관하여 둘째 문제는 법사위에서의 체계·자구 심사기간 90일을 별도로 보장할 것인지 아닌지에 관한 것이다.

우선 '사법개혁법안'이 법사위 고유법안인지 타위법안인지의 문제인데, 「국회법」 제35조에 따르면 국회의 위원회는 상임위원회와 특별위원회의 2종으로 한다는 규정에 따라 '사법개혁법안'의 성격이 해석되어야 한다. '사법개혁법안'은 원래 법사위 소관법안(고유법안)이라고 하더라도 사개특위가 구성되어 동 법안들을 심의하였으므로 동 법안들은 특별위원회인 타 위원회 소관법안(타위법안)으로 보아야 한다. 국회 운영상의 전례없이 제20대 국회에서는 사개특위에서 신속처리안건으로 지정된 날인 2019년 4월 30일로부터 180일이 되기 전인 8월 31일에 의안의 의결이 되지 않은 채로 사개특위의 임기가 종료되어 9월 2일에 법사위로 이관되었지만, 입법과정상 위 법안들이 타위법안으로 다루어졌다는 점에 변함이 있을 수는 없다. 상임위원회와는 별도의 특별위원회를 둔 취지에 상응하게 그리고 이미 법사위가 아닌 특별회원회에 회부되어 심사되어 왔다는 점을 볼 때에, 이들은 타위법안으로 보아야 한다.

그리고, 법사위에서의 체계·자구 심사기간 90일을 별도로 보장할 것인지의 여부에 관한 문제도 「국회법」 규정에 따라야 할 것이다. 소관 상임위원회나 특별위원회에서 신속처리대상안건으로 지정된 경우에는 「국회법」 제85조의2 제3항과 제4항에 따라 법사위는 90일 이내에 체계·자구 심사를 마쳐야 한다. 즉, "위원회(법제사법위원회는 제외한다)가 신속처리대상안건에 대하여 제3항 본문에 따른 기간 내에 심사를 마치지 아니하였을 때에는 그 기간이 끝난 다음 날에 소관 위원회에서 심사를 마치고 체계·자구 심사를 위하여 법제사법위원회로 회부된 것으로 본다."(「국회법」 제85조의2 제4항 본문) 그리고 "법제사법위원회는 신속처리대상안건에 대한 체계·자구 심사를 그 지정일, 제4항에 따라 회부된 것으로 보는 날 또는 제86조 제1항에 따라 회부된 날부터 90일 이내에 마쳐야 한다."(「국회법」 제85조의2 제3항 단서) 안건의 신속처리에 관한 「국회법」 제85조의2(안건의 신속처리)와 법사위의 체계·자구심사에 관한 「국회법」 제85조의2(체계·자구의 심사)에 관한 규정을 종합하여 보더라도 법사위의 체계·자구심사를 포기하여야 한다는 규정이나 이를 주장하는 학자의 학설이나 국회운영의 관행도 존재하지 않는다. 법사위 스스로 체계·자구심사를 할 필요가 없다고 판단하여 권한을 행사하지 않는 경우를 제외하고는, 「국회법」에 의하여 부여된 법사위의 체계·자구권을 부인할 수는 없을 것이다.

이러한 안건처리제도에 관한 「국회법」의 여러 규정의 해석상, 사개특위에서 법사위를 거쳐 본회의에 부의되는 기간에 관해서는 몇 가지의 해석으로 나누어 질 수 있을 것이다. 제1설(57일설)은 법사위로 이관된 이상 법사위의 '고유법안'으로 변경되었다고 보아야 하고, 신속처리안건 지정의 취지를 살려 특위에서의 심사기간 123일과 잔여기간인 57일을 합쳐 최대 180일 동안만 심사할 수 있다는 것이다. 이에 따르면, 법사위에서 체계자구심사기간은 필요하지 않고 법사위에서 57일 동안 심사한 이후에는 본회의에 부의해야 한다는 것이다. 결론적으로 '사법개혁법안'은 2019년 10월 29일에 본회의에 부의되어야 한다는 것이다. 더불어민주당 등이 선호하였던 주장이다. 제2설(147일설)은 법안이 법사위로 이관되어 법사위 '고유법안'이 되었으므로, 법사위에서 법안의 내용심사를 할 기간이 주어져야 한다는 것이다. 따라서 법안심사를 위한 180일중 특위심사기간 123일을 뺀 잔여기간인 57일 동안 심사할 수 있다는 것이다. 그리고, 법사위의 '고유법안'에 대해서도 체계자구심사기간은 필요하기 때문에 180일에 90일을 더하여야 한다는 것이다. 이에 따르면, 법사위에서 내용을 심사하지 못한 57일에 더하여 체계자구심사를 위한 90일의 심사기간이 주어져야 한다는 것이며, 결론적으로 '사법개혁법안'은 2020년 1월 29일에 본회의에 부의되어야 한다는 것이다. 자유한국당 등이 선호하였던 주장이다. 제3설(90일설)은 법안이 사개특위에서 이미 4개월 이상 심사기간이 경과하였고, 사개특위에서 법사위로 이관된 것은 '타위법안'의 법사위 회부로 볼 수 있다는 것이다. 법사위의 타위법안

체계자구 심사기간을 90일로 정한 국회선진화법의 취지와 「국회법」 제85조의2(안건의 신속처리) 규정의 문언을 종합적·체계적으로 해석하여, 법사위 회부일로부터 최대 90일까지 심사기간을 보장하는 것이 타당하다는 입장이다. 이에 따르면, 법사위에서 체계자구심사기간은 필요하며 법사위에서 90일 동안 심사한 이후에 본회의에 부의되어야 한다는 것이다. 결론적으로 '사법개혁법안'은 2019년 12월 2일에 본회의에 부의되어야 한다는 것이다.

생각건대, 쟁점이 되고 있는 4개 법안이 「국회법」 제82조(특별위원회 회부) 등 「국회법」 규정과 절차에 따라 별도의 사개특위에 회부되어 심의되었다면 이들 법안은 국회 스스로의 결정에 의한 사개특위 소관법안이라고 할 수 있다. 그리고 사개특위가 활동을 종료하여 4개 소관법안이 사개위로 이관된 것은 타위법안의 법사위 회부이고, 「국회법」 규정과 절차에 의하여 적법하게 사개특위의 활동기간이 (재)연장되지 않고 종료되었다면, 「국회법」 제85조의2(안건의 신속처리) 제3항에 규정된 180일이라는 기간 중 잔여일수를 스스로 포기한 것으로 볼 수 있을 것이다. 또한 「국회법」 제85의2(안건의 신속처리)의 문언해석과 「국회법」의 해석·운영 사례가 있음을 고려해 볼 때, 쟁점이 된 4개 법안은 사개특위에서 법사위로 법안이 이관된 날로부터 90일간의 체계·자구 심사기간이 있다고 보는 것이 「국회법」의 문언과 「국회법」의 해석·운영 및 관행에 충실한 해석일 것이다. 따라서, 「국회법」 제85의2(안건의 신속처리)에 의하면 타 위원회 법안(타위법안)의 경우 법사위에서는 90일 이내에 체계·자구를 마치도록 규정하고 있으므로, 2019년 9월 2일 법사위로 법안이 이관된 날로부터 90일이 경과하는 2019년 12월 2일에 본회의에 부의되는 것으로 해석하는 것이 「국회법」 제85조의2의 규정에 충실한 해석일 것으로 본다. 하나 더 부가하자면, 「국회법」 제85의2(안건의 신속처리)에 규정된 안건신속처리 제도 자체 및 제도의 운영은 우리 헌정사에 이례적이고, 특위가 법안의 심사와 의결을 종료하지 못하고 법사위에 법안을 이관하는 것도 통상적인 입법절차로 볼 수는 없기 때문에, 가능한 논란과 저항의 소지가 없도록 「국회법」 규정을 해석하고 운영하는 것이 바람직하다고 생각한다. 또한 안건신속처리(패스트트랙) 제도를 둘러싼 그간의 격렬했던 결정과정을 돌아볼 때에, 여당 등이 주장하는 제1설(57일설)이나 야당 등이 주장하는 제3설(147일설) 보다는 제2설(90일설)이 절충적인 의견으로서 갈등과 대립의 소지가 상대적으로 적은 법문해석이라고 할 수 있다.

제4절 맺음말

국회의 소관 상임위원회나 특별위원회에서 신속처리안건으로 지정된 법안은 지정일부터 180일 이내에 법안심사를 마쳐야 한다. 소관 위원회가 이 기간 내에 심사를 마치지 아니한 때에는 그 기간이 종료된 다음 날에 법제사법위원회로 회부(回附)된 것으로 본다. 그리고 법제사법위원회가 체계·자구 심사를 90일 이내에 마치지 아니한 때에는 그 기간이 종료된 다음 날에 본회의에 부의(附議)된 것으로 본다. 그리고 신속처리대상안건은 본회의에 부의된 것으로 보는 날부터 60일 이내에 본회의에 상정(上程)되어야 하며, 60일 이내에 본회의에 상정되지 아니한 때에는 그 기간이 경과한 후 처음으로 개의되는 본회의에 상정된다. 이러한 안건신속처리과정 중에서, 쟁점이 된 4건의 '사법개혁법안'은 사개특위에서 의결되지 못하고 법사위로 이관되었고, 「국회법」 관련 규정이 이러한 예외적인 입법절차에 대비하지 못하고 미흡하게 입법이 되었기 때문에, 사개특위와 법사위에서의 심사기간 산정이 문제되었다.

사개특위에서 법사위를 거쳐 본회의에 부의되는 기간에 관해서는 몇 가지의 해석이 있을 수 있다. 제1설(57일설)은 법사위로 이관된 이상 법사위의 '고유법안'으로 변경되었다고 보아야 하고, 신속처리안건 지정의 취지를 살려 특위에서의 심사기간 123일과 잔여기간인 57일을 합쳐 최대 180일 동안만 심사할 수 있다는 것이다. 법사위에서 체계자구심사기간은 필요하지 않고 법사위에서 57일 동안 심사한 이후에는 본회의에 부의해야 한다는 것이다. 제2설(147일설)은 법안이 법사위로 이관되어 법사위 '고유법안'이 되었으므로, 법사위에서 법안심사를 위하여 57일 동안 심사할 수 있어야 하며, 체계·자구심사기간 90일이 추가되어야 한다는 것이다. 제3설(90일설)은 사개특위에서 법사위로 이관된 것은 '타위법안'의 법사위 회부로 볼 수 있으며, 법사위에서 90일 동안 심사한 이후에 본회의에 부의되어야 한다는 것이다.

생각건대, 쟁점이 되고 있는 4개의 '사법개혁법안'이 「국회법」 제82조(특별위원회 회부) 등 「국회법」 규정과 절차에 따라 별도의 사개특위에 회부되어 심의되었다면 이들 법안은 사개특위 소관법안이고, 사개특위가 활동을 종료하여 이들 4개 법안이 법사위로 이관된 것은 타위법안의 법사위 회부라고 보아야 한다. 「국회법」 제85의2(안건의 신속처리)의 문언해석과 「국회법」의 해석·운영 사례가 있음을 고려해 볼 때, 쟁점이 된 4개 법안은 사개특위에서 법사위로 법안이 이관된 날로부터 90일간의 체계·자구 심사기간이 있다고 보아야 하므로, 법사위로 법안이 이관된 날인 2019년 9월 2일로부터 90일이 경과하는 2019년 12월 2일에 본회의에 부의되는 것으로 해석하는 것이 「국회법」 제85조의2의 규정에 충실한 해석이라고 본다.

| CHAPTER 17 _ **참고문헌** |

고상근, 국회 법제사법위원회 체계·자구심사제도에 관한 연구 –제19대 국회 체계자구심사결과 분석을 중심으로–, 의정논총, 제12권 제2호, 2017, 5~42.

권영성, 헌법학원론, 법문사, 2010.

김학성, 헌법학원론, 피앤씨미디어, 2019.

박균성, 입법의 질 제고에 관한 연구, 토지공법연구, 제43집 제1호, 2009, 485~502.

박근후, 국회 법제사법위원회 체계·자구심의의 정치기능화, 정책분석평가학회보, 제4권 제1호, 1994, 221~235.

박근후, 국회 입법과정에서 법제사법위원회와 타상임위원회간의 관계에 관한 연구, 관대논문집, 제22권 제1호, 1994, 403~417.

서복경, 법제사법위원회 '제2원 기능'의 역사적 기원에 관한 연구, 의정논총, 제10권 제2호, 2015, 83~106.

성낙인, 헌법학, 법문사, 제19판, 2019.

이철희, 동물국회와 패스트트랙, 인물과사상, 254호, 2019. 6, 132~146.

장석준/박윤희, 국회 법제사법위원회 기능변화에 대한 제도 분석 −신제도주의의 내생적 변화이론을 중심으로−, 의정논총, 제13권 제1호, 2018, 133~162.

장영수, 이른바 국회선진화법의 문제점, 입법학연구, 제13집 제1호, 2016, 1~30.

전진영, 사회적 참사법의 입법과 국회 안건신속처리제의 쟁점, 이슈와 논점, 1408호, 2018.

정만희, 국회 입법과정의 개선방안에 관한 소고 −국회선진화법의 개정논의를 중심으로−, 공법학연구, 제17권 제4호, 2016, 33~68.

정만희, 헌법강의, 동아대학교 출판부, 2019.

정만희, 한국 헌법학의 동향과 과제, 피앤씨미디어, 2019.

정호영, 국회법론, 법문사, 2012.

조동관, 국회선진화법 중 안건 신속처리에 관한 외국의 입법례와 시사점, 입법현안 법률정보, 제16호, 국회도서관, 2013.

홍완식, 현행 입법과정의 문제점과 개선방향, 법제연구, 제37호, 한국법제연구원, 2009, 7~38.

홍완식, '국회선진화법'에 관한 고찰, 헌법학연구, 제18권 제4호, 2012, 315~342.

홍완식, '국회선진화법'에 관한 보론, 입법학연구, 제13권 제1호, 2016, 31~48.

홍완식, 직권상정 완화론에 대한 비판적 검토, 유럽헌법연구, 제20권, 2016, 267~292.

국회운영위원회 수석전문위원실, 개정 국회법 소개 −안건처리절차개선 및 질서유지 관련−, 국회법 소개시리즈 5, 2012. 6.

CHAPTER

18 제20대 국회의 과제로서 입법영향분석제도 도입

출처: 공법연구 제45권 1호, 2016년, 27~47

지금까지의 입법평가제도 혹은 입법영향분석제도에 관한 비교법적 연구나 도입방안 및 제도설계에 관한 연구는 충분하다고 본다. 또한 입법평가제도를 도입하자는 의견에 대한 국민들의 공감과 전문가·기업 등의 지지는 폭이 넓다. 정부가 제출하는 법안에 대한 규제심사제도에 오랜 경험이 축적되어 있고, 의원들이 발의하는 법안에 대한 법안비용추계제도에도 나름대로의 경험이 축적되어 있다. 규제심사제도나 법안비용추계제도의 실질화도 중요하지만, 이제는 보다 통합적이며 효율적인 제도인 입법영향분석제도를 도입할 시기가 되었다고 본다. 제19대 국회에서는 의원발의 법안에 대하여 규제심사제도를 도입하자는 법안이 제출되었다. 이러한 입법절차 개혁안이 입법에는 성공하지 못하였지만, 입법영향분석제도의 도입에 대한 「이동통신단말장치 유통구조 개선에 관한 법률」(일명 '단통법')이 시장과 소비자에게 미치는 영향에 대한 과학적인 분석없이 입법적 의지만을 앞세운 채 제정되어 시행된 지 2년 만에 폐지나 개정이 논의되고 있다. 「부정청탁 및 금품등 수수의 금지에 관한 법률」(약칭 '청탁금지법' 혹은 일명 '김영란법')의 적용대상을 민간부문에 확대하는 것이 어떠한 영향을 초래할 지에 관한 분석조차 없이 제정되었다. 또한 면세점 특허기간을 10년에서 5년으로 단축한 「관세법」 개정은 관련 시장과 근로자들에게 미치는 영향을 신중하게 고려하지 않았기 때문에 사회적 충격을 가져왔다. 더 나아가, 성폭력처벌을 강력하게 처벌·제재하기 위한 근래의 입법들도 체계성이나 위헌성 등에 대한 영향분석 없이 성범죄 강력대처라는 입법의지만을 앞세운 결과, 「성폭력범죄의 처벌 등에 관한 특례법」상의 취업제한 규정에 대한 위헌·헌법불합치, 「아동·청소년의 성보호에 관한 법률」상의 신상공개 규정에 대한 위헌 결정을 받는 일 등이 계속 발생하고 있다. 이렇게 보다 신중하게 위헌성, 체계성, 민주적 정당성, 절차적 정당성, 효율성 등 다양한 관점에서 입법의 영향을 미리 예측하고 만들었다면 하는 입법사례는 무수히 많다. 제20대 국회는 파행과 폭력이 지배한 제18대 국회와 달라야 하고, 무능과 입법교착이 지배한 제19대 국회와도 달라야 한다. 제20대 국회의 인적 구성이 일부 변경되기는 하였어도, 아무런 제도의 개선없이 마법처럼 국회의원들의 인식과 행태가 변할 것 같지는 않다. 국회선진화법 권한쟁의심판의 각하결정으로, 직권상정요건의 강화를 비롯하여 무제한토론제도와 신속안건처리제도 등 「국회법」에서 정하고 있는 입법절차는 제20대 국회와 제19대 국회가 동일하다. 제19대 국회에서 나름대로 몸싸움이 방지되고 예산안 처리의 법정기한이 준수되었으며, 몸싸움보다는 말싸움을 가능케 한 필리버스터가 행해졌던 「국회법」 제도를 개정하기 위해서 노력하기 보다는, 입법영향분석제도나 규제영향분석제도의 도입을 통하여 신중하고 합리적으로 법률을 만들어 내는, 국민들이 소망하는 제20대 국회가 되기를 바란다.

주제어: 입법과정, 규제개혁, 입법영향분석, 규제영향분석, 규제개혁위원회

제1절 머리말

국민들의 일상생활에서부터 국가의 정치제도에 이르기까지 중요한 것은 법률에 의하여 규정되어 있고, 이러한 법률은 국민들의 일상이나 국정의 운영에 이르기까지 준수되어야 한다. 법률을 집행하는 행정작용이나 법률을 해석하고 적용하는 사법작용은 법률을 근거로 하는 것이기 때문에, 법률이 중요하며

법률을 입법하는 일이 중요한 것이다. 전통적인 법학은 법해석학으로서, 법해석학은 기본적으로 '이미 만들어진 법'을 해석하는 것이었다. 그러나 법령이 보다 잘 입법되어진다면 재판에서 법해석의 어려움이나 혼란이 줄어들고 행정에서도 법집행이 객관적이고 명확해질 것이다.[1] 법률가들의 업무와 역할은 주로 법의 해석과 재판과 관련된 업무에만 한정되어 있다. 법학이론은 주로 법해석학에 관한 것이고, 법률실무는 주로 재판업무에 관련된 것으로 인식되고 있다. 그러나 법률가는 '이미 만들어진 법률'에 대한 해석에만 그 역할을 한정할 것이 아니라 '법률을 만드는 일'에도 그 역할을 확대하는 것이 바람직하다.[2] '정치가'만이 법률을 만들고 법률가는 이미 만들어진 법률의 해석과 적용만을 사명으로 알고 있다면, 이는 법률가들이 담당하여야 할 영역을 스스로 축소시키는 것이다. 따라서 "법조인이 갖추어야 기본적인 덕목"으로 "변호사들이 국회와 정부의 입법에 대한 건전한 감시와 견제의 역할을 함으로써 입법 바로세우기라는 시대적 사명을 부여받았다"[3]는 선언은 의미가 크다. 법률을 입법하는 일은 법률을 집행하는 행정작용이나 법률을 해석·적용하는 사법작용에 비하여 대단히 중요하다. 법령의 입법에 미비가 있거나 오류가 있다면, 법령의 집행이 곤란해지고 재판에서도 입법적 미비와 오류가 시정되기는 어렵기 때문이다. 따라서 법률을 입법하는 입법부인 국회의 중요성이 강조되는 것이며, 여느 자유민주국가의 헌법에서처럼 우리 헌법도 제40조에서 "입법권은 국회에 속한다"고 하여 법률의 입법권을 대의기관인 국회에 부여하고 있다. 국회의 여러 권한 중에서 법률을 입법하는 권한은 국가운영에 있어서 가장 중요한 요소이다. 따라서 위헌적 법률이 입법되지 않도록 입법의 과정과 내용이 사전 및 사후에 적절히 심사될 필요도 있다. 그간 입법과정의 문제점에 대한 다양한 개선방안이 제시되었는데, 이러한 제안들 중에서 입법평가 혹은 입법영향분석을 제도화하자는 주장이 점차 힘을 얻고 있다. 따라서 제20대 국회의 과제로서 입법영향분석의 제도화를 생각해 보고자 한다.

1 정호영, 국회법론, 법문사, 2012, 81쪽.
2 홍완식, 헌법과 입법, 입법행정 아카데미 교재 1권, 대한 변호사협회, 2014, 5쪽.
3 제22회 변호사대회 자료집, 2013. 8. 26, 13~14쪽.

제2절 입법현황과 법률안 입안절차의 비대칭성

1. 입법의 현황

2016년 10월 26일 기준으로 우리나라의 현행 법률은 1,386건이고 시행령과 시행규칙은 합하여 2,891건으로 현행 법령의 수는 합하여 4,277건이다.[4] 또한 광역지방자치단체의 조례와 규칙은 전국적으로 각각 48,399건과 24,334건이고, 기초지방자치단체의 조례와 규칙은 전국적으로 각각 245,820건과 108,176건이다.[5] 이처럼 헤아릴 수 없이 많은 법률과 행정입법 및 자치입법이 입법되어 있으며, 이외에도 행정청 내부 및 자치단체 내부의 하위규범들도 또한 많다. 따라서 이렇게 많은 법률·행정입법·자치입법이 과연 필요한 것이며 제대로 만들어진 것일까 하는 의문이 제기될 수 있다. 헌법재판소가 1988년 9월 1일부터 2016년 9월 30일까지 내린 위헌 및 헌법불합치 결정 등의 건수는 671건이다.[6] 이렇게 많은 법률규정이 위헌으로 밝혀졌는데, 다른 법률규정들은 과연 문제가 없는 것일까 하는 의문도 제기될 수 있다.

제18대 국회에서는 13,913건의 제출법안 중에서 7,220건의 법안이 임기만료로 자동폐기되었다. 그리고 제19대 국회에 들어와서는 17,822건의 제출법안 중에서 10,190건의 법안이 임기만료로 자동폐기되었다. 수많은 법령이 입법되어 있음에도 불구하고, 수많은 법안이 계속 발의되었다가, 만 건이 넘는 법안이 제19대 국회의 임기만료로 자동폐기된 것이다. 또한 국회를 통과한 법률 중에서 적지 않은 법률 규정이 위헌이나 헌법불합치로 결정되었다. 과도하게 규제적 내용을 담고 있는 입법을 포함하여 입법이 과연 필요한지 및 적정한지 및 위헌인지를 점검하고 평가하는 제도가 필요하다는 것을 이러한 통계들은 스스로 나타내 주고 있다.

---

4 법제처 법령통계, http://www.moleg.go.kr, 2016. 10. 26 방문.

5 자치법규정보시스템, http://www.elis.go.kr, 2016. 10. 26 방문. 자치법규 평균 보유현황은 시·도는 532건이고, 시·군·구는 346건이다.

6 헌법재판소 사건통계, https://www.ccourt.go.kr, 2016. 10. 26 방문.

〈표 18-1〉 제15대~제19대 국회의 의원발의 법률안과 정부제출 법률안 비교[7]

시기 구분 (연도)	전체 법률안	의원발의 법률안			정부제출 법률안		
		제출 건수	가결 건수	가결률	제출 건수	가결 건수	가결률
제15대(96~00)	1,951	1,144	461	40%	807	659	82%
제16대(00~04)	2,507	1,912	514	27%	595	431	72%
제17대(04~08)	7,489	6,387	1,352	21%	1,102	563	51%
제18대(08~12)	13,913	12,220	1,663	14%	1,693	690	41%
제19대(12~16)	17,822	16,729	2,414	14%	1,093	379	35%
제20대(16~16. 10. 26)	2,796	2,623	0		173	0	

<표 18-1>을 통해 제15대 국회에서부터 제19대 국회까지의 법안통계를 보면, 제출되는 법안의 수는 지속적으로 증가하고 있는 가운데, 의원발의 법안의 가결율은 14%까지 하락하고 정부제출 법안의 가결율은 35%까지 하락하고 있음을 볼 수 있다. 2016년 5월말에 제20대 국회가 개원한지 5개월간 2,796건(매일 약 19건)의 법안이 제출되었는데, 제20대 국회에서 본회의를 통과한 법안은 아직 없다.

〈표 18-2〉 제18대와 제19대 국회의 법안 가결건수 비교[8]

	발의주체	접수	가결 (대안 제외)	가결 (대안 포함)
제18대	의원	11,191	639	3,866
	위원장	1,029	1,024	1,024
	정부	1,693	690	1,288
	계	13,913	2,353	6,178
제19대	의원	15,444	1,134	5,346
	위원장	1,285	1,280	1,280
	정부	1,093	379	803
	계	17,822	2,793 (440△)	7,429 (1,251△)

7 국회 의안정보시스템 의안통계 http://likms.assembly.go.kr/bill, 2016. 10. 26 방문.
8 국회 의안정보시스템 의안통계 http://likms.assembly.go.kr/bill, 2016. 10. 26 방문.

<표 18-2>를 통해 보면 제18대에서 통과된 법안은 총 2,353건(의원안 1,663건+정부안 690건)이었고, 제19대 국회에서 통과된 법안은 총 2,793건(의원안 2,414건+정부안 379건)이었다. 즉, 제19대 국회에서 발의된 법안이 제18대 국회보다 많음은 물론이고, 제19대 국회에서 통과된 법안은 제18대 국회에서 통과된 법안에 비하여 440건(대안을 포함하면 1,251건)이 증가하였다. '동물국회'라 불린 제18대 국회에서 보다 '식물국회'라 불린 제19대 국회에서 훨씬 많은 법안이 통과된 것이다.[9]

〈표 18-3〉 제16대~제19대 국회의 법안 가결률 비교 (단위: %)

제안대수	제15대	제16대	제17대	제18대	제19대
의원발의 법률안 가결률	40	27	21	14	14
정부제출 법률안 가결률	82	72	51	41	35
전체 법률안 가결률	**57**	**38**	**26**	**17**	**16**

<표 18-3>에서 볼 수 있는 바와 같이, 제16대 국회 이후의 법안 가결율은 의원발의 및 정부제출을 불문하고 지속적으로 줄어들고 있다. 전체 법안의 가결율도 역시 점차 줄어들고 있으며, 제19대 국회의 전체 법안 가결율은 16%에 이르고 있다. 그러나 법안의 가결건수가 지속적으로 증가(16대-945, 17대-1,915, 18대-2,353건, 19대-2,793건)하고 있는 가운데 법안의 가결율이 점차 감소하는 것을 보면, 법안 가결율의 주요 원인은 법안 가결건수의 하락에 있는 것이 아니라 법안 제출건수가 증가한 것에 있음을 알 수 있다.

2. 법률안 입안절차의 비대칭성

현행 헌법 제52조에는 "국회의원과 정부는 법률안을 제출할 수 있다"는 규정을 두고 있다. 그러나 국회의원이 제출하는 법률안의 입안절차와 정부가 제

9 홍완식, '국회선진화법'에 관한 보론, 입법학연구, 제13집 제1호, 2016, 37쪽.

출하는 법률안의 입안절차는 근거법률도 다르고 그 절차도 다르다. 정부와 국회의원이라고 하는 복수의 법률안 제출주체에게 요구되는 절차적 요건은, 상이한 이들 헌법기관의 지위와 성격에 비추어 당연하고 충분히 합리적인 측면이 있음이 인정된다.[10] 즉, 입법과 의원입법의 입안절차에서 차이가 발생하는 것은 법률안의 입안단계에서이며, 국회에 법안이 제출된 이후의 절차는 정부법안과 의원법안이 동일하다. 정부입법의 경우에는 관계기관 협의나 규제심사 등의 정해진 입법절차가 있어서, 이에 따라 법률안 초안을 검토·수정하여 검증되고 완성도가 높은 법률안을 국회에 제출한다. 반면, 의원입법의 경우에는 이러한 검토·수정에 해당하는 단계가 생략되어 있다. 법률안의 초안을 마련한 이후 국회에 제출될 때까지 법안비용추계를 제외하고는 의무적인 검토·수정의 단계가 없다. 법률안의 정부제출절차와는 비교되는 의원발의절차의 단순함 그리고 시간과 노력의 절감에 비추어 의원발의방식이 선호될 수 있고, 이는 법안발의의 졸속 내지 부실을 가중시킨다. 정부가 제출하는 법률안의 입안절차와 달리 의원이 발의하는 법률안의 입안절차에서의 이러한 검토·수정 절차의 생략은 의원입법이 갖는 가장 큰 특징으로써, 의원입법이 갖는 장점과 한계는 바로 이러한 절차적 특징에서 비롯된다고 할 수 있다. 이러한 정부법안과 의원법안의 입안절차에서의 차이로 인하여 정부는 의원을 통해 법안을 제출하며, 이러한 법안은 '청부법안', '우회법안', '절차회피적 법안'이라고 불린다. 즉, 정부가 제출하는 법률안은 복잡하고 시간이 소요되는 입법절차를 거쳐야 하기 때문에, 간단하고 신속한 입법절차만을 필요로 하는 의원발의 법률안의 형식으로 법률안을 발의하는 것이다. 즉, 제16대 국회 이후에는 의원발의 법률안이 정부제출 법률안에 비하여 크게 증가하였는데, 총 제출법안에서 차지하는 의원발의 법률안의 비율이 제16대 국회 76%, 제17대 국회 85%, 제18대 국회 93%, 제19대 국회 94%로 점차 증가하고 있다.

오랫동안 정부는 법률안제출을 주도했지만, 점차 국회의원이 발의하는 법

10 권영설, 우리 국회입법의 문제점과 과제, 입법선진화 포럼, 제2회 아시아법제포럼, 2012. 6. 28, 11쪽.

률안이 많아지고 있다. 의원입법이 늘어난 것에 대하여 국회의 입법기능이 회복된다는 평가를 내리고도 있지만, 반대로 의원발의 법률안 중에는 졸속으로 부실하게 발의되는 것이 있다는 평가를 내리기도 한다. 사회변화에 탄력적으로 신속하게 대처함에 있어서는 정부보다 국회의원이 훨씬 유리하다는 점이 의원입법의 활성화에 한몫을 하고 있으며, 국회의원은 입법수요를 수렴하는 다양한 경로와 방법을 활용할 수 있다는 장점이 있다. 의원발의 법률안은 지역구민의 민원 수렴, 시민단체의 의견 반영, 이익단체의 특정 이익 반영, 국회의원 개인의 전문성과 이념에 기초한 정책 반영, 언론에서 제기한 사회문제 해결 등을 위해서 성안·제출되고 있다. 특히, 최근에는 정부가 그 내부의 복잡한 법률안 입안절차를 회피하기 위해서, 때로는 부처이기주의에 따라 부처 상호간 이해 조정이 어려운 법안을 의원입법으로 우회하여 제출하는 사례도 적지 않게 발견되기도 한다. 또한 현실성·타당성에 대한 검증부족, 과다한 시행비용을 초래할 법안, 선심성 법안, 실적용 법안제출, 완성도가 미흡한 법안 등의 문제가 지적[11]되고 있기 때문에, 이제는 의원입법을 질적으로 개선하기 위한 제도를 도입할 필요가 있다.[12]

3. 제19대 국회에서의 규제영향분석제도 도입 시도

제19대 국회에서 이한구의원, 민현주의원, 유기준의원은 의원발의 법률안을 발의함에 있어서 발의법안에 대한 영향분석 시행을 내용으로 하는 법안을 발의하였다. 이한구 의원안[13]은 행정규제를 포함하는 의원발의 법률안을 대상

---

11 이한길, 제16·17대 의원발의 법안의 특성, 의원입법의 발전방안, 국회법제실/한국공법학회, 2004. 10, 113면; 김민전, 입법과정의 개혁, 국회의 성공조건, 동아시아연구원, 2004, 276쪽.

12 홍완식, 의원입법에 대한 합리적인 통제방안, 건국 60주년 기념 한국법률가대회 특집, 저스티스 106호, 한국법학원, 2008. 9, 107쪽 이하.

13 "최근 의원발의 법률안이 증가함에 따라 의원발의 법률안이 과도한 규제 도입과 규제 수 증가의 원인이라는 비판이 있음. 규제는 행정부의 규제완화·폐지 및 신설 억제 노력과 더불어 국회의 규제 신설 억제 노력이 합쳐질 때 국가 전체적으로 효율적인 관리가 가능함. 특히 현행 입법절차에 따르면 정부제출 법률안의 경우 규제를 신설·강화하고자 할

으로 하여 규제영향분석을 하도록 규정하고 있다. 다만, 상임위원회가 불필요하다고 판단하거나 긴급을 요하여 상임위원회의 합의가 있는 경우에는 규제영향분석의 대상에서 제외하도록 하는 예외규정을 두었다. 정부가 제출한 법안에 대하여 규제의 신설·강화 필요성, 규제 목적 실현가능성, 대체수단 존재여부 및 규제중복 여부, 비용편익분석, 경쟁제한 요소 포함 여부, 규제내용의 객관성·명료성, 행정기구·인력· 예산 소요, 관련 민원사무의 적정 여부 등을 심사하는 것처럼, 국회의원이 발의한 법안에 대하여도 동일한 내용이 규제영향분석서에 포함되도록 규정하고 있다. 민현주 의원안[14]은 시행일부터 5년이 경과한 제정법률 또는 전부개정법률, 한시법, 소관 위원회 또는 국회의원이 입법영향분석을 요구하는 법률 또는 법률안 등에 대하여 입법영향분석을 할 수 있도록 규정하고 있다. 유기준 의원안[15]은 입법조사처의 직무에 정부제출 법률 및 행정입법에

때에는 규제영향분석을 통한 자체 규제심사와 규제개혁위원회의 규제심사를 받아야 하나 의원발의 법률안의 경우에는 규제영향에 대한 충분한 검토가 이루어지지 못하고 있음. 또한 행정부처에서 규제심사를 회피하기 위하여 의원입법의 형태로 법안을 제출하는 등 의원입법이 '규제심사 우회수단'으로 이용되는 등의 부작용도 발생하고 있으며 법안의 내용 역시 규제관리를 위한 주요 수단이 누락되는 경우가 많아 문제점으로 지적되고 있음. 따라서 입법과정상의 편법·운용을 방지하고 규제 관련 법률안의 품질제고를 위하여 국회에 규제를 신설·강화하는 법안을 제출하는 경우 규제사전검토서를 첨부하도록 하고, 소관 상임위원회에서 해당 법안을 심사할 때 '규제영향평가'를 거치도록 하는 등 규제 관련 법률안의 관리방안을 마련하고자 함." 이한구 의원 대표발의, 국회법 일부개정법률안 제안이유, 2013. 9. 11, 1~2쪽.

14 "최근 법률이 보다 직접적이고 구체적으로 정책을 규정하는 사례들이 급증하고 있어 국회의 입법활동이 사회적으로 미치는 영향력도 대폭 증가하고 있으며, 이에 따라 입법의 품질을 제고하고자 규제영향분석평가, 성별영향평가 등 법이 시행되기 전에 그 영향을 예측하고자 하는 노력이 강화되고 있음. 그러나 법률의 제·개정을 통해 이루어진 입법의 결과가 그 입법의 의도를 제대로 달성하였는지에 대한 검토와 평가 시스템은 부재한 상황임. 이에 입법을 통해 도입된 정책이나 제도의 결과를 국회 입법조사처가 사후에 검토·분석하고 피드백 함으로서, 법률의 품질을 제고하고 국회가 입법부로서 입법의 전과정에 걸쳐 굳건한 책임성을 보이고자 '입법영향분석제도'를 도입하고자 함." 민현주 의원 대표발의, 국회입법조사처법 일부개정법률안 제안이유, 2015. 4. 30, 1쪽.

15 "아직까지 의원입법의 질적 수준이 충족되지 못하여 실제로 법률로 전환되는 비율이 상당히 낮은 수준이라는 지적이 제기되었고, 비생산적인 중복발의에 따라 대안폐기 또는 임기만료 폐기되어 의원입법의 생산성이 저하되는 현상이 발생하고 있음. 삼권분립에서 견제와 균형의 가장 중요한 문제는 입법부와 행정부와의 관계에서 발생하는 바, 우리나라의 헌법상 규정된 변형된 대통령제에서 행정부로의 권력집중 경향을 효율적으로 견제하기 위하여는 국회가 국민의 의사를 적극 수렴하고 전문성 및 입법역량을 대폭 강화하

대한 조사 및 분석, 입법영향 분석 서비스의 제공, 합헌성 조사·분석 서비스의 제공 등을 추가하는 내용이다. 그러나 이러한 규제영향분석의 도입을 내용으로 하는「국회법」개정안과「국회입법조사처법」개정안에 대해서, 법안발의를 쉽게 하지 못하게 될 것을 우려한 다수의 국회의원들은 이러한 제도의 도입을 입법권의 제한으로 받아들이기도 하였다. 결국 의원발의 법률안에 대한 규제영향분석제도의 도입을 내용으로 하는 법률안은 제19대 국회의 임기만료로 폐기되었다. 그러나 제20대 국회에서도 이와 유사한 내용의 법률안이 재차 발의될 것으로 예상된다.

제3절 제20대 국회의 과제

1. '몸싸움을 하지 않는 국회'에서 '선진화된 국회'로

제20대 국회의 여소야대 의석분포 하에서는 그 어느 때 보다도 소통과 협치(協治)가 특히 강조되고 있다. 제20대 국회에서는 직권상정을 하더라도 150석이 안되는 상황에서는 법안을 의결하기 어렵고, 무제한토론의 종결요건인 180석을 확보하기도 어렵기 때문에 국회가 제 역할을 하기 위해서는 상호 소통하고 협력해야 한다. 그러나 제20대 국회 5개월간의 의정운영은 갈등과 대립이 상존하던 이전 국회와 크게 다르지 않아 보인다. 여소야대의 제20대 국회는 제19대 국회보다 더욱 불확실성이 커졌다. 더욱이 제20대 국회의 개원 이후인 2016년 하반기에는 농림축산식품부장관 해임건의안 처리를 계기로 한 여야대립·정

기 위해 노력할 필요가 있음. (중략) 높은 수준의 전문가를 확보하기 위해 국회입법조사처 인력의 연구직 전문성 강화, 의원입법 및 행정입법에 관한 입법영향분석사업, 비교법령분석사업 및 주요국 입법지원조직과의 국제협력사업 등을 통하여 국회의 입법전문성을 질적으로 향상시킴은 물론, 선진형 입법지원기관의 구축을 통한 실질적 민주주의의 확립에 부응하고자 하는 것임." 유기준 의원 대표발의, 국회입법조사처법 일부개정법률안 제안이유, 2013. 5. 7, 1쪽.

치권에서의 개헌논의·최순실게이트 등으로 이어지는 극심한 국정 혼란이 발생하고 있어서, 전체 국정운영은 물론이고 제20대 국회의 운영은 매우 예측불가능한 상황으로 전개되고 있다.

그간 국회선진화법의 핵심조항이 위헌임을 주장하며 엄격하게 개정된 직권상정의 요건을 다시 완화하고 안건신속처리제도나 무제한 토론제도와 관련하여 가중된 정족수를 일반 정족수로 완화하기 위한 「국회법」 개정안이 다수 발의되기도 하였다. 또한 주지하다시피, 「국회법」상의 직권상정이나 안건신속처리제도와 관련한 권한쟁의심판도 제기되었다. 그러나 이러한 「국회법」 개정안은 임기만료로 폐기되었고, 국회선진화법을 통해 도입된 「국회법」 일부 규정에 대하여 제기된 권한쟁의심판은 각하되었기에, 이러한 「국회법」 규정이 개정되기 이전에는 현행 「국회법」에 따라서 제20대 국회가 운영되어야 한다. 법률 하나 개정되었다거나 제도가 변경되었다고 하여, 혹은 「국회법」을 개정하고 이를 '국회선진화법'으로 부른다고 하여, 바로 국회가 선진화되고 국가가 발전하지는 않는다. 룰은 공정한 플레이를 위하여 존재하는 것이다. 정의의 신이 눈을 가리고 있는 것처럼, 법률은 특정인이나 특정정당을 위하여 존재하는 것이 아니다. 새누리당이나 더불어민주당 혹은 국민의 당 중에서 어느 정당이 여당이건 야당이건간에, 「국회법」이 정하는 대로 천재지변이나 국가비상사태가 아닌 한, 법안을 직권상정하여 처리하는 것은 바람직하지 않으며, 다시는 우리 헌정사에서 국회폭력이 발생하게 해서는 아니된다.[16] 제19대 국회가 뭔가 답답했다면 그것은 법률 때문이 아니라, 대통령의 영향력에서 벗어나지 못하는 무력하고 경직된 정치 때문이었다. 그렇다면 바뀌어야 할 것은 '법률'이 아니라 '정치'이다. 제20대 국회는 몸싸움이 없을 뿐만이 아니라, 여야가 입장과 정책의 차이에도 불구하고, 법안처리를 위해 절충점을 찾고 협력하는 진정한 '선진국회'가 되어야 한다. '선진국회'가 되기 위해서는 국회의원들의 인식과 태도의 변화가 필수적이지만, 제도의 변화도 국회의 선진화를 촉진하기 위해 도움이 될 것인데, 그중의 하나가 입법영향분석제도의 도입이다.

---

16 홍완식, 직권상정 완화론에 대한 비판적 검토, 유럽헌법연구, 제20호, 2016, 267쪽 이하.

2. 입법영향분석제도의 도입

바람직한 입법과정에서 추구되는 것은 입법과정이 헌법과 법률에 부합하고, 국민들의 의견이 입법에 적극 반영되며, 법안의 위헌성이 사전에 제거되고, 입법으로 인하여 재정적 건전성이 침해되지 않고, 기존 법체계와 모순되지 않는 법률을 입법하는 것 등이다. 입법과정의 궁극적인 목표는 '좋은 법률(Richtiges Recht)' 혹은 '보다 나은 법률(Better Regulation)'의 입법이다. 이러한 관점에서, 입법평가 혹은 입법영향분석은 입법의 재정적 및 비재정적 영향 등 입법으로 인한 영향 전반을 사전적 혹은 사후적으로 분석하여 궁극적으로는 좋은 법률을 만들기 위한 목적을 지니고 있다. 전술한 바와 같이 현행 법률의 수가 적지 아니하고 또한 제19대 국회 임기 4년간 17,822건의 법안이 발의되었으며, 10,190건의 법안이 미처리되고 있다가 임기말에 자동폐기된 상황을 감안한다면, 발의되는 법률안이나 혹은 최소한 공포되는 법률에 대한 사전적 입법평가가 수행될 필요가 있다. 정부가 제출하는 법률안에 대하여는 규제심사가 이루어지고 있지만, 국회의원의 발의하는 법률안에 대하여는 규제심사 조차 이루어지고 있지 않은 제도적 환경 하에서는 더욱 그렇다. 의원입법이 '규제의 해방구' 혹은 '규제의 도피처'로서 작용하게 되어서는 안되기 때문에, 의원입법의 품질개선이 규제개혁의 중요한 화두가 된 지 오래이다.[17] 정부가 제출하는 법안에는 부패영향평가·성별영향평가·갈등영향평가·규제심사·법안심사와 같은 다양한 평가제도가 있지만, 국회의원이 발의하는 법안에는 10일간의 입법예고제도와 위원회의 검토제도 이외에는 별다른 의견수렴이나 검증 혹은 평가제도가 없기 때문에 문제가 발생하는 것이다. 이러한 정부입법과 의원입법 심의절차의 비대칭성은 의원발의법안 폭증의 한 원인이 되기도 하였고 전술한 바와 같이 우회입법, 청부입법, 절차회피적 법률안이라는 현상으로 나타나기도 하고,[18] 이렇듯 많은 법

17 김태윤/홍완식/윤성이/한승준/김주찬/이혁우, 우리나라 의원발의 규제입법제도 개선방안에 관한 연구 – 선진국의 제도적 통제과정에 대한 분석을 기반으로, 한국경제연구원, 2014, 3쪽.

18 홍완식, 입법절차와 법치주의, 제22회 변호사대회 주제발표문, 대한변호사협회, 2013. 8,

안의 체계적이고 신중한 검토와 심사는 거의 불가능하기 때문에 부실입법·과잉입법의 원인이 되기도 한다.[19] 따라서 국회의 입법권을 제약하지 않으면서도 법안의 품질을 향상시키는 제도적 보완장치로서 입법영향분석제도를 도입할 필요가 있다. 이러한 입법평가제도 혹은 입법영향분석제도를 도입하자는 주장이 제기된 지는 이미 오래이다. 의원발의 법률안의 경우에도 법안의 제출 전후에 법안이 통과되어 시행될 경우의 입법영향을 예측하고 분석하여, 입법자인 국회에 피드백을 할 수 있는 제도가 필요하다.[20] 지방자치단체에서도 근래 조례에 대한 입법영향분석제도를 도입하여 시행하고 있는 점을 주목할 필요가 있다.[21] 법률과 법률안에 대한 사전적 혹은 사후적 입법영향분석은 대단히 중요하다. 특히 사전적 입법영향분석은 어떠한 법률안이 제대로 만들어지고 있는지, 집행가능성이나 현실적합성은 따져보았는지, 어떠한 재정적 효과를 초래할지, 수범자들에게 과도한 부담이나 규제를 내용으로 하는 것은 아닌지 등을 법률 시행 전에 검토하자는 것이다.

41쪽.

19 양금승, 19·20대 국회 신설·강화규제의 입법현황 및 정책과제, 한국경제연구원, 2016, 9쪽.

20 강현철/김현수/홍완식, 입법영향분석의 현황과 과제, 국회입법조사처보, 제19호, 2013. 17쪽.

21 광주광역시 조례 사후 입법평가 조례 [광주광역시조례 제4251호, 2013. 7. 1., 제정] 대구광역시 수성구 조례 사후 입법평가 조례 [대구광역시수성구조례 제954호, 2013. 11. 11., 제정] 부산광역시 금정구 조례 입법평가 조례 [부산광역시금정구조례 제1128호, 2015. 10. 30., 제정] 부산광역시 북구 조례 입법평가 조례 [부산광역시북구조례 제1109호, 2015. 7. 8., 제정] 부산광역시 사상구 조례 입법평가 조례 [부산광역시사상구조례 제720호, 2015. 4. 9., 제정] 부산광역시 수영구 조례 입법평가 조례 [부산광역시수영구조례 제759호, 2015. 3. 13., 제정] 부산광역시 조례 입법평가 조례 [부산광역시조례 제5078호, 2015. 1. 1., 일부개정] 아산시 조례 입법평가 조례 [충청남도아산시조례 제1394호, 2015. 9. 15., 제정] 익산시 조례 입법평가 조례 [전라북도익산시조례 제1430호, 2015. 2. 27., 제정] 제주특별자치도 자치법규 입법평가 조례 [제주특별자치도조례 제1337호, 2015. 8. 18., 제정] 제천시 조례 입법평가 조례 [충청북도제천시조례 제1279호, 2015. 8. 13., 제정] 경기도 자치법규 입법영향분석 조례 [경기도조례 제4677호, 2014. 1. 10., 제정]

제4절 입법영향분석제도의 도입방안

1. 개념과 용어

의원입법과정에서 실효적인 규제심사시스템을 마련하기 위한 특단의 조치가 필요하다[22]는 점에 대해서는 광범위한 공감대가 형성되어 있다. 구체적으로 입법영향분석제도를 도입함에 있어서 검토해야 할 요소는 입법영향분석을 어떤 기관이 어떠한 법안을 대상으로 하여 어떠한 분석절차를 할 것이냐 일 것이다. 그러나 입법영향분석의 개념과 용어가 다양하기 때문에, 입법영향분석제도의 도입을 논하기 위해서는 우선 개념과 용어에 관한 해명이 필요하다. 입법영향분석(Legislative Impact Analysis)이란 급증하는 입법에 대하여 국회에 제출된 법률안이나 이미 시행중인 법률이 국가와 국민에게 미치는 영향력에 대하여 "가치나 수준 따위를 평가하는 것"[23]으로 법률의 품질저하나 법률의 하자 등의 문제를 효과적·과학적·체계적인 예측 및 분석의 방법을 통하여 보다 나은 입법 작용을 모색함으로써 법률의 효과를 극대화하기 위한 분석을 의미한다. 그러나 평가(evaluation 또는 assessment)라는 용어는 평가를 당하는 당사자의 거부감을 초래할 수 있기 때문에, 국회입법조사처 등에서는 보다 중립적인 "입법영향분석"이라는 용어를 사용하고 있다.[24] 현재 우리나라의 입법과정에서는 사전적 입법영향분석이라고 할 수 있는 규제영향평가 등 각종 영향평가제도와 사후적 입법영향분석이라고 할 수 있는 국민 불편 법령 개폐를 위한 법령정비사업 등이 입법영향분석제도와 유사한 취지로 운영되고 있다.[25] 정부입법의 경우 절차가

22 김유환, 행정법과 규제정책, 법문사, 2012, 185쪽.

23 강현철, 한국적 입법평가 모델 정착에 관한 소고, 일감법학 제22호, 건국대학교 법학연구소, 2012, 74쪽.

24 김준, 국회에서의 입법영향분석의 필요성과 방법, 입법학연구 제7집, 2010, 99쪽; 국회입법조사처, 입법영향분석을 통한 좋은 법률 만들기, 국회입법조사처, 2012. 5, 3~4쪽 참조.

25 강현철, 입법평가의 개념과 제도화 방안, 아주법학 제3권 제2호, 아주대학교 법학연구소, 2009, 146쪽.

의원입법의 경우보다 복잡하여 입법추진에 있어 효율성이 다소 부족하지만, 의원입법의 경우에는 정부입법과 비교하여 효율성은 높지만 법률안의 영향을 분석할 수 있는 제도적인 장치가 부족하다. 따라서 정부입법과 의원입법의 제도적 대칭성을 확보하여 균형적인 입법과정을 만들기 위해서 입법영향분석제도의 도입이 필요하다. 입법영향분석은 좋은 법을 만들고 유지하기 위하여 일정한 모형이나 지침 등에 따라 "향후 어떠한 결과를 발생시킬 것인 지를 예측"[26]하여 국회에 제안된 법령안이나 공포된 법률 등을 검토하는 것을 의미한다. 이러한 입법영향분석은 현재의 각종 영향분석 및 지침에 대하여 포괄하는 종합적이고 체계적인 형태를 의미한다. 입법영향분석이 입법의 문제점을 모도 해소할 만능의 제도는 아니지만, 입법의 법률적·사회적·행정적 영향 등을 사전에 분석하여 입법의 품질을 어느 정도 개선할 수 있을 것이다.

2. 규제영향분석 혹은 입법영향분석

규제영향분석제도를 도입하자는 의견이 있고 입법영향분석제도를 도입하자는 의견이 있다. 정부 입법과정에는 이미 규제영향분석제도를 시행하고 있기 때문에, 국회의 입법과정에도 규제영향분석제도를 도입하는 것이 보다 현실적일 수도 있다. 그러나 규제영향분석제도가 지닌 여러 문제섬과 한계를 고려한다면 의원발의 법률안을 대상으로 하는 입법영향분석을 제도화하는 것이 장점이 더욱 많을 것으로 본다. 따라서 규제영향분석을 포함하여 다양한 영향평가를 입법영향분석제도로 통합하는 것이 바람직하다고 본다.[27] 국회 입법과정의

26 윤석진, 입법과정에서의 입법영향평가와 사회영향평가의 활용, 법학논문집 제34집 제1호, 중앙대학교 법학연구소, 2010, 7쪽.

27 최윤철/홍완식, 입법평가제도의 도입방안에 관한 연구, 법제처, 2005, 20쪽; 박영도, 한국에서의 입법평가제도화 방안, 공법연구, 제38권 제1호 제1권, 2009, 232쪽; 김수용, 입법평가의 제도화 방안, 일감법학 제22권, 건국대학교 법학연구소, 2012, 26쪽; 김수용, 입법평가의 개념과 제도화 방안, 입법평가연구 창간호, 2009, 29쪽; 한상우/강현철/류철호, 국민불편 법령 개폐 등을 위한 입법평가 적용에 관한 연구, 한국법제연구원, 2008, 93쪽, 113-118면; 박균성, 입법의 질 제고에 관한 연구, 토지공법연구 제43집 제1호, 2009, 490쪽; 김기표, 입법영향평가의 명칭과 개념에 관한 비판적 고찰, 입법평가연구, 제5호, 한국

문제를 일시적·부분적으로 해결할 수 있는 제도인 규제영향분석제도를 도입하는 것은 옥상옥의 제도가 될 수 있기 때문에, 통합적이고 실용적인 제도를 설계하는 것이 바람직하다는 것이다.[28] 즉, 입법영향분석은 법령을 입법함으로써 발생하는 영향을 다양한 관점에서 평가하는 것을 총괄하는 것이며, 규제영향분석·부패영향평가·성별영향평가·갈등영향분석·행정부담·비용추계·경쟁영향평가·중소기업평가 등을 모두 포함하는 것이다.[29] 즉, 법령에 대하여 경제적·사회적·문화적·교육적 등 여러 관점에서의 종합적인 분석이 필요하며, 부패영향평가·성별영향평가·갈등영향평가·규제심사와 같은 중복되고 복잡한 평가를 통합하는 통합평가제도를 만드는 것이 좋다고 본다. 한 번의 통합된 분석으로 다양한 측면에서의 평가를 할 수 있는 간편성과 장점이 있다.[30] 특히, 입법영향분석의 전문성을 높이고 효율적인 입법이 되도록 하기 위해서는, 입법과 관련한 각종 평가가 통합된 입법영향분석제도를 도입하는 것이 바람직하다.[31]

3. 사전분석 혹은 사후분석

입법영향분석의 단계는 법률안의 공포를 전후로 하여 구분될 수 있는데 2단계 혹은 3단계로 구분될 수 있다. 즉, 법률안 공포 이전 단계인 사전분석과, 법률안 공포 이후 단계인 사후분석의 2단계로 나누는 방법과 법률안이 만들어지기 이전의 단계인 사전분석, 법률안의 입안 및 심의의 단계인 병행분석, 법률안 공포 이후 단계인 사후분석의 3단계로 나누는 방법이 있다. 간편한 분석을 위해서는 무엇보다도 유형과 절차 및 지침 등을 간소화할 필요가 있기 때문에, 유형도 사전영향분석과 사후영향분석으로 구분하기로 한다. 사전분석이란 입법

법제연구원, 2011, 29쪽.

28 강현철, 한국적 입법평가 모델 정착에 관한 소고, 일감법학 제22권, 건국대학교 법학연구소, 2012, 99쪽.

29 김유환/김동영/전훈, 정부입법효율화와 국가발전을 위한 법제업무 지원·조정기능 강화방안 연구, 법제처, 2007. 11 참조.

30 홍완식, 현행 입법과정의 문제점과 개선방향, 법제연구 제37호, 2009. 12, 33쪽.

31 강현철/김대희/류철호, 입법평가기준과 평가지침에 관한 연구, 한국법제연구원, 2008, 163쪽.

이 이루어지는 단계 이전에 미리 수행하는 영향분석이다. 다시 말하면 법률안이 제안된 단계, 법률안이 구체화 되는 초안 작성에 들어간 단계, 법률안이 제출되어 국회에서 심의되는 등의 다양한 단계에서 수행될 수 있다. 이러한 사전분석의 목적은 좋은 법률을 만들기 위한 것이다. 따라서, 법안의 입법으로 예상되는 효과·영향·시행가능성 등의 핵심적인 분석요소들을 제시하여 "정성적 입법영향분석제도"[32]를 도입하는 것이 필요하다. 이러한 사전분석은 법률이 실제적으로 공포되거나 시행되기 전에 그 효과, 영향, 필요성 등을 유추해 내야 하기 때문에 실질적인 가상 시뮬레이션의 모형이나 지침에 의존하게 된다. 이러한 형태로 인하여 사전분석은 그만큼 객관성이나 정확성 등의 문제들이 발견되는 것이다. 다만 객관적이거나 정확도에 있어서는 실제와 다른 결과가 도출될 수도 있지만, 이는 사전분석의 본질적 한계라고 할 수 있다. 미래를 예측하여 분석하는 사전분석에 초안의 입법목적을 기초로 하여 사전적인 부가 평가를 하는 병행분석은 법률안 초안부터 법률안이 법률로써 입법되는 모든 과정을 법률의 집행가능성, 준수가능성, 이해의 용이성, 비용과 편익의 관계, 제도적 기능성 등의 방범으로 검토·평가하여 법률을 미리 점검할 수 있는 분석방법이다.[33] 국회의 위원회에서 전문위원들은 심의 중인 법안에 대한 검토보고서를 작성하고 있다. 우수한 검토보고서에는 입법영향의 사전분석에 해당하는 내용을 담고 있기도 하다. 따라서 검토보고서 제도를 보강하고 체크리스트를 통하여 검토사항을 정형화하는 등의 방법으로 기존의 제도를 활용하여 사전적 입법영향분석으로 전환하는 방법도 고려될 수 있다. 사후분석이란 시행되어진 법률이 일정한 기간이 지나고 나서 해당 법률의 영향을 분석하는 것을 말한다. 이러한 사후분석은 법률이 시행되고 검토되어진다는 점에서 다양한 의견과 문제점 등을 도출

---

32 입법영향의 체크리스트를 만들어 입법영향에 대한 정성적인 평가를 우선 실시하거나 비용편익분석 등의 정량적인 평가방안을 도입하는 것은 법령입안 행정기관에 부담을 줄일 수 있다. 박균성, 입법의 질 제고에 관한 연구, 토지공법연구 제43집 제1호, 한국토지공법학회, 2009, 495쪽.

33 강현철, 입법평가의 개념과 제도화 방안, 아주법학 제3권 제2호, 아주대학교 법학연구소, 2009, 149쪽; 최윤철, 입법평가의 제도화에 관한 연구, 토지공법연구 제28집, 한국토지공법학회, 2005.10, 336쪽.

할 수 있게 된다. 법률에 대한 사후분석은 법률이 제안되어질 당시의 목적과 의도를 바탕으로 시행되어진 법률을 분석한다는 점에서 그 법률이 가지고 있는 의미 즉 부정적이거나 긍정적이거나 또는 의도되거나 의도되지 않거나 아니면 직접적이거나 간접적인 의도를 다양한 관점에서 알아볼 수 있다. 사후분석은 사전분석에 비해서 훨씬 분석하거나 평가하기 쉽다는 장점을 지니고 있다. 하지만 사후분석이라고 모든 객관적 결과와 자료만을 바탕으로 입법적 방법론을 사용하여 입법영향분석을 하는 경우가 있어 여전히 많은 어려움이 존재하고 있다. 첫째, 입법영향분석은 정확한 인과관계를 도출하기 어렵다. 즉 특정한 사회적 현상에서 법률의 영향만을 분리시켜 분석하기 어려운 경우가 발생하고 분석대상의 법률이 입법영향분석이라고 판단할 수 있을지도 판단하기 어렵기 때문에 정확한 분석을 위한 입법적 방법론을 필요로 한다. 둘째, 사후분석의 경우에도 부작용이나 부수적 효과 등이 존재하고 입법당시에 대한 인과관계가 존재하기 때문에 분석의 범위를 적절히 선정하는데 어려움이 있다. 셋째, 모든 법령에 대하여 사후분석을 하는 것은 어려울 수 있다. 따라서 행정의 부담 및 효율성을 고려할 때 사후분석이 필요한 법령만을 대상으로 하는 제도를 도입하는 것이 타당[34]하다. 따라서, 우리 국회입법과정에 입법영향분석을 도입하는 경우에는 사전적 입법영향분석을 먼저 도입하여야 한다. 원칙적으로 입법영향분석은 사전적 영향분석과 사후적 영향분석이 밀접하게 연결되어 있기 때문에 두 가지 분석이 도입되어야 하지만, 사전적 입법영향분석을 먼저 도입하는 것이 현실적이다.[35]

4. 입법영향분석의 담당기관

여러 평가를 통합하는 입법영향분석을 어느 기관이 담당하느냐의 문제는

34 의원입법에 대하여는 의회에서 행하고, 정부입법에 대하여는 법제처에서 주관하여 행하도록 한다. 박균성, 입법의 질 제고에 관한 연구, 토지공법연구 제43집 제1호, 한국토지공법학회, 2009, 497쪽.

35 同志 김준, 국회의 입법영향분석 제도화 필요성과 과제, 국회 입법조사처, 입법과 정책, 제8권 제1호, 2016, 15쪽.

제도설계에 있어서는 물론이고 실무적으로도 대단히 중요한 문제이다. 입법영향분석을 위한 조직을 제도화하는데 있어서 각국의 사정은 매우 다양하기 때문에, 외국의 경우를 참조할 수 있을 뿐이지 이에 의존할 수는 없다. 특히 주요국가 중에서 미국을 제외하고는 의원발의 법률안의 과도한 증가가 관찰되지 않고 있기 때문에, 의원발의 법률안에 대한 입법영향분석의 제도화 특히 분석기구의 설계는 신중하게 접근하여야 한다. 우선 간단한 내용의 입법영향평가서를 작성하는 주체는 법률안을 발의하는 국회의원[36]이 되는 것을 원칙으로 하고, 입법영향평가서의 작성을 지원하는 기관을 통하여 입법영향평가서 작성을 지원하는 방식으로 제도를 설계하는 것이 적정해 보인다. 입법영향평가서의 작성을 지원하는 기관을 설치함에 있어서도, 현존의 입법지원조직을 이용하느냐 새로운 기관을 설치하느냐의 두 가지 경우의 수를 생각해 볼 수 있다. 제도의 이행비용과 이행절차가 간편하고 경제적인 전자의 방안이 좋다고 생각한다. 입법영향분석을 위한 별도의 위원회를 설치하는 것이 전문성과 독립성을 확보할 수 있는 이상적인 방안[37]이기는 하지만, 현실적인 여건을 감안하지 않을 수 없다. 우리나라의 경우에 자체적 입법영향분석서 작성을 위한 지원기구로는 국회 내에 이미 설치되어 있는 국회지원조직을 활용할 수 있다. 재정적 분석은 국회 예산정책처가 법안비용추계제도의 경험을 바탕으로 재정분야의 입법영향분석서 작성을 지원할 수 있을 것이고, 그 외의 다양한 분석은 국회입법조사처가 입법영향분석서 작성을 지원할 수 있을 것이다. 즉, 국회입법조사처는 입법영향분석을 담당하도록 하고, 국회예산정책처는 법안비용추계를 담당하도록 하여 이러한 분석의견이 통합되어 법안에 첨부되도록 하면, 법안심의에 있어서 법안의 경제적 및 비경제적 영향을 포괄적이고 균형 있게 검토하는 절차가 될 것으로 생각한다. 국회 상임위원회 검토보고서는 사전 입법영향분석의 요소를 지니고 있다.

---

36 "의원의 가장 핵심적인 업무인 입법영향분석을 작성할 인원들이 법안을 만들면서 이와 관련된 기본적인 영향분석을 하는 것이 원칙적으로 타당하다" 박형준/정윤수, 의원입법의 사전적 규제심사제도 도입에 관한 연구, 한국정책학회, 국회연구용역과제 연구보고서, 2012, 85쪽.

37 최윤철/홍완식, 입법평가제도의 도입방안에 관한 연구, 법제처, 2005, 133쪽.

국회입법조사처의 입법조사회답의 경우에도 그 전형적인 목차를 보면, 현행 법률과 제도에 대한 소개, 현황과 문제점 분석, 해외 사례 분석, 해당 법제도의 개선방안 모색 등으로 구성되어 있다. 그리고 때로는 특정한 입법방안을 둘러싸고 그 효과 등을 미리 예측해보는 분석을 수행하기도 한다. 따라서 국회입법조사처의 입법조사회답 중 일부는 입법영향분석의 요소를 많이 가지고 있다고 볼 수 있다. 국회법제실도 법률안 성안의 과정에서 그 효과에 대해 분석하고 의원실과 의견을 주고받는 경우가 많다. 법제실의 경우에는 특히 해당 법률의 헌법합치성 여부, 기존의 법령들과의 체계적합성 여부를 검토한다. 국회예산정책처는 법안비용추계 서비스를 제공하는 바, 이는 입법영향분석의 주요한 요소의 하나이다. 우리의 현 단계에서 적절한 수준의 입법영향분석이 수행되기 위해서는 법제 지원에 대한 경험을 가진 경제학·사회학·법학·정치학 등 다양한 전공자로 구성되어 운영되고 있는 국회 입법지원조직을 적극적으로 활용하는 방안이 고려될 필요가 있다.[38] 입법영향분석의 도입은 전혀 새로운 것이 아니라, 기존의 이러한 입법지원서비스를 업그레이드 하는 차원에서 구성되는 것이 바람직하다. 즉, 기존의 입법지원서비스를 통합하여, 입법되는 법률의 완성도를 더욱 높이는 방향으로 제도화되어야 할 것이다.[39] 기존 조직을 활용하더라도 입법영향분석을 충실하게 수행하기 위해서는 입법영향분석서 작성을 위한 전문성 확보가 필수적이며, 이를 위해 국회입법조사처의 인원과 조직 등을 확대하여 입법영향분석을 위한 전문부서를 만들 필요가 한다.[40] 국회입법조사처는 입법과 정책 현안 조사연구, 입법과 관련한 자료수집 등이 주요 임무이고, 예산정책처는 국가예산결산기금 및 재정운용에 관한 조사분석 업무를 주로 하고 있다.

38 차현숙, 입법평가 논의의 현황과 전망, 일감법학 제22호, 건국대학교 법학연구소, 2012, 60쪽.

39 윤계형/박통희/김주찬/홍완식, 입법평가와 규제영향분석의 개념 및 관계정립에 관한 연구, 한국법제연구원, 2012, 211쪽.

40 기존의 입법지원조직을 그대로 활용할 수도 있지만, "분석활동은 그것이 경영분석이든 정책분석이든 간에 전문지식이 필요한 작업이기 때문에 입법심사분석도 이를 뒷받침하는 전문인력이 의회 내에 구비되어 있지 못하면 사실상 그 수행에 한계를 가질 수밖에 없다." 박종흡/이준원/배용수/원성수/이정만, 국회 입법심사의 분석절차와 기준에 관한 연구, 연구용역보고서, 국회사무처, 2004. 8, 53쪽.

다만, 입법영향분석을 작성하는 새로운 임무를 수행하기 위해서는 인원과 조직의 정비가 필요한 것이다. 규제영향분석을 국회입법조사처에서 지원하는 경우에 ① 국회입법조사처의 3실을 그대로 두고 별도의 입법영향 분석센터를 설치하는 방안과 ② 현재의 3개실에 입법영향분석 전문인력을 배치하는 방안이 있다. 그러나 입법영향분석의 경우에는 규제영향분석의 경우보다 업무가 많을 것이 예상되므로, 국회입법조사처 내에 별도의 입법영향 분석센터를 두는 것이 바람직하다고 본다. 법안을 심의하는 각 해당 상임위원회에서는 지금처럼 검토보고서를 작성하는 것이 아니라, 국회입법조사처의 입법영향분석, 예산정책처의 재정영향분석, 법제실의 법안심사서를 종합하여 법안의 위원회 통과 여부에 관한 의견을 작성하여 위원회에 보고하도록 하는 것이다. 이 경우에도 입법영향분석서를 참고하여 국회 스스로 입법에 관한 결정을 내리는 절차이다. 국회입법조사처에서 입법영향분석을 함에 있어서는 규제영향분석의 경우처럼 국책연구소나 민간연구소 등을 활용할 수 있다. 입법영향분석제도를 도입함에 있어서도 중요한 것은 평가결과에 대한 객관적이고 합리적인 검토를 하는 것과 입법영향분석기관의 독립성과 중립성이 유지되어야 하는 것이다.[41] 독립성과 중립성이 유지될 수 없는 기관에서 입법영향분석을 하는 경우에는 입법영향분석서를 신뢰성이 문제될 수밖에 없으며, 신뢰성이 없는 입법영향분석서는 활용가치가 낮을 것이다. 따라서 입법영향분석기관은 독립성과 중립성이 유지될 수 있도록 설계되어야 한다.

5. 입법영향분석의 대상

법률안에 대한 입법영향분석은 국회에 제출·발의되는 법률안 중에서 정치적·경제적·재정적·사회적·환경적인 영향이 매우 클 것으로 예상되는 법률안을 분석의 대상으로 할 수 있을 것이다.[42] 구체적으로는 법률제정안, 국민의 일

41 원소연, 독일 입법평가조직의 성격과 권한연구, 한국법제연구원, 2011, 42쪽.
42 김준, 국회에서의 입법영향분석의 필요성과 방법, 입법학연구 제7집, 2010, 117쪽.

상생활·생업활동에 큰 영향을 미치는 규제의 신설·강화·폐지 법안, 집행비용이 매우 높을 것으로 예상되는 법률안, 불가역적(不可逆的) 결과가 예상되는 법률안, 한시법의 기간연장 법안, 그 밖에 정치적·재정적·경제적·사회적·환경적으로 미치는 영향이 클 것으로 예상되는 법안, 위원회의 요구가 있는 법안 등을 입법영향분석의 대상으로 할 수 있을 것이다.[43] 전술한 바와 같이 의원발의 법률안의 수는 제17대 국회에서는 6,387건, 제18대 국회에서는 12,220건, 제19대 국회에서는 16,729건이다. 모든 법률안에 대한 입법영향분석은 현실적으로 불가능하므로, 발의하는 국회의원실에서 입법영향분석의 필요성을 일차로 판단하되, 제정안·전부개정안의 경우에는 입법영향분석을 의무적으로 하도록 하고, 일부개정안의 경우에는 선택적으로 하는 것이 바람직하다. 제18대 국회의 경우에 입법평가가 의무화되는 법률안은 217건의 제정안·전부개정안이고, 나머지 일부개정안은 의원들에게 일차적인 선택권을 주는 것이다. 일부개정안일 경우에도 입법영향분석이 필요한 경우에는 해당 상임위원회에서 의결을 통하여 입법영향분석의 대상법률로 지정할 수 있도록 하면 될 것이다.

제5절 맺음말

지금까지의 입법평가제도 혹은 입법영향분석제도에 관한 비교법적 연구나 도입방안 및 제도설계에 관한 연구는 충분하다고 본다. 또한 입법평가제도를 도입하자는 의견에 대한 국민적 공감대도 충분히 형성되었다고 본다. 정부가 제출하는 법안에 대한 규제심사제도에 오랜 경험이 축적되어 있고, 의원들이

43 사후입법영향분석을 시행하는 경우를 생각해 본다면, 시행중인 법률에 대한 입법영향분석은 제정·개정 당시 해당 입법의 효과에 대해 큰 논란이 있었던 법률로서 3~5년이 경과한 시점에서 재평가의 필요성이 높은 법률, 시한이 임박한 한시법, 또는 법률에서 일정기간마다 주기적으로 정책의 시행결과를 평가하도록 규정하고 있는 법률을 대상으로 할 수 있다. 김준, 국회에서의 입법영향분석의 필요성과 방법, 입법학연구 제7집, 2010, 117쪽.

발의하는 법안에 대한 법안비용추계제도에도 나름대로의 경험이 축적되어 있다. 규제심사제도나 법안비용추계제도의 실질화도 중요하지만, 이제는 보다 통합적이며 효율적인 제도인 입법영향분석제도를 도입할 시기가 되었다고 본다. 전술한 바와 같이, 제19대 국회에서는 의원발의 법안에 대하여 규제심사제도를 도입하자는 법안이 제출되었다. 이러한 입법절차 개혁안이 입법에는 성공하지 못하였지만, 입법영향분석제도의 도입에 대한 국민들의 공감과 전문가·기업 등의 지지는 폭이 넓다. 「이동통신단말장치 유통구조 개선에 관한 법률」(일명 '단통법')이 시장과 소비자에게 미치는 영향에 대한 과학적인 분석없이 입법적 의지만을 앞세운채 제정되어 시행된지 2년만에 폐지나 개정이 논의되고 있다. 「부정청탁 및 금품등 수수의 금지에 관한 법률」(약칭 '청탁금지법' 혹은 일명 '김영란법')의 적용대상을 민간부문에 확대하는 것이 어떠한 영향을 초래할 지에 관한 분석조차없이 제정[44]된 이후에, 언론계·교육계에 의해 제기된 헌법소원이 기각되고 중소기업과 자영업자들의 반발에도 불구하고 시행되었다. 금지행위와 행동지침 등에 대한 불명확함이 고려되거나 시행과정에서의 혼란이나 부작용 등은 감안되지 않고 부정부패척결이라는 입법의지만이 부각되었던 것이다. 또한 면세점 특허기간을 10년에서 5년으로 단축한 「관세법」 개정은 관련 시장과 근로자들에게 미치는 영향을 신중하게 고려하지 않았기 때문에 사회적 충격을 가져왔고, 결국은 면세점을 추가로 선정하는 미봉책으로 「관세법」 개정의 입법적 결함이 시정되었다. 이러한 입법적 문제의 발생은 의원발의 법안에 대한 합리적인 영향분석 즉 규제영향분석제도나 입법영향분석제도가 전혀 수행되지 않은 것도 원인의 하나로 지적되었다. 더 나아가, 성폭력처벌을 강력하게 처벌·제재하기 위한 근래의 입법들도 체계성이나 위헌성 등에 대한 영향분석 없이 성범죄 강력대처라는 입법의지만을 앞세운 결과, 「성폭력범죄의 처벌 등에 관한 특례법」상의 취업제한 규정에 대한 위헌·헌법불합치, 「아동·청소년의 성보호

44 적용대상을 공직자로 한정한 초기의 법안은 정부에 의하여 제출되었으나. 적용대상을 민간영역으로 확장한 수정 법안은 국회 정무위원회안으로 제출되었기에, 법률 시행 이후의 입법영향에 대한 과학적이고 냉철한 분석은 없이, 일방적인 주장과 사회적인 논란, 정당간의 합의만이 있었다.

에 관한 법률」상의 신상공개 규정에 대한 위헌 결정을 받는 일 등이 계속 발생하고 있다. 이렇게 보다 신중하게 위헌성, 체계성, 민주적 정당성, 절차적 정당성, 효율성 등 다양한 관점에서 입법의 영향을 미리 예측하고 만들었다면 하는 입법사례는 무수히 많다. 제20대 국회는 파행과 폭력이 지배한 제18대 국회와 달라야 하고, 무능과 입법교착이 지배한 제19대 국회와도 달라야 한다. 제20대 국회의 인적 구성이 일부 변경되기는 하였어도, 아무런 제도의 개선없이 마법처럼 국회의원들의 인식과 행태가 변할 것 같지는 않다. 국회선진화법 권한쟁의심판의 각하결정으로, 직권상정요건의 강화를 비롯하여 무제한토론제도와 신속안건처리제도 등 「국회법」에서 정하고 있는 입법절차는 제20대 국회와 제19대 국회가 동일하다. 제19대 국회에서 나름대로 몸싸움이 방지되고 예산안 처리의 법정기한이 준수되었으며, 몸싸움보다는 말싸움을 가능케 한 필리버스터가 행해졌던 「국회법」 제도를 개정하기 위해서 노력하기 보다는, 입법영향분석제도나 규제영향분석제도의 도입을 통하여 신중하고 합리적으로 법률을 만들어 내는, 국민들이 소망하는 제20대 국회가 되기를 바란다.

| CHAPTER 18 _ **참고문헌** |

강현철/김현수/홍완식, 입법영향분석의 현황과 과제, 국회입법조사처보, 제19호, 2013.

강현철/김대희/류철호, 입법평가기준과 평가지침에 관한 연구, 한국법제연구원, 2008.

강현철, 입법평가의 개념과 제도화 방안, 아주법학 제3권 제2호, 아주대학교 법학연구소, 2009.

강현철, 한국적 입법평가 모델 정착에 관한 소고, 일감법학 제22호, 건국대학교 법학연구소, 2012.

권영설, 우리 국회입법의 문제점과 과제, 입법선진화 포럼, 제2회 아시아법제포럼, 2012. 6. 28.

김기표, 입법영향평가의 명칭과 개념에 관한 비판적 고찰, 입법평가연구, 제5호, 한국법제연구원, 2011.

김민전, 입법과정의 개혁, 국회의 성공조건, 동아시아연구원, 2004.

김수용, 입법평가의 개념과 제도화 방안, 입법평가연구, 창간호, 2009.

김수용, 입법평가의 제도화 방안, 일감법학 제22권, 건국대학교 법학연구소, 2012.
김유환, 행정법과 규제정책, 법문사, 2012.
김유환/김동영/전훈, 정부입법효율화와 국가발전을 위한 법제업무 지원·조정기능 강화방안 연구, 법제처, 2007.
김준, 국회에서의 입법영향분석의 필요성과 방법, 입법학연구 제7집, 2010.
김준, 국회 입법과정에 입법영향분석 제도를 도입할 필요성과 과제, 입법과 정책, 제8권 제1호, 2016.
김태윤/홍완식/윤성이/한승준/김주찬/이혁우, 우리나라 의원발의 규제입법제도 개선방안에 관한 연구 -선진국의 제도적 통제과정에 대한 분석을 기반으로, 한국경제연구원, 2014.
박균성, 입법의 질 제고에 관한 연구, 토지공법연구 제43집 제1호, 한국토지공법학회, 2009.
박영도, 한국에서의 입법평가제도화 방안, 공법연구, 제38권 제1호 제1권, 2009.
박종흡/이준원/배용수/원성수/이정만, 국회 입법심사의 분석절차와 기준에 관한 연구, 연구용역보고서, 국회사무처, 2004. 8.
박형준/정윤수, 의원입법의 사전적 규제심사제도 도입에 관한 연구, 한국정책학회, 국회연구용역과제 연구보고서, 2012.
양금승, 19·20대 국회 신설·강화규제의 입법현황 및 정책과제, 한국경제연구원, 2016.
원소연, 독일 입법평가조직의 성격과 권한연구, 한국법제연구원, 2011.
윤계형/박통희/김주찬/홍완식, 입법평가와 규제영향분석의 개념 및 관계정립에 관한 연구, 한국법제연구원, 2012.
윤석진, 입법과정에서의 입법영향평가와 사회영향평가의 활용, 법학논문집 제34집 제1호, 중앙대학교 법학연구소, 2010.
이한길, 제16·17대 의원발의 법안의 특성, 의원입법의 발전방안, 국회법제실/한국공법학회, 2004. 10.
정호영, 국회법론, 법문사, 2012.
차현숙, 입법평가 논의의 현황과 전망, 일감법학 제22호, 건국대학교 법학연구소, 2012.
최윤철, 입법평가의 제도화에 관한 연구, 토지공법연구 제28집, 한국토지공법학회, 2005. 10.
최윤철/홍완식, 입법평가제도의 도입방안에 관한 연구, 법제처, 2005.
한상우/강현철/류철호, 국민불편 법령 개폐 등을 위한 입법평가 적용에 관한 연구, 한국법제연구원, 2008.

홍완식, 의원입법에 대한 합리적인 통제방안, 건국 60주년 기념 한국법률가대회 특집, 저스티스 106호, 한국법학원, 2008. 9.

홍완식, 현행 입법과정의 문제점과 개선방향, 법제연구 제37호, 2009. 12.

홍완식, 입법절차와 법치주의, 제22회 변호사대회 주제발표문, 대한변호사협회, 2013. 8.

홍완식, 헌법과 입법, 입법행정 아카데미 교재 1권, 대한변호사협회, 2014.

홍완식, '국회선진화법'에 관한 보론, 입법학연구, 제13집 제1호, 2016.

홍완식, 직권상정 완화론에 대한 비판적 검토, 유럽헌법연구, 제20호, 2016.

CHAPTER

19 의사공개원칙에 관한 연구

출처: 일감법학 제33호, 2016년, 553~576

주권자인 국민의 주권행사를 대신하는 국민의 대표기관인 국회의 모든 회의는 원칙적으로 국민들에게 공개되어야 한다. 이러한 헌법적 원칙을 명시한 규정이 헌법 제50조이며, 이에 따라 국회의 회의는 공개하도록 규정되어 있고, 예외적으로 국회의 회의를 비공개하도록 하는 단서 규정을 두고 있는 것이다. 이러한 헌법적 가치와 헌법규정에 따라 지금까지 국회의 회의는 지속적으로 공개의 범위를 넓혀 왔다. 그러나 국회법의 개정과정에서 전반적인 국회법 체계를 고려하지 않고 법률개정의 필요에 따라 부분적으로만 국회법 규정을 개정하다보니 소위원회 회의는 공개를 원칙으로 하는데 정작 위원회 회의는 위원장의 허가를 받아야 하는 비공개원칙이 규정되어 있다. 그간 위원회와 소위원회 등에서의 회의 비공개로 인하여 국회법 관련 규정에 대한 헌법소원심판이 제기되는 등의 문제가 발생하였음에도 불구하고, 2009년의 국회운영제도개선 자문위원회나 2014년의 국회개혁 자문위원회에서도 이러한 문제점이 지적되거나 개선방안이 구체적으로 제시된 바 없다. 또한 국회법 관련 규정에는 소위원회의 회의에 대해서 공개를 원칙으로 하고 있지만, 비공개 사유를 명시적으로 규정하지 않고 소위원회의 의결로 비공개로 할 수 있다는 규정이 존치되어 있다. 이러한 규정에 대한 많은 비판이 제기되고 있음에도 불구하고, 개정은 아직도 이루어지지 않고 있다. 정보위원회 회의와 징계에 관한 회의 등은 비공개주의를 유지하더라도, 국회 본회의와 위원회 회의 및 소위원회 회의는 공개를 원칙으로 하고 예외적으로 비공개를 할 수 있도록 하고 절차와 예외사유 및 관련 문구 등을 정비해서, 의사공개원칙에 관한 헌법정신과 헌법규정이 국회법 등에 충실하게 구현될 수 있도록 하여야 할 것이다. 또한 지방의회의 경우에도 이러한 헌법정신과 헌법규정이 실현될 수 있도록 하는 조례와 규칙의 제정·개정작업이 필요하다.

주제어: 의사공개원칙, 회의공개원칙, 국회법, 위원회중심주의, 알권리

제1절 머리말

우리 헌법은 제3장 국회에 관한 장에서 국회의 의사절차에 관한 기본원칙으로 제49조에서 다수결의 원칙과 제50조에서 의사공개의 원칙을 규정하고 있다.[1] 특히 국민의 대표기관인 국회는 국민의 다양한 의사를 수렴하여 국민들의 의사를 국가정책의 결정에 반영시켜야 되기 때문에, 국회에서의 모든 의사절차는 원칙적으로 공개되어야 한다. 국회는 주권자인 국민들의 의사를 반영하기도 하여야 하지만, 주권자인 국민의 감시와 통제를 받아야 하기 때문에, 국회의 모든 회의는 원칙적으로 공개되어야 하는 것이다. 주권으로부터 유래하는 국가권력은 투명하게 결정되고 행사되어야 국민들로부터 민주적 정당성과 신뢰를 확보할 수 있기 때문이다. 이러한 이유로 국회에서의 회의가 공개되어야 한다는 원칙은 헌법에 규정되어 있으며, 국회의 의사는 이러한 의사공개원칙에 따라서 운영되어야 한다. 이러한 헌법정신과 헌법규정에 따라 국회법에도 의사공개원칙에 관한 규정이 마련되어 있다. 국회의 회의에는 여러 종류가 있는데 정보위원회의 회의나 징계에 관한 예외를 제외하고는 원칙적으로 의사공개원칙이 적용된다. 지방의회의 회의에 관한 규정에도 이러한 헌법정신이 반영되어 있다.

1 헌재 2011. 8. 30. 2009헌라7.

그러나 이러한 헌법정신과 헌법규정을 국회법에 구현하는 과정과 개정과정에서 입법적 미비가 발생하고 관련 규정의 비체계성이 나타나게 되었다. 국회 소위원회 회의는 원칙적으로 공개하도록 하고 있는데, 상임위원회 회의는 원칙적으로 허가주의를 유지하고 있으며, 소위원회를 비공개하는 경우에 있어서도 비공개사유가 규정되어 있지 않고 다만 의결로 공개하지 않을 수 있다는 규정만 두고 있는 것이다. 이에 관한 헌법소원심판 청구는 비록 기각되었지만, 헌법 제50조의 국회 의사공개원칙은 위원회와 소위원회에도 당연히 적용된다는 원칙이 헌법재판소의 결정을 통해 확인되었다는 의미를 지닌다. 그러나 입법론적으로는 국민의 대의기관인 국회와 주민의 대의기관인 지방의회에서의 회의공개원칙에 관한 규정들이 헌법상 의사공개원칙에 맞게 입법되어 있는지를 전반적으로 검토할 필요가 있다. 국회법이 개정되는 과정에서 회의공개에 관한 헌법원칙 및 관련된 법률 규정과의 관련성을 고려하지 않고 법률이 부분적으로 개정되고 비체계적으로 정비되었기 때문에 국회법 등의 회의 관련 규정의 체계성을 복원할 필요가 있다. 이러한 문제의식과 방향성 하에 Ⅱ장에서는 학설과 판례에 나타난 의사공개원칙의 의미와 내용을 살펴보고, Ⅲ장에서 의사공개에 관한 법률 규정들의 현황과 문제점을 고찰하며, Ⅳ장에서는 의사공개원칙에 부합하는 개선방안을 모색해 보고자 한다.

제2절 국민의 알권리와 국회에서의 의사공개원칙

1. 의 미

주권자인 국민은 대의기관인 국회에서 논의되고 있는 일들에 관하여 알권리가 있으며, 국회는 원칙적으로 국회의 회의를 포함한 모든 의사(議事)를 공개하여야 할 의무가 있다. 이에 헌법 제50조에서는 “국회의 회의는 공개한다. 다만, 출석의원 과반수의 찬성이 있거나 의장이 국가의 안전보장을 위하여 필요하다고 인정할 때에는 공개하지 아니할 수 있다"고 규정하고 있다. 의사(議事)공개의 원칙 혹은 회의(會議)공개의 원칙은 국회의 의사진행을 국민에게 공개함을 통하여 그 민주적 정당성을 구축하기 위한 것이다.[2] 또한 민주적 정당성이 확보되기 위해서는 절차적 정당성의 원칙이 지켜져야 하며, 국회의 의사절차에서는 동시에 능률성의 원칙도 지켜져야 한다. 의사공개원칙은 다수결원칙, 회기계속의 원칙, 일사부재의 원칙과 함께 국회 의사절차의 기본원칙이다.[3] 헌법재판소는 국회의원과 국회의장간의 권한쟁의심판 사건에서 "헌법은 국회의 의사절차에 관한 기본원칙으로 제49조에서 '다수결의 원칙'을, 제50조에서 '회의공개의 원칙'을 선언하고 있"다고 하면서, "회의공개의 원칙(헌법 제50조)과 같은 입법절차에 관한 헌법의 규정을 명백히 위반한 흠에 해당하는 것이 아니라면 그 법률안의 가결 선포행위를 곧바로 무효로 볼 것은 아닌데"라고 하고 있다.[4] 이러한 헌법재판소의 결정을 반대로 해석하면, 국회에서의 회의공개원칙에 대한 위반은 법률안의 가결선포행위를 무효로 볼 정도로 헌법규정을 명백히 위반하는 흠에 해당한다는 것을 의미한다.

대의기관인 국회와 국민 사이의 신뢰를 제고하고 대의기관의 의사결정의 과정을 개방함을 통하여 국민의 참여와 감시를 가능하게 하는 국회의 투명함이 필요한데,[5] 의사공개 원칙은 대의기관인 국회의 투명성을 확보하기 위한 국회 운영의 기본원칙이다. 헌법재판소도 국회에서의 의사공개 원칙에 대하여 수차례 의견을 밝힌 바 있다. 우선 '국회예산결산특별위원회 계수조정소위원회 방청허가불허 위헌확인, 국회상임위원회 방청불허행위 위헌확인 등' 사건에서는 의사공개 원칙을 "단순한 행정적 회의를 제외하고 국회의 헌법적 기능과 관련된 모든 회의는 원칙적으로 국민에게 공개되어야 함을 천명한 것으로서, 의사공개

2 권영설, "국회의사절차의 헌법상 쟁점과 과제", 헌법학연구 제10권 제3호, 2004, 110쪽.

3 성낙인, 헌법학, 2014, 417쪽.

4 헌재 2011. 8. 30. 2009헌라7; 헌재 2009. 10. 29. 2009헌라8, 판례집 21-2하, 14, 81-82, 85-86; 헌재 1997. 7. 16. 96헌라2, 판례집 9-2, 154, 172-173 참조.

5 백수원, "투명성의 관점에서 본 대의제의 한계와 극복방안", 미국헌법연구 제22권 제3호, 미국헌법학회, 2011, 185쪽.

원칙의 헌법적 의미, 오늘날 국회기능의 중점이 본회의에서 위원회로 옮겨져 위원회중심주의로 운영되고 있는 점, 국회법 제75조 제1항 및 제71조의 규정내용에 비추어 본회의든 위원회의 회의든 국회의 회의는 원칙적으로 공개되어야 하고, 원하는 모든 국민은 원칙적으로 그 회의를 방청할 수 있다"[6]는 것을 의미한다고 하였다. 또한 '국회 소위원회의의 비공개'의 근거가 된 국회법 제57조 제5항에 대한 위헌소원과 관련하여 의사공개의 원칙은 "의사진행의 내용과 의원의 활동을 국민에게 공개함으로써 민의에 따른 국회운영을 실천한다는 민주주의적 요청에서 유래하는 것인바, 국회에서의 토론 및 정책결정의 과정이 공개되어야 주권자인 국민의 의정활동에 대한 감시와 비판이 가능하고 의사결정의 공정성을 확보할 수 있을 뿐 아니라, 국민에게 의제에 대하여 이해하고 의견을 발표할 수 있도록 정보가 제공되고 국가의사결정의 과정에 참여할 수 있는 실질적 기회가 부여되어 국민의 정치적 의사형성에 기여할 수 있게 된다. 따라서, 국회 의사공개의 원칙은 대의민주주의 정치에 있어서 공공정보의 공개를 통해 국정에 대한 국민의 참여도를 높이고 국정운영의 투명성을 확보하기 위하여 필요불가결한 요소"[7]라고 하여 의사공개원칙의 중요성을 강조하고 있다. 이러한 헌법재판소의 견해를 종합하면, 의사공개의 원칙은 대의 민주주의와 국민의 알 권리를 실현함에 있어서 필요불가결한 원칙이며, 국회의 모든 중요한 회의는 원칙적으로 국민에게 공개되어야 한다는 것이다.

이렇게 의사공개원칙은 국민들의 기본권인 알권리의 보장을 위한 헌법원칙이다. 알권리의 적절한 보장 없이는 국민이 정치과정에 대해 정확한 정보를 획득하기 어려우며 국민의 올바른 정치적 의사형성 또한 불가능하다. 알권리는 민주적 정치의사형성의 초석인 것이다.[8] 국민은 국회에 대하여 입법과정의 공개를 요구할 권리를 가지며, 국회의 의사에 대하여는 직접적인 이해관계 유무와 상관없이 일반적 정보공개청구권을 가진다.[9] 의사공개원칙은 국회운영의 효

---

6 헌재 2000. 6. 29. 98헌마443.
7 헌재 2009. 9. 24. 2007헌바17.
8 장영수, "알권리와 의사공개의 원칙", 헌법실무연구 제4권, 박영사, 2003, 220쪽.
9 헌재 2000. 6. 29. 98헌마443.

율성이나 국가의 안전보장이라는 측면에서 제한될 수도 있지만, 국민의 정치적 의사형성을 뒷받침하는 중요한 원칙이라는 측면에서 그 가치가 크기 때문에 특별한 경우에만 예외가 인정되어야 한다.[10] 의사공개원칙에 관한 헌법 규정인 제50조 제1항에서도 단서규정에 "출석의원 과반수의 찬성이 있거나 의장이 국가의 안전보장을 위하여 필요하다고 인정할 때에는 공개하지 아니할 수 있다"고 한 것은 의사공개원칙 및 알권리에 대한 헌법유보이다.[11] 국민의 알권리가 제한되는 사유를 헌법에 직접 규정함으로써, 법률을 통한 알권리 제한을 엄격히 통제할 수 있기 위한 헌법적 의지의 표현이라고 볼 수 있다. 이러한 의사공개의 원칙이 국민의 알권리와 직접 연결되고 국민의 알권리 자체가 민주적 의사형성에 결정적인 역할을 하기 때문에, 헌법재판소도 이와 관련한 사안을 판단할 경우에는 국민의 알권리와 의사공개원칙이 국회법과 국회운영에서 존중되어야 한다는 보다 분명한 입장표명이 바람직할 것이다.[12] 헌법상 보장된 알권리의 실현을 위해서는 의사공개의 원칙에 입각한 국회법의 형성과 국회 회의의 운영이 필요한 것이며, 제한되는 경우에도 국민의 알권리를 형해화시키는 정도의 내용과 범위로 제한되어서는 아니되는 것이다.

2. 내 용

의사공개원칙의 중요한 내용을 구성하는 것은 방청의 자유, 보도의 자유, 의사록의 공표·배포의 자유 등이다. 헌법재판소는 "우리 헌법은 제50조 제1항 본문에서 "국회의 회의는 공개한다"라고 하여 국회 의사공개의 원칙을 천명하고 있다. 이는 방청 및 보도의 자유와 회의록의 공개 등을 그 내용으로 한다"[13] 고 하여 의사공개원칙의 중요 내용을 확인하고 있다. 외교통상통일위원회 회의실 출입문을 폐쇄한 상태로 외교통상위원회 회의를 개의한 사건에 있어서 헌법

10 권영설, 헌법이론과 헌법담론, 법문사, 2006, 410쪽.
11 헌재 2000. 6. 29. 98헌마443.
12 장영수, 앞의 논문, 220쪽.
13 헌재 2009. 9. 24. 2007헌바17.

재판소는 "의사공개의 원칙은 의회민주주의의 핵심적인 기본원리일 뿐 아니라 대의제도의 이념에 따라 주권자인 국민이 국회의원의 의정활동을 감시하고 비판함으로써 책임정치를 실현시킬 수 있는 불가결의 전제조건이며, 공개성은 의사결정의 공정성을 담보하고 정치적 야합과 부패에 대한 방부제 역할을 한다. 의사공개의 원칙은 구체적으로는 방청의 자유, 보도의 자유, 중계방송의 자유, 회의록 열람 공표의 자유 등을 포함한다(국회법 제149조, 제149조의2 참조)"[14]고 하여, 의사공개의 원칙에는 방청의 자유, 보도의 자유, 중계방송의 자유, 회의록 공개 등을 포함한다고 하여, 기존의 결정에서 밝힌 의사공개원칙이 내용에 중계방송의 자유를 추가하였다.

의사공개원칙 중에서도 가장 전형적이고 대표적인 내용은 방청의 자유라고 할 수 있다. 헌법재판소는 국회예산결산특별위원회 계수조정소위원회와 국회상임위원회의 방청불허행위 위헌확인 등 사건에서 방청의 자유에 관해서 상세히 설시한 바 있다. 즉, 헌법 제50조 제1항에 규정된 의사공개의 원칙은 "단순한 행정적 회의를 제외하고 국회의 헌법적 기능과 관련된 모든 회의는 원칙적으로 국민에게 공개되어야 함을 천명한 것으로서, 의사공개원칙의 헌법적 의미, 오늘날 국회기능의 중점이 본회의에서 위원회로 옮겨져 위원회중심주의로 운영되고 있는 점, 국회법 제75조 제1항 및 제71조의 규정내용에 비추어 본회의든 위원회의 회의든 국회의 회의는 원칙적으로 공개되어야 하고, 원하는 모든 국민은 원칙적으로 그 회의를 방청할 수 있다"[15]고 하여 모든 국민에게는 원칙적으로 방청의 자유가 있음을 강조하고 있다.

신문과 방송 등 언론에 의한 보도의 자유도 당연히 보장되지만 국회법은 특히 제149조의2(중계방송의 허용)에서 본회의 또는 위원회의 의결로 공개하지 아니하기로 한 경우를 제외하고는 중계방송이 허용된다는 점을 규정하고 있고, 제149조(국회에 의한 방송)에는 국회방송에 대한 규정도 두고 있다. 헌법재판소도 "의사공개의 구체적 실현을 위하여 국회의사의 중계방송제도를 도입하고 있

14 헌재 2010. 12. 28. 2008헌라7.
15 헌재 2000. 6. 29. 98헌마443.

다”는 점을 밝히고 있다.[16]

회의록공개에 대해서는 국회법 제118조에서 회의록을 의원에게 배부하고 일반에게 반포한다는 규정을 두고 있다. 국회법 제69조(위원회 회의록)에서는 위원회에서 작성하는 기재사항 등을 명시[17]하고 있으며 동조 제4항에서는 소위원회의 회의록에 관해서도 위원회 회의록 규정을 준용하도록 하고 있다. 소위원회 회의록에 대하여 “다만, 소위원회의 의결이 있는 때에는 의사에 관하여 속기방법에 의하지 아니하고 그 요지를 구체적으로 기록할 수 있다”고 하여 회의록이 부실하게 기록되던 것이 2005년 7월의 국회법 개정으로 이러한 단서가 삭제되었고, 소위원회의 회의록 작성이 의무화된 것은 의사공개주의의 취지에 적합한 개정으로 평가될 수 있다. 지방의회 회의의 공개를 전제로 하는 회의록 공개에 관해서는 지방자치법에 관련 규정[18]을 두고 있다. 공개회의에 반대되는 것은 비공개회의인데, 비공개회의의 내용은 공표가 금지되고 비밀이 유지되어야 하며, 비공개회의록은 일정한 절차에 의해서만 열람할 수 있고 대출이나 복사가 허용되지 아니한다.[19]

---

16 헌재 2010. 12. 28. 2008헌라7.

17 국회법 제118조(회의록의 배부·반포) ① 회의록은 의원에게 배부하고 일반에게 반포한다. 그러나 의장이 비밀을 요하거나 국가안전보장을 위하여 필요하다고 인정한 부분에 관하여는 발언자 또는 그 소속교섭단체대표의원과 협의하여 이를 게재하지 아니할 수 있다.
② 의원이 제1항의 규정에 의하여 게재되지 아니한 회의록부분에 관하여 열람·복사 등을 신청한 때에는 정당한 사유가 없는 한 의장은 이를 거절하여서는 아니된다.
③ 제2항에 의하여 허가받은 의원은 타인에게 이를 열람하게 하거나 전재·복사하게 하여서는 아니된다.
④ 공개하지 아니한 회의의 내용은 공표되어서는 아니된다. 다만, 본회의의 의결 또는 의장의 결정으로 제1항 단서의 사유가 소멸되었다고 판단되는 경우에는 이를 공표할 수 있다.
⑤ 공표할 수 있는 회의록은 일반에게 유상으로 반포할 수 있다. ⑥ 회의록의 공표에 관한 기간·절차 기타 필요한 사항은 국회규칙으로 정한다.

18 지방자치법 제72조(회의록) ① 지방의회는 회의록을 작성하고 회의의 진행내용 및 결과와 출석의원의 성명을 적어야 한다.
② 회의록에는 의장과 의회에서 선출한 의원 2명 이상이 서명하여야 한다.
③ 의장은 회의록의 사본을 첨부하여 회의의 결과를 그 지방자치단체의 장에게 통고하여야 한다.
④ 회의록은 의원에게 배부한다. 다만, 비밀로 할 필요가 있다고 의장이 인정하거나 지방의회에서 의결한 사항은 공개하지 아니한다.

19 정호영, 국회법, 법문사, 2012, 334쪽.

3. 적용범위

원칙적으로 의사공개의 원칙은 국회에서의 모든 회의에 적용되어야 한다. 특히 국회운영이 본회의를 중심으로 이루어지는 것이 아니라 위원회를 중심으로 이루어지고 있는 위원회 중심주의 하에서 의사공개의 원칙이 국회의 모든 회의에서 적용되어야 한다는 적용범위의 명확화는 대단히 중요하다. 즉, 의사공개의 원칙은 본회의, 위원회 회의, 공청회와 청문회, 소위원회 회의 등 국회의 모든 회의에 적용되어야 의사공개원칙의 실질적 의미가 실현되는 것이다. 따라서, 국회에서의 의사공개의 원칙에 관해서는, 국회법 상의 해당 회의에 관한 규정들에서 이러한 의사공개원칙을 구체화하고 있다. 즉, 본회의에 관해서는 국회법 제75조에서, 위원회에 관해서는 국회법 제55조에서, 소위원회에 관해서는 국회법 제57조에서 의사공개에 관한 원칙에 상응하는 규정을 두고 있다. 다만, 국가기밀에 관련된 사안을 다루거나 징계에 관한 사안을 다루는 회의는 비공개를 원칙으로 하고 의결로 공개할 수 있도록 하는 예외규정을 두고 있다. 즉, 정보위원회 회의에 관해서는 국회법 제54조의2에서, 징계에 관한 회의에 관해서는 국회법 제156조에서 이를 규정하고 있다. 또한 국정감사 및 국정조사에 관해서는 국정감사 및 조사에 관한 법률에, 국회에서의 증언 및 감정에 관해서는 국회에서의 증언·감정 등에 관한 법률에, 국회에서의 인사청문회 회의에 관해서는 인사청문회법에 의사공개에 관한 상세한 규정을 두고 있다. 이러한 규정들을 보더라도 국회에서의 회의는 공개한다는 의사공개의 원칙은 특별한 사유로 비공개하는 회의를 제외하고는, 국회의 모든 회의에 적용된다는 것을 알 수 있다. 국회 회의의 비공개가 예외여야 한다는 의미는 엄격한 요건 하에서만 회의의 비공개가 인정되어야 함을 전제하고 있는 것이며,[20] 이는 의사공개원칙이 국민의 알권리를 최대한 보장하기 위한 국회운영의 원칙이라는 점에서 당연한 귀결이라고 할 수 있다.

---

20 장영수, 앞의 논문, 218쪽.

제3절 의사공개에 관한 법률 규정의 현황과 문제점

1. 헌법과 국회법 등에서의 의사공개원칙

제헌헌법 제38조에서는 "국회의 회의(會議)는 공개(公開)한다. 단(但) 국회(國會)의 결의(決議)에 의(依)하여 밀회(密會)로 할 수 있다"고 규정하였다. 1952년 7월 7일의 제1차 개헌을 통하여 헌법 제38조는 "국회(國會)의 회의(會議)는 공개(公開)한다. 단(但) 각원(各院) 또는 양원합동회의(兩院合同會議)의 결의(決議)에 의하(依)여 밀회(密會)로 할 수 있다"고 약간의 수정을 하였다. 이후 1960년 6월 15일의 제3차 개헌을 통하여 헌법 제38조는 "국회(國會)의 회의(會議)는 공개(公開)한다. 단(但) 각원(各院)의 의결(議決)에 의(依)하여 밀회(密會)로 할 수 있다"고 규정하였다. 1962년 12월 26일 제5차 개헌을 통하여 헌법 제47조는 "국회(國會)의 회의(會議)는 공개(公開)한다. 다만, 출석의원(出席議員) 과반수(過半數)의 찬성(贊成)으로 공개(公開)하지 아니할 수 있다." 제7차 개헌을 통하여 1972년 12월 27일에 개정된 헌법 제(第)85조(條)에서 "① 국회(國會)의 회의(會議)는 공개(公開)한다. 다만, 출석의원(出席議員) 과반수(過半數)의 찬성(贊成)이 있거나 의장(議長)이 국가(國家)의 안전보장(安全保障)을 위하여 필요하다고 인정할 때에는 공개(公開)하지 아니할 수 있다. ② 공개(公開)하지 아니한 회의(會議)의 내용(內容)은 공표(公表)되어서는 아니된다"고 규정하였다. 제9차 헌법개정을 통하여 현행헌법 제50조에서 의사공개원칙을 규정하고 있다.

1948년 10월 제정된 국회법 중에서 회의공개에 관한 규정은 다음과 같다. 국회법 제25조는 "위원회는 의원 이외에 위원장의 허가를 얻은 자가 방청할 수 있다. 단, 위원회의 결의에 의하여 비밀회로 할 수 있다. 위원장은 질서를 유지하기 위하여 방청인의 퇴장을 명할 수 있다"고 규정되었다. 또한 국회법 제47조는 "국회는 의장 또는 의원 10인 이상의 발의가 있을 때에는 토론을 하지 아니하고 비밀회의에 개부를 결의한다. 비밀회의의 기록은 국회의 결의로 공표하지 아니할 수 있다"고 규정되어 있었다. 국회법 제93조는 "방청은 방청권을 발행하여 허가한다"(후략)고 하여 회의방청은 허가사항임을 명시하고 있다. 국회법 제100조에는 "징계사범의 의사는 비밀회의로 한다"고 하였다. 본회의를 포함한 회의 일반에는 제47조가 적용되고, 위원회 회의에는 제25조가 적용되는 것이다. 당시에는 소위원회에 관한 규정은 존재하지 않았으며, 소위원회에 관한 규정은 1960년 9월 26일의 국회법 전부개정을 통해 신설되었다.[21] 당시에는 소위원회의 운영 및 공개여부 등에 관해서는 전혀 규정하지 않았는데, 1991년 5월 31일의 국회법 개정을 통해 소위원회 관련 규정을 제54조에서 제57조로 이동하면서 소위원회의 운영 등에 관한 사항을 상세하게 규정하였다.[22] 이러한 1991년의 국회법 개정을 통해 소위원회에 관해서는 원칙적으로 위원회에 관한 규정이 적용되도록 하였다. 따라서 위원회에서는 위원장의 허가를 받아야 방청할 수 있다는 국회법 제55조의 규정이 소위원회에도 적용되었다. 이후 수차례의 국회법 개정을 통하여 본회의는 원칙적으로 공개하고 예외적으로 비공개한다는 규정으로 정착되었지만, 위원회와 소위원회 등은 비공개 주의를 유지하고 있었다.

이후 국회의 회의가 '본회의 중심주의'에서 '위원회 중심주의'로 전환되고, 위원회에서는 위원회 본회의에서 보다 소위원회에서 중요사안이나 민감사안을 처리하도록 하는 경우가 많아졌다. 이렇게 소위원회에서의 회의가 공개되지 아

---

21 국회법 제52조 위원회는 소위원회를 둘 수 있다.

22 제57조 (소위원회) ① 위원회는 특정한 안건의 심사를 위하여 소위원회를 둘 수 있다.
② 상임위원회는 그 소관사항을 분담·심사하기 위하여 상설소위원회를 둘 수 있다. 다만, 이 경우 소위원회의 수는 3개를 초과할 수 없다.
③ 상설소위원회의 위원장은 위원회에서 소위원회의 위원중에서 선출하고 이를 본회의에 보고하며, 소위원회의 위원장이 사고가 있을 때에는 소위원회의 위원장이 소위원회의 위원중에서 지정하는 위원이 그 직무를 대리한다.
④ 소위원회의 활동은 위원회가 의결로 정하는 범위에 한한다.
⑤ 소위원회는 폐회중에도 활동할 수 있으며 그 의결로 의안의 심사와 직접 관련된 보고 또는 서류의 제출을 정부·행정기관 기타에 대하여 요구할 수 있고, 증인·감정인·참고인의 출석을 요구할 수 있다. 이 경우 그 요구는 위원장의 명의로 한다.
⑥ 소위원회에 관하여는 이 법에서 다르게 정하거나 성질에 반하지 아니하는 한 위원회에 관한 규정이 적용된다.
⑦ 예산결산특별위원회는 제1항의 소위원회외에 그 심사의 필요에 의하여 이를 수개의 분과위원회로 나눌 수 있다.

니하여 투명성이 부족한 밀실회의라는 비판이 있자, 2000년 2월 16일의 국회법 개정을 통하여 소위원회에서의 회의는 '원칙적으로 공개하고 예외적으로 비공개'로 한다는 규정이 신설되었다.[23] 학계에서 주장되어온 소위원회의 공개 요구에 대하여 "국회활동(國會活動)의 투명성(透明性) 확보를 위하여 소위원회(小委員會)의 회의(會議)는 원칙적으로 공개(公開)하고 회의록(會議錄)을 작성하도록 의무화(義務化)함"(안(案) 제(第)57조(條) 제(第)5항(項) 및 제(第)69조(條) 제(第)4항(項))[24]을 통하여 소위원회의 공개와 회의록 작성을 의무화하는 현재의 국회법 규정이 신설되었다. 오늘날 소위원회는 미국의회에서 뿐만이 아니라 우리나라의 국회에서도 중요한 기능을 담당하고 있으며 입법과정에서 소위원회의 역할과 비중이 증대하였기 때문에 위원회의 심사는 소위원회의 심사라고 일컬어지고 있다.[25] 그러나 2000년 2월의 국회법 개정을 통하여 소위원회를 공개하도록 하는 규정이 마련되었지만 정작 상임위원회나 특별위원회 등 위원회를 공개하도록 하는 규정은 마련되지 않았다. 즉, 2000년 2월의 국회법 개정을 통해 소위원회는 공개하도록 했지만, 위원회는 위원장의 방청허가제를 유지하였기 때문에 비공개주의를 유지하게 되었다. 결과적으로 위원회는 비공개가 원칙이고 소위원회는 공개가 원칙인 셈이 되는 입법적 미비가 발생하게 되었다.

이후 청문회·공청회·정보위원회·인사청문회 등이 국회법에 새로이 도입되면서 각 규정에 회의의 공개여부에 관한 조항도 규정되었다. 이렇게 회의공개 여부에 관한 국회법의 개별 규정들이 신설되고 인사청문회법, 국정감사 및 조사에 관한 법률, 국회에서의 증언·감정 등에 관한 법률 등 국회 관련법이 제정되어 회의공개 여부에 관한 규정이 신설되다보니, 여러 법률을 전체적으로 보면 의사공개의 원칙에 대한 체계성이 결여되는 결과가 발생하였다.

---

23 국회법 제57조(소위원회) ⑤ 소위원회의 회의는 공개한다. 다만, 소위원회의 의결로 공개하지 아니할 수 있다. <신설 2000. 2. 16.>

24 국회법중 개정법률안, 주요골자, 2000. 1, 2쪽.

25 석인선, "국회 법률안 심의과정에서의 민주성 확보에 관한 소고 -위원회제도를 중심으로-", 이화여자대학교 법학논집 제12권 제2호, 이화여자대학교 법학연구소, 2008, 14쪽.

2. 의사공개에 관한 규정 현황

헌법 제50조에서 규정하고 있는 의사공개원칙에 따라 국회법 등에서 본회의, 위원회, 소위원회, 청문회 별로 보다 상세한 규정을 두고 있다. 국회에서의 단계별 회의체 구조는 본회의－위원회(상임위원회와 특별위원회)－소위원회의 회의는 공개회의가 원칙이며, 상임위원회 중 정보위원회 회의와 징계에 관한 회의는 비공개를 원칙으로 하고 있다. 국회의 각 회의에 따른 의사공개원칙에 관한 사항에 관해서는 다음 표와 같이 국회법에 비교적 상세한 규정을 두고 있다.

〈표 19-1〉 국회법에 규정된 의사공개에 관한 규정

회의 종류	조문	법률규정
본회의	제75조	① 본회의는 공개한다. 다만, 의장의 제의 또는 의원 10인 이상의 연서에 의한 동의로 본회의의 의결이 있거나 의장이 각 교섭단체대표의원과 협의하여 국가의 안전보장을 위하여 필요하다고 인정할 때에는 공개하지 아니할 수 있다. ② 제1항 단서에 의한 제의나 동의에 대하여는 토론을 하지 아니하고 표결한다.
위원회	제55조	① 위원회에서는 의원이 아닌 자는 위원장의 허가를 받아 방청할 수 있다. ② 위원장은 질서를 유지하기 위하여 필요한 때에는 방청인의 퇴장을 명할 수 있다.
소위원회	제57조	⑤ 소위원회의 회의는 공개한다. 다만, 소위원회의 의결로 공개하지 아니할 수 있다. ⑦ 소위원회에 관하여는 이 법에서 다르게 정하거나 성질에 반하지 아니하는 한 위원회에 관한 규정이 적용된다. 다만, 소위원회는 축조심사를 생략하여서는 아니된다.
청문회	제65조	④ 청문회는 공개한다. 다만, 위원회의 의결로 청문회의 전부 또는 일부를 공개하지 아니할 수 있다.

정보위원회	제54조의2	① 정보위원회의 회의는 공개하지 아니한다. 다만, 공청회 또는 제65조의2의 규정에 의한 인사청문회를 실시하는 경우에는 위원회의 의결로 이를 공개할 수 있다. ② 정보위원회의 위원 및 소속공무원은 직무수행상 알게 된 국가기밀에 속하는 사항을 공개하거나 타인에게 누설하여서는 아니된다.
징계	제158조	징계에 관한 회의는 공개하지 아니한다. 다만, 본회의 또는 위원회의 의결이 있을 때에는 그러하지 아니하다.

국회의 회의는 여러 법률에 법적 근거를 두고 있는데, 국회법 이외에도 국정감사 및 조사에 관한 법률, 국회에서의 증언·감정 등에 관한 법률, 인사청문회법에 국회 회의에 관한 사항이 규정되어 있다. 이러한 법률에 따른 국회 회의에도 역시 헌법 제50조에서 규정하고 있는 의사공개원칙이 적용되어야 한다. 국회법 이외에 규정되어 있는 국회 회의의 의사공개에 관한 규정은 다음과 같다.

〈표 19-2〉 기타 국회 관련법에 규정된 의사공개에 관한 규정

법률명	조문	법률규정
국정감사 및 조사에 관한 법률	제12조 (공개원칙)	감사 및 조사는 공개로 한다. 다만, 위원회의 의결로 달리 정할 수 있다.
국회에서의 증언·감정 등에 관한 법률	제9조 (증인의 보호)	② 국회에서 증언하는 증인·참고인이 중계방송 또는 사진보도 등에 응하지 아니한다는 의사를 표명하거나, 특별한 이유로 회의의 비공개를 요구할 때에는 본회의 또는 위원회의 의결로 중계방송 또는 녹음·녹화·사진보도를 금지시키거나 회의의 일부 또는 전부를 공개하지 아니할 수 있다. ④ 국회가 감사 또는 조사시 작성한 서류 또는 녹취한 녹음테이프 등은 이를 외부에 공표할 수 없다. 다만, 이 법의 위반여부가 수사 또는 재판의 대상이 된 경우나 증인·감정인·참고인으로서 증언·감정·진술을 한 자가 그 사본을 요구한 때에는 의장의 승인을 얻어 이를 교부할 수 있다.

인사청문회법	제14조 (인사청문회의 공개)	인사청문회는 공개한다. 다만, 다음 각호의 1에 해당하는 경우에는 위원회의 의결로 공개하지 아니할 수 있다. 1. 군사·외교 등 국가기밀에 관한 사항으로서 국가의 안전보장을 위하여 필요한 경우 2. 개인의 명예나 사생활을 부당하게 침해할 우려가 명백한 경우 3. 기업 및 개인의 적법한 금융 또는 상거래 등에 관한 정보가 누설될 우려가 있는 경우 4. 계속(繫屬)중인 재판 또는 수사중인 사건의 소추에 영향을 미치는 정보가 누설될 우려가 명백한 경우 5. 기타 다른 법령에 의해 비밀이 유지되어야 하는 경우로서 비공개가 필요하다고 판단되는 경우

의사공개원칙은 원칙적으로 의회에서의 모든 회의체의 운용에 적용되어야 하며 중앙의회와 마찬가지로 지방의회에서도 적용되어야 한다. 이러한 이유로 국회법과 마찬가지로 지방자치법에도 지방의회의 회의를 공개한다는 원칙이 명시되어 있다. 지방자치법 제65조(회의의 공개 등) 제1항에는 "지방의회의 회의는 공개한다. 다만, 의원 3명 이상이 발의하고 출석의원 3분의 2 이상이 찬성한 경우 또는 의장이 사회의 안녕질서 유지를 위하여 필요하다고 인정하는 경우에는 공개하지 아니할 수 있다"고 규정하고 있다. 지방자치법에는 국회법과 같이 본회의, 위원회, 소위원회 등을 구분하여 의사공개원칙에 관한 사항을 규정하고 있지 않고, 다만 제71조(회의규칙)에서 지방의회는 회의의 운영에 관하여 필요한 사항을 회의규칙으로 정하도록 하고 있다. 이러한 규정에 따라서 각 시도 의회는 회의규칙을 제정하여 회의운영에 관한 사항을 규정하고 있다.

〈표 19-3〉 지방의회의 회의규칙

시도	규정
서울특별시의회 회의규칙	제14조의2(회의의 공개) ① 본회의와 위원회 회의는 공개한다. 다만, 의장 또는 위원장의 제의 또는 재적의원 1/5인 이상의 연서에 의한 동의로 출석의원 3분의 2 이상이 찬성하거나 의장이 각 교섭단체 대표의원과 협의하여 사회의 안녕질서유지를 위하여 비공개가 필요하다고 인정할 때에는 공개하지 아니할 수 있다. ② 제1항 단서에 의한 제의나 동의에 대하여는 토론을 하지 아니하고 표결한다.
경기도의회 회의규칙	제21조(회의의 공개) ① 법 제65조에 따라 비공개회의 발의에 관하여는 토론을 하지 아니하고 표결하여야 한다. ② 의장은 비공개회의를 하고자 하는 경우에는 각 교섭단체대표의원과 협의하여야 한다.
부산광역시의회 회의규칙	제16조의2(회의의 비공개) 법 제65조 제1항 단서에 따른 비공개회의의 발의에 대하여는 토론을 하지 아니하고 표결한다.
광주광역시의회 회의규칙	제15조의2(회의의 공개) ① 법 제65조 단서의 규정에 따른 비공개회의의 발의에 대하여는토론을 하지 아니하고 표결한다. <개정 2007. 12. 12., 2014. 6. 24.> ② 의장이 비공개회의의 필요성을 인정하고자 할 때에는 의회운영위원회와 협의하여야 한다. <신설 98. 9. 30>
충청북도의회 회의규칙	제16조의2(회의의 공개) ① 의회의 회의는 공개함을 원칙으로 한다. 다만, 의원 3명 이상이 발의하고 출석의원 3분의 2 이상이 찬성한 경우, 의원의 자격심사, 법령에서 비공개로 할 수 있도록 한 사항, 그 밖에 의장이 사회의 안녕질서 유지를 위하여 필요하다고 인정하는 경우에는 공개하지 아니할 수 있다. <신설 2009. 6. 26> ② 비공개회의 발의에 관하여는 토론을 하지 아니하고 표결하여야 한다. <신설 2009. 6. 26>

지방의회에 있어서 이처럼 회의규칙에 회의공개에 관한 규정을 두어 의사공개원칙과 예외를 규정하고 있지만 의사공개에 관한 원칙을 규정하고 있지 않은 지방의회도 있다. 지방의회의 회의에서도 의사공개원칙에 따라 회의가 운영되어야 하며, 의사공개원칙은 각 지방의회의 회의규칙에 명시되어야 할 것이다.

3. 문제점

(1) 일반론

헌법 제50조에서는 의사공개원칙을 규정하고 있으며, 국회법을 기본으로 하여 인사청문회법, 국정감사 및 조사에 관한 법률, 국회에서의 증언·감정 등에 관한 법률 등 국회 관계법에서 의사공개원칙을 실현하는 구체적인 사항을 규정하고 있다. 이들 국회 관계법에서는 의사공개원칙을 규정한 헌법 제50조를 구체화하면서도 의사공개원칙에 대한 예외가 필요한 경우에는 그에 관한 구체적인 규정을 둠으로써, 의사공개원칙이 범위와 한계를 명확히 해야 할 것이다. 그러나 국회법, 인사청문회법, 국정감사 및 조사에 관한 법률, 국회에서의 증언·감정 등에 관한 법률 등 국회 관련법에 규정된 국회에서의 의사공개에 관한 조항들은 통일성과 체계성을 결여하고 있다. 공개 여부에 관한 규정이 없는 국회회의에 관한 규정도 있고, 공개·비공개에 관한 용어나 표현이 통일되지 아니하며, 비공개 요건의 유무 및 비공개 예외사유의 규정방식과 내용에서도 매우 다양한 차이가 있다. 이하에서는 이러한 문제점에 관해서 구체적으로 살펴보기로 한다.

(2) 위원회에서의 의사공개

우리 국회가 본회의 중심이 아닌 상임위원회 중심으로 운영되고 있다는 점에 대해서는 이론(異論)이 없다. 학자[26]들은 물론이고 헌법재판소[27]도 동일한 의견을 나타내고 있다. 따라서, 상임위원회 중심으로 운영되고 있는 우리 국회에서는 특히 위원회에서의 의사공개가 중요함은 말할 나위가 없다. 그러나, 본회의에 비하여 위원회 활동은 현실적으로 언론매체의 접근 및 보도가 상대적으로

---

26 김학성, 헌법학원론, 피앤씨미디어, 2015, 852쪽; 성낙인, 앞의 책, 424쪽; 장영수, 국가조직론, 홍문사, 2005, 246쪽; 전광석, 한국헌법론, 집현재, 2015, 611쪽; 정재황, 헌법입문, 박영사, 2012, 555쪽; 정종섭, 헌법학원론, 박영사, 2014, 1198쪽.

27 헌재 2012. 2. 23. 2010헌라5; 헌재 2010. 12. 28. 2008헌라6; 헌재 2003. 10. 30. 2002헌라1; 헌재 2000. 6. 29. 98헌마443; 헌재 2000. 2. 24. 99헌라2 등.

적어서 일반 국민의 입장에서는 법률안 심의에 대한 접근성이 떨어지고 알권리를 충족시킬 수 없으며 위원회에서 심의중인 법률안의 내용에 대하여 비판할 기회를 갖기가 어렵게 되는 측면이 있다는 점이 지적되었다.[28] 그럼에도 불구하고 위원회의 회의에 국회의원이 아닌 자는 위원장의 허가를 받아 방청할 수 있다고 규정하고 있다.

위원회의 경우에도 회의공개의 원칙이 적용되어야 한다는 점은 지속적으로 지적되고 있다.[29] 그럼에도 불구하고, 회의의 공개에 관한 다른 규정들은 '회의는 공개한다'는 원칙규정을 둔 후에 단서를 두어 공개하지 않는 사유나 절차 등을 규정하는 방식인데, 위원회의 경우에만 "허가를 받아 방청할 수 있다"는 규정방식을 택하고 있다. 이러한 입법태도는 마치 위원회에서는 비공개주의가 원칙이고 예외적으로 공개를 할 수 있다는 오해를 부를 수 있는 서술방식이다. 이는 헌법 제50조의 회의공개원칙이라고 하는 명시적인 규정과 회의공개에 관한 규정에 반영된 헌법정신에 비추어볼 때 바람직하지 않다.

(3) 소위원회에서의 의사공개

국회법 제57조 제5항은 소위원회 회의의 경우 비공개사유를 명시하지 않고 있는데, 해석론에 의하여 비공개사유를 인정할 것이 아니라, 비공개 사유를 명확히 규정하는 것이 필요하다. 소위원회의 의결만으로 비공개를 가능하도록 하는 것은 사실상 의사공개의 원칙을 형해화 할 수 있다는 지적[30]이 있는 것을 보면 이러한 국회법 개정이 있어야 한다. 즉, 소위원회의 회의 비공개 사유를 단순히 의결로서 할 것이 아니라 비공개에 대한 구체적인 사유를 법문에 예시하고 그 요건에 합당할 경우에만 소위원회의를 비공개로 하는 것이 타당하다.[31]

---

28 석인선, 앞의 논문, 13쪽.

29 안병옥, 국회법, 쵸이스디자인, 2012, 72쪽; 임종훈, 한국입법과정론, 박영사, 2012, 178쪽; 정종섭, 앞의 책, 1152쪽; 김윤정, "입법과정에 대한 헌법적 고찰", 서강법학연구 제8집, 서강대학교 법학연구소, 2006, 231쪽; 박봉국, 국회법, 박영사, 2001, 349쪽.

30 최희경, "입법과정에의 국민참여에 관한 연구", 이화여대 법학논집 제11권 제2호, 이화여자대학교 법학연구소, 2007, 76쪽.

31 권영설, 앞의 책, 411쪽.

회의의 비공개에 관한 형식요건들을 갖추지 않은 상태에서 오래된 관행 또는 위원들의 합의 내지 찬성이라는 모호한 기준으로 비공개결정을 내리는 것은 적지 않은 문제[32]라는 지적도 동일한 맥락에 있다. 이러한 관점에서 헌법재판소가 국회의 자율권에 대한 존중을 내세워 엄격한 심사를 회피하고 소위원회의 방청불허 및 국정감사의 방청불허를 합헌으로 결정한 것은 재고의 여지가 있다[33]는 비판이 있는 것이다. 동 사건에서 소수의견이 지적하는 바와 같이, 회의를 공개하지 않는 경우에는 갖추어야 할 국회법상의 절차요건을 충족하였는지에 대하여 의문이 제기되었다. 의사공개원칙에 관한 대표적인 사례에서 취한 헌법재판소의 법정의견에는 문제가 있다는 비판[34]에 주목할 필요가 있다. 헌법과 국회법 제75조 제1항에서 회의공개의 예외에 관해서 비교적 엄격하게 규정하고 있음과 비교하여, 소위원회의 경우에는 단지 의결로써만 공개하지 아니한다는 규정만을 두고 있기 때문에 위헌의 문제가 발생할 수 있다[35]는 위헌론을 주목해 볼 필요가 있다. 헌법재판소는 2007헌바17 결정에서 국회법 제57조 제5항 단서는 헌법 제50조 제1항 단서를 그대로 이어받아 규정한 것에 불과하여 위헌이라고 볼 수 없다고 하였다. 해석론으로서는 그럴 수도 있겠지만 입법론적인 관점에서는 바람직한지 의문이다. 즉, 비공개를 정당화할 수 있는 사유가 없는데도 국회의원이 비공개하기로 의결하였다는 이유만으로 비공개하는 것은, 헌법의 의사공개원칙에 부합하지 않는다고 할 수 있다. 따라서 소위원회의 비공개요건을 단순히 의결로써만 할 것이 아니라 비공개에 대한 구체적인 사유를 명시적으로 규정하고 이에 해당하는 경우에만 의결을 거쳐 비공개로 하는 것이 타당[36]하다는 의견이 지배적이다.

32 장영수, 앞의 논문, 222쪽.
33 장영수, 앞의 논문, 225쪽.
34 권영설, 앞의 책, 412쪽.
35 석인선, 앞의 논문, 32쪽; 장영수, 앞의 논문, 216쪽.
36 정재황, 국회의 입법과정, 고시계, 2004. 2, 11쪽; 권영설, 앞의 논문, 23쪽; 석인선, 앞의 논문, 32쪽.

(4) 인사청문회에서의 의사공개

인사청문회법 제12조에 따르면 인사청문회는 원칙적으로 공개를 하지만, 위원회의 의결로 비공개로 할 수 있는 5개의 사유가 규정되어 있다. 특히 개인의 명예나 사생활에 대한 부당한 침해를 방지하기 위하여 회의내용과 제출 자료를 공개하지 않을 필요가 있다.[37] 인사청문 대상자의 명예와 사생활을 존중하는 것 이외에도 발언내용의 공개로 인한 국가기밀, 기업비밀, 공정한 재판 등을 저해할 우려가 있는 경우에는 회의를 공개하지 않을 수 있다. 그러나 인사위원회의 비공개 사유를 이처럼 넓게 규정한 것은 헌법 제50조의 회의공개에 관한 규정에 비추어 논란될 수 있을 것이다. 인사청문회의 비공개사유가 지나치게 많고 불명확한 것은 아닌지에 대한 검토가 필요하다. 인사청문회를 개최하는 취지가 '밀실에 의한 인사'가 아닌 '국민에 공개되는 투명한 행사'라고 한다면, 5개 사항에 이르는 방대한 예외사유를 규정하는 것이 바람직한지에 대한 검토가 필요할 것이다.

(5) 정보위원회에서의 의사공개

국회법 제54조의2에 의하여 정보위원회의 회의는 비공개를 원칙으로 하고, 단서규정을 통해 공청회와 인사청문회는 위원회 의결을 통해 공개할 수 있도록 하고 있다. 정보위원회에서 다루는 사안의 중요성과 기밀성 등을 감안하면, 정보위원회의 회의를 비공개로 하는 점에 대하여 충분히 이해할 수 있다. 그러나 정보위원회의 회의가 모두 국가안보와 직결된 것이라고는 하기 어렵기 때문에 정보위원회 회의를 획일적으로 비공개로 하는 것은 헌법 제50조의 회의공개에 관한 규정에 비추어 논란될 수 있다.[38] 더 나아가, 정보위원회 회의의 이러한 비공개원칙에 대해서는 위헌이라고 볼 수도 있다. 국가기밀을 다루는 정보위원회의 업무특성상 비공개할 필요는 인정되지만, '국가기밀'의 불명확성과 광범위성,

---

37 권건보/김지훈, 인사청문회 제도에 대한 비교법적 고찰, 한국법제연구원, 2012, 84쪽.
38 박봉국, 국회법, 박영사, 2001, 349쪽.

국회의원의 면책특권에 대한 제한, 국민의 알권리에 대한 제한 등이 위헌론의 논거이다.

(6) 소 결

이상에서 국회의사 공개에 관한 기본원칙을 정하고 있는 헌법 제50조의 헌법정신이 과연 국회 관련법에 충실히 반영되고 있는지에 대한 검토를 하였다. 의사공개원칙에는 본회의만이 아니라 위원회도 포함되지만, 허가를 조건으로 방청을 허용하는 경우에는 국민들이 공개되기를 원하는 의사결정 내용의 대부분이 이러한 비공개의 조건 속에 감추어지게 된다. 이는 결국에 단순히 형식적인 절차투명성의 예외에 그치는 것이 아니라 실질적인 의사결정의 내용을 불투명하게 함으로써 결과에 대한 국민적 공감이 반영될 가능성을 축소시키고 밀실정치의 개연성을 확대시키게 된다.[39] 우리 국회가 위원회 중심주의로 운영되고 있고, 위원회에서도 본회의나 소위원회와 같이 의사공개의 원칙이 적용되어야 한다는 것은 당연하다. 따라서, 국회법 제55조에서 위원회 회의는 비공개주의가 원칙이고 예외적으로 공개를 할 수 있다는 듯한 취지의 서술방식은 바람직하지 못할 뿐만 아니라 위헌적인 규정으로도 주장되고 있다. 위원회 회의를 공개하는 것이 최선이 아닐 수도 있다는 현실정치적 주장이 나올 수도 있고, 이러한 서술방식으로 인하여 위원회의 회의를 비공개로 하자는 의견도 힘을 얻을 수도 있다. 또한 지방의회의 경우에도 국회와 같이 모든 회의에 원칙적으로 의사공개원칙이 적용되어야 한다. 그러나 지방의회에 있어서 의사공개원칙에 관한 규정은 미비한 점이 있다.

39 김일환/백수원, “헌법상 투명성 원칙에 관한 시론적 고찰”, 공법연구 제39집 제2호, 한국공법학회, 2010, 380쪽.

제4절 의사공개원칙에 부합하는 법률 개정방안

의회의 입법절차는 공정하게 이루어져야 할 뿐만 아니라 공개적으로 이루어져야 한다.[40] 의원들이 전체 국민의 이익을 추구하여야 하며, 이를 감시하고 통제하는 장치의 하나로서 의정활동의 공개가 거론된다. 즉 의회에 있어서의 의사공개 원칙은 대의제도의 성공조건의 하나이며, 대의민주주의 정치에서 필수적으로 요구되는 사항이다.[41] 의사공개원칙은 국회 회의과정을 공개하여 국민 누구나 회의 내용을 알고 비판·감사활동을 하게 함으로써 입법과정에서 민주성을 확보한다는데 의의가 있다.[42] 국회의 모든 회의가 공개되고 국회의 회의록이 공개되어야 국민의 정치적 의사형성과 참여가 실질적으로 가능하게 된다. 국회의 회의공개는 회의과정에 대한 투명성의 제고를 통하여 국민의 정치적 의사형성과 참여에 기여하며 의정활동에 대한 비판과 감시를 가능하게 한다. 회의공개와 함께 회의록을 공개하는 것은 국민의 알권리와 참정권 실현을 위해서 중요하다.[43] 이렇게 회의공개의 원칙은 국민의 정치적 의사형성을 뒷받침하는 중요한 원칙이라는 측면에서 그 가치가 크다고 할 수 있으므로 특별한 경우에만 예외를 인정하여야 한다.[44]

국회 회의에 관한 국회법 규정의 가장 문제점은 상임위원회와 특별위원회 등 국회 위원회의 회의에 관한 규정인 국회법 제55조이다. 국회법 제55조 제1항은 위원회의 공개원칙을 전제로 한 것이지, 비공개를 원칙으로 하여 위원장의 자의에 따라 공개 여부를 결정케 한 것이 아니다. 위원장이라고 하여 아무런 제한 없이 임의로 방청불허 결정을 할 수 있는 것이 아니라, 회의장의 장소적 제

---

40 홍기원, "법치주의의 요청으로서의 입법절차의 공정성 －일반론의 정립을 위한 비교법적 고찰－", 공법학연구 제12권 제2호, 한국비교공법학회, 2011, 63쪽.

41 정종섭, 헌법학원론, 박영사, 2014, 1150쪽.

42 임종훈, 한국입법과정론, 박영사, 2012, 178쪽.

43 최희경, 앞의 논문, 75~76쪽.

44 권영설, 앞의 책, 411쪽.

약으로 불가피한 경우, 회의의 원활한 진행을 위하여 필요한 경우 등 결국 회의의 질서유지를 위하여 필요한 경우에 한하여 방청을 불허할 수 있는 것으로 제한적으로 풀이된다.[45] 이러한 해석 하에 헌법재판소는 국회법 제55조를 위헌이라 할 수 없다고 하였지만, 제도의 취지에 맞게 법문이 정확하게 쓰여 질 필요가 있다. 본회의의 회의에 대해서는 "본회의는 공개한다"(국회법 제75조 제1항 본문)는 규정이 있고, 소위원회의 회의에 대해서는 "소위원회의 회의는 공개한다"(국회법 제57조 제5항 본문)는 규정을 두고 있으며, 청문회에 대해서도 "청문회는 공개한다"(국회법 제65조 제4항 본문)는 규정을 두고 있다. 그러나 국회 위원회 회의에 관한 규정만이 "위원회에서는 의원이 아닌 자는 위원장의 허가를 받아 방청할 수 있다"(국회법 제55조 제1항)는 규정을 두고 있다. 이는 문언상으로 보면, 회의공개원칙을 규정하고 있는 본회의나 소위원회, 청문회나 국정감사·조사, 인사청문회 등의 다른 회의와는 달리 비공개를 원칙으로 하고 허가를 받은 경우에만 공개하는 것처럼 되어 있다. 그리고 위원회 회의를 본회의나 소위원회와 달리, 정보위원회나 징계에 관한 회의처럼, 비공개를 원칙으로 하여야 하는 특별한 이유도 찾아 볼 수 없다. 다만, 국회법의 개정과정에서 위원회 비공개규정이 고쳐지지 않고, 초기의 비공개 규정이 그대로 남아있는 것으로 생각할 수 있다. 2000년 2월의 국회법개정을 통하여 소위원회 회의는 공개를 원칙으로 하도록 변경하였는데, 이때의 국회법 개정에서 위원회 회의도 공개를 원칙으로 하도록 같이 변경되지 않고 누락된 것으로 이해할 수 있다. 이러한 문제를 시정하기 위한 개선방안은 크게 3가지로 나누어 생각해 볼 수 있을 것이다. 첫째안은 회의공개에 관한 체제나 규정의 위치 등을 바꾸지 않고 개별규정을 수정하는 방식이고, 둘째안은 국회법에 회의공개에 관한 절을 따로 마련하여 회의공개에 관한 규정들을 모아서 규정하는 방식이며, 셋째안은 국회 관련 법률의 개정과 함께 회의공개에 관한 국회규칙을 별도로 제정하여 상세히 규정하는 방식이다. 회의공개에 관한 체제나 규정의 위치 등을 바꾸지 않고 개별규정을 수정하는 첫 번째 방식은 현행 국회법 등을 최소한으로 개정하는 방안이므로

45 헌재 2000. 6. 29. 98헌마443.

간편하고 현실성이 높다고 할 수 있다. 그리고 국회법에 회의공개에 관한 절을 따로 마련하여 회의공개에 관한 규정들을 모아서 규정하는 두 번째 방식은 체계성을 강화하기는 하지만 국회법의 전체적인 틀을 바꾸어야 하기 때문에 법률개정의 현실적으로 어려움이 있다. 또한 국회 관련 법률의 개정과 함께 회의공개에 관한 국회규칙을 별도로 제정하여 상세히 규정하는 방식은 병행되어야 하리라고 본다. 국회법이나 국정조사 및 감사에 관한 법률, 국회에서의 증언·감정 등에 관한 법률, 인사청문회법 등 국회관련법의 의사공개에 관한 규정들의 구체적인 절차나 상세한 내용, 하위규칙에의 위임이 필요한 사항들을 모아서 가칭 '국회 회의공개에 관한 규칙'을 제정하자는 것이다. 이중 첫째 방식이 제일 간편하고 신속한 개선방안이므로, 국회법에 있는 본회의와 소위원회의 의사공개에 관한 규정처럼 개정할 수 있을 것이다. 즉, 위원회 회의는 공개한다고 하여 의사공개원칙을 본문으로 신설하고, 의사공개 예외의 사유로서 국가안전보장을 명시하며, 비공개에 필요한 수적 요건으로 출석위원 과반수의 찬성이 필요함을 규정하는 것이 바람직하다. 현행의 '질서유지를 위한 방청인 퇴장명령제도'는 그 취지를 살려 3항에 규정하면 되리라 생각한다.

소위원회 회의의 의사공개에 관한 국회법 제57조의 규정도 약간의 수정이 필요하다. 현행 규정은 "소위원회의 회의는 공개한다. 다만, 소위원회의 의결로 공개하지 아니할 수 있다"고 규정하고 있다. 그런데 단서 규정에서 사유를 규정하고 있지 아니하므로, 사유의 제한 없이 의결만 있으면 비공개로 할 수 있도록 규정되어 있다. 이러한 점에서 소위원회의 비공개 사유를 의결로써만 할 것이 아니라 구체적인 비공개 사유를 열거하여 규정하고 그 요건에 합당한 경우에만 의결을 통해 비공개로 하는 것이 타당하다는 의견[46]에 주목할 필요가 있다. 즉, 소위원회 회의의 의사공개에 관한 국회법 제57조의 이러한 현행 규정은 국회법 제55조에서 위원회의 비공개 사유로 "다만, 국가안전보장을 위하여 필요한 경우에는 출석위원 과반수의 찬성으로 공개하지 아니할 수 있다"는 규정과 비교

46 박선영, 헌법 제50조, 헌법 주석서 Ⅲ, 법제처/한국헌법학회, 2008, 189쪽; 권영설, 앞의 책, 411쪽; 장영수, 앞의 논문, 216쪽; 정재황, 앞의 논문, 11면.

하여 볼 때 비공개의 범위가 상대적으로 넓다. 비공개 사유를 제시하지 않더라도 과반수의 의결만 있으면 소위원회 회의를 비공개로 할 수 있다는 점에서, 회의 비공개 요건이 상대적으로 완화되어 있다. 따라서 비공개를 위한 수적 요건만이 아니라 비공개의 사유도 명시할 필요가 있다는 것이다. 첫째 방안을 택할 경우 국회법 제55조만 수정을 할 것이 아니라, 국회법 제65(청문회), 제156조(징계의 의사), 국정감사 및 조사에 관한 법률 제12조(공개원칙) 등도 이러한 취지의 개정이 필요하다. 또한 의사공개에 관한 원칙을 규정하고 있지 않은 지방의회나 회의공개에 관한 규정을 두고 있는 경우에도 의사공개원칙의 법제화가 미비한 지방의회의 경우에는 조례와 규칙 등 관련 규정을 정비할 필요가 있다.

제5절 맺음말

주권자인 국민의 주권행사를 대신하는 국민의 대표기관인 국회의 모든 회의는 원칙적으로 공개되어야 한다. 이러한 헌법적 원칙을 명시한 규정이 헌법 제50조이며, 이에 따라 국회의 회의는 공개하도록 규정되어 있고, 예외적으로 국회의 회의를 비공개하도록 하는 단서 규정을 두고 있는 것이다. 이러한 헌법적 가치와 헌법규정에 따라 지금까지 국회의 회의는 지속적으로 공개의 범위를 넓혀 왔으며, 이러한 의사공개원칙에 따라 국회법에도 상세한 규정을 두고 있다. 그러나 국회법의 개정과정에서 전반적인 국회법 체계를 고려하지 않고 법률개정의 필요에 따라서 부분적으로만 국회법의 규정을 개정하다보니, 본회의와 소위원회 회의는 공개를 원칙으로 하는데 정작 위원회 회의는 위원장의 허가를 받아야 하는 비공개원칙인 것처럼 오해될 수 있는 규정이 아직도 국회법에 남아 있다. 그간 위원회와 소위원회 등에서의 회의 비공개로 인하여 국회법 관련 규정에 대한 헌법소원심판이 제기되는 등의 문제가 발생하였음에도 불구하고, 2009년의 국회운영제도개선 자문위원회나 2014년의 국회개혁 자문위원회

에서도 이러한 문제점이 지적되거나 개선방안이 구체적으로 제시된 바 없다. 또한 국회법 관련 규정에는 소위원회의 회의에 대해서 공개를 원칙으로 하고 있지만, 비공개 사유를 명시적으로 규정하지 않고 소위원회의 의결로 비공개로 할 수 있다는 규정이 아직도 남아 있다. 이러한 규정에 대한 많은 비판이 제기되고 있음에도 불구하고, 해당 국회법 규정의 개정은 아직도 이루어지지 않고 있는 것이다. 정보위원회 회의와 징계에 관한 회의 등은 비공개주의를 유지하더라도, 국회 본회의와 위원회 회의 및 소위원회 회의는 공개를 원칙으로 하고 예외적으로 비공개를 할 수 있도록 하고, 관련 절차와 예외 사유 및 관련 문구 등을 이에 부합하도록 정비할 필요가 있다. 이러한 법률 개정작업을 통해서, 의사공개원칙에 관한 헌법정신과 헌법규정이 국회법 등에 충실하게 구현될 수 있도록 하여야 할 것이다. 또한 지방의회의 경우에도 이러한 헌법정신과 헌법규정이 실현될 수 있도록 하는 조례와 규칙의 제정·개정작업이 필요하다.

| CHAPTER 19 _ **참고문헌** |

권건보/김지훈, 인사청문회 제도에 대한 비교법적 고찰, 한국법제연구원, 2012.

권영설, 입법과정의 헌법적 조명, 공법연구, 제34권 제3호, 2006.

권영설, 국회의사절차의 헌법상 쟁점과 과제, 헌법학연구, 제10권 제3호, 2004.

권영설, 헌법이론과 헌법담론, 법문사, 2006.

김교창, 의회의 회의법과 평회의체의 회의법, 저스티스, 제34권 제3호, 2001.

김윤정, 입법과정에 대한 헌법적 고찰, 서강법학연구, 제8집, 2006.

김일환/백수원, 헌법상 투명성 원칙에 관한 시론적 고찰, 공법연구, 제39집 제2호, 2010.

박봉국, 국회법, 박영사, 2001.

박선영, 헌법 제50조, 헌법 주석서 Ⅲ, 법제처/한국헌법학회, 2008.

백수원, 투명성의 관점에서 본 대의제의 한계와 극복방안, 미국헌법연구, 제22권 제3호, 2011.

석인선, 국회 법률안 심의과정에서의 민주성 확보에 관한 소고 －위원회제도를 중심으로－, 이화여자대학교 법학논집, 제12권 제2호, 2008.

성낙인, 헌법학, 2014.

안병옥, 국회법, 쵸이스디자인, 2012.

임종훈, 한국입법과정론, 박영사, 2012.

장영수, 알권리와 의사공개의 원칙, 헌법실무연구, 제4권, 박영사, 2003.

정종섭, 헌법학원론, 박영사, 2014.

정호영, 국회법, 법문사, 2012.

최희경, 입법과정에의 국민참여에 관한 연구, 이화여대 법학논집, 제11권 제2호, 2007.

한영철, 미의회의 위원회제도 및 운영에 관한 연구, 명지대학교 사회과학논총, 제1권, 1986.

홍기원, 법치주의의 요청으로서의 입법절차의 공정성 –일반론의 정립을 위한 비교법적 고찰–, 공법학연구, 제12권 제2호, 2011.

국회사무처, 헌법·국회법 연혁집, 2006.

CHAPTER 20 독일의 입법현황과 국가규범통제위원회

출처: 입법평가연구 제10-2호, 2016년, 41~64

독일의 국가규범통제위원회는 법률의 제정이나 개정을 통해 유발되는 비용의 측정에 업무의 초점을 맞추고 있고, 이를 위하여 표준비용모델이라고 하는 방법을 사용하고 있다. 독일에서도 종종 일컬어지는 '규범의 홍수(Normenflut)'가 의미하는 바는, 국민과 기업이 생활과 활동을 함에 있어서 준수하여야 하는 많은 법령 등이 있다는 것이고, 이는 자유롭고 창의적인 경제활동과 기업활동을 억제하는 '규제'로서 기능하게 된다는 것이다. 많은 법령은 그 자체만으로도 복잡하고 어려운 것이지만, 많은 법령이 행정부에 의하여 해석되고 집행되는 과정에서 경제활동과 기업활동은 물론이고 국민들의 일상생활도 많은 '규제'를 받게 된다. 따라서 독일에서도 법령 수의 간소화와 법령집행의 단순화는 이러한 많은 규제에 대한 해결책이 되리라고 여겨지고 있다. 특히, 독일에서의 이행비용심사절차와 방법론은 규제심사를 계량화하여 가시적인 규제완화정책으로 평가받기도 한다. 그러나 독일 국가규범통제위원회가 입법평가요소로서 활용하고 있는 표준비용모델이라는 것은 지나치게 계량적이고 지엽적이라고 평가될 수도 있다. 따라서 지금은 표준비용모델을 활용한 이행비용 측정에서 한발 나아가, 법령의 전반적인 영향을 분석하는 업무도 부가적으로 담당하고 있다. 즉, 법령의 필요성과 이해가능성, 대안 가능성, 시행시점·법령일몰제시점·사후평가시점, 법령의 간소화에 관한 업무도 수행하고 있고, 유럽연합법의 국내법 전환에 관한 업무도 담당하고 있다. 이에 더하여 2015년부터는 'One In One Out' 정책도 새로 도입하여 시행하고 있다. 독일 국가규범통제위원회의 한계와 문제점에도 불구하고 위원회의 활동에 대해서는 '새로운 입법문화(Gesetzgebungskultur)로의 주목할 만한 진전'을 가져왔다거나 '입법에 있어서의 문화적 변화(Kulturwandel in der Gesetzgebung)'를 가져왔다는 긍정적인 평가가 주류이다. 2011년에 설립 5년의 성과를 정리한 연례보고서를 발간하면서, 국가규범통제위원회의 활동이 복잡한 행정절차를 간소화하는데 기여함으로써 기업과 같은 경제주체 만이 아니라 일반 국민들의 부담도 줄였다는 점에 대하여 긍정적으로 평가하고 있다. 이후 2016년에 설립 10년의 성과를 정리한 연례보고서를 발간하면서, 국가규범통제위원회의 활동이 행정을 투명하게 하고 입법으로 발생하는 비용에 대한 분석을 하고 주의를 기울이게 되었으며 관료주의를 철폐하는데 기여했다는 점을 또한 긍정적으로 평가하고 있다. 2006년 설립 이후 5년과 10년의 평가가 일관되게 긍정적이며, 다만 방법론상의 한계와 시행상의 문제점을 보완하려는 시도가 계속 진행되고 있는 것이다. 우리나라에서도 입법영향분석제도 혹은 규제영향분석의 제도화가 논의되고 있다. 독일의 규범통제위원회의 성과는 표준비용모델을 통한 법령의 이행비용 측정이라고 하는 한계를 지니고 있기는 하지만, 최근에는 그 업무영역을 넓혀가면서 입법에 대한 규제영향이나 입법영향에 대한 평가를 시도하고 있기 때문에, 독일 규범통제위원회의 이러한 제도와 제도운영경험은 우리나라에서의 규제개혁이나 입법정책 관련 논의에 참고가 될 만하다.

주제어: 입법평가, 규제영향분석, 입법영향분석, 국가규범통제원, 표준비용모델, 관료비용, 이행비용, 연방정부공동직무규칙

제1절 머리말

2009년 한국법제연구원의 입법평가연구 창간호에 독일 국가규범통제위원회의 활동과 성과를 중심으로 하여 독일의 입법평가에 관한 논문[1]을 작성한지 7년이 지났다. 당시는 2006년에 출범한 독일 국가규범통제위원회가 3년의 활동을 하던 시점이었기에, 원래 의도하였던 제도와 기관의 활동이 어느 정도 그 목적을 실현하고 있는지가 궁금했다. 그러나 국가규범통제위원회가 활동을 시작한지 3년이라는 기간은 제도를 설정한 목표와 나타난 현실의 부합성을 측정하는 의미는 있을지언정, 제도와 기관의 성과를 논하기에는 다소 이른 시점이라고 할 수 있다. 국가규범통제위원회가 출범한지 10년이 경과한 지금의 시점은 그간의 국가규범통제위원회의 성과를 살펴보고 향후 과제를 점검하기에 적절하다고 본다. 그리고 국가규범통제위원회가 신설되었다고 해도 독일연방정부와 연방의회 및 연방참사원의 입법권한이나 입법과정의 큰 틀은 변경되지 않았기 때문에, 신설된 국가규범통제위원회가 연방정부가 법안을 제출하는 과정에 어떠한 영향이나 변화를 주었는지도 살펴볼 필요도 있다. 마침 독일에서도 국가규범통제위원회의 창립 10주년을 전후로 하여 평가작업이 진행되고 분석자료로 출판되었으므로, 이러한 현지의 자료들을 활용하여 독일 국가규범통제위원회 10년의 성과를 고찰해 보기로 한다. 또한 관련 규정이나 문헌 및 제반 입법통계를 통하여 위원회의 활동이 입법과정에 준 영향과 변화를 고찰해 보는 것도 유의미하다고 본다. 후술하는 바와 같이 독일연방은 의원내각제를 채택하고 있기 때문에 대통령제를 채택하고 있는 우리나라의 입법과정 및 입법환경과는 차이가 많다. 그럼에도 불구하고 입법의 사전 및 사후 입법영향분석을 통하여 입법

1 홍완식, 독일의 입법평가 -독일 국가규범통제원의 활동과 성과를 중심으로, 한국법제연구원, 입법평가연구, 제1호, 2009, 33쪽 이하. 독일의 Nationaler Normenkontrollrat(약칭 NKR)의 번역어로서 '국가규범통제원' 보다는 '국가규범통제위원회'라는 번역이 보다 적합하다고 생각되어, 앞으로는 독일의 Nationaler Normenkontrollrat(NKR)을 '국가규범통제위원회'라는 명칭으로 부르기로 한다.

의 적정성과 효과성 등을 체크해 보아야 한다는 생각은 보편타당성을 지닌다고 할 수 있다. 독일의 입법현황 및 국가규범통제위원회의 10년의 성과와 향후 과제에 대한 고찰을 통하여, 우리는 독일의 입법평가제도로부터 어떠한 시사점을 얻을 수 있는지도 겸해서 고찰해 보기로 한다.

제2절 독일의 입법과정과 입법현황

1. 입법과정

의원내각제를 택하고 있는 독일 연방의회는 연방하원과 연방참사원으로 구성되어 있으며, 연방정부와 연방의회 및 연방참사원은 각각 법률안을 제출할 수 있다. 연방정부와 연방의회는 법률안을 제출하고 심의·의결함에 있어서 긴밀히 협력하고, 연방참사원은 연방법률의 심의·의결에 각 주의 입장과 이해가 반영될 수 있도록 활동하고 있다. 이에 더하여 연방정부가 제출하는 법률은 국가규범통제위원회의 입법평가를 거친 후에 연방의회의 심사절차로 넘어간다. 2006년부터는 중요한 법률안에 대해서 국가규범통제위원회에 의한 입법평가가 이루어지고 있다. 연방의회나 연방참사원에서의 입법과정에서는 입법평가와 같은 통제장치가 없지만, 법률안에 대한 3독회 제도 등을 통하여 꼼꼼한 법안심사가 이루어지고 있다. 독일연방의회의 입법과정은 상임위원회와 본회의의 절차 모두를 중시한다. 입법과정의 가장 중요한 단계는 연방의회 상임위원회에서의 법안심의절차이지만, 연방의회 본회의에서도 원칙적으로 법안에 대한 3독회제도를 운영하고 있다. 독일연방법률을 입법하는 과정에 있어서 법안발의권은 연방정부(Bundesregierung), 연방의회(Bundestag), 연방참사원(Bundesrat)에 배분되어 있다. 연방의회의 경우에는 재적의원 5% 이상의 의원이 찬성해야 법률안이 발의될 수 있다. 한국이나 일본은 의원의 숫자로 수적 발의요건을 규정하는데 비하여, 독일은 의원의 비율로 수적 발의요건을 규정하고 있는 점에 차이가 있다. 미국은 연방의회에서 의원 1인이 법률안을 발의할 수 있는 제도를 운영하고 있는 점과는 확연히 대비된다. 국민에 의하여 선출되는 연방의원으로 구성되는 연방의회(Bundestag)는 제출된 법률안의 심의와 의결을 담당하는 입법절차의 중심기관이며, 그 권한과 임무는 연방헌법에 해당하는 연방기본법(Grundgesetz)에 근거한다. 연방참사원(Bundesrat)은 주(Land)의 입장과 이익을 반영하기 위하여 연방의 입법과정에 참여한다. 연방참사원은 주정부의 구성원으로 구성되며 주정부가 임명하고 해임하는 주정부의 구성원으로 이루어진다. 연방참사원은 법률의 발안권, 연방의회가 의결한 법률에 대한 동의권 및 이의제출권, 연방대통령이 입법의 긴급사태를 선포하는 경우의 동의권과 법률을 성립시키는 권한을 지닌다. 독일연방의회에서 연방법률이 성립하기 위해서는 연방참사원의 협력이 필수적이다. 연방정부는 법률안을 제출할 수 있는데, 연방의회에 법률안을 제출하기 전에 그 법안을 연방참사원에 송부하여 해당 법률안에 대한 심의절차를 진행하여야 한다.[2] 연방의회에서는 법률안에 대한 3독회제도를 운영하고 있다. 제1독회에서는 법률안의 전반적인 사항을 논의하고 법률안을 상임위원회에 회부할 것인가를 결정하는데, 대부분의 법률안은 통상 소관 상임위원회에 회부된다. 제2독회는 법률안 내용심사의 제일 중요한 과정이라고 할 수 있는데, 본회의에서 축조심의를 원칙으로 하여 법률안을 상세하게 검토한다. 제3독회에서는 법률안에 대한 토론과 표결이 이루어진다. 이렇게 3독회 과정을 거친 법률안은 연방참사원으로 송부되고, 연방참사원이 찬성하는 경우에는 연방정부로 이송되어 연방대통령에 의하여 공포된다.[3] 연방정부 홈페이지는 연방수상(Bundeskanzlerin)과 연방정부(Bundesregierung)를 소개하는 메인 디렉토리 옆에 핵심정책의 주제들(Themen)을 소개하고 있는데, 이 중 하나가 '관료주의철폐와 보다 개선된 입법'(Bürokratieabbau und bessere Rechtsetzung) 임을 밝히고 있다. 좋은 법을 입법하는 것을 독일 연방정부가 추구해야 할 정책과제로 설정하고 있으며, 이를 담

2 법제처, 독일의 법령체계와 입법심사기준, 2005. 11, 48면.
3 Bundestag은 연방의회로 번역하고 Bundesrat은 연방참사원으로 번역하기로 한다. 홍완식, 독일연방의회의 구성과 기능, 독일연방정부론, 2001 참조.

당하는 조직으로서 후술하는 국가규범통제위원회가 설립되어 활동하고 있는 것이다.

2. 입법현황

독일 연방의회의 입법기별 법률안 발의현황은 <표 20-1>과 같다. 독일은 의원내각제 정부형태를 채택하고 있기 때문에, 제출되는 연방법률안의 대부분은 <표 20-1>에서와 같이 연방정부에 의하여 제출된다. 1990년부터 2013년까지 12대 국회에서 17대 국회에 이르는 동안, 연방정부의 법률안 발의규모는 최저는 449건으로 44.3%였고, 최고는 539건으로 55.6%였다. 규범통제위원회가 신설되어 활동을 개시한 것이 2006년이니, 제15대 의회 이전과 제16대 의회 이후를 구분하여 살펴볼 수 있다. 제15대 의회 이전에는 동일 입법기 4년간 연방정부에 의하여 제출된 법안의 수가 최고 450건이고 최저 362건이었다. 이와 대비하여 제16대 의회에서 연방정부에 의하여 제출된 법안의 수는 539건이고 제17대에는 492건이었다. 또한 제15대 의회 이전의 최고 가결율은 47.6%임에 비하여 제16대의 가결율은 55.6% 제17대는 54.3%로서 법안제출건수와 법안가결율이 상승되었다. 법안제출건수의 증가와 법안가결율의 상승에는 여러 요인이 작용한다고 볼 수 있고, 국가규범통제위원회의 활동이 법안제출건수의 증가와 법안가결율의 상승에 긍정적인 영향을 미쳤는지에 관해서 직접적인 확인을 할 수는 없다. 그러나 국가규범통제위원회의 활동이 법령에 의한 불필요하거나 과도한 비용을 억제하려는 것이었고, 이러한 위원회의 활동이 독일식 규제개혁과 입법평가의 구현이었기 때문에, 위원회의 활동이 연방정부가 제출한 법안에 대한 신뢰를 높이는 요인으로 작용되었다고 평가될 수 있다.

〈표 20-1〉 법률안 발의현황

법안발의기관	제12대 의회 (1990~1994)		제13대 의회 (1994~1998)		제14대 의회 (1998~2002)		제15대 의회 (2002~2005)		제16대 의회 (2005~2009)		제17대 의회 (2009~2013)	
	건수	%	건수	%	건수	%	건수	%	건수	%	건수	%
연방정부	419	46.8	449	44.3	450	44.4	362	47.6	539	55.6	492	54.3
연방참사원	179	20.0	235	23.2	224	22.1	187	24.6	167	17.2	136	15.0
연방의회	197	33.2	329	32.5	328	32.4	211	27.8	264	27.2	278	30.7
총	895	100	1013	100	1002	100	760	100	970	100	906	100

자료: 독일연방의회(Bundestag, 2016. 10. 1 방문)

의원내각제 정부형태를 지닌 독일의 경우에 제17대 연방의회(2009년~2013년) 회기 중에는 총 906건의 법안이 발의되었는데, 비와 비슷한 시기의 우리나라 제18대 국회(2008년~2012년)의 경우에는 발의된 총 법안은 13,913건이다. 비슷한 입법기 4년 동안의 법안 제출건수에 있어서 우리의 제18대 국회는 독일 연방의회의 15배가 넘는다. 특히 전체 법안 중에서 87.8%인 12,220건을 국회의원이 발의한 우리 국회와, 전체 법안 중에서 54.3%인 492건을 연방의원이 발의한 독일 연방의회의 법안발의 상황은 많은 차이가 있다.[4] 독일은 연방의회 4년 임기동안 약 천 건의 법률안이 제출되는 반면에, 우리나라는 국회 4년 임기동안 만 건이 넘는 법률안이 제출되고 있다. 법안을 많이 제출하는 것은 국회가 활동을 많이 하는 것이기 때문에, 많은 건수의 법안제출이 비난받을 일은 당연히 아니다. 그러나 과연 이렇게 많은 법안이 정교한 과정을 거쳐 신중하게 검토된 것인지에 대해서는 생각해 볼 필요가 있다.

독일에서는 연방정부가 법률안을 계획하고 작성함에 있어서, 연방공동직무규칙(Gemeinsame Geschäftordnung der Bundesministerien: GGO)에 따라서 초안의 작성, 준비작업 및 입법계획에 대한 전문가와 이해관계단체의 의견청취를 수행하

4 우리나라 제19대 국회의 경우에는, 제출된 전체 법률안 17,822건 중에서 16,729건(93.9%)을 국회의원이 발의하고 1,093건(6.1%)을 정부가 제출하였다.

고 있다.[5] 또한 후술하는 바와 같이 국가규범통제위원회를 설치하여 법률안에 대한 평가와 검증을 하고 있다. 의원내각제 정부형태를 채택한 독일의 경우에도, 연방의원이 발의하는 법률안에 비하여 연방정부가 발의하는 법률안은 보다 체계적이고 신중하게 마련되고 있다.

〈표 20-2〉 법률 공포현황

법안발의자	제12대 의회 (1990~1994)		제13대 의회 (1994~1998)		제14대 의회 (1998~2002)		제15대 의회 (2002~2005)		제16대 의회 (2005~2009)		제17대 의회 (2009~2013)	
	건수	%	건수	%	건수	%	건수	%	건수	%	건수	%
연방정부	342	69.4	402	72.8	387	70.5	274	71.2	487	79.6	428	78.8
연방참사원	27	5.5	35	6.3	22	4.0	16	4.2	19	3.1	17	3.1
연방의회	85	17.2	92	16.7	106	19.3	79	20.5	86	14.0	84	15.5
통합안	39	7.9	23	4.2	34	6.2	16	4.2	20	3.3	14	2.6
총	493	100	552	100	549	100	385	100	612	100	543	100

자료: 독일연방의회(Bundestag, 2016. 10. 1 방문)

<표 20－1>에서 보는 바와 같이 제출된 법률안은 <표 20－2>에서 보는 바와 같이 가결되어 공포되었다. 즉, 공포된 법률을 기준으로 하여 살펴보면, 연방정부가 제출한 법률안이 법률로 된 가결율이 낮은 경우에는 69.4%(제12대 연방의회)이고, 높은 경우에는 79.6%(제16대 연방의회)의 비중을 차지하고 있다. 이에 비하여 연방참사원은 3.1%에서 6.3%로 저조하고, 연방의회도 14.0%에서 20.5%로 그리 높지 않다. 집권여당과 내각이 긴밀히 협조하는 의원내각제 정부형태의 특징을 입법과정 및 입법결과에서도 볼 수 있는 것이다. 이에 더하여 규범통제위원회가 활동하기 시작한 2006년 이후 즉 제16대 의회 이후에는 연방정부가 제출한 법안이 의회를 통과하여 법률로 공포된 비율이 전체 법안의 약 80%(제16대 79.6%, 제17대 78.8%)에 다가서고 있다. 이러한 연방정부 제출법안의

5 법제처, 독일의 법령체계와 입법심사기준, 2005. 11, 49면.

비중 상승도 우연이라고만은 볼 수 없을 것이다. 국가규범통제위원회의 출범 이후에 독일 연방정부의 입법능력과 신뢰도는 상승하였고, 여러 입법통계는 이를 나타내 주고 있다. 따라서 후술하는 바와 같이 독일 국가규범통제위원회의 한계와 문제점이 논의되고 있음에도 불구하고, 제도와 기관 자체에 대한 필요와 성과가 강조되고 있는 것은 위원회가 독일 연방의 입법과정에 긍정적인 역할을 하고 있다는 점을 나타내주고 있는 것이다.

아래 <표 20-3>에서는 발의되었으나 통과되지 못하고 임기말에 폐기된 법안의 현황을 볼 수 있다. 1990년 이후 일관되게 연방정부나 연방참사원보다 연방의회의 폐기율이 가장 높다. 의원내각제의 특성상 연방정부의 법안발의율은 가장 높고, 입법실패율은 가장 낮음(제16대 9.4%, 제17대 13.8%)을 알 수 있는 통계자료다. 연방을 구성하는 각 주의 관심사가 반영된 연방참사원 제출 법안의 입법실패율(제16대 41.1%, 제17대 32.8%)이 그 다음의 순위를 차지하고, 주로 야당의 관심사가 반영된 연방의회 제출 법안의 입법실패율(제16대 49.4%, 제17대 53.4%)이 가장 높은 비중을 차지하고 있음을 알 수 있다.

〈표 20-3〉 법률안 폐기현황

법안발의기관	제12대 의회 (1990~1994)		제13대 의회 (1994~1998)		제14대 의회 (1998~2002)		제15대 의회 (2002~2005)		제16대 의회 (2005~2009)		제17대 의회 (2009~2013)	
	건수	%	건수	%	건수	%	건수	%	건수	%	건수	%
연방정부	47	11.4	34	7.3	40	8.6	75	19.8	34	9.4	50	13.8
연방참사원	152	36.7	198	42.4	202	43.5	171	45.2	148	41.1	119	32.8
연방의회	213	51.4	235	50.3	220	47.4	132	34.9	178	49.4	194	53.4
통합안	2	0.5			2	0.4						
총	414	100	467	100	464	100	378	100	360	100	363	100

자료: 독일연방의회(Bundestag, 2016. 10. 1 방문)

3. 연방정부 공동직무규칙과 국가규범통제위원회

독일의 연방정부 공동직무규칙(Die Gemeinsame Geschäftsordnung des Bundesministerien, 약칭 GGO)에는 입법과정에서 유의하여야 하는 절차와 기준 등이 규정되어 있다. 2000년에 연방정부 공동직무규칙(GGO)이 개정되어서 '적은 수의 법령, 개선된 법령'을 목표로 하여[6] 제44조에 입법평가제도에 관한 규정이 신설되었다. 연방정부 공동직무규칙(GGO)은 국가규범통제위원회의 설립과 함께 2006년 및 2011년에 개정되어 현재에 이르고 있다.[7] 연방정부 공동직무규칙(GGO) 제6장(제40조~제76조)은 법령의 구상·입안·공포에 이르는 법령의 입법(Rechtsetzung) 과정에 관한 사항을 규정하고 있다. 동 규칙 제43조 제1항에는 법률안을 제출할 경우의 필요적 기재사항을 12호로 나누어 열거하고 있는데, 5호에서는 법률의 효과(Gesetzesfolgen)를 기재하도록 규정하고 있다. 그리고 제43조 제1항 5호에 규정된 법률의 효과(Gesetzesfolgen)에 관한 내용은 제44조에 7개항으로 상세히 규정되어 있다. 특히, 제44조 제1항의 1문은 '법률의 효과'를 "법률의 중요한 영향이라는 의미로 이해될 수 있다"고 개념정의하고 있다.

전체적으로, 법률안이 입법되어 시행되게 되면 의도하였거나 의도하지 않았거나 일정한 효과가 발생하게 되는데, 이러한 법률의 효과를 사전에 예측하여 이를 법률안에 첨부하도록 규정하고 있는 것이 제44조의 주요 내용이다.[8] 특

---

6 Mordemer Staat – Mordeme Verwaltung, Gemeinsame Geschäftsordnung des Bundesministerien, 2000, S.1.

7 http://www.verwaltungsvorschriften-im-internet.de/bsvwvbund_21072009_O11313012.htm 2016년 10월 30일 방문.

8 연방정부 공동직무규칙(GGO) 제44조 ① 입법평가는 법률의 본질적 영향으로 이해되어야 한다. 법률의 본질적인 영향은 의도된 작용 및 의도되지 아니한 부차적인 작용을 포함한다. … ② 공적회계의 세입 및 세출에 대한 영향은 예견되는 집행에 수반되는 영향을 포함하여 설명되어야 한다. … ③ 주 및 지방자치단체의 재정에 대한 영향은 별도로 기재하여야 한다. 법률안의 주무 연방행정부서는 이를 위하여 주 및 지방자치단체의 중앙조직에 대하여 세출과 관련한 적절한 신고를 요구하여야 한다. ④ 해당 연방행정부는 국가규범통제위원회법 제2조에서 규정하는 국민, 경제, 행정에 대한 이행비용을 설명하여야 한다. ⑤ 다음 각호의 사항을 설명하여야 한다. 1. 경제상의 비용 특히 중소기업에 관련된 사항 및 물가에 미치는 법률의 영향 2. … 소비자에게 미치는 법률의 영향 … ⑥ 45조 1항에서 3항에 근거한 이해관계자가 예상하는 기타 법률의 효과도 서술되어야 한다. ⑦ 법

히 제44조 제4항은 해당 연방행정부는 입법의 영향을 평가할 수 있도록 국가규범통제위원회법 제2조에 규정되어 있는 국민·경제·행정에 대한 이행비용을 측정하고 법안제출시에 이를 첨부하도록 하는 내용을 규정하고 있다. 구체적으로 제44조 제4항에는 입법평가를 위한 이행비용측정서에 담겨야 할 내용을 규정하고 있는데, '연방정부부처는 국민과 기업 및 정부에 미치는 입법의 영향을 평가할 수 있도록 국가규범통제위원회법 제2조에 규정되어 있는 이행비용을 측정하고 법안제출시에 이를 첨부'하도록 하는 내용이 명시되어 있다. 국가규범통제위원회는 이행비용을 측정하는 수단을 통하여 사전적인 입법평가를 수행하고 있는 것이다. 국가규범통제위원회법 제4조 제1항에 따르면, 국가규범통제위원회는 법률이나 행정입법의 초안(Entwürfe)[9]을 심사하도록 규정하고 있다. 다만, 동법 제4조 제1항 6호는 '현행 연방법률과 이에 근거를 둔 행정입법'이라고 규정하여, 사후 입법평가를 시행할 수 있는 근거가 될 수 있는 규정을 두고 있기는 하지만, 입법평가 실무에 있어서는 주로 사전입법평가가 시행되고 있다. 동법 제4조 제3항에서 "국가규범통제위원회는 연방각부의 법률안이 연방내각에 제출되기 이전에 법률안을 심사한다"는 규정을 보면, 독일 규범통제위원회는 사전입법평가를 수행하도록 하는 내용으로 제도가 설계되어 있다는 점이 확연해진다.

률안의 제안이유서에는 각 연방행정부서가 어느 시기에 심사를 할 것인지, 의도된 영향이 달성될 수 있는지, 발생한 비용이 효과와 적절한 비례관계에 있을지, 어떠한 부작용이 발생할지를 서술하여야 한다.

9 국가규범통제위원회법 제4조 제1항 1호는 연방법률이 제정되는 경우의 초안, 2호는 개정되는 법률규정의 초안과 기존 법률규정, 3호는 하위 행정입법의 규정초안에 관하여 규정하고 있고, 4호와 5호는 유럽연합법령을 준비하는 경우에 있어서의 입법평가와 유럽연합법을 국내법으로 전환하는 경우의 입법평가에 관하여 규정하고 있다.

제3절 국가규범통제위원회의 활동과 성과

1. 국가규범통제위원회의 발전과정

독일 연방의회는 2006년 8월 14일에 국가규범통제위원회법(Gesetz zur Einsetzung eines Nationalen Normenkontrollrates)을 통과시켰으며, 2006년 8월 18일부터 효력을 발생한 법률에 따라 연방수상이 2006년 9월 19일에 제1기 국가규범통제위원회 위원 8명을 임명하였다. 1기 위원회의 5년 임기가 종료된 2011년에는, 제2기 국회규범통제위원회 위원 10명이 임명되었고, 2016년 9월에는 제3기 위원회의 위원으로 2명만이 교체되었다. 국가규범통제위원회의 설립목적을 달성하기 위해서는 위원회 구성의 다양성이 확보되어야 하기 때문에, 위원은 경제, 정치, 학문, 사법, 행정분야를 대표하는 인사들로 구성되어야 한다는 인식이 존재한다.[10] 이러한 인식 하에 구성된 2006년 9월에 임명된 제1기 국가규범통제위원회 위원들의 경력이나 현직 등을 살펴보면, 법률·경제·행정 분야의 인사들이 주로 위원으로 선임되어 있음[11]을 알 수 있고, 2011년 9월에 임명된 제2기 국가규범통제위원회 위원들은 8명에서 10명으로 인원이 늘어난 만큼 더욱 다양한 법률·경제·행정 분야의 인사들이 선임되었다.[12] 또한 2016년 9월에 임명된 제3기 국가

---

10 Auftrag, Organisation und Arbeitsweise des Nationalen Normenkontrollrates, Nationaler Normenkontrollrat, 2009. 4, S.5.

11 국가규범통제위원회 제1기는 행정경험을 갖춘 경제계 인사가 위원장(Dr. Johannes Ludewig)을 맡았다. 7명의 위원으로는 변호사가 2인(Herman Bachmeier, Henning Kreibohm)이고, 법학교수(Prof. Dr. Johann Wittmann), 경제학 교수(Prof. Dr. Gisela Färber), 언론계 인사(Dr. Hans D. Barbier), 상공회의소의장을 지낸 경제계 인사(Dr. Franz Schoser), 의회사무처 인사(Wolf-Michael Catenhusen) 등으로 구성되었다. 이들 위원들에게는 담당 소관부처가 배정되어 있다. Johannes Ludewig 위원장에게는 연방수상청, 연방국방부, 연방외교부, 연방문화부가, Herman Bachmeier 위원에게는 연방내무부와 연방법무부가 배정되는 식으로, 각 위원들에게는 입법평가의 담당분야가 있다.

12 국가규범통제위원회 제2기 위원장에는 제1기 위원장(Dr. Johannes Ludewig)이 연임되었다. 9명의 위원으로는 제1기에서 연임된 의회사무처 인사(Wolf-Michael Catenhusen)가 부위원장을 맡고 있고, 변호사가 3인(Rainer Funke, Johann Hahlen, Hanns-Eberhard Schleyer), 교수 2인(Dr. Thea Dückert, Prof. Dr. Sabine Kuhlmann), 작센주 헌법재판소 재

규범통제위원회의 위원[13] 구성에서도 이러한 다양성이 유지되고 있음을 알 수 있다. 또한 제2기 위원 대부분이 연임되고 있는 것을 보면 국가규범통제위원회는 전문성과 연속성을 중시하고 있다는 것을 알 수 있다. 위원장과 부위원장은 설립시기 부터 3기에 이르기까지 계속 연임을 하고 있고, 나머지 위원들의 경우에는 임기가 만료되면 일부 위원만 교체하는 양상을 보이고 있다. 국가규범통제위원회법에 근거하여 설립된 국가규범통제위원회의 설립목적은 연방정부의 법률안에 대하여 표준비용모델이라고 하는 방법으로 입법평가를 수행하는 것이다. 이들 위원들의 업무는 담당 연방행정부에서 제출한 법안에 대하여 사전평가를 하고, 평가결과를 위원회 전체회의에 부의하여 심의하여 연방수상에게 심의결과를 제출하는 것이다. 국가규범통제위원회는 연방수상청 소속으로 베를린에 위치한 연방수상청에 사무국이 설치되어 있고, 연방수상청에 의하여 행정적인 지원을 받는다. 사무국 홈페이지에 따르면 2013년 9월에 10명의 직원이 근무하고 있었는데, 2016년 10월에는 14명의 직원이 근무하고 있다. 연방수상은 연방내각의 동의를 얻어 연방대통령에게 위원 후보에 대한 임명제청을 한다. 국가규범통제위원회 위원은 5년의 임기로 연방대통령에 의하여 임명되며 연임이 가능하다. 위원이 임기만료 전에 사직을 원하는 경우에는 연방대통령에게 면직을 요청할 수 있고, 위원이 임기만료 전에 사직을 하는 경우에 연방대통령은 잔여임기 동안 새로운 위원을 임명한다. 국가규범통제위원회의 회의는 통상 매주 개최된다. 위원회 회의는 재적과반수의 찬성으로 의결한다. 가부동수인 경우에는 안건이 부결된다.

2. 국가규범통제위원회의 권한과 업무

2016년 9월 20일에 요아힘 가우크(Joachim Gauck) 연방대통령은 전술한 바

판관(Prof. Dr. Andrea Versteyl), 지방자치단체시장(Gudrun Grieser), 주의회 의원(Dorothea Störr-Ritter) 등으로 구성되어 있다.

13 제2기 위원회의 변호사 2인이 사임을 하고, 전직 헌법교수(Dr. Rainer Holtschneider)와 현직 경영학교수(Prof. Dr. Conny Mayer-Bonde)가 새로이 임명되었다.

와 같이 제3기 규범통제위원회 위원들을 임명하면서, 관료주의 완화를 위한 규범통제위원회의 업무와 역할을 재차 강조하고 있다. 즉, 공무원조직이 없다면 국가의 업무를 수행할 수 없다는 것은 분명하지만, 공적업무와 관련한 각종 신청이나 보고의무 등이 시민과 기업 등에게 과도한 시간과 비용을 초래하는 것은 바람직하지 못하다고 하면서, 규범통제위원회는 경직된 관료주의를 철폐하고 좋은 법령을 만들기 위하여 존재하며, 이러한 과제수행을 위해 지난 10년동안 연방정부를 지원해왔다는 점을 치하하였다. 이에 더하여 연방대통령은 제3기 위원회 위원들에게, 독립적이고 정치적으로 중립적인 전문가들로 구성되어진 위원들은 법령에서 불필요한 규제를 제거하고 국민들에게 부과되는 불필요한 부담을 없애는데 노력해 달라고 당부하였다.[14] 국가규범통제위원회가 신설된 2006년의 국가규범통제위원회법에 따른 위원회의 주된 업무는 법률에 의하여 발생되는 행정비용을 절감하도록 표준비용모델을 사용하여 측정하는 것이었다.[15] 행정비용(Bürokratiekosten)이란 국민이나 기업이 행정청에 보고하도록 되어 있는 정보보고의무(Informationspflicht)[16]를 수행하기 위하여 사용되는 시간을 계량화하여 이를 비용으로 환산한 수치를 의미하는 것이고, 이러한 행정비용을 산출하기 위하여 적용되는 측정법을 표준비용모델(Standardkosten－Modell)[17]이라

14 Würdigung des Nationalen Normenkontrollrates anlässlich der Ernennung der neuen Mitglieder, Rede von Bundespräsident Joachim Gauck, 2016. 9. 20. http://www.bundespraesident.de/SharedDocs/Reden/DE/Joachim－Gauck/Reden/2016/09/160920－Normenkontrollrat.html, 2016. 10. 30. 방문.

15 NKRG §2 (2) "Bei der Messung der Bürokratiekosten ist das Standardkosten－Modell anzuwenden." "행정비용을 측정함에 있어서는 표준비용모델이 적용된다."

16 정보보고의무란 법령 등에 의하여 각종 데이터와 기타 정보를 집계하고 관리하며 이를 행정청에 보고하여야 하는 의무를 의미한다. Leitfaden für die Ex－ante－Abschätzung der Bürokratiekosten nach dem Standardkosten－Modell(SKM), 2. Aufl., 2008, 11, S.7.

17 표준비용모델이란 법령을 통하여 국민(주로 기업체)에게 부과되는 각종 정보보고의무로 인하여 발생하는 행정비용(이행비용)을 추산하기 위한 방법이다. 이진국, 독일의 표준비용모델연구, 한국법제연구원, 2009. 7, 13면; 표준비용모델은 네덜란드에서 정보보고의무를 이행하기 위하여 발생하는 행정비용을 산출하기 위하여 고안되었고, 지금은 유럽연합이나 회원국 등에서 행정비용을 측정하기 위한 방법으로 널리 사용되고 있다. 예를 들어 기업이 행정청에 일정한 통계자료 생성을 위한 정보보고의무를 이행한다고 가정하자. 이 기업의 직원이 정보보고의무의 이행을 위하여 소요되는 시간이 월 2시간이고, 이 직원의 시급이 5만원이라면 이 회사가 부담하여야 하는 이행비용은 연 120만원이다. 이러한 기업이 5,000개가 있다면 기업전체의 이행비용은 연 60억원으로 계산된다. 표준비용모델은 기

고 한다. 그러나 2011년의 법률개정으로 국가규범통제위원회의 가장 중요한 임무가 행정비용(Bürokratiekosten)을 심사하던 것에서 이행비용(Erfüllungsaufwand)을 심사하는 것으로 개정되었다. 이행비용이란 법령을 준수하기 위하여 수범자(국민, 경제, 행정)에게 발생되는 비용을 의미한다. 행정비용은 이행비용에 포함[18]되는 개념이며, 이러한 개정은 법안비용 분석대상의 확대를 의미하는 것이다. 국가규범통제위원회는 스스로의 성과를 평가하면서, 위원회의 주요임무를 행정비용의 심사에서 이행비용의 심사로 확대한 것을 큰 성과라고 자평한 바 있다.[19] 법률의 입법으로 초래되는 측정된 이행비용에 관한 의견은 법안의 첨부서류로서 연방정부에 제출되고, 연방정부는 이행비용을 첨부한 법안을 연방의회에 제출한다.[20] 이를 통하여 규범통제위원회가 검토한 이행비용에 대한 문제는 입법의 자료로서 입법과정에 참고될 수 있다. 2012년까지는 위원회의 활동을 통하여 25%의 비용절감정책을 목표로 설정하였지만, 그 이후에는 새로운 계량적 목표를 설정하지 않았다.

이와 같은 이행비용을 측정하는 것 이외에 규범통제위원회는 ① 법령의 필요성과 이해가능성, ② 덜 규제적인 다른 대안의 가능성, ③ 시행의 시점과 필요한 경우 법령일몰제의 시점과 사후평가의 시점, ④ 법령의 간소화, ⑤ 유럽연합법의 국내법으로의 전환 등을 심사한다. 이러한 본래의 업무와 확장된 업무를 수행함에 있어서 위원회는 국가규범통제위원회의 규정에 따르지만, 업무에 있어서는 전문성과 중립성에 입각하여 독립적인 업무수행을 보장받고 있다.[21]

업의 정보보고비용을 국민경제적 측면에서 측정하고 파악하는 것을 가능케 하는 장점이 지적되고 있다. 최윤철, 「독일과 스위스의 입법평가 사례연구」, 한국법제연구원, 2008, 44면.

18 Teil des Erfüllungsaufwandes sind auch die Bürokratiekosten. NKRG §2②.

19 Fünf Jahre Bürokratieabbau, Jahresbericht 2011 des Nationalen Normenkontrollrates, 2011. 9, S.17.

20 이러한 국가규범통제위원회의 법률효과분석은 ① 새로운 법률(규정)은 어느 정도의 (비용)부담을 주는지 및 부담을 적게 주는 다른 대안이 있는지를 투명하게 밝히고 ② 입법과정에 참여하는 관계자들에게 새로운 법률(규정)은 어떠한 비용과 연관되는지 및 입법문화를 개선시키기 위한 인식을 강화하며 ③ 새로운 이행비용의 발생을 막고 기존의 이행비용을 절감하는데 기여한다. Jahresbericht 2008 des Nationalen Normenkontrollrates, 2008. 6, S.16.

21 Prüfkriterien des NKR, https://www.normenkontrollrat.bund.de, 2019. 10. 30 방문.

2014년에 위원회는 영국식 규제개혁의 방법론인 'One In One Out'제도를 도입할 것을 연방정부에 제안하였고, 2015년부터는 하나의 규제를 신설하기 위해서는 기존 규제 하나를 폐지한다는 영국식 'One In One Out' 규제개혁정책도 시행하고 있다.[22] 영국식 'One In One Out' 규제개혁정책의 도입도 역시 규범통제위원회가 개별법령에 대한 이행비용의 측정만을 담당하는 제한된 역할에서 나아가서, 외국의 규제개혁정책을 위원회의 업무로 받아들이기 시작했다는 것으로 의미 부여를 할 수 있을 것이다. 도입 첫 해인 2015년 1년간의 'One In One Out' 정책의 성과는 긍정적인 것으로 자평하고 있다. 즉, 신설 규제의 도입(In)을 위해 기존 규제를 철폐(Out)하면서 9억 5천 8백만 유로를 절감하였다는 'One In One Out' 규제개혁의 성과를 자랑하면서, 이 정책을 통하여 법령의 집행으로 인한 비용이 처음으로 절감되었다고 평가하였다. 또한 2015년의 국민과 기업의 규제개혁 만족도를 조사하였더니, 만족도가 상승하였음을 밝히고 있다. 특히, 법령의 이해도(Verständlichkeit des Rechts) 분야에서 평균 이상의 만족도가 산출되었다는 결과를 발표하면서, 관련 정책의 확대 시행을 제안하고 있다. 아직도 국가정책의 만족도가 낮은 분야는 처리의 기간, 절차의 투명성과 대기기간 등으로 조사되고 있다. 전자정부로의 진전이 더디기 때문에 행정처리의 장기화와 비효율성이 초래되고 있다는 조사결과도 제시되었다.[23]

2016년 6월 14일에 위원회는 '독일의 전자정부'(E-Government in Deutschland)라는 보고서를 발표하였다. 보고서는 전자정부를 위한 연방정부의 정책이 매우 더디며 다른 유럽국가와 비교해서도 뒤지고 있다고 평가하면서, 신속하고 효율적인 행정처리를 위해서는 행정절차를 디지털 환경에 적합하도록 더욱 노력해야 한다고 평가하고 있다. 전자정부가 구현되기 위해서는 연방정부와 주정부 및 자치구(Gemeinde)가 긴밀히 협력할 수 있도록 '독일 전자정부 협약'(E-Government-Pakt in Deutschland)이 필요하다는 의견을 제시하고 있다. 또한 위원회는 2016년 6월 24일에 위원회는 연방노동사회부·연방수상청·연방통계청과 공동으로 '사

22 Der Nationale Normenkontrollrat, 2015. 9, S.9.

23 Bessere Rechtsetzung 2015 : Mehr Entlastung, Mehr Transparenz, Mehr Zeit für das Wesentliche, S.1.

회보험료 산정에 관한 개선방안'(Fälligkeit von Sozialversicherungsbeiträgen)을 발표하였다. 보고서는 5대 사회보험료의 산정 등을 위하여 기업이 부담하는 비용을 연간 14억 6천억 유로 추산하면서, 사회보험료 산정을 위한 기업의 부담을 경감하기 위한 간편한 절차의 도입을 제안하고 있다. 이러한 개선방안을 도입하게 되면 연간 6천 4백만 유로에 이르는 기업의 비용부담을 절감할 수 있을 것으로 추산하고 있다.[24] 이는 규범통제위원회가 개별법령에 대한 이행비용의 측정만을 담당하는 제한된 역할에서 나아가 연방정부의 거시적인 정책에 관한 적정성·효율성 등의 평가에도 업무영역을 넓혀가고 있다는 점을 보여주고 있다.[25] 법령에 대한 입법평가 분야에 있어서 유럽연합과의 긴밀한 협력도 강화되고 있다. 주지하다시피, 유럽연합 회원국은 유럽연합조약에 따른 의무로서 유럽연합의 중요법령을 자국법으로 전환하여야 할 의무를 지는 경우가 있다. 따라서 이러한 유럽연합의 법령을 자국법으로 전환할 경우의 사전입법평가를 유럽연합과 함께 수행한다. 독일의 경우에는 아직 본격적이지는 않지만, 국가규범통제위원회가 동 업무를 담당하고 있다. 또한 법령에 대한 사전평가만이 아니라 사후평가도 일부 수행하고 있다. 입법된지 3년에서 5년이 경과한 법령을 대상으로 하여 원래 설정한 입법목적의 달성 여부를 점검하여 법령의 존치 혹은 개정을 위한 자료로 활용할 수 있도록 하는 영향평가도 준비하고 있다.[26]

3. 국가규범통제위원회의 성과와 과제

2006년 9월에 설립된 국가규범통제위원회는 2006년 12월 1일부터 법률의 효과를 측정하는 업무를 개시하였다. 국가규범통제위원회는 2006년 12월 이후부터 2009년 5월까지 약 900건의 법령을 검토하였다.[27] 국가규범통제위원회는

24 Projektbericht "Fälligkeit von Sozialversicherungsbeiträgen" veröffentlicht: Wie die Wirtschaft um 64 Millionen Euro jährlich entlastet werden kann, S.1

25 Der Nationale Normenkontrollrat veröffentlicht Gutachten : "E-Government in Deutschland : Wie der Aufstieg gelingen kann", S.2.

26 10 Jahre Nationaler Normenkontrollrat – Bürokratieabbau und bessere Gesetzgebung, Nationaler Normenkontrollrat, 2016. 9, S.17.

27 Pressemitteilung, Nationaler Normenkontrollrat, 2009. 5. 11, S.1.

2009년 5월의 보고서[28]에서, 경제 분야에 있어서의 관료주의철폐를 위하여 행정절차 등을 간소화하는 성과를 거두었다고 한다. 국가규범통제위원회는 연방정부가 추구하는 정책적 목표가 '관료주의 철폐－개선된 입법－경제발전과 고용증진을 위한 새로운 기회'에 있고 위원회는 이러한 정책적 목표의 달성을 위해 노력하고 있음을 밝히면서,[29] 위원회 출범 이후 5년간 입법의 이행비용을 25%(약 120억 유로) 감축하는 성과를 거두었다고 발표하였다.[30] 또한 제2기 국가규범통제위원회의 임기 동안인 2011년 7월부터 2013년 7월까지 2년간 국가규범통제위원회는 약 700건의 법률안을 심사하였다. 이러한 심사를 통하여 법률안의 이행비용 연평균 21억 유로를 절감하였다고 보고되었다.[31] 특히 국가규범통제위원회의 활동을 통하여 중요한 법률에 대하여 법률의 목적을 효과적으로 달성할 수 있을 것인가와 입법으로 인하여 발생되는 비용을 체계적으로 평가함을 통하여 입법발전에 기여하고 있다는 점이 높게 평가되고 있다.[32] 규범통제위원회 10주년에 즈음하여 보낸 Podcast에서 앙겔라 메르켈(Angela Merkel) 연방수상은 위원회의 활동을 통해 기업의 정보보고의무는 현저하게 완화된 성과를 거두었다고 하면서도, 전반적인 관료주의 철폐를 위해서는 아직 이 정도의 성과로 만족해서는 안된다는 평가를 내리고 있다. 법령을 입법할 때에 입법자는, 과연 무엇을 위해 이 법률을 입법해야 하는가에 대한 질문을 해야 한다면서, 규범통제위원회는 독일의 관료주의 철폐를 위해 아직도 할 일이 산적해 있다고 한다.[33] 향후 과제가 산적해 있음에도 불구하고 지금까지 국가규범통제위원회의 중요한 성과는 입법절차에서의 투명성을 확보하고, 지속적으로 사전적인 입법평가가

28 Bürokratieabbau Konkret – Beispiele für erfolgreiche Maßnahmen zum Bürokratieabbau, Nationaler Normenkontrollrat, 2009. 5.

29 Pressemitteilung "National Normenkontrollrat zieht Bilanz : Bürokratieabbau – Bessere Gesetzgebung – Neue Chancen für Wachstum und Beschäftigung", 2009. 5. 11.

30 Der Nationale Normenkontrollrat, 2015. 9, S.6.

31 연간 절감액 총 21억 유로 중에서 경제적 이행비용은 14억 유로, 행정적 이행비용은 4억 유로, 시민적 이행비용은 3억 유로임.

32 Bessere Gesetzgebung - Bürger, Wirtschaft und Verwaltung spürbar entlasten, Jahresbericht 2012 des Nationalen Normenkontrollrates, 2012. 10, S.5.

33 Beim Bürokratieabbau noch zu viel tun, https://www.normenkontrollrat.bund.de, 2019. 10. 30 방문.

진행되도록 하였다는 점이다.[34] 불필요한 관료주의는 시민과 기업과 행정기관에 불필요한 비용과 시간을 낭비하도록 하는 원인이기 때문에 이는 경제성정과 고용개선을 저해하는 것이고, 위원회는 10년간의 활동을 통해서 여러 분야의 관료주의를 철폐하고 법령의 품질을 개선하는 성과를 달성했다고 자평하고 있다.[35] 특히 표준비용모델은 중소기업에 부담을 주는 관료비용의 절감에 유익한 것으로 평가받고 있다. 그러나 사회적 편익 측정의 곤란 등으로 인하여 국가규범통제위원회가 비용과 편익을 망라한 분석을 하지 못하는 점과 이러한 분석의 결과가 과연 입법과정에서 얼마나 반영되고 있는지에 대해서는 의문과 비판이 제기[36]되고 있으며, 규범통제위원회의 활동과 성과는 표준비용모델을 통한 이행비용의 측정과 심사에만 국한되어 있다는 한계가 지적[37]되고 있다. 따라서 독일 국가규범통제위원회의 향후 과제는 표준비용모델을 통한 이행비용의 한계를 넘어서 입법이 초래하는 다양한 영향을 분석하여 이를 법령의 제정·개정·폐지에 반영하는 활동을 하는 것이다.

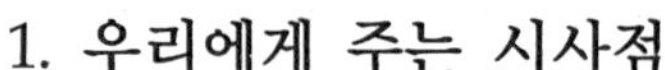

제4절 맺음말

1. 우리에게 주는 시사점

독일의 국가규범통제위원회는 법률의 제정이나 개정을 통해 유발되는 비용의 측정에 업무의 초점을 맞추고 있고, 이를 위하여 표준비용모델이라고 하는

34 권영복 역, 독일의 규범통제위원회, 더 좋은 입법을 위한 프로모터인가?, 입법평가연구, 제7호, 2013, 92쪽.

35 10 Jahre NKR gute Bilanz bei Bürokratieabbau und Folgekostenbegrenzung, Jahresbericht des Nationalen Normenkontrollrates, 2016, S.79.

36 이상해, 독일 입법평가의 현황과 과제, 전남대학교 법학논총, 제31집 제3호, 2011, 196쪽.

37 정극원, 독일 국가규범통제위원회의 역할과 성과에 관한 고찰, 토지공법연구, 제68집, 2015, 537쪽.

방법을 사용하고 있다. 독일에서도 종종 일컬어지는 '규범의 홍수(Normenflut)'가 의미하는 바는, 국민과 기업이 생활과 활동을 함에 있어서 준수하여야 하는 많은 법령 등이 있다는 것이고, 이는 자유롭고 창의적인 경제활동과 기업활동을 억제하는 '규제'로서 기능하게 된다는 것이다. 많은 법령은 그 자체만으로도 복잡하고 어려운 것이지만, 많은 법령이 행정부에 의하여 해석되고 집행되는 과정에서 경제활동과 기업활동은 물론이고 국민들의 일상생활도 많은 '규제'를 받게 된다. 따라서 독일에서도 법령 수의 간소화와 법령집행의 단순화는 이러한 많은 규제에 대한 해결책이 되리라고 여겨지고 있다. 특히, 독일에서의 이행비용심사절차와 방법론은 규제심사를 계량화하여 가시적인 규제완화정책으로 평가받기도 한다. 그러나 앞에서 살펴본 바와 같이 독일 국가규범통제위원회가 입법평가요소로서 활용하고 있는 표준비용모델이라는 것은 지나치게 계량적이고 지엽적이라고 평가될 수도 있다. 따라서 지금은 표준비용모델을 활용한 이행비용 측정에서 한발 나아가, 법령의 전반적인 영향을 분석하는 업무도 부가적으로 담당하고 있다. 즉, 법령의 필요성과 이해가능성, 대안 가능성, 시행시점·법령일몰제시점·사후평가시점, 법령의 간소화에 관한 업무도 수행하고 있고, 유럽연합법의 국내법 전환에 관한 업무도 담당하고 있다. 이에 더하여 2015년부터는 'One In One Out' 정책도 새로 도입하여 시행하고 있다.

독일 국가규범통제위원회의 한계와 문제점에도 불구하고 위원회의 활동에 대해서는 '새로운 입법문화(Gesetzgebungskultur)로의 주목할 만한 진전'을 가져왔다거나 '입법에 있어서의 문화적 변화(Kulturwandel in der Gesetzgebung)'를 가져왔다는 긍정적인 평가가 주류이다. 2011년에 설립 5년의 성과를 정리한 연례보고서를 발간하면서, 국가규범통제위원회의 활동이 복잡한 행정절차를 간소화하는데 기여함으로써 기업과 같은 경제주체 만이 아니라 일반 국민들의 부담도 줄였다는 점에 대하여 긍정적으로 평가하고 있다. 이후 5년 후인 2016년에 설립 10년의 성과를 정리한 연례보고서를 발간하면서, 국가규범통제위원회의 활동이 행정을 투명하게 하고 입법으로 발생하는 비용에 대한 분석을 하고 주의를 기울이게 되었으며 관료주의를 철폐하는데 기여했다는 점을 또한 긍정적으로 평가하고 있다.[38] 2006년 설립 이후 5년과 10년의 평가가 일관되게 긍정적이며, 다만 방법론상의 한계와 시행상의 문제점을 보완하려는 시도가 계속 진행되고 있는 것이다. 우리나라에서도 입법영향분석제도 혹은 규제영향분석의 제도화가 논의되고 있다. 독일의 규범통제위원회의 성과는 표준비용모델을 통한 법령의 이행비용 측정이라고 하는 한계를 지니고 있기는 하지만, 최근에는 그 업무영역을 넓혀가면서 입법에 대한 규제영향이나 입법영향에 대한 평가를 시도하고 있기 때문에, 독일 규범통제위원회의 이러한 제도와 제도운영경험은 우리나라에서의 규제개혁이나 입법정책 관련 논의에 참고가 될 만하다.

2. 제20대 국회의 과제

우리나라에서는 의원들이 발의하는 법안에 대하여 규제영향분석제도나 입법영향분석제도를 도입하자는 주장이 힘을 얻고 있다. 정부가 제출하는 법안의 경우에는 정책평가(정부업무평가)와 부패영향평가를 포함하여 성별영향평가, 환경·교통·재해·인구영향평가, 규제영향평가 등이 행해지고 있다. 그러나 의원발의 법률안이 국회에 제출되기까지에는 정부제출법률안의 입안절차와 같은 입법절차가 결여되어 있다. 따라서 의원발의 법률안의 입안절차에도 정부제출법률안의 입안절차와 같은 제도를 도입할 필요가 있다는 것이다. 그러나 다양한 평가를 도입하는 것은 현실적으로 어렵다고 보기 때문에 입법영향분석을 도입하는 경우에는 단계적으로 도입하는 것이 제도의 안착과 성공을 위해 필요하다고 본다. 따라서 입법영향분석이라고 하는 또 하나의 평가제도가 도입되는 것이 아니라 기존의 평가제도를 아우르는 통합형 평가제도가 도입되는 것이 바람직하고, 입법평가제도의 일시적인 도입보다는 단계적 도입을 통하여 제도도입과정에서 발생하는 문제점을 줄여나가는 것이 바람직하다. 각종 영향평가제도와 입법영향분석제도의 관계를 고려하여 제시할 수 있는 제도화 방안으로는 ①

38 10 Jahre Nationaler Normenkontrollrat – Bürokratieabbau und bessere Gesetzgebung, Nationaler Normenkontrollrat, 2016. 9, S.4.

현재 정부제출법률안에 대하여 실시하고 있는 규제영향분석제도를 의원발의법률안에도 확대·개정하는 방안과 ② 규제영향분석제도를 비롯하여 각종 영향평가제도를 입법영향분석제도로 통합하는 방안이 있다.[39] 입법절차의 개선을 위해서 독일의 입법평가제도와 국가규범통제위원회의 제도와 경험은 우리에게 좋은 자료가 되리라 생각한다. 독일의 경우에는 의회 4년 임기동안 약 천 건의 법률안이 제출되고 있는 반면에, 우리나라의 경우에는 국회 4년 임기동안 만 건이 훨씬 넘는 법률안이 제출되고 있다. 정부가 제출하는 법률안은 우리나라나 독일이나 체계적이고 신중하게 마련되고 있다. 그러나 의원이 발의하는 법률안의 경우에는 독일과 우리나라는 현저한 차이가 있다. 우선 의원발의 법률안의 건수가 독일은 많지 않기 때문에, 연방의회에서의 입법절차에서 충분히 여과될 수 있다. 의원발의 법률안의 건수가 독일과 비교될 수 없이 많은 우리나라의 경우에는, 상임위원회와 본회의에서의 법률안 심의를 통해 충분히 여과될 수 없다. 따라서, 우리나라의 경우에는, 정부입법절차에 견줄 수 있는 규제영향분석절차나 입법영향분석절차가 필요하다.

| CHAPTER 20 _ 참고문헌 |

권영복 역, 독일의 규범통제위원회, 더 좋은 입법을 위한 프로모터인가?, 입법평가연구, 제7호, 2013.

법제처, 독일의 법령체계와 입법심사기준, 2005. 11.

이상해, 독일 입법평가의 현황과 과제, 전남대학교 법학논총, 제31집 제3호, 2011.

정극원, 독일 국가규범통제위원회의 역할과 성과에 관한 고찰, 토지공법연구, 제68집, 2015.

최윤철, 「독일과 스위스의 입법평가 사례연구」, 한국법제연구원, 2008.

홍완식, 독일연방의회의 구성과 기능, 독일연방정부론, 2001.

홍완식, 제20대 국회의 과제로서 입법영향분석제도 도입, 공법연구, 제45집 제1호, 2016.

39 구체적인 논의는 홍완식, 제20대 국회의 과제로서 입법영향분석제도 도입, 공법연구, 제45집 제1호, 2016 참조.

10 Jahre Nationaler Normenkontrollrat – Bürokratieabbau und bessere Gesetzgebung, Nationaler Normenkontrollrat, 2016. 9.

Auftrag, Organisation und Arbeitsweise des Nationalen Normenkontrollrates, Nationaler Normenkontrollrat, 2009. 4.

Bessere Gesetzgebung – Bürger, Wirtschaft und Verwaltung spürbar entlasten, Jahresbericht 2012 des Nationalen Normenkontrollrates, 2012. 10

Bessere Rechtsetzung 2015 : Mehr Entlastung, Mehr Transparenz, Mehr Zeit für das Wesentliche.

Bürokratieabbau Konkret – Beispiele für erfolgreiche Maßnahmen zum Bürokratieabbau, Nationaler Normenkontrollrat, 2009. 5.

Fünf Jahre Bürokratieabbau, Jahresbericht 2011 des Nationalen Normenkontrollrates, 2011. 9.

Jahresbericht 2008 des Nationalen Normenkontrollrates, 2008. 6.

Leitfaden für die Ex-ante-Abschätzung der Bürokratiekosten nach dem Standardkosten-Modell(SKM), 2. Aufl., 2008, 11.

Morderner Staat – Morderne Verwaltung, Gemeinsame Geschäftsordnung des Bundesministerien, 2000.

Der Nationale Normenkontrollrat, 2015. 9.

Der Nationale Normenkontrollrat veröffentlicht Gutachten : "E-Government in Deutschland : Wie der Aufstieg gelingen kann".

Projektbericht "Fälligkeit von Sozialversicherungsbeiträgen" veröffentlicht: Wie die Wirtschaft um 64 Millionen Euro jährlich entlastet werden kann.

Prüfkriterien des NKR, 2019. 10

Würdigung des Nationalen Normenkontrollrates anlässlich der Ernennung der neuen Mitglieder, Rede von Bundespräsident Joachim Gauck, 2016. 9. 20.

저자 약력

홍 완 식

건국대학교 법과대학 졸업 (법학석사)
쾰른대학교 법과대학 졸업 (법학박사)

현)
건국대학교 법학전문대학원 교수
한국동물법연구회 회장
한국법학교수회 부회장
국회 입법지원위원
법무부 법무보호위원
법제처 국민법제관
대검찰청 검찰수사심의위원회 위원
법무보호가족교육원 자문위원
송파구 민원조정위원회 부위원장
국회도서관 법률도서관 자문위원
국회 입법조사처 자문위원
한국식품안전연구원 자문위원
건국대학교 인권센터장
유럽헌법연구 편집위원장
입법학연구 편집위원장
한국입법포럼 운영단장
KBS 객원 해설위원

전)
한국입법학회 회장
유럽헌법학회 회장
한국헌법학회 부회장
한국공법학회 부회장
한국토지공법학회 부회장
세계헌법대회 조직위원회 부위원장
건국대학교 법학연구소장
국회도서관 연구관
국회입법조사처 입법과정책 편집위원
국회의장배 토론대회 심사위원
대한변호사협회 입법평가위원회 부위원장
전국 시·도의회의장협의회 정책자문위원
서울특별시의회 정책연구위원
대학입시 출제위원장
입법고시·행정고시·변호사시험 등 출제위원

주요 저서 및 논문

실명입법론 (3판, 20)
반려견 법률상식 (개정판, 20)
법학개론 (공저, 7판, 19)
청탁금지법 핸드북 (개정판, 18)
법과 사회 (개정판, 18)
입법학연구 (14)
헌법주석서 (공저, 10)
사회변화와 입법 (공저, 08)
독일사회복지론 (공저, 05)
헌법 (공저, 04)
동물학대에 관한 입법론적 검토 (20)
독일의 동물보호법제에 관한 고찰 (17)
신정부의 선거법 공약의 내용과 그 실현을 위한 헌법적 과제 (17)
제주특별자치도에 연방제 수준의 자치권을 부여하는 헌법개정방안 (17)
실명법안에 관한 연구 (16)
선거제도 개편에 관한 연구 (15)
축산물 신고포상금에 관한 연구 (15)
세월호 사고에 관한 입법적 성찰 (14)
독일 연방과 주의 문화재보호법 (14)
남북한의 법령정보 교류방안 (14)
케냐 헌법에 관한 연구 (13)
성희롱 관련법에 대한 입법평론 (13)
안전권 실현을 위한 입법정책 (13)
스마트그리드 입법에 관한 고찰 (12)
'국회선진화법'에 관한 고찰 (12)
특별부담금에 관한 연구 (11)
법인·단체의 정치자금 기부금지(11)
특별부담금에 관한 연구 (11)
문화재보호법제의 개선방안에 관한 연구 (09)
미국 연방의회의 입법과정 (09)
통일한국의 토지관련 헌법정책 (08)
로비제도 관련 법률안에 대한 헌법적 고찰 (08)

입법학논고

초판인쇄 2020년 6월 25일
초판발행 2020년 6월 30일

지은이 홍완식
펴낸이 박노일

총괄기획 김중용 · 최준규
편 집 심성보 · 김인숙

펴낸곳 pnc publishing and culture 피엔씨미디어
경기도 고양시 일산동구 강송로 153 310-1501
등록 제396-2012-000203호
전 화 070)7550-3758 팩 스 02)718-8554
홈페이지 www.pncmedia.co.kr 이메일 pnc@pncmedia.co.kr
ISBN 979-11-5730-747-0 93360

정 가 25,000원